Gisela Lange

Ländliche Bevölkerung der Grafschaft Mark 1680 bis 1750

UNTERSUCHUNGEN
ZUR WIRTSCHAFTS-, SOZIAL- UND TECHNIKGESCHICHTE

Band 28

Ländliche Bevölkerung der Grafschaft Mark 1680 bis 1750

von
Gisela Lange

GESELLSCHAFT FÜR WESTFÄLISCHE WIRTSCHAFTSGESCHICHTE E.V.
DORTMUND/MÜNSTER 2012

Umschlagabbildung: Kupferstich in Tuschmanier „Aussicht von der Schwelmer Gränze ins Bergische" des Frankfurter Malers und Kupferstechers Johann Gottlieb Prestel 1788, nach einer Zeichnung des Schwelmer Pfarrers Friedrich Christoph Müller. Stadtarchiv Schwelm.

Bibliografische Information der Deutschen Nationalbibliothek
Die Deutsche Nationalbibliothek verzeichnet diese Publikation in der Deutschen Nationalbibliografie; detaillierte bibliografische Daten sind im Internet über http://dnb.d-nb.de abrufbar.

ISBN: 978-3-87023-200-9

Erschienen im Ardey-Verlag Münster.
Gedruckt auf alterungsbeständigem Papier.

Inhalt

Abbildungsverzeichnis 8
Verzeichnis der Tafeln 15
Tabellenverzeichnis 16
Verzeichnis des Tabellenanhangs 24

Zum Geleit 26

Vorwort 27

1 Themenbegrenzung und Methodik 28

2 Struktur ländlicher Bevölkerung 33
2.1 Regionale Bevölkerungsstruktur 33
2.2 Anzahl ländlicher Feuerstellen 36
2.3 Struktur schatzpflichtiger Güter 43
2.4 Anzahl ländlicher Nahrungstreibender 48
2.5 Konfessionelle Bevölkerungsstruktur 57
2.6 Ausgewählte nördliche Kirchspiele 66
2.7 Ausgewählte südliche Kirchspiele 71

3 Nuptialität ländlicher Bevölkerung 79
3.1 Regionale Verteilung der Eheschließungen 80
3.2 Langfristige Entwicklung der Eheschließungen 84
3.3 Saisonale Schwankungen der Eheschließungen 87
3.4 Bevorzugte Heiratstage 90
3.5 Heiratsalter und Altersabstand 95
3.6 Ehedauer und Verwitwung 100
3.7 Wiederheirat Verwitweter 105

4 Fertilität ländlicher Bevölkerung 111
4.1 Saisonale Schwankungen der Konzeptionen 112
4.2 Innereheliche Fruchtbarkeit 116
4.3 Alter der Frau bei der ersten und letzten Geburt 122
4.4 Durchschnittliche Geburtenintervalle 128
4.5 Kinderzahl je Familie 133
4.6 Struktur ländlicher Familienhaushalte 140
4.7 Größe ländlicher Familienhaushalte 146

5 Natalität ländlicher Bevölkerung 150
5.1 Regionale Verteilung der Getauften 151
5.2 Langfristige Entwicklung der Lebendgeborenen 154
5.3 Saisonale Schwankungen der Lebendgeborenen 157
5.4 Sexualproportion der Lebendgeborenen 160
5.5 Geburtenüberschuss 164
5.6 Illegitime Geburten 171
5.7 Namengebung der Täuflinge 176
6 Mortalität ländlicher Bevölkerung 184
6.1 Regionale Verteilung der Todeszahlen 185
6.2 Langfristige Entwicklung der Todeszahlen 189
6.3 Saisonale Schwankungen der Todeszahlen 193
6.4 Alterspezifische Sterblichkeit 199
6.5 Absterbeordnung ländlicher Bevölkerung 206
6.6 Sterbewahrscheinlichkeit und Lebenserwartung 209
6.7 Todesursachen 213
7 Mortalität ländlicher Bevölkerungsgruppen 222
7.1 Langfristige Entwicklung der Säuglings- und Kindersterblichkeit 222
7.2 Saisonale Schwankungen der Säuglings- und Kindersterblichkeit 225
7.3 Geschlechtsspezifische Säuglings- und Kindersterblichkeit . . . 231
7.4 Altersspezifische Säuglingssterblichkeit 234
7.5 Langfristige Entwicklung der Erwachsenensterblichkeit 243
7.6 Saisonale Schwankungen der Erwachsenensterblichkeit 245
7.7 Geschlechtsspezifische Erwachsenensterblichkeit 249
8 Migration ländlicher Bevölkerung 256
8.1 Binnenwanderung 256
8.2 Immigration 262
8.3 Emigration 265
8.4 Migrationsbilanz 271
8.5 Migrationsmotivation 272
8.6 Unternehmer-Migranten 277
8.7 Staatsdiener-Migranten 284
9 Entwicklung ländlicher Bevölkerung 293

10 Quellen- und Literaturverzeichnis 299
Archivalien 299
Quellenpublikationen 300
Literatur 306

11 Tafeln 365

12 Tabellenanhang 377

13 Register 402

Abb. 1: Ämter und Gerichte der Grafschaft Mark vor 1753 29
Abb. 2: Entwicklung der Bevölkerungszahl in ländlichen Gebieten der Grafschaft Mark 1722 bis 1739 33
Abb. 3: Entwicklung ländlicher Bevölkerungsdichte in der Grafschaft Mark 1722 bis 1739 35
Abb. 4: Bevölkerungsdichte in ländlichen Gebieten der Grafschaft Mark 1739 36
Abb. 5: Durchschnittliche Anzahl Personen je Feuerstelle in ländlichen Gebieten der Grafschaft Mark 1735/36 37
Abb. 6: Anteil ländlicher Nahrungstreibender und Handwerker nach Gewerbezweigen in der Grafschaft Mark 1743 51
Abb. 7: Anteil katholischer Gemeindemitglieder nach Regionen der Grafschaft Mark um 1800 62
Abb. 8: Ländliche Eheschließungen in der Grafschaft Mark 1688 bis 1751 81
Abb. 9: Regionale Entwicklung ländlicher Eheschließungen in der Grafschaft Mark 1707 bis 1751 83
Abb. 10: Eheschließungsrate in einzelnen ländlichen Gebieten der Grafschaft Mark 1739 83
Abb. 11: Eheschließungen nach Konfessionen in der Grafschaft Mark 1680 bis 1754 86
Abb. 12: Eheschließungen in ausgewählten Kirchengemeinden der Grafschaft Mark 1680 bis 1754 86
Abb. 13: Monatliche Eheschließungen nach Konfessionen in der Grafschaft Mark 1680 bis 1754 88
Abb. 14: Entwicklung monatlicher Eheschließungen in der Grafschaft Mark 1680 bis 1754 89
Abb. 15: Monatliche Eheschließungen in ausgewählten Kirchengemeinden der Grafschaft Mark 1680 bis 1754 90
Abb. 16: Heiratstage nach Konfessionen in der Grafschaft Mark 1680 bis 1754 91
Abb. 17: Entwicklung der Heiratstage in der Grafschaft Mark 1680 bis 1754 93
Abb. 18: Heiratstage nach Regionen in der Grafschaft Mark 1680 bis 1754 94
Abb. 19: Heiratsalter in ausgewählten westfälischen Kirchengemeinden 1695 bis 1754 97
Abb. 20: Ehedauer in ausgewählten westfälischen Kirchengemeinden 1680 bis 1754 102
Abb. 21: Dauer der Witwen- bzw. Witwerschaft in ausgewählten westfälischen Kirchengemeinden 1680 bis 1754 105

Abb. 22: Alter bei der Verwitwung in ausgewählten westfälischen Kirchengemeinden 1680 bis 1754 107
Abb. 23: Heiratsalter Verwitweter in ausgewählten westfälischen Kirchengemeinden 1695 bis 1754 108
Abb. 24: Konzeptionen nach Konfessionen in der Grafschaft Mark 1680 bis 1754 114
Abb. 25: Entwicklung monatlicher Konzeptionen in der Grafschaft Mark 1680 bis 1754 115
Abb. 26: Monatliche Konzeptionen in ausgewählten Kirchengemeinden der Grafschaft Mark 1680 bis 1754 115
Abb. 27: Altersspezifische Fruchtbarkeit nach Heiratsjahren im Kirchspiel Herne 1695 bis 1754 118
Abb. 28: Altersspezifische Fruchtbarkeit nach Heiratsalter im Kirchspiel Herne 1695 bis 1754 119
Abb. 29: Ehedauerspezifische Fruchtbarkeit nach Heiratsjahren in ausgewählten Kirchspielen der Grafschaft Mark 1668 bis 1754 121
Abb. 30: Ehedauerspezifische Fruchtbarkeit nach Heiratsalter im Kirchspiel Herne 1684 bis 1754 121
Abb. 31: Ehedauerspezifische Fruchtbarkeit nach Ehedauer im Kirchspiel Herne 1684 bis 1754 121
Abb. 32: Alter bei der ersten und letzten Geburt vollständiger Erstehen in ausgewählten Kirchspielen der Grafschaft Mark 1684 bis 1754 124
Abb. 33: Eheliche und voreheliche Konzeptionen bei Erstgeburten von Frauen unterschiedlichen Alters im Kirchspiel Methler 1725 bis 1754 125
Abb. 34: Durchschnittliche Geburtsspanne bei vollständigen und unvollständigen Erstehen im Kirchspiel Methler 1725 bis 1754 126
Abb. 35: Anteil intergenetischer Intervalle bei Erstehen in ausgewählten Kirchspielen der Grafschaft Mark 1669 bis 1754 130
Abb. 36: Dauer intergenetischer Intervalle bei Erstehen nach der Rangfolge der Kinder in ausgewählten Kirchspielen der Grafschaft Mark 1669 bis 1754 131
Abb. 37: Durchschnittliche Kinderzahl je Haushalt in ausgewählten Gebieten der Grafschaft Mark 1685 bis 1766 135
Abb. 38: Anteil Zweitehen an den Haushalten nach der Anzahl der Kinder je Haushalt in ausgewählten Kirchspielen der Grafschaft Mark 1692 bis 1766 137
Abb. 39: Durchschnittliche Anzahl der je Frau geborenen Kinder in ausgewählten Kirchspielen der Grafschaft Mark 1669 bis 1754 138
Abb. 40: Unverheiratete Kinder nach Altersklassen im Kirchspiel Methler 1766 140
Abb. 41: Anteil verschiedener Familientypen in ausgewählten Gebieten der Grafschaft Mark 1692 bis 1766 142

Abb. 42: Haushalte nach Anteil der Mitglieder in ausgewählten Gebieten der Grafschaft Mark 1692 bis 1766 144
Abb. 42a: Anteil der Mitglieder je Haushalt nach Familientypen in der Bauerschaft Nächstebreck 1738 145
Abb. 43: Durchschnittliche Anzahl der Personen je Haushalt in ausgewählten Gebieten der Grafschaft Mark 1692 bis 1766 146
Abb. 43a: Anzahl der Personen je Haushalt nach Familientypen in der Bauerschaft Nächstebreck 1738 147
Abb. 44: Durchschnittliche Anzahl der Personen je Haushalt bei Landwirtschaft und Gewerbe im Kirchspiel Methler 1766 148
Abb. 45: Ländliche Getaufte in der Grafschaft Mark 1688 bis 1751 152
Abb. 46: Regionale Entwicklung ländlicher Getaufter in der Grafschaft Mark 1707 bis 1751 154
Abb. 47: Geburtenrate in einzelnen ländlichen Gebieten der Grafschaft Mark 1739 154
Abb. 48: Lebendgeborene nach Konfessionen in der Grafschaft Mark 1680 bis 1754 155
Abb. 49: Lebendgeborene in ausgewählten Kirchengemeinden der Grafschaft Mark 1680 bis 1754 157
Abb. 50: Monatlich Lebendgeborene nach Konfessionen in der Grafschaft Mark 1680 bis 1754 157
Abb. 51: Entwicklung monatlich Lebendgeborener in der Grafschaft Mark 1680 bis 1754 159
Abb. 52: Monatlich Lebendgeborene in ausgewählten Kirchengemeinden der Grafschaft Mark 1680 bis 1754 159
Abb. 53: Lebendgeborene nach Geschlecht in der Grafschaft Mark 1680 bis 1754 161
Abb. 54: Anteil Jungen je 100 Mädchen nach Konfessionen in der Grafschaft Mark 1680 bis 1754 161
Abb. 55: Anteil Jungen je 100 Mädchen in ausgewählten Kirchengemeinden der Grafschaft Mark 1680 bis 1754 162
Abb. 56: Monatlich Lebendgeborene nach Geschlecht in der Grafschaft Mark 1680 bis 1754 163
Abb. 57: Monatlicher Anteil Jungen je 100 Mädchen nach Konfessionen in der Grafschaft Mark 1680 bis 1754 164
Abb. 58: Monatlicher Anteil Jungen je 100 Mädchen in ausgewählten Kirchengemeinden der Grafschaft Mark 1680 bis 1754 164
Abb. 59: Regionale Entwicklung ländlicher Geburtenüberschüsse in der Grafschaft Mark 1707 bis 1751 165
Abb. 60: Natürliche Zuwachsrate in einzelnen ländlichen Gebieten der Grafschaft Mark 1739 166

Abb. 61: Geburtenüberschuss je 100 Lebendgeborene nach Konfessionen in der Grafschaft Mark 1680 bis 1754 168
Abb. 62: Geburtenüberschuss je 100 Lebendgeborene in ausgewählten Kirchengemeinden der Grafschaft Mark 1680 bis 1754 169
Abb. 63: Monatlicher Geburtenüberschuss je 100 Lebendgeborene nach Konfessionen in der Grafschaft Mark 1680 bis 1754 170
Abb. 64: Monatlicher Geburtenüberschuss je 100 Lebendgeborene in ausgewählten Kirchengemeinden der Grafschaft Mark 1680 bis 1754 . . . 170
Abb. 65: Bevorzugte Taufnamen nach Konfessionen in der Grafschaft Mark 1680 bis 1754 180
Abb. 66: Entwicklung katholischer Taufnamen in der Kirchengemeinde Rhynern 1680 bis 1754 182
Abb. 67: Ländliche Gestorbene in der Grafschaft Mark 1688 bis 1751 . . 186
Abb. 68: Regionale Entwicklung ländlicher Gestorbener in der Grafschaft Mark 1707 bis 1751 188
Abb. 69: Sterberate in einzelnen ländlichen Gebieten der Grafschaft Mark 1739 188
Abb. 70: Gestorbene nach Konfessionen in der Grafschaft Mark 1680 bis 1754 190
Abb. 71: Gestorbene in ausgewählten Kirchengemeinden der Grafschaft Mark 1680 bis 1754 191
Abb. 72: Gestorbene nach Geschlecht in der Grafschaft Mark 1680 bis 1754 192
Abb. 73: Anteil männlicher Gestorbener je 100 weibliche nach Konfessionen in der Grafschaft Mark 1680 bis 1754 193
Abb. 74: Anteil männlicher Gestorbener je 100 weibliche in ausgewählten Kirchengemeinden der Grafschaft Mark Mark 1680 bis 1754 193
Abb. 75: Monatlich Gestorbene nach Konfessionen in der Grafschaft Mark 1680 bis 1754 194
Abb. 76: Entwicklung monatlich Gestorbener in der Grafschaft Mark 1680 bis 1754 195
Abb. 77: Monatlich Gestorbene in ausgewählten Kirchengemeinden der Grafschaft Mark 1680 bis 1754 197
Abb. 78: Monatlich Gestorbene nach Geschlecht in der Grafschaft Mark 1680 bis 1754 197
Abb. 79: Monatlicher Anteil männlicher Gestorbener je 100 weibliche nach Konfessionen in der Grafschaft Mark 1680 bis 1754 198
Abb. 80: Monatlicher Anteil männlicher Gestorbener je 100 weibliche in ausgewählten Kirchengemeinden der Grafschaft Mark 1680 bis 1754 . 199
Abb. 81: Monatliche Sterblichkeit nach Alter in der katholischen Kirchengemeinde Rhynern 1730 bis 1754 200

Abb. 82: Monatliche Sterblichkeit nach Alter in der evangelischen Kirchengemeinde Volmarstein 1700 bis 1754 201
Abb. 83: Monatliche Altersstruktur der Gestorbenen in der evangelisch-lutherischen Kirchengemeinde Weitmar 1715 bis 1749 201
Abb. 84: Monatliche Altersstruktur der Gestorbenen in der evangelischen Kirchengemeinde Dahl 1720 bis 1754 202
Abb. 85: „Kelch des Todes" in der katholischen Kirchengemeinde Rhynern 1730 bis 1754 204
Abb. 86: „Kelch des Todes" in der evangelischen Kirchengemeinde Dahl 1720 bis 1754 204
Abb. 87: Gestorbene und Überlebende nach Alter in der evangelisch-lutherischen Kirchengemeinde Weitmar 1715 bis 1749 206
Abb. 88: Gestorbene und Überlebende nach Alter in der evangelischen Kirchengemeinde Volmarstein 1700 bis 1754 206
Abb. 89: Absterbeordnung in ausgewählten Kirchengemeinden der Grafschaft Mark 1700 bis 1754 207
Abb. 90: Absterbeordnung nach Geschlecht in ausgewählten Kirchengemeinden der Grafschaft Mark 1720 bis 1754 208
Abb. 91: Sterbewahrscheinlichkeit in ausgewählten Kirchengemeinden der Grafschaft Mark 1700 bis 1754 210
Abb. 92: Sterbewahrscheinlichkeit nach Geschlecht in ausgewählten Kirchengemeinden der Grafschaft Mark 1720 bis 1754 211
Abb. 93: Mittlere Lebenserwartung in ausgewählten Kirchengemeinden der Grafschaft Mark 1700 bis 1754 211
Abb. 94: Mittlere Lebenserwartung nach Geschlecht in ausgewählten Kirchengemeinden der Grafschaft Mark 1720 bis 1754 212
Abb. 95: Vierteljährliche Entwicklung der Eheschließungen, Lebendgeborenen und Gestorbenen in der Grafschaft Mark 1726 bis 1729 219
Abb. 96: Anteil der Gestorbenen an den Lebendgeborenen im Verhältnis zum Roggenpreis nach Regionen der Grafschaft Mark 1737 bis 1752 . 220
Abb. 97: Säuglings- und Kindersterblichkeit nach Konfessionen in der Grafschaft Mark 1680 bis 1754 222
Abb. 98: Säuglings- und Kindersterblichkeit in ausgewählten Kirchengemeinden der Grafschaft Mark 1680 bis 1754 224
Abb. 99: Anteil gestorbener Säuglinge und Kinder je 1000 Lebendgeborene nach Konfessionen in der Grafschaft Mark 1680 bis 1754 225
Abb. 100: Anteil gestorbener Säuglinge und Kinder je 1000 Lebendgeborene in ausgewählten Kirchengemeinden der Grafschaft Mark 1680 bis 1754 225
Abb. 101: Monatliche Säuglings- und Kindersterblichkeit nach Konfessionen in der Grafschaft Mark 1680 bis 1754 226

Abb. 102: Entwicklung monatlicher Säuglings- und Kindersterblichkeit in der Grafschaft Mark 1680 bis 1754 227
Abb. 103: Monatliche Säuglings- und Kindersterblichkeit in ausgewählten Kirchengemeinden der Grafschaft Mark 1680 bis 1754 228
Abb. 104: Monatlicher Anteil gestorbener Säuglinge und Kinder je 1000 Lebendgeborene nach Konfessionen in der Grafschaft Mark 1680 bis 1754 229
Abb. 105: Monatlicher Anteil gestorbener Säuglinge und Kinder je 1000 Lebendgeborene in ausgewählten Kirchengemeinden der Grafschaft Mark 1680 bis 1754 229
Abb. 106: Säuglings- und Kindersterblichkeit nach Geschlecht in der Grafschaft Mark 1680 bis 1754 230
Abb. 107: Anteil gestorbener Jungen je 100 Mädchen nach Konfessionen in der Grafschaft Mark 1680 bis 1754 231
Abb. 108: Anteil gestorbener Jungen je 100 Mädchen in ausgewählten Kirchengemeinden der Grafschaft Mark 1680 bis 1754 232
Abb. 109: Monatliche Säuglings- und Kindersterblichkeit nach Geschlecht in der Grafschaft Mark 1680 bis 1754 233
Abb. 110: Monatlicher Anteil gestorbener Jungen je 100 Mädchen nach Konfessionen in der Grafschaft Mark 1680 bis 1754 233
Abb. 111: Monatlicher Anteil gestorbener Jungen je 100 Mädchen in ausgewählten Kirchengemeinden der Grafschaft Mark 1680 bis 1754 . . . 234
Abb. 112: Säuglingssterblichkeit nach Altersmonaten in ausgewählten Kirchengemeinden der Grafschaft Mark 1700 bis 1754 235
Abb. 113: Anteil gestorbener Säuglinge nach Altersmonaten je 1000 Lebendgeborene in ausgewählten Kirchengemeinden der Grafschaft Mark 1700 bis 1754 236
Abb. 114: Säuglingssterblichkeit nach Alter und Geschlecht in der Grafschaft Mark 1700 bis 1754 236
Abb. 115: Anteil gestorbener männlicher Säuglinge je 100 weibliche in ausgewählten Kirchengemeinden der Grafschaft Mark 1700 bis 1754 . 237
Abb. 116: Säuglingssterblichkeit nach Alterstagen in ausgewählten Kirchengemeinden der Grafschaft Mark 1700 bis 1754 240
Abb. 117: Anteil gestorbener Säuglinge nach Alterstagen je 1000 Lebendgeborene in ausgewählten Kirchengemeinden der Grafschaft Mark 1700 bis 1754 241
Abb. 118: Anteil gestorbener männlicher Säuglinge nach Alterstagen je 100 weibliche in der Grafschaft Mark 1700 bis 1754 242
Abb. 119: Säuglings-, Kinder- und Erwachsenensterblichkeit in der Grafschaft Mark 1680 bis 1754 243
Abb. 120: Erwachsenensterblichkeit nach Konfessionen in der Grafschaft Mark 1680 bis 1754 243

Abb. 121: Erwachsenensterblichkeit in ausgewählten Kirchengemeinden der Grafschaft Mark 1680 bis 1754 245
Abb. 122: Monatliche Säuglings-, Kinder- und Erwachsenensterblichkeit in der Grafschaft Mark 1680 bis 1754 246
Abb. 123: Monatliche Erwachsenensterblichkeit nach Konfessionen in der Grafschaft Mark 1680 bis 1754 248
Abb. 124: Entwicklung monatlicher Erwachsenensterblichkeit in der Grafschaft Mark 1680 bis 1754 248
Abb. 125: Monatliche Erwachsenensterblichkeit in ausgewählten Kirchengemeinden der Grafschaft Mark 1680 bis 1754 249
Abb. 126: Erwachsenensterblichkeit nach Geschlecht in der Grafschaft Mark 1680 bis 1754 249
Abb. 127: Anteil gestorbener Männer je 100 Frauen nach Konfessionen in der Grafschaft Mark 1680 bis 1754 250
Abb. 128: Anteil gestorbener Männer je 100 Frauen in ausgewählten Kirchengemeinden der Grafschaft Mark 1680 bis 1754 251
Abb. 129: Monatliche Erwachsenensterblichkeit nach Geschlecht in der Grafschaft Mark 1680 bis 1754 252
Abb. 130: Monatlicher Anteil gestorbener Männer je 100 Frauen nach Konfessionen in der Grafschaft Mark 1680 bis 1754 252
Abb. 131: Monatlicher Anteil gestorbener Männer je 100 Frauen in ausgewählten Kirchengemeinden der Grafschaft Mark 1680 bis 1754 253
Abb. 132: Sterbealter von Eheleuten in ausgewählten westfälischen Kirchengemeinden 1680 bis 1754 255
Abb. 133: Anteil auswärtiger Eheschließungen in der evangelisch-lutherischen Kirchengemeinde Weitmar 1680 bis 1754 258
Abb. 134: Monatlicher Anteil auswärtiger Eheschließungen in der evangelisch-lutherischen Kirchengemeinde Weitmar 1680 bis 1754 259
Abb. 135: Konfirmationen (1698 bis 1715) und Heiraten (1708 bis 1725) in der evangelisch-lutherischen Kirchengemeinde Gevelsberg 273
Abb. 136: Ländliche Bevölkerungsbewegung in der Grafschaft Mark 1688 bis 1751 293

Verzeichnis der Tafeln

Tafel 1: Kupferstich des topografischen Kupferstechers Matthaeus Merian d. Ä. um 1640. 365

Tafel 2: Bekrönte Bronzetafel mit dem großen preußischen Staatswappen und steinernen Nebenfiguren über dem Haupteingang der 1718 geweihten reformierten Kirche in Iserlohn. 365

Tafel 3: Friedrich Wilhelm I., König von Preußen (1713–1740), „Soldatenkönig" genannt, Ölgemälde Museen der Burg Altena. 366

Tafel 4: Kupferstich des Leipziger Künstlers Georg Friedrich Jonas Frentzel 1789, nach einer Zeichnung des Schwelmer Pfarrers Friedrich Christoph Müller. 367

Tafel 5: Zwei Paare im Grünen. Monatsbild Mai des Münsteraner Malers Lutger tom Ring d. Ä. 1542 an der Astronomischen Uhr im Dom zu Münster. 367

Tafel 6: Bauernhochzeit. Ölgemälde des niederländischen Malers Pieter Bruegel d. Ä. um 1568. 368

Tafel 7: Rast und Mahlzeit bei der Kornernte. Garbenbinden und Apfelernte. Ausschnitt aus dem Ölgemälde „Die Kornernte" des niederländischen Malers Pieter Bruegel d. Ä. um 1565. 369

Tafel 8: Rückkehr von der Heuernte. Ölgemälde des französischen Malers Louis Le Nain 1641. 370

Tafel 9: Rubens' jüngerer Sohn Nikolaes im Alter von zwei bis drei Jahren. Kreidezeichnung des flämischen Malers Peter Paul Rubens um 1619. 370

Tafel 10: Die Familie. Radierung des holländischen Malers und Radierers Adriaen van Ostade 1647. 371

Tafel 11: Dürers Mutter im Alter von 63 Jahren, zwei Monate vor ihrem Tod. Kohlezeichnung des Nürnberger Malers, Kupferstechers und Grafikers Albrecht Dürer 1514. 372

Tafel 12: Johann Rembert Roden (1724–1781). 372

Tafel 13: Schmausen in der Wohnstube. Monatsbild Januar des Münsteraner Malers Lutger tom Ring d. Ä. 1542 an der Astronomischen Uhr im Dom zu Münster. 373

Tafel 14: Kupferstich des Schwelmer Pfarrers Friedrich Christoph Müller 1789. 374

Tafel 15: Andreas Graf von Ostermann (1687–1747). Stich aus der ersten Hälfte des 18. Jahrhunderts. 375

Tafel 16: Kohletreiber, Reiter und Kiepenträger auf dem Weg von Schwelm nach Oberbarmen, an der bergisch-märkischen Grenze. Ausschnitt aus dem Kupferstich in Tuschmanier „Ansicht von der Schwelmer Gränze ins Bergische" des Frankfurter Malers und Kupferstechers Johann Gottlieb Prestel 1788, nach einer Zeichnung des Schwelmer Pfarrers Friedrich Christoph Müller. 376

Tabellenverzeichnis

Tab. 1: Regionale und konfessionelle Verteilung ausgewerteter Kirchenbücher märkischer Parochien in der Frühen Neuzeit 30

Tab. 2: Bevölkerungszahl in einzelnen ländlichen Gebieten der Grafschaft Mark nördwärts der Ruhr 1722 bis 1739 34

Tab. 3: Bevölkerungszahl in einzelnen ländlichen Gebieten der Grafschaft Mark südwärts der Ruhr 1722 bis 1739 35

Tab. 4: Bevölkerungsdichte in einzelnen ländlichen Gebieten der Grafschaft Mark nordwärts der Ruhr 1722 bis 1739 36

Tab. 5: Bevölkerungsdichte in einzelnen ländlichen Gebieten der Grafschaft Mark südwärts der Ruhr 1722 bis 1739 37

Tab. 6: Anzahl der Feuerstellen und Größe der landwirtschaftlichen Nutzfläche in einzelnen ländlichen Gebieten der Grafschaft Mark nordwärts der Ruhr 1735/36 39

Tab. 7: Anzahl der Feuerstellen und Größe der landwirtschaftlichen Nutzfläche in einzelnen ländlichen Gebieten der Grafschaft Mark südwärts der Ruhr 1735/36 40

Tab. 8: Anzahl ländlicher Gruppen nach der Größe landwirtschaftlicher Nutzfläche in der Grafschaft Mark 1705 41

Tab. 9: Nutzfläche landwirtschaftlicher Betriebe nach Größenklassen in der Grafschaft Mark 1705 42

Tab. 10: Ausgewählte Domänengüter in den Renteien der Grafschaft Mark um 1735 42

Tab. 11: Ausgewählte Domänengüter nach Größenklassen in der Grafschaft Mark um 1735 43

Tab. 12: Durchschnittspreise einzelner Getreidearten pro Malter in Münster 1680 bis 1754 (Fünfjahresdurchschnitte) 44

Tab. 13: Schatzpflichtige Güter nach Dienstarten als Besitzrechtsgruppen in ausgewählten Gebieten der Grafschaft Mark 1731 45

Tab. 14: Ausgewählte Besitzrechtsgruppen nach Größenklassen landwirtschaftlicher Nutzfläche im Amt Bochum 1705 46

Tab. 15: Ausgewählte Besitzrechtsgruppen nach Größenklassen landwirtschaftlicher Nutzfläche im Amt Iserlohn 1705 46

Tab. 16: Regionale Entwicklung schatzpflichtiger Güter im Amt Bochum 1664 bis 1705 47

Tab. 17: Entwicklung schatzpflichtiger Güter nach Besitzrechtsgruppen im Amt Iserlohn 1666 bis 1705 47

Tab. 18: Ländliche Nahrungstreibende und Handwerker in der Grafschaft Mark 1743 50

Tab. 19: Entwicklung ländlicher Nahrungstreibender und Handwerker in der Grafschaft Mark nordwärts der Ruhr 1731 bis 1748 51
Tab. 20: Entwicklung ländlicher Nahrungstreibender und Handwerker in der Grafschaft Mark südwärts der Ruhr 1743 bis 1752 52
Tab. 21: Ländliche Handwerker, die Gesellen und/oder Lehrjungen halten sowie fixierte Nahrungstreibende in ausgewählten Kassendistrikten der Grafschaft Mark südwärts der Ruhr 1752 53
Tab. 22: Ausgewählte ländliche Metallgewerbetreibende des Süderlandes nach verschiedenen Kriterien 1733 54
Tab. 23: Anzahl der Prediger und Kirchen nach Konfessionen in der Grafschaft Mark 1722 bis 1740 58
Tab. 24: Anzahl lutherischer Parochien und Prediger nach Kirchenklassen in der Grafschaft Mark im 18. Jahrhundert 60
Tab. 25: Anzahl reformierter Parochien und Prediger nach Kirchenklassen in der Grafschaft Mark im 18. Jahrhundert 61
Tab. 26: Entwicklung der Eheschließungen nach ländlichen Regionen der Grafschaft Mark 1688 bis 1751 81
Tab. 27: Anzahl der Eheschließungen in einzelnen ländlichen Gebieten der Grafschaft Mark nördwärts der Ruhr 1688 bis 1739 82
Tab. 28: Anzahl der Eheschließungen in einzelnen ländlichen Gebieten der Grafschaft Mark südwärts der Ruhr 1688 bis 1739 84
Tab. 29: Eheschließungen nach Konfessionen in der Grafschaft Mark 1680 bis 1754 85
Tab. 30: Monatliche Eheschließungen nach Konfessionen in der Grafschaft Mark 1680 bis 1754 88
Tab. 31: Entwicklung monatlicher Eheschließungen in der Grafschaft Mark 1680 bis 1754 89
Tab. 32: Heiratstage nach Konfessionen in der Grafschaft Mark 1680 bis 1754 92
Tab. 33: Entwicklung der Heiratstage in der Grafschaft Mark 1680 bis 1754 93
Tab. 34: Heiratstage in ausgewählten Kirchengemeinden der Grafschaft Mark 1680 bis 1754 93
Tab. 35: Durchschnittliches Heiratsalter beidseitiger Erstehen nach Heiratsjahren in ausgewählten westfälischen Kirchengemeinden 1680 bis 1754 96
Tab. 36: Beidseitige Erstehen nach Heiratsalter in ausgewählten westfälischen Kirchengemeinden 1695 bis 1754 97
Tab. 37: Altersunterschied des Mannes gegenüber dem Heiratsalter der Frau bei beidseitigen Erstehen im Kirchspiel Methler 1725 bis 1754 . 98
Tab. 38: Heiratsalter, Ehedauer und Alter bei der Verwitwung nach Beruf des Mannes im Kirchspiel Methler 1725 bis 1754 (in Jahren) 99

Tab. 39: Anteil der Familien mit Kindern nach Altersunterschied der Eheleute im Kirchspiel Methler 1725 bis 1754 100
Tab. 40: Durchschnittliche Ehedauer beidseitiger Erstehen nach Heiratsalter in ausgewählten westfälischen Kirchengemeinden 1680 bis 1754 (in Jahren) 101
Tab. 41: Eheleute beidseitiger Erstehen nach Ehedauer in ausgewählten westfälischer Kirchengemeinden 1680 bis 1754 101
Tab. 42: Vorzeitige Beendigung beidseitiger Erstehen durch Tod eines Partners nach Heiratsjahren in ausgewählten Kirchengemeinden der Grafschaft Mark 1669 bis 1754 103
Tab. 43: Durchschnittliche Ehedauer beidseitiger Erstehen nach Sterbealter in ausgewählten westfälischen Kirchengemeinden 1680 bis 1754 (in Jahren) 103
Tab. 44: Familienstand von Brautleuten vor der Hochzeit in ausgewählten Kirchengemeinden der Grafschaft Mark 1695 bis 1754 104
Tab. 45: Verwitwete nach der Dauer der Verwitwung in ausgewählten westfälischen Kirchengemeinden 1680 bis 1754 104
Tab. 46: Verwitwete nach Alter bei der Verwitwung in ausgewählten westfälischen Kirchengemeinden 1680 bis 1754 106
Tab. 47: Wiederverheiratete nach Heiratsalter in ausgewählten Kirchengemeinden 1695 bis 1754 107
Tab. 48: Wiederverheiratete nach dem Zeitraum bis zur Wiederheirat in ausgewählten Kirchengemeinden der Grafschaft Mark der Heiratsjahre 1680 bis 1754 109
Tab. 49: Haushalte in Bauerschaften des Kirchspiels Methler 1766 110
Tab. 50: Monatliche Konzeptionen nach Konfessionen in der Grafschaft Mark 1680 bis 1754 113
Tab. 51: Entwicklung monatlicher Konzeptionen in der Grafschaft Mark 1680 bis 1754 114
Tab. 52: Altersspezifische Fruchtbarkeitsraten beidseitiger Erstehen im Kirchspiel Herne 1695 bis 1754 117
Tab. 53: Ehedauerspezifische Fruchtbarkeitsraten beidseitiger Erstehen in ausgewählten Kirchspielen der Grafschaft Mark 1668 bis 1754 120
Tab. 54: Durchschnittliches Alter von Frauen bei der ersten und letzten ehelichen Geburt in vollständigen Erstehen nach Heiratsalter in ausgewählten Kirchspielen der Grafschaft Mark 1684 bis 1754 (in Jahren) . 123
Tab. 55: Vollständige Erstehen nach Alter der Frau bei der ersten und letzten ehelichen Geburt in ausgewählten Kirchspielen der Grafschaft Mark 1684 bis 1754 123
Tab. 56: Erstgeburten nach Alter der Frau und Rechtsstand bei der Konzeption in ausgewählten Kirchspielen der Grafschaft Mark 1684 bis 1754 125

Tab. 57: Erstehen nach der durchschnittlichen Geburtsspanne verschiedener Heiratsjahre in ausgewählten Kirchspielen der Grafschaft Mark 1669 bis 1754 . . . 127

Tab. 58: Durchschnittliches Alter von Frauen bei der ersten und letzten ehelichen Geburt in vollständigen Erstehen nach dem Beruf des Mannes im Kirchspiel Methler der Heiratsjahre 1725 bis 1754 (in Jahren) . 127

Tab. 59: Durchschnittliche Geburtenabstände bei Erstehen nach Heiratsjahr der Frau in ausgewählten Kirchspielen der Grafschaft Mark 1669 bis 1754 . . . 129

Tab. 60: Familien nach intergenetischen Intervallen verschiedener Heiratsjahre der Frau in ausgewählten Kirchspielen der Grafschaft Mark 1669 bis 1754 . . . 130

Tab. 61: Durchschnittliche intergenetische Intervalle nach Rangfolge der Kinder und Heiratsjahr der Frau in ausgewählten Kirchspielen der Grafschaft Mark 1669 bis 1754 (in Monaten) . . . 132

Tab. 62: Quotienten zwischen Taufen und Eheschließungen nach Regionen der Grafschaft Mark 1688 bis 1751 . . . 134

Tab. 63: Haushalte mit Kindern in ausgewählten Gebieten der Grafschaft Mark 1685 bis 1766 . . . 135

Tab. 64: Haushalte nach Anzahl der Kinder bei Landwirtschaft und Gewerbe in ausgewählten Bauerschaften des Hochgerichtes Schwelm 1738 136

Tab. 65: Haushalte mit Kindern nach Ehehäufigkeit in ausgewählten Kirchspielen der Grafschaft Mark 1692 bis 1766 . . . 137

Tab. 66: Erstehen nach Anzahl der je Frau geborenen Kinder in ausgewählten Kirchspielen der Grafschaft Mark 1669 bis 1754 . . . 138

Tab. 67: Anzahl ausgewählter Haushalte mit Verwandten nach Alter des Haushaltungsvorstandes im Kirchspiel Methler 1766 . . . 139

Tab. 68: Haushalte mit unverheirateten Kindern nach Altersklassen in ausgewählten Kirchspielen der Grafschaft Mark 1692 bis 1766 . . . 139

Tab. 69: Haushalte nach Anzahl des Gesindes in ausgewählten Gebieten der Grafschaft Mark 1685 bis 1738 . . . 143

Tab. 70: Anteil der Haushaltsmitglieder in ausgewählten Gebieten der Grafschaft Mark 1685 bis 1766 . . . 145

Tab. 71: Haushalte nach Anzahl der Mitglieder in ausgewählten Gebieten der Grafschaft Mark 1685 bis 1766 . . . 147

Tab. 72: Haushalte nach Anzahl der Mitglieder bei Landwirtschaft und Gewerbe in ausgewählten Gebieten der Grafschaft Mark 1738 bis 1766 . 148

Tab. 73: Familien in Bauerschaften des Kirchspiels Methler nach der Konfessionszugehörigkeit 1766 . . . 149

Tab. 74: Entwicklung der Getauften nach ländlichen Regionen der Grafschaft Mark 1688 bis 1751 . . . 152

Tab. 75: Anzahl der Getauften in einzelnen ländlichen Gebieten der Grafschaft Mark nördwärts der Ruhr 1688 bis 1739 153
Tab. 76: Anzahl der Getauften in einzelnen ländlichen Gebieten der Grafschaft Mark südwärts der Ruhr 1688 bis 1739 155
Tab. 77: Lebendgeborene nach Konfessionen in der Grafschaft Mark 1680 bis 1754 156
Tab. 78: Monatlich Lebendgeborene nach Konfessionen in der Grafschaft Mark 1680 bis 1754 158
Tab. 79: Entwicklung monatlich Lebendgeborener in der Grafschaft Mark 1680 bis 1754 160
Tab. 80: Lebendgeborene nach Geschlecht in der Grafschaft Mark 1680 bis 1754 162
Tab. 81: Monatlich Lebendgeborene nach Geschlecht in der Grafschaft Mark 1680 bis 1754 163
Tab. 82: Entwicklung des Geburtenüberschusses nach ländlichen Regionen der Grafschaft Mark 1688 bis 1751 165
Tab. 83: Geburtenüberschuss in einzelnen ländlichen Gebieten der Grafschaft Mark nördwärts der Ruhr 1688 bis 1739 167
Tab. 84: Geburtenüberschuss in einzelnen ländlichen Gebieten der Grafschaft Mark südwärts der Ruhr 1688 bis 1739 168
Tab. 85: Geburtenüberschuss nach Konfessionen in der Grafschaft Mark 1680 bis 1754 169
Tab. 86: Monatlicher Geburtenüberschuss nach Konfessionen in der Grafschaft Mark 1680 bis 1754 171
Tab. 87: Unehelich Lebendgeborene in ausgewählten Kirchengemeinden der Grafschaft Mark 1680 bis 1754 175
Tab. 88: Bevorzugte Taufnamen in ausgewählten Kirchengemeinden der Grafschaft Mark 1668 bis 1704 179
Tab. 89: Bevorzugte Doppelnamen in ausgewählten Kirchengemeinden der Grafschaft Mark 1680 bis 1754 180
Tab. 90: Entwicklung bevorzugter Doppelnamen in der katholischen Kirchengemeinde Rhynern 1680 bis 1754 181
Tab. 91: Vornamengebung doppelter Taufnamen nach den Taufpaten in der katholischen Kirchengemeinde Rhynern 1680 bis 1754 182
Tab. 92: Entwicklung der Anzahl der Gestorbenen nach ländlichen Regionen der Grafschaft Mark 1688 bis 1751 186
Tab. 93: Anzahl der Gestorbenen in einzelnen ländlichen Gebieten der Grafschaft Mark nördwärts der Ruhr 1688 bis 1739 187
Tab. 94: Anzahl der Gestorbenen in einzelnen ländlichen Gebieten der Grafschaft Mark südwärts der Ruhr 1688 bis 1739 189

Tab. 95: Gestorbene nach Konfessionen in der Grafschaft Mark 1680 bis 1754 190
Tab. 96: Gestorbene nach Geschlecht in der Grafschaft Mark 1680 bis 1754 191
Tab. 97: Monatlich Gestorbene nach Konfessionen in der Grafschaft Mark 1680 bis 1754 194
Tab. 98: Entwicklung monatlich Gestorbener in der Grafschaft Mark 1680 bis 1754 195
Tab. 99: Monatlich Gestorbene nach Geschlecht in der Grafschaft 1680 bis 1754 198
Tab. 100: Monatliche Sterblichkeit nach Alter in ausgewählten Kirchengemeinden der Grafschaft Mark nordwärts der Ruhr 1715 bis 1754 200
Tab. 101: Monatliche Sterblichkeit nach Alter in ausgewählten Kirchengemeinden der Grafschaft Mark südwärts der Ruhr 1700 bis 1754 202
Tab. 102: Sterblichkeit nach Alter in ausgewählten Kirchengemeinden der Grafschaft Mark 1700 bis 1754 203
Tab. 103: Sterblichkeit nach Alter und Geschlecht in ausgewählten Kirchengemeinden der Grafschaft Mark 1700 bis 1754 205
Tab. 104: Gestorbene nach Alter in ausgewählten Kirchengemeinden der Grafschaft Mark 1700 bis 1754 205
Tab. 105: Absterbeordnung nach Alter in ausgewählten Kirchengemeinden der Grafschaft Mark 1700 bis 1754 207
Tab. 106: Absterbeordnung nach Alter und Geschlecht in ausgewählten Kirchengemeinden der Grafschaft Mark 1720 bis 1754 208
Tab. 107: Sterbewahrscheinlichkeit und mittlere Lebenserwartung nach Alter in ausgewählten Kirchengemeinden der Grafschaft Mark 1700 bis 1754 209
Tab. 108: Sterbewahrscheinlichkeit und mittlere Lebenserwartung nach Alter und Geschlecht in ausgewählten Kirchengemeinden der Grafschaft Mark 1720 bis 1754 212
Tab. 109: Gestorbene nach Todesursachen in ausgewählten Kirchengemeinden 1713 bis 1800 214
Tab. 110: Vierteljährliche Entwicklung der ländlichen Bevölkerung in der Grafschaft Mark 1726 bis 1729 219
Tab. 111: Jährliche Entwicklung der ländlichen Bevölkerung nach Regionen der Grafschaft Mark 1737 bis 1752 221
Tab. 112: Säuglings- und Kindersterblichkeit nach Konfessionen in der Grafschaft Mark 1680 bis 1754 223
Tab. 113: Monatliche Säuglings- und Kindersterblichkeit nach Konfessionen in der Grafschaft Mark 1680 bis 1754 227
Tab. 114: Entwicklung der Zahlen monatlich gestorbener Säuglinge und Kinder in der Grafschaft Mark 1680 bis 1754 228

Tab. 115: Säuglings- und Kindersterblichkeit nach Geschlecht in der Grafschaft Mark 1680 bis 1754 232
Tab. 116: Monatliche Säuglings- und Kindersterblichkeit nach Geschlecht in der Grafschaft Mark 1680 bis 1754 234
Tab. 117: Säuglingssterblichkeit nach Altersmonaten in ausgewählten Kirchengemeinden der Grafschaft Mark 1700 bis 1754 235
Tab. 118: Säuglingssterblichkeit nach Altersmonaten und Geschlecht in ausgewählten Kirchengemeinden der Grafschaft Mark 1700 bis 1754 . 237
Tab. 119: Endogene und exogene Säuglingssterblichkeit in ausgewählten Kirchengemeinden der Grafschaft Mark 1700 bis 1754 239
Tab. 120: Perinatale Sterblichkeit nach Alterstagen in ausgewählten Kirchengemeinden der Grafschaft Mark 1700 bis 1754 241
Tab. 121: Perinatale Sterblichkeit nach Alterstagen und Geschlecht in ausgewählten Kirchengemeinden der Grafschaft Mark 1700 bis 1754 . . . 242
Tab. 122: Erwachsenensterblichkeit nach Konfessionen in der Grafschaft Mark 1680 bis 1754 244
Tab. 123: Monatliche Erwachsenensterblichkeit nach Konfessionen in der Grafschaft Mark 1680 bis 1754 247
Tab. 124: Entwicklung monatlicher Erwachsenensterblichkeit in der Grafschaft Mark 1680 bis 1754 247
Tab. 125: Erwachsenensterblichkeit nach Geschlecht in der Grafschaft Mark 1680 bis 1754 251
Tab. 126: Monatliche Erwachsenensterblichkeit nach Geschlecht in der Grafschaft Mark 1680 bis 1754 253
Tab. 127: Ländliche Gestorbene mit über 90 Jahren in der Grafschaft Mark 1718 bis 1753 254
Tab. 128: Eheleute beidseitiger Erstehen nach Sterbealter in ausgewählten westfälischen Kirchengemeinden 1680 bis 1754 255
Tab. 129: Heiratsmobilität in der evangelisch-lutherischen Kirchengemeinde Weitmar 1680 bis 1754 258
Tab. 130: Monatliche Heiratsmobilität in der evangelisch-lutherischen Kirchengemeinde Weitmar 1680 bis 1754 259
Tab. 131: Regionale Herkunft ausgewählter Brautleute im Kirchspiel Methler der Heiratsjahre 1725 bis 1754 260
Tab. 132: Herkunftsorte ausgewählter Brautleute bei Erstehen im Kirchspiel Methler der Heiratsjahre 1725 bis 1754 261
Tab. 133: Ansetzen entlassener Soldaten sowie Errichten neuer Gebäude in ländlichen Gebieten der Grafschaft Mark 1746 bis 1755 265
Tab. 134: Anzahl und Herkunft städtischer Neubürger in Dortmund und Iserlohn 1680 bis 1754 268

Tab. 135: Durchschnittliche Migrationsbilanz nach ländlichen Regionen in der Grafschaft Mark 1688 bis 1751 271
Tab. 136: Durchschnittliche Migrationsbilanz nach Konfessionen in der Grafschaft Mark 1680 bis 1754 272

Verzeichnis des Tabellenanhangs

Tab. 1 a: Heiraten, Lebendgeborene und Gestorbene in der evangelischen Kirchengemeinde Dahl 1681 bis 1754 377

Tab. 1 b: Gestorbene nach Alter und Geschlecht in der evangelischen Kirchengemeinde Dahl 1681 bis 1754 378

Tab. 2 a: Monatliche Heiraten, Lebendgeborene und Gestorbene in der evangelischen Kirchengemeinde Dahl 1681 bis 1754 379

Tab. 2 b: Monatlich Gestorbene nach Alter und Geschlecht in der evangelischen Kirchengemeinde Dahl 1681 bis 1754 379

Tab. 3 a: Heiraten, Lebendgeborene und Gestorbene in der evangelischen lutherischen Kirchengemeinde Gevelsberg 1680 bis 1754 380

Tab. 3 b: Gestorbene nach Alter und Geschlecht in der evangelischen lutherischen Kirchengemeinde Gevelsberg 1680 bis 1754 381

Tab. 4 a: Monatliche Heiraten, Lebendgeborene und Gestorbene in der evangelischen lutherischen Kirchengemeinde Gevelsberg 1680 bis 1754 382

Tab. 4 b: Monatlich Gestorbene nach Alter und Geschlecht in der evangelischen lutherischen Kirchengemeinde Gevelsberg 1680 bis 1754 . . . 382

Tab. 5 a: Heiraten, Lebendgeborene und Gestorbene in der evangelischen Kirchengemeinde Lünern 1681 bis 1754 383

Tab. 5 b: Gestorbene nach Alter und Geschlecht in der evangelischen Kirchengemeinde Lünern 1681 bis 1754 384

Tab. 6 a: Monatliche Heiraten, Lebendgeborene und Gestorbene in der evangelischen Kirchengemeinde Lünern 1681 bis 1754 385

Tab. 6 b: Monatlich Gestorbene nach Alter und Geschlecht in der evangelischen Kirchengemeinde Lünern 1681 bis 1754 385

Tab. 7 a: Heiraten, Lebendgeborene und Gestorbene in der katholischen Kirchengemeinde Niederwenigern 1680 bis 1754 386

Tab. 7 b: Gestorbene nach Alter und Geschlecht in der katholischen Kirchengemeinde Niederwenigern 1680 bis 1754 387

Tab. 8 a: Monatliche Heiraten, Lebendgeborene und Gestorbene in der katholischen Kirchengemeinde Niederwenigern 1680 bis 1754 388

Tab. 8 b: Monatlich Gestorbene nach Alter und Geschlecht in der katholischen Kirchengemeinde Niederwenigern 1680 bis 1754 388

Tab. 9 a/b: Heiraten, Lebendgeborene und Gestorbene in der katholischen Kirchengemeinde Rhynern 1680 bis 1754 389

Tab. 10 a/b: Monatliche Heiraten, Lebendgeborene und Gestorbene in der katholischen Kirchengemeinde Rhynern 1680 bis 1754 390

Tab. 11 a: Heiraten, Lebendgeborene und Gestorbene in der reformierten Kirchengemeinde Rhynern 1680 bis 1754 391

Tab. 11 b: Gestorbene nach Alter und Geschlecht in der reformierten Kirchengemeinde Rhyncrn 1680 bis 1754 392
Tab. 12 a: Monatliche Heiraten, Lebendgeborene und Gestorbene in der reformierten Kirchengemeinde Rhynern 1680 bis 1754 393
Tab. 12 b: Monatlich Gestorbene nach Alter und Geschlecht in der reformierten Kirchengemeinde Rhynern 1680 bis 1754 393
Tab. 13 a: Heiraten, Lebendgeborene und Gestorbene in der evangelischen Kirchengemeinde Weitmar 1680 bis 1754 394
Tab. 13 b: Gestorbene nach Alter und Geschlecht in der evangelischen Kirchengemeinde Weitmar 1680 bis 1754 395
Tab. 14 a: Monatliche Heiraten, Lebendgeborene und Gestorbene in der evangelischen Kirchengemeinde Weitmar 1680 bis 1754 396
Tab. 14 b: Gestorbene nach Alter und Geschlecht in der evangelischen Kirchengemeinde Weitmar 1680 bis 1754 396
Tab. 15 a: Heiraten, Lebendgeborene und Gestorbene in der evangelisch-reformierten Kirchengemeinde Wiblingwerde 1691 bis 1754 397
Tab. 15 b: Gestorbene nach Alter und Geschlecht in der evangelisch-reformierten Kirchengemeinde Wiblingwerde 1691 bis 1754 397
Tab. 16 a: Monatliche Heiraten, Lebendgeborene und Gestorbene in der evangelisch-reformierten Kirchengemeinde Wiblingwerde 1691 bis 1754 398
Tab. 16 b: Monatlich Gestorbene nach Alter und Geschlecht in der evangelisch-reformierten Kirchengemeinde Wiblingwerde 1691 bis 1754 . . . 398
Tab. 17: Haushalte nach Familientypen in ausgewählten Gebieten der Grafschaft Mark 1685 bis 1766 399
Tab. 18: Familientypen nach dem Anteil und der Anzahl der Mitglieder in ausgewählten Gebieten der Grafschaft Mark 1738 bis 1766 400
Tab. 19: Entwicklung saisonaler Typen in ausgewählten Kirchengemeinden der Grafschaft Mark 1680 bis 1754 401

Zum Geleit

Gisela Lange hat mit der vorliegenden Arbeit wichtige Aspekte der westfälischen Wirtschafts- und Sozialgeschichte neu beleuchtet. Vor dem Hintergrund der Zyklen und Veränderungen der menschlichen Existenz analysiert die Autorin den Wandel von Arbeit und Wirtschaft im ländlichen Raum der Grafschaft Mark vom ausgehenden 17. Jahrhundert bis in die Mitte des 18. Jahrhunderts hinein, als sich die Region im Übergang zum Industriezeitalter befand. Im innerwestfälischen Vergleich stellte der märkische Wirtschaftsraum um 1800 die wohl vielseitigste Gewerbelandschaft dar, die auf dem Land und in den Städten sowohl Metall- als auch Textilgewerbe umfasste. Vor diesem Hintergrund liefert die Autorin eine äußerst detailreiche und erhellende demographisch-statistische Längsschnittbetrachtung, bei der sie Themen wie Heiratsverhalten, Geburtenbeschränkung, Sterblichkeit, Konfessionen und Migration in den Blick nimmt.

Die Gesellschaft für Westfälische Wirtschaftsgeschichte hat diese umfassende Arbeit gerne in ihre Schriftenreihe aufgenommen, weil sie demographische Methoden mit Ansätzen der Sozial- Wirtschafts- sowie Unternehmensgeschichte neuartig verknüpft und eng an ihrer breiten Quellenbasis arbeitet.

Ein besonderer Dank gilt unserem Vorstandsmitglied Herrn Prof. Ulrich Pfister für die wissenschaftliche Begleitung der vorliegenden Studie.

Dortmund im Juli 2011

Joachim Punge
Vorsitzender der Gesellschaft für Westfälische Wirtschaftsgeschichte

Vorwort

Die Wirtschafts- und Sozialgeschichte der Grafschaft Mark hat mich immer wieder in ihren Bann gezogen. Nach dem Erforschen des dortigen ländlichen Gewerbes und agrarhistorischer Quellenstudien ist es nun die märkische Bevölkerungsgeschichte, die mein Forschungsinteresse erneut weckte. Von mehreren Seiten zum Weiterschreiben ermuntert kamen mir die anregenden Rahmenbedingungen der Universitäts- und Stadtbibliothek Köln zugute. Dem Leitenden Bibliotheksdirektor, Herrn Professor Dr. Wolfgang Schmitz, möchte ich recht herzlich danken für seine interessanten Projekte, die mich immer wieder aufs Neue inspirierten.

Herr Professor Dr. Dr. Friedrich-Wilhelm Henning hat die Entwicklung der Arbeit wohlwollend begleitet, wofür ich ihm zu großen Dank verbunden bin. Leider konnte er die Veröffentlichung nicht mehr erleben. Herrn Professor Dr. Wilfried Reininghaus verdanke ich entscheidende Impulse zum Aufbau der Studie. In beeindruckender Weise hat er mir den Blick für wesentliche Zusammenhänge geöffnet und ausdrücklich auf die lokale Ebene gelenkt. Bei ihm möchte ich mich auch an dieser Stelle besonders bedanken. Herrn Professor Dr. Ulrich Pfister gebührt mein herzlicher Dank für die kritische Durchsicht der Arbeit. Für seine weiterführenden Anregungen und konstruktiven Vorschläge bin ich ihm sehr dankbar.

Unvergessen bleiben die Archivbesuche. Im Geheimen Staatsarchiv Preußischer Kulturbesitz in Berlin betreute mich Herr Professor Dr. Jürgen Kloosterhuis. In seiner zuvorkommenden Art ließ er mich an seinem reichen Wissen partizipieren. Dafür habe ich ihm vielmals Dank zu sagen. Im Landeskirchlichen Archiv in Bielefeld waren mir Herr Wolfgang Günther und Herr Melzer kompetente Ansprechpartner, denen ich mich zu Dank verbunden fühle. Dem Referatsleiter der Kirchenbuchabteilung des Erzbistums-Archiv in Paderborn, Herrn Dreier, möchte ich ebenfalls für seine tatkräftige Hilfestellung recht herzlich danken. Im Archiv der Katholischen Pfarre St. Mauritius in Hattingen-Niederwenigern ermöglichte mir Herr Dechant Eberhard Stute Einblick in die dortigen Kirchenbücher nehmen zu dürfen. Ihm und seiner Pfarrsekretärin Frau Mainz gebührt dafür mein aufrichtiger Dank. Für den Hinweis auf die Edition des Herbeder Kirchenbuches möchte ich mich beim Herausgeber, Herrn Otto R. Enneper, vielmals bedanken.

Mein besonderer Dank gilt dem Direktor der Stiftung Westfälisches Wirtschaftsarchiv, Herrn Dr. Karl-Peter Ellerbrock, für die bereitwillige Aufnahme dieser Arbeit in die vorliegende Schriftenreihe. Für das sorgfältige Lektorat und die gute Zusammenarbeit bei der Drucklegung der Studie möchte ich mich bei ihm und seiner Mitarbeiterin Frau Dr. Minneker sowie beim Leiter des Ardey-Verlages, Herrn Ulrich Grabowsky, und seinem Team sehr herzlich bedanken.

Köln im Mai 2010

Gisela Lange

1 Themenbegrenzung und Methodik

„Die Macht eines Staates besteht nicht in der Ausdehnung des Landes, sondern in dem Reichthum und in der Zahl der Bewohner“[1], erklärte Friedrich der Große (1712–1786). Im absolutistischen Fürstenstaat der Frühen Neuzeit war demnach der Mensch[2] der wichtigste Produktionsfaktor. Seine qualitativen und quantitativen Arbeitsleistungen und Fähigkeiten, nach Alter, Geschlecht sowie Beruf differenziert, bildeten die materielle Grundlage für das Ansehen und die Wohlfahrt[3] des Landes.

Nach den Bevölkerungsverlusten des Dreißigjährigen Krieges wurde deshalb die Peuplierung[4] des Staates forciert. Denn eine wachsende Bevölkerung war dazu geeignet, dass, ökonomisch gesehen, ihre Arbeitskräfte die Produktion förderten, die Konsumenten die Nachfrage erhöhten und die Einwohner angemessene Einkommen erhielten. Fiskalisch betrachtet bildeten letztere, in Form von Steuerzahlern, gleichzeitig die Basis zur Verbesserung der Einnahmen[5] der preußischen Schatzkammer. Aus militärischer Sicht konnte damit u. a. das stehende Heer finanziert werden, dem Einheimische als Soldaten angehörten. Die aufgeführten Bereiche standen untereinander sowie mit weiteren Faktoren in enger Wechselbeziehung.[6] Im Kameralismus[7] erstrebte der Landesherr mit der Erhöhung seiner Einnahmen das übergeordnete Ziel seiner Politik, nämlich den Reichtum sowie die Macht des Staates zu vergrößern.

Im Jubiläumsjahr[8] 2009 sind es nun 400 Jahre her, seit das Herzogtum Kleve sowie die Grafschaften Mark[9] und Ravensberg als westliche Teilgebiete[10] den brandenburgischen Hohenzollern[11] vorläufig und ab 1666 endgültig gehörten. Die herausragende Stellung der Grafschaft Mark unter den preußischen Provinzen als bedeu-

1 W. Roscher: Geschichte, S. 394.

2 F.-W. Henning: Deutschland, S. 244.

3 V. Seresse: Normen, S. 101 ff., 108 f.

4 F.-W. Henning: Landwirtschaft, S. 230 ff.; W. Abel: Landwirtschaft, S. 518.

5 F.-W. Henning: Handbuch, S. 756 ff., 763–766; K.-H. Schmidt: Merkantilismus, S. 46; A. Brinck: Auswanderungswelle, S. 154 ff.

6 K. H. Kaufhold: Staatswirtschaft, S. 46 ff.; O. Bötte: Rekrutierung, S. 86 f.; J. Hosfeld-Guber: Merkantilismusbegriff, S. 264.

7 K. H. Kaufhold: Agrar, S. 167; ders., Wirtschaftswissenschaften, S. 51, 64; R. Gömmel: Entwicklung, S. 44–48.

8 Reich bebilderter Begleitband zur Ausstellungsreihe im Jahr 2009 mit acht Beiträgen vgl. Wir sind Preußen. Begleitband zur Jubiläums-Ausstellung der Museen der Stadt Lüdenscheid mit 10 Beiträgen sowie einem umfangreichen Quellen- und Literaturverzeichnis vgl. Preußen – Aufbruch in den Westen; E. Trox: Preußen.

9 Zu Politik und Verwaltung der Grafschaft Mark vgl. J. Kloosterhuis: Fürsten, Räte; M. Frisch: Mark.

10 Zur politischen Geschichte Westfalens vgl. W. Kohl: Geschichte; H. Klueting: Geschichte; G. Engel: Geschichte; K. Hömberg: Landesgeschichte; H. Rothert: Geschichte; A. Hanschmidt: Jahrhundert; M. Wolf: Jahrhundert.

11 Zur Grafschaft Mark als Teil des preußischen Staates vgl. K. Spannagel: Mark; D. Stievermann: Zentralismus.

Abb. 1
Ämter und Gerichte der Grafschaft Mark vor 1753

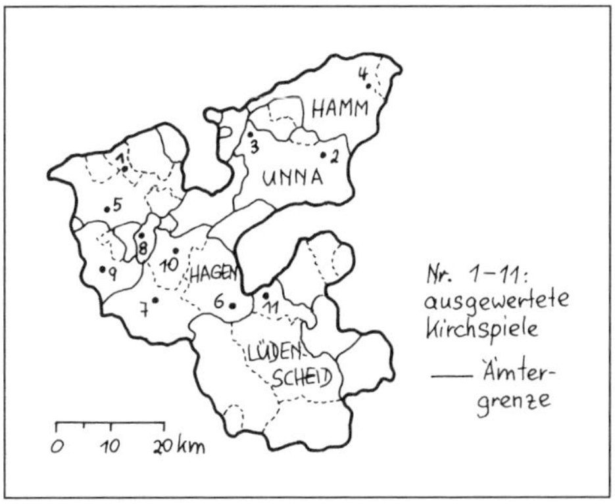

Kirchspiele (nordwärts): 1. Herne, 2. Lünern, 3. Methler, 4. Rhynern, 5. Weitmar; (südwärts): 6. Dahl, 7. Gevelsberg, 8. Herbede, 9. Niederwenigern, 10. Volmarstein, 11. Wiblingwerde. Dargestellt nach den Tab. 2–3.

tendes Wirtschaftsterritorium ist hinlänglich bekannt. Bisher weniger untersucht wurden dagegen bevölkerungsgeschichtliche Fragestellungen. Reininghaus[12] betrachtet dies als ein echtes Desiderat der Forschung. Da in der Frühen Neuzeit etwa 70 Prozent der märkischen Einwohner auf dem Lande lebten, steht im Folgenden die ländliche Bevölkerung für die Zeit nach dem Dreißigjährigen Krieg bis zum Siebenjährigen Krieg im Vordergrund. Es handelt sich dabei um die Periode[13], in der die Agrardepression der Nachkriegsjahrzehnte etwa um die Jahrhundertwende von einer Aufschwungphase abgelöst wurde.

Zur Erforschung bevölkerungsgeschichtlicher[14] Probleme sind Kirchenbücher[15] die serielle historische Quelle des vorstatistischen Zeitalters.[16] Ihre Auswertung[17] richtet sich nach den Fragestellungen. Zwei Vorgehensweisen haben sich herausgebildet, die in der vorliegenden Untersuchung je nach Quellenart eingesetzt wurden. Bei der makrohistorisch-aggregativen Methode[18] werden die Eintragungen der Taufen, Eheschließungen und Beerdigungen anonym ausgezählt. Die aus ungedruckten Kirchenbüchern ermittelte chronologische Vitalstatistik bildet die Grundlage für die Analyse der historischen Entwicklung der märkischen Bevölkerung. Sie beantwortet Fragen nach der saisonalen Heiratsfrequenz, der Illegitimität der Geburten sowie der alters- und geschlechtsspezifischen Mortalität. Die natürlichen, in der Frühen Neuzeit noch wenig beeinflussten Bevölkerungsvorgänge, stehen im Vordergrund.

12 W. Reininghaus: Wirtschaft, Staat, S. 12 f.

13 W. Abel: Agrarkrisen, S. 183.

14 Vgl. G. Mackenroth: Bevölkerungslehre; K. Mayer: Einführung; R. v. Ungern-Sternberg: Grundriß; J. Siegelschmidt: Bevölkerungsgeschichte.

15 Zur Geschichte von Kirchenbüchern vgl. H. Jedin: Konzil; H. Börsting: Geschichte; J. B. Sägmüller: Entstehung.

16 Vgl. E. Pitz: Entstehung; W. G. Rödel: Statistik; F. Irsigler: Möglichkeiten; K.Th. v. Inama-Sternegg: Quellen.

17 Vgl. P. Becker: Leben, Sterben; L. Henry: Kirchenbücher; J. Gmelin: Bedeutung; A. L. Veit: Wert.

18 A. E. Imhof: Einführung, S. 97–101; vgl. ders., Auswertung Resultate; E. A. Wrigley: Bevölkerungsstruktur.

Tab. 1 Regionale und konfessionelle Verteilung ausgewerteter Kirchenbücher märkischer Parochien in der Frühen Neuzeit

Gebiet	Lutherisch		Reformiert		Katholisch
	Klasse	Parochie	Klasse	Parochie	Parochie
Nordwärts der Ruhr	Amt Bochum	Weitmar Herbede* Herne*	Hamm	Rhynern	Rhynern
	Amt Unna/ Kamen	Lünern Methler*			
Südwärts der Ruhr	Amt Wetter	Dahl Gevelsberg Volmarstein	Süderland	Wiblingwerde	Niederwenigern

* = Stammlisten

Bei der mikrohistorischen oder Familienrekonstitutionsmethode[19] werden die Angaben der kirchlichen Dokumente namentlich zu den einzelnen Personen nach ihren familiären Zusammenhängen zugeordnet. Aus den Familienverzeichnissen können Informationen zur demographischen Struktur gewonnen werden hinsichtlich Heiratsalter, Ehedauer und Witwenschaft, innerehelicher Fruchtbarkeit sowie Geburtenintervalle und Familiengröße. Hierbei handelt es sich um eine mehr kulturell bedingte Sichtweise mit sozio-ökonomisch, mentalitätsgeschichtlich sowie volkskundlich geprägten Bedingungen, die in der Historischen Demographie[20] ausschlaggebend sind.

Die Arbeit basiert vorwiegend auf den in Kirchenbüchern verzeichneten Eheschließungen, Taufen und Beerdigungen ausgewählter Gemeinden, die sich auf nördliche und südliche Gebiete der Grafschaft Mark verteilen (vgl. Abb. 1) und im nächsten Kapitel vorgestellt werden. Vor 1753 bestand die märkische Lokalverwaltung aus 13 Ämtern, einschließlich der in Abbildung 1 durch gestrichelte Linien angedeuteten Unterherrlichkeiten sowie sechs kleinerer Eigengerichten.[21] Die ausgewerteten Kirchspiele verteilen sich annähernd gleichmäßig auf den Hellweg und das Süderland, mit dem jeweiligen Schwergewicht auf Landwirtschaft oder Gewerbe.

Tabelle 1 erfasst die für die vorliegende Untersuchung ausgewerteten Kirchenbücher der Grafschaft Mark nach einzelnen Konfessionen. Regional gesehen ver-

19 A. E. Imhof: Einführung, S. 101–106; vgl. ders., Auswertung Familien; R. Gehrmann: Methoden; L. Henry: Démographie; ders., Manuel; ders., Techniques.

20 Zur Einführung in Literatur und Forschungslage der Bevölkerungsgeschichte und Historischen Demographie vgl. A. E. Imhof: Bevölkerungsgeschichte, S. 52–58; Ch. Pfister: Bevölkerungsgeschichte. Entwicklung der Historischen Demographie in Deutschland; vgl. A. E. Imhof: Demographie Deutschland. Internationale Entwicklung; vgl. ders., Einführung. Forschungsüberblick nach 1945 in deutschsprachigen Gebieten; vgl. St. Brakensiek: Regionalgeschichte, S. 210–216.

21 Für die regionalen Abbildungen 2, 4–5, 9–10, 46–47, 59–60, 68–69 wurden aus den Angaben der jeweiligen Ämter und Gerichte mit den dazu gehörigen Eigengerichten und Unterherrlichkeiten Durchschnittswerte gebildet. Die Einzelwerte sind in den entsprechenden Tabellen verzeichnet.

teilen sich die drei christlichen Konfessionen auf verschiedene Kirchspiele, von denen in Rhynern zwei Konfessionen beheimatet waren. Für mehrere lutherische Parochien konnten auch Stammlisten zu hellwegischen Familien analysiert werden.

Ausschlaggebend für die Auswahl der Kirchenbücher waren dabei vor allem der erfasste Zeitraum sowie Umfang und Lesbarkeit der Daten. Während die handschriftlichen Kirchenbücher katholischer Gemeinden im Original eingesehen werden konnten, lagen die evangelisch-lutherischen und reformierten Kirchenbücher als Mikrofiches vor. Neben der äußeren Form unterschieden sich die Quellen auch in der Reihenfolge der Aufzeichnungen. In der Regel wurden die chronologisch geordneten Register der Eheschließungen, Taufen und Beerdigungen jeweils getrennt voneinander geführt. Für das Kirchspiel Lünern liegen die einzelnen Angaben jedoch pro Jahr hintereinander.

Wie aus den Quellenverzeichnissen ersichtlich, beginnen die Einträge in den verschiedenen Kirchenbüchern in unterschiedlichen Jahren. In der reformierten Kirchengemeinde Rhynern z. B. wurden die ersten Ehen 1665 verzeichnet. Zwei Jahre später folgte das Registrieren der Beerdigungen. Aber erst ab 1700 wurden die Taufen vermerkt. Das Kirchenbuch der evangelischen Kirchengemeinde Dahl wurde zwar offiziell ab 1674 geführt. Es fehlen aber die zwischenzeitlichen Einträge der Jahre 1677 bis 1680. Beim 1672 begonnenen Volmarsteiner Kirchenbuch für Taufen und Beerdigungen wurden Eheschließungen erst in späteren Jahren notiert. Das Wiblingwerder Kirchenbuch der Reformierten Gemeinde informiert erst ab 1691 über die kirchlichen Ereignisse.

Der Übersichtlichkeit halber enthält der Tabellenanhang die Daten der ausgewerteten Kirchengemeinden jeweils im Fünfjahresdurchschnitt der Periode 1680 bis 1754 sowie monatsweise. Außerdem werden die absoluten Zahlen auf den Durchschnitt des gesamten Zeitraums bezogen, um die Vergleichbarkeit der Werte zu erleichtern. Bei den Geborenen und Gestorbenen ist der jeweilige Anteil männlicher je 100 weibliche Personen errechnet worden. Weiterhin wurden der Geburtenüberschuss sowie die gestorbenen Säuglinge und Kinder zu den Lebendgeborenen in Beziehung gesetzt.

Die Kirchenbuchführung oblag den jeweiligen Pfarrern. Im Kirchenbuch der evangelisch-lutherischen Gemeinde Gevelsberg[22] heißt es: „Es folgen jetzt die Annotationen vom Pastor Peter Hencke[23] [1632–1718], welcher der hiesigen Pfarre vom Jahr 1664 bis 1718 vorstand.“ Im Kirchenbuch der evangelischen Kirchengemeinde Lünern[24] verzeichnete von 1680 bis 1698 Pastor Johannes von Steinen[25] (1654–1698) die Eheschließungen, Taufen und Beerdigungen. Auf der dann zwei Jahre verwaisten Pfarrstelle wirkte ab 1700 Pastor Bernhard Heinrich Krupp[26] (1671–1730), dem 1730 bis 1762 sein Sohn Johann Anton[27] (1701–1762) folgte.

22 KB Gevelsberg, Bd. 1, unpag.

23 F. W. Bauks: Pfarrer, S. 197 Nr. 2509.

24 K.-H. Landwehr: Kirchspiel, F. 19, unpag.

25 F. W. Bauks: Pfarrer, S. 489 Nr. 6069.

26 Ebd., S. 280 Nr. 3517.

27 Ebd., Nr. 3518.

Dass die Eintragungen mit unterschiedlicher Sorgfalt erfolgten, bezeugen Auslassungen und sogar freie Seiten in den Kirchenbüchern. Bei Vakanz der Stelle half zwischenzeitlich nicht selten der Küster oder Schulmeister, der die kirchlichen Handlungen dann u. U. erst nachträglich notierte. Der Umfang der Einträge differiert in den einzelnen Kirchenbüchern. Bei den Eheschließungen werden Brautleute und Schwiegereltern namentlich genannt. Es fehlen teilweise Herkunftsbezeichnungen und Trauzeugen. Der Taufeintrag enthält den Namen des Vaters und des Kindes. Gelegentlich werden auch Taufpaten aufgeführt. Nur bei illegitimen Geburten ist der Name der Mutter und soweit bekannt auch der des Vaters angegeben. Bei Beerdigungen folgt dem Namen des Gestorbenen das Datum des Begräbnisses. Alter und Todesursache werden unterschiedlich häufig erwähnt.

Neben den Archivalien[28] basiert die Arbeit auf Quellenpublikationen. Hervorzuheben sind dabei die Familienverzeichnisse der Kirchspiele Herbede und Methler, die Mühlenproberegister ausgewählter märkischer Bauerschaften und Städte sowie Editionen in der Zeitschrift Süderland. Zusätzliche Literaturrecherchen zu Einzelfragen[29] erweiteten die Materialgrundlage der Untersuchung.

Die vorliegende demographisch-statistische Längsschnitt-Analyse[30] der ländlichen Bevölkerung der Grafschaft Mark steht im Kontext zu regionalen, wirtschaftlichen und konfessionellen Rahmenbedingungen, die zunächst dargestellt werden. Es folgt die natürliche Bevölkerungsbewegung bezogen auf Nuptialität, Fertilität, Natalität und Mortalität. Nach der Betrachtung der räumlichen Bevölkerungsbewegung schließt sich die der ländlichen Bevölkerungsentwicklung an. Zeitgenössische Zitate ergänzen die mehr als Größenordnungen aufzufassenden Zahlenangaben in den zahlreichen Tabellen und Grafiken. Verständlicherweise werden die ausgewählten Kirchspiele im zweiten und die Migranten-Biographien im achten Kapitel eher qualitativ dargestellt. Bei der Dokumentation der Fakten geht es um die regionale, konfessionelle und lokale Ausprägung der ländlichen Bevölkerungsentwicklung in der Grafschaft Mark vom Ende des 17. bis zur Mitte des 18. Jahrhunderts als einer Teilperiode der Frühen Neuzeit.

28 Zum Geheimen Staatsarchiv Preußischer Kulturbesitz in Berlin vgl. J. Kloosterhuis: Repositurenvielfalt; J. Lehmann: Bestände; W. Reininghaus: Quellen.

29 Bibliographische Angaben zu bevölkerungsgeschichtlichen Regional- und Lokalstudien der letzen 20 Jahre vgl. E. Rettinger: Bevölkerungsgeschichte, S. 506 f.

30 Einführung in Demographie, Bevölkerungsstruktur und -prozess aus der Sicht der Statistik vgl. I. Esenwein-Rothe: Einführung. Zur Bevölkerungsstatistik vgl. H. Abels: Wirtschafts; O. Anderson: Bevölkerungs; K. Bolte: Bevölkerung; U. Mueller: Bevölkerungsstatistik.

2.1 Regionale Bevölkerungsstruktur

Bezogen auf 1722 erhöhte sich die ländliche Bevölkerungszahl der Grafschaft Mark bis 1739 um durchschnittlich 13 Prozent. Abbildung 2 konzentriert die vielgestaltige Entwicklung auf vier Größenklassen. Am stärksten stieg die Bevölkerung in den Ämtern Bochum, Hörde, Iserlohn und Neuenrade, im Hochgericht Schwelm sowie im Gericht Buddenberg an. Der Anteil betrug jeweils über 25 Prozent. Am geringsten entwickelte sich die Bevölkerungszahl in den Ämtern Blankenstein und Lünen sowie in den Gerichten Wetter, Bodelschwingh-Mengede, Herbede und Horst mit einem jeweiligen Anteil von unter einem Prozent.

Tabelle 2 enthält Bevölkerungszahlen der nördlichen ländlichen Gebiete der Grafschaft Mark für ausgewählte Jahre der Frühen Neuzeit. Dabei entfielen mehr als drei Fünftel auf die Ämter Unna/Kamen, Bochum und Hamm. Die übrige Bevölkerung verteilte sich auf weitere Ämter und Gerichte mit jeweils unter sechs Prozent. Werden die Werte des Jahres 1736 gleich Hundert gesetzt, so erhöhte sich die Zahl der Bevölkerung in den ländlichen Gebieten nordwärts der Ruhr um fast ein Fünftel. In den Ämtern Bochum, Hörde und Schwerte lag der Anteil erheblich darüber. Dagegen veränderte sich die Bevölkerungszahl im Amt Hamm und im Gericht Eickel im Zeitablauf nur unwesentlich.

Nach Tabelle 3 konzentrierten sich über 70 Prozent der ländlichen Bevölkerung südwärts der Ruhr auf die Gebiete der Ämter Altena und Wetter. Die anderen Personen lebten in den übrigen Ämtern und Gerichten mit Werten unter jeweils 10 Prozent. Die Bevölkerungszahlen südwärts der Ruhr stiegen im Vergleich zu denen nördwärts der Ruhr in der Frühen Neuzeit etwas geringer an. Sie erhöhten sich in den Ämtern Neuenrade, Iserlohn und Wetter überdurchschnittlich, wogegen die Bevölkerungszahlen in den Kirchspielen des Amtes Altena unter dem Durchschnitt blieben.

In der Literatur variieren die Flächenangaben für die Grafschaft Mark aufgrund unterschiedlicher Raumbegrenzungen und Umrechnungen. Im vorliegenden Fall wurde die geographische Meile zu 55 Quadratkilometer berechnet für das märkische Gebiet ohne Soester Börde, Lippstadt und Amt Neustadt.

Abb. 2
Entwicklung der Bevölkerungszahl in ländlichen Gebieten der Grafschaft Mark 1722 bis 1739

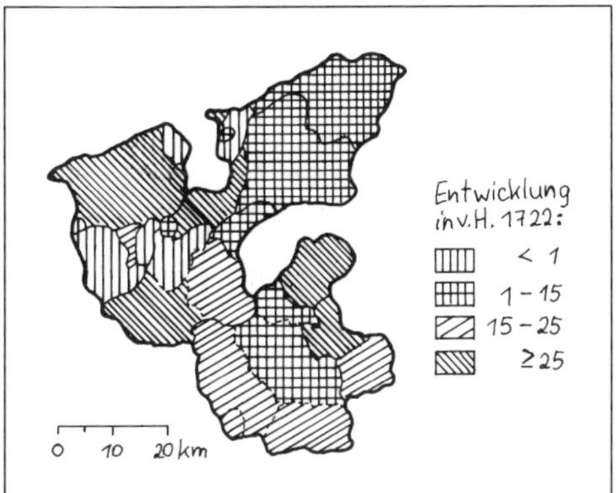

Errechnet und dargestellt nach den Tab. 2–3.

Tab. 2 Bevölkerungszahl in einzelnen ländlichen Gebieten der Grafschaft Mark nördwärts der Ruhr 1722 bis 1739

Gebiet	1722 (1)		1736 (2)		1739 (3)		Entwicklung (1736 = 100)	
	abs.	v. H.	abs.	v. H.	abs.	v. H.	1722	1739
A Bochum	*10 296*	*32*	*9556*	*32*	*12 848*	*36*	*108*	*134*
davon G:								
Bochum	6152	19	5078	17	8376	23	121	165
Castrop	1367	4	1471	5	1374	4	93	93
Strünkede	950	3	1050	3	1100*	3	90	105
Langendreer	947	3	1063	4	1100*	3	89	103
Eickel	880	3	894	3	898	3	98	100
A Unna/Kamen	7620	24	7198*	24	8330	23	106	116
G Reck	720	2	832	3	760	2	86	91
G Heeren	370	1	397	1	476	1	93	120
A Hamm	5979	19	6223	21	6167	17	96	99
G Haren-Üntrop	850	3	800*	3	965	3	106	121
A Hörde	1888	6	1691	5	2537	7	111	150
A Schwerte	904	3	652	2	944	3	139	145
A Lünen	734	2	650	2	690*	2	113	106
G Bodelschwingh-Mengede	1475*	5	1400*	5	1450*	4	105	104
G Witten	515*	2	491	1	566	2	105	115
G Horst	181	1	142	1	150*	0	127	105
G Buddenberg	72	0	85	0	90*	0	85	106
Insgesamt	*31 604*	*100*	*30 117*	*100*	*35 973*	*100*	*105*	*119*

* = Schätzwert; A = Amt; G = Gericht

Errechnet nach: 1) F. Schmidt: Märkisches A-B-C, passim.

2) Ebd.

3) GStA PK: II. HA Gen. Dir., Abt. 18 Kleve, Tit. CXXI, Sect. I, Nr. 4, Vol. 1, Bl. 111 r-136 v, 148 r-158 r.

Im Verlauf der Frühen Neuzeit erhöhte sich die Zahl der ländlichen Einwohner je Quadratkilometer nach Abbildung 3 in den Regionen nord- und südwärts der Ruhr. Es traf für die nördliche Bevölkerungsdichte mehr als für die südliche zu. Der Abstand zwischen beiden vergrößerte sich jedoch nur unerheblich.

Im Jahr 1739 betrug die durchschnittliche Bevölkerungsdichte auf dem Lande der Grafschaft Mark 32 Personen. Wesentlich höher lag sie nach Abbildung 4 im westlichen Gebiet der Grafschaft Mark: im Amt Breckerfeld, dem Hochgericht Schwelm sowie in den Gerichten Wetter, Bodelschwingh-Mengede, Herbede, Stiepel und Witten. Die geringste Bevölkerungsdichte war in den Ämtern Neuenrade und Plettenberg sowie in den Gerichten Meinerzhagen, Altena, Buddenberg und Horst anzutreffen. Sie betrug dort weniger als 25 Einwohner je Quadratkilometer.

Die Bevölkerungszunahme äußerte sich in einer erhöhten Bevölkerungsdichte. Letzere variierte in der Frühen Neuzeit für die ländlichen Gebiete der Grafschaft Mark im Durchschnitt zwischen 27 bis 32 Personen pro Quadratkilometer. Das entsprach einer Zunahme von annähernd einem Fünftel. Die einzelnen Werte für die nördlichen ländlichen Gebiete sind in Tabelle 4 aufgeführt. Die Bevölkerungsdichte der Ämter Bochum, Hörde und Schwerte entwickelte sich überdurchschnittlich.

Tab. 3 Bevölkerungszahl in einzelnen ländlichen Gebieten der Grafschaft Mark südwärts der Ruhr 1722 bis 1739

Gebiet	1722 (1)		1736 (2)		1739 (3)		Entwicklung (1736 = 100)	
	abs.	v. H.	abs.	v. H.	abs.	v. H.	1722	1739
A Altena davon:	*12 720*	*36*	*13 590*	*40*	*14 578*	*37*	*94*	*107*
H Lüdenscheid	4805	13	4735	14	5290	13	101	112
A Breckerfeld	4535	13	5252	15	5283	13	86	101
G Meinerzhagen	2755	8	2941	9	3308	8	94	112
G Altena	625	2	662	2	697	2	94	105
A Wetter davon:	*12 337*	*35*	*11 054*	*33*	*14 097*	*35*	*111*	*127*
H Schwelm	4850	14	4837	14	6089	15	100	126
G Hagen	4518	13	3577	11	5315	13	126	149
G Wetter	2969	8	2640	8	2693	7	112	102
A Blankenstein	3677	10	2801	8	3023	8	131	108
G Bruch	510	1	464	1	574	1	110	124
A Iserlohn	1650	5	1584*	5	2012	5	104	127
G Hemer	840	2	1019	3	1113	3	82	109
A Plettenberg	1182	3	1172	3	1401	4	101	120
A Neuenrade	878	3	843*	3	1266	3	104	150
G Herbede	1050	3	706	2	750*	2	149	106
G Stiepel	570	2	688	2	700*	2	83	102
Insgesamt	*35 414*	*100*	*33 921*	*100*	*39 514*	*100*	*104*	*116*

* = Schätzwert; A = Amt; G = Gericht; H = Hochgericht

Errechnet nach: 1) F. Schmidt: Märkisches A-B-C, passim.

2) Ebd.

3) GStA PK: II. HA Gen. Dir., Abt. 18 Kleve, Tit. CXXI, Sect. I, Nr. 4, Vol. 1, Bl. 111 r-136 v, 148 r-158 r.

Abb. 3
Entwicklung ländlicher Bevölkerungsdichte in der Grafschaft Mark 1722 bis 1739

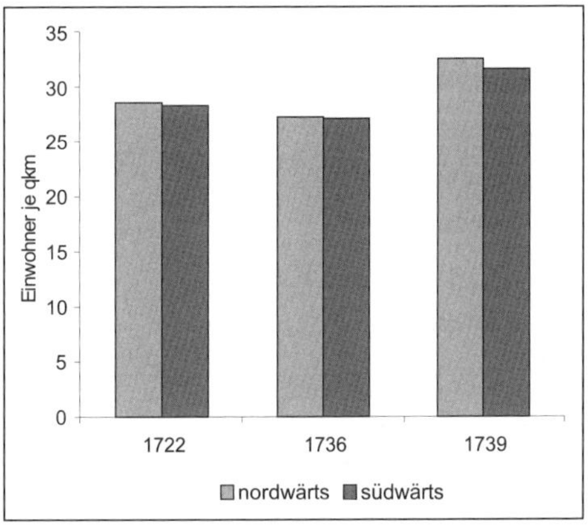

Dargestellt nach den Tab. 4–5.

Tabelle 5 enthält die Angaben zur Entwicklung der Bevölkerungsdichte märkischer Gebiete südwärts der Ruhr. Die Ämter Neuenrade, Wetter und Iserlohn übertrafen den Durchschnittswert von 16 Prozent jeweils um mehr als 10 Prozent. In den Ämtern Altena und Blankenstein sowie im Gericht Hemer z. B. blieben die Anteile um jeweils 10 Prozent unter dem durchschnittlichen Wert.

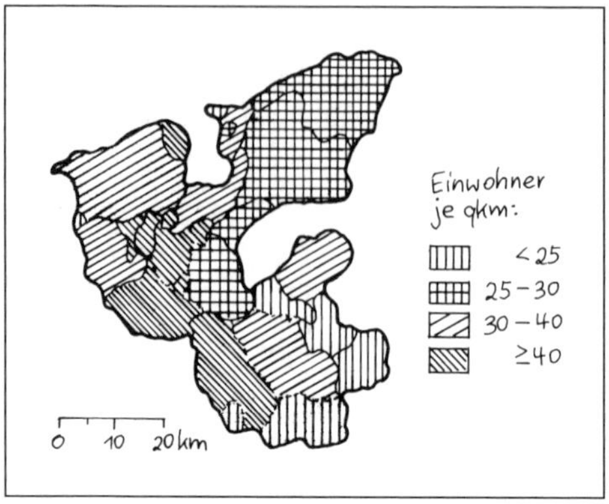

Abb. 4
Bevölkerungsdichte in ländlichen Gebieten der Grafschaft Mark 1739

Errechnet und dargestellt nach den Tab. 4–5.

Tab. 4 Bevölkerungsdichte in einzelnen ländlichen Gebieten der Grafschaft Mark nordwärts der Ruhr 1722 bis 1739

Gebiet	Ø Fläche in qkm		Einwohner je qkm			Zu-/Abnahme zu 1736 in v. H.	
	abs.	v. H.	1722	1736	1739	1722	1739
A Bochum	*334*	*30*	*30,8*	*28,6*	*38,5*	*8*	*35*
davon G:							
Bochum	209	19	29,4	24,3	40,1	21	65
Castrop	85	8	16,1	17,3	16,2	–7	–7
Langendreer	16	1	59,2	66,4	68,7	–11	3
Strünkede	16	1	59,4	65,6	68,7	–10	5
Eickel	8	1	110,0	111,8	112,3	–2	0
A Unna/Kamen	311	28	24,5	23,1	26,8	6	16
G Reck	13	1	55,4	64,0	58,5	–14	–9
G Heeren	9	1	41,1	44,1	52,9	–7	20
A Hamm	225	21	26,6	27,7	27,4	–4	–1
G Haren-Üntrop	23	2	37,0	34,8	42,0	6	21
A Hörde	77	7	24,5	22,0	32,9	11	50
A Schwerte	33	3	27,4	19,7	28,6	39	45
A Lünen	20	2	36,7	32,5	34,5	13	6
G Bodelschwingh-Mengede	24	2	61,5	58,3	60,4	5	4
G Witten	13	1	39,6	37,8	43,5	5	15
G Buddenberg	13	1	5,5	6,5	6,9	–15	6
G Horst	11	1	16,4	12,9	13,6	27	5
Insgesamt	*1106*	*100*	*28,6*	*27,2*	*32,5*	*5*	*19*

A = Amt; G = Gericht

Errechnet nach: P. H. Holthaus: Flächeninhalt, S. 564 f.; F. Schmidt: Märkisches A-B-C, passim; Tab. 2.

2.2 Anzahl ländlicher Feuerstellen

In der Frühen Neuzeit waren in der Grafschaft Mark auf dem Lande durchschnittlich 5 Personen je Feuerstelle anzutreffen. Nach Abbildung 5 differierte dieser Wert in den einzelnen Gebieten. 6 bis 7 Personen befanden sich vorwiegend im östlichen Gebiet des Süderlandes: in den Ämtern Neuenrade und Plettenberg, dem Hochge-

Tab. 5 Bevölkerungsdichte in einzelnen ländlichen Gebieten der Grafschaft Mark südwärts der Ruhr 1722 bis 1739

Gebiet	Ø Fläche in qkm		Einwohner je qkm			Zu- / Abnahme zu 1736 in v. H.	
	abs.	v. H.	1722	1736	1739	1722	1739
A Altena	*482*	*38*	*26,4*	*28,2*	*30,2*	*–6*	*7*
davon:							
H Lüdenscheid	173	14	27,8	27,4	30,6	1	12
G Meinerzhagen	138	11	20,0	21,3	23,9	–6	12
A Breckerfeld	118	9	38,4	44,5	44,8	–14	1
G Altena	53	4	11,8	12,5	13,1	–6	5
A Wetter	*395*	*32*	*31,2*	*28,0*	*35,7*	*11*	*27*
davon:							
G Hagen	210	17	21,5	17,0	25,3	26	49
H Schwelm	141	11	34,4	34,3	43,2	0	26
G Wetter	44	4	67,5	60,0	61,2	12	2
A Blankenstein	112	9	32,8	25,0	27,0	31	8
G Bruch	9	1	56,7	51,6	63,8	10	24
A Iserlohn	75	6	22,0	21,1	26,8	4	27
G Hemer	24	2	35,0	42,5	46,4	–18	9
A Plettenberg	68	5	17,4	17,2	20,6	1	20
A Neuenrade	57	5	15,4	14,8	22,2	4	50
G Herbede	14	1	75,0	50,4	53,6	49	6
G Stiepel	14	1	40,7	49,1	50,0	–17	2
Insgesamt	*1250*	*100*	*28,3*	*27,1*	*31,6*	*4*	*16*

A = Amt; G = Gericht; H = Hochgericht

Errechnet nach: P. H. Holthaus: Flächeninhalt, S. 564 f.; F. Schmidt: Märkisches A-B-C, passim; Tab. 3.

Abb. 5
Durchschnittliche Anzahl Personen je Feuerstelle in ländlichen Gebieten der Grafschaft Mark 1735/36

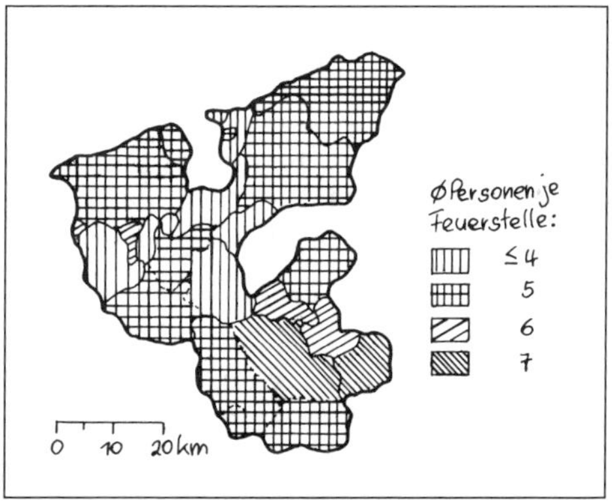

Errechnet und dargestellt nach den Tab. 6–7.

richt Lüdenscheid sowie in den Gerichten Altena, Stiepel und Horst. Unterdurchschnittliche Werte wiesen die Ämter Blankenstein, Hagen, Hörde, Schwerte und Lünen sowie die Gerichte Herbede, Witten und Buddenberg auf.

Im ersten Drittel des 18. Jahrhunderts verteilten sich nach Tabelle 6 die märkischen Feuerstellen in dem Gebiet nordwärts der Ruhr zu drei Fünfteln auf die Ämter Unna/Kamen, Bochum und Hamm. Bei allen übrigen Ämtern und Gerichten, mit Ausnahme von Hörde, betrug der Anteil jeweils weniger als 5 Prozent. Die Spannweite differierte zwischen 3 und 12 Bewohner. An Hektar landwirtschaftlicher Nutzfläche pro Feuerstelle ergab sich ein durchschnittlicher Wert von etwas mehr als 4 Hektar, der von jeweils 1 bis 8 Hektar variierte.

Tabelle 7 weist für den südlichen Teil der Grafschaft Mark die Anzahl der Feuerstellen aus. Die Durchschnittszahl betrug 5 Personen je Feuerstelle. Die Extremwerte lagen zwischen 4 und 7 Bewohner und zeigten damit eine geringere Streubreite als nordwärts der Ruhr. Bei durchschnittlich 3 Hektar je Feuerstelle war der Wert zwar um 1 Hektar geringer als nordwärts der Ruhr. Er besaß aber vergleichsweise eine größere Variationsbreite von 1 bis 10 Hektar.

Geografisch gesehen teilt die Ruhr das Gebiet der Grafschaft Mark in zwei Teile mit annähernd gleicher Größe, aber unterschiedlicher Bodenbeschaffenheit.[1] Auf der Hellwegebene begünstigten die schweren Lehm- und fetten Kleieböden sowie Mergelschichten eher den Ackerbau als die Viehzucht. Im gebirgigen Süderland waren die steinigen, lehmartigen und mageren Böden für den Ackerbau weniger geeignet. Im Kataster der schatzpflichtigen Güter[2] von 1705 heißt es: „[. . .] da ein Gut an den Bergen die Sommer- und das ander die Winterseit haben, in qualitate so sehr different, daß obschon zwei oder mehr Güter in quantitate oder in der Zahl der Morgen oder Malterscheid mit dem andern gleich, jedoch mit dem schier bei sich liegenden in qualitate et bonitate und consequenter in Austrag der Revenues ganz divers [. . .].“ Dagegen förderten die fruchtbaren Wiesen und Weiden der Täler und Abhänge die dortige Viehzucht.

In der Frühen Neuzeit war das Getreide nicht nur die wichtigste Frucht für die menschliche Ernährung, sondern nahm auch den größten Teil der jährlich bebauten Ackerfläche[3] ein. Für den Westfalen war der Roggen das Brotkorn schlechthin, das die Märker neben Hafer, Gerste und Weizen vornehmlich im nördlichen Gebiet anbauten. Hafer gedieh hauptsächlich im südlichen Teil, der von den Getreideüberschüssen des Hellweges profitierte.

Bei der Viehhaltung[4] an Rindvieh, Schafen, Schweinen und Ziegen sowie Kleintieren diente das Pferd im Gebiet nördlich der Ruhr vor allem als Zugtier für die Landwirtschaft. Im Süderland dagegen wurde es häufiger als Lasttier im Fuhrgewerbe eingesetzt. Die Ziege galt als „Kuh des kleinen Mannes“.

Mit einer Kabinettsorder[5] von 1686 wollte Kurfürst Friedrich Wilhelm I. in seinen Ländern den Obstbau fördern, den er über statistische Nachweise kontrollierte. Seine Nachfolger wiederholten die Verordnung, nach der die Heiratserlaubnis[6] von der Vorlage eines Pflanzscheins abhängig gemacht werden sollte. Zwei

1 Charakteristik, S. 187 f.; G. P. H. Norrmann: Handbuch, S. 1128 ff.; J. Schmidt: Geographie, S. 97 f.; vgl. E. Dösseler: Wirtschaft, S. 40–56.

2 Kataster, S. 212.

3 Vgl. G. Lange: Güter 1705; dies., Bodennutzung.

4 Vgl. dies., Güter 1645.

5 O. Behre: Geschichte, S. 238–242.

6 J. Lappe: Geschichte Rhynern, S. 123.

Tab. 6 Anzahl der Feuerstellen und Größe der landwirtschaftlichen Nutzfläche in einzelnen ländlichen Gebieten der Grafschaft Mark nordwärts der Ruhr 1735/36

Gebiet	*Feuerstellen*			Landwirtschaftliche Nutzfläche		
	abs.	v. H.	X	ha	v. H.	Y
A Bochum	*1900*	*30,0*	*5,0*	*10 472,85*	*41,1*	*5,51*
davon G:						
Bochum	1203	19,0	4,2	7496,36	29,4	6,23
Castrop	255	4,0	5,8	856,12	3,4	3,36
Langendreer	203	3,2	5,2	763,57	3,0	3,76
Strünkede	167	2,7	6,3	749,75	2,9	4,49
Eickel	72	1,1	12,4	607,05	2,4	8,43
A Unna/Kamen	1639	25,9	4,4	7486,78	29,4	4,57
G Reck	155	2,4	5,3	348,01	1,4	2,24
G Heeren	89	1,4	4,4	226,51	0,9	2,54
A Hamm	1113	17,6	5,6	2024,67	8,0	1,82
G Haren-Üntrop	173	2,7	4,6	205,00	0,8	1,18
A Hörde	458	7,2	3,7	1655,62	6,5	3,61
A Schwerte	177	2,8	3,6	916,38	3,6	5,18
A Lünen	174	2,8	3,7	647,91	2,5	3,72
G Bodelschwingh-Mengede	288	4,6	4,8	1183,68*	4,6	4,11
G Witten	115	1,8	4,2	130,38	0,5	1,13
G Buddenberg	25	0,4	3,4	42,83	0,2	1,71
G Horst	22	0,4	6,4	115,24	0,5	5,24
Insgesamt	*6328*	*100*	*4,8*	*25 455,86*	*100*	*4,02*

* = Schätzwert; A = Amt; G = Gericht

X = ∅ Personen je Feuerstelle; Y = ∅ ha LN je Feuerstelle

Errechnet nach: Landesarchiv NRW Abteilung Rheinland, Düsseldorf: Kleve Kammer, Nr. 1192, Bl. 10; F. Schmidt: Märkisches A-B-C, passim.

Quellen[7] aus der ersten Hälfte des 18. Jahrhunderts enthalten für süderländische Domänengüter der Renteien Altena, Neuenrade und Iserlohn Angaben zum dortigen Baumbestand. Absolut gesehen übertraf dabei die Anzahl der Apfel- die der Eichenbäume. Der durchschnittliche Wert lag um jeweils 30 Bäume je Gut. Der Bestand an Kirsch- und Birnbäumen war etwa halb so groß. Weniger zahlreich wuchsen Zwetschgen-, Eschen- und Buchenbäume. Ab 1742 versuchte Friedrich der Große auch in der Grafschaft Mark den Anbau von Maulbeerbäumen[8] einzuführen. Aber selbst zwölf Jahre später fand sich noch kein Domänenpächter dazu bereit, solche anzupflanzen.

Die unterschiedliche Beschaffenheit des Landes prägte ebenfalls die Siedlungsform.[9] Im nördlichen Gebiet lagen die geschlossenen Dörfer von den Ländereien getrennt. Dagegen verteilten sich im südlichen Teil der Grafschaft Mark die mit ihren Feldern umgebenden Einzelhöfe über die ganze Flur. Auch in der Bauwei-

7 J. C. Troegelio: Inventarium; J. Hencke: Domänengüter.

8 A. Meister: Seidenbau, S. 3; vgl. G. Vollmer: Maulbeerbaumzucht.

9 H. Schotte: Entwicklung Verhältnisse, S. 334.

Tab. 7 Anzahl der Feuerstellen und Größe der landwirtschaftlichen Nutzfläche in einzelnen ländlichen Gebieten der Grafschaft Mark südwärts der Ruhr 1735/36

Gebiet	*Feuerstellen*			Landwirtschaftliche Nutzfläche		
	abs.	v. H.	X	ha	v. H.	Y
A Altena	*2387*	*35,1*	*5,7*	*9137,29*	*44,1*	*3,83*
davon:						
A Breckerfeld	972	14,3	5,4	2432,66	11,7	2,50
H Lüdenscheid	710	10,4	6,7	4759,94	23,0	6,70
G Meinerzhagen	591	8,7	5,0	1420,62	6,9	2,40
G Altena	114	1,7	5,8	524,07	2,5	4,60
A Wetter	*2453*	*36,1*	*4,5*	*6309,18*	*30,5*	*2,57*
davon:						
H Schwelm	1040	15,3	4,6	3185,30	15,4	3,06
G Hagen	837	12,3	4,3	1449,98	7,0	1,73
G Wetter	576	8,5	5,1	1673,90	8,1	2,91
A Blankenstein	731	10,8	3,8	1012,08	4,9	1,38
G Bruch	116	1,7	4,0	222,86	1,1	1,92
A Iserlohn	326	4,8	4,8	891,96	4,3	2,73
G Hemer	189	2,8	5,4	287,12	1,4	1,52
A Plettenberg	162	2,4	7,2	1656,53	8,0	10,22
A Neuenrade	147	2,1	5,7	424,82	2,0	2,89
G Herbede	175	2,6	4,0	527,99	2,5	3,02
G Stiepel	110	1,6	6,2	244,43	1,2	2,22
Insgesamt	*6796*	*100*	*5,0*	*20 714,26*	*100*	*3,05*

* = Schätzwert; A = Amt; G = Gericht; H = Hochgericht

X = ∅ Personen je Feuerstelle; Y = ∅ ha LN je Feuerstelle

Errechnet nach: Landesarchiv NRW Abteilung Rheinland, Düsseldorf: Kleve Kammer, Nr. 1192, Bl. 11; F. Schmidt: Märkisches A-B-C, passim.

se[10] wirkte sich die kulturräumliche Trennung aus. Vor der Mitte des 18. Jahrhunderts errichteten die Märker im nördlichen Flachland ihre Haupthäuser vorwiegend in Fachwerk, im südlichen Bergland aber in Bruchstein. Für Nebengebäude wie Schuppen, Backhaus und Scheunen z. B. kamen gelegentlich Mischformen vor. Die Dachdeckung erfolgte im Hellweggebiet mit Stroh, wogegen man im Süderland Ziegelpfannen bevorzugte. Bei Agrarsiedlungen des westlichen Sauerlandes[11] bildeten Weiler, mit einer Gruppe von drei bis sechs Höfen, den Übergang zum Gewanndorf. Während das einstöckige Haus in der Ebene dominierte, war das zweistöckige vorwiegend in gebirgiger Gegend anzutreffen. Über den Stallungen lagen noch Wohn- oder Schlafräume.

Die nach der Größe der individuellen landwirtschaftlichen Nutzfläche gebildeten ländlichen Gruppen in Tabelle 8 verteilten sich mit über zwei Dritteln auf die bäuerlichen Gruppen der Grafschaft Mark. Davon entfielen gut zwei Fünftel auf die Mittelbauern. Dem entsprach der etwas geringere Anteil an Kleinbauern und Köttern. Im Süderland dominierte die bäuerliche Gruppe sogar mit einem Anteil von

10 Vgl. Th. Spohn: Bauernhaus.

11 E. Sämer: Siedlungen, S. 30 f., 46.

Tab. 8 Anzahl ländlicher Gruppen nach der Größe landwirtschaftlicher Nutzfläche in der Grafschaft Mark 1705

Ländliche Gruppe (LN in ha)	Grafschaft Mark		Nordwärts der Ruhr			Südwärts der Ruhr	
	abs.	v. H.	abs.	v. H.	X	abs.	v. H.
Häusler (0)	553	8	346	10	63	207	7
Gärtner (0,1–0,5)	253	4	178	5	70	75	2
Kötter (0,5–2)	1214	19	691	21	57	523	16
Unterbäuerliche Gruppe (0–2)	*2020*	*31*	*1215*	*36*	*60*	*805*	*25*
Kleinbauern (2–5)	1373	21	515	15	38	858	27
Mittelbauern (5–20)	2787	42	1314	39	47	1473	46
Großbauern (20–75)	386	6	316	10	82	70	2
Bäuerliche Gruppe (2–75)	*4546*	*69*	*2145*	*64*	*47*	*2401*	*75*
Insgesamt	6566	100	3360	100	51	3206	100

X = Anteil in v. H. je Gruppe

Errechnet nach: G. Lange: Güter 1705, S. 8.

drei Vierteln. Geht man von den ländlichen Gruppen aus, so konzentrierten sich im Hellweggebiet vier Fünftel der Großbauern aber nur knapp zwei Fünftel der Kleinbauern.

Tabelle 9 weist für die Grafschaft Mark die landwirtschaftliche Nutzfläche von den Köttern bis zu den Großbauern aus. Dabei entfiel fast die Hälfte auf die Größenklasse zwischen 5 bis 15 Hektar. Südwärts der Ruhr stieg der Anteil auf fast drei Fünftel. Im Gebiet nordwärts der Ruhr verlagerte sich das Schwergewicht auf die Größenklassen von 10 bis 30 Hektar. Mit zunehmender Größenklasse erhöhte sich der Anteil des Hellweggebietes von den Kleinbauern mit 2 bis 5 Hektar von gut einem Drittel, bis zu den Großbauern mit 50 bis 75 Hektar, auf hundert Prozent. Im Jahr 1705 betrug die durchschnittliche Größe landwirtschaftlicher Betriebe in der Grafschaft Mark 7,79 Hektar. Sie differierte zwischen 6,63 Hektar im südlichen und 8,99 Hektar im nördlichen Gebiet.

Am Beispiel der märkischen Domänengüter kann deren Anzahl und landwirtschaftliche Nutzfläche regional dargestellt werden. Über die Hälfte der Güter konzentrierte sich auf das Gebiet nordwärts der Ruhr (vgl. Tab. 10) mit einer durchschnittlichen landwirtschaftlichen Nutzfläche von fast 20 Hektar. Die größten Güter befanden sich in den Renteien Hamm und Unna. Südwärts der Ruhr war die landwirtschaftliche Nutzfläche je Gut im Durchschnitt mit 14 Hektar geringer. Die Güter in den Renteien Iserlohn, Altena und Neuenrade lagen erheblich darüber, wogegen jene in den Renteien Wetter und Blankenstein noch keine 10 Hektar betrugen. Da je Hof mehrere Feuerstellen vorhanden sein konnten, waren die Angaben landwirtschaftlicher Nutzfläche je Feuerstelle in den Tabellen 6 und 7 niedriger als jene pro Hof in Tabelle 10.

Tabelle 11 enthält die Domänengüter der Grafschaft Mark aufgeschlüsselt nach einzelnen Größenklassen in Hektar landwirtschaftlicher Nutzfläche. Bei einem Durchschnittswert von fast 17 Hektar entfielen über zwei Fünftel der landwirt-

Tab. 9 Nutzfläche landwirtschaftlicher Betriebe nach Größenklassen in der Grafschaft Mark 1705

Größenklasse in ha LN von ... bis unter ...	Grafschaft Mark		Nordwärts der Ruhr			Südwärts der Ruhr	
	ha	v. H.	ha	v. H.	X	ha	v. H.
0,5– 2	1446,41	3	807,57	3	56	638,84	3
2– 5	4675,42	10	1649,35	6	35	3026,07	15
5–10	11 330,44	25	4370,10	17	39	6960,34	36
10–15	10 143,42	23	5744,68	23	57	4398,74	23
15–20	7101,31	16	4449,55	18	63	2651,76	14
20–30	7156,67	16	5677,71	22	79	1478,96	8
30–50	2630,35	6	2384,17	9	91	246,18	1
50–75	407,33	1	407,33	2	100	–	–
0,5–75	*44 891,35*	*100*	*25 490,46*	*100*	*57*	*19 400,89*	*100*

X = Anteil in v. H. je Klasse

Errechnet nach: G. Lange: Güter 1705, S. 13 f.

Tab. 10 Ausgewählte Domänengüter in den Renteien der Grafschaft Mark um 1735

Rentei	Anzahl		Landwirtschaftliche Nutzfläche		
	abs.	v. H.	ha	v. H.	∅ ha je Gut
Hamm	39	17	901,21	23	23,11
Hörde	38	17	723,40	19	19,03
Unna	23	10	464,77	12	20,21
Bochum	22	10	263,85	7	11,99
Nordwärts der Ruhr	*122*	*54*	*2353,23*	*61*	*19,29*
Altena/Neuenrade	31	14	539,96	14	17,42
Wetter	29	13	264,71	7	9,13
Iserlohn	24	10	477,26	13	19,18
Blankenstein	21	9	191,78	5	9,13
Südwärts der Ruhr	*105*	*46*	*1473,71*	*39*	*14,03*
Grafschaft Mark	227	100	3826,94	100	16,86

Errechnet nach: F. Schmidt: Märkisches A-B-C, passim.

schaftlichen Nutzfläche auf die Größenklassen von 30 bis über 50 Hektar. Knapp ein Drittel bezog sich auf die Größenklassen von 15 bis 30 Hektar landwirtschaftlicher Nutzfläche.

Die Kornmärkte in Herdecke und Witten zählten zu den ältesten Marktplätzen[12] in der Grafschaft Mark. Für die vorliegende Darstellung sind deren Preise jedoch nur bedingt brauchbar. Denn von Einzelpreisen seit der Mitte des 16. Jahrhunderts abgesehen, begannen Herdecker Preisreihen[13] erst seit 1740. Die von Witten[14] liegen zwar für die Jahre 1692 bis 1792 vor. Sie berücksichtigen aber den Hafer nur

12 G. Lange: Güter 1645, S. 63 f.

13 W. Reinert: Kornmarkt, S. 209–214, 237–269.

14 Marktbuch von Witten pro 1692 bis 1794 vgl. SAW: Rep. Witten, 4/40, 2a.

Tab. 11 Ausgewählte Domänengüter nach Größenklassen in der Grafschaft Mark um 1735

Größenklasse in ha LN von … bis unter …	*Anzahl*		Landwirtschaftliche Nutzfläche		
	abs.	v. H.	ha	v. H.	Ø ha je Gut
< 2	29	13	31,52	1	1,08
2– 5	32	14	109,68	3	3,43
5–10	34	15	259,64	7	7,63
10–15	42	18	518,55	13	12,34
15–20	31	14	525,74	14	16,96
20–30	24	11	576,41	15	24,02
30–50	23	10	856,10	22	37,22
≥ 50	12	5	949,30	25	79,11
Insgesamt	*227*	*100*	*3826,94*	*100*	*16,86*

Errechnet nach: F. Schmidt: Märkisches A-B-C, passim.

sporadisch. Außerdem ist davon auszugehen, dass die Märker in der Frühen Neuzeit auch auf anderen Märkten, besonders bei Preissteigerungen, ihr Korn einkauften.[15] Daher wurde auf die westfälischen Preise von Münster zurückgegriffen (vgl. Tab. 12). Sie ermöglichen Durchschnittspreise für den gesamten Untersuchungszeitraum und die Kornsorten Roggen, Gerste und Hafer. Das Vorgehen lässt sich dahingehend rechtfertigen, dass nicht das Niveau der Einzelpreise, sondern der langfristige Trend im Vordergrund stehen soll. Letzterer war nach Abel[16] ebenso auf auswärtigen Märkten nachweisbar.

Die in Tabelle 12 aufgeführten durchschnittlichen Getreidepreise gelten für einen Zeitraum von vier oder sechs Wochen um Martini. Für eine bessere Vergleichbarkeit der Preisentwicklung wurde der Durchschnittswert der Jahre 1680/1754 in der jeweiligen zweiten Spalte gleich Hundert gesetzt. Trotz unterschiedlicher Preisniveaus für die drei aufgeführten Getreidearten zeigen sich analoge Preisverläufe. Die drei Preistäler 1685/89, 1700/04 und 1730/34 wurden von den Preisgipfeln 1695/99, 1710/14 sowie 1750/54 abgelöst.

2.3 Struktur schatzpflichtiger Güter

In der Frühen Neuzeit lassen sich die märkischen Bauern je nach der persönlichen und besitzrechtlichen Abhängigkeit in drei Hauptgruppen[17] einteilen: Zur ersten Gruppe gehörten die freien Bauern, die unabhängig waren von einem Leib- und einem Grundherrn. Sie leisteten nur dem Landesherrn und der Kirche gegenüber Abgaben. Da in der Grafschaft Mark das Anerbenrecht[18] vorherrschte, sollten die unteilbaren Güter jeweils auf den Ältesten übertragen werden. Dass dies

15 F. C. Müller: Choragraphie, S. 11.

16 W. Abel: Massenarmut, S. 156 ff.

17 G. Lange: Güter 1705, S. 106–109.

18 Vgl. K. Scharpwinkel: Eigentumsordnungen; H. Mauß: Anerbenrecht; F. Brauns: Geschichte; J. Rüffer: Erbfolgerecht; ders., Vererbungsstrategien.

Tab. 12 Durchschnittspreise einzelner Getreidearten pro Malter in Münster 1680 bis 1754 (Fünfjahresdurchschnitte)

Lustrum	Roggen		Gerste		Hafer	
	Rtl.	X	Rtl.	X	Rtl.	X
1680/84	5,25	91	4,38	97	2,35	91
1685/89	3,96	68	3,30	73	2,18	85
1690/94	5,92	102	4,48	99	2,83	110
1695/99	8,80	152	5,85	129	3,28	127
1700/04	4,57	79	4,06	90	2,38	92
1705/09	5,33	92	4,41	97	2,66	103
1710/14	7,05	122	5,00	110	2,93	114
1715/19	6,70	116	5,30	117	2,95	115
1720/24	5,80	100	4,40	97	2,20	85
1725/29	5,76	100	4,85	107	2,48	96
1730/34	4,57	79	3,90	86	2,20	85
1735/39	5,17	89	4,08	90	2,40	93
1740/44	5,43	94	4,08	90	2,34	91
1745/49	6,16	106	4,87	108	2,67	104
1750/54	6,26	108	4,85	107	2,80	109
1680/1754	*5,56*	*100*	*4,41*	*100*	*2,53*	*100*

X = Durchschnitt für 1680/1754 je Getreideart = 100

Errechnet nach: Preise, S. 69–71, 122 f., 184 f.

nicht immer konsequent eingehalten wurde zeigt das Beispiel der Lüdenscheider Freigüter.[19] Die ursprünglichen 15 Güter vermehrten sich im Laufe des 18. Jahrhunderts durch Verkauf und Erbteilung einzelner Absplisse auf 55. Deren Wert variierte in der Mitte des 18. Jahrhunderts zwischen 200 bis 2000 Reichstalern. Der durchschnittliche Betrag lag bei 830 Reichstalern. Die Freigüter konzentrierten sich vornehmlich in den Ämtern Altena und Neuenrade. Sie unterstanden der Gerichtsbarkeit der dortigen Freigrafen, ohne deren Genehmigung die Güter nicht veräußert werden durften.

Die persönlich freien Pächter als zweite Gruppe waren besitzrechtlich an den Grundherrn gebunden. Die Güter konnten in Erb- oder Zeitpacht übernommen werden, was in verschiedenen Bezeichnungen ausgedrückt wurde. Leibgewinngüter kamen in der Grafschaft Mark am häufigsten vor. Man verlieh sie auf das Leben eines oder beider Ehegatten. Den Pächtern gehörten meist Vieh und totes Inventar, wie u. a. Gerätschaften, Mobiliar, Kleidung und Wäsche. Über die unterschiedliche Ausstattung der Güter geben die bei Eheverträgen, Leibzucht, Pachtübergabe oder Todesfällen entstandenen Nachlassinventare[20] Auskunft.

Als letzte Gruppe sind die Eigenbehörigen zu nennen, die dem Leib- und Grundherrn in persönlicher und besitzrechtlicher Abhängigkeit unterstanden. Die Leibeigentumsgüter hatten sich aus der Hofhörigkeit herausgebildet. In der Grafschaft

19 R. Graewe: Freigüter, passim.

20 Allgemein vgl. P. Löffler: Inventare. Zu Lüdenscheider Gütern vgl. W. Reininghaus: Kirchtürme, S. 235 ff. (für 1726); R. D. Kohl: Inventar (für 1731); Schichtungsvertrag (für 1750); Gut (für 1755); Erbteilung (für 1759).

Tab. 13 Schatzpflichtige Güter nach Dienstarten als Besitzrechtsgruppen in ausgewählten Gebieten der Grafschaft Mark 1731

Region/Gebiet	Anzahl	Besitzrechtsgruppe (Dienstart) in v. H. (Zeilenprozente)			
		Häusler, Kötter (Handdienste)	Halbbauern (Eggedienste)	Vollbauern (Pflugdienste)	Großbauern (Düngeldienste)
Nordwärts der Ruhr:					
A Hamm	687	43	18	35	3
A Schwerte	116	41	–	50	9
Südwärts der Ruhr:					
G Hagen	458	46	39	15	–
A Iserlohn	184	36	15	33	16

A = Amt; G = Gericht

Errechnet nach: A. Sellmann: Richterdienstpflichtigen, S. 114; G. Lange: Güter 1705, S. 72.

Mark bestand jedoch kein Untertänigkeitsverhältnis im Sinne des Allgemeinen Landrechts. Der märkische Grundbesitz war weit verstreut. Die Grundherren unterhielten selbst keine ausgedehnten Güter wie in den Gebieten östlich der Elbe. Es handelte sich vielmehr um eine Rentengrundherrschaft, da Adel, Kirche und Landesherr sowie Privatpersonen in der Grafschaft Mark größtenteils von dem Einkommen ihrer verpachteten Güter lebten.

Gemäß ihrer besitzrechtlichen Stellung erbrachten die schatzpflichtigen Güter[21] in der Frühen Neuzeit Hand-, Spann- oder Fuhrdienste, die gemessen oder ungemessen, real und/oder monetär geleistet werden konnten. Als Empfänger der Dienste kamen der Landesherr, die Gemeinde oder der Grund- und Gerichtsherr in Betracht. Für das Amt Hamm[22] galt: „Handdienste, so oft derselbe ein Erbherr benötigt ist, oder wöchentlich einen Handdienst, zusammen 2 Rtl.“ „Feldthauve [...] Muß dem lutherischen Pastori zu Gelsenkirchen Spandienste leisten, so oft nötig und erfordert wird, welches ohngefehrlich zu 20 Spandienste angeschlagen.“[23] Der Umfang der zu leistenden Dienste richtete sich nach der Zugehörigkeit des Gutes zu einer bestimmten Besitzrechtsgruppe, die ursprünglich unterschiedliche Rechts- und Vermögensverhältnisse widerspiegelte. Aber bereits im 17. Jahrhundert besaßen die Güter innerhalb einer Besitzrechtsgruppe nicht mehr die gleiche Größe.

Für ausgewählte märkische Regionen enthält Tabelle 13 schatzpflichtige Güter nach Dienstarten. Bei allen Gebieten entfielen etwa zwei Fünftel auf Häusler und Kötter. Nur im Amt Schwerte bildeten die Vollbauern die größte Gruppe, deren Anteil in den übrigen Gebieten zwischen 15 und 35 Prozent differierte. Eine ähnliche Streuung zeigten die Halbbauern. Die Großbauern dominierten nur im Amt Iserlohn, wogegen die Anteile in den übrigen Gebieten unter 10 Prozent lagen. Das Gericht Hagen wies keine Großbauern auf.

Die zwei folgenden Tabellen verdeutlichen für ein nördliches Gebiet (Amt Bochum) und ein südliches (Amt Iserlohn) die unterschiedliche Größe der Besitz-

21 G. Lange: Güter 1705, S. 69–88.

22 Kataster, S. 12.

23 Ebd., S. 202 Nr. 3435.

Tab. 14 Ausgewählte Besitzrechtsgruppen nach Größenklassen landwirtschaftlicher Nutzfläche im Amt Bochum 1705

Größenklasse in ha LN von ... bis unter ...	Halbkötter (bis 26 Handdienste)		Vollkötter (52 Handdienste)		Halbbauern (bis 26 Spanndienste)		Vollbauern (52 Spanndienste)	
	abs.	v. H.	abs.	v. H.	abs.	v. H.	abs.	v. H.
< 0,5	54	31	53	25	–	–	–	–
0,5– 2	68	38	68	32	–	–	–	–
2– 5	36	20	59	28	7	4	–	–
5–10	11	6	20	9	37	23	6	9
10–20	8	5	8	4	86	54	27	42
≥ 20	–	–	4	2	30	19	32	49
Insgesamt	*177*	*100*	*212*	*100*	*160*	*100*	*65*	*100*

Errechnet nach: G. Lange: Güter 1705, S. 82.

Tab. 15 Ausgewählte Besitzrechtsgruppen nach Größenklassen landwirtschaftlicher Nutzfläche im Amt Iserlohn 1705

Größenklasse in ha LN von ... bis unter ...	Häusler, Kötter (Handdienste)		Halbbauern (Eggedienste)		Vollbauern (Pfugdienste)		Großbauern (Düngeldienste)	
	abs.	v. H.	abs.	v. H.	abs.	v. H.	abs.	v. H.
< 0,5	20	34	–	–	–	–	–	–
0,5– 2	31	52	2	8	–	–	–	–
2– 5	7	12	19	76	16	30	1	3
5–10	1	2	3	12	24	45	7	24
10–20	–	–	1	4	11	21	18	60
≥20	–	–	–	–	2	4	4	13
Insgesamt	*59*	*100*	*25*	*100*	*53*	*100*	*30*	*100*

Errechnet nach: G. Lange: Güter 1705, S. 83.

rechtsgruppen nach Größenklassen landwirtschaftlicher Nutzfläche. In beiden Fällen verlagerte sich mit zunehmender Größenklasse das Schwergewicht von den Hand- auf die Spanndienste. Nach Tabelle 14 besaßen im Amt Bochum mehr als zwei Drittel der Halbkötter bis zu 2 Hektar an Land. Drei Fünftel der Vollkötter bebauten eine landwirtschaftliche Nutzfläche von jeweils 0,5 bis 5 Hektar. Drei Viertel der Halbbauern hatten 5 bis 20 Hektar an Land, wogegen annähernd die Hälfte der Vollbauern mehr als 20 Hektar Land ihr eigen nannten.

Im Amt Iserlohn konzentrierte sich die Hälfte der Häusler und Kötter auf eine landwirtschaftliche Nutzfläche von 0,5 bis 2 Hektar (vgl. Tab. 15). Drei Viertel der Halbbauern wiesen 2 bis 5 Hektar an Land auf. Gut zwei Fünftel der Vollbauern besaßen eine landwirtschaftliche Nutzfläche von 5 bis 10 Hektar. Bei drei Fünfteln der Großbauern dominierten 10 bis 20 Hektar Land. Da die Besitzrechtsgruppen der Ämter Iserlohn und Bochum nach jeweils unterschiedlichen Kriterien gebildet wurden, können sie zwar im Einzelnen nicht miteinander verglichen werden. Sie bestätigen aber in beiden Fällen die unterschiedliche Größe zwischen Besitzrechtsgruppen und landwirtschaftlicher Nutzfläche.

Stand bisher die Größe der Besitzrechtsgruppen im Vordergrund, so beziehen sich die Tabellen 16 und 17 auf die Entwicklung der schatzpflichtigen Güter in der Frü-

Tab. 16 Regionale Entwicklung schatzpflichtiger Güter im Amt Bochum 1664 bis 1705

Amt/Bauerschaft	1664		1705		Zu-/Abnahme	
	abs.	v. H.	abs.	v. H.	abs.	v. H.
Mittelamt	*346*	*36*	*393*	*38*	*47*	*14*
darunter Bauerschaft:						
Herne	44	5	56	5	12	27
Eickel	29	3	43	4	14	48
Bickern	27	3	30	3	3	11
Baukau	27	3	29	3	2	7
Oberamt	*310*	*33*	*328*	*32*	*18*	*6*
darunter Bauerschaft:						
Langendreer	72	8	76	7	4	6
Harpen	34	4	41	4	7	21
Lütgendortmund	33	3	38	4	5	15
Marten	29	3	27	3	–2	–7
Niederamt	*297*	*31*	*312*	*30*	*15*	*5*
darunter Bauerschaft:						
Gelsenkirchen	49	5	60	6	11	22
Braubauerschaft	32	3	36	3	4	13
Höntrop	28	3	29	3	1	4
Schalke	23	2	23	2	0	0
Amt Bochum	*953*	*100*	*1033*	*100*	*80*	*8*

Errechnet nach: E. Schulte: Bevölkerung, S. 24–154; Kataster, S. 136–211.

Tab. 17 Entwicklung schatzpflichtiger Güter nach Besitzrechtsgruppen im Amt Iserlohn 1666 bis 1705

Besitzrechtsgruppe (Dienstart)	1666		1705		Zu-/Abnahme	
	abs.	v. H.	abs.	v. H.	abs.	v. H.
Häusler, Kötter (Handdienste)	58	35	62	36	4	7
Halbbauern (Eggedienste)	18	11	27	15	9	50
Vollbauern (Pfugdienste)	60	36	53	30	–7	–12
Großbauern (Düngeldienste)	31	18	33	19	2	6
Amt Iserlohn	*167*	*100*	*175*	*100*	*8*	*5*

Errechnet nach: Landesarchiv NRW Abteilung Westfalen, Münster: KMR, Lds, Nr. 443, Bl. 2 r-3 r; Kataster, S. 379–387.

hen Neuzeit. Nach Tabelle 16 nahm die Anzahl der Bochumer Güter im Durchschnitt um 8 Prozent zu. Die Regionalwerte streuten voneinander. Im Vergleich zum Niederamt verdreifachte sich der Anteil im Mittelamt auf 14 Prozent. In der Bauerschaft Eickel z. B. konnte sich die Anzahl schatzpflichtiger Güter um fast 50 Prozent erhöhen. In Harpen und Gelsenkirchen stieg sie um ein Fünftel.

Im Amt Iserlohn betrug die Zunahme schatzpflichtiger Güter in der Frühen Neuzeit durchschnittlich fünf Prozent (vgl. Tab. 17). Sie lag damit etwas niedriger als im Amt Bochum. Auf einzelne Besitzrechtsgruppen bezogen ergaben sich erhebliche Abweichungen. Während die Anzahl der Halbbauern sich am stärksten vergrößerte, verminderte sich die der Vollbauern um 12 Prozent. Die Anzahl der Häusler, Kötter und Großbauern entwickelten sich nur unwesentlich über dem Durchschnittswert.

2.4 Anzahl ländlicher Nahrungstreibender

Die preußische Verordnung „Principia regulativa“ von 1718 bezog sich auf die dortige Niederlassung[24] ländlicher Gewerbetreibender. Außer den seit 1653 zugelassenen Leinewebern, Schneidern und Schmieden waren ebenso Rademacher und Zimmerleute auf dem platten Lande erlaubt, sofern sie Handwerksstellen von 1624 innehatten. Wegen ihres geringen Entgeltes konnten ebenfalls Küster und Schulmeister eines der fünf genannten Gewerbe ausüben. Nach einem Edikt von 1732 durften auch Leineweber, Schneider, Schmiede und Rademacher, deren Stellen bereits 1664 vorhanden waren, auf dem platten Lande bleiben. Gemäß den dortigen Umständen wurden die ländlichen Reidemeister[25] und Schmiede, Drahtzieher, Fingerhut- sowie Papiermacher in der Grafschaft Mark weiterhin ausdrücklich geduldet. Das Fördern neuer Gewerbe auf dem platten Lande geschah mit unterschiedlichem Erfolg. So wurde der von Friedrich dem Großen angeregte Seidenbau[26] z. B. nur sehr zögerlich in Angriff genommen.

Je nach der räumlichen Zuordnung von Produktion und Absatz lassen sich verschiedene Betriebsformen[27] unterscheiden. Bei gleichzeitiger Dezentralisation handelte es sich um die handwerkliche Fertigung, die vorwiegend für den lokalen Markt produzierte. Im ländlichen Metall- und Textilhandwerk wurden die dem Handwerker gehörenden Erzeugnis- und Betriebsstoffe in eigenen Räumen für den fremden Bedarf verarbeitet. Die ländlichen Schneider dagegen besaßen wohl kaum eigene Werkstätten. Sie bearbeiteten die dem Kunden gehörenden Materialien in dessen Haus gegen Lohn.

Die dezentralisierte Produktion mit zentralisiertem Absatz betraf den Verlag als wesentliche Betriebsform für die großgewerbliche Herstellungsweise. Die Abhängigkeit zwischen Verleger und Verlegten differierte im ländlichen Gewerbe der Grafschaft Mark je nach den Besitzverhältnissen von Arbeitsstätte, Werkzeugen und Materialien. Sie variierte vom selbständigen Handwerksmeister mit Gehilfen und teilweisem Eigenverkauf wie z. B. im Metallgewerbe[28] bis zum völlig abhängigen Heimarbeiter u. a. bei Spinnerei, Weberei und Bleicherei. Gleichzeitige Zentralisation von Produktion und Absatz in der Manufaktur war im ländlichen Gewerbe der Grafschaft Mark in der Frühen Neuzeit erst von untergeordneter Bedeutung.

Die Produktion von Massengütern für den überregionalen Markt, unabhängig von der angewandten Produktionstechnik[29], bildete nach dem Konzept der „Protoin-

24 G. Lange: Gewerbe, S. 81 f.

25 Vgl. J. Bracht: Reidung. Zur Geschichte des Osemundgewerbes vgl. D. Woeste: Osemund.

26 Vgl. A. Meister: Seidenbau.

27 G. Lange: Gewerbe, S. 92 ff.

28 Vgl. K. H. Kaufhold: Metallgewerbe.

29 F.-W. Henning: Handbuch, S. 253.

dustrialisierung“[30] eine zentrale Rolle beim Übergang vom Feudalismus zum Kapitalismus. Ob damit für die Grafschaft Mark ein beschleunigtes Bevölkerungswachstum verbunden war, wird in der Literatur[31] kontrovers beurteilt. Demgegenüber hob Kaufhold[32] das Vorhandensein frühneuzeitlicher Gewerbelandschaften als wichtige Voraussetzung für die nachfolgende Industrialisierung hervor. Seine 39 untersuchten Gebiete mit überdurchschnittlich großer Dichte und überörtlicher Bedeutung des Gewerbes reduzierte er auf 11 Typen. Demnach gehörte die Gewerbelandschaft der Grafschaft Mark zum Typ mit Polystruktur, bei der im Metall- und Textilgewerbe, relativ gesehen, die städtische Produktion sowie die nicht handwerklichen Betriebsformen dominierten. Von den absoluten Zahlen[33] her gab es mehr ländliche als städtische Gewerbetreibende, was auch für die dort nebengewerblich Arbeitenden zutraf. Ausschlaggebende Standortvorteile für die weitere Entwicklung waren Verfügbarkeit von Arbeitskräften, kostengünstige Roh-, Hilfs- und Betriebsstoffe sowie der Zugang zu Exportmärkten.

Nach Tabelle 18 entfiel in der Frühen Neuzeit ein Drittel der ländlichen Gewerbetreibenden der Grafschaft Mark auf das Textil- und Bekleidungsgewerbe, mit Schwergewicht im Hellweggebiet, sowie ein Viertel auf das Metallgewerbe, das im Süderland dominierte. Interessant war die Berufsdifferenzierung der Schmiede für einzelne Produkte wie z.B. Büchsen, Klingen und Messer, Nägel, Schwerter sowie Sensen. Von den anderen Gewerbezweigen traten die Schuster und Bäcker zahlenmäßig in den Vordergrund.

In Abbildung 6 wurden die Nahrungstreibenden und Handwerker der beiden Regionen jeweils gleich Hundert gesetzt und auf einzelne Gewerbezweige verteilt. Die größten regionalen Unterschiede traten beim Textil- und Metallgewerbe hervor. Im Hellweggebiet arbeiteten über zwei Fünftel im Textil-, aber nur 10 Prozent der Nahrungstreibenden und Handwerker im Metallgewerbe. Im Süderland dagegen war ein Drittel im Metall- und ein Viertel der Gewerbetreibenden im Textilgewerbe anzutreffen. Nach Müller[34] lag Milspe „in einem tiefen Thal, worin sich die Rahlenbeck, Heilenbeck und Enipe vereinigen. Dieses Thal schallt unaufhörlich von dem Getöse der hier sich zusammendrängenden Rohstahlhämmer, Reckhämmer, Schleifkotten und Kleinschmieden, und dem Geklapper einer hier befindlichen Mühle.“ Für Langerfeld[35] heißt es: „Das ganze Dorf klappert. In allen Häusern befinden sich 2, 3 und mehrere Bandstühle oder so genannte Lindsgetauen. Es ist so stark bebauet und bevölkert, als manche Stadt.“ Bereits 1735 lebte in den märkischen Bauerschaften Langerfeld und Nächstebreck fast die Hälfte der dort im Textilgewerbe Tätigen[36] vorwiegend von der Heimarbeit. Bei den übri-

30 Vgl. P. Kriedte: Industrialisierung; ders., Sozialgeschichte; W. Reininghaus: Gewerbe, S. 81–90; A. Mosser: Proto-Industrialisierung; U. Pfister: Wachstum.

31 St. Gorißen: Protoindustrialisierung, S. 166ff.; vgl. ders., Handelshaus; ders., Korporation; G. Hohorst: Wirtschaftswachstum; Ch. Pfister: Bevölkerungsgeschichte, S. 119f.; W. Troßbach: Beharrung, S. 120–123.

32 K.H. Kaufhold: Gewerbelandschaften, S. 156–159, 184f.

33 G. Lange: Gewerbe, S. 16.

34 F. Ch. Müller: Chorographie, S. 46.

35 Ebd., S. 44.

36 M. Knieriem: Migration, S. 168.

Tab. 18 Ländliche Nahrungstreibende und Handwerker in der Grafschaft Mark 1743

Gewerbe / Beruf	Grafschaft Mark		Südwärts der Ruhr			Nordwärts der Ruhr	
	abs.	v. H.	abs.	v. H.	X	abs.	v. H.
Textil/Bekleidung	1452	33	686	26	47	766	44
davon:							
Leineweber	917	21	441	16	48	476	27
Schneider	461	10	197	7	43	264	15
Metall	1070	24	887	33	83	183	10
davon Schmiede:							
Huf-, Grob-	314	7	167	6	53	147	8
Osemund-	135	3	135	5	100	–	–
Reck-, Stabeisen-, Stahlschmiede	134	3	132	5	99	2	0
Bau, Steine, Erden	759	17	425	16	56	334	19
davon:							
Zimmerer	385	9	197	7	51	188	11
Leder	511	12	266	10	52	245	14
davon:							
Schuster	501	11	258	10	51	243	14
Holz, Papier	380	9	237	9	62	143	8
davon:							
Rademacher	116	3	79	3	68	37	2
Tischler	87	2	51	2	59	36	2
Nahrung	235	5	171	6	73	64	4
davon:							
Bäcker	207	5	156	8	75	51	3
Sonstige	14	0	6	0	43	8	1
Insgesamt	*4421*	*100*	*2678*	*100*	*61*	*1743*	*100*

X = in v. H. je Gewerbe / Beruf

Errechnet nach: GStA PK: II. HA Gen. Dir., Abt. 18 Kleve, Tit. CLXX, Nr. 5, Vol. 2, Bl. 259 v-260 r, 400 v-401 r.

gen Gewerbezweigen prägten sich die regionalen Besonderheiten weniger stark aus.

In den zwei folgenden Tabellen wird die Entwicklung ländlicher Nahrungstreibender und Handwerker jeweils getrennt für die nördliche und südliche Region der Grafschaft Mark aufgeführt. Die Anzahl der hellwegischen Gewerbetreibenden erhöhte sich nach Tabelle 19 von 1731 bis 1743 im Durchschnitt um etwa ein Viertel. Nur im Kassendistrikt Hamm verringerte sich der Anteil um mehr als 10 Prozent. Bezogen auf das Jahr 1743 nahm die Anzahl der Gewerbetreibenden bis 1748 durchschnittlich um vier Prozent zu. In den einzelnen Kassendistrikten variierte der Anteil bis 31 Prozent, wie im Hammschen Distrikt. Dagegen nahm die Anzahl der Gewerbetreibenden z. B. in den Kassendistrikten Unna, Hörde, Kamen und Castrop ab.

In den südlichen Kassendistrikten stieg die Anzahl der Gewerbetreibenden von 1743 bis 1748 im Durchschnitt um fünf Prozent an (vgl. Tab. 20). Die Kassendistrikte Iserlohn, Blankenstein, Lüdenscheid und Hattingen z. B. verzeichneten eine

Abb. 6
Anteil ländlicher Nahrungstreibender und Handwerker nach Gewerbezweigen in der Grafschaft Mark 1743

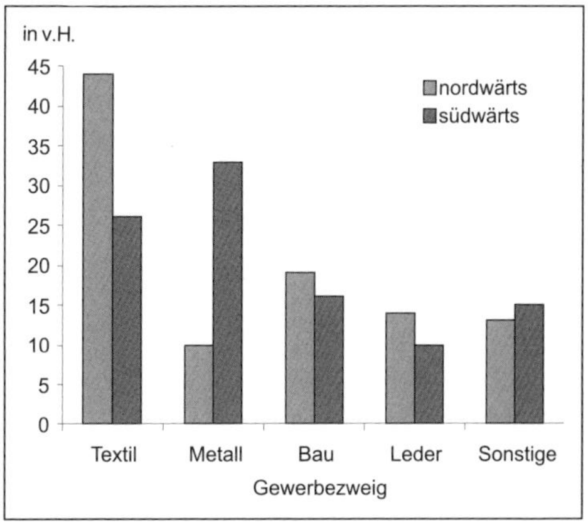

Errechnet und dargestellt nach Tab. 18.

Tab. 19 Entwicklung ländlicher Nahrungstreibender und Handwerker in der Grafschaft Mark nordwärts der Ruhr 1731 bis 1748

Kassendistrikt / Gericht	1731 (1)		1743 (2)		1748 (3)		Entwicklung (1743 = 100)	
	abs.	v. H.	abs.	v. H.	abs.	v. H.	1731	1748
Bochum	451	36	525	30	602	33	86	115
Unna	302	24	520	30	415	23	58	80
Hamm	254	21	227	13	297	16	112	131
Castrop	50	4	114	7	113	6	44	99
Hörde	80	6	93	5	88	5	86	95
Wattenscheid	–	–	44	2	50	3	–	114
Kamen	25	2	40	2	39	2	62	97
Lünen	21	2	35	2	45	2	60	129
Westhofen / Schwerte	14	1	28	2	26	1	50	93
G Bodelschwingh-Mengede	45	4	62	4	66*	4	73	106
G Witten	–	–	50	3	69	4	–	138
G Horst	–	–	5	0	9	1	–	180
Insgesamt	*1242*	*100*	*1743*	*100*	*1819*	*100*	*73*	*104*

* = Schätzwert; G = Gericht

Errechnet nach: 1) GStA PK: II. HA Gen. Dir., Abt. 18 Kleve, Tit. CLXX, Nr. 5, Vol. 2, Bl. 262 r-413 v.

2) Ebd.

3) Ebd., Vol. 4, passim.

überdurchschnittliche Zunahme. Dagegen war die Anzahl der Gewerbetreibenden in den Kassendistrikten Hagen, Neuenrade, Plettenberg und Breckerfeld rückläufig. Das traf dort auch für die Periode von 1743 bis 1752 zu. Die Kassendistrikte Iserlohn, Altena und Lüdenscheid zeigten bis 1752 einen weiteren Anstieg der Gewerbetreibenden.

Nach Tabelle 21 waren durchschnittlich 14 Prozent der in ausgewählten Kassendistrikten vorhandenen Nahrungstreibenden Handwerker, die im Jahr 1752 Gesellen und/oder Lehrjungen hielten. Im Kassendistrikt Blankenstein betrug der An-

Tab. 20 Entwicklung ländlicher Nahrungstreibender und Handwerker in der Grafschaft Mark südwärts der Ruhr 1743 bis 1752

Kassendistrikt / Gericht	1743 (1)		1748 (2)		1752 (3)		Entwicklung (1743 = 100)	
	abs.	v. H.	abs.	v. H.	abs.	v. H.	1748	1752
Schwelm	586	22	568	20	671	23	97	114
Lüdenscheid	491	18	608	22	591	20	124	120
Herdecke	285	10	312	11	306	11	109	107
Iserlohn	181	7	235	8	255	9	130	141
Hagen	318	12	198	7	201	7	62	63
Hattingen	169	6	196	7	182	6	116	108
Plettenberg	163	6	138	5	156	5	83	96
Breckerfeld	151	6	140	5	129	5	93	85
Blankenstein	110	4	141	5	123	4	128	112
Neuenrade	70	3	57	2	61	2	81	87
Altena	21	1	14	0	27	1	67	129
G Herbede	96	4	157	6	155	5	163	161
G Stiepel	37	1	48	2	46	2	130	124
Insgesamt	*2678*	*100*	*2812*	*100*	*2903*	*100*	*105*	*108*

G = Gericht

Errechnet nach: 1) GStA PK: II. HA Gen. Dir., Abt. 18 Kleve, Tit. CLXX, Nr. 5, Vol. 2, Bl. 400 v-401 r.
2) Ebd., Vol. 4, passim.
3) Ebd.

teil sogar fast ein Drittel. Drei Viertel der Handwerker konzentrierten sich auf die Kassendistrikte Schwelm, Iserlohn, Hagen und Blankenstein. Auf einen Handwerker entfielen im Durchschnitt rein rechnerisch 1,4 Gesellen und Lehrjungen. Nicht berücksichtigt waren dabei mithelfende Familienangehörige, da hierzu genaue Angaben fehlen.

Für den Kassendistikt Lüdenscheid[37] hieß es: „Hirbey wird notiret, daß verschiedene Handwerker ihre Kinder bey sich haben, die schon zum Theil das Handwerk verstehen, zum Theil auch solches noch erlernen, mithin doch ihren Elteren assistiren.“ Der Anteil der eigenen Söhne an den Gesellen und Lehrjungen betrug durchschnittlich etwa ein Fünftel. Bei den Blankensteiner Schloss- und Kleinschmieden sowie den Iserlohner Drahtziehern lagen die Werte erheblich darüber.

Tabelle 21 enthält auch den Anteil fixierter Nahrungstreibender. Er betrug durchschnittlich 17 Prozent. Im Kassendistrikt Breckerfeld war er doppelt so hoch. Am niedrigsten lag er im Kassendistrikt Plettenberg. Über die Hälfte der fixierten Nahrungstreibenden entfiel auf die Kassendistrikte Lüdenscheid und Schwelm. Ein weiteres Viertel war in den Kassendistrikten Iserlohn und Breckerfeld anzutreffen.

Für ausgewählte Gebiete des Süderlandes, die Kirchspiele Breckerfeld, Halver, Kierspe und Lüdenscheid sowie das Amt Neuenrade, enthält Tabelle 22 Eintritts- und Lebensalter sowie Arbeitsdauer der dortigen Osemund- und Stahlreidemeister, Schmiede und Hammerzöger. Bei einem durchschnittlichen Eintrittsalter von 23 Jahren in den metallgewerblichen Berufen lag das Durchschnittsalter der Ham-

37 GStA PK: II. HA Gen. Dir., Abt. 18 Kleve, Tit. CLXX, Nr. 5, Vol. 4, Bl. 356 v.

Tab. 21 Ländliche Handwerker, die Gesellen und/oder Lehrjungen halten sowie fixierte Nahrungstreibende in ausgewählten Kassendistrikten der Grafschaft Mark südwärts der Ruhr 1752

Kassendistrikt	Handwerker (1)					Fixierte Nahrungstreibende (2)		
	abs.	v. H.	X	Y	Z	abs.	v. H.	X
Schwelm	82	27	12	1,6	21	96	26	14
Iserlohn	66	22	26	1,7	37	43	12	17
Hagen	41	13	20	1,3	4	34	9	17
Blankenstein	39	13	32	1,3	44	19	5	15
Lüdenscheid	37	12	6	1,3	–	98	27	17
Breckerfeld	23	7	18	1,3	7	44	12	34
Plettenberg	13	4	8	1,1	14	16	4	10
Neuenrade	3	1	5	0,7	–	12	3	20
Altena	2	1	7	1,5	33	8	2	30
Insgesamt	*306*	*100*	*14*	*1,4*	*22*	*370*	*100*	*17*

X = Anteil in v. H. der Nahrungstreibenden und Handwerker je Kassendistrikt

Y = ∅ Gesellen/Lehrjungen je Handwerker

Z = Anteil Söhne in v. H. der Gesellen/Lehrjungen je Kassendistrikt

Errechnet nach: 1) GStA PK: II. HA Gen. Dir., Abt. 18 Kleve, Tit. CLXX, Nr. 5, Vol. 4, Bl. 179 v-182 r, 340 r-361 r.

2) Ebd., Nr. 10, Vol. 2, Bl. 316–370.

merzöger um vier Jahre niedriger, da die Hälfte der Hammerzöger auf die Altersgruppe zwischen 15 und 19 Jahren entfiel. Über ein Drittel war bei Berufsantritt in der nachfolgenden Altersgruppe von 20 bis 24 Jahren anzutreffen, in der mehr als zwei Fünftel der Schmiede ihr Schwergewicht hatten. Über 50 Prozent der Reidemeister übte den Beruf erstmals mit 25 bis 34 Jahren aus. Ihr Durchschnittsalter von 28 Jahren verweist auf die Lebensphase[38], in der vielfach gleichzeitig die Erstheirat und die Übernahme des Hofes erfolgten.

Im Jahr 1733 betrug das Durchschnittsalter metallgewerblicher Arbeitskräfte 35 Jahre, was für Schmiede voll zutraf. Dagegen war fast die Hälfte der Hammerzöger zwischen 20 und 24 Jahre alt. Ihr durchschnittliches Alter von 26 Jahren lag um neun Jahre unter dem für ausgewählte Metallgewerbetreibende errechneten Wert, der aber von den Reidemeistern noch um sechs Jahre übertroffen wurde. Fast zwei Fünftel der Reidemeister war älter als 45 Jahre.

Hinsichtlich der Arbeitsdauer lagen Reidemeister und Schmiede mit 14 Jahren zwei Jahre über dem Durchschnittswert. Knapp ein Fünftel der Reidemeister übten sogar 25 bis 34 Jahre ihren Beruf aus. Im Gegensatz dazu arbeiteten zwei Drittel der Hammerzöger weniger als fünf Jahre in ihrem Gewerbe. Das deutet darauf hin, dass es sich dabei nur um eine vorübergehende Phase im Erwerbsleben handelte. Nach Bracht[39] traten z. B. einzelne Lüdenscheider Hammerzöger und Schmiede des Jahres 1733 nach 1750 als Reidemeister in Erscheinung.

38 J. Bracht: Reidung, S. 66.

39 Ebd., S. 68.

Tab. 22 Ausgewählte ländliche Metallgewerbetreibende des Süderlandes nach verschiedenen Kriterien 1733

Gewerbetreibende		Alter in Jahren von ... bis ... (Zeilenprozente)							∅
Kriterium	Anzahl	< 5	5–14	15–19	20–24	25–34	35–44	≥ 45	
Eintrittsalter	*255*	–	*3*	*28*	*39*	*23*	*5*	*2*	*23*
davon:									
Hammerzöger	56	–	–	50	37	9	4	–	*19*
Schmiede	137	–	7	28	44	17	4	–	*21*
Reidemeister	62	–	–	6	27	52	8	7	*28*
Lebensalter 1733	*260*	–	*0*	*5*	*20*	*33*	*20*	*22*	*35*
davon:									
Hammerzöger	56	–	–	16	46	20	11	7	*26*
Schmiede	139	–	1	1	16	40	22	20	*35*
Reidemeister	65	–	–	3	6	28	25	38	*41*
Arbeitsdauer	*255*	*32*	*37*	*9*	*8*	*9*	*3*	*2*	*12*
davon:									
Hammerzöger	56	66	16	7	4	5	2	–	*7*
Schmiede	137	20	47	9	9	7	4	4	*14*
Reidemeister	62	27	34	8	8	18	5	–	*14*

Errechnet nach: H. Vollmerhaus: Eisenindustrie; ders., Hammerwerke; ders., Protokolle.

Nach Fessner[40] war die ökonomische Bedeutung des märkischen Steinkohlenbergbaus für Brandenburg-Preußen in der Frühen Neuzeit mit der des dortigen Metallgewerbes vergleichbar. Das fiskalisch ausgerichtete Interesse des preußischen Staates richtete sich vor allem auf den Bergzehnten. Der seit 1681 ernannter Oberbergvogt[41] sollte den märkischen Bergbau erneuern. Dieser obersten Bergbauinstanz oblag neben dem Einziehen des Zehnten die Vergabe der Mutungen und Belehnungen.[42] Die kurfürstlich-brandenburgische Kohlordnung[43] von 1691 regelte das Verhältnis von Gewerken, Grundeigentümern und Landesherrn zueinander. 1737 erschien die „Renovirte Bergordnung“, die 1766 als „Revidirte Bergordnung“ publiziert wurde. Inzwischen hatte das Bochumer Bergamt seit 1738 seine Arbeit aufgenommen.[44]

Für das Jahr 1720 enthält eine unvollständige Liste 89 Steinkohlenbergwerke[45] der Ämter Blankenstein (52), Bochum (19) und Hörde (18). In einem Brüchtenverzeichnis[46], ein Jahr später erstellt, wurden auch Zechen des Amtes Wetter aufgeführt. Die Aufstellung aus dem Jahr 1739 nennt weitere wichtige Grubenstand-

40 M. Fessner: Steinkohlenbergbau, S. 120.

41 W. Reininghaus: Bergordnung, S. 309; ders., Landesherr, S. 61.

42 Edition von Belehnungen vgl. S. R. Krause: Bergwerke, S. 376–384. Bericht des Jacob am Ende über die märkischen Bergwerke im Jahre 1688 vgl. Mark, S. 89–92.

43 W. Reininghaus: Bergordnung, S. 310 ff.; Text S. 320–325.

44 Ders., Steinkohlenbergbau, S. 29 f.; vgl. ders., Landesherr.

45 M. Fessner: Salz, S. 63 f. Beschreibung einzelner Bergwerke in alph. Reihenfolge vgl. J. Huske: Steinkohlenzechen.

46 W. Reininghaus: Bergordnung, S. 314 f.

orte im Hochgericht Schwelm[47], im Gerichtsbezirk Herbede und im Amt Unna. Von den 135 Zechen lag ein Viertel (35) still. Nach weiteren 15 Jahren stieg die Anzahl der Gruben[48] im Jahr 1754/55 zwar um fast drei Fünftel, auf 212 an. Aber neben 108 gangbaren Steinkohlenbergwerken lagen 104 still, die Hälfte davon aus Absatzmangel. Von sechs Zechen[49] im Gericht Stiepel hieß es 1754: „Diese Bänke liegen alle wegen Mangel d. Debits stille u. liegen in specie auf der Friederichs Sternberg u. treuen Zechen bereits von 2 Jahren die geförderte Kohlen in Vorrath." Die meisten gangbaren Gruben (29) konzentrierten sich im Amt Hörde. Die gleichnamige Stadt[50] entwickelte sich zu einem bergbaulichen Zentrum, wo Gewerke, Bergleute und Nagelschmiede als Verbraucher zusammentrafen.

Je nach Grubengröße verteilten sich die 688 märkischen Bergleute im Jahr 1755/56 unterschiedlich auf die einzelnen Ämter[51]: Wetter (169), Hörde (155), Blankenstein (149) und Bochum (114) waren die Hauptstandorte. Bei Großzechen betrug die Belegschaft über 20 Personen. Am häufigsten waren pro Grube vier bis fünf Bergleute anzutreffen, worunter auch Mitgewerke sein konnten. Gemäß dem arbeitsteiligen Vorgehen[52] gab es Schichtmeister, Stollenführer und Hauer, Schlepper sowie Haspelknechte. Schichtmeister waren vielfach mit den Gewerken verwandt. „Melchert Dürgen Mittelste Berghaus ist ein Bruder von dem Gewercken und kan schreiben. [...] Engelbert Quambusch ist der Mitgewercke Wittwe Quambusch Sohn und kann in etwa schreiben."[53] Andere Schichtmeister waren schreibunkundig. Dann diente der Kerbstock als Hilfsmittel zur Abrechnung mit den Kohlentreibern.

Zum Stichjahr 1771/73 variierte die Anzahl ausgewählter märkischer Gewerken[54] je Bergwerk zwischen eins und zehn. Ein Fünftel der Zechen war Alleinbesitz. Ein weiteres Fünftel vereinigte mehr als sechs Eigentümer auf sich. Bei drei Fünfteln der Gruben besaß ein Gewerke mindestens die Hälfte der 128 Kuxe. Verschiedene Personengruppen[55] waren beteiligt. Beim bäuerlichen Bergwerksbesitz[56] dominierten z. B. die Familien Hundeicker, Frielinghaus, Levringhaus und Mercklinghaus, Stock, Scherenberg sowie Siepermann. An einflussreichen Gewerbe- und

47 Zum vorindustriellen Steinkohlenbergbau im Hochgericht Schwelm vgl. S. R. Krause: Bergwerke.

48 M. Fessner: Steinkohle, S. 269. Liste der märkischen Kohlenzechen mit Namen der Gewerken und Schichttmeister nach Regionen 1755 vgl. Mark, S. 175–182.

49 Ebd., S. 173.

50 W. Reininghaus: Steinkohlenbergbau, S. 39; vgl. ders., Hördes Wirtschaft.

51 A. Meister: Handel, S. 448.

52 M. Fessner: Steinkohlenbergbau, S. 117.

53 Mark, S. 182.

54 W. Reininghaus: Steinkohlenbergbau, S. 32, 46 f.

55 Ebd., S. 16 f., 31–42; M. Fessner: Adelshäuser, S. 68 f.; ders., Steinkohlenbergbau, S. 116; ders., Märkische Steinkohlenbergbau Jh., S. 78 f. Zu westfälischen Bergmannsfamilien vgl. W. Serlo: Bergmannsfamilien.

56 Stammfolgen bäuerlicher Gewerkenfamilien in der Gennebrecker Bauerschaft im Hochgericht Schwelm vgl. S. R. Krause: Bergwerke, S. 424, 430–454; vgl. G. Helbeck: Schwelm, S. 448–452.

Kaufmannsunternehmern sind zu nennen Funcke, Harkort, Rupe[57] und Wuppermann. Ebenso verfügten Adelshäuser[58] wie von Herbede, Hövel, Horst und Romberg, Syberg sowie von der Recke über nennenswerte Anteile. Es beteiligten sich außerdem geistliche Einrichtungen (Stift Clarenberg und Kloster Scheda). Nicht zuletzt traten auch Beamte[59] als Gewerke in Erscheinung (Kriegsräte[60] Göring und Schwachtenberg).

Im Jahr 1736 lag das Schwergewicht der Steinkohlenproduktion[61] gangbarer Zechen in den Ämtern Hörde (36 Prozent) und Schwelm (20 Prozent). Auf die Ämter Blankenstein und Wetter entfielen jeweils 13 Prozent. Bis zum Jahr 1754 stieg die gesamte Fördermenge[62] um ein Drittel, von 35 000 auf 47 000 Tonnen. Setzt man die Gewerke mit der zugehörigen Anzahl ihrer Zechen und deren Produktionsleistung zueinander in Beziehung, so entfiel im Jahr 1736 der Hauptanteil der Kohlenförderung auf eine kleine Anzahl an Bergwerken.[63] Ein Viertel der Gruben (25) von 17 Prozent der Gewerken (12) in Besitz erzeugte über zwei Drittel der Jahresleistung. Allein die vier größten Gewerke, Funke und Frantz mit Consorten im Amt Hörde sowie Stock und Siepermann mit Consorten im Hochgericht Schwelm gelegen, erreichten auf ihren 15 Zechen mehr als ein Drittel der jährlichen Kohlenproduktion.

Seit dem 16. Jahrhundert wurde Steinkohle sukzessiv als Energieträger[64] eingesetzt. Hauptabnehmer der märkischen Steinkohle blieben bis zur Mitte des 18. Jahrhunderts die Salinenbetriebe[65] bei Unna-Königsborn. Sie bezogen etwa ein Drittel der märkischen Jahresförderung, vor allem von den Zechen der Ämter Unna und Hörde. Ein weiterer wichtiger Absatzbereich war das Metallgewerbe im bergisch-märkischen und Siegerländer Raum. Es wurde vornehmlich von den Bergwerken des Hochgerichtes Schwelm und des Amtes Wetter beliefert. Die bergisch-märkischen Bleichereien benötigten zum Kochen der Garne eine nicht unerhebliche Menge an Steinkohle. Die Verwendung der Steinkohle im Nahrungsmittelgewerbe und im häuslichen Bereich begann sich seit der ersten Hälfte des 18. Jahrhunderts erst allmählich durchzusetzen. In den Jahren 1737 bis 1749 erhielt die Adelsfamilie von der Recke von der Wittener Zeche[66] „Portbank" im Jahresdurchschnitt 127 Malter Steinkohlen zum Eigenverbrauch. Das entsprach

57 Zur bergbaulichen Tätigkeit des Iserlohner Handelshauses Rupe im Dortmunder Süden vgl. W. Reininghaus: Gewerken.

58 M. Fessner: Märkische Steinkohlenbergbau Jh., S. 79–83; ders., Vorindustrielle Steinkohlenbergbau, S. 112; vgl. ders., Adelshäuser.

59 Ders., Märkische Steinkohlenbergbau Jh., S. 74 ff.; ders., Vorindustrielle Steinkohlenbergbau, S. 124–127.

60 Mark, S. 177, 180; F. Schmidt: Michael, S. 33 f.

61 M. Fessner: Steinkohle, S. 210.

62 Ders., Steinkohlenbergbau, S. 120.

63 Ebd., S. 115 ff.; ders., Vorindustrielle Steinkohlenbergbau, S. 118 f.

64 Ders., Steinkohlenbergbau, S. 107–112; ders., Vorindustrielle Steinkohlenbergbau, S. 113–118.

65 Vgl. ders., Salz. Zum Wortlaut der Kohlenfuhrordnung für das Salzwerk bei Unna 1764 vgl. Mark, S. 226–229.

66 Errechnet nach M. Fessner: Steinkohle, S. 383.

einem Anteil von durchschnittlich 15 Prozent der jeweiligen Grubenförderung. Im Jahr 1754 lag das Bergwerk[67] wegen Absatzmangel still.

2.5 Konfessionelle Bevölkerungsstruktur[68]

Um 1740 lebten in Preußen[69] 90 Prozent Lutheraner, 7 Prozent Katholiken und 3 Prozent Reformierte. Das einheitliche landesherrliche Bekenntnis trat zurück zugunsten einer Toleranzpolitik[70] gegenüber der Vielfalt der Konfessionen in unterschiedlicher regionaler Verteilung. Im preußischen Staat bedingten Glaubensfreiheit und Landeswohlstand einander wechselseitig. Der ökonomische Nutzen der Toleranz war geprägt von politischer Zweckmäßigkeit und staatlicher Effizienz. In den Jahren 1664 bis 1667 ließ der Große Kurfürst den Konfessionsstand[71], die Besitzverhältnisse und Patronatsrechte der Kirchen in den märkischen Gemeinden zwischen den Normaljahren 1609 und 1624 untersuchen. Darauf aufbauend regelten die Religionsrezesse[72] von 1666 und 1672/73 die konfessionellen Verhältnisse wie u. a. das interkulturelle Zusammenleben, die Privilegien einzelner Gemeinden, Kult- sowie Personalfragen. Alle drei Konfessionen sollten gleichberechtigt sein.[73] Dadurch wurden die Bestimmungen des Westfälischen Friedens modifiziert und konkretisiert. Die preußischen Herrscher[74] verzichteten auf das im Augsburger Religionsfrieden von 1555 festgelegte und im Osnabrücker Frieden von 1648 bestätigte Reichsrecht des „jus reformandi“.

Die Klärung und Abgrenzung der christlichen Bekentnisse in Lehre, Kult, Verfassung sowie Lebensform erfolgte innerhalb der Gemeinden in geistiger und organisatorischer Hinsicht. Dieser Prozess der Konfessionsbildung[75] manifestierte sich auch nach außen hin. Der preußische Landesherr genehmigte 1662 die Reformierte und 1687 die Lutherische Kirchenordnung[76], in denen ihm die kirchliche Gewalt, Summepiskopat genannt, übertragen wurde. Die presbyterial-synoda-

67 Mark, S. 174.

68 Zur märkischen Kirchengeschichte vgl. O. Becher: Herrschaft; W. Freitag; Kulturen; E. Dresbach: Kirchengeschichte; H. Rothert: Kirchengeschichte Mark; ders., Märkische Kirchengeschichte.

69 G. Pariset: L'État, S. 570.

70 H. Klueting: Protektoren, S. 238; F.-L. Kroll: Problem, S. 66 f., 70–75; G. Hornig: Wandel, S. 60 f.

71 Vgl. H. Rothert: Erkundigungen; ders., Konfessionstand.

72 O. Becher: Herrschaft, S. 56–60; W. Noelle: Lutheraner 1666, S. 24 f.; H. Rothert: Kirchengeschichte Mark, S. 330 f. Bericht des klevischen Regierungsrates Wüsthaus von 1683 über die Motive der Religionsvergleiche vgl. O. Hollweg: Bericht.

73 Zu Beziehungen der Herrnhuter Brüdergemeine zur Grafschaft Mark vgl. S. Schunke: Beziehungen.

74 Zur preußischen Kirchenpolitik vgl. W. Gericke: Glaubenszeugnisse; L. Keller: Kurfürst; M. Lackner: Kirchenpolitik; J. Luh: Konfessionspolitik; H. Rothert: Grafen; W. Schneider: Kirchenpolitik.

75 J. Lortz: Reformationsgeschichte, S. 266–274; V. Wittmütz: Kirchenordnung, S. 307; J. V. Bredt: Verfassung, S. 300–309; vgl. E. W. Zeeden: Entstehung.

76 O. Becher: Herrschaft, S. 61–67, 183 ff.; M. Lackner: Kirchenpolitik, S. 226–235; R. Brä-

Tab. 23 Anzahl der Prediger und Kirchen nach Konfessionen in der Grafschaft Mark 1722 bis 1740

Konfession	Prediger					Kirchen 1740		
	1722		1740					
	abs.	v. H.	abs.	v. H.	X	abs.	v. H.	Y
Lutherisch	137	60	154	64	12	106	61	1,5
Reformiert	51	23	49	20	–4	44	25	1,1
Katholisch	39	17	39	16	0	25	14	1,6
Insgesamt	*227*	*100*	*242*	*100*	*7*	*175*	*100*	*1,4*

X = Zu-/Abnahme in v. H.; Y = ∅ Prediger je Kirche

Errechnet nach: O. Behre: Geschichte, S. 298 f.

le Verfassung[77] der Landeskirchen blieb im Märkischen erhalten. „In den meisten Fabrikantenfamilien herrscht viel Gottesfurcht, wenigstens im Aeußeren. Sie besuchen den Gottesdienst fleißig, und ihre Morgen- und Abendlieder schallen täglich durch das Getöse der Hämmer und Webstühle."[78]

In der Frühen Neuzeit entfielen nach Tabelle 23 drei Fünftel der Prediger in der Grafschaft Mark auf die lutherische Konfession, fast ein Viertel war reformiert und knapp ein Fünftel gehörte der katholischen Konfession an. Bis zur Mitte des 18. Jahrhunderts erhöhte sich der Anteil der lutherischen Prediger um 12 Prozent. Die reformierten Prediger verminderten sich um vier Prozent, wogegen die Anzahl der katholischen Pfarrer unverändert blieb. Pro Kirchengebäude waren im Durchschnitt 1,4 Pfarrer und Vikare vorhanden. Bei den Reformierten lag der Wert darunter.

Im Luthertum[79] wird nach den Bekenntnischriften der „Confessio Augustana" (1530) und der „Formula Concordiae" (1577) der Christ allein durch den Glauben und die Gnade Gottes gerechtfertigt. „Sola fides" und „sola gratia" gelten als Materialprinzipien. Die Frömmigkeitspraxis, durch gute Werke das eigene Heil mitzugestalten, wird als Aberglaube diffamiert. Allein das Wort Gottes in der Heiligen Schrift, „sola scriptura" ohne Tradition der Kirche, steht als Formalprinzip im Vordergrund.

Die Verkündigung des biblischen Gotteswortes in der Predigt und die gemeinsam gesungenen Kirchenlieder[80] bilden zentrale Bestandteile des muttersprachlichen Gottesdienstes, der wortförmig-kognitiv erlebt wird. Müller[81] stellte für das Hoch-

mik: Verfassung, S. 151; W. Noelle: Lutheraner Union, Jg. 37, S. 6 f.; V. Wittmütz: Kirchenordnung, S. 313 f.

77 J. Kloosterhuis: Fürsten, Räte, S. 14 ff.; M. Lackner: Kirchenpolitik, S. 215–226; H. Rothert: Kirchengeschichte Mark, S. 487–497. Zu Verfassung und Lehre der evangelisch-lutherischen Kirche in der Grafschaft Mark nach den Synodalprotokollen vgl. W. Göbell: Kirche; Generalsynodalbuch.

78 F. Ch. Müller: Choragraphie, S. 19 f.

79 R. v. Dülmen: Kultur, Bd. 3, S. 39–43, 61–65; A. Franzen: Kirchengeschichte, S. 258; J. Lortz: Reformationsgeschichte, S. 270–274; K. Rahner: Wörterbuch, S. 350 f., 387 f.

80 Vgl. Kirchen-Gesang-Buch.

81 F. Ch. Müller: Choragraphie, S. 27.

gericht Schwelm fest: „Einem Fremden ist es sehr auffallend, daß sowohl unten als oben in der Kirche, Manns- und Weibspersonen durch einander sitzen und gleichsam bunte Reihe machen. Auch verursachen die weißen Schlafmützen derjenigen Mannspersonen, welche wenig Haare haben und keine Perücken tragen mögen, in einer feyerlichen Versammlung einen sonderbaren Anblick." Die Trennung von Sakralem und Profanem bedingte die Abschaffung vieler alter Zeremonien. Im Luthertum[82] untersteht der Christ zwei voneinander getrennten Ordnungen, der geistlichen und der weltlichen. Beide stammen unmittelbar von Gott.

Luther reduzierte die sieben Sakramente auf Taufe und Abendmahl. Er führte den Laienkelch und den Ehestand des Pfarrers[83] ein. Für die Frühe Neuzeit hat Becher[84] festgestellt, dass generationsübergreifend tätige Pfarrerfamilien in allen Teilen der Grafschaft Mark lebten. Die „Vererbbarkeit" von Pfarrerstellen auf der Basis von Familienzugehörigkeit war ein ständisches Geburtsprinzip. Was die durchschnittliche Tätigkeitsdauer[85] auf lutherischen Pfarrstellen[86] im Märkischen betraf, so wechselten drei Viertel der Pfarrer ihre Stelle im Untersuchungsraum nicht. Bei knapp einem Viertel lag die Amtszeit zwischen 11 und 20 Jahren.

Im 18. Jahrhundert verteilten sich die lutherischen Parochien und Prediger in etwa gleichmäßig auf die märkischen Kirchenklassen nord- und südwärts der Ruhr (vgl. Tab. 24). Dabei entfiel gut ein Drittel auf die Ämter Bochum und Unna/Kamen. Ein weiteres Viertel konzentrierte sich auf die Ämter Wetter[87] und Altena. In der Stadt Schwerte sowie im Amt Altena lag der Anteil der Prediger je Parochie erheblich über dem Durchschnitt von 1,4 Personen.

Als bestimmende Faktoren reformatorischer Theologie[88] gelten nach dem „Heidelberger Katechismus" (1563) die Ehre und Vorsehung Gottes, die Prädestination des Menschen zum Heil oder zur Verdammnis sowie seine Werkfrömmigkeit. Die ökonomisch rationale Lebensführung soll im Gehorsam gegenüber dem göttlichen Willen erfolgen. Elemente der innerweltlichen Askese sind dabei Arbeit und Sparsamkeit. Schon die Verringerung kirchlicher Feiertage führte zu einer Vermehrung

82 Zur Lutherischen Konfessionalisierung in der Grafschaft Mark vgl. F. G. H. J. Bädecker: Geschichte; F. W. Bauks: Pfarrer; R. Brämik: Verfassung; H. z. Nieden: Entwicklung; W. Noelle: Lutheraner 1666; ders., Lutheraner Union.

83 Zu lutherischen und reformierten Gemeinden der Grafschaft Mark mit den in chronologischer Reihenfolge aufgeführten Predigernamen vgl. F. G. H. J. Bädeker: Geschichte; Lebensdaten evangelischer Pfarrer in Westfalen nach dem Namensalphabet vgl. F. W. Bauks: Pfarrer.

84 O. Becher: Herrschaft, S. 157 ff.

85 Ebd., S. 159 f., 282 f.

86 Reale und nominale Einkünfte des lutherischen Pfarrers Emminghaus in Hagen für die Jahre 1666 bis 1718 vgl. H. W. Emminghaus: Pastoratsrenten.

87 Zum Konventbuch der Kirchenklasse des Amtes Wetter aus den Jahren 1659 bis 1719 vgl. Conventbuch.

88 A. Franzen: Kirchengeschichte, S. 289 f.; K. H. Kaufhold: Ethik, S. 74–86; J. Lortz: Reformationsgeschichte, S. 190–195; A. Müller-Armack: Genealogie, S. 89–108; M. Weber: Ethik, Jg. 21, S. 5–21.

Tab. 24 Anzahl lutherischer Parochien und Prediger nach Kirchenklassen in der Grafschaft Mark im 18. Jahrhundert

Kirchenklasse	Parochien		Prediger		
	abs.	v. H.	abs.	v. H.	∅ je Parochie
Amt Bochum	19	21	27	21	1,4
A Unna/Kamen	13	14	18	14	1,4
A Hörde	9	10	10	8	1,1
A Hamm	3	3	5	4	1,7
Stadt Schwerte	1	1	3	2	3,0
Nordwärts der Ruhr	45	49	63	49	1,4
A Wetter	13	14	17	13	1,3
A Altena	10	11	20	16	2,0
A Blankenstein	7	8	9	7	1,3
A Neustadt	7	8	8	6	1,1
A Iserlohn	6	7	8	6	1,3
A Plettenberg / Neuenrade	3	3	4	3	1,3
Südwärts der Ruhr	46	51	66	51	1,4
Insgesamt	*91*	*100*	*129*	*100*	*1,4*

Errechnet nach: H. Rothert: Kirchengeschichte Mark, S. 390 f.

der Arbeitstage als Ausdruck calvinistischen Fleißes.[89] Nach Weber[90] verbinden sich im Calvinismus „ein virtuoser kapitalistischer Erwerbssinn mit den intensivsten Formen einer das ganze Leben durchdringenden und regelnden Frömmigkeit [...]“.

Der sichtbare Erfolg im Irdischen wird als Zeichen religiöser Bewährung angesehen. Er bildet gleichzeitig die Grundlage für die Gewißheit der Erwählung zum ewigen Leben. Das Bewußtsein der Auserwählung ist wiederum für die Anhänger Calvins die stärkste Antriebskraft für rastlose Berufsarbeit. Die Arbeit als solche wird zur Lebenserfüllung. Im Laufe des 17. Jahrhunderts entwickelte sich eine spezifisch bürgerliche Berufsethik. Neben dem äußeren Welterfolg als Signum der Erwählung gilt außerdem die Zugehörigkeit zur Reformierten Kirche[91] als weiteres Zeichen der Erlösungsgewissheit.[92]

Von den in vier Kirchenklassen organisierten reformierten Parochien der Grafschaft Mark vereinigte die Kirchenklasse Ruhr zwei Fünftel (vgl. Tab. 25). Bei der Anzahl der dortigen Prediger war sie mit gut einem Drittel vertreten. Knapp ein

89 P. Münch: Volkskultur, S. 302 f.; ders., Zusammenhang, S. 109 f.

90 M. Weber: Ethik, Jg. 20, S. 8. Sekundärliteratur zur These von Max Weber über den Zusammenhang zwischen Calvinismus und Kapitalismus vgl. K. v. Greyerz: Religion; K. H. Kaufhold: Ethik; H. Lehmann: Ethik; A. Müller-Armack: Genealogie; G. Roth: Entstehung; H. Tyrell: Ethik; J. Winckelmann: Herkunft.

91 Zur Reformierten Konfessionalisierung in der Grafschaft Mark vgl. F. W. Bauks: Anfänge; J. V. Bredt: Verfassung; H. Klueting: Konfessionsbildung; P. Münch: Volkskultur; A. Stenger: Leben.

92 Zur Literatur zur Erforschung der Reformierten Konfessionalisierung in Deutschland der Frühen Neuzeit vgl. H. Klueting: Reformation; ders., Reformierten.

Tab. 25 Anzahl reformierter Parochien und Prediger nach Kirchenklassen in der Grafschaft Mark im 18. Jahrhundert

Kirchenklasse	Parochien		Prediger		
	abs.	v. H.	abs.	v. H.	∅ je Parochie
Hamm	12	26	17	32	1,4
Unna/Kamen	8	17	9	17	1,1
Ruhr	19	40	19	36	1,0
Süderland	8	17	8	15	1,0
Insgesamt	*47*	*100*	*53*	*100*	*1,1*

Errechnet nach: W. Noelle: Lutheraner 1666, S. 27 f.

weiteres Drittel entfiel auf die Kirchenklasse Hamm, die den höchsten Anteil der Prediger je Parochie aufwies.

Seit der Mitte des 17. Jahrhunderts unterstützte die kurfürstliche Regierung die reformierten Gemeinden in der Grafschaft Mark mit ihrem Finanzfonds[93] „Aerarium Ecclesiasticum". Die Zinsen der anzulegenden Zuwendungen kamen dem Gehalt des jeweiligen Schulmeisters zugute. Im Jahr 1693 erhielten z. B. die Schulen in Hülscheid, Lünen und Hattingen je 100 Reichstaler. Fünf Jahre später wurden jene in Hagen und Altena mit je 200 Reichstalern bedacht. An die Schulen in Hülscheid und Werdohl flossen je 100 Reichstaler.

Abgrenzend zu anderen Konfessionen vereinigt der „Catechismus Romanus" (1566) die nachtridentinische Glaubenslehre[94] der Katholischen Kirche, die als sichtbare Gemeinschaft der Gläubigen die Heilsgüter verwaltet. Gottes heiligmachende Gnade entfaltet sich in sieben Sakramenten, die dem Menschen als Körper-Geist-Wesen ansprechen. Zentrum des religiösen Lebens ist die Vergegenwärtigung des Todes und der Auferstehung des Herrn im Messopfer, das nur von einem geweihten Priester zelebriert werden darf. Die kirchliche Liturgie wird symbolisch-rituell erlebt, wobei Rituale[95] in dreifacher Weise performativ sind: von der Sprache, der Handlung und der ihr zugemessenen Bedeutung her. Kennzeichen katholischer Volksfrömmigkeit ist die Verehrung der Heiligen und ihrer Reliquien mit Prozessionen und Wallfahrten zu bevorzugten Gnadenorten. Diese Vorbilder christlichen Lebens werden in den Nöten des Alltags gleichzeitig als Fürsprecher bei Gott angerufen.[96]

In organisatorischer und theologisch-seelsorglicher Hinsicht gehörten die katholischen Kirchengemeinden der Grafschaft Mark in der Frühen Neuzeit zum Erzbis-

93 St. Ehrenpreis: Kirchen, S. 80, 101; vgl. H. Engelbert: Aerarium.

94 W. Brückner: Neuorganisation, S. 18–23; R. v. Dülmen: Kultur, Bd. 3, S. 59–62, 74–78; A. Franzen: Kirchengeschichte, S. 302 ff.; J. Lortz: Reformationsgeschichte, S. 271–274; W. Reinhard: Konfessionalisierung, S. 439–451.

95 O. Becher: Herrschaft, S. 188 f.; A. Holzem: Erfahrung, S. 195, 197.

96 Zur Katholischen Konfessionalisierung vgl. W. Reinhard: Konfessionalisierung; H. Schilling: Konfessionalisierung. Zu westfälischen Wallfahrtsorten des Mittelalters vgl. K.-F. Beßelmann: Stätten.

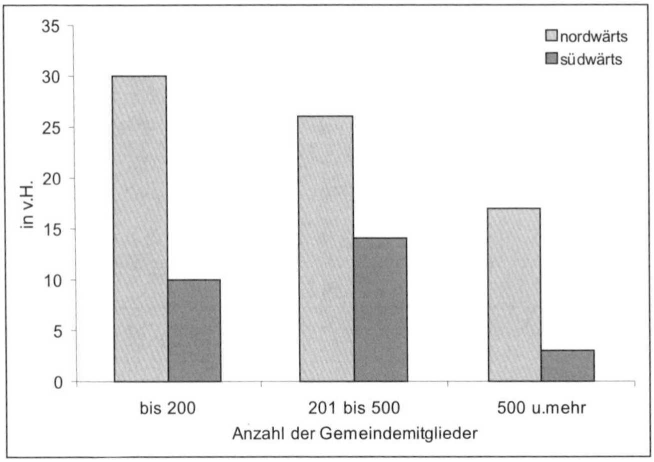

Abb. 7
Anteil katholischer Gemeindemitglieder nach Regionen der Grafschaft Mark um 1800

Errechnet und dargestellt nach: H. Schoppmeyer: Geschichte, S. 33 ff.

tum Köln.[97] Von den 30 im Kommissariat Recklinghausen[98] vereinigten Gemeinden entfielen fast drei Fünftel auf das Hellweggebiet (vgl. Abb. 7). Dort dominierten die kleinen Kirchengemeinden mit weniger als 200 Mitgliedern. Im Süderland standen die Gemeinden mittlerer Größe im Vordergrund. Parochien mit mehr als 800 Gläubigen konzentrierten sich, mit Ausnahme von Rhynern, auf das westliche Hellweggebiet mit Bochum, Castrop und Wattenscheid.[99]

Im Vergleich zum Mittelalter war die Anzahl der katholischen Gemeinden in der Grafschaft Mark auf weniger als ein Drittel geschrumpft. Infolge der dort von unten, den Pfarrern und Gemeinden – und nicht vom Landesherrn – initiierten Reformation[100], hatte auch die bisherige Dekanatsstruktur[101] keinen Bestand mehr. Nach Becher[102] handelte es sich um eine „autonome Konfessionalisierung“.

Dass das Zusammenleben der konfessionsverschiedenen Bevölkerung in der Grafschaft Mark nicht problemlos erfolgte, geht aus dem 1682 verfassten Bericht[103] des kurfürstlichen Kommissars von Romberg hervor. Es gab lokale Beschwerden, Vorbehalte und zusätzliche Gravamina, die bis ins 18. Jahrhundert andauerten.[104] Das bestätigten ebenfalls die mehrfachen Beschwerdeschriften[105] der kurpfälzi-

97 St. Ehrenpreis: Kirchen, S. 75–78.

98 E. Hegel: Geschichte, Karte im Anhang.

99 H. Schoppmeyer: Geschichte, S. 33 ff.; vgl. E. Hegel: Geschichte, S. 156–161.

100 W. Reininghaus: Pfarrer, S. 127; W. H. Neuser: Delbrügger, S. 55. Zur Reformation in der Grafschaft Mark vgl. A. Schröer: Reformation, S. 247–271, 470–480.

101 Der „Liber Valoris“ von 1313 enthält die Dekanate der Erdiözese Köln. Dazu gehörten auch die im kölnischen Westfalen mit der Grafschaft Mark gelegenen. Er diente im 14. Jahrhundert der Zehnterhebung. Vgl. H. Kampschulte: Statistik, S. 23 ff.; 45–52.

102 O. Becher: Landstände, S. 43.

103 Ders., Herrschaft, S. 95–101.

104 E. Dresbach: Kirchengeschichte, S. 568–571; ders., Übelstände; W. Noelle: Lutheraner Union, Jg. 37, S. 10 f.; H. Rothert: Kirchengeschichte Mark, S. 480 f.; A. Stenger: Leben, S. 33–36.

105 R. Haaß: Reux, S. 182–202.

schen Regierung in Düsseldorf und der Kölner Kurie. Nach Ehrenpreis[106] dürften z. B. die 1716 erschienen Religionsbeschwerden der märkischen Katholiken aufgrund der preußischen Haltung keine nachhaltigen Änderungen bewirkt haben. Denn von den im Jahr 1723 eingereichten 312 Gravamina aus Kleve, Mark und Ravensberg bezogen sich fast drei Viertel allein auf die Grafschaft Mark: „[...] wie dan bey Gelegenheit das Schelten und Schmähen auff die Catholische Religion unbeschreiblich horrible ist/ohne daß darunter geziehmende Remediirung zu erhalten seye."[107]

In dem 1730 vorgelegten Bericht über Religionsbeschwerden, die die Klevische Regierung den Geistlichen und übrigen katholischen Eingesessenen in Kleve-Mark zugefügt hatte, versuchte der Kölner Erzbischof und Kurfürst Clemens August[108] (1700–1761) außerdem seine Rechte als Diözesanbischof geltend zu machen. Die preußische Regierung rechtfertigte sich in mehreren Gegenschriften. Ebenso wenig führten die wiederholten Eingaben der Kontrahenten beim Kaiser und die Verhandlungen vor dem Regensburger Reichstag zu einem erhofften Erfolg der kleve-märkischen Katholiken. Nach Becher[109] bezogen sich die Konfessionskonflikte auf drei Ebenen: formal-theologisch, sozial-hierarchisch und visuell-symbolisch. Die Beteiligten versuchten durch räumliche und soziale Distanz voneinander physische Übergriffe sowie gegenseitige Beleidigungen zu vermindern.

Im Gegensatz zu den Mitgliedern der christlichen Konfessionen bestand in der Grafschaft Mark der Frühen Neuzeit Juden[110] gegenüber eine gewisse Intoleranz. Sie hatten einen Sonderstatus[111] und waren den übrigen Staatsbürgern nicht gleichberechtigt, sondern zahlreichen Sonderbelastungen und Diskriminierungen[112] ausgesetzt. Dabei spielten religiöse und wirtschaftliche Motive eine Rolle. Als Verantwortliche für die Kreuzigung Christi sollten Juden[113] gebrandmarkt werden. Nach Battenberg[114] wurden sie als Bevölkerungsgruppe stereotyp wahrgenommen und dadurch schließlich stigmatisiert. Ihre Geschäftstüchtigkeit und der aufgrund von Waren- und Geldhandel erworbene Reichtum erweckten den Neid der Christen.[115] Aufenthalt und Tätigkeit der Juden waren sowohl rechtlich fixiert als auch mit besonderen Steuern belastet. Ihre soziale und wirtschaftliche Lage wurde dadurch nicht unerheblich erschwert. Das Verhalten ihnen gegenüber war ambivalent. Einerseits sollten die christlichen Kaufleute vor dieser unliebsamen Konkurrenz geschützt werden. Andererseits aber wollte der preußische Staat

106 St. Ehrenpreis: Kirchen, S. 81.
107 Regierung: Gravaminum, S. 123.
108 O. Becher: Herrschaft, S. 32–35, 246.
109 Ebd., S. 203–213.
110 Vgl. J. F. Battenberg: Juden, mit weiteren Literaturangaben; W. Reininghaus: Juden. Für das Überlassen des Typoskripts möchte ich mich an dieser Stelle vielmals bedanken.
111 F.-W. Henning: Handbuch, Bd. 1, S. 920 f.; vgl. W. Sombart: Juden; S. Stern: Staat.
112 J. F. Battenberg: Integration, S. 424 f.
113 Zur Judendiskriminierung durch äußere Kennzeichen vgl. D. Aschoff: Judenkennzeichnung.
114 J. F. Battenberg: Integration, S. 449.
115 Zur Geschichte märkischer Juden im Mittelalter vgl. D. Aschoff: Juden Mark; ders., Juden Westfalen, S. 84 ff.; B. Brilling: Geschichte.

aus fiskalischen Gründen[116] auf die wirtschaftliche Tätigkeit der Juden nicht verzichten. Um dem Wucher bei Geldgeschäften wie Pfandleihen und Darlehen vorzubeugen, versuchte er durch Verordnungen[117] den Zinsfuß zu reglementieren.

Im Jahr 1656 übernahm der Große Kurfürst (1620–1688) von den Städten das Regal des Judengeleits.[118] Die von ihm dazu festgesetzte Summe wurde auf den Judenlandtagen[119] je nach Stand und Vermögen auf die einzelnen jüdischen Familien repartiert. Zu den ständigen Abgaben[120] gehörten neben den Schutzgeldern, Rekruten- und Calendergelder, Beiträge zur „Cassa Montis Pietatis“[121] sowie zur Münzsilberlieferung. Bei besonderen Anlässen fielen zusätzlich noch außerordentliche Steuern an. 1730 löste das Generalprivileg[122] die bisher nur befristet ausgestellten Geleite ab. Es sicherte den Juden den dauerhaften Aufenthalt in der Grafschaft Mark zu. Hauserwerb war genehmigungspflichtig. Ausdrücklich erlaubt wurden ihnen Handel[123] mit Trödel, Geld sowie Pferden. Die einheimischen Zünfte durften aber nicht behindert werden.

Ein knappes Drittel der jüdischen Haushaltungsvorstände arbeitete 1737 als Schlächter, von denen drei Viertel in den Städten und ein Viertel auf dem Lande wohnten. Je ein Fünftel entfiel auf Händler und Schlächter sowie Händler oder Trödler. Von den zwei jüdischen Familien in Herbede[124] unterhielten die Gebrüder Levi einen Kramladen und Salomon Isaak handelte mit Altkleidern. Weniger stark vertreten waren die Berufe[125] Glaser, Händler und Pfandleiher sowie Pferde- oder Viehhändler.[126] Um die eigene Existenzgrundlage zu sichern, führten viele Juden mehrere Tätigkeiten zugleich aus.

1766 hatte sich u. a. die Anzahl der jüdischen Pfandleiher nordwärts der Ruhr stark vermehrt. Ihr Durchschnittsvermögen[127] betrug über 2000 Reichstaler. Dagegen besaßen die Bochumer Pfandleiher Marcus Aaron 8000 Reichstaler und Abraham Lehmann immerhin 4000 Reichstaler an Vermögen. Der Hammer Pfandlei-

116 F. Baer: Protokollbuch, S. 114–128; J. F. Battenberg: Juden, S. 72 f.; D. J. Cohen: Landjudenschaften, S, 213 f.; W. Reininghaus: Juden, S. 5.

117 K. Maser: Juden, S. 79 ff.

118 J. Lappe: Geschichte Juden, unpag.; K. Maser: Juden, S. 60; vgl. J. F. Battenberg: Schutzjuden.

119 Zur Organisation der märkischen Juden in der Frühen Neuzeit vgl. K. Maser: Juden, S. 68–79; F. Baer: Protokollbuch, S. 79–114; J. F. Battenberg: Juden, S. 39 ff., 105 ff.; D. J. Cohen: Landjudenschaften; W. Reininghaus: Juden, S. 8–13.

120 K. Maser: Juden, S. 81–85.

121 Sie unterstand dem „Königlich Preußischen Evangelisch-Reformierten Kirchen-Direktorium“. Als mildtätige Darlehnskasse lieh sie ihrerseits gegen ein Pfand als Sicherheit Geld zu niedrigen Zinssätzen an hilfsbedürftige Personen. Sie gilt als Vorläuferin späterer Leihhäuser. Ebd., S. 83; F.-W. Henning: Handbuch, Bd. 1, S. 618; vgl. H. Holzapfel: Anfänge.

122 K. Maser: Juden, S. 62.

123 Vgl. F. Lütge: Sozial, S. 379 ff.

124 W. Reininghaus: Juden, S. 14.

125 K. Maser: Juden, S. 98.

126 Zur wirtschaftlichen Tätigkeit märkischer Juden vgl. F. Baer: Protokollbuch, S. 65–78; J. F. Battenberg: Juden, S. 94 ff.; W. Reininghaus: Juden, S. 13 ff.

127 Errechnet nach K. Maser: Juden, S. 99 ff.

her Horn Seligmann konnte noch 400 Reichstaler vorweisen. Das Durchschnittsvermögen jüdischer Schlächter lag bei 975 Reichstalern. Es streute zwischen 150 und 2700 Reichstalern. Städtische Pferdehändler hatten ein Durchschnittsvermögen von 1100 Reichstalern. Das Vermögen jüdischer Viehhändler auf dem Lande der Grafschaft Mark war dazu vergleichsweise geringer. Es variierte von 200 bis 800 Reichstalern.

In der Frühen Neuzeit begrenzte die preußische Regierung die Anzahl der zugelassenen Juden[128] in Cleve-Mark auf zunächst 150 Familien. Aber vermögende Juden[129] mit 10 000 Reichstalern durften zusätzlich aufgenommen werden. Dagegen mussten jüdische Knechte, Mägde u. a. Dienstboten[130] nach ihrer Heirat das Land verlassen. In der Grafschaft Mark hatte sich die Anzahl der jüdischen Familien[131] zwischen 1660 und 1737 von 43 auf 85 fast verdoppelt. Bis 1766 sank der Anteil um etwa ein Viertel auf 65 Familien und entsprach damit wieder der Anzahl des Jahres 1711. Von den 78 märkischen jüdischen Familien[132] 1723/24 lebten über vier Fünftel (66 Familien) in den Städten. Der größte Teil davon zahlte Schutzgeld und gehörte zu den 150 zugelassenen Familien. Von den 12 jüdischen Familien des platten Landes dagegen entrichtete die Hälfte kein Schutzgeld und zählte auch nicht zu den 150 Familien. Sie standen teilweise im Schutz von Adelssitzen.

Die Personenzahl einer jüdischen Familie[133] differierte. Grundlage der jüdischen Gesellschaft war die „Kleinfamilie", die um Bedienstete sowie Schwiegersöhne und -töchter erweitert werden konnte. Da im ländlichen Judentum nur eine begrenzte Anzahl von Schutzstellen verfügbar war, entstand durch Angliedern weiterer Familien der zweiten oder dritten Generation eine „Großfamilie". Kamen die Angeheirateten hinzu, so handelte es sich um eine „Verwandtschafts-Familie", die sich dem Inhaber des Schutzbriefes unterstellte.

Im Jahr 1737 konzentrierten sich in der Grafschaft Mark von den 423 jüdischen Personen drei Fünftel auf die Städte[134] nordwärts der Ruhr, mit Schwergewicht in Bochum[135], Hamm[136] und Unna.[137] Ein gutes Drittel lebte in den Städten südwärts der Ruhr, wobei Schwelm[138], Iserlohn[139], Altena und Neuenrade hervortraten. Die 33 (acht Prozent) ländlichen Juden[140] verteilten sich auf die Ämter

128 K. Maser: Juden, S. 61.

129 Ebd., S. 63.

130 Ebd., S. 65.

131 Ebd., S. 97. Davon abweichende und weitere Zahlen vgl. W. Reininghaus: Juden, S. 2 f.

132 Errechnet nach S. Stern: Staat, Bd. 2,2, S. 493.

133 F. Baer: Protokollbuch, S. 60 ff.; J. F. Battenberg: Juden, S. 51 ff.

134 Errechnet nach K. Maser: Juden, S. 95.

135 Vgl. ebd., S. 32 f.

136 Zur Entwicklung der jüdischen Gemeinde in Hamm vgl. A. Dartmann: Entwicklung; K. Maser: Juden, S. 49–52; D. Wels: Anschel.

137 Vgl. K. Maser: Juden, S. 53 f.

138 Vgl. G. Helbeck: Juden; Mark, S. 147.

139 Vgl. ebd., S. 128 f.

140 Errechnet nach K. Maser: Juden, S. 94.

Bochum und Hörde, die Herrlichkeiten Eickel und Hemer sowie auf das Gericht Bodelschwingh.[141]

Hinsichtlich der Bevölkerungszahlen gehörte die Grafschaft Mark im 18. Jahrhundert nicht zu den Zentren jüdischen Lebens. Nach Reininghaus[142] waren etwa 0,4 Prozent der Gesamtbevölkerung Juden. In den Städten betrug der Anteil etwas über ein Prozent. Da die Mehrzahl der märkischen Bevölkerung in der Frühen Neuzeit auf dem Lande ansässig war, wo Juden nur unterproportional lebten, verminderte sich der jüdische Anteil bei wachsender Landbevölkerung. Die geringe Anzahl jüdischer Personen in der Grafschaft Mark hing wohl auch damit zusammen, dass dort, wie in den aufstrebenden Residenzstädten, keine Hofjuden[143] wohnten.

Wegen der rechtlichen Sonderstellung und im Hinblick auf die Bevölkerungsweise lassen sich die märkischen Juden im betrachteten Zeitraum nicht einfach mit den Christen vergleichen. Sie bleiben daher im Folgenden weitgehend außerhalb der Betrachtung.

2.6 Ausgewählte nördliche Kirchspiele

Die oben ausgewählten Kirchspiele werden hinsichtlich ihrer geographischen, ökonomischen und konfessionellen[144] Eigenarten kurz vorgestellt. Als Kontext für die weitere Untersuchung folgen den hellwegischen die süderländischen Ortschaften.

In der Frühen Neuzeit war Rhynern[145] ein von der Landwirtschaft[146] geprägtes Kirchspiel, das, im Amt Hamm gelegen, unterschiedliche Siedlungsstrukturen aufwies. Während einige Höfe sich innerhalb des Gebietes konzentrierten, wie sonst im Hellwegischen, lagen andere verstreut inmitten ihrer Feldflur, wie es vorrangig im Süderländischen üblich war. Für 1705 verzeichnete das Kataster[147] im Kirchspiel Rhynern 269 kontribuable Güter. Um die Mitte des 18. Jahrhunderts lebten dort etwa 180 Nahrungstreibende und Handwerker.[148]

Neben der katholisch gebliebenen Hauptgemeinde[149] entstand eine kleinere reformierte Kirchengemeinde, zu der sich auch die wenigen dort lebenden Lutheraner hielten. Zum Ende des 17. Jahrhunderts war nur ein knappes Fünftel der bäuerlichen Haushaltungsvorstände der lutherischen oder reformierten Konfession zuge-

141 Zur Geschichte Dortmunder Juden vgl. B. Brilling: Geschichte; K. Maser: Juden, S. 4–49.

142 W. Reininghaus: Juden, S. 2 f.

143 Ebd., S. 3; vgl. J. F. Battenberg: Juden, S. 41–45, 107–112.

144 Zu „geistlichen Sachen“ aus den Registern der Grafschaft Mark vgl. E. Dösseler: Sachen.

145 F. W. Bauks: Anfänge, S. 116 f.; E. Dresbach: Beiträge, S. 54 ff.; H. Kampschulte: Statistik, S. 81 f.; J. D. v. Steinen: Geschichte, T. 3,2, S. 939 f.; vgl. J. Lappe: Geschichte Rhynern.

146 Vgl. L. Schütte: Geschichte; K. U. Schulze-Velmede: Landwirtschaft.

147 Kataster, S. 12–21, 34 ff.

148 Errechnet nach: GStA PK: II. HA Gen. Dir., Abt. 18 Kleve, Tit. CLXX, Nr. 5, Vol. 4, Bl. 118 v-126 r.

149 F. W. Jerrentrup: Kirchengemeinden, S. 200 ff.

tan. Die Eingesessenen bekräftigten, dass in ihrer katholischen Kirche nach 1637, von Ausnahmen abgesehen, kein anderer als ein katholischer Gottesdienst stattgefunden hätte.

Die am Ende des 12. Jahrhunderts erbaute romanische dreijochige Gewölbebasilika[150] mit Querschiff aus heimischem Grünsandstein ist der Hl. Märtyrerin Regina geweiht. Ihr kostbarer spätgotischer Reliquienschrein aus dem Jahr 1457 ist ein Meisterwerk westfälischer Goldschmiedekunst, angefertigt als Zeichen ihrer großen Verehrung. Hervorzuheben ist weiterhin der um 1520 gefertigte Antwerpener Hochaltar mit prächtigen Holzschnitzereien und Malereien der St.-Lukas-Gilde.

Zur katholischen Gemeinde[151] gehörten die Bauerschaften Rhynern, West- und Ostünnen, Allen, Wambeln und Freiske, Süddinker, Flierich und Boenen, Hilbeck sowie Drechen. Da auch Katholiken aus weiteren umliegenden, evangelisch gewordenen Kirchengemeinden zur Rhynerner Kirche kamen, wurde 1689 eine zusätzliche Vikarstelle eingerichtet. Der von 1677 bis 1707 amtierende Pfarrer Philipp Engelbert Senckell führte hier erstmals Kirchenbücher ein. Kaspar Eduard Wellie wurde im Laufe seiner von 1729 bis 1753 dauernden Amtszeit sogar zum Dechanten ernannt.

Nach dem Glaubenswechsel des Landesherrn zum Calvinismus bekannten sich von ihm abhängige Bauern eher zur reformierten Lehre, da glaubenseifrige Amtsleute dies noch zusätzlich förderten. Dabei unterstützend wirkte ebenfalls die Nähe zur märkischen Hauptstadt Hamm[152], der seit den 80er Jahren des 16. Jahrhunderts ersten reformierten Stadt der Grafschaft. Nach Gottesdiensten auf umliegenden Rhynerner Höfen stiftete der Kurfürst für den Kirchenbau ein Grundstück und bewilligte dafür weitere 100 Goldgulden. Am 1. Juni 1665 legte der kurbrandenburgische Rentmeister Ludovici zu Hamm den Grundstein für die reformierte Kirche[153] in Rhynern. Die 24 Meter hohe sechseckige Kirche mit pyramidalem Schieferdach wurde zwei Jahre später eingeweiht und 1748 ausgebessert. Da erst zu Beginn des 19. Jahrhunderts eine Glocke angeschafft wurde, läuteten bis dahin die Glocken[154] der benachbarten Reginenkirche zu den Gottesdiensten.

Die reformierte Kirchengemeinde in Rhynern[155] umfasste sieben Bauerschaften: Rhynern, West- und Ostünnen, Allen, Wambeln und Freiske sowie Süddinker. Die „ehrwürdige Klasse“ in Hamm examinierte die von der Gemeinde gewählten und vom König bestätigten Prediger[156] vor ihrer Ordination ins Lehr- und Prediger-

150 H.-W. Stork: Pfarrkirche, mit weiteren Literaturangaben.

151 KBabt. P: KB Rhynern, Bd. 2; vgl. E. Dösseler: Sachen, Jgg. 45/46, S. 34–37.

152 „Es gibt ausgezeichnete Köpfe hier“, Ausstellungskatalog zum Jubiläumsjahr 2009 im Gustav-Lübcke-Museum Hamm mit 11 Beiträgen; M. Perrefort: Köpfe; W. Reininghaus: Wirtschaft Gesellschaft.

153 J. W. Jerrentrup: Kirchengemeinden, S. 212–216.

154 Zur symbolischen Bedeutung von Glocken im kulturellen Leben der Gemeinde in der Frühen Neuzeit vgl. A. Corbin: Sprache.

155 LKAB: KB Rhynern, Bd. 1; vgl. E. Dösseler: Sachen, Jgg. 45/46, S. 37.

156 F. G. H. J. Bädeker: Geschichte, S. 426 f.

amt. Der reformierte Prediger Conrad Heinrich von der Borg[157] stellte während seiner Amtszeit (1707–1736) das Einvernehmen mit den Lutheranern wieder her. Ab 1721 ließ er sie an der Wahl reformierter Prediger und als Kirchenvorsteher im Konsistorium teilnehmen. Später durften Lutheraner auch einen eigenen Armenpfleger ernennen.

In der Frühen Neuzeit war das Verhältnis zwischen Katholiken und Reformierten in Rhynern jedoch nicht ungetrübt. Der katholische Pfarrer behinderte z. B. den Neubau[158] der reformierten Kirche. Dagegen weigerten sich die Reformierten für das Läuten der katholischen Glocken auch die vereinbarten Reparaturkosten[159] für den Turm der Reginenkirche mitzutragen. Zu Beginn des 18. Jahrhunderts wurde dem einheiratenden katholischen Bräutigam[160] auf den reformierten Wollenhof angedroht: „[...] wan er nicht Reformirt werden wolte/er nach geschehenem Heyrath den Hoff zu quittiren hätte [...].“

Die Bauerschaften Lünern[161], Mühlhausen und Stockum, zum Amt Unna gehörend, bildeten das Kirchspiel Lünern.[162] Die 1545 von Pfarrer Heinrich von Steinen[163] (1504–1585) dort eingeführte lutherische Lehre wurde ab 1566 von seinem Sohn Heinrich[164] (1543–1608) und ab 1596 von dessen Sohn Diederich[165] (1573–1643) beibehalten. Zu Beginn des 18. Jahrhunderts übernahm Bernhard Heinrich Krupp[166] (1671–1730) die Gemeinde. Sein Sohn Johann Anton[167] (1701–1762) wurde ihm 1729 adjungiert. Der Vikar Johann Melchior Jellinghaus[168] (1650–1730), seit 1681 in Lünern, wurde 1723 von seinem Sohn Heinrich Caspar[169] (1684–1749) beerbt. Die Weitergabe des Amtes innerhalb einer Familie traf damit in Lünern mehrfach zu.

Der lutherische Pastor leitete mit seinem Vikar die Gemeinde.[170] Letzterem oblag auch der Schulunterricht. Die Geistlichen hatten zusammen mit den einheimischen Adeligen, Schulzen und vornehmsten Großbauern Sitz und Stimme im Konsistorium der Gemeinde. Den Hofbesitzern gehörten eigene Kirchenbänke und Grabstellen. Ein sozialer Unterschied[171] äußerte sich z. B. darin, dass bei Begräbnissen nur Brinksitzer und Einlieger zahlungspflichtig waren, Bauern und Kötter aber nicht.

157 Vgl. F. W. Bauks: Pfarrer, S. 50 Nr. 665.
158 F. W. Jerrentrup: Kirchengemeinden, S. 213.
159 Regierung: Gravaminum, S. 108, Gravamen 43.
160 Ebd., S. 112, Gravamen 55.
161 Vgl. W. Reininghaus: Wirtschaft, Staat, S. 33 f.
162 Vgl. J. D. v. Steinen: Geschichte, T. 2, 2, S. 858–894; vgl. E. Dösseler: Sachen, Jgg. 45/46, S. 14 f.
163 F. W. Bauks: Pfarrer, S. 489 Nr. 6065.
164 Ebd., Nr. 6066.
165 Ebd., Nr. 6067.
166 Ebd., S. 280 Nr. 3517.
167 Ebd., Nr. 3518.
168 Ebd., S. 232 Nr. 2958.
169 Ebd., S. 232 f. Nr. 2959.
170 F. G. H. J. Bädeker: Geschichte, S. 90 ff.; W. Timm: Confessio, S. 16 f.
171 K. Basner: Beiträge, S. 14.

Seit 1700 bediente eine Person[172] in der Lünerner Kirche den Blasebalg der Orgel und musste außerdem die bei der Predigt Eingeschlafenen wecken. Im Jahr 1715 beanstandete die preußische Regierung[173] das Überschreiten der Predigtdauer von einer Stunde. Demnach sollten Lünerner Geistliche, die anhand einer seit 1727 auf der Kanzel angebrachten Sanduhr über eine Stunde predigten, bestraft werden.

Neben dem fruchtbaren Ackerland besaß das Kirchspiel Lünern ausgedehnte Viehweiden, die die Eingesessenen vorwiegend für die Schweinemast nutzen. Nach dem Mühlenproberegister[174] von 1777 entfielen fast drei Viertel der Kirchspielbewohner auf den landwirtschaftlichen Bereich.[175] Bei den Gewerbetreibenden waren Leineweber und Zimmerleute zahlreicher als Schneider, Schuster und Schmiede. In der ersten Hälfte des 18. Jahrhunderts hatte die Anzahl der Neusiedler auf den Gemeinheiten[176] stark zugenommen. Im Jahr 1705 waren 95 schatzpflichtige Güter[177] vorhanden. Dreißig Jahre später wies ein amtliches Verzeichnis[178] immerhin 128 Feuerstellen aus. Um die Hude und die bisherigen Berechtigten nicht weiter zu beeinträchtigen, verbot man 1740 den Bau weiterer Häuser. Deshalb widersetzten sich die Lünerner gegen die geplante Ansiedlung von Jobst Hölling.

Als ältestes Kirchspiel[179] der Hellwegzone wurde Methler 898 urkundlich bezeugt. Von Steinen[180] bezeichnete die aus gehauenen Steinen erbaute Margarethenkirche im Kirchdorf Methler als die größte und schönste im Amt Unna. In der Frühen Neuzeit war Methler, zwischen Dortmund und Unna gelegen, die größte lutherische Gemeinde.[181] Zu ihr gehörten die Bauerschaften Westick, Wasserkurl und Niederaden im Amt Unna sowie Oberaden und Weddinghofen im Amt Kamen. Nach Timm[182] führten wahrscheinlich Diederich Luneke[183], von 1559 bis 1582 Prediger in Methler, und sein Vikar Dieterich Recken[184] unter Mithilfe des Kamener Pfarrers Johann Daniel Schomburg[185] um 1560 die Reformation in Methler ein.

Johan Balthasar Albrecht Krupp[186] (1734–1812), seit 1745 Vikar[187] und von 1759 bis 1812 Pastor in Methler, erstellte mit mehreren Gemeindemitgliedern 1766 eine

172 Ebd., S. 98.
173 W. Neumann: Befehl.
174 Bevölkerung, S. 16–23.
175 Vgl. W. Timm: Bauern, T. 1, S. 24–32, 35–38.
176 K. Basner: Beiträge, S. 13, 121 ff.; vgl. ders., Bevölkerung.
177 Kataster, S. 51–55.
178 F. Schmidt: Märkisches A-B-C, Jg. 16, S. 39.
179 W. Timm: Bauern, T. 2, S. 200.
180 J. D. v. Steinen: Geschichte, T. 2, 2, S. 907.
181 Vgl. E. Dösseler: Sachen, Jgg. 45/46, S. 26 f.
182 W. Timm: Reformation; vgl. J. Kampmann: Einführung.
183 F. W. Bauks: Pfarrer, S. 310 Nr. 3898.
184 Ebd., S. 400 Nr. 4955.
185 Ebd., S. 452 Nr. 5595.
186 Ebd., S. 280 Nr. 3519.
187 R. Neuhaus: Jahre, S. 319.

Generalaufnahme[188] der Eingesessenen. Ohne die aus dem katholischen Kirchspiel Courl und dem reformierten Herringen stammenden Lutheraner, die zur Methlerner Kirche kamen, betrug die Einwohnerzahl des Kirchspiels 1225 Personen. Mitgezählt waren dabei jeweils über 50 Katholiken und Reformierte, die dort vorwiegend in konfessionsverschiedenen Ehen lebten.

Im Jahr 1705 befanden sich im Kirchspiel Methler 128 schatzpflichtige Güter.[189] Nach dem Mühlenproberegister[190] von 1777 arbeiteten in den Unnaer Bauerschaften des Kirchspiels Methler über zwei Drittel der Hauswirte in der Landwirtschaft[191] als Bauern, Kötter und Tagelöhner. Bei den Dorfhandwerkern standen Leineweber und Zimmerleute im Vordergrund. Daneben gab es einige Schmiede, Schneider und Schuster.

Das zur Herrschaft Strünkede gehörende Kirchspiel Herne[192] liegt zwischen Bochum und Castrop. Zu dem 116 Häuser umfassenden Kirchdorf Herne in der Mitte des 18. Jahrhunderts zählten die Bauerschaften Baukau, Bergen und Hiltrop. Die Bauerschaften Holsterhausen und Horsthausen, Pöppinghausen sowie Sodingen gehörten jeweils nur teilweise dazu. Aufgrund der unterschiedlichen Bodenbeschaffenheit gab es außer der fruchtbaren Ebene, als Ausläufer des sauerländischen Gebirges, eine wellenförmige Hochebene. Die Einwohner lebten von Ackerbau, Viehzucht und Nebengewerbe wie z. B. Weben. Nach einer Schatzliste[193] von 1664 gab es in Herne, Baukau und Hiltrop von den 84 schatzpflichtigen Gütern fast zwei Fünftel Kötter. Nur der Schulte zu Bergen und Rotger zu Hiltrop waren jeweils mit vier Gulden veranschlagt. Im Jahr 1743 lebten im Herner Kirchspiel 95 Nahrungstreibende[194], einschließlich der dortigen Handwerker.

Die um 1100 erbaute Kirche[195] war dem heiligen Bischof Dionysius geweiht. Zu seinem Festtag (8. Oktober) und denjenigen der Patroninnen der Vikarie fanden Jahrmärkte statt: St. Katharina (30. April) sowie St. Luzia (12. Dezember). Herne war nach Weitmar und Langendreer der dritte märkische Ort, an dem die evangelische Lehre frühzeitig gepredigt wurde. Dies geschah durch Pfarrer Crafft Messing[196] vom Jahr 1561 an.[197] Im 17. Jahrhundert soll es keine katholische Familie mehr in Herne gegeben haben. Seit der Mitte des 18. Jahrhunderts hielten sich die

188 Generalaufnahme, S. 7–10.

189 Kataster, S. 78–80, 90 f., 93.

190 Bevölkerung, S. 46–50.

191 Zur geschichtlichen Entwicklung einzelner ländlicher Güter im Kirchspiel Methler vgl. W. Timm: Bauern, T. 2, S. 161–167, 200–203, 219–226. Zu den Höfen der Bauerschaften Methler, Wasserkurl und Westick vgl. G. Rogge: Höfe.

192 J. D. v. Steinen: Geschichte, T. 3,1, S. 807, 816 f.; F. Dransfeld: Geschichte; vgl. L. Koechling: Jahre.

193 J. Bauermann: Türkensteuerregister, S. 107, 112 f.

194 Errechnet nach: GStA PK: II. HA Gen. Dir., Abt. 18 Kleve, Tit. CLXX, Nr. 5, Vol. 2, Bl. 315 v-320 r.

195 G. Hoischen: Geschichte.

196 F. W. Bauks: Pfarrer, S. 328 Nr. 4128.

197 Zu Namen lutherischer Pastoren und Vikare in Herne vgl. F. Dransfeld: Geschichte, S. 51–55.

wenigen Katholiken zur Pfarrei in Eickel.[198] Im rein evangelisch gewordenen Herner Kirchspiel[199] gab es neben dem lutherischen Pfarrer noch einen Vikar, der von 1646 bis 1752 zugleich Pastor in Crange war. Die Herner Bauern waren beiden zehntpflichtig.

Außerordentliche Einnahmen erwuchsen der Kirche durch den Verkauf von Kirchensitzen und das öffentliche, meistbietende Versteigern von Erbgütern. Auch das am alten Kirchhof stehende kirchliche Armenhaus wusste zusätzliche Einnahmen zu erzielen, u. a. durch das Verleihen von Hochzeitsgeschirr oder Leichenlaken. Ab 1710 unterrichtete Johann Wilhelm Adolf Staarmann 50 Jahre lang an der evangelischen Schule in Herne. Im folgte sein Sohn Henrich Georg.

Das im Amt Bochum gelegene Kirchspiel Weitmar, mit den Bauerschaften Weitmar und Eppendorf, besaß in der Frühen Neuzeit neben fruchtbarem Ackerland auch Wiesen, Weiden und zahlreiche Waldungen. Im Jahr 1684 entfiel von den 49 Gütern[200] ein gutes Drittel auf Kotten. Der größte Hof wies 35 Malter auf. Nach von Steinen[201] soll Weitmar eine der ältesten Gemeinden der Grafschaft Mark gewesen sein, die sich zur lutherischen Lehre bekannte. Als erster offizieller lutherischer Pfarrer war dort Johann Hackmann[202] von 1572 bis 1614 tätig. Der im Jahr 1680 ordinierte Johan Schwefelinghaus[203] begann mit seinem Amtsantritt das Führen der dortigen Kirchenbücher. Er leitete die Gemeinde sogar 56 Jahre lang.

Die Kirche ist dem Hl. Sylvester geweiht, was nach Kampschulte[204] auf ein hohes Alter schließen lässt. Mit dem Übergang zur lutherischen Konfession wurde die bisherige Tochtergemeinde von Bochum selbstständig. Die noch vorhandenen Katholiken gehörten zwar wieder zur Bochumer Kirche an, mussten bei geistlichen Handlungen ihre Gebühren aber dem Weitmarer Pastor entrichten.

2.7 Ausgewählte südliche Kirchspiele

Zwischen Bochum und Blankenstein befand sich das an der Ruhr gelegene weitläufige Kirchspiel Herbede.[205] Es umfasste die Bauerschaften Ost- und Westherbede, Berghausen, Vormholz[206] und Durchholz, Heven, Wannen sowie Kleinherbede. In der Mitte des 16. Jahrhunderts führte Pastor Johannes Saldenberg[207] die

198 Vgl. F. Wiesehöfer: Bewohner.
199 F. Dransfeld: Geschichte, S. 71–80.
200 F. Darpe: Geschichte, S. 338–342.
201 J. D. v. Steinen: Geschichte, T. 3,1, S. 291–297.
202 F. W. Bauks: Pfarrer, S. 174 Nr. 2218.
203 F. G. H. J. Bädeker: Geschichte, S. 351 ff.; F. W. Bauks: Pfarrer, S. 467 Nr. 5784; vgl. G. Zahlaus: Reformationsgeschichte.
204 H. Kampschulte: Statistik, S. 67.
205 Zur Lokalverwaltung des Eigengerichtes Herbede vgl. J. Kloosterhuis: Fürsten, Vögte.
206 Zur Siedlungsgeographie der Köttersiedlung Vormholz vgl. K. Richmann: Köttersiedlung.
207 F. W. Bauks: Pfarrer, S. 426 Nr. 5283.

lutherische Lehre im dortigen Kirchspiel[208] ein. Jeweils drei Kirchenälteste[209] überprüften die Ordnungsmäßigkeit der Kirchenrechnungen. Der 28-jährige Johann Theodorus Messing[210] (1641–1703) übernahm die Pfarre[211] im Jahr 1669. Sein Gerichtsherr[212] und Patron der Herbeder Kirche, Freiherr von Elverfeldt, beauftragte ihn 1693 erstmals ein Kirchenbuch anzulegen. Aufgrund persönlicher Befragungen[213] in der Zeit vom 7. Juni bis 25. Juli 1693 verzeichnete Messing Taufen, Trauungen und Beerdigungen in 185 Herbeder Familienhaushalten für die Jahre 1669 bis 1692.

Nach von Steinen[214] wies dieses fruchtbare Kirchspiel Kornland, Weiden, Wiesen und Waldungen auf. Im Jahr 1768 verteilte sich die Bodengüte[215] der 129 Güter auf gute (22 Prozent), mittlere (35 Prozent) und schlechte (43 Prozent) Qualität. Herbede war ein frühes Zentrum des märkischen Kohlenbergbaus.[216] Seit 1681 übernahm, nach fast 20-jähriger Vakanz, der aus einer Herbeder Gewerkenfamilie gebürtige Dr. iur. Peter König[217] das Amt des Oberbergvogts[218] in Schwerte und 1690 in Personalunion auch das des Bergrichters. Im Jahr 1716 wurde sein Sohn Simeon Johann Heinrich adjungiert.

In der Mitte des 18. Jahrhunderts waren auf sieben gangbaren Zechen im Gericht Herbede[219] 28 Bergleute beschäftigt. Von acht weiteren Bergwerken lagen fünf aus Absatzmangel und drei weitere aus bergtechnischen Gründen still. Der Bergwerksbesitz[220] verteilte sich in der Frühen Neuzeit größtenteils auf mehrere Gewerke. Die Familien Oberste und Mittelste Berghaus[221] z. B. besaßen nennenswerte Anteile an der Zeche „Reiger“.[222] Entsprechendes galt für die Familien Mittelste

208 Zur Geschichte der Kirchengemeinde vgl. E. Stahl: Geschichte. Zum Herbeder Kirchenstreit bei der Besetzung des neuen Pfarrers im 17. Jahrhundert; vgl. W. Wüstenfeld: Kirchenstreit.

209 Alphabetisches Verzeichnis der amtierenden Kirchenältesten in Herbede 1603–1740 vgl. R. Grosse-Stoltenberg: Renthen, S. 240 f.

210 F. W. Bauks: Pfarrer, S. 328 Nr. 4130.

211 F. G. H. J. Bädeker: Geschichte, S. 290 ff.

212 O. R. Enneper: Verzeichnis, S. 2 ff.

213 Kienecker: Kirchenbücher, S. 95.

214 J. D. v. Steinen: Geschichte, T. 4,1, S. 761.

215 Errechnet nach J. H. Born: Beiträge, S. 123–133. Zu einer alphabetischen Namenliste der Herbeder Mark-Berechtigten vgl. R. Große-Stoltenberg: Markenbuch. Zu Hevener Höfe und Bauern vgl. J. Beckmann: Höfe.

216 A. Weddige: Bergbau, S. 101–104; vgl. G. Koetter: Steinkohlenbergbau.

217 A. Meister: Handel, S. 442; W. Reininghaus: Bergordnung, S. 309; ders., Landesherr, S. 61; ders., Steinkohlenbergbau, S. 27 f.

218 Zur Bestallungsurkunde für den Oberbergvogt Peter König vgl. Bestallung.

219 M. Fessner: Steinkohle, S. 237, 269.

220 Mark, S. 181 f.; W. Reininghaus: Steinkohlenbergbau, S. 35–38.

221 Mehrere Mitglieder dieser Familien übten das Amt des Kirchenmeisters aus. Cordt Mittelste Berghausen hatte es sogar 25 Jahre inne (1657–1682), vgl. R. Grosse-Stoltenberg: Renthen, S. 240.

222 Vgl. J. Huske: Steinkohlenzechen, S. 767.

Berghaus und Oberste Frielinghaus btr. das Bergwerk „Stralsund".[223] Dem Freiherrn von Elverfeldt[224] gehörte die im Amt Wetter gelegene Zeche „Nachtigall im Hettberg".[225] Im Jahr 1755 besaß er außerdem Anteil[226] an der Grube „Seegen Gottes aus Horadt".[227]

Die Anzahl der 62 Nahrungstreibenden und Handwerker im Jahr 1731 erhöhte sich 12 Jahre später um ein Drittel auf 96 Personen. In der Mitte des 18. Jahrhunderts arbeiteten im Herbeder Kirchspiel 112 Nahrungstreibende und Handwerker.[228] Innerhalb von 20 Jahren entsprach das einer Zunahme von über 80 Prozent. Ein wichtiger Gewerbezweig war die Produktion von Kleineisenwaren. Bereits 1745 fertigte der Heverner Johann Diederich Conrad Neuhaus (1729–1809) als Schmiedemeister[229] Schrauben und Winden auf der väterlichen Schmiede. Seine 1764 und 1770 geborenen Söhne Heinrich Wilhelm und Johann Diederich erlernten bei ihm das Schmiedehandwerk. Ihre zu Beginn des 19. Jahrhunderts in der Meisterprüfung hergestellten Meisterstücke wurden als vollkommen gute und brauchbare Ware anerkannt. Aus diesen Anfängen entwickelte sich die spätere Firma „J. D. Neuhaus Hebezeuge"[230] mit immerhin 180 Beschäftigten im Jahr 1990.

In der Frühen Neuzeit bildeten die Bauerschaften Niederwenigern, Dumberg und Altendorf auf der linken Ruhrseite mit Dahlhausen und Linden auf der rechten den märkischen Teil des Kirchspiels Niederwenigern im Amt Blankenstein. Dazu gehörte Byfang, das der Essener Abtei unterstand, sowie Hinsbeck aus der Abtei Werden.[231] Die urkundlich erstmals 1147 erwähnte Kirche[232] ist dem Hl. Märtyrer Mauritius geweiht. Nach langwierigen Streitigkeiten[233] beließ die Klevische Regierung 1655 den zahlreichen Katholiken die Pfarrkirche. Die dortige lutherische Minderheit erhielt die in Linden seit etwa 1313 vorhandene Antonius-Kapelle[234] zur Religionsausübung zugesprochen.

Damit waren die räumlichen Zuständigkeiten zwar geregelt, die religiösen Konflikte aber schwelten weiter. So beklagten sich Lutheraner[235], dass konfessions-

223 Vgl. ebd., S. 889.

224 Zur märkischen Adelsfamilie von Elverfeldt als Gewerke vgl. W. Kroker: Gewerken; W. Serlo: Bergmannsfamilien. Zur Geschichte des Geschlechts der Freiherren von Elverfeldt vgl. E. Aander-Heyden: Geschichte. Zur Familie von Elverfeldt vgl. F. S. Frh. v. Elverfeldt: Familie.

225 Vgl. J. Huske: Steinkohlenzechen, S. 665.

226 Mark, S. 181.

227 Vgl. J. Huske: Steinkohlenzechen, S. 838.

228 Errechnet nach: GStA PK: II. HA Gen. Dir., Abt. 18 Kleve, Tit. CLXX, Nr. 5, Vol. 2, Bl. 412 v; Vol. 4, Bl. 247 v-251 r.

229 H. Eversberg: Lagerbuch, S, 74, 86, 88; A. Kikuth: Anfängen, S. 213–224.

230 Vgl. Firmenfestschriften zum 210-jährigen Jubiläum, W. Wüstenfeld: Erinnerungsschrift; zum 225-jährigen Jubiläum, E. Rupp: Mechanismen.

231 J. Schulte: Chronik, S. 6; vgl. E. Dösseler: Sachen, Jgg. 45/46, S. 30 f.

232 M. Frisch: Mark, S. 58; J. Schulte: Chronik, S. 27.

233 Ebd., S. 66–74; J. Vaester: Geschichte, Jgg. 2/3, S. 105; vgl. W. Reininghaus: Pfarrer, S. 142–145.

234 H. Kampschulte: Statistik, S. 64.

235 E. Dresbach: Übelstände, S. 22 f.

verschiedene Brautleute nur katholisch kopuliert würden. Außerdem missbilligte man das Verhalten von Melchior Schmidts, der ab 1703 katholischer Pastor in Niederwenigern war. Während seines Dienstes habe er das Armenkorn weder ordnungsgemäß abgerechnet noch nach Bedarf ausgeteilt sowie auch die Armengelder den Witwen und Waisen vorenthalten. Sogar persönliche Angriffe kamen vor. Im Jahr 1716 hieß es: „[...] hat der Lutherische Prediger Haselkus dem Catholischen Pastoren zu Niederweniger/wie dieser ihme vorbey geritten/grausamblich injuriiret."[236] Selbst zwei Jahre später verweigerten Lutherische den Katholiken ein uraltes Nachbarrecht: „[...] und wollen wan ein Catholischer gestorben ist/weder das Grab machen/noch die Leiche zum Grab führen [...]."[237] Religionsstreitigkeiten[238] beider Parteien um die Benutzung des Kirchhofs und das Eigentumsrecht des Kirchenvermögens erstreckten sich noch bis ins 18. Jahrhundert hinein. Dem nach 19 Amtsjahren resignierten Pastor Schmidts folgte 1722 der 27-jährige Heinrich Krenkels (1695–1757), der die katholische Pfarrgemeinde 35 Jahre leitete.[239]

Im ersten Drittel des 18. Jahrhunderts entfielen von den 52 Dienstpflichtigen[240] im Kirchspiel Niederwenigern 46 (88 Prozent) auf Kötter. Sie bauten in dieser fruchtbaren Gegend vor allem Gerste und Hafer an, wovon jährlich an Martini (11. November) dem Pastor der Zehnt zustand. Die Stifter Essen und Werden sowie adelige Grundherren erhielten ihre Pacht.[241] Die Kirchspielsbewohner hatten Anteil an der Altendorfer Mark[242] mit Holz- und Mastgerechtigkeiten. Neben Ackerbau und Viehzucht wurden handwerkliche Tätigkeiten verrichtet. Auf der märkischen Seite von Niederwenigern lebten 1748 etwa 65 Nahrungstreibende und Landhandwerker.[243] Nach von Steinen[244] besaß die Bauerschaft Altendorf um die Mitte des 18. Jahrhunderts 65 Haushaltungen, Dumberg 34, wogegen Dahlhausen die kleinste Bauerschaft war.

Zum Kirchspiel Volmarstein[245] im Amt Wetter gelegen, gehörten die Bauerschaften Grundschöttel, Berge und Asbeck sowie ein Teil von Vorhalle. Von der Siedlungsform[246] her waren Einzel- und Doppelhöfe über das Hügelland verstreut. In der Bauerschaft Berge herrschte die Einzelhofsiedlung vor. In Asbeck entwickelten sich weilerartige Gehöftgruppen.

236 Regierung: Gravaminum, S. 139, Gravamen 146.
237 Ebd., S. 139 f., Gravamen 149.
238 J. Vaester: Geschichte, Jgg. 2/3, S. 106–121.
239 J. Schulte: Chronik, S. 36.
240 Landesarchiv NRW Abteilung Rheinland, Düsseldorf: Kleve-Kammer 1648, Bl. 258 r, 260 r-261 r.
241 J. Vaester: Geschichte, Jgg. 2/3, S. 86.
242 Ebd., S. 113.
243 Errechnet nach: GStA PK: II. HA Gen. Dir., Abt. 18 Kleve, Tit. CLXX, Nr. 5, Vol. 3, Bl. 227 v-230 v.
244 J. D. v. Steinen: Geschichte, T. 3,2, S. 1165.
245 F. G. H. J. Bädeker: Geschichte, S. 205 ff.; vgl. E. Dösseler: Sachen, Jgg. 45/46, S. 58–62; D. Thier: Entwicklung.
246 W. Nettmann: Grundzüge, S. 67.

Im Jahr 1564 begann sich mit dem Prediger Anton Schluck[247] die lutherische Lehre in Volmarstein auszubreiten. Nachdem er dort das „Hostienwunder" als Täuschung entlarvte, schwand auch der katholische Glaube in jener Gegend. Seit 1640 verwaltete die Pastorenfamilie Revelmann[248] vier Generationen lang das Predigeramt in Volmarstein.

Am Ende des Dreißigjährigen Krieges wiesen dort von den über 60 ländlichen Stellen[249] mehr als drei Fünftel Flurwüstungen und Gebäudeschäden auf. Annähernd die Hälfte der Hauswirte[250] war verschuldet. Die Einwohnerzahl[251] lag unter 300 Personen. Von den mehr als 70 schatzpflichtigen Gütern[252] im Jahr 1705 verbrannte infolge einer Feuersbrunst 1754 fast ein Viertel der Wohnhäuser.[253]

Zu Beginn des 18. Jahrhunderts siedelten sich Velberter Schlossschmiede[254] in Volmarstein an. Neben Anton Dietrich Rüping und seinem Bruder gehörten auch Peter Bonnemann, Heinrich Kämper und Christian Köster sowie Peter Schröder zu den ersten Handwerkern, die dort Schlösser fertigten. Die ausschließlich in Handarbeit hergestellten Kleineisenwaren konnten den Schmieden wenigstens den Lebensunterhalt sichern, der in Krisenzeiten jedoch gefährdet war.

In der Frühen Neuzeit benutzten Lutheraner und Reformierte der Bauerschaft Mylinghausen die simultane Stiftskirche am Gevelsberg als Pfarrkirche. Die wenigen Katholiken hielten sich zur Schwelmer Mutterkirche. Das um 1230 gegründete Zisterzienserinnenkloster Gevelsberg[255] war ursprünglich Sühnestätte für den 1225 begangenen Mord[256] am Kölner Erzbischof Engelbert I. Es entwickelte sich jedoch zu einer Versorgungsanstalt[257] für ledige Töchter des landsässigen niederen Adels der Grafschaft Mark. Um 1600 vertraten die Kapitularinnen des nunmehr freiweltlichen adeligen Damenstiftes alle drei Konfessionen. Im Jahr 1593 berief die Stiftsäbtissin Clara von Hoete den lutherischen Stiftspfarrer Henrich Riese.[258] Seit 1662 wirkten am Stift je ein lutherischer und ein reformierter Prediger, die zugleich als Pfarrer den beiden Kirchengemeinden[259] vorstanden. Langjähriger lu-

247 F. W. Bauks: Pfarrer, S. 439 Nr. 5446.

248 Ebd., S. 405 f. Nr. 5029, 5031–5033.

249 Errechnet nach: G. Lange: Güter 1645, S. 18 f.

250 Errechnet nach: Ebd., S. 287.

251 W. Nettmann: Grundzüge, S. 68.

252 Kataster, S. 352–356. Zur Geschichte einzelner Bauernhöfe in Grundschöttel und Volmarstein anlässlich des 100-jährigen Bestehens des landwirtschaftlichen Ortsverbandes Volmarstein vgl. Bauernhöfe.

253 J. D. v. Steinen: Geschichte, T. 3,2, S. 1636.

254 W. Reininghaus: Wirtschaft, Staat, S. 23; D. Thier: Entwicklung, S. 72 f.

255 E. Klueting: Anfänge; dies., Gevelsberg; dies., Kloster; G. E. Sollbach: Grundherrschaft Gevelsberg; ders., Leben, S. 107–183; M. Wolf: Stifte, S. 283 ff. Zum Archiv des Stiftes Gevelsberg vgl. Archiv.

256 Vgl. G. E. Sollbach: Gevelsberg.

257 Vgl. ders., Mitgift.

258 F. W. Bauks: Pfarrer, S. 408 Nr. 5064.

259 H. Hirschberg: Mutterkirche, S. 43–47; P. H. Holthaus: Kirchen, S. 100–118; F. Sauer: Jahre.

therischer Prediger[260] war Peter Hencke[261] (1632–1718), der mit 32 Jahren nach Gevelsberg kam. Sein Sohn Christoph Christian[262] (1684–1757) wurde ihm 1710 adjungiert und später zu seinem Nachfolger.

Die am Abhang eines giebelförmigen Berges ansässige Bauerschaft Mylinghausen[263] wuchs als Stiftssiedlung bis ins Tal der Ennepe, das nach Müller[264] in der Frühen Neuzeit eines der schönsten Täler in der Grafschaft Mark war. Im Jahr 1645 waren von den 38 steuerpflichtigen Stellen[265] etwa 10 Prozent unbebaut. Fast zwei Fünftel der Landwirte übten einen Nebenerwerb aus. 60 Jahre später bestand die Bauerschaft[266] aus 63 schatzpflichtigen Gütern.

Um die Mitte des 18. Jahrhunderts lebten in Mylinghausen über 90 Nahrungstreibende und Handwerker.[267] Die Bauerschaft entwickelte sich zu einem metallgewerblichen Zentrum. Die 14 Klein-, Huf-, Nagel- und Sensenschmiede hielten 18 Gesellen und 12 Lehrjungen. Mehr als ein Viertel davon waren eigene Söhne.[268] Pro Handwerksbetrieb arbeiteten durchschnittlich zwei Gesellen bzw. Lehrjungen. Im Jahr 1760 betrug die Einwohnerzahl dieser protoindustriellen ländlichen Gewerbesiedlung[269] ungefähr 600 Personen. Gegenüber 1739 entsprach das einem Zuwachs von über 10 Prozent.[270]

Nach dem 1754 verfassten Bericht von Johann Rembert Roden[271] über die märkischen Hammerwerke südwärts der Ruhr lagen in der Mylinghauser Bauerschaft acht Sensen-, vier Reckstahl-, zwei Rohstahlhämmer und ein Breddehammer mit insgesamt 29 Feuern, auf denen überschlägig mehr als 42 einheimische Schmiede tätig waren. Hinzu kamen noch weitere 18 Kleinschmiede als Heimarbeiter.[272] Allein die dortige Sensenproduktion betrug jährlich etwa 10 000 Stück. Der Familie Quambusch gehörte ein Drittel der Werke, auf die Familien Bertram und Kotthaus entfiel je ein Fünftel.

Müller[273] hob hervor: „Das beste Gebäude ist das Bertramsche Haus, welches die vielen Eisen- und Stahlwaaren, welche in diesem Kirchspiele verfertigt werden, verlegt.“ Das Handelshaus Johann Caspar Harkort zu Harkorten[274] z. B. organi-

260 F. G. H. J. Bädeker: Geschichte, S. 144–153; F. Schloemann: Geschichte, S. 48.
261 F. W. Bauks: Pfarrer, S. 197 Nr. 2509.
262 Ebd., S. 198 Nr. 2511.
263 Vgl. F. Schloemann: Geschichte; B. Zierenberg: Geschichte.
264 F. Ch. Müller: Choragraphie, S. 52.
265 G. Lange: Güter 1645, S. 15, Tab. 2 u. S. 82, Tab. 82; vgl. Steuerstreit, S. 115–120.
266 Kataster, S. 316 ff.
267 Errechnet nach: GStA PK: II. HA Gen. Dir., Abt. 18 Kleve, Tit. CLXX, Nr. 5, Vol. 2, Bl. 351 v-355 r.
268 Errechnet nach: Ebd., Vol. 4, Bl. 353 v.
269 W. Reininghaus: Wirtschaft, Staat, S. 33–36.
270 Errechnet nach: S. R. Krause: Bergwerke, S. 271.
271 Mark, S. 205–208.
272 F. Overkott: Gevelsberg, S. 97–101; vgl. W. v. Kürten: Industrielandschaft; W. Wernekinck: Kleineisenindustrie.
273 F. Ch. Müller: Choragraphie, S. 50.
274 St. Gorißen: Kaufmann, S. 72; ders., Kaufmannschaft, S. 50 f.; W. Reininghaus: Enneper-

sierte als Distriktunternehmen über Zwischenhändler in Lübeck und Rostock den Absatz der Sensen, Messer und Klingen ins Baltikum, den Ostseeraum und nach Dänemark. Dabei waren „Kesselträger“[275] direkt und indirekt beteiligt.

Im Gericht Hagen befand sich das Kirchspiel Dahl[276] mit den Bauerschaften Becke, Bölling und Kalthausen. Neben mittelmäßigem Saatland waren gute Wiesen und schöne Waldungen vorhanden.[277] Zu Beginn des 18. Jahrhunderts ernährten sich die Hauswirte der 69 schatzpflichtigen Güter[278] zusätzlich von Handel und Gewerbe. In der Jahrhundertmitte befanden sich im Dahler Kirchspiel drei Rohstahlhämmer und ein Stabeisenhammer mit insgesamt sieben Feuern.[279]

Der im Kirchdorf ansässige Adelssitz[280] Haus Dahl, dem es seinen Namen verdankte, gehörte zu den ältesten in der Grafschaft Mark. Er besaß das alleinige Patronatsrecht.[281] Daher gab erst der lutherisch gewordene Patronatsherr dem Drängen der Gemeinde nach, den 1572 abgesetzten evangelischen Prediger Friedrich Delbrügger[282] im Jahr 1581 erneut zu berufen. Weitere lutherische Pfarrer folgten. Das ganze Dahler Kirchspiel hatte sich der neuen Lehre zugewandt.

Der langjährige Pfarrer Peter Borberg[283] (1657–1726) verwaltete das Predigeramt in Dahl von 1680 bis 1726. Sein Nachfolger Johann Christoph Drude[284] (1701–1761) kümmerte sich um den Aufbau[285] der 1729 abgebrannten Kirche. Die Baukosten wurden nur teilweise von der eigenen Pfarrei aufgebracht. Für das Dach spendete man 12 Eichen und 20 Buchen aus der Kuhweider Mark. Auswärtige Gönner trugen sich namentlich mit der Höhe ihrer Spende in dem dafür vom Pfarrer angelegten Kollektenbuch ein. Der preußische König stiftete 300 Taler. Vom Landtag stammten 100 Taler. Friedrich aus Werninghausen schenkte im Jahr 1730 die Kanzel.

Das zum Amt Altena gehörende Kirchdorf Wiblingwerde[286] liegt in einer gebirgigen Gegend[287] zwischen Limburg und Altena. Die dortigen Lutheraner hielten

straße, S. 24 ff.; ders., Wupper, S. 19 f.; vgl. St. Gorißen: Handelshaus; Metallgewerbe; W. Reininghaus: Harkorts; E. Harder-Gersdorff: Eisenwaren; dies., Harkorten.

275 W. Reininghaus: Miszellen, S. 197–200.

276 J. D.v. Steinen: Geschichte, T. 1,2, S. 1336.

277 Zur Geschichte der Bauerngemeinde Dahl und ihrer Höfe vgl. W. Ide: Bauern.

278 Kataster, S. 324–327.

279 Mark, S. 205 f.

280 J. D. v. Steinen: Geschichte, T. 1,2, S. 1345 ff.; vgl. G. E. Sollbach: Grundherrschaft Dahl, S. 238 f.

281 W. H. Neuser: Delbrügger, S. 46 f.; J. D. v. Steinen: Geschichte, T. 1,2, S. 1336 f.

282 Zur Person von F. Delbrügger vgl. F. W. Bauks: Pfarrer, S. 92 Nr. 1190; W. H. Neuser: Delbrügger.

283 F. G. H. J. Bädeker: Geschichte, S. 198 ff.; A. Stein: Dahl, S. 20 ff.; vgl. F. W. Bauks: Pfarrer, S. 50 Nr. 656.

284 Ebd., S. 106 Nr. 1355.

285 F. G. H. J. Bädeker: Geschichte, S. 187 f.; A. Stein: Dahl, S. 29–32.

286 F. G. H. J. Bädeker: Geschichte, S. 65 f; J. D. v. Steinen: Geschichte, T. 3,2, S. 1293 f.; vgl. K.-K. Heering: Kirchen; A. Kracht: Curtis.

287 Zur Wiblingwerder Jagd vgl. G. Rosendahl: Geschichte.

sich zur Altenaer Kirche. Die evangelisch-reformierte Gemeinde übernahm die noch aus dem 13. Jahrhundert stammende, dem Hl. Johannes dem Täufer geweihte Pfarrkirche.[288] Wiblingwerde ist eine der ältesten reformierten Gemeinden im Süderland. Von 1586 bis 1632 war Nikolaus Klepping[289] reformierter Pastor in Wiblingwerde. Er nahm 1611 an der ersten reformierten Synode der Grafschaft Mark in Unna teil. Der seit 1650 bestehende Zusammenschluss reformierter Gemeinden im Süderland, als „Süderländische Klasse" bezeichnet, tagte während der Frühen Neuzeit wiederholt in Wiblingwerde.[290] Der im Jahr 1691 berufene reformierte Prediger Dietrich Schule[291] (1657–1730) übte sein Amt fast 40 Jahre aus. Ihm folgten weitere Amtsbrüder.

Bereits 1672 wurde Daniel Wilckhaus[292] als Schuldiener erwähnt. Das Gehalt richtete sich nach der Anzahl der zu unterrichtenden Kinder. Zu dessen Aufbesserung erhielt die Wiblingwerder Schule aus dem Fonds zur Versorgung reformierter Gemeinden, „Aerarium Ecclesiasticum"[293] genannt, in den Jahren 1698 und 1710 jeweils 100 Taler.

Im Jahr 1719 verteilten sich die 441 Wiblingwerder Einwohner auf 79 Häuser.[294] Das entsprach einer damals üblichen Anzahl von fünf bis sechs Personen je Wohngebäude. Die süderländischen Gemeinden, vor allem Wiblingwerde, waren arm. Das bestätigten wiederholte Klagen in den Synodalprotokollen. Hinzu kam, dass die Gemeinde von mehreren Feuersbrünsten heimgesucht worden war.[295] Zu Beginn des 18. Jahrhunderts gehörten zu Wiblingwerde 36 schatzpflichtige Güter.[296] 1717 lebten von den im Amt Altena tätigen Wirte, Bierbrauer, Fuselbrenner und -zäpfer in Wiblingwerde und im Kelleramt 16 Personen (10 Prozent).[297] Im Jahr 1734 arbeiteten dort drei Reidemeister, drei Schmiede und Hammerzöger im Osemundgewerbe sowie zwei Stahlschmiede.[298]

Anhand ausgewählter hellwegischer und süderländischer Kirchspiele wurde versucht einen kleinen Einblick in die lokale Bevölkerungsstruktur der ländlichen Grafschaft Mark in der Frühen Neuzeit zu geben. Bei der Vielgestaltigkeit standen agrarische, gewerbliche und konfessionelle Aspekte im Vordergrund.

288 Vgl. Kirchlein.
289 F. W. Bauks: Anfänge, S. 137; ders., Pfarrer, S. 255 Nr. 3217.
290 K. Burkardt: Geschichte, S. 20.
291 F. W. Bauks: Pfarrer, S. 460 Nr. 5699; F. Schmidt: Altena, Jg. 5, S. 111.
292 K. Burkardt: Geschichte, S. 28.
293 H. Engelbert: Aerarium, S. 120, 122; St. Ehrenpreis: Kirchen, S. 80, 101.
294 P. D. Frommann: Bevölkerungsstatistik, S. 139 f.
295 K. Burkardt: Geschichte, S. 23–26.
296 Kataster, S. 295 ff. Zur Geschichte Wiblingwerder Güter im Jahr 1642 vgl. R. D. Kohl: Geschichte.
297 E. Dösseler: Wirte, S. 365.
298 H. Vollmerhaus: Eisengewerbe, Jg. 6, S. 5.

3 Nuptialität ländlicher Bevölkerung

Mit der Heirat ist die Änderung des Familienstandes von Personen verbunden. Es handelt sich dabei um ein rechtliches Merkmal auf biologischer Grundlage. Die Familie, als Grundlage sozialer Struktur, ist die Primärgruppe jeder menschlichen Gesellschaft. Ihr obliegt die Reproduktion und Sozialisation der nachfolgenden Generation. Aus soziokulturellen und -ökonomischen Gegebenheiten sollte die Ehe der frühneuzeitlichen Gesellschaft[1] der alleinige Ort legitimer Sexualität zur Zeugung von Nachkommen sein. Sie begründete eine unauflösliche Lebensgemeinschaft für eine vorwiegend auf Grundbesitz basierende Familienwirtschaft.[2] Das familiäre Leben und die berufliche Existenzsicherung bildeten eine Einheit.

Bei der ländlichen Partnerwahl[3] standen deshalb nicht emotional-affektive Beziehungen zwischen den Personen im Vordergrund, sondern soziale und ökonomische Motive. Mitgift, persönliche Arbeitsfähigkeit und Gesundheit des Partners waren ausschlaggebende Faktoren der eigenen materiellen Versorgung sowie die der Angehörigen und Nachkommen. Die Eheschließung berührte kollektive Interessen der Hausgemeinschaft. Es bestand ein funktionaler Zusammenhang zwischen Heirat und Testament, Mitgift und Erbe. „Wenn die mannbaren Jahre eingetreten sind, so sucht sich der junge Bauer entweder eine unter den Töchtern des Landes zu seiner Frau aus; oder, wie auf dem Helwege oft geschieht, die Eltern geben dazu den Rath, welchen die Kinder befolgen, wenn sie auch ihren Gegenstand der Liebe kaum kennen. Die Eltern verhüten dadurch, daß die Liebe ihrer Söhne nicht auf Gegenstände falle, die entweder nicht reich oder nicht haushälterisch sind.“[4]

Die Eheschließung war notwendige Voraussetzung für eine adäquate Stellung in der ländlichen Gesellschaft.[5] Die standesgemäße Versorgung unverheirateter und unverheiratbarer Töchter[6] des verarmten, kinderreichen Landadels erfolgte in adeligen Damenstiften[7] in Herdecke, Gevelsberg und Clarenberg[8], Fröndenberg[9] sowie Elsey.[10] Die Stiftsfähigkeit musste durch eine Ahnenprobe mit dem Nachweis von 16 adeligen Vorfahren erbracht werden. Da die Mitglieder keine Gelübde ablegten, war eine spätere Trauung nicht ausgeschlossen, sofern doch noch ein adäquater Ehekandidat zur Verfügung stand. Jutta von Limburg[11] verzichtete auf ihr

1 R. v. Dülmen: Kultur, Bd. 1, S. 158 f.; vgl. ders., Fest; M. Lischka: Liebe.

2 P. B. Hill: Entwicklungstendenzen, S. 961; Ch. Revermann: Manipulation, S. 73; A. Sczesny: Kontinuität, S. 267–279.

3 Ch. Reinders-Düselder: Bevölkerung, S. 91 ff.; H. Rosenbaum: Kriterien, S. 301 ff.; R. Sieder: Ehe, S. 143.

4 Charakteristik, S. 194.

5 In Laichingen der Frühen Neuzeit betrug der Ledigenanteil bei Männern durchschnittlich 3,4 Prozent und bei Frauen das Doppelte, vgl. H. Medick: Weben, S. 633.

6 Vgl. G. E. Solbach: Leben; ders., Mitgift; ders., Stiftsdame.

7 Beiträge zu einzelnen Stiften mit Literaturangaben vgl. Klosterbuch.

8 Vgl. Th. Schilp: Kloster.

9 Vgl. G. v. Roden: Entwicklung.

10 Vgl. E. Klueting: Elsey.

11 G. E. Sollbach: Gräfin.

Äbtissinnenamt in Herdecke zugunsten der Heirat mit dem Landadeligen Dietrich von Wickede. Im Jahr 1717 ehelichte der Rittmeister Gottfried Christoph von Belling zu Cremelin die ehemalige Äbtissin zu Herdecke, Elisabeth Wilhelmine Marie von Elverfeldt.[12] Adolph Friedrich Wilhelm Conrad von Vaerst aus Westhemmerde heiratete 1748 seine 22-jährige Cousine, eine Geborene von Schwansbell, die vor ihrer Eheschließung Canonisse des freiweltlichen Stifts Herdecke gewesen war.[13]

Das Verständnis der Ehe als gesellschaftliche Institution[14] differierte zwischen den Konfessionen. Mit der Abschaffung der Ehelosigkeit als eigenen geistlichen Stand wertete Luther die Ehe zwar auf, betrachtete sie aber auch als ein weltliches Ding. Das traf auch für die Reformierten[15] zu, deren Gnadenstand in Ehe und Familie sich dann bewährte, wenn das Wohl der Familienmitglieder sichtbar wurde. Dagegen definierte die Katholische Kirche[16] die Ehe als ein Sakrament, das die Eheleute sich selbst spendeten. Für die Trauung von Brautpaaren unterschiedlicher Konfession[17] war der Pfarrer des Bräutigams zuständig.

3.1 Regionale Verteilung der Eheschließungen

In der Frühen Neuzeit wurden etwa zwei Drittel der Ehen in der Grafschaft Mark auf dem Lande geschlossen (vgl. Tab. 26). Der Anteil streute von 61 Prozent im Jahr 1690 bis 73 Prozent im Jahr 1751. Von den ländlichen Eheschließungen entfiel durchschnittlich über die Hälfte auf das Süderland. Die wechselnden Anteile streuten zwischen 47 und 61 Prozent.

Für die Zeit von 1688 bis 1751 zeigten die Eheschließungen eine jährliche Wachstumsrate von 0,8 Prozent. Sie betrug im Gebiet nordwärts der Ruhr 1,1 Prozent pro Jahr. Der Wert war damit höher als jene für die dortigen Konfessionen ermittelten Angaben für 1680/84 bis 1750/54. Dagegen lagen die Wachstumsraten der Konfessionen südwärts der Ruhr dem für 1688 bis 1751 ermittelten Wert von 0,7 Prozent schon näher. Wird der Durchschnittswert von 1688/1751 gleich Hundert gesetzt, so streuten die jährlichen Angaben der märkischen Eheschließungen zwischen 80 und 145 Prozent.

Für ausgewählte Jahre der Frühen Neuzeit zeigt Abbildung 8 den sukzessiven Anstieg ländlicher Eheschließungen in den Regionen der Grafschaft Mark nord- und südwärts der Ruhr. Die bis zum Beginn des 18. Jahrhunderts weitgehend unter dem Durchschnitt liegenden Werte stiegen bis zur Jahrhundertmitte überdurchschnittlich an. Dabei erhöhten sich die Heiraten im Hellweggebiet stärker als im Süder-

12 J. Kloosterhuis: Fürsten, Vögte, S. 117.
13 Generalaufnahme, S. 34, 85 Nr. 769.
14 A. Burguière: Priester, S. 121–124; R. v. Dülmen: Kultur, Bd. 1, S. 160 f.; E. Heller-Karneth: Konfessionen, S. 131.
15 Vgl. O. Becher: Ordnung.
16 Zu ausgewählten katholischen Ehespiegeln im deutschen Sprachraum in der Frühen Neuzeit vgl. H. Smolinsky: Ehespiegel.
17 E. Hegel: Verhältnis, S. 17.

Tab. 26 Entwicklung der Eheschließungen nach ländlichen Regionen der Grafschaft Mark 1688 bis 1751

Jahr	Nordwärts der Ruhr		Südwärts der Ruhr			Insgesamt		
	abs.	X	abs.	X	Y	abs.	X	Z
1688	202	73	313	95	61	515	85	69
1689	268	97	235	71	47	503	83	71
1690	273	99	279	84	51	552	91	61
1696	236	85	265	80	53	501	82	62
1699	213	77	275	83	56	488	80	67
1700	275	100	254	77	48	529	87	67
1707	255	92	343	104	57	598	98	70
1732	349	126	448	135	56	797	131	68
1737	263	95	383	116	59	646	106	71
1738	251	91	350	106	58	601	99	71
1739	284	103	307	93	52	591	97	71
1750	302	109	382	115	56	684	113	68
1751	412	149	471	142	53	883	145	73
1688/1751	*276*	*100*	*331*	*100*	*55*	*607*	*100*	*68*

X = Durchschnitt für 1688/1751 je Gebiet = 100; Y = Anteil in v. H. je Jahr

Z = in v. H. aller Eheschließungen der Grafschaft Mark in Land und Stadt

Für einzelne Gebiete fehlen Angaben folgender Jahre:

1689 für die Ämter Kamen und Plettenberg. 1690 für das Amt Kamen.

1696 für die Ämter Schwerte und Plettenberg sowie das Hochgericht Schwelm.

1699 und 1700 für das Hochgericht Schwelm. 1750 für das Gericht Wetter.

Errechnet nach: GStA PK: I. HA Geh. Rat, Rep. 47 Geistl. Ang., Tit. 24 Populationslisten, 1683–1696, unpag.; 1699–1749, unpag.; 1750–1759, Nr. 2, Bl. 14–15, 50–55; Nr. 9, Bl. 67 r-68 r. Landesarchiv NRW Abteilung Westfalen, Münster: KMK, Lds, Nr. 20, Bl. 382.

Abb. 8
Ländliche Eheschließungen in der Grafschaft Mark 1688 bis 1751

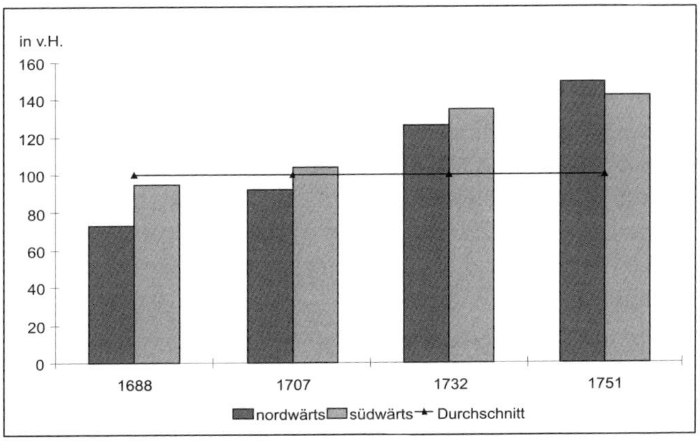

Dargestellt nach Tab. 26.

land. Das hatte zur Folge, dass der bisherige Vorrang südlicher Eheschließungen 1751 an die nördliche Region überging.

Zu Beginn des 18. Jahrhunderts heirateten nach Tabelle 27 im nördlichen Gebiet der Grafschaft Mark etwa 70 Prozent der Brautleute in den Ämtern Unna/Kamen, Hamm und Bochum. Mit Ausnahme vom Amt Hörde sowie dem Gericht Castrop blieben die Anteile der übrigen Gebiete jeweils unter 5 Prozent. Auf 1707 bezogen

Tab. 27 Anzahl der Eheschließungen in einzelnen ländlichen Gebieten der Grafschaft Mark nördwärts der Ruhr 1688 bis 1739

Gebiet	1688		1707		1739			Entwicklung (1707 = 100)	
	abs.	v. H.	abs.	v. H.	abs.	v. H.	X	1688	1739
A Bochum	*103*	*51*	*85*	*33*	*65*	*23*	*5*	*121*	*76*
davon G:									
Bochum	80	40	61	24	28	10	3	131	46
Castrop	15	7	–	–	14	5	10	–	–
Eickel	–	–	10	4	11	4	12	–	110
Strünkede / Herne	8	4	8	3	7	2	6	100	87
Langendreer	–	–	6	2	5	2	4	–	83
A Unna / Kamen	69	34	81	32	105	37	13	85	130
G Heeren	–	–	2	1	3	1	6	–	150
A Hamm	–	–	41	16	46	16	7	–	112
G Haren-Üntrop	–	–	–	–	3	1	3	–	–
A Hörde	15	7	19	8	29	10	11	79	153
A Lünen	7	4	5	2	6	2	9	140	120
A Schwerte	–	–	3	1	9	3	10	–	300
G Bodelschwingh-Mengede	6	3	14	5	12	5	8	43	86
G Witten	2	1	5	2	6	2	11	40	120
Insgesamt	*202*	*100*	*255*	*100*	*284*	*100*	*8*	*79*	*111*

A = Amt; G = Gericht; H = Hochgericht; X = Eheschließungen je 1000 ländliche Einwohner

Errechnet nach: GStA PK: I. HA Geh. Rat, Rep. 47 Geistl. Ang., Tit. 24 Populationsl., 1683–1696, unpag.; 1699–1749, unpag.; 1750–1759, Nr. 2, Bl. 54–55.

stieg die Heiratsfreudigkeit insgesamt um 10 Prozent an. Eine verstärkte Zunahme der Ehehäufigkeit zeigten die Ämter Hörde und Unna/Kamen. Die rückläufige Tendenz des Amtes Bochum basiert wahrscheinlich auf zu niedrigen Zahlenwerten, die der Realität wohl kaum entsprochen haben dürften.

Auf 1000 Einwohner entfielen in der Frühen Neuzeit im ländlichen Gebiet der Grafschaft Mark nordwärts der Ruhr etwa 8 Eheschließungen. Dieser Anteil streute von 3 im Amt Bochum und im Gericht Haren-Üntrop bis 13 im Amt Unna/ Kamen. Die häufig genannten Werte von 10 bis 11 Eheschließungen pro 1000 Einwohner betraf die Ämter Hörde und Schwerte sowie die Gerichte Castrop und Witten.

Von 1707 bis 1751 erhöhte sich die Zahl ländlicher Eheschließungen in der Grafschaft Mark um 48 Prozent. Sie variierte zwischen 37 Prozent im Süderland und 62 Prozent im Hellweggebiet. Nach Abbildung 9 steigerten sich die Eheschließungen in den Ämtern Breckerfeld, Iserlohn und Neuenrade sowie in den Gerichten Altena und Stiepel am geringsten. Dagegen nahmen sie in den Ämtern Hamm, Lünen und Schwerte sowie im Gericht Meinerzhagen am meisten zu.

Für Mitteleuropa der Feudalzeit unterteilt Harnisch[18] unterschiedliche Eheschließungsraten. Die fünf Größenklassen von unter 7 bis über 10 entsprechen der Wer-

18 H. Harnisch: Bevölkerung, S. 69.

Abb. 9
Regionale Entwicklung ländlicher Eheschließungen in der Grafschaft Mark 1707 bis 1751

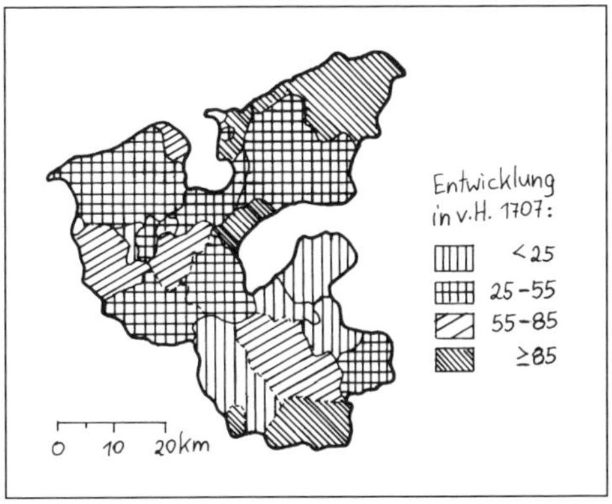

Errechnet und dargestellt nach: GStA PK: I. HA Geh. Rat, Rep. 47 Geistl. Ang., Tit. 24 Populationsl., 1699–1749, unpag.; 1750–1759, Nr. 2, Bl. 14–15.

Abb. 10
Eheschließungsrate in einzelnen ländlichen Gebieten der Grafschaft Mark 1739

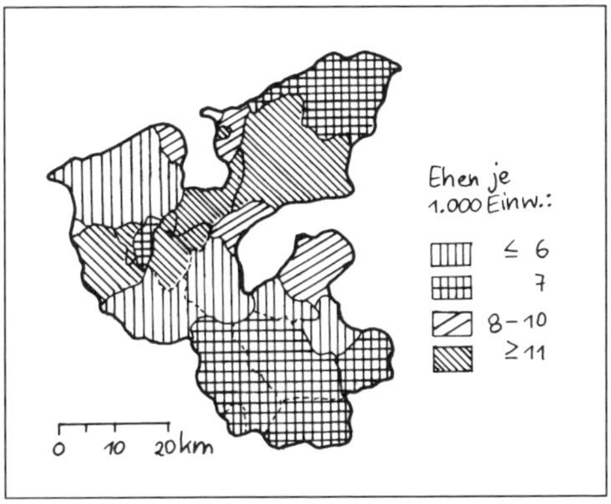

Errechnet und dargestellt nach den Tab. 2–3, 27–28.

tigkeit von sehr niedrig bis sehr hoch. Der Anteil ländlicher Eheschließungen je 1000 Einwohner in der Grafschaft Mark lag im Jahr 1739 bei acht, was demnach einer mittleren Eheschließungsrate entsprechen würde. Die von Harnisch vorgeschlagenen Größenklassen wurden in Abbildung 10 für die Gebiete der Grafschaft Mark entsprechend modifiziert. Die Ämter Bochum und Neuenrade, das Hochgericht Schwelm sowie die Gerichte Hagen und Altena wiesen mit Werten unter sieben sehr niedrige Eheschließungsraten auf. Die Ämter Unna/Kamen, Hörde und Blankenstein sowie die Gerichte Wetter, Stiepel und Witten zeigten dagegen sehr hohe Eheschließungsraten, die über 10 je 1000 Einwohner lagen. Für das 17. Jahrhundert wird die gewöhnliche Eheschließungsziffer[19] in Europa zwischen 8 bis 12 angegeben. In diesem hohen Wert war ein nicht unbeträchtlicher Anteil von Wiederheiraten inbegriffen, die ihrerseits auf ansteigenden Sterbeziffern basierten.

Nach Tabelle 28 konzentrierten sich die Eheschließungen im Gebiet südwärts der Ruhr mit gut zwei Dritteln auf die Ämter Altena und Wetter. In den übrigen Gebieten blieben die Anteile, mit Ausnahme der Ämter Blankenstein und Iserlohn, jeweils unter 5 Prozent. Im Vergleich zum nördlichen Gebiet entwickelten sich die Eheschließungen südwärts der Ruhr im Durchschnitt um etwa ein Fünftel rück-

19 R. Mols: Bevölkerung Europas, S. 39.

Tab. 28 Anzahl der Eheschließungen in einzelnen ländlichen Gebieten der Grafschaft Mark südwärts der Ruhr 1688 bis 1739

Gebiet	1688		1707		1739			Entwicklung (1707 = 100)	
	abs.	v. H.	abs.	v. H.	abs.	v. H.	X	1688	1739
A Altena	*103*	*32*	*117*	*34*	*104*	*34*	*7*	*88*	*89*
davon:									
A Breckerfeld	–	–	49	14	39	13	7	–	80
H Lüdenscheid	–	–	37	11	38	12	7	–	103
G Meinerzhagen	–	–	24	7	24	8	7	–	100
G Altena	–	–	7	2	3	1	4	–	43
A Wetter	*131*	*42*	*114*	*33*	*102*	*33*	*7*	*115*	*89*
davon:									
G Hagen	–	–	54	16	31	10	6	–	57
H Schwelm	–	–	41	12	39	13	6	–	95
G Wetter	–	–	19	5	32	10	12	–	168
A Blankenstein	30	10	30	9	40	13	13	100	133
G Bruch	3	1	3	1	5	2	9	100	167
A Iserlohn	9	3	23	7	19	6	9	39	83
G Hemer	12	4	18	5	7	2	6	67	39
A Plettenberg	3	1	15	4	10	3	7	20	67
A Neuenrade	7	2	9	3	7	2	6	78	78
G Herbede	9	3	9	3	5	2	7	100	56
G Stiepel	6	2	5	1	8	3	11	120	160
Insgesamt	*313*	*100*	*343*	*100*	*307*	*100*	*8*	*91*	*89*

A = Amt; G = Gericht; H = Hochgericht; X = Eheschließungen je 1000 ländliche Einwohner

Errechnet nach: GStA PK: I. HA Geh. Rat, Rep. 47 Geistl. Ang., Tit. 24 Populationsl., 1683–1696, unpag.; 1699–1749, unpag.; 1750–1759, Nr. 2, Bl. 54–55.

läufiger. Im Amt Blankenstein und in den Gerichten Stiepel und Bruch nahm die Heiratsfreudigkeit jedoch zu.

In der Frühen Neuzeit entsprach die Bruttoeheschließungsrate im Süderland mit 8 Eheschließungen derjenigen im Hellweggebiet. In den Ämtern Blankenstein und Iserlohn sowie den Gerichten Stiepel und Bruch lag der Anteil pro 1000 Einwohner jeweils über dem Durchschnittswert.

3.2 Langfristige Entwicklung der Eheschließungen

Abbildung 11 veranschaulicht die frühneuzeitliche Entwicklung lutherischer Eheschließungen in ländlichen Gebieten der Grafschaft Mark mit einer Wachstumsrate von jährlich 0,6 Prozent. Die ab 1705/09 erfolgte überdurchschnittliche Entwicklung wurde in der Folgezeit nur 1735/39 unterbrochen. Die langfristige Entwicklung der Eheschließungen stand in einem Beziehungszusammenhang zu den wirtschaftlichen Verhältnissen. Da in der Frühen Neuzeit die Landwirtschaft den Haupttätigkeitsbereich darstellte, wirkte sich die Höhe der Kornpreise antagonistisch auf das Heiratsverhalten aus. Bei den sehr hohen Roggenpreisen von 1695/99 bestand nur eine unterdurchschnittliche Heiratsfreudigkeit. Demgegenüber be-

Tab. 29 Eheschließungen nach Konfessionen in der Grafschaft Mark 1680 bis 1754

Lustrum	Reformiert (1)		Lutherisch (2)		Katholisch (3)	
	abs.	X	abs.	X	abs.	X
1680/84	–	–	80	66	–	–
1685/89	–	–	85	70	138	93
1690/94	28	61	93	77	144	97
1695/99	26	57	101	83	129	87
1700/04	37	80	109	90	132	89
1705/09	42	91	135	112	151	101
1710/14	58	126	139	115	164	110
1715/19	56	122	129	107	182	123
1720/24	51	111	129	107	166	111
1725/29	77	167	149	123	166	111
1730/34	51	111	144	119	123	83
1735/39	39	85	114	94	131	88
1740/44	45	98	134	111	149	100
1745/49	43	93	148	122	165	111
1750/54	46	100	125	103	147	99
1680/1754	*46*	*100*	*121*	*100*	*149*	*100*

X = Durchschnitt für 1680/1754 je Konfession = 100

Errechnet nach: 1) LKAB: KB Rhynern, Bd. 1–2; KB Wiblingwerde, Bd. 2.

2) LKAB: KB Dahl, Bd. 1, S. 174–237; KB Gevelsberg, Bd. 4–6, unpag.; KB Lünern, Bd. 1, passim; KB Weitmar, Bd. 1, S. 229–303; Bd. 2, S. 340–344.

3) KBabt. P: KB Rhynern, Bd. 1, S. 1–76; Bd. 2, S. 1–40; KPf. N: KB Niederwengern, Getraute, Bl. 18 v-217 r.

wirkten die niedrigen Roggenpreise von 1730/34 eine um 20 Prozent über dem Durchschnitt liegende Heiratshäufigkeit. Tabelle 29 enthält die einzelnen Zahlen hierzu.

Die langfristige Entwicklung reformierter und katholischer Eheschließungen wird ebenfalls in Abbildung 11 für den ländlichen Bereich der Grafschaft Mark in der Frühen Neuzeit konkretisiert. Während Reformierte eine jährliche Wachstumsrate von 0,9 Prozent aufwiesen, betrug sie bei Katholiken nur 0,1 Prozent. Die stärkste Ehefreudigkeit der Reformierten äußerte sich vor allem im ersten Drittel des 18. Jahrhunderts. 1725/29 ließen sich, vergleichsweise zum Durchschnittswert, knapp 70 Prozent mehr Brautleute trauen. Weitere Einzeldaten können Tabelle 29 entnommen werden.

Abbildung 12 zeigt die langfristige Entwicklung ländlicher Eheschließungen in der Frühen Neuzeit. Von den im Tabellenanhang aufgeführten märkischen Kirchengemeinden wurden jeweils zwei nord- und südwärts der Ruhr ausgewählt. Zu ersteren zählen Lünern und Weitmar. Zu letzteren gehören Dahl und Gevelsberg. Die zu Ende des 17. Jahrhunderts vorwiegend unterdurchschnittlich verlaufenden Werte erhöhten sich in der ersten Hälfte des 18. Jahrhunderts mit unterschiedlicher Intensität.

Für Lünern stiegen die Anteile im ersten Drittel des 18. Jahrhunderts auf etwa 30 Prozent über dem Durchschnitt. In Weitmar nahmen die Eheschließungen, bei sonst eher zurückhaltender Tendenz, 1740/44 um die Hälfte überdurchschnittlich

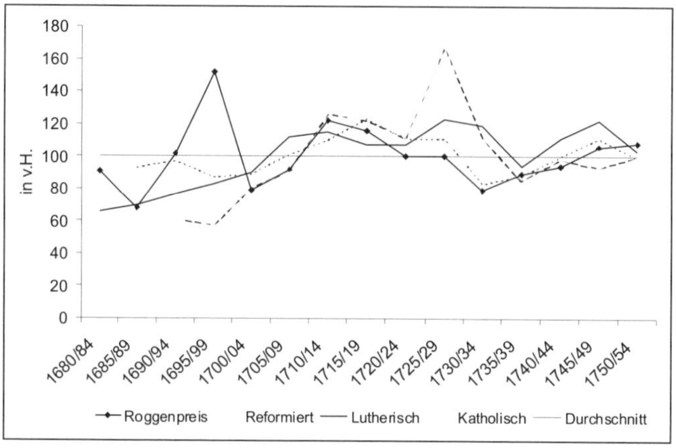

Abb. 11
Eheschließungen nach Konfessionen in der Grafschaft Mark 1680 bis 1754

Dargestellt nach den Tab. 12, 29.

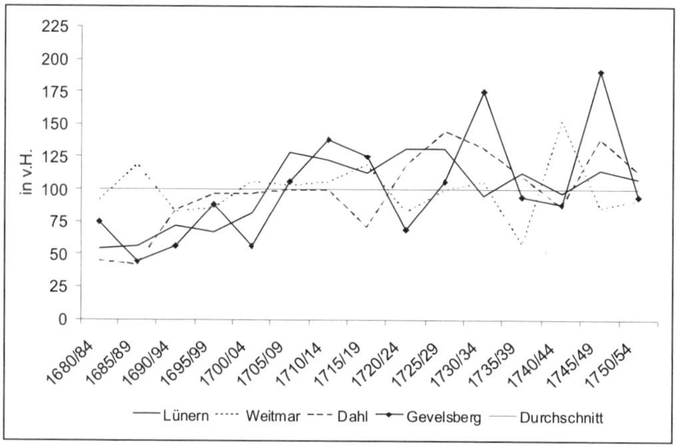

Abb. 12
Eheschließungen in ausgewählten Kirchengemeinden der Grafschaft Mark 1680 bis 1754

Dargestellt nach den Tab. 1 a, 3 a, 5 a, 13 a im Tabellenanhang.

zu. Die Anteile der anderen Gemeinden lagen unterhalb des Durchschnitts. Dahl zeigte 1725/29 sein Maximum mit 45 Prozent über dem Durchschnitt. Dagegen erhöhte sich die Gevelsberger Heiratsfreudigkeit sukzessiv. Mit jeweils abnehmenden Anteilen von unterdurchschnittlichen Werten stiegen die Angaben von 1710/14 mit fast zwei Fünfteln über dem Durchschnitt, 1730/34 auf drei Viertel darüber bis 1745/49 sogar auf vier Fünftel über dem Durchschnitt.

Die jährliche Wachstumsrate spiegelt die unterschiedliche Entwicklung der Eheschließungen wider. Sie betrug in Lünern 0,9 Prozent und verlief in Weitmar unterdurchschnittlich. In Rhynern (ref.) halbierte sie sich auf 0,5 Prozent, ebenso in Rhynern (kath.) auf 0,4 Prozent. Im Vergleich dazu lagen die Werte in den südlichen Gemeinden durchweg höher: Dahl 1,4 Prozent, Gevelsberg 1,1 Prozent und Wiblingwerde 0,7 Prozent. In Niederwenigern entwickelten sich die Eheschließungen der Frühen Neuzeit eher rückläufig.

3.3 Saisonale Schwankungen der Eheschließungen

In der ländlichen Gesellschaft der Frühen Neuzeit beeinflussten u. a. ökonomische, religiöse und brauchtümliche Faktoren die Wahl des betreffenden Heiratsmonats.[20] Die Intensität der landwirtschaftlichen Tätigkeit[21] verteilte sich ungleichmäßig über das Jahr. Denn die saisonalen Bodenbestellungs- und Erntearbeiten mussten der Vegitationsperiode folgen. Die sommerliche Aktivität der Feldarbeit wurde von der winterlichen Arbeitspause abgelöst, in der aber die kontinuierlichen Arbeiten in Haus und Hof, Garten und Stall weiterhin anfielen. Die Gegenüberstellung von traditionellem Arbeitsrhythmus und der Saisonalität der Eheschließungen verlief nach Imhof[22] in lutherisch-reformierten Gebieten weitgehend spiegelbildlich. Es handelte sich um eine „agrarisch“ geprägte Periodizität des Heiratens, mit Bevorzugung der weniger arbeitsintensiven Monate. Im Herbst waren es vor allem der Oktober und der November.

Nach eingebrachter Ernte war genügend Zeit die Hochzeit vorzubereiten. Für den Festschmaus standen ausreichend Vorräte zur Verfügung. „Jeder geladene Gast darf ohne Schande nicht ausbleiben. Im Süderlande bekommt der Gast am Hochzeitstage zuerst Morgens eine Biersuppe, ißt Butterbrodt und trinkt Bier und Branntwein. Auf dem Hellwege giebt man fast nur Branntwein.“[23] Für das Hochgericht Schwelm stellte Müller[24] fest: „Sie nöthigen nemlich zu ihrem Ehrentage, je nachdem ihre Verwandschaft und Bekanntschaft groß und ausgebreitet ist, drey bis sechshundert Menschen, bereiten unter freyem Himmel, Tische und Bänke, von zusammen geliehenen Brettern; bewirthen ihre Gäste mit einem Stück Schinken, und einer Portion Bohnen und Reisbrey, und geben ihnen den ganzen Tag vollauf Bier und Brandtewein zu trinken. Dafür werden sie von den Gästen beschenkt.“

In katholischen Gebieten bewirkten die Vorschriften des kanonischen Rechts einen „agro-liturgischen“ Rhythmus[25] der Eheschließungen. Die Brautleute heirateten am häufigsten vor der „geschlossenen“ Fasten- bzw. Adventszeit und am seltensten in den Monaten März und Dezember. Denn in den ernsten Buß- und Vorbereitungszeiten von Aschermittwoch bis Ostersonntag[26] und vom ersten Adventssonntag bis Weihnachten war eine feierliche Eheschließung mit Brautmesse untersagt.

Mit Rücksicht auf den jahreszeitlichen Arbeitsrhythmus der ländlichen Bevölkerung konzentrierten sich die märkischen Eheschließungen in der Frühen Neuzeit eindeutig auf das weniger arbeitsreiche Jahresende, vor allem auf den November. Das galt für alle drei Konfessionen (vgl. Abb. 13). Die geringste Heiratsfrequenz

20 P. Burg: Demographie, S. 371 f.; Ch. Pfister: Bevölkerungsgeschichte, S. 24 f.; P. Becker: Leben, S. 158 f.; G. W. Göbel: Bevölkerung, S. 204–213; A. E. Imhof: Auswertung Resultate, S. 245 ff.

21 Ders., Leib, S. 24 f.; W. Rösener: Bauern, S. 13 ff.

22 A. E. Imhof: Ermittlung, S. 90 ff.; ders., Lebenszeit, S. 200 ff.; ders., Leib, S. 34 f.

23 Charakteristik, S. 189 ff.

24 F. Ch. Müller: Choragraphie, S. 16.

25 A. E. Imhof: Ermittlung, S. 90 ff.; ders., Lebenszeit, S. 200 ff.; ders., Leib, S. 34 f.

26 Da das Osterfest nach dem ersten Sonntag nach dem ersten Frühlingsvollmond gefeiert wird, kann der Termin vom 22. März bis zum 25. April variieren, H. Grotefend: Taschenbuch, S. 138, Tafel V.

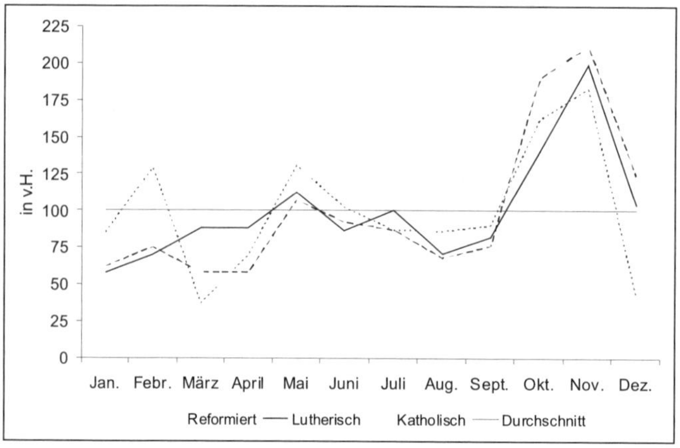

Abb. 13 Monatliche Eheschließungen nach Konfessionen in der Grafschaft Mark 1680 bis 1754

Dargestellt nach Tab. 30.

Tab. 30 Monatliche Eheschließungen nach Konfessionen in der Grafschaft Mark 1680 bis 1754

Monat	Reformiert (1)		Lutherisch (2)		Katholisch (3)	
	abs.	X	abs.	X	abs.	X
Januar	33	62	90	58	156	85
Februar	36	75	97	70	212	129
März	31	58	134	87	67	37
April	30	58	131	88	124	70
Mai	57	107	172	112	239	131
Juni	47	92	129	86	180	102
Juli	46	87	154	100	159	87
August	36	68	110	71	158	86
September	39	76	123	82	158	90
Oktober	101	190	217	141	295	162
November	109	212	297	199	323	183
Dezember	66	124	160	104	97	43
Jan./Dez.	*52*	*100*	*151*	*100*	*179*	*100*

X = Durchschnitt für 1680/1754 je Konfession = 100, bereinigt

Errechnet nach: 1) LKAB: KB Rhynern, Bd. 1–2; KB Wiblingwerde, Bd. 2.

2) LKAB: KB Dahl, Bd. 1, S. 174–237; KB Gevelsberg, Bd. 4–6, unpag.; KB Lünern, Bd. 1, passim; KB Weitmar, Bd. 1, S. 229–303; Bd. 2, S. 340–344.

3) KBabt. P: KB Rhynern, Bd. 1, S. 1–76; Bd. 2, S. 1–40; KPf. N: KB Niederwengern, Getraute, Bl. 18 v-217 r.

lag im ersten Quartal des Jahres. Katholiken heirateten im März und Dezember am seltensten. Die wegen der Fastenzeit vor Ostern und Weihnachten aufgeschobenen Hochzeiten wurden teilweise auf den Februar oder den Mai verlegt. Beide Monate zeigten deshalb für katholische Brautleute erneut bis zu einem Drittel über dem Durchschnitt liegende Werte im Vergleich zu denen der lutherischen und reformierten Heiratswilligen (vgl. Tab. 30).

Abbildung 14 veranschaulicht die monatliche Entwicklung der Eheschließungen für verschiedene Perioden der Frühen Neuzeit. Die Dominanz der im November

Abb. 14
Entwicklung monatlicher Eheschließungen in der Grafschaft Mark 1680 bis 1754

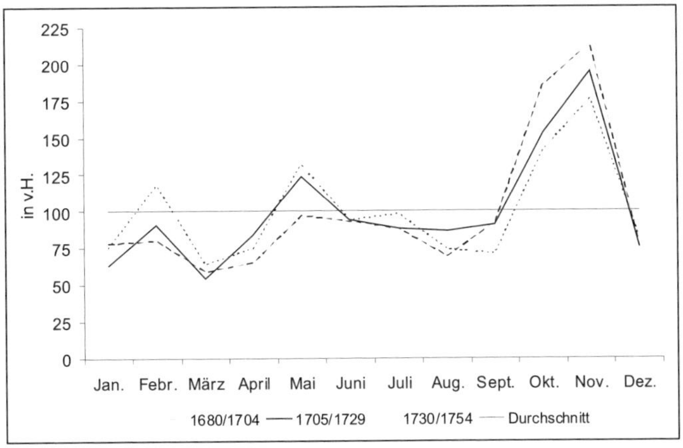

Dargestellt nach Tab. 31.

Tab. 31 Entwicklung monatlicher Eheschließungen in der Grafschaft Mark 1680 bis 1754

Monat	1680/1704		1705/1729		1730/1754	
	abs.	X	abs.	X	abs.	X
Januar	80	78	97	63	102	75
Februar	74	80	126	91	145	118
März	61	59	83	54	88	64
April	65	65	124	84	99	75
Mai	100	97	189	124	180	132
Juni	93	93	139	94	124	94
Juli	91	88	134	88	134	98
August	71	69	132	86	101	74
September	92	92	134	91	94	71
Oktober	190	185	234	153	193	141
November	212	213	288	195	233	176
Dezember	79	77	114	75	112	82
Jan./Dez.	*101*	*100*	*150*	*100*	*134*	*100*

X = Durchschnitt je Periode = 100, bereinigt

Errechnet nach: KBabt. P: KB Rhynern, Bd. 1, S. 1–76; Bd. 2, S. 1–40; KPf. N: KB Niederwengern, Getraute, Bl. 18 v-217 r; LKAB: KB Dahl, Bd. 1, S. 174–237; KB Gevelsberg, Bd. 4–6, unpag.; KB Lünern, Bd. 1, passim; KB Rhynern, Bd. 1–2; KB Weitmar, Bd. 1, S. 229–303; Bd. 2, S. 340–344; KB Wiblingwerde, Bd. 2.

geschlossenen Ehen zu Ende des 17. Jahrhunderts reduzierte sich zu Beginn des 18. Jahrhunderts um etwa ein Fünftel. Bis zur Jahrhundertmitte verringerte sie sich um ein weiteres Fünftel. Statt dessen verteilten sich die Eheschließungen mehr auf die erste Jahreshälfte. In der Periode 1705/1729 traf das für den Monat Mai zu. In der Mitte des 18. Jahrhunderts heirateten auch im Februar bereits über ein Viertel mehr Brautleute als in den vorangegangenen zwei Perioden zu dieser Zeit (vgl. Tab. 31).

Die ländlichen Brautleute der Grafschaft Mark heirateten in der Frühen Neuzeit nach Abbildung 15 vorrangig in den weniger arbeitsreichen Wintermonaten Okto-

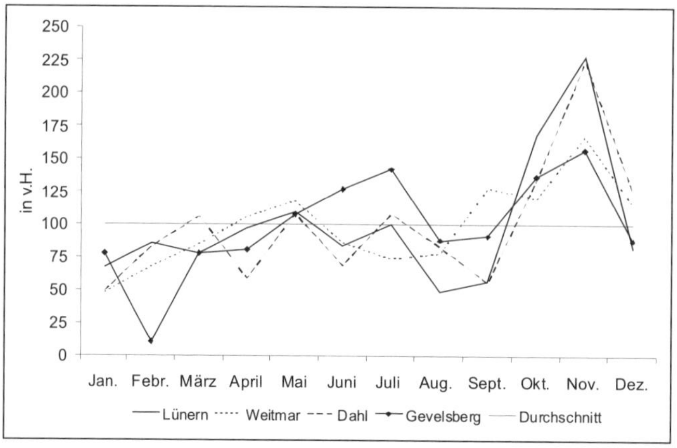

Abb. 15
Monatliche Eheschließungen in ausgewählten Kirchengemeinden der Grafschaft Mark 1680 bis 1754

Dargestellt nach den Tab. 2a, 4a, 6a, 14a im Tabellenanhang.

ber und November. Ein weiterer, aber weniger stark ausgeprägter Höhepunkt war der Monat Mai. Lünerner Heiratswillige wählten am seltensten die Monate August und September. Für Weitmarer Brautleute kam der Januar weniger in Frage. Das traf gleichermaßen für Dahler zu, die den Bund fürs Leben außerdem seltener im April und September schlossen.

In wieweit die geringe Gevelsberger Heiratshäufigkeit im Monat Februar auf zu niedrigeren Eintragungen beruht, muss dahingestellt bleiben. Die dortigen mit zwei Fünfteln über dem Durchschnitt liegenden Eheschließungen im Juli erhöhten sich im November auf fast drei Fünftel. Der Tabellenanhang verfügt über genaue Zahlenwerte dieser und weiterer Kirchengemeinden.

3.4 Bevorzugte Heiratstage

Nach Imhof[27] handelte es sich bei der Wochentags-Rhythmik ländlicher Heiraten um offensichtlich unreflektiert eingehaltene Traditionen, die sich regional unterschiedlich ausprägten. Dabei standen mythologische und heilsgeschichtliche Deutungen nebeneinander. Volkskunde, Aberglaube, konfessionelle Besonderheiten und wirtschaftliche Gegebenheiten sowie die gesellschaftliche Stellung des Brautpaares waren wesentliche Faktoren für die Wahl des Heiratstages.[28]

So galt der glücksbringende Dienstag als Ehrentag des germanischen Gottes Ziu. Nach christlicher Überlieferung ist der Dienstag der Geburts- und Todestag der seit dem Mittelalter hochverehrten Hl. Anna.[29] Jesus nahm nach Jo 2,1 am dritten

27 A. E. Imhof: Demographie, S. 41 f.; ders., Ermittlung, S. 88 ff.; ders., Lebenszeit, S. 293; ders., Leib, S. 21–24; ders., Welten, S. 154–158.

28 Märkische Heiratsbräuche vgl. H. Beisenherz: Volkstümliches, S. 156–159; Volkskunde, S. 199–206; F. Woeste: Hochzeitsgebräuche.

29 G. Schreiber: Wochentage, S. 338; ders., Wochentage Ostkirche, S. 124, 229.

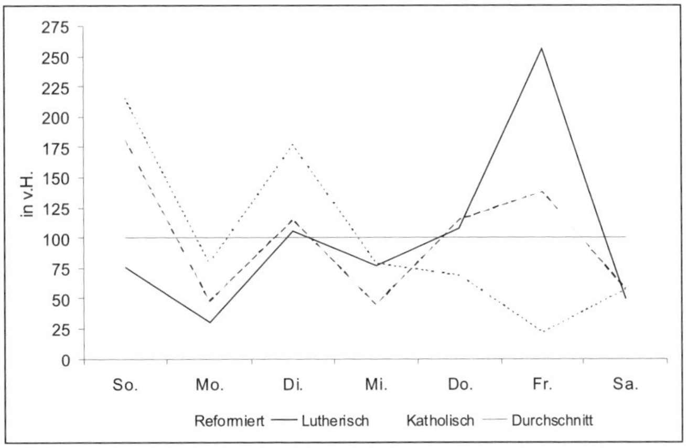

Abb. 16
Heiratstage nach Konfessionen in der Grafschaft Mark 1680 bis 1754

Dargestellt nach Tab. 32.

Tag an der Hochzeit zu Kanaan teil. Saunders[30] versucht damit den Dienstag[31] als Heiratstag biblisch zu begründen.

Der segensreiche Freitag war der sogenannten Göttin Frija geweiht. In antiker Tradition regierten an diesem Tag die Liebesgöttinnen Aphrodite (griechisch) und Venus (römisch). Für Katholiken aber galt der Freitag[32] als Todestag Christi und somit neben dem Mittwoch, dem Tag der Gefangennahme Jesu, als Fastentag[33], wie der Samstag. Das traf nicht zu für Lutheraner und Reformierte, die in bewußter Abgrenzung dazu besonders den Freitag zum Heiraten favorisierten. Sie bevorzugten als Tag der Vermählung zweiter Wahl den Donnerstag[34], der der heidnischen Gottheit Thunar geweiht war. Er stellte den Feuer- und Herdgott dar und versinnbildlichte damit den Ehegott.

Der Sonntag[35], der Auferstehungstag des Herrn, galt für Katholiken als Glückstag, an dem Brautleute gerne heirateten und feierten. Dagegen befürchtete die reformierte Obrigkeit, dass üppige Gastmähler, wie z. B. bei Hochzeiten und Tauffeiern, die Vorbereitung und würdige Feier des Herrentages entweihen und dadurch die Sonntagsheiligung gefährden könnten. Ein weniger beliebter Hochzeitstag war der Montag[36], der im Volksglauben Unbeständigkeit und Unglück bedeutete. Deshalb wollten Brautleute etwas Dauerhaftes wie die Ehe montags nicht beginnen.

In der Frühen Neuzeit wählten Heiratswillige auf dem Lande der Grafschaft Mark je nach ihrer Konfession bestimmte Heiratstage (vgl. Abb. 16). Katholiken und

30 T. G. Saunders: Familie, S. 190.

31 Bei dreitägiger Dauer der Feierlichkeiten kollidierte man nicht mit dem Freitagsfasten. Zu Dienstag als bevorzugtem Heiratstag in Alzey vgl. E. Heller-Karneth: Konfessionen, S. 197; in Oppenheim vgl. P. Zschunke: Konfession, S. 179.

32 Vgl. G. Schreiber: Freitag.

33 Abweichend von den jüdischen Fastentagen Montag und Donnerstag, vgl. A. Grün: Fasten, Sp. 1189; Zum Fasten vgl. St. G. Hall: Fasten; J. Schümmer: Fastenpraxis: G. Schreiber: Wochentage Ostkirche; Zum Quatemberfasten vgl. J. Bauer: Quatember.

34 F. Woeste: Hochzeitsgebräuche, S. 30 f.

35 G. Schreiber: Wochentage, S. 334; vgl. K. Ilg: Bedeutung.

36 A. L. Veit: Kirche, S. 140 f.

Tab. 32 Heiratstage nach Konfessionen in der Grafschaft Mark 1680 bis 1754

Wochentag	Reformiert (1)		Lutherisch (2)		Katholisch (3)	
	abs.	X	abs.	X	abs.	X
Sonntag	157	182	97	76	645	216
Montag	41	48	38	30	236	79
Dienstag	99	115	136	106	527	177
Mittwoch	39	45	99	77	236	79
Donnerstag	99	115	138	108	207	69
Freitag	119	138	328	256	67	22
Samstag	50	58	63	49	169	57
So/Sa	*86*	*100*	*128*	*100*	*298*	*100*

X = Durchschnitt für 1680/1754 je Konfession = 100

Errechnet nach: 1) LKAB: KB Rhynern, Bd. 1–2; KB Wiblingwerde, Bd. 2.

2) LKAB: KB Dahl, Bd. 1, S. 174–237; KB Gevelsberg, Bd. 4–6, unpag.; KB Weitmar, Bd. 1, S. 229–303; Bd. 2, S. 340–344.

3) KBabt. KB Rhynern, Bd. 1, S. 1–76; Bd. 2, S. 1–40; KPf. N: KB Niederwengern, Getraute, Bl. 18 v-217 r.

Reformierte heirateten sonntags und dienstags am häufigsten. Für letztere galt der Freitag als ein ebenfalls wichtiger Heiratstag, den Lutheraner noch lieber bevorzugten. Im Gegensatz dazu lehnten Katholiken diesen Tag in Erinnerung an den Tod Christi als Heiratstag weitgehend ab. Daneben gab es weitere Wochentage, an denen alle drei Konfessionen seltener Hochzeit feierten. Montags, mittwochs und samstags trat man am seltensten in den Ehestand ein; Tabelle 32 enthält Zahlenangaben dazu.

Abbildung 17 veranschaulicht die neuzeitliche Entwicklung der Eheschließungen an den einzelnen Wochentagen. Im letzten Drittel des 17. Jahrhunderts standen gemäß der Rangfolge Sonntag, Dienstag und Donnerstag im Vordergrund. Bis zur Mitte des 18. Jahrhunderts wurde letzterer durch den Freitag verdrängt (vgl. Tab. 33).

In der Grafschaft Mark der Frühen Neuzeit heirateten Brautleute nordwärts der Ruhr sonntags und dienstags am häufigsten (vgl. Abb. 18). Jene südwärts der Ruhr bevorzugten dagegen den Freitag. Mittwochs und samstags fanden die wenigsten Hochzeiten statt.

In der Frühen Neuzeit heirateten die Brautleute in Rhynern und Niederwenigern sonntags und dienstags am häufigsten sowie freitags am seltensten (vgl. Tab. 34). Bei den Ehewilligen in Weitmar standen der Dienstag und der Donnerstag als beliebte Hochzeitstage im Vordergrund. Montags wurde dort am seltensten der Bund fürs Leben geschlossen. Das galt auch für Dahler, Gevelsberger und Wiblingwerder Heiratswillige. Bei ihnen stand der Freitag als Heiratstag an erster Stelle. In Wiblingwerde ehelichte man donnerstags ebenfalls gerne.

Unabhängig von den Wochentagen[37] gab es als bevorzugte Heiratstage die kirch-

37 Zur Bedeutung der Wochentage vgl. J. A. Jungmann: Wochenzyklus; G. Schreiber: Wochentage; ders., Wochentage Ostkirche.

Tab. 33 Entwicklung der Heiratstage in der Grafschaft Mark 1680 bis 1754

Wochentag	1680/1704		1705/1729		1730/1754	
	abs.	X	abs.	X	abs.	X
Sonntag	242	185	312	159	345	186
Montag	88	67	119	61	108	58
Dienstag	172	131	280	143	310	168
Mittwoch	103	79	169	86	102	55
Donnerstag	140	107	172	88	132	71
Freitag	83	63	220	112	211	114
Samstag	92	70	103	53	87	47
So/Sa	*131*	*100*	*196*	*100*	*185*	*100*

X = Durchschnitt je Periode = 100

Errechnet nach: KBabt. P: KB Rhynern, Bd. 1, S. 1–76; Bd. 2, S. 1–40; KPf. N: KB Niederwengern, Getraute, Bl. 18 v-217 r; LKAB: KB Dahl, Bd. 1, S. 174–237; KB Gevelsberg, Bd. 4–6, unpag.; KB Rhynern, Bd. 1–2; KB Weitmar, Bd. 1, S. 229–303; Bd. 2, S. 340–344; KB Wiblingwerde, Bd. 2.

Abb. 17 Entwicklung der Heiratstage in der Grafschaft Mark 1680 bis 1754

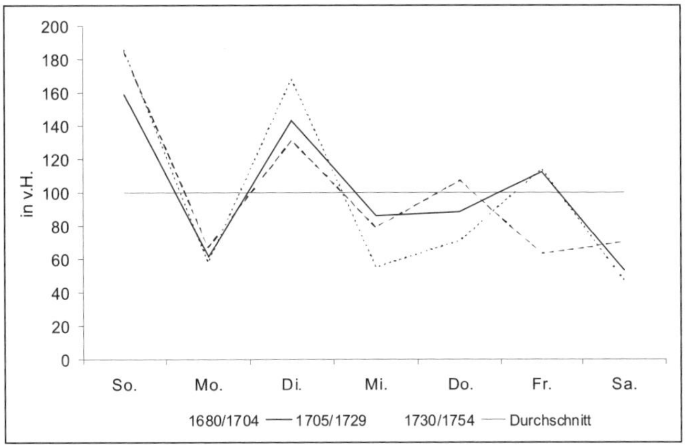

Dargestellt nach Tab. 33.

Tab. 34 Heiratstage in ausgewählten Kirchengemeinden der Grafschaft Mark 1680 bis 1754

Wochentag	Nordwärts der Ruhr (1)			Südwärts der Ruhr (2)			
	Rhynern (ref.)	Rhynern (kath.)	Weitmar	Dahl	Gevelsberg	Nieder-wenigern	Wibling-werde
Sonntag	291	241	100	46	103	183	63
Montag	71	63	32	31	25	102	22
Dienstag	156	215	176	63	106	125	71
Mittwoch	53	67	114	34	116	95	37
Donnerstag	58	55	154	76	113	89	178
Freitag	29	20	43	410	219	25	259
Samstag	47	37	76	44	28	84	71

Durchschnitt für 1680/1754 je Kirchengemeinde = 100

Errechnet nach: 1) LKAB: KB Rhynern, Bd. 1–2; KB Weitmar, Bd. 1, S. 229–303; Bd. 2, S. 340–344; KBabt. P: KB Rhynern, Bd. 1, S. 1–76; Bd. 2, S. 1–40.

2) LKAB: KB Dahl, Bd. 1, S. 174–237; KB Gevelsberg, Bd. 4–6, unpag.; KB Wiblingwerde, Bd. 2; KPf. N: KB Niederwengern, Getraute, Bl. 18 v-217 r.

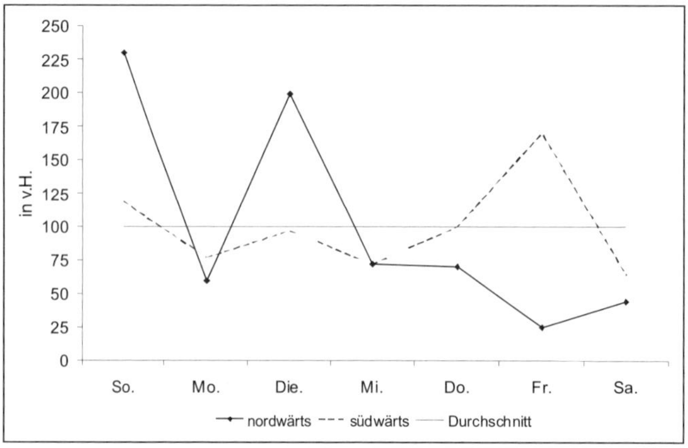

Abb. 18
Heiratstage nach Regionen in der Grafschaft Mark 1680 bis 1754

Errechnet und dargestellt nach Tab. 34.

lichen Feiertage[38], deren Stellung sich in der Woche alljährlich verschob. Dabei stimmte der Aufbau des Kirchenjahres in den Konfessionen weitgehend überein, variierte aber in der Anzahl der Heiligenfeste. An den Quatembertagen[39] dienten Predigt und Katechese der Vertiefung des Heilsgeschehens. Der herkömmliche Vierzeitenpfennig wurde auch weiterhin erhoben. Ein beliebter Hochzeitstag war der Sonntag vor Aschermittwoch, vor dem Beginn der Fastenzeit, und der Osterdienstag nach deren Ende. Das galt weniger häufig für die zweiten Feiertage der Christusfeste Weihnachten und Pfingsten. Neben diesen dreitägig gefeierten Hochfesten gab es ganz- und halbtägige Feiertage, an denen in der Frühen Neuzeit geheiratet wurde.

Von den Apostelfesten sind Peter und Paul (29. Juni), Jakobus (25. Juli) sowie Bartholomäus (24. August) und Johannes (27. Dezember) hervorzuheben. An ausgewählten Marienfesten wie Lichtmess (2. Februar), Himmelfahrt (15. August), Mariä Geburt (8. September) und Unbefleckte Empfängnis (8. Dezember) fanden in der Grafschaft Mark der Frühen Neuzeit Eheschließungen statt. Weitere beliebte Hochzeitstage waren z. B. der Johannis- (24. Juni) und der Michaelistag (29. September) sowie gehäuft im November Allerheiligen (1.), der Elisabeth- (19.) und der Katharinentag (25.).[40] Im landwirtschaftlichen Bereich galt der 11. November, der Martinstag, als alter Rechtstermin[41], an dem das Gesinde wechselte, auch um zu heiraten. Ebenfalls fanden Landversteigerungen und Pachtgeschäfte statt. Nach Ende des Erntejahres konnte so leichter Ackerland übernommen und eine unabhängige Existenz aufgebaut werden. „[. . .] ao 1688 umb Martini ist der Schulte zu Mülhausen mit Catharinen des Schulten zu Drechen tochter, zu Drechen, also er hochzeit gehalten, copuliret.“[42]

38 P. Münch: Lebensformen, S. 421; ders., Volkskultur, S. 301 f.; E. W. Zeeden: Überlieferungen, S. 148–152; zu Festen und Feiertagen vgl. H. Merkel: Feste.

39 E. W. Zeeden: Überlieferungen, S. 151 f.

40 Zu beliebten Heiratstagen an kirchlichen Feiertagen in Kurmainz vgl. W. G. Rödel: Mainz, S. 188; für ausgewählte katholische Pfarreien vgl. E. Rettinger: Umgebung, S. 259.

41 E. Lutsch: Dudeldorf, S. 247 ff.; T. G. Saunders: Familie, S. 184 f.

42 KB Lünern, Bd. 1, unpag.

3.5 Heiratsalter und Altersabstand

In der Frühen Neuzeit waren Heiratsalter und Heiratshäufigkeit Steuerungsgrößen[43] der natürlichen Bevölkerungsbewegung. Je höher das durchschnittliche Heiratsalter lag, desto mehr verkürzte sich die physiologische Zeitspanne der innerehelichen Fruchtbarkeit. Bei einem mittleren Heiratsalter von 25 Jahren reduzierten die 10 Jahre von der ersten Menstruation mit annähernd 15 Jahren, die Fortpflanzungsperiode[44] der Frau um etwa ein Drittel, wenn die Gebärfähigkeit schon im Alter von ungefähr 45 Jahren endete. Dass die Höhe des Heiratsalters von Volksgebräuchen und wirtschaftlichen Verhältnissen abhängig war, braucht nicht eigens hervorgehoben zu werden. Im Hochgericht Schwelm[45] galt: „Wenn das Brautpaar auch nichts im Vermögen hat, so wird es durch die Art, wie hier zu Lande Hochzeiten gefeyert werden, wegen des Anfangs der Haushaltung, aus aller Verlegenheit gesetzet. [...] Ueberdis wird ihnen auch mancherley kleines Hausgeräthe, z. E. Koffekannen, Kochkessel, Kasserollen, zinnerne Schüsseln und Teller u. d.gl. verehret.“

Bei dieser „agrarischen Bevölkerungsweise“[46] sollte ein Gleichgewicht zwischen vorhandenem Nahrungsspielraum und Bevölkerung hergestellt werden. Denn das Heiratsalter von Bauern war in der Grafschaft Mark an eine Hofstelle[47] gebunden. Nach dem Tod der Eltern oder deren Übernahme des Altenteils erbte normalerweise der älteste Sohn den Hof. Die übrigen Geschwister wurden durch den Brautschatz[48] abgefunden, wenn diese den Hof verließen. Die Höhe der Ausstattung richtete sich nach der Größe und der sozialen Stellung des Hofes sowie der Anzahl der Kinder. Neben Bargeld, Vieh und Korn gehörte der Brautwagen[49] dazu. Letzterer beinhaltete Haushaltsgeräte, Spinnrad, Betten und Leinen sowie Möbelstücke. Dabei durfte der Besen[50], als Symbol für Ordnung und Sauberkeit, selbstverständlich nicht fehlen.

In der Frühen Neuzeit heirateten Männer der evangelisch-lutherischen Kirchengemeinde Herne mit durchschnittlich 30,7 Jahren (vgl. Tab. 35). Im Zeitablauf verringerte sich das Alter von 31,6 auf 29,2 Jahre, d. h. um etwa zweieinhalb Jahre. Im Gegensatz dazu nahm das Heiratsalter der dortigen Bräute um gut drei Jahre ab. Frauen waren mit fast 26 Jahren durchschnittlich etwa fünf Jahre jünger als ihre Männer. Der Altersunterschied zum Mann erhöhte sich von 4,1 auf 4,9 Jahre, d. h. um ungefähr ein Jahr.

In Methler waren Männer bei der Heirat durchschnittlich 30 Jahre alt und damit ein gutes halbes Jahr jünger als Herner Ehemänner. Bis zur Mitte des 18. Jahrhunderts

43 H. Medick: Weben, S. 298.

44 K. Mayer: Einführung, S. 44 f.

45 F. Ch. Müller: Choragraphie, S. 15 f.

46 A. Gestrich: Geschichte, S. 76.

47 K. Hausen: Familienforschung, S. 72 ff.; A. E. Imhof: Geschichte, S. 187.

48 W. Achilles: Vermögensverhältnisse, S. 70–100; K. Scharpwinkel: Eigentumsordnungen, S. 75 ff.; vgl. D. Sauermann: Brautschätze.

49 G. Helbeck: Schwelm, S. 585; I. Kellermann-Weber: Braut, S. 435; D. Sauermann: Brautschätze, S. 127–144.

50 F. Woeste: Hochzeitsgebräuche, S. 30 f.

Tab. 35 Durchschnittliches Heiratsalter beidseitiger Erstehen nach Heiratsjahren in ausgewählten westfälischen Kirchengemeinden 1680 bis 1754

Kirchspiel	Heiratsjahr	Alter in Jahren		
		Männer	Frauen	X
Herne (luth.)	1680–1704	31,6	27,5	4,1
	1705–1729	32,4	27,2	5,2
	1730–1754	29,2	24,3	4,9
	1680–1754	*30,7*	*25,8*	*4,9*
Methler (luth.)	1705–1729	30,9	25,2	5,7
	1730–1754	30,0	28,0	2,0
	1705–1754	*30,1*	*27,6*	*2,5*
Brakel (kath.)	1680–1704	30,5	26,8	3,7
	1705–1729	31,9	30,1	1,8
	1730–1754	30,5	27,8	2,7
	1680–1754	*31,2*	*28,7*	*2,5*

X = Durchschnittlicher Altersunterschied des Mannes gegenüber dem Heiratsalter der Frau

Errechnet nach: LKAB: KB Herne, passim; KBabt. P: KB Brakel, Bd. 3, S. 422–488; Bd. 5, S. 1–33; Generalaufnahme, passim.

verminderte sich das Alter um knapp ein Jahr. Die Bräute heirateten mit 27,6 Jahren und übertrafen das Alter der Hernerinnen um knapp zwei Jahre. Gegenüber ihren Ehemännern betrug der Altersunterschied in Methler nur zweieinhalb Jahre.

Im Vergleich dazu gingen Katholiken der Kirchengemeinde Brakel im Fürstentum Paderborn im Durchschnitt später eine Ehe ein. Die Männer waren mit 31 Jahren fast ein Jahr älter. Die Frauen heirateten mit 28,7 Jahren und übertrafen die märkischen Bräute um ein bis drei Jahre. Der Unterschied beim Heiratsalter zwischen Bräutigam und Braut lag in Brakel bei durchschnittlich 2,5 Jahren. Er verkleinerte sich im Zeitablauf aufgrund des zunehmenden Heiratsalters der Frau bei fast gleichbleibendem Heiratsalter des Mannes.

Wenn nach Flinn[51] deutsche Frauen vor 1750 bei der Hochzeit im Durchschnitt 26,4 Jahre alt waren, so heirateten Herner Bräute ein halbes Jahr früher, die aus Methler ein Jahr später und Brakelerinnen waren sogar zwei Jahre älter.

In den evangelisch-lutherischen Kirchengemeinden Herne und Methler heirateten annähernd zwei Drittel der Männer im Alter von 25 bis 34 Jahren (vgl. Tab. 36). Bei den Frauen dagegen entfiel der Hauptanteil mit fast drei Fünfteln auf die 20- bis 29-Jährigen. Etwa ein Viertel ehelichte noch mit 30 bis 34 Jahren. Ähnlich verhielten sich die katholischen Brautleute der Kirchengemeinde Brakel in der Frühen Neuzeit. Drei Fünftel der Männer waren bei der Eheschließung 25 bis 34 Jahre alt. Annähernd die Hälfte der Frauen heiratete mit 20 bis 29 Jahren. Immerhin ging ein weiteres Fünftel mit 30 bis 34 Jahren eine Ehe ein.

Für das Hochgericht Schwelm bemerkte Müller[52]: „Da die Sorge die Kinder zu er-

51 M. W. Flinn: System, S. 126.

52 F. Ch. Müller: Choragraphie, S. 15.

Tab. 36 Beidseitige Erstehen nach Heiratsalter in ausgewählten westfälischen Kirchengemeinden 1695 bis 1754

Kirchspiel	Geschlecht	Anzahl	Heiratsalter in Jahren von ... bis ... in v. H. (Zeilenprozente)						
			< 20	20–24	25–29	30–34	35–39	40–44	≥45
Herne	Männer	38	–	8	37	37	16	–	2
	Frauen	44	7	43	23	16	11	–	–
Methler	Männer	123	3	17	34	25	9	7	5
	Frauen	123	9	24	29	26	7	3	2
Brakel	Männer	177	–	17	28	30	11	10	4
	Frauen	211	11	28	21	19	8	6	7

Errechnet nach: LKAB: KB Herne, passim; KBabt. P: KB Brakel, Bd. 3, S. 422–488; Bd. 5, S. 1–33; Generalaufnahme, passim.

Abb. 19 Heiratsalter in ausgewählten westfälischen Kirchengemeinden 1695 bis 1754

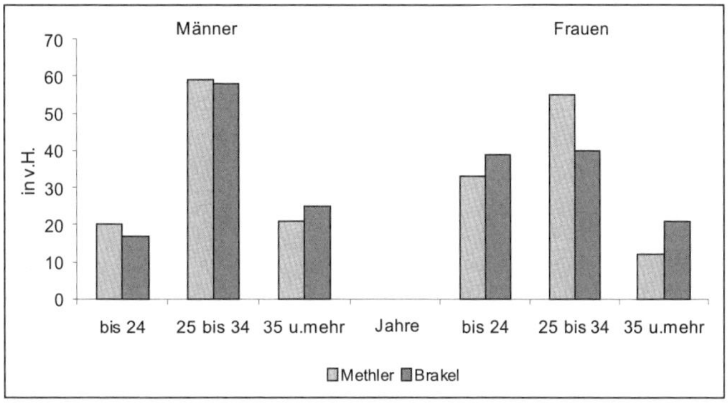

Errechnet und dargestellt nach Tab. 36.

nähren, die gemeinen Leute in der hiesigen Gegend eben nicht ängstiget, so schließen sich die Heirathen sehr leicht und häufig. [...] Schon im 18ten, 20ten Jahre werden Ehen geschlossen, woraus sich die starke, stets zunehmende Bevölkerung der hiesigen Gegend leicht begreifen läßt."

In allen Gesellschaften wählten Frauen meist einen älteren Ehepartner. Die Wahl des Bräutigams fiel dementsprechend auf eine jüngere Braut. Je jünger Frauen heirateten, desto eher handelte es sich dabei um einen wohlhabenden Partner aus der gleichen Besitzgruppe.[53] Mit zunehmendem Heiratsalter wurde es wahrscheinlicher, dass sich der durchschnittliche Altersabstand zwischen den Brautleuten vergrößerte. In der Frühen Neuzeit waren ungleiche Paare[54] nichts Außergewöhnliches.

Nach Abbildung 19 heirateten fast drei Fünftel der Männer mit 25 bis 34 Jahren. Jeweils ein Fünftel der evangelisch-lutherischen Ehemänner entfiel in Methler auf die benachbarten Heiratsklassen. In der katholischen Kirchengemeinde Brakel waren nur wenige Männer bei der Heirat unter 24 Jahre alt. Dagegen erhöhte sich dort der Anteil der über 35-Jährigen bei der Eheschließung auf ein Viertel.

53 E. Voland: Konsequenzen, S. 294 f.; A. E. Imhof: Auswertung Familien, S. 315 f., 324.
54 Ders., Geschichte, S. 207–210.

Tab. 37 Altersunterschied des Mannes gegenüber dem Heiratsalter der Frau bei beidseitigen Erstehen im Kirchspiel Methler 1725 bis 1754

Heiratsalter des Mannes in Jahren von … bis …	Anzahl Männer		Altersunterschied in v. H. (Zeilenprozente)			∅ Altersunterschied des Mannes in Jahren im Vergleich zu	
	abs.	v. H.	Mann älter als Frau	altersgleich	Mann jünger als Frau	jüngeren Frauen	älteren Frauen
<25	24	19	33	9	58	2,5	–9,5
25–29	43	35	54	7	39	5,6	–3,8
30–34	29	24	59	14	27	6,2	–4,5
≥35	27	22	93	–	7	12,7	–7,5
Insgesamt	*123*	*100*	*60*	*7*	*33*	*7,8*	*–6,1*

Errechnet nach: Generalaufnahme, passim.

Bei den Frauen ergaben sich andere Prioritäten. Über die Hälfte der Methlerner Ehefrauen schlossen mit 25 bis 34 Jahren den Bund fürs Leben. Das galt nur für zwei Fünftel der Brakeler Bräute, die ebenso häufig unter 24 Jahre alt waren. Nur ein Fünftel der dortigen Frauen hatte bei der Hochzeit ein Alter von über 35 Jahren. Der Methlerner Anteil lag dabei um 10 Prozent. Dafür aber heiratete ein Drittel der Bräute in Methler mit unter 24 Jahren.

Im Kirchspiel Methler waren bei drei Fünfteln beidseitiger Erstehen die Männer älter als ihre Frauen (vgl. Tab. 37). Das traf nur bei einem Drittel der Frauen zu. Mit zunehmendem Heiratsalter des Mannes erhöhte sich der Anteil älterer Männer; derjenige älterer Frauen verminderte sich dementsprechend. Bei Erstehen der unter 25-jährigen Männer entfiel nur ein Drittel auf diejenigen, bei denen die Männer älter waren als die Frauen. Aber fast drei Fünftel betraf solche, bei denen die Frauen älter als die Männer waren. Dem entspricht die Tendenz, dass junge Männer unter 25 Jahren bevorzugt ältere Bräute ehelichten. Demgegenüber konzentrierten sich bei Erstehen der über 35-jährigen Männer mehr als 90 Prozent auf diejenigen mit älteren Männern. Nur sieben Prozent dieser Altersklasse heirateten ältere Frauen.

Der durchschnittliche Altersunterschied der Männer im Vergleich zu jüngeren Frauen betrug etwa acht Jahre. Mit ansteigendem Heiratsalter des Mannes differierte er von 2,5 bis fast 13 Jahren. Älteren Frauen gegenüber waren Männer im Durchschnitt sechs Jahre jünger. Der Anteil streute zwischen fast vier und annähernd zehn Jahren.

Bis zur ersten Hälfte des 18. Jahrhunderts entwickelte sich im interkulturellen Vergleich ein „europäisches Heiratsmuster“. Hajnal[55] charakterisierte es durch ein hohes Heiratsalter und einen nicht geringen Anteil an unverheirateten Personen. Letzterer wird auf 9 bis 15 Prozent geschätzt.[56] Schlumbohm[57] hat diese The-

55 J. Hajnal: Marriage, S. 101, 112 f.; vgl. Ch. Duhamelle: Einleitung; D. E. C. Eversley: Bevölkerung, S. 112–120; A. Gestrich: Geschichte, S. 75–80.

56 A. Fauve-Chamoux: Marriage, S. 225.

57 J. Schlumbohm: Sozialstruktur, S. 323–333; vgl. Ch. Pfister: Bevölkerungsgeschichte, S. 9, 81, 84.

Tab. 38 Heiratsalter, Ehedauer und Alter bei der Verwitwung nach Beruf des Mannes im Kirchspiel Methler 1725 bis 1754 (in Jahren)

Beruf	Heiratsalter		X	Ehedauer	Alter bei der Verwitwung		X
	Männer	Frauen			Witwer	Witwe	
Gewerbetreibender	29,5	28,0	1,5	24,9	51,2	50,7	0,5
Bauer	29,8	26,3	3,5	31,1	51,8	53,9	–2,1
Kötter	30,1	28,6	1,5	32,0	58,3	49,6	8,7
Tagelöhner	31,2	27,7	3,5	26,2	59,5	63,0	–3,5
Insgesamt	*29,9*	*27,2*	*2,7*	*28,6*	*53,2*	*53,7*	*–0,5*

X = Durchschnittlicher Altersunterschied des Mannes gegenüber dem Heiratsalter der Frau

Errechnet nach: Generalaufnahme, passim.

se schichtenspezifisch untersucht. Demnach waren Bräute von Bauern im Durchschnitt zwei bis drei Jahre jünger als die von Besitzlosen. Verschiedene Erklärungen ergänzen sich dabei. Einerseits vermehrte sich der Brautschatz mit zunehmendem Alter nicht mehr. Andererseits konnten jüngere Bräute sich besser in die Autoritätsstruktur eines großbäuerlichen Haushaltes einfügen, da er ihnen Wohlstand und Prestige verhieß. Landarme heirateten später als Angehörige der Oberschicht. Denn die angesparte Mitgift wuchs mit der Dauer des Gesindedienstes während der Phase zwischen Geschlechtsreife und Heirat. Weiterhin brachten ältere Bräute voraussichtlich weniger Kinder zur Welt, weshalb unbegüterte Männer sie möglicherweise bevorzugten. Kritische Äußerungen zu dem im „europäischen Heiratsmuster“ immanenten „Stellen-Prinzip“ finden sich z. B. bei Fertig.[58]

In Tabelle 38 wird das Heiratsalter im Kirchspiel Methler auf einzelne Berufe bezogen. Von den Männern heirateten Gewerbetreibende und Bauern mit unterdurchschnittlichem Alter. Für Kötter und Tagelöhner galt das jedoch nicht. Die Frauen der Bauern hatten das geringste Heiratsalter. Sie gingen frühzeitig eine Ehe ein, da das bäuerliche Anwesen ihnen einen sicheren Lebensunterhalt bot. Das Heiratsalter der Kötterfrauen lag um etwa eineinhalb Jahre über dem Durchschnitt. Mit 28,6 Jahren war es am höchsten. Aber auch das Heiratsalter der Frauen der Tagelöhner und Gewerbetreibenden lag über dem Durchschnitt. In beiden Fällen übertraf es mit ungefähr 1,5 Jahren das bäuerliche Heiratsalter. Im Hinblick auf den Altersunterschied des Mannes gegenüber der Frau differierte er bei den Gewerbetreibenden und Köttern jeweils um eineinhalb Jahre. Bei den Bauern und Tagelöhnern lag er zwei Jahre darüber und betrug 3,5 Jahre.

In Tabelle 39 werden Familien nach dem Altersunterschied des Mannes gegenüber der Frau geordnet. Demnach entfiel, mit abnehmenden Anteilen, jeweils mehr als ein Viertel auf die Größenklassen 10 bis minus 5 Jahre. Bezieht man darauf die Anzahl der Kinder, so stieg diese mit abnehmender Altersdifferenz an. Bei einem männlichen Altersunterschied bis fünf Jahren konzentrierten sich fast drei Fünftel auf Familien mit drei bis vier Kindern. Waren die Frauen um fünf Jahre älter, so dominierten ungefähr drei Fünftel der Familien mit ein bis zwei Kindern.

58 G. Fertig: Menschen.

Tab. 39 Anteil der Familien mit Kindern nach Altersunterschied der Eheleute im Kirchspiel Methler 1725 bis 1754

Altersunterschied des Mannes gegenüber dem Heiratsalter der Frau in Jahren von … bis …	Anzahl der Familien		Anzahl der Kinder in v. H. (Zeilenprozente)		
	abs.	v. H.	1–2	3–4	≥5
15– 10	5	6	40	40	20
10– 5	25	30	44	44	12
5– 0	24	28	29	58	13
0– –5	21	25	57	33	10
–5– –10	9	11	33	45	22
Insgesamt	*84*	*100*	*40*	*45*	*15*

Errechnet nach: Generalaufnahme, passim.

3.6 Ehedauer und Verwitwung

Das relativ späte Heiratsalter und die niedrige Lebenserwartung bildeten in der Frühen Neuzeit die Parameter der Ehedauer, die je nach Vermögen, Beruf und Konfession noch differieren konnte.[59] Starb einer der Ehepartner vorzeitig, so hatte der andere je nach Alter die Möglichkeit nach einer Trauerzeit erneut zu heiraten und somit die unterbrochene Fruchtbarkeit fortzusetzen. Die Verwitwung dauerte jedoch lebenslang an, wenn kein passender Ehepartner gefunden werden konnte.

In der ersten Hälfte des 18. Jahrhunderts blieb in Leezen[60] knapp ein Drittel der Witwer unter 55 Jahren und nicht ganz die Hälfte der Witwen alleine. Die Anteile variierten je nach der beruflichen Stellung. Bei Witwern schwankten sie von gut zehn Prozent (Kleinbauern) bis über zwei Fünfteln (Gewerbetreibende). Bei Witwen erhöhte sich der Anteil der nicht wieder verheirateten Personen mit abnehmendem Besitz. Er streute zwischen über zwei Fünfteln (Hufner) und mehr als drei Fünfteln (Landarbeiter).

Für ausgewählte Pfarreien der Schweiz hat Schelbert[61] geschlechtsspezifische Daten zur Verwitwung ermittelt. In der Zeit von 1690 bis 1749 blieben etwa drei Viertel der Witwer und über vier Fünftel der Witwen nach dem Tod des Ehepartners verwitwet. Mit zunehmendem Alter vergrößerte sich der Anteil verwitweter Personen, die keine neue Ehe mehr eingingen. Heirateten von den 15- bis 29-jährigen Witwern etwa drei Fünftel nicht mehr, so erhöhte sich der Anteil bei den 40- bis 49-Jährigen auf zwei Drittel. Entsprechendes galt von den Witwen. Knapp die Hälfte der 15- bis 29-Jährigen blieb verwitwet und über vier Fünftel der 40- bis 49-Jährigen heirateten nicht mehr. Dabei war letzterer Wert im Vergleich zu dem der Witwern sogar um etwa ein Fünftel höher.

Im Kirchspiel Methler währten beidseitige Erstehen im Durchschnitt bei den Männern 25 Jahre und bei den Frauen zwei Jahre länger (vgl. Tab. 40). Mit zunehmendem Heiratsalter verringerte sich die Ehedauer. Sie variierte zwischen 11 und

59 G. W. Göbel: Bevölkerung, S. 167 f.; E. Heller-Karneth: Konfessionen, S. 180–184.

60 R. Gehrmann: Leezen, S. 204–210.

61 Errechnet nach U. Schelbert: Bevölkerungsgeschichte, S. 247 f.

Tab. 40 Durchschnittliche Ehedauer beidseitiger Erstehen nach Heiratsalter in ausgewählten westfälischen Kirchengemeinden 1680 bis 1754 (in Jahren)

Heiratsalter in Jahren von … bis …	Methler, luth. (1710–1754)			Brakel, kath. (1680–1754)		
	∅ Ehedauer		X	∅ Ehedauer		X
	Männer	Frauen		Männer	Frauen	
< 20	11,0	24,0	–13,0	40,0	22,2	17,8
20–24	32,1	26,0	6,1	26,0	27,1	–1,1
25–29	26,0	29,0	–3,0	25,5	25,3	0,2
30–34	26,8	27,8	–1,0	29,3	23,3	6,0
35–39	22,0	30,5	–8,5	17,3	20,8	–3,5
≥ 40	18,2	15,5	2,7	31,7	25,9	5,8
Durchschnitt	*25,2*	*27,0*	*–1,8*	*26,9*	*24,9*	*2,0*

X = Durchschnittlicher Unterschied in der Ehedauer des Mannes gegenüber der der Frau

Errechnet nach: KBabt. P: KB Brakel, Bd. 3, S. 422–488; Bd. 5, S. 1–33; Generalaufnahme, passim.

Tab. 41 Eheleute beidseitiger Erstehen nach Ehedauer in ausgewählten westfälischer Kirchengemeinden 1680 bis 1754

Ehedauer in Jahren von … bis …	Methler, luth. (1710–1754)				Brakel, kath. (1680–1754)			
	Männer		Frauen		Männer		Frauen	
	abs.	v. H.	abs.	v. H.	abs.	v. H.	abs.	v. H.
< 5	2	4	–	–	8	5	15	7
5–14	12	22	15	23	27	16	41	19
15–24	12	22	17	27	45	26	44	21
25–34	14	25	11	17	36	21	59	27
35–44	10	18	16	25	34	19	40	19
≥ 45	5	9	5	8	23	13	16	7
Insgesamt	*55*	*100*	*64*	*100*	*173*	*100*	*215*	*100*

Errechnet nach: KBabt. P: KB Brakel, Bd. 3, S. 422–488; Bd. 5, S. 1–33; Generalaufnahme, passim.

32 Jahren bei Männern sowie 15 und 30 Jahren bei Frauen. Dementsprechend streuten auch die Werte hinsichtlich der unterschiedlichen Ehedauer zwischen Männern und Frauen. Sie lagen zwischen einem Jahr und 13 Jahren.

Im Vergleich dazu betrug in der katholischen Kirchengemeinde Brakel die durchschnittliche Ehedauer der Männer 27 Jahre und dauerte damit zwei Jahre länger als die der Methlerschen Männer. Die Ehe Brakeler Frauen war im Durchschnitt zwei Jahre kürzer als die der Ehemänner sowie der Frauen im Kirchspiel Methler. Eine Abhängigkeit zwischen zunehmendem Heiratsalter und abnehmender Ehedauer konnte hierbei nicht nachgewiesen werden.

Bezieht man die Ehedauer auf einzelne Berufe des Kirchspiels Methler, so wiesen die Gewerbetreibenden mit annähernd 25 Jahren und die Tagelöhner mit 26 Jahren unterdurchschnittliche Werte auf (vgl. Tab. 38). Bei Bauern und Köttern dauerte die Ehe im Durchschnitt über 30 Jahre.

In Tabelle 41 wurden Erstehen nach der Ehedauer analysiert. Fast die Hälfte der Ehemänner der evangelisch-lutherischen Kirchengemeinde Methler lebten 15 bis

34 Jahre mit ihrer Ehefrau zusammen. Jeweils ein Fünftel erreichte eine Ehedauer von 5 bis 14 Jahren bzw. 35 bis 44 Jahren. Bei den Ehefrauen lag das Schwergewicht mit 50 Prozent auf der Ehedauer von 5 bis 24 Jahren. Außerdem konnte ein Viertel 35 bis 44 gemeinsame Ehejahre vorweisen. In der katholischen Kirchengemeinde Brakel dagegen dominierte ungefähr je die Hälfte der Ehemänner und -frauen bei einer Ehedauer von 15 bis 34 Jahren. Jeweils etwa ein Fünftel entfiel noch auf die Ehedauer von 35 bis 44 Jahren.

Abbildung 20 veranschaulicht die geschlechtsspezifische Ausprägung der Ehedauer für ausgewählte Kirchengemeinden. Bei etwa der Hälfte der Ehemänner dauerte die Ehe 15 bis 34 Jahre. Jeweils ein Viertel von den evangelisch-lutherischen Ehemännern aus Methler entfiel auf die vor- und nachgelagerte Ehedauerklasse. In der katholischen Kirchengemeinde Brakel aber wies nur ein Fünftel der Ehemänner eine Ehedauer unter 14 Jahren auf, wogegen sich der Anteil auf fast ein Drittel bei der Ehedauer von über 35 Jahren erhöhte. Auch bei den Ehefrauen dominierte die Ehedauerklasse von 15 bis 34 Jahren. Während sich jeweils ein Viertel der Brakeler Ehefrauen auf die vor- und nachgelagerte Größenklasse verteilte, vergrößerte sich der Anteil der Methlerner Ehefrauen bei der Ehedauer von über 35 Jahren auf ein Dritttel; dies ging zu Lasten der niedrigen Ehedauer von unter 14 Jahren.

Das vorzeitige Ende einer beidseitigen Erstehe lag beim Tod eines Ehepartners dann vor, wenn die Frau noch im gebärfähigen Alter stand. Nach Tabelle 42 wurde im Durchschnitt ein Viertel bis ein Drittel der Ehen in der Frühen Neuzeit vorzeitig beendet. Der dabei durch den Tod der Ehefrau bedingte Anteil betrug davon etwa ein Fünftel. Bei diesem gleichbleibenden Wert schwankte der Anteil, der durch den Tod des Ehemannes hervorgerufenen Beendigung der Ehe, je nach Kirchengemeinde, zwischen drei und 17 Prozent.

In Tabelle 43 wurde die durchschnittliche Ehedauer mit dem Sterbealter der Eheleute in Beziehung gesetzt. Mit zunehmendem Sterbealter erhöhte sich auch die Ehedauer. Starben die Ehefrauen mit unter 50 Jahren, so erreichten sie nur eine unterdurchschnittliche Ehedauer. Bei den Ehemännern verschob sich diese Grenze um zehn Jahre. In der evangelisch-lutherischen Kirchengemeinde Methler streute die Ehedauer der Frauen von 12 bis 51 Jahren. Somit betrug die Spannbreite

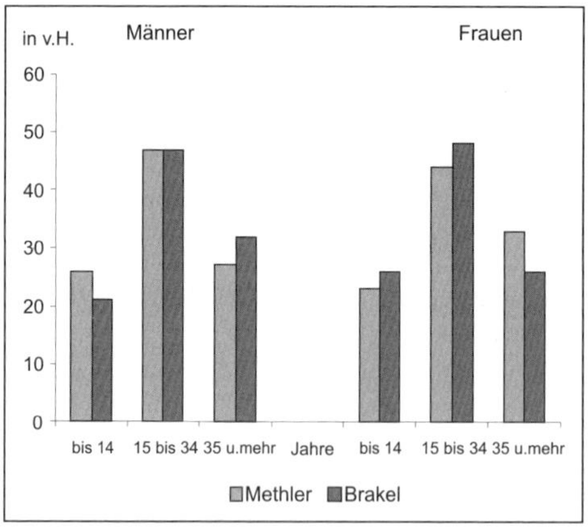

Abb. 20
Ehedauer in ausgewählten westfälischen Kirchengemeinden 1680 bis 1754

Errechnet und dargestellt nach Tab. 41.

Tab. 42 Vorzeitige Beendigung beidseitiger Erstehen durch Tod eines Partners nach Heiratsjahren in ausgewählten Kirchengemeinden der Grafschaft Mark 1669 bis 1754

Kriterium	Herbede (1669–1679)		Herne (1695–1754)		Methler (1725–1754)	
	abs.	v. H.	abs.	v. H.	abs.	v. H.
Ehe nicht vorzeitig beendet	60	65	72	77	62	73
Ehe vorzeitig beendet davon:	32	35	22	23	23	27
Tod der Frau	16	18	19	20	15	18
Tod des Mannes	16	17	3	3	8	9
Insgesamt	*92*	*100*	*94*	*100*	*85*	*100*

Errechnet nach: LKAB: KB Herne, passim; O. R. Enneper: Verzeichnis, S. 7–42; Generalaufnahme, passim.

Tab. 43 Durchschnittliche Ehedauer beidseitiger Erstehen nach Sterbealter in ausgewählten westfälischen Kirchengemeinden 1680 bis 1754 (in Jahren)

Alter in Jahren von ... bis ...	Methler, luth. (1710–1754)			Brakel, kath. (1680–1754)		
	Männer	Frauen	X	Männer	Frauen	X
< 40	7,1	11,8	–4,7	8,3	7,5	0,8
40–49	13,4	17,7	–4,3	14,7	16,5	–1,8
50–59	22,8	28,2	–5,4	23,7	25,0	–1,3
60–69	33,2	32,6	0,6	31,7	30,8	0,9
70–79	41,6	42,7	–1,1	38,6	34,9	3,7
≥ 80	40,0	51,0	–11,0	46,1	36,1	10,0
Durchschnitt	*25,2*	*27,0*	*–1,8*	*26,9*	*24,9*	*2,0*

X = Durchschnittlicher Unterschied in der Ehedauer des Mannes gegenüber der der Frau

Errechnet nach: KBabt. P: KB Brakel, Bd. 3, S. 422–488; Bd. 5, S. 1–33; Generalaufnahme, passim.

39 Jahre. Die Ehedauer der Männer variierte zwischen 7 und 40 Jahren bei einer Spannbreite von 33 Jahren. Letztere war sechs Jahre geringer als die der Frauen.

Demgegenüber wiesen die Männer in der katholischen Kirchengemeinde Brakel mit 38 Jahren eine um fünf Jahre höhere Spannbreite hinsichtlich der Ehedauer auf. Die Ehedauer betrug 8 bis 46 Jahre. Die der dortigen Frauen lag zwischen 7 und 36 Jahren mit einer Spannbreite von nur 29 Jahren. Letztere blieb neun Jahre hinter der der Männer zurück und war 10 Jahre niedriger als die der Methlerner Frauen.

Im Durchschnitt waren vier Fünftel der Brautleute vor ihrer Hochzeit ledig (vgl. Tab. 44). In der Frühen Neuzeit verringerte sich der Anteil zugunsten verwitweter Heiratswilliger. In der evangelisch-reformierten Kirchengemeinde Rhynern betrug der Anteil von Junggesellen und Witwen, die heirateten, über 10 Prozent. In der evangelisch-lutherischen Kirchengemeinde Dahl traf das für Ehen zwischen

Tab. 44 Familienstand von Brautleuten vor der Hochzeit in ausgewählten Kirchengemeinden der Grafschaft Mark 1695 bis 1754

Kirchengemeinde	Heiratsjahr	Anzahl	Familienstand in v. H. (Zeilenprozente)			
			Ledige	Witwer/ Jungfrau	Junggeselle/ Witwe	Verwitwete
Rhynern (ref.)	1695–1724	146	82	2	16	–
	1725–1754	152	79	7	13	1
	1695–1754	298	*80*	*5*	*14*	*1*
Dahl (luth.)	1695–1724	181	84	8	5	3
	1725–1754	225	78	14	7	1
	1695–1754	406	*81*	*11*	*6*	*2*

Errechnet nach: LKAB: KB Rhynern, Bd. 1–2; KB Dahl, Bd. 1, S. 207–237.

Tab. 45 Verwitwete nach der Dauer der Verwitwung in ausgewählten westfälischen Kirchengemeinden 1680 bis 1754

Verwitwung in Jahren von ... bis ...	Methler, luth. (1710–1754)				Brakel, kath. (1680–1754)			
	Witwer		Witwe		Witwer		Witwe	
	abs.	v. H.	abs.	v. H.	abs.	v. H.	abs.	v. H.
< 5	7	37	5	20	10	38	16	25
5–14	6	32	13	52	8	31	27	43
≥15	6	31	7	28	8	31	20	32
Insgesamt	*19*	*100*	*25*	*100*	*26*	*100*	*63*	*100*

Errechnet nach: KBabt. P: KB Brakel, Bd. 3, S. 422–488; Bd. 5, S. 1–33; Generalaufnahme, passim.

Witwern und Jungfrauen zu. In beiden Gemeinden blieb der Anteil beidseitiger Verwitweter, die erneut heirateten, unbedeutend.

Tabelle 45 zeigt den Anteil Verwitweter nach der Anzahl der Jahre vom Ende der letzten Ehe bis zum eigenen Tod. Während in der evangelisch-lutherischen Kirchengemeinde Methler Witwer und Witwen im Durchschnitt jeweils eine zehnjährige Verwitwung verbrachten, war die Dauer in der katholischen Kirchengemeinde Brakel unterschiedlich. Bei den dortigen Witwern dauerte sie etwa neun Jahre und erhöhte sich bei den Witwen um drei auf 12 Jahre. Dementsprechend hatten die Witwen in der mittleren Witwenschaft von 5- bis 14-jähriger Dauer ihr Schwergewicht. Dagegen überlebte der Großteil der Witwer ihre Frau keine fünf Jahre mehr.

Nach Abbildung 21 verringerte sich der Anteil der Witwer mit zunehmender Dauer der Witwerschaft. In den beiden Kirchengemeinden überlebten etwa zwei Fünftel der Witwer ihre Frau keine fünf Jahre. Bei jeweils knapp einem weiteren Drittel dauerte die Verwitwung 5 bis 14 Jahre bzw. sogar über 15 Jahre. Bei den Witwen dominierte die mittlere Zeitspanne. Mehr als die Hälfte der Methlerer Witwen verbrachte eine 5- bis 14-jährige Witwenschaft. In der Kirchengemeinde Brakel war der Anteil um ungefähr 10 Prozent niedriger, zugunsten der übrigen Zeitspannen, deren Anteile die der Methlerner Witwen jeweils um fünf Prozent übertrafen. Knapp ein Drittel der Brakeler Witwen überlebten ihren Mann über 15 Jahre.

Abb. 21
Dauer der Witwen- bzw. Witwerschaft in ausgewählten westfälischen Kirchengemeinden 1680 bis 1754

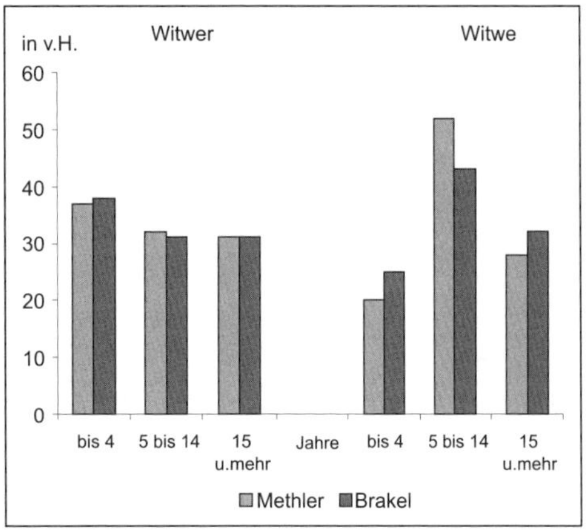

Dargestellt nach Tab. 45.

3.7 Wiederheirat Verwitweter[62]

In der Frühen Neuzeit bot die Wiederverheiratung Verwitweter die Möglichkeit, die vakante Position[63] von Hausherr oder Hausfrau in der Hausgemeinschaft erneut zu besetzen. Nach Mitterauer[64] war dieser „Rollenergänzungszwang“ aufgrund der internen geschlechtsspezifischen Arbeitsteilung notwendig. Das betraf zum einen die kontinuierliche Fortführung des landwirtschaftlichen Betriebes und zum anderen die Betreuung von Kleinstkindern. Denn in den seltensten Fällen erlaubten es die ökonomischen Gegebenheiten, personelle Engpässe durch fremde Arbeitskräfte dauerhaft zu besetzen. Für eine Wiederheirat sprach ebenfalls das höhere soziale Ansehen des Ehestandes innerhalb der Gesellschaft. Mit einer erneuten Verehelichung sollte möglichen Konkubinatsverhältnissen vorgebeugt werden. Im Gevelsberger Traubuch[65] lautet ein Eintrag im Jahr 1733: „[...] den 13. Novembr Diederich Wilhelm Wefer einen Wittiber mitt Annen Elisabeth Obernberg Wittiben Voßbrock in den Stand der h Ehe eingesegnet. Gott regiere Sie mitt dem Geist des Friedens und der Einigkeit daß nie eine bittere Zanckwurtzel unter Ihnen moge aufsteigen.“ Ein interessantes Beispiel stellt die Wiederheirat der Witwe Schlüter[66] dar. Sie ehelichte den Vater ihres unehelichen Kindes, das sie vor ihrer ersten Heirat mit ihm konzipiert hatte.

Verwitwete Männer[67] hatten wesentlich bessere Chancen für eine Wiederheirat als Frauen. Sie bevorzugten jüngere Ledige im gebärfähigen Alter mit hoher Arbeitsfähigkeit für die Familienwirtschaft. Vermögende Witwen[68] boten weniger begüterten Männern die Möglichkeit, überhaupt eine Familie gründen zu können.

62 Vgl. A. E. Imhof: Wiederverheiratung.
63 M. Mitterauer: Familienstruktur, S. 186 f.; G. W. Oesterdiekhoff: Familie, S. 55 f.; E. Rettinger: Umgebung, S. 266.
64 M. Mitterauer: Vorindustrielle Familienformen, S. 83.
65 KB Gevelsberg, Bd. 2, unpag.
66 Generalaufnahme, S. 46 Nr. 1153, S. 99.
67 H. Wunder: Sonn, S. 180.
68 A. Kessler: Bevölkerung, S. 44 f.; M. Mitterauer: Formen, S. 312; H. Wunder: Sonn, S. 185.

Tab. 46 Verwitwete nach Alter bei der Verwitwung in ausgewählten westfälischen Kirchengemeinden 1680 bis 1754

Alter in Jahren von ... bis ...	Methler, luth. (1725–1754)				Brakel, kath. (1680–1754)			
	Witwer		Witwe		Witwer		Witwe	
	abs.	v. H.	abs.	v. H.	abs.	v. H.	abs.	v. H.
< 40	15	23	13	20	1	4	8	13
40–49	15	24	13	20	4	15	13	21
50–59	13	20	17	26	7	27	19	30
60–69	11	17	16	24	8	31	17	27
≥ 70	10	16	7	10	6	23	6	9
Insgesamt	*64*	*100*	*66*	*100*	*26*	*100*	*63*	*100*

Errechnet nach: KBabt. P: KB Brakel, Bd. 3, S. 422–488; Bd. 5, S. 1–33; Generalaufnahme, passim.

Zschunke[69] hat für Oppenheimer Witwen den Rückgang einer Wiederheirat mit abnehmender sozio-ökonomischer Stellung des verstorbenen Mannes festgestellt.

In der evangelisch-lutherischen Kirchengemeinde Methler waren Witwer bei der Verwitwung mit durchschnittlich 52,5 Jahren knapp zwei Jahre älter als dortige Witwen (vgl. Tab. 46). Mit zunehmender Altersgruppe verringerte sich der Anteil der Witwer, was bei den Witwen so nicht zutraf. Auf die jüngsten Altergruppen bis 49 Jahren entfiel fast die Hälfte der Witwer, aber nur zwei Fünftel der Witwen. Letztere konzentrierten sich mit fast 50 Prozent auf die Altersgruppen von 50 bis 69 Jahren, wobei die Witwer aber nur mit gut einem Drittel beteiligt waren. In der katholischen Kirchengemeinde Brakel betrug das Alter der Witwer im Durchschnitt 60 Jahre. Es übertraf das der Witwen um fast sieben Jahre und das der Witwer aus Methler um acht Jahre. Annähernd drei Fünftel der Brakeler Verwitweten konzentrierten sich daher auf die Altersgruppen von 50 bis 69 Jahren.

Nach Abbildung 22 waren über zwei Fünftel der Witwer bei der Verwitwung 40 bis 59 Jahre alt. Ein weiteres Viertel bzw. Drittel der evangelisch-lutherischen Witwer des Kirchspiels Methler entfiel jeweils auf die benachbarte Größenklasse. Dagegen wies über die Hälfte der katholischen Witwer aus Brakel bei ihrer Verwitwung ein Alter von über 60 Jahren auf. Auf dieses Alter entfiel etwa nur ein Drittel der Witwen. Die Hälfte der Brakeler Witwen konzentrierte sich auf das jüngere Alter von 40 bis 59 Jahren, bei dem über zwei Fünftel der evangelisch-lutherischen Witwen beteiligt waren. Ein Fünftel der letzteren war bei der Verwitwung unter 40 Jahre alt, was nur noch für gut 10 Prozent der Brakeler Witwen zutraf.

Tabelle 38 enthält für das Kirchspiel Methler Angaben zum durchschnittlichen Alter bei der Verwitwung nach einzelnen Berufen in der Frühen Neuzeit. Bei einem durchschnittlichen Alter bei der Verwitwung von Männern mit 53 Jahren lagen Gewerbetreibende mit zwei Jahren und Bauern mit etwa eineinhalb Jahren darunter. Bei Köttern stieg das Alter der Verwitwung um fünf Jahre und bei Tagelöhnern um gut sechs Jahre an.

Witwen waren bei der Verwitwung im Durchschnitt um ein halbes Jahr älter als Witwer. Beim Witwenalter lag eine größere Streubreite vor, von etwa 50 Jahren

69 P. Zschunke: Konfession, S. 191 f.

Abb. 22
Alter bei der Verwitwung in ausgewählten westfälischen Kirchengemeinden 1680 bis 1754

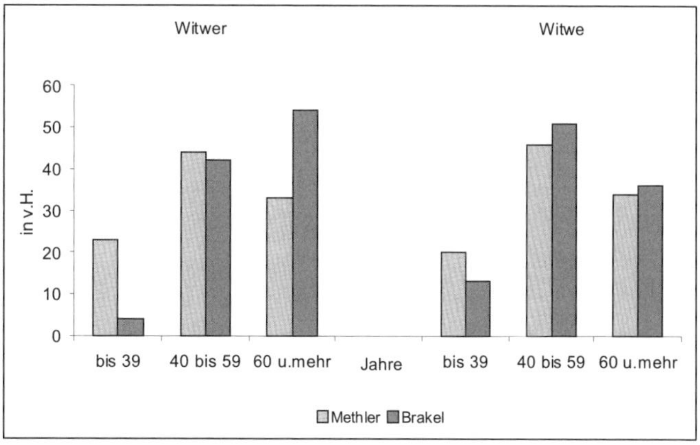

Errechnet und dargestellt nach Tab. 46.

Tab. 47 Wiederverheiratete nach Heiratsalter in ausgewählten Kirchengemeinden 1695 bis 1754

Heiratsalter in Jahren von ... bis ...	Methler, luth. (1725–1754)				Brakel, kath. (1695–1754)			
	Witwer		Witwe		Witwer		Witwe	
	abs.	v. H.	abs.	v. H.	abs.	v. H.	abs.	v. H.
<30	2	9	5	23	1	4	3	15
30–39	9	41	6	27	4	14	6	30
40–49	9	41	10	45	13	46	5	25
≥50	2	9	1	5	10	36	6	30
Insgesamt	*22*	*100*	*22*	*100*	*28*	*100*	*20*	*100*

Errechnet nach: KBabt. P: KB Brakel, Bd. 3, S. 422–488; Bd. 5, S. 1–33; Generalaufnahme, passim.

bei Kötterinnen bis zu 63 Jahren bei Tagelöhnerinnen. Das Alter der Witwen von Gewerbetreibenden (51 Jahre) war um drei Jahre niedriger als das von Bäuerinnen (54 Jahre). Der Altersunterschied bei der Verwitwung differierte zwischen Männern und Frauen je nach dem Beruf des Mannes zwischen minus 3,5 Jahren bei Tagelöhnern und ungefähr 9 Jahren bei Köttern.

In der Frühen Neuzeit heirateten Witwer der evangelisch-lutherischen Kirchengemeinde Methler im Durchschnitt mit 40 Jahren (vgl. Tab. 47). Sie waren um zwei Jahre älter als heiratswillige Witwen. Im Gegensatz dazu übertraf das durchschnittliche Heiratsalter katholischer Witwer der Kirchengemeinde Brakel mit 46 Jahren das der evangelischen Witwer um sechs Jahre. Bei den Witwen lag die Differenz noch darüber. Der Altersunterschied zwischen katholischen heiratswilligen Witwern und Witwen war mit fast zweieinhalb Jahren um ein halbes Jahr größer als bei evangelischen Verwitweten.

Die Witwer der Kirchengemeinde Methler dominierten in den Altersklassen zwischen 30 und 49 Jahren, wogegen die Brakeler Witwer in den Altersklassen von 40 Jahren an aufwärts ihr Schwergewicht aufwiesen. Die dortigen Witwen verteilten sich auf die Altersklassen von 30 bis über 50 Jahren. Die evangelisch-lutherischen Witwen der Kirchengemeinde Methler heirateten am häufigsten zwischen 30 und 49 Jahren. Ein weiteres Viertel war bei der Wiederheirat unter 30 Jahre alt.

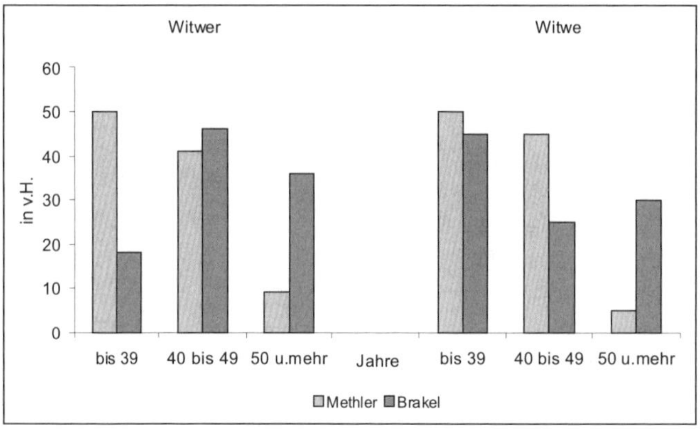

Abb. 23 Heiratsalter Verwitweter in ausgewählten westfälischen Kirchengemeinden 1695 bis 1754

Errechnet und dargestellt nach Tab. 47.

Nach Tabelle 47 konzentrierten sich vier Fünftel der katholischen Witwer und gut die Hälfte der Witwen auf die Altersklassen von 40 Jahren aufwärts. Knapp ein weiteres Drittel der Brakeler Witwen war zwischen 30 und 39 Jahre alt, was aber nur für gut 10 Prozent der dortigen Witwer zutraf.

Jeweils mehr als zwei Fünftel der Witwer aus Methler und Brakel entfielen in Abbildung 23 auf die mittlere Altersklasse von 40 bis 49 Jahren. Jedoch die Hälfte der evangelisch-lutherischen Witwer in Methler heiratete im Alter bis 39 Jahren, was für weniger als ein Fünftel der katholischen Brakeler Witwer ebenfalls zutraf. Über ein Drittel der letzteren ging im Alter von 50 und mehr Jahren eine neue Ehe ein. Keine 10 Prozent von Metherner Witwern konnten das von sich behaupten.

Wie bei den Witwern, so heiratete auch die Hälfte der Witwen in Methler mit unter 39 Jahren. Der Anteil der Brakeler Witwen war dabei fünf Prozent geringer. Er entsprach dem der Methlerner, die im Alter von 40 bis 49 Jahren den Bund fürs Leben erneut eingingen. In der gleichen Altersklasse heiratete nur ein Viertel der Brakeler Witwen. Um fünf Prozent höher lag deren Anteil, die sich mit 50 und mehr Jahren noch einmal verehelichten.

Nach der gesellschaftlichen Konvention sollte die Wiederheirat nicht vor Ablauf des „Trauerjahres" erfolgen. In der Realität gab es jedoch geschlechtsspezifische Unterschiede, die davon abwichen. Bei Witwen[70] war der zeitliche Abstand mehr praktisch motiviert. Mit einer Wiederheirat nach frühestens neun Monaten wollte man sichergehen, dass keine Schwangerschaft aus erster Ehe bestand. Hierbei ging es um erbrechtliche Fragen. Denn im 18. Jahrhundert konnte eine Wiederheirat in Kleve/Mark erst nach Klärung von Vermögensansprüchen[71] der Kinder aus vorheriger Ehe stattfinden. Die evangelisch-reformierte Verfassung[72] differenzierte den abzuwartenden Zeitraum vor der Wiederheirat für Witwen auf neun Monate und für Witwer auf sechs Monate. Zur Erhöhung der ehelichen Fruchtbarkeit ver-

70 A. Kessler: Bevölkerung, S. 41 f.; Ch. Pfister: Bevölkerungsgeschichte, S. 29; Ch. Reinders-Düselder: Bevölkerung, S. 91.

71 J. V. Bredt: Verfassung, S. 272.

72 Ebd., S. 263.

Tab. 48 Wiederverheiratete nach dem Zeitraum bis zur Wiederheirat in ausgewählten Kirchengemeinden der Grafschaft Mark der Heiratsjahre 1680 bis 1754

Abstand in Monaten von … bis …	Witwer			Witwe		
	abs.	v. H.	X	abs.	v. H.	X
< 6	10	20	80	1	3	–
6–12	24	48	58	14	40	21
12–18	7	14	71	9	26	44
≥18	9	18	67	11	31	54
Insgesamt	*50*	*100*	*66*	*35*	*100*	*37*

X = Anteil an Kindern unter 8 Jahren in v. H.

Errechnet nach: LKAB: KB Herne, passim; O. R. Enneper: Verzeichnis, S. 7–42; Generalaufnahme, passim.

kürzte Friedrich der Große[73] im Jahr 1747 das Trauerjahr für verwitwete Frauen ebenfalls auf neun Monate und für Männer sogar auf drei Monate.

Für Westeuropa ermittelte Fauve-Chamoux[74] höhere Durchschnittswerte. Der Zeitraum zwischen Verwitwung und Wiederheirat betrug in der Frühen Neuzeit bei Witwern gut 15 Monate und bei Witwen etwa 39 Monate. Im Gegensatz dazu lagen die durchschnittlichen Werte in Oppenheim[75] jeweils um ein Drittel niedriger. Witwer hielten fast das Trauerjahr ein, wogegen Witwen gut zwei Jahre bis zur Wiederheirat warteten. Je nach der sozio-ökonomischen Stellung der Verwitweten dauerte dort die Zeitspanne bis zur Wiederheirat bei Witwern ungefähr 10 bis 13 Monate und bei Witwen annähernd 20 bis 39 Monate. Interessanterweise entsprechen diese Maximalwerte in etwa den oben aufgeführten westeuropäischen Durchschnittsangaben.

In der Grafschaft Mark betrug bei Witwern der Abstand zwischen dem Ende der ersten Ehe und einer Wiederheirat im Durchschnitt 12 Monate. Dieser Zeitraum entsprach der Dauer des obligaten Trauerjahres. Witwen dagegen warteten vier Monate länger, bis sie sich erneut verheirateten. Nach Tabelle 48 konzentrierten sich zwei Drittel der Witwer, aber nur zwei Fünftel der Witwen, auf einen Zeitraum der Wiederheirat, der unter einem Jahr lag. Ein Drittel der Witwer und über die Hälfte der Witwen warteten länger als ein Jahr mit einer Zweitheirat.

Bezieht man den Anteil vorhandener Kinder unter acht Jahren mit ein, so ergibt sich folgende Relation. Witwer heirateten früher, wenn kleine Kinder zu versorgen waren. Bei Witwen ergab sich dagegen eher ein umgekehrtes Verhältnis. Nach Imhof[76] fanden verwitwete Mütter mit Säuglingen einerseits weniger Zeit, sich gezielt nach einem neuen Vater und Mann umzusehen, andererseits wurden sie zum Heiraten weniger bevorzugt. Im Durchschnitt hatten etwa zwei Fünftel der

73 E. Frohneberg: Bevölkerungslehre, S. 95; R. Gehrmann: Bevölkerungsgeschichte, S. 280; A. E. Imhof: Wiederverheiratung, S. 186; Ch. Pfister: Bevölkerungsgeschichte, S. 29.

74 A. Fauve-Chamoux: Marriage, S. 225.

75 P. Zschunke: Konfession, S. 191 f.

76 A. E. Imhof: Wiederverheiratung, S. 217.

Tab. 49 Haushalte in Bauerschaften des Kirchspiels Methler 1766

Bauerschaft	Anzahl der Haushalte		Erstehen		Zweitehen		
	abs.	v. H.	abs.	v. H.	abs.	v. H.	X
Dorf Methler	59	24	34	14	25	10	42
Oberaden	56	23	41	17	15	6	27
Weddinghofen	35	15	30	13	5	2	14
Westick	33	14	19	8	14	6	42
Niederaden	30	13	24	10	6	3	20
Wassercurl	27	11	19	8	8	3	30
Kirchspiel Methler	*240*	*100*	*167*	*70*	*73*	*30*	*30*

X = Anteil an Haushalten in v. H.

Errechnet nach: Generalaufnahme, passim.

wiederverheirateten Witwen Kinder unter acht Jahren zu betreuen. Das traf aber für zwei Drittel der Witwer zu.

Im Kirchspiel Methler entfiel nach Tabelle 49 fast ein Drittel der Haushalte auf Zweitehen. Der Anteil variierte in den einzelnen Bauerschaften von über 10 Prozent in Weddinghofen bis mehr als zwei Fünftel im Dorf Methler und in der Bauerschaft Westick.

Der Begriff der menschlichen Fruchtbarkeit[1] bezieht sich auf die Anzahl von Lebendgeborenen während der Reproduktionsfähigkeit von Frauen und nicht auf einen kalendarischen Zeitabschnitt. Im Rahmen verfügbarer Ressourcen sollte der Bestand des Dorfes und des Volkes durch eine bestimmte Anzahl von Nachkommen erhalten bleiben. In der Frühen Neuzeit war die Fertilität räumlich, zeitlich und schichtenspezifisch unterschiedlich ausgeprägt. Als physiologische Einflussfaktoren[2] beeinträchtigten vor allem die hohe Säuglings- und Kindersterblichkeit das Heranwachsen bis zum Heiratsalter. Überdies konnten nicht alle Frauen ihre Reproduktionsperiode voll ausschöpfen. Neben vorzeitiger Müttersterblichkeit existierten Phasen verschiedener Amenorrhöe-Formen[3] wie z. B. bei Hungerperioden infolge von Missernten sowie während der Stillzeiten.

Im 18. Jahrhundert war das ländliche Leben weitgehend religiös[4] geprägt. Das wirkte sich auch auf die Einstellung zur Fruchtbarkeit aus. Im Luthertum erfuhren die sozialen Beziehungen in Ehe und Familie eine ethische Aufwertung. Nach der biblischen Schöpfungsgeschichte war die Frau dem Mann gleichwertig. In gegenseitiger Achtung und Liebe sollten die Eheleute gemeinsam um das Wohl der Kinder bedacht sein. Das äußerte sich in christlicher Verantwortung für die Nachkommenschaft.

Im Calvinismus stellten Ehe und Familie Bewährungsorte des Gnadenstandes dar. Den Eltern wurde eine Mitverantwortung für das irdische Wohlergehen ihrer Nachkommen übertragen. Damit verband sich ein Wertewandel in der Beurteilung der Kinderzahl, die bei diesem „zweckrationalen“ Handeln den jeweiligen ökonomischen Verhältnissen angepasst wurde. Denn weniger Geburten bedeuteten größere Überlebenschancen für jedes einzelne Kind sowie bessere Zukunftsaussichten und Erfolgsmöglichkeiten. Das Wohl der Familienmitglieder wurde zum Signum der Gottgefälligkeit.

Katholiken betrachteten das biblische Fruchtbarkeitsgebot als einen absoluten Wert. Im Vergleich zu den beiden anderen Konfessionen ergaben sich daraus andere Prioritäten. Demnach verantworteten nicht die Eltern den uneingeschränkten Kindersegen, sondern betrachteten dafür die „göttliche Vorsehung“ als zuständig. Bei diesem „wertrationalen“ Handeln trat das irdische Wohlergehen der Familie in den Hintergrund. Daher wurden viele erschöpfende Schwangerschaften und Geburten in Kauf genommen, obwohl sie das Leben von Mutter und Kind gefährdeten. Wichtiger war die Sorge um das ewige Heil der Kinder, die deshalb möglichst frühzeitig getauft werden sollten. Im Folgenden werden weitere Faktoren aufgeführt, die die innereheliche Fruchtbarkeit[5] beeinflussten.

1 I. Esenwein-Rothe: Einführung, S. 324.

2 Ebd., S. 326.

3 A. E. Imhof: Demographie Medizin, S. 171.

4 E. Heller-Karneth: Konfessionen, S. 130 ff., 293; A. E. Imhof: Jahre, S. 62 f.; E. Rettinger: Umgebung, S. 360 f.

5 Zur ökonomischen Analyse der Fruchtbarkeit vgl. G. S. Becker: Analyse.

4.1 Saisonale Schwankungen der Konzeptionen

Während der Frühen Neuzeit verteilten sich die Konzeptionen in der Grafschaft Mark nicht gleichmäßig auf die Monate eines Jahres. Ausgehend von den ermittelten Taufdaten erhält man durch Rückrechnen[6] um die neunmonatige Schwangerschaft Mindestdaten für diejenigen Konzeptionen, die zu Lebendgeburten geführt haben. Für das 17. und 18. Jahrhundert darf jedoch als realistisch angenommen werden, dass etwa ein Drittel der Empfängnisse vorzeitig endete, wie z. B. als Spontanabort.[7] Besonders in Zeiten verstärkter körperlicher Beanspruchung war das Risiko von Fehlgeburten höher.[8] Weiterhin wird die Identität von Tauf- und Geburtsmonat unterstellt. Entsprechend der Rückberechnung häuften sich die Konzeptionen überdurchschnittlich in den Winter- und Frühlingsmonaten bzw. verminderten sie sich unterdurchschnittlich im Sommer und Herbst.

Im Jahresverlauf erschien eine deutliche Rhythmisierung von sexueller Aktivität und Passivität. Phasen gesteigerter Sinnlichkeit wechselten mit solchen verminderter Konzeptionsfähigkeit.[9] Auf letztere wirkten periodisch auftretender Nahrungsmangel sowie körperliche Arbeitsbelastung hemmender[10] als kirchliche Fastengebote.[11] Denn in den Fastenmonaten März und Dezember fielen keine besonderen Konzeptionsminima auf. Eine saisonale Abhängigkeit der Konzeptionen von den Eheschließungen war ebenfalls nicht signifikant. Einerseits variierte der Abstand zur ersten ehelichen Geburt[12] und andererseits gab es auch voreheliche Konzeptionen.

Nach Imhof[13] bestand ein offenkundiger Zusammenhang zwischen der Saisonalität der Konzeptionen und dem bäuerlichen Arbeitsjahr-Rhythmus, der ursprünglich in relativem Einklang mit der Natur stand. In der agrarisch orientierten Gesellschaft der Frühen Neuzeit hatte sich sozusagen ein spiegelbildlich ausgewogenes Verhältnis herausgebildet. Die Fruchtbarkeit wurde demnach „arbeitsphysiologisch" beeinflußt. Die Rhythmen von bäuerlicher Arbeit, Konzeptionen und Geburtenhäufigkeit hatten sich zum Vorteil für Frauen, Mütter und Säuglinge herausgebildet. In der weniger arbeitsreichen Phase des Winters konnten sich die jungen Mütter ihren Neugeborenen mehr als in den arbeitsintensiven Sommermonaten widmen.

Dementsprechend zeigten die ländlichen Konzeptionen der Grafschaft Mark während der Frühen Neuzeit saisonale Schwankungen, die entgegengesetzt zum jahreszeitlichen Arbeitsrhythmus verliefen. Das galt für alle drei Konfessionen. Nach Abbildung 24 entwickelten sich die märkischen Konzeptionen im weniger arbeitsreichen Frühjahr überdurchschnittlich, wobei der Juni dominierte. Nach einer rück-

6 P. Becker: Leben, Sterben, S. 55 f.
7 A. E. Imhof: Jahre, S. 51.
8 E. Rettinger: Umgebung, S. 211.
9 A. E. Imhof: Auswertung Resultate, S. 248 f.; ders., Leib, S. 31 f.
10 A. Kessler: Bevölkerung, S. 46 f.; P. Stephan: Fruchtbarkeit, S. 21–28.
11 A. E. Imhof: Leib, S. 31 f.; vgl. F. Lebrun: Demographie.
12 P. Becker: Leben, Sterben, S. 55.
13 A. E. Imhof: Geschichte, S. 193–196; ders., Jahre, S. 51–54.

Tab. 50 Monatliche Konzeptionen nach Konfessionen in der Grafschaft Mark 1680 bis 1754

Monat	Reformiert (1)		Lutherisch (2)		Katholisch (3)	
	abs.	X	abs.	X	abs.	X
April	170	126	595	119	609	118
Mai	167	120	620	120	651	122
Juni	182	135	720	144	761	148
Juli	165	118	595	115	558	105
August	133	95	542	105	550	103
September	86	64	366	73	397	77
Oktober	93	67	364	71	348	65
November	113	84	388	78	449	87
Dezember	130	93	464	90	461	87
Januar	113	81	463	90	503	95
Februar	129	102	487	105	468	97
März	164	117	470	91	504	95
April/März	*137*	*100*	*506*	*100*	*522*	*100*

X = Durchschnitt für 1680/1754 je Konfession = 100, bereinigt

Errechnet nach: 1) LKAB: KB Rhynern, Bd. 1–2; KB Wiblingwerde, Bd. 1.

2) LKAB: KB Dahl, Bd. 1, S. 6–123; KB Gevelsberg, Bd. 4–6, unpag.; KB Lünern, Bd. 1, passim; KB Weitmar, Bd. 1, S. 1–150; Bd. 2, S. 1–5.

3) KBabt. P: KB Rhynern, Bd. 1, S. 1–200; Bd. 2, S. 1–107; KPf. N: KB Niederwengern, Getaufte, Bl. 10 v-165 r.

läufigen Tendenz in den arbeitsreichen Sommermonaten begannen die Konzeptionen im Herbst erneut zuzunehmen. Ab Oktober erstreckte sich der Anstieg über die weniger arbeitsreichen Wintermonate, so dass nicht alle Konzeptionen ab Februar wieder über dem Durchschnitt lagen (vgl. Tab. 50).

Dieser Phasenverlauf galt grundsätzlich auch für einzelne Perioden der Frühen Neuzeit. Abbildung 25 veranschaulicht die unterschiedliche Intensität der einzelnen Entwicklungslinien. Zum Ende des 17. Jahrhunderts erreichten die Konzeptionen im September ihr Minimum und bis März allmählich den Durchschnittswert. Demgegenüber verlief in der ersten Hälfte des 18. Jahrhunderts der Abschwung der Konzeptionen bis zum Oktober, dann aber zugunsten eines höheren Aufschwungs (vgl. Tab. 51).

Abbildung 26 stellt die Entwicklung ländlicher Konzeptionen in ausgewählten Kirchengemeinden der Grafschaft Mark in der Frühen Neuzeit dar. Trotz weitgehend gleichgerichtetem Verlauf werden Unterschiede sichtbar. Der höchste Anteil entfiel eindeutig auf den Juni, bei dem die süderländischen Konzeptionen die hellwegischen übertrafen. Der unterste Wendpunkt verteilte sich, je nach Gemeinde, auf den September oder Oktober.

Die Lünerner Konzeptionen verharrten nach der Tiefphase im Oktober und November auf gleichem unterdurchschnittlichem Niveau. Bis Februar stiegen sie auf etwa 10 Prozent über den Durchschnitt an. Im Vergleich dazu blieben die Weitmarer Konzeptionen von Oktober bis März darunter. Die Gevelsberger Konzeptionen erreichten nach ihrem Minimum Werte, die bereits im Dezember und Februar ein

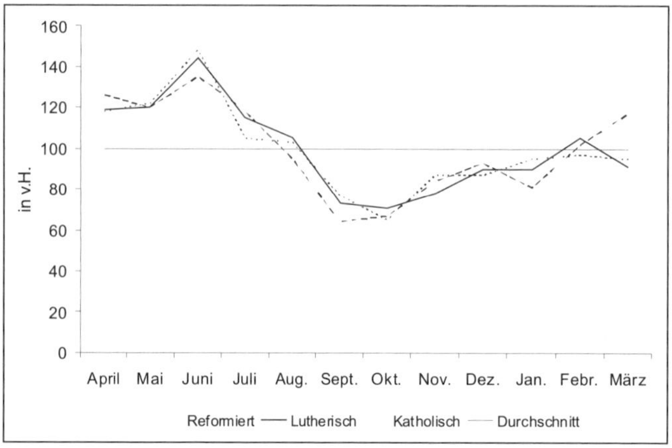

Abb. 24
Konzeptionen nach Konfessionen in der Grafschaft Mark 1680 bis 1754

Dargestellt nach Tab. 50.

Tab. 51 Entwicklung monatlicher Konzeptionen in der Grafschaft Mark 1680 bis 1754

Monat	1680/1704		1705/1729		1730/1754	
	abs.	X	abs.	X	abs.	X
April	343	112	504	130	524	115
Mai	412	130	485	121	539	114
Juni	456	149	545	141	661	145
Juli	335	106	448	112	538	114
August	337	107	409	102	482	102
September	226	74	281	73	344	76
Oktober	237	75	248	62	319	68
November	251	82	317	82	383	84
Dezember	253	80	352	88	447	95
Januar	287	91	363	94	432	92
Februar	275	96	376	104	430	101
März	306	97	390	97	440	93
April/März	*310*	*100*	*393*	*100*	*462*	*100*

X = Durchschnitt je Periode = 100, bereinigt

Errechnet nach: KBabt. P: KB Rhynern, Bd. 1, S. 1–200; Bd. 2, S. 1–107; KPf. N: KB Niederwengern, Getaufte, Bl. 10 v-165 r; LKAB: KB Dahl, Bd. 1, S. 6–123; KB Gevelsberg, Bd. 4–6, unpag.; KB Lünern, Bd. 1, passim; KB Rhynern, Bd. 1–2; KB Weitmar, Bd. 1, S. 1–150; Bd. 2, S. 1–5; KB Wiblingwerde, Bd. 1.

wenig über dem Durchschnitt lagen. Konkrete Zahlen dazu enthält der Tabellenanhang.

Für viele Iserlohner Kaufmannsfamilien in der ersten Hälfte des 18. Jahrhunderts stellte Reininghaus[14] den Zusammenhang von Berufs- und Familienzyklus heraus. Infolge der Besuche der wichtigsten deutschen Messestädte[15] verlagerten sich die Konzeptionen naturgemäß auf die Monate, in denen die Ehemänner zu Hause

14 W. Reininghaus: Stadt, S. 79 ff.

15 Ebd., S. 282–307.

Abb. 25
Entwicklung monatlicher Konzeptionen in der Grafschaft Mark 1680 bis 1754

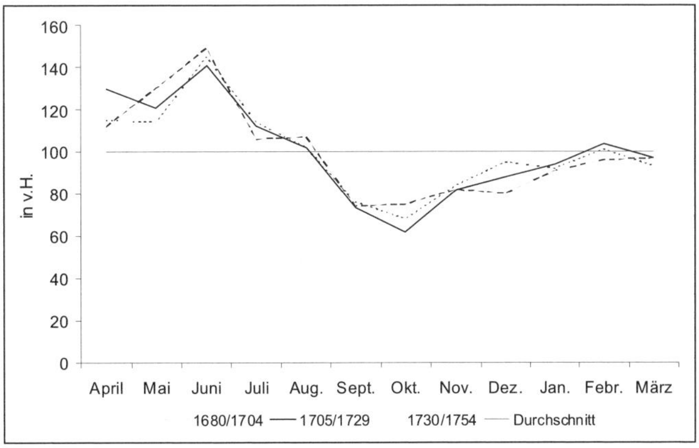

Dargestellt nach Tab. 51.

Abb. 26
Monatliche Konzeptionen in ausgewählten Kirchengemeinden der Grafschaft Mark 1680 bis 1754

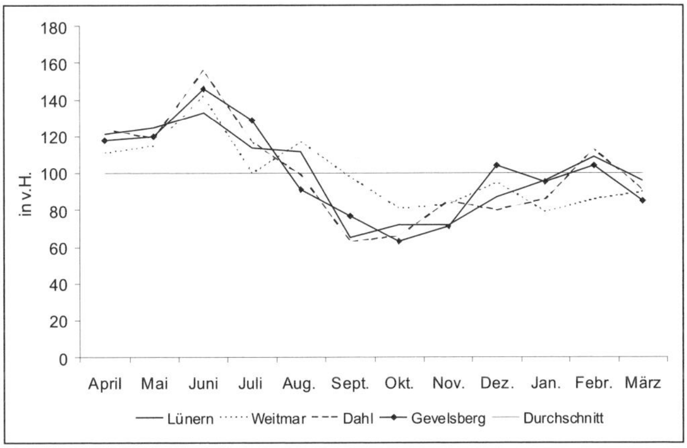

Errechnet und dargestellt nach den Tab. 2 a, 4 a, 6 a, 14 a im Tabellenanhang.

weilten. Das dürfte wohl auch für verheiratete märkische Fuhrleute, Krämer sowie Handwerker, die unterwegs waren und auf Messen fuhren, zutreffend gewesen sein. Süderländische Bauern, die teilweise als nebenberufliche Fuhrleute[16] arbeiteten, stimmten ihre landwirtschaftlichen Tätigkeiten mit den Messeterminen ab.

Vergleicht man diese Zeiten mit dem Phasenverlauf ländlicher Konzeptionen, so verhielten sie sich gegenläufig zueinander. Am Anfang des Jahres fanden die Leipziger Neujahrs-, Braunschweiger Lichtmess- und Frankfurter/Oder Reminiscere-Messen statt. Es folgten die Ostermessen in Leipzig und Frankfurt/Main. Die während dieser Zeit eher durchschnittlichen Konzeptionen erreichten danach, im Juni, ihr Maximum. Der Besuch der Herbstmessen in Leipzig und Frankfurt/Main wurde nicht selten mit der Martinimesse in Frankfurt/Oder verbunden. Verständlicherweise fielen die ländlichen Konzeptionen der Grafschaft Mark etwa in den Monaten September bis November auf ihr Minimum. Nicht von ungefähr korrespondierten daher niedrige Konzeptionen mit Messezeiten und umgekehrt.

16 Ebd., S. 334 f.; G. Lange; Gewerbe, S. 134 ff.; F. Ch. Müller: Chorographie, S. 65 f.

4.2 Innereheliche Fruchtbarkeit

Statistisch gesehen wird die Fruchtbarkeit der Frau auf die Zeit zwischen dem 15. und dem vollendeten 49. Lebensjahr bezogen. Sie hängt nicht nur vom jeweiligen Alter ab, sondern auch vom Heiratsalter und der Ehedauer. Je später Frauen heirateten, desto höher war die anfängliche Fruchtbarkeit.[17] Die relativ geringe Fruchtbarkeit der 15- bis 19-jährigen Frauen wird als Jugend-Sterilität[18] bezeichnet. Die natürliche Fruchtbarkeit konnte auch bewusst eingeschränkt[19] werden. Das erfolgte entweder auf allen Altersstufen oder nur in späteren Ehejahren, wenn eine bestimmte Anzahl überlebender Kinder vorhanden war.

Norden[20] hat für Butjadinger Familien berufsspezifische Unterschiede in der ehelichen Fruchtbarkeit ermittelt. Von 1720 bis 1760 wiesen 15- bis 19-jährige Bäuerinnen eine höhere Fruchtbarkeit als nichtbäuerliche Ehefrauen auf. Bei den über 40-jährigen Ehefrauen kehrte sich das Verhältnis dann um. In Laichingen[21] besaßen die Frauen der Wirte und Bauern quer durch alle Altersgruppen die höchste Fruchtbarkeit, die jene der Tagelöhnerinnen um mehr als 10 Prozent übertraf. Innerhalb der dörflichen Gesellschaft gab es auch eine besitzspezifische Fertilität. In Leezen[22] z. B. lag die bäuerliche Fruchtbarkeit in einzelnen Lebensaltern über der der kleinbäuerlichen. Bei den Landarbeiterinnen traf das nur für die 25- bis 35-Jährigen zu.

Nach Zschunke[23] beeinflusste ebenso die Konfession die eheliche Fruchtbarkeit in der Frühen Neuzeit. In Oppenheim erreichten katholische Ehefrauen mit 20 bis 24 Jahren ihre maximale Fruchtbarkeit, die die der anderen Konfessionen übertraf. Auch in den folgenden Jahren war die katholische Fruchtbarkeit jeweils um etwa 18 bis 30 Prozent höher als diejenige reformierter Ehefrauen. Die Fruchtbarkeit lutherischer Ehefrauen lag dazwischen. Sie wies erst bei den 25- bis 29-Jährigen ihren höchsten Wert auf.[24]

Zur Ermittlung der Fruchtbarkeit[25] werden für jeweils fünfjährige Altersgruppen die Anzahl der Geburten und die Summe der im Ehestand verbrachten Jahre ermittelt. Die einzelnen Quotienten aus Geburten durch sogenannte Frauenjahre ergeben Fruchtbarkeitsraten, die auf 1000 Frauen bezogen werden. Die Werte stehen in einem reziproken Verhältnis zum Abstand zwischen den Geburten. Je geringer der Abstand zur nächsten Geburt, desto höher ist die jeweilige Fruchtbarkeit und dementsprechend die Fruchtbarkeitsrate. Eine Fruchtbarkeitsrate von z. B. 1000

17 A. E. Imhof: Einführung, S. 74–77.

18 Ders., Auswertung Familien, S. 411, 416.

19 Ebd., S. 424–432.

20 W. Norden: Bevölkerung, S. 158 f.

21 H. Medick: Weben, S. 346 f.

22 R. Gehrmann: Leezen, S. 253–258.

23 P. Zschunke: Konfession, S. 202–207.

24 Zur konfessionsspezifischen Fruchtbarkeit Alzeyer Ehefrauen vgl. E. Heller-Karneth: Konfessionen, S. 304–307.

25 Ch. Revermann: Manipulation, S. 79–83; A. E. Imhof: Auswertung Familien, S. 367 ff.; ders., Bevölkerungsgeschichte, S. 39–45; L. Henry: Manuel, S. 78–90; ders., Techniques, S. 70–93.

Tab. 52 Altersspezifische Fruchtbarkeitsraten beidseitiger Erstehen im Kirchspiel Herne 1695 bis 1754

Alter in Jahren	Vollständigkeit der Ehe			Heiratsjahre		Heiratsalter in Jahren	
	unvollständig	vollständig	insg.	1695/1724	1725/1754	20–24	25–29
15–19	–	143	143	–	153	–	–
20–24	389	408	403	387	415	404	–
25–29	353	346	348	336	356	341	511
30–34	318	344	340	372	319	373	225
35–39	176	241	235	299	176	195	179
40–44	200	181	182	262	106	151	97
45–49	–	25	25	27	23	–	33
Durchschnitt	*308*	*227*	*235*	*264*	*212*	*244*	*196*
TMFR	7,2	7,7	7,7	8,4	7,0	7,3	5,2
X	48	51	51	57	45	49	51

TMFR = Total Marital Fertility Rate (Gesamtfruchtbarkeitsrate)

X = Anteil der Fruchtbarkeitsraten über 30 Jahre an der Gesamtfruchtbarkeitsrate in Prozent

Errechnet nach: LKAB: KB Herne, passim.

besagt pro Jahr eine Geburt. 500 bedeutet, dass jedes zweite Jahr und 333, dass jedes dritte Jahr eine Geburt erfolgte.

Bezieht man diese Basisgrößen auf Tabelle 52, so ist der Durchschnittswert von 235 im Kirchspiel Herne in der Frühen Neuzeit so zu interpretieren, dass in dortigen beidseitigen Erstehen etwa alle vier Jahre eine Geburt vorkam. Im Zeitablauf verminderte sich die Fruchtbarkeit. Der durchschnittliche Abstand erhöhte sich um ein Jahr, von gut dreieinhalb zu Beginn des 18. Jahrhunderts auf über viereinhalb Jahre in der Jahrhundertmitte.

Die Fruchtbarkeit verringerte sich ebenfalls mit abnehmendem Heiratsalter. Betrug der Abstand im Durchschnitt bei den 20- bis 24-Jährigen vier Jahre, so stieg er bei den 25- bis 29-Jährigen auf fünf Jahre. Generell verdeutlicht Tabelle 52, dass die innereheliche Fruchtbarkeit sich mit zunehmendem Alter der Frau verringerte.

Werden diese Zahlenwerte mit den Durchschnittsangaben bei Flinn[26] verglichen, so liegen letztere jeweils darüber. Die vorliegenden Werte variierten in den einzelnen Alterklassen unterschiedlich dazu.

Die errechnete Gesamtfruchtbarkeit[27] in Tabelle 52 bezieht sich auf die theoretische Geburtenzahl pro Frau, für den Fall, dass sie 30 Jahre verheiratet gewesen wäre. Der obere Richtwert der Total Marital Fertility Rate (TMFR) wurde bei den Hutterern mit 10,94 Geburten gemessen. Im Kirchspiel Herne lag er im Durchschnitt bei 7,7 und somit um mehr als drei Geburten darunter. Die theoretische Anzahl der Geburten pro verheirateter Frau verminderte sich dort bis zur Jahrhundertmitte um eine, von gut acht zu Beginn des 18. Jahrhunderts auf sieben Gebur-

26 M. W. Flinn: System, S. 107.

27 Sie ergibt sich je Spalte aus der Summe der jeweils durch 1000 dividierten sechs Fruchtbarkeitsraten zwischen 20 und 50 Jahren multipliziert mit 5, vgl. R. Gehrmann: Methoden, S. 713; L. Henry: Manuel, S. 90 ff.; ders., Techniques, S. 94 ff.

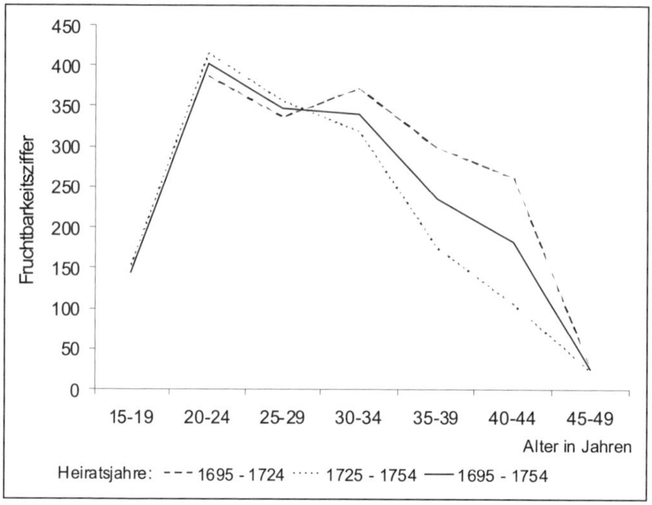

Abb. 27
Altersspezifische Fruchtbarkeit nach Heiratsjahren im Kirchspiel Herne 1695 bis 1754

Dargestellt nach Tab. 52.

ten. Mit steigendem Heiratsalter verringerte sich die Gesamtfruchtbarkeit sogar um zwei, von sieben auf fünf Geburten.

Liegt der Anteil der Summe der Fruchtbarkeitsraten über 30 Jahre an der Gesamtfruchtbarkeit unter 46 Prozent, so kann dies als ein Hinweis auf eine Geburtenbeschränkung durch geringere Geburtenhäufigkeit im höheren Alter der Frau interpretiert werden.[28] Im Kirchspiel Herne würde das demnach nur für Frauen der Heiratsjahre 1725 bis 1754 zutreffen, jedoch nicht für die anderen Gruppierungen.

Abbildung 27 veranschaulicht die altersspezifische Fruchtbarkeit im Kirchspiel Herne für verschiedene Heiratsjahre. Während die Fruchtbarkeit der 20- bis 29-Jährigen bis zur Mitte des 18. Jahrhundert nur unwesentlich zunahm, verringerte sie sich für die 30- bis 44-Jährigen um so deutlicher. Zeigten die 35- bis 39-Jährigen z. B. im ersten Viertel des 18. Jahrhunderts einen durchschnittlichen Geburtenabstand von gut drei Jahren, so erhöhte er sich ein Vierteljahrhundert später um mehr als zwei Jahre auf fünf Jahre. Im ersten Viertel des 18. Jahrhunderts betrug der Geburtenabstand im Durchschnitt fast vier Jahre. Bis zur Jahrhundertmitte erhöhte er sich um ein Jahr auf annähernd fünf Jahre.

Die altersspezifische Fruchtbarkeit wird in Abbildung 28 nach dem Heiratsalter differenziert. In der Frühen Neuzeit erlebten Frauen im Kirchspiel Herne, die mit 20 bis 24 Jahren heirateten, im Durchschnitt alle vier Jahre eine Geburt. Bei den dortigen 25- bis 29-jährigen Heiratenden erhöhte sich der Abstand auf fünf Jahre. Im Zeitablauf zeigten beide Altersgruppen eine unterschiedlich hohe Fruchtbarkeit. Beiden gemeinsam war die mit zunehmendem Alter biologisch bedingte abnehmende Fruchtbarkeit. Die 20- bis 24-Jährigen wiesen in den ersten Ehejahren einen Geburtenabstand von etwa zweieinhalb Jahren auf. Die 25- bis 29-Jährigen dagegen zeigten zu Beginn ihrer Ehe einen Abstand von unter zwei Jahren. Ihre Gebärfreudigkeit sank aber bereits im nächsten Jahrfünft, so dass der Geburten-

28 R. Gehrmann: Methoden, S. 714.

Abb. 28
Altersspezifische Fruchtbarkeit nach Heiratsalter im Kirchspiel Herne 1695 bis 1754

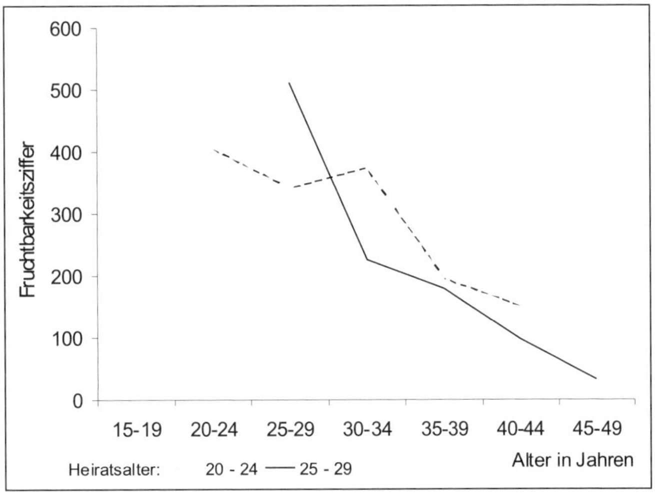

Dargestellt nach Tab. 52.

abstand auf über vier Jahre anstieg. Auch in den folgenden Jahren blieb deren Fruchtbarkeit niedriger als bei jenen, die mit 20 bis 24 Jahren geheiratet hatten.

Die ehedauerspezifische Fruchtbarkeit variierte in den einzelnen Sozialschichten. In Alzey[29] waren Ehefrauen der Oberschicht über einen längeren Zeitraum fruchtbar als die der sozialen Unterschicht, die bereits nach 20 Jahren ihr Minimum erreichten. Ehefrauen der sozialen Mittel- und Oberschicht dagegen besaßen auch nach 25 bis 29 Jahren noch eine eheliche Fruchtbarkeit.

Im Vergleich zur altersspezifischen Fruchtbarkeit beeinflusste die Konfession die ehedauerspezifische Fruchtbarkeit der Oppenheimer Bevölkerung weniger gravierend. Nach Zschunke[30] war die Fertilität aller Familien in den ersten fünf Ehejahren etwa gleich hoch. Der mit dem fünften und zehnten Ehejahr zunehmende Abstand zwischen den konfessionsbedingten Fruchtbarkeiten erhöhte sich in den späteren Ehejahren weiter. Katholische Ehefrauen bekamen mehr Kinder als evangelische und reformierte Ehefrauen. Etwa jeweils ein Drittel der beiden letzteren verhielten sich in späteren Ehejahren kontrazeptiv.

Tabelle 53 enthält für die eheliche Fruchtbarkeit, bezogen auf die Ehedauer, Angaben verschiedener Heiratsjahre für zwei ausgewählte Kirchspiele. Ihnen ist die Aussage gemeinsam, dass die Fruchtbarkeit mit zunehmender Ehedauer abnahm. Im Kirchspiel Herbede lag die durchschnittliche Gebärfreudigkeit bei etwa fünf Jahren. Im Kirchspiel Herne entwickelte sie sich bis zur Mitte des 18. Jahrhunderts auf annähernd vier Jahre. Dieser Zeitraum traf in beiden Gebieten auch für unvollständige Ehen zu. Heirateten die Herner mit 20 bis 24 Jahren, so lag ihre Gebärfreudigkeit sogar unter vier Jahren.

Bezogen auf die Ehedauer betrug die theoretische Gesamtfruchtbarkeit in der Frühen Neuzeit in Herbede vier, in Herne durchschnittlich fünf Geburten. Sie variierte mit zunehmendem Heiratsalter zwischen sechs und vier Geburten. Mit steigender

29 E. Heller-Karneth: Konfessionen, S. 323.

30 P. Zschunke: Konfession, S. 211 ff.

Tab. 53 Ehedauerspezifische Fruchtbarkeitsraten beidseitiger Erstehen in ausgewählten Kirchspielen der Grafschaft Mark 1668 bis 1754

Ehedauer in Jahren	Herbede			Herne						
	Vollständigkeit der Ehe (1668–1672)			Vollständigkeit der Ehe (1684–1754)			Heiratsalter in Jahren		Ehedauer in Jahren	
	unvollständig	vollständig	insg.	unvollständig	vollständig	insg.	20–24	25–29	20–24	25–29
0– 4	339	337	338	323	391	381	389	425	386	388
5– 9	182	252	227	261	331	320	278	225	328	312
10–14	236	184	196	254	238	240	318	125	171	256
15–19	50	68	67	86	124	121	212	28	43	124
20–24	0	10	10	100	36	38	67	0	14	44
25–29	0	0	0	0	0	0	0	0	0	0
∅	*243*	*170*	*188*	*243*	*226*	*228*	*259*	*206*	*188*	*225*
TMFR	4,0	4,3	4,2	5,1	5,6	5,5	6,3	4,0	4,7	5,6
X	36	30	33	43	36	36	47	19	24	38

TMFR = Total Marital Fertility Rate (Gesamtfruchtbarkeitsrate)

X = Anteil der Fruchtbarkeitsraten über eine Ehedauer von 10 Jahren an der Gesamtfruchtbarkeitsrate in Prozent

Errechnet nach: LKAB: KB Herne, passim; O. R. Enneper: Verzeichnis, S. 7–42.

Ehedauer erhöhte sich die theoretische Anzahl der Geburten je verheirateter Frau um eine Geburt, von annähernd fünf auf knapp sechs Geburten.

Tabelle 53 enthält in der letzten Zeile den Anteil der Summe der Fruchtbarkeitsraten über eine Ehedauer von 10 Jahren an der Gesamtfruchtbarkeit. Mit Ausnahme der Heiratsalter von 20 bis 24 Jahren lagen alle Werte unter 46 Prozent. Dies kann als eine Geburtenbeschränkung durch geringere Geburtenhäufigkeit bei langer Ehedauer gedeutet werden. Das traf vor allem für diejenigen zu, die erst mit 25 bis 29 Jahren heirateten sowie bei einer Ehedauer von 20 bis 24 Jahren.

In Abbildung 29 stehen sich die ehedauerspezifischem Fruchtbarkeiten unterschiedlicher Zeiträume und Kirchspiele gegenüber. Dabei wird deutlich, dass die Fruchtbarkeit bis zur Mitte des 18. Jahrhunderts, am Beispiel des Kirchspiels Herne, im Vergleich zu jener der 70er bis 80er Jahre des 17. Jahrhunderts, im Kirchspiel Herbede, während der Ehedauer höher war. Der Unterschied betrug im Durchschnitt etwa gleichbleibend ein Jahr.

Bei der ehedauerspezifischen Fruchtbarkeit in Abbildung 30 wird die höhere Fruchtbarkeit der Heiratenden von 20 bis 24 Jahren im Vergleich zu derjenigen der im Alter von 25 bis 29 Jahren geschlossenen Ehen deutlich. Davon ausgenommen waren lediglich die ersten fünf Ehejahre, in denen die Fruchtbarkeit der Älteren die der Jüngeren übertraf. Während sich bei den 25- bis 29-Jährigen eine sinkende Fruchtbarkeit anschloss, verringerte sie sich bei den 20- bis 24-Jährigen zwar zunächst, nahm aber nach zehn Ehejahren erneut zu. Die darauf folgende Fruchtbarkeit verminderte sich parallel zu jener der Heiratenden von 25 bis 29 Jahren.

Abb. 29
Ehedauerspezifische Fruchtbarkeit nach Heiratsjahren in ausgewählten Kirchspielen der Grafschaft Mark 1668 bis 1754

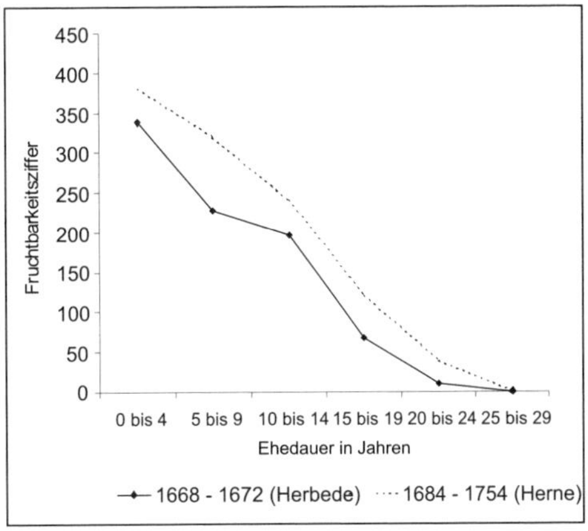

Dargestellt nach Tab. 53.

Abb. 30
Ehedauerspezifische Fruchtbarkeit nach Heiratsalter im Kirchspiel Herne 1684 bis 1754

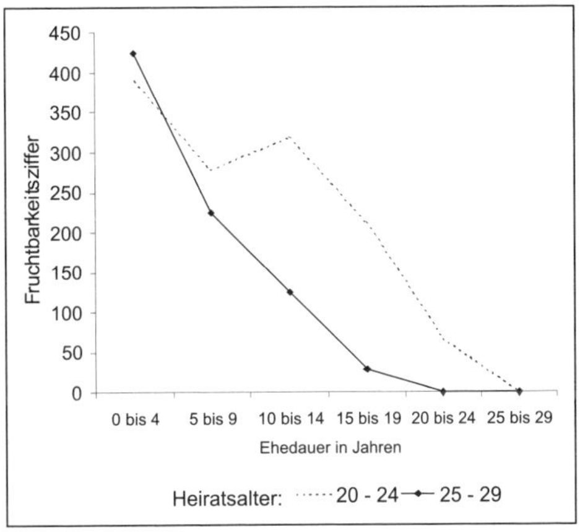

Dargestellt nach Tab. 53.

Abb. 31
Ehedauerspezifische Fruchtbarkeit nach Ehedauer im Kirchspiel Herne 1684 bis 1754

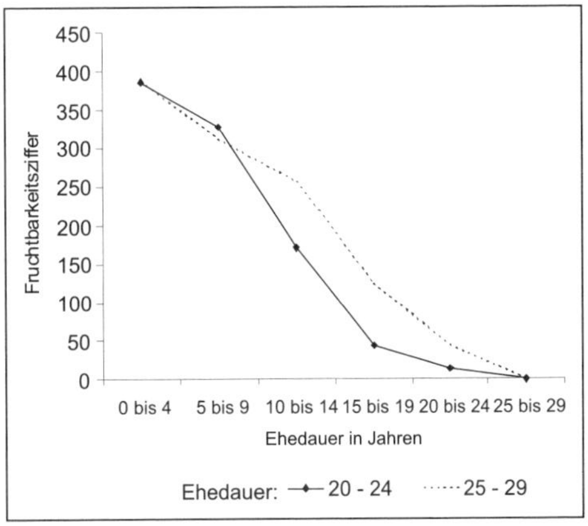

Dargestellt nach Tab. 53.

Die ehedauerspezifische Fruchtbarkeit lässt sich auch für eine unterschiedliche Ehedauer darstellen (vgl. Abb. 31). Erst nach zehnjähriger Ehedauer entwickelte sich die Fertilität der 20- bis 24-jährigen Ehe geringer als die der 25- bis 29-jährigen Ehe. Vorher unterschieden sich die Werte nur unerheblich voneinander. Bei einer 25- bis 29-jährigen Ehe konnte eine Geburt im Durchschnitt alle vier Jahre registriert werden. Bei einer 20- bis 24-jährigen Ehe lag der Wert bei etwa fünf Jahren.

4.3 Alter der Frau bei der ersten und letzten Geburt

Die Fruchtbarkeit der Ehefrau ist nicht nur eine Funktion ihres biologischen Alters, sondern auch vom individuellen Heiratsalter abhängig.[31] Die Reproduktion[32] beginnt mit der ersten Geburt und endet mit der letzten. Im Hinblick auf das Alter bei der letzten Geburt erhebt sich die Frage, inwieweit die Mutter ihre fruchtbare Phase bis zum Eintritt der Menopause ausnutzte. Je nach dem Alter veränderte sich die Zeitspanne der Fruchtbarkeit, die wohl kaum mit dem biologischen Alter zusammenfiel. Das Alter bei der letzten Mutterschaft lag in der Frühen Neuzeit bei annähernd 40 Jahren und seltener über 45 Jahren, wie es der Natur entsprochen hätte.[33]

In Regionen mit partieller Geburtenplanung[34] hörte die Reproduktion schon mit etwa 36 Jahren auf, obwohl natürliche Fertilität noch vorhanden war. Dass die Gebärmöglichkeit auch aus physiologischen Gründen vorzeitig endigen konnte, hob Rettinger[35] hervor. Er nannte dafür neben stressbedingter Sterilität aufgrund ländlicher Arbeitsbelastung, Krankheiten oder Schädigungen bei vorausgegangenen Geburten, ohne dies jedoch näher quantifizieren zu können. Für Alzey hat Heller-Karneth[36] den Einfluss der Sozialschicht auf das Alter der Frau bei der letzten Geburt festgestellt. In der unteren Sozialschicht neigten Mütter eher als in der höheren dazu, ihre Gebärfähigkeit vor Beginn der Menopause einzustellen. Während nur knapp zwei Fünftel der mit unter 25 Jahren verheirateten Frauen der Unterschicht nach dem 40. Lebensjahr noch Kinder bekamen, belief sich der Anteil derjenigen aus der Oberschicht auf etwa drei Fünftel.

Auch die Konfession der Ehefrau beeinflusste das Alter bei ihrer letzten Geburt. In Oppenheim[37] beendete etwa je ein Drittel der reformierten und lutherischen Mütter, aber sogar gut die Hälfte der katholischen, ihre reproduktive Phase vor dem 40. Lebensjahr und damit vor dem biologisch anzunehmenden Ende ihrer Gebärfähigkeit.

31 A. E. Imhof: Familienstrukturen, S. 207 f.
32 Ch. Revermann: Manipulation, S. 85 f.
33 A. Maisch: Unterhalt, S. 273 ff.
34 Ch. Revermann: Manipulation, S. 86.
35 E. Rettinger: Umgebung, S. 367.
36 E. Heller-Karneth: Konfessionen, S. 322.
37 P. Zschunke: Konfession, S. 210 f.

Tab. 54 Durchschnittliches Alter von Frauen bei der ersten und letzten ehelichen Geburt in vollständigen Erstehen nach Heiratsalter in ausgewählten Kirchspielen der Grafschaft Mark 1684 bis 1754 (in Jahren)

Heiratsalter in Jahren von ... bis ...	Herne (1684–1754)			Methler (1725–1754)		
	erste eheliche Geburt	letzte eheliche Geburt	∅ Geburtsspanne	erste eheliche Geburt	letzte eheliche Geburt	∅ Geburtsspanne
< 20	22,0	38,0	16,0	24,3	39,3	15,0
20–24	22,8	37,5	14,7	24,2	40,3	16,1
25–29	27,4	38,1	10,7	29,8	40,6	10,8
30–34	31,8	44,0	12,2	33,2	42,5	9,3
35–39	37,0	44,0	7,0	39,7	47,3	7,6
Durchschnitt	*26,6*	*39,4*	*12,8*	*30,0*	*41,5*	*11,5*

Errechnet nach: LKAB: KB Herne, passim; Generalaufnahme, passim.

Tab. 55 Vollständige Erstehen nach Alter der Frau bei der ersten und letzten ehelichen Geburt in ausgewählten Kirchspielen der Grafschaft Mark 1684 bis 1754

Alter in Jahren von ... bis ...	Herne (1684–1754)				Methler (1725–1754)			
	erste eheliche Geburt		letzte eheliche Geburt		erste eheliche Geburt		letzte eheliche Geburt	
	abs.	v. H.	abs.	v. H.	abs.	v. H.	abs.	v. H.
< 25	19	50	–	–	12	21	–	–
25–29	9	24	2	5	13	23	1	2
30–34	6	16	4	11	19	33	4	7
35–39	4	10	10	26	10	18	10	18
40–44	–	–	17	45	3	5	28	49
≥45	–	–	5	13	–	–	14	24
Insg.	*38*	*100*	*38*	*100*	*57*	*100*	*57*	*100*

Errechnet nach: LKAB: KB Herne, passim; Generalaufnahme, passim.

In der Frühen Neuzeit waren ländliche Frauen der Grafschaft Mark bei ihrer ersten Geburt im Durchschnitt 27 bis 30 Jahre alt (vgl. Tab. 54). Mit ansteigendem Heiratsalter variierte das Alter in Herne zwischen 22 und 37 Jahren sowie in Methler von 24 bis 40 Jahren.

Auf den Beruf des Mannes bezogen (vgl. Tab. 58) lag das Alter der Bauersfrauen bis zur Mitte des 18. Jahrhunderts mit fast 27 Jahren bei der ersten ehelichen Geburt am niedrigsten. Am höchsten war es bei den Kötterfrauen. Mit fast 34 Jahren übertraf es den durchschnittlichen Wert um annähernd fünf Jahre. Im Vergleich dazu waren Frauen von Gewerbetreibenden bei der ersten Geburt mit 32 Jahren knapp zwei Jahre jünger.

Das Alter bei der letzten ehelichen Geburt betrug durchschnittlich ungefähr 39 bis 42 Jahre (vgl. Tab. 54). Der Durchschnittswert erhöhte sich mit dem Heiratsalter in Herne zwischen 38 und 44 Jahren sowie in Methler von 39 bis 47 Jahren. Die Werte lagen in der von Flinn[38] ermittelten durchschnittlichen Höhe von 40 Jahren.

38 M. W. Flinn: System, S. 129.

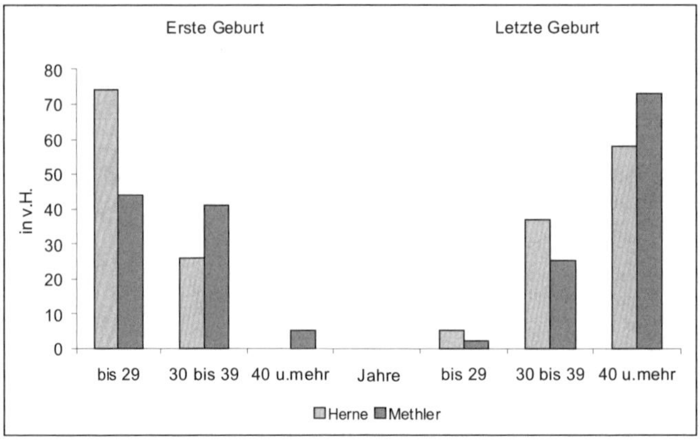

Abb. 32
Alter bei der ersten und letzten Geburt vollständiger Erstehen in ausgewählten Kirchspielen der Grafschaft Mark 1684 bis 1754

Errechnet und dargestellt nach Tab. 55.

Innerhalb einzelner Berufe (vgl. Tab. 58) variierte das Alter der Frau bei der letzten Geburt in der Frühen Neuzeit nur wenig vom Durchschnittswert. Bei den Bauers- und Kötterfrauen betrug es jeweils um 41 Jahre. Die Frauen der Tagelöhner und Gewerbetreibenden waren bei ihrer letzten Geburt mit etwa 42 Jahren nur ein Jahr älter.

Abbildung 32 verdeutlicht den Anteil der Frauen bei der ersten und letzen Geburt nach Altersgruppen in der Frühen Neuzeit. Drei Viertel der Herner Mütter waren bei der ersten Geburt jünger als 29 Jahre. Das galt für zwei Fünftel der Methlerner Mütter. Ein nur unwesentlich geringerer Anteil war bei der ersten Geburt in Methler 30 bis 39 Jahre alt. Auf dieses Alter entfiel nur ein Viertel der Herner Mütter.

Bei der letzten Geburt verlagerte sich die Priorität eindeutig auf die höheren Altersklassen. Drei Viertel der Methlerner Mütter war dabei älter als 40 und mehr Jahre. Der Anteil der Herner Mütter betrug fast drei Fünftel. Während von letzteren mehr als ein Drittel bei ihrer letzten Geburt 30 bis 39 Jahre war, traf das nur für ein Viertel der Mütter in Methler zu.

Weitere Einzelangaben dazu enthält Tabelle 55. Bei der ersten ehelichen Geburt war in Herne ein Viertel der Mütter zwischen 25 und 29 Jahre alt. Bei der letzten ehelichen Geburt entfiel ein Viertel auf die Altersklasse von 35 bis 39 Jahren. Auch im Kirchspiel Methler dominierte etwa ein Viertel der Frauen bei den 25- bis 29-Jährigen. Bei der letzten Geburt hatte schon ein Viertel der Mütter die Altersgrenze von 45 Jahren erreicht.

In Abbildung 33 stehen die Anteile ehelicher und voreheliche Konzeptionen nach Altersgruppen einander gegenüber. Dabei wird deutlich, dass der Anteil vorehelicher Konzeptionen den der ehelichen nur in der ersten Altersgruppe übertraf. Bei den über 35-Jährigen war der Anteil der vorehelichen Konzeptionen nur halb so groß wie der bei den ehelichen sowie bei den vorehelichen der beiden vorherigen Altersgruppen. Außerdem entsprach der Anteil dem der ehelichen in der ersten Altersgruppe. Damit erhärtet sich die These, dass voreheliche Konzeptionen einerseits im gleichen Alter wie eheliche erfolgten und andererseits im Sinne der Eheanbahnung gezielt eingesetzt wurden.

Tab. 56 Erstgeburten nach Alter der Frau und Rechtsstand bei der Konzeption in ausgewählten Kirchspielen der Grafschaft Mark 1684 bis 1754

Alter in Jahren von … bis …	Herne (1684–1754)				Methler (1725–1754)			
	Anzahl Erstgeburten	Konzeptionen in v. H. (Zeilenprozente)			Anzahl Erstgeburten	Konzeptionen in v. H. (Zeilenprozente)		
		eheliche (≥ 8 Mon.)	vorehel. (≤ 7 Mon.)	uneheliche		eheliche (≥ 8 Mon.)	vorehel. (≤ 7 Mon.)	uneheliche
<25	22	73	27	–	21	57	24	19
25–29	9	67	33	–	32	84	13	3
30–34	6	67	33	–	33	88	12	–
≥35	5	60	40	–	24	92	8	–
Insg.	*42*	*69*	*31*	–	*110*	*82*	*14*	*4*

Errechnet nach: LKAB: KB Herne, passim; Generalaufnahme, passim.

Abb. 33
Eheliche und voreheliche Konzeptionen bei Erstgeburten von Frauen unterschiedlichen Alters im Kirchspiel Methler 1725 bis 1754

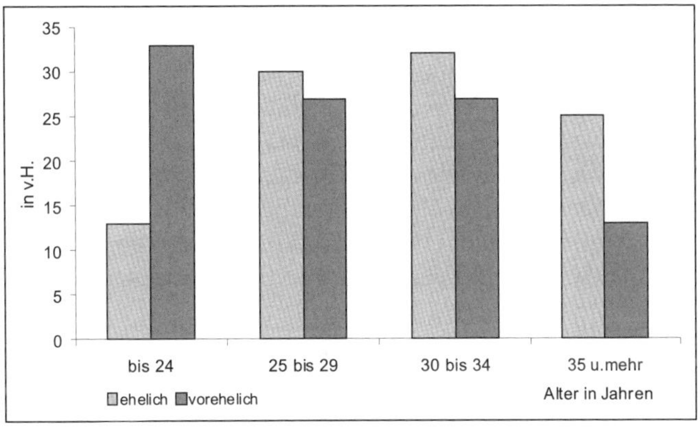

Errechnet und dargestellt nach Tab. 56.

Der Abstand zwischen Heirat und Geburt konnte dabei sehr stark verkürzt sein. Für ein Gevelsberger[39] Paar hieß es 1713: „[…] in der Kirche hieselbst kopuliert, welche nach fünf Wochen ins Kindbette gekommen.“ Im Jahr 1697 lautete dort ein weiterer Eintrag: „[…] gezeugtes Kind Annam Catrinam nach dem die Eltern 4 Tage zuvor kopuliert gehabt, getaufft.“

Nach Tabelle 56 wurden in märkischen Kirchspielen der Frühen Neuzeit 69 bis 82 Prozent der Erstgeburten ehelich konzipiert. In Herne verringerte sich der Anteil mit zunehmendem Heiratsalter von 73 auf 60 Prozent. In Methler war die Relation umgekehrt. Die Anteile stiegen von 57 auf 92 Prozent. Während in Herne etwa 30 Prozent voreheliche, aber angeblich keine unehelichen Konzeptionen vorlagen, traf das für Methler nicht zu. Bei einem Durchschnitt von 14 Prozent vorehelichen Konzeptionen gab es dort vier Prozent uneheliche. Mit ansteigendem Heiratsalter verringerten sich die Anteile. Die vorehelichen Konzeptionen verminderten sich z. B. von 24 auf acht Prozent.

39 KB Gevelsberg, Bd. 1, unpag.

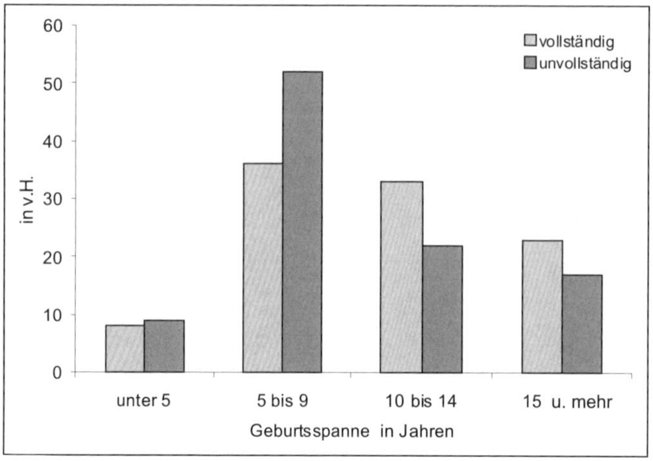

Abb. 34
Durchschnittliche Geburtsspanne bei vollständigen und unvollständigen Erstehen im Kirchspiel Methler 1725 bis 1754

Errechnet und dargestellt nach Tab. 57.

Die Geburtsspanne ergibt sich aus dem Abstand zwischen Erst- und Letztgeborenem. In West-, Mittel- und Nordeuropa betrug dieser Abstand[40] in der Frühen Neuzeit 16 bis 18 Jahre. Da es sich hierbei um die innereheliche Fruchtbarkeit handelte, konnte deren Dauer durch das Heiratsalter beeinflußt werden. In Alzey[41] differierte die eheliche Fruchtbarkeit je nach der Sozialschicht. Bei den Ehefrauen der wohlhabenderen Bevölkerungsschichten umfaßte die prokreative Phase einen längeren Zeitraum als bei denen der unteren Sozialschicht. Letztere heirateten nicht nur später, sondern beendeten ihre Prokreation auch früher.

Nach Abbildung 34 wiesen über ein Drittel der vollständigen Ehen eine Geburtsspanne von fünf bis neun Jahren auf. Ein weiteres Drittel entfiel auf die nächst höhere Größenklasse von 10 bis 14 Jahren. Etwa ein Viertel der vollständigen Ehen konnte eine Geburtsspanne von 15 und mehr Jahren aufweisen. Von den unvollständigen Ehen konzentrierte sich über die Hälfte auf die Geburtsspanne von fünf bis neun Jahren. Über ein Fünftel entfiel auf den Zeitraum von 10 bis 14 Jahren, knapp ein weiteres Fünftel erreichte eine höhere Geburtsspanne von 15 und mehr Jahren. Weder von den vollständigen noch den unvollständigen Ehen verteilten sich jeweils keine 10 Prozent auf die niedrigste Zeitspanne von unter fünf Jahren.

In der Frühen Neuzeit lag die durchschnittliche Geburtsspanne im Kirchspiel Herne bei 13 Jahren und im Kirchspiel Methler bei 11,5 Jahren (vgl. Tab. 54). Mit zunehmendem Heiratsalter halbierte sich die Geburtsspanne in Herne von 16 auf sieben Jahre sowie in Methler von 15 auf acht Jahre.

In der Frühen Neuzeit betrug der durchschnittliche Anteil unvollständiger Ehen an den Erstehen in ausgewählten Kirchengemeinden der Grafschaft Mark zwischen 14 und 29 Prozent (vgl. Tab. 57). Mit zunehmender Geburtsspanne verminderte sich der Wert. Bei einer Geburtsspanne von unter fünf Jahren war der Anteil unvollständiger Ehen in Herne 50 Prozent, in Herbede 44 Prozent und in Methler

40 P. Burg: Demographie, S. 326.

41 E. Heller-Karneth: Konfessionen, S. 323.

Tab. 57 Erstehen nach der durchschnittlichen Geburtsspanne verschiedener Heiratsjahre in ausgewählten Kirchspielen der Grafschaft Mark 1669 bis 1754

Geburtsspanne in Jahren von … bis …	Herbede (1669–1679)			Herne (1684–1754)			Methler (1725–1754)		
	abs.	v. H.	X	abs.	v. H.	X	abs.	v. H.	X
< 5	16	22	44	4	5	50	6	8	33
5–9	21	28	29	21	24	33	29	36	41
10–14	27	36	26	36	41	8	26	33	19
15–19	10	13	–	22	25	–	13	16	31
≥20	1	1	–	4	5	–	6	7	–
Insgesamt	*75*	*100*	*27*	*87*	*100*	*14*	*80*	*100*	*29*

X = Anteil an unvollständigen Erstehen in v. H.

Errechnet nach: LKAB: KB Herne, passim; O. R. Enneper: Verzeichnis, S. 7–42; Generalaufnahme, passim.

Tab. 58 Durchschnittliches Alter von Frauen bei der ersten und letzten ehelichen Geburt in vollständigen Erstehen nach dem Beruf des Mannes im Kirchspiel Methler der Heiratsjahre 1725 bis 1754 (in Jahren)

Beruf	Alter bei erster Geburt	Alter bei letzter Geburt	Geburtsspanne	∅ Anzahl Kinder je Haushalt
Bauer	26,5	41,2	14,7	3,8
Tagelöhner	29,0	41,7	12,7	3,0
Gewerbetreibender	32,1	42,0	9,9	2,7
Kötter	33,7	40,5	6,8	2,3
Durchschnitt	*28,9*	*41,3*	*12,4*	*3,2*

Errechnet nach: Generalaufnahme, passim.

33 Prozent. Bei einer Geburtsspanne von 10 bis 14 Jahren veränderten sich die Anteile in Herbede auf gut ein Viertel, in Methler auf knapp ein Fünftel sowie in Herne auf acht Prozent. In den höheren Geburtsspannen wies nur noch Methler einen Anteil von etwa einem Drittel auf. Angesichts der niedrigen Zahlenbasis muss dahingestellt bleiben, inwieweit die Zahlen repräsentativ sein können.

In Tabelle 58 wird die Geburtsspanne auf den Beruf des Mannes bezogen. Demnach wiesen Kötterfrauen mit fast sieben Jahren die niedrigste Geburtsspanne auf. Bei Frauen von Gewerbetreibenden lag sie mit zehn Jahren noch unterhalb des Durchschnitts von 12 Jahren. Bei den Frauen der Tagelöhner war die Geburtsspanne von 13 Jahren um zwei Jahre geringer als die der Bauersfrauen, deren Geburtsspanne mit 15 Jahren am höchsten lag. Die unterschiedliche Länge der jeweiligen Geburtsspanne bis zur ersten Hälfte des 18. Jahrhunderts wurde vor allem durch das divergierende Alter bei der ersten Geburt und weniger durch das homogenere bei der letzten Geburt bestimmt.

4.4 Durchschnittliche Geburtenintervalle

Geburtenabstände geben Auskunft über die Geschwindigkeit ländlicher Fertilität und weisen auf sozio-ökonomische Verhaltensweisen hin. Bei den Geburtenintervallen werden verschiedene Abstände unterschieden. Das protogenetische Intervall[42] bezieht sich auf den Abstand zwischen Heirat und erster ehelich konzipierter Geburt. Dazu zählen alle Geburten, die später als acht Monate nach der Eheschließung erfolgen.[43]

Für die Krummhörner Bevölkerung hat Revermann[44] den Einfluss der Besitzrechtsgruppe auf die Länge des protogenetischen Intervalls ermittelt. Im Vergleich zur Gesamtpopulation warteten großbäuerliche Ehefrauen über einen Monat länger mit der Erstgeburt als dortige besitzlose Ehefrauen. In Alzey[45] differierte das protogenetische Intervall zwischen Unter- und Oberschicht sogar um fast zwei Monate. Der dortige durchschnittliche Abstand zwischen Heirat und erster ehelicher Geburt variierte auch nach der Konfession.[46] Während katholische Ehefrauen bereits nach 13 Monaten ihr erstes Kind bekamen, dauerte es bei den Frauen anderer Konfessionen länger. In vollständigen reformierten Ehen betrug der Abstand etwa 17 Monate und bei lutherischen Ehefrauen sogar ungefähr 18 Monate.

Bei intergenetischen Intervallen[47] handelt es sich um die Abstände zwischen den einzelnen Geburten. Man geht von Ehefrauen vor dem 40. Lebensjahr mit mindestens fünfjähriger Ehedauer aus. Gehrmann[48] untersuchte für Leezen den Einfluss des sozialen Status auf die Höhe durchschnittlicher intergenetischer Intervalle in der Frühen Neuzeit. Da es den Hufnern darum ging, möglichst schnell potentielle Erben und Arbeitskräfte zu bekommen, entfielen über zwei Drittel von ihnen auf das mittlere intergenetische Intervall von 19 bis 30 Monaten, dies galt aber nur für knapp ein Drittel der Landarbeiter. Letztere bevorzugten eine langsamere Geburtenfolge. Das äußerte sich darin, dass bei dem nachfolgenden, längeren intergenetischen Intervall von 31 bis 48 Monaten über zwei Fünftel der Landarbeiter, aber nur gut ein Fünftel der Hufner, anzutreffen waren.

Der Einfluss der Konfession wirkte sich ebenfalls auf intergenetische Intervalle vollständiger Familien aus. In Oppenheim[49] erfolgte über ein Viertel der katholischen Geburten nach einem langen Intervall von mehr als 30 Monaten. Bei den dortigen reformierten und lutherischen Familien betrug dieser Anteil sogar jeweils über ein Drittel aller Intervalle. Auch in Alzey[50] differierten die intergenetischen Intervalle von voll- und unvollständigen Ehen mit mindestens sechs Kindern je nach der Konfession. Betrug der Abstand im Durchschnitt bei katholischen Ehe-

42 R. Gehrmann: Leezen, S. 238.
43 Zu illegitimen Geburten vgl. unten Kapitel 5.6.
44 Ch. Revermann: Manipulation, S. 126 f.
45 E. Heller-Karneth: Konfession, S. 75.
46 Ebd., S. 312 f.
47 R. Gehrmann: Leezen, S. 235 f.
48 Ebd., S. 254–258.
49 P. Zschunke: Konfession, S. 207–210.
50 E. Heller-Karneth: Konfessionen, S. 317.

Tab. 59 Durchschnittliche Geburtenabstände bei Erstehen nach Heiratsjahr der Frau in ausgewählten Kirchspielen der Grafschaft Mark 1669 bis 1754

Kirchspiel	Heiratsjahr	Durchschnittliche Geburtenabstände in Monaten		
		Protogenetische Intervalle	Intergenetische Intervalle	Intervall-Kategorie
Herbede	1669–1679	16	33	30
	1680–1692	16	27	23
	1669–1692	*16*	*30*	*27*
Herne	1695–1724	17	34	31
	1725–1754	20	34	32
	1695–1754	*18*	*34*	*31*

Errechnet nach: LKAB: KB Herne, passim; O. R. Enneper: Verzeichnis, S. 7–42.

frauen etwa 26 Monate, so benötigten reformierte Mütter drei Monate mehr. Der Wert von lutherischen Ehefrauen lag mit ungefähr 28 Monaten dazwischen.

Wrigley[51] nennt physiologische Faktoren, die die intergenetische Intervalldauer beeinflussten. Für Frauen zwischen 20 und 30 Jahren sind neben der durchschnittlich neunmonatigen Schwangerschaft weitere Komponenten zu berücksichtigen. Nach der Geburt setzt die Periode der Amenorrhöe ein, die je nach der Länge der Stillzeit[52] vier bis 16 Monate dauern kann. Auf dem Lande stillten Mütter ihre Kinder vielfach noch länger. Im Westfälischen betrug die Stillzeit gewöhnlich zwei Jahre.[53] Das geschah nicht nur, um die Gesundheit der Säuglinge zu fördern, sondern vielmehr im Hinblick auf den mit dem Stillen verbundenen Konzeptionsschutz. Die Zeitspannen vor einer neuen Empfängnis sowie die für Fehl- und Totgeburten ergeben insgesamt Geburtenabstände mit Durchschnittswerten zwischen 16,5 und 31,5 Monaten. Da sich mit zunehmendem Alter einzelne Zeitabstände vergrößern, kann sich der natürliche Geburtenabstand dementsprechend auf 35 bis 50 Monate erhöhen. Wrigley weist in diesem Zusammenhang auf die Bedeutung der Ernährung für die mütterliche Fruchtbarkeit hin. Hungeramenorrhöe[54] infolge von Mangel- und Unterernährung bei Missernten verlängerten zusätzlich die Geburtenabstände.

In der Frühen Neuzeit betrugen die Durchschnittswerte für Intervallkategorien der Grafschaft Mark nach Tabelle 59 etwa 27 bis 31 Monate. Während protogenetische Intervalle im Durchschnitt annähernd 16 bis 18 Monate dauerten, lagen die Werte intergenetischer Intervalle durchschnittlich zwischen 30 und 34 Monaten.

Abbildung 35 verdeutlicht für zwei ausgewählte Kirchspiele die Entwicklung intergenetischer Intervalle in der Grafschaft Mark in der Frühen Neuzeit. Im letzten Drittel des 17. Jahrhunderts lag deren Priorität im Kirchspiel Herbede mit zwei

51 E. A. Wrigley: Bevölkerungsstruktur, S. 92–95.

52 A. E. Imhof: Einstellungen, S. 71 f.; ders., Ermittlung, S. 110; ders., Welten, S. 108 ff.; vgl. A. Blum: Stillfähigkeit.

53 Charakteristik, S. 192.

54 E. Le Roy Ladurie: Hungeramenorrhöe, S. 161; T. Saunders: Familie, S. 440 f.; P. Stephan: Menarche, S. 45 f.

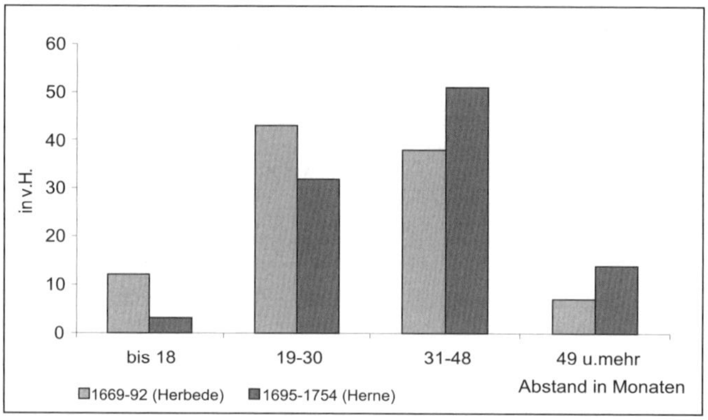

Abb. 35
Anteil intergenetischer Intervalle bei Erstehen in ausgewählten Kirchspielen der Grafschaft Mark 1669 bis 1754

Dargestellt nach Tab. 60.

Tab. 60 Familien nach intergenetischen Intervallen verschiedener Heiratsjahre der Frau in ausgewählten Kirchspielen der Grafschaft Mark 1669 bis 1754

Kirchspiel	Heiratsjahr	Anzahl der Familien	Abstand in Monaten von … bis … in v. H. (Zeilenprozente)			
			≤ 18	19–30	31–48	≥ 49
Herbede	1669–1679	32	3	47	44	6
	1680–1692	58	17	41	35	7
	1669–1692	*90*	*12*	*43*	*38*	*7*
Herne	1695–1724	33	3	39	46	12
	1725–1754	41	2	27	56	15
	1695–1754	*74*	*3*	*32*	*51*	*14*

Errechnet nach: LKAB: KB Herne, passim; O. R. Enneper: Verzeichnis, S. 7–42.

Fünfteln auf der mittleren Dauer von 19 bis 30 Monaten. Dagegen verlagerte sich das Schwergewicht im Kirchspiel Herne mit knapp zwei Fünfteln bis zur Mitte des 18. Jahrhunderts auf die längere Frist von 31 bis 48 Monaten.

Die unterschiedliche Entwicklung intergenetischer Intervalle in ausgewählten Kirchspielen der Grafschaft Mark wird in Tabelle 60 aufgeführt. Dabei wurde die von Dupâquier und Lachiver für französische Familien der Stadt Meulan entwickelte Klassifikation[55] durchschnittlicher Geburtenabstände von kurzer, mittlerer, langer und steriler Dauer übernommen. Dementsprechend handelte es sich um eine hohe, mittlere, niedrige bzw. kontrazeptive Fruchtbarkeit der Frau. Die berechneten Durchschnittswerte beziehen sich jedoch nur auf die intergenetischen Intervalle der Familien. Entgegen dem Modell[56] blieben hierbei die protogenetischen Abstände unberücksichtigt.

Im letzten Drittel des 17. Jahrhunderts lagen die intergenetischen Intervalle bei Herbeder Familien im mittleren Bereich. Damit verbunden war die Tendenz zur kürzeren Dauer. Darin äußerte sich eine zunehmende Fruchtbarkeit. Vergleicht

55 J. Dupâquier: Débuts, S. 1399; vgl. A. E. Imhof: Auswertung Familien, S. 442–445.
56 Vgl. T. G. Saunders: Familie, S. 338 ff.

Abb. 36
Dauer intergenetischer Intervalle bei Erstehen nach der Rangfolge der Kinder in ausgewählten Kirchspielen der Grafschaft Mark 1669 bis 1754

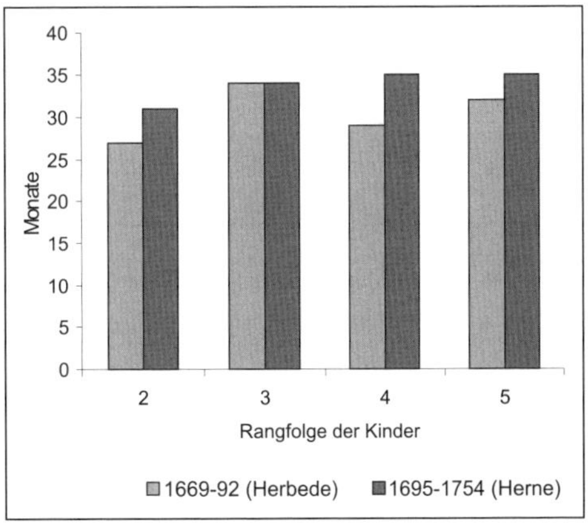

Dargestellt nach Tab. 61.

man diese Werte mit den bei Flinn[57] ermittelten Durchschnittszahlen, so verlagerten sich bei letzteren die Anteile mittlerer und langer Intervalle eher zu Gunsten der kurzen als zu den sterilen Abständen. Demgegenüber entwickelte sich die Fruchtbarkeit im Herner Kirchspiel bis zur Mitte des 18. Jahrhunderts in umgekehrter Richtung. Das Schwergewicht von gut zwei Fünfteln bei den langen intergenetischen Intervallen erhöhte sich um 10 Prozent auf Kosten der mittleren Intervalle. In der Literatur[58] wird eine deutliche Zunahme des Anteils in der vierten Kategorie als Beleg für den Übergang zu einer bewussten Familienplanung angesehen. Dies dürfte bei den Herbeder und Herner Familien anhand der Zahlen in der Frühen Neuzeit demnach nicht zugetroffen haben. Dagegen weist Pfister[59] für ausgewählte Zürcher Familien deren kontrazeptives Verhalten im 17. und 18. Jahrhundert nach, da sich der Anteil der Ehen mit einem Durchschnittsintervall über 48 Monaten in etwa von 23 auf 44 Prozent verdoppelte.

Abbildung 36 veranschaulicht den durch die Rangfolge der Kinder bedingten leichten Anstieg intergenetischer Intervalle. Beim Kirchspiel Herbede erhöhte er sich zum Ende des 17. Jahrhunderts von 27 auf 32 Monate. Im Herner Kirchspiel lagen die intergenetischen Intervalle in der ersten Hälfte des 18. Jahrhunderts zwischen 31 und 35 Monaten.

Dass die durchschnittlichen intergenetischen Intervalle mit der Rangfolge der Kinder zunahmen, zeigt Tabelle 61. Denn mit dem Älterwerden verlangsamte sich der Ovulationsrhythmus der Frau.[60] Die Durchschnittswerte differierten etwa um vier bis sieben Monate. Im letzten Drittel des 17. Jahrhunderts lagen die Intervalle vor der letzten Geburt um einige Monate über dem jeweiligen Durchschnittswert. In der ersten Hälfte des 18. Jahrhunderts erhöhte sich diese Differenz im Herner Kirchspiel sogar bis auf sieben Monate.

57 M. W. Flinn: System, S. 117.
58 T. G. Saunders: Familie, S. 341.
59 U. Pfister: Anfänge Zürich, S. 108 f.
60 Ch. Revermann: Manipulation, S. 134 f.

Tab. 61 Durchschnittliche intergenetische Intervalle nach Rangfolge der Kinder und Heiratsjahr der Frau in ausgewählten Kirchspielen der Grafschaft Mark 1669 bis 1754 (in Monaten)

Rangfolge der Kinder	Herbede			Herne		
	1669/1679	1680/1692	1669/1692	1695/1724	1725/1754	1695/1754
2. Kind	28	27	27	33	29	31
3. Kind	39	29	34	37	33	34
4. Kind	31	20	29	30	36	35
5. Kind	36	24	32	35	35	35
≥ 6. Kind	34	–	34	34	36	35
Durchschnitt	*33*	*27*	*30*	*34*	*34*	*34*
Intervall vor der letzten Geburt	34	30	32	41	39	40
Intervall nach dem Tod eines Kindes > 1. Lebensjahr	28	26	27	29	28	28
Intervall nach dem Tod eines Kindes < 1. Lebensjahr	22	17	20	19	18	18
Differenz = geschätzte mittlere Stilldauer	6	9	7	10	10	10

Errechnet nach: LKAB: KB Herne, passim; O. R. Enneper: Verzeichnis, S. 7–42.

Im Vergleich dazu ermittelte Flinn[61] für Deutschland vor 1750 andere Werte. Die durchschnittlichen Intervalle betrugen zwischen dem ersten und zweiten Kind etwa 21 Monate sowie zwischen dem zweiten und dritten Kind eineinhalb Monate mehr. Sie lagen damit erheblich unter den in Tabelle 61 ausgewiesenen Zahlen. Bei dem Intervall vor der letzten Geburt mit annähernd 33 Monaten war der Unterschied zu Herbeder Frauen weniger gravierend. Gegenüber Herner Müttern lag das Intervall im Durchschnitt sieben Monate darunter.

Starb ein Säugling innerhalb des ersten Lebensjahres, so verringerte sich das intergenetische Intervall bis zum nächsten Kind auf 10 bis 16 Monate. Dieser Unterschied beruhte im Vergleich zum Durchschnittswert auf der verkürzten Stilldauer, die die Länge intergenetischer Intervalle beeinflusste. Denn mit dem Tod des Säuglings beendete der vorzeitige Abbruch des Stillens die schwangerschaftsverzögernde Laktationsamenorrhöe ländlicher Mütter.[62] Aus dem Vergleich[63] zwischen der Intervalldauer von jung bzw. später verstorbenen Kindern ergibt die Differenz die geschätzte mittlere Stilldauer. Letztere war um so größer, je höher der Wert lag. Nach Tabelle 61 haben Herbeder und Herner Mütter ihre Kleinstkinder etwa ein halbes Jahr bis zu zehn Monaten selbst gestillt. Bis zur Mitte des 18. Jahrhunderts ermittelte Medick[64] für Laichingen eine durchschnittliche Stilldauer von gut acht Monaten.

61 M. W. Flinn: System, S. 87.

62 A. E. Imhof: Auswertung Familien, S. 477 f.

63 U. Pfister: Anfänge, S. 90 ff.

64 H. Medick: Weben, S. 642.

4.5 Kinderzahl je Familie

In der Frühen Neuzeit galten Kinder[65] als Segen einer Ehe und Kennzeichen der Fruchtbarkeit. Der Stammhalter sollte das Geschlecht weiterführen. Dabei stand die Vorstellung von Familie[66] als einem generationsübergreifenden Verband im Vordergrund. Der damalige Durchschnittswert kinderloser Ehen schwankte um 10 Prozent.[67] Ökonomisch gesehen waren Kinder preiswerte Arbeitskräfte, die später die alten Eltern versorgten. Unter erbrechtlichen Gesichtspunkten weist Mitterauer[68] auf die angemessene Anzahl von Geburten hin. Bei zu vielen Kindern bestand die Gefahr, dass die Höhe der auszubezahlenden Erbanteile an weichende Geschwister den ungeteilten Grundbesitz verschulden konnte. Zu wenige Kinder beinhalteten das Risiko, dass deren vorzeitiger Tod den Erbgang gefährdete. Denn in der Frühen Neuzeit war mit hohen Reproduktionsraten[69] auch eine nicht geringe Säuglings- und Kindersterblichkeit verbunden.

Es bestand daher ein krasses Missverhältnis zwischen der Zahl der geborenen und derjenigen der überlebenden Kinder. Die „soziale" Kinderzahl war stets geringer als die „genealogische".[70] Mit ansteigender Sozialschicht[71] vermehrte sich die Anzahl der Geburten. In der Alzeyer Unterschicht[72] wurden durchschnittlich etwa acht Kinder geboren. In der dortigen Mittelschicht kamen knapp neun und in der Oberschicht gut neun Kinder auf die Welt.

Die Anzahl der ehelichen Geburten variierte jeweils nach dem Heiratsalter, der Dichte der Geburtenfolge sowie der Ehedauer, sofern keine bewusste Geburtenbeschränkung vorlag. Für das Kirchspiel Böhringen hat Heckh[73] den eindeutigen Zusammenhang zwischen Heiratsalter und Anzahl der Geburten nachgewiesen. Mit zunehmendem Heiratsalter nahm die Anzahl der Geburten ab. Bekamen die mit unter 20 Jahren verheirateten Ehefrauen neun bis zehn Kinder, so gebaren die mit über 31 Jahren Verheirateten nur noch vier Kinder, deren Anzahl sich vergleichsweise um mehr als die Hälfte reduziert hatte.

Zschunke[74] untersuchte für Oppenheim den Einfluss der Konfession auf die Anzahl der Geburten in Beziehung zum unterschiedlichen Heiratsalter der Frau. Ehefrauen, die vor dem 25. Lebensjahr heirateten, brachten in lutherischen und reformierten Ehen im Durchschnitt jeweils knapp sieben Kinder zur Welt. In katholischen Familien wurden durchschnittlich gut acht Kinder geboren. Bei einem Heiratsalter zwischen 25 und 29 Jahren erreichten vollständige lutherische und reformierte Familien eine mittlere Geborenenzahl von immerhin vier Kinder. Katholische Ehefrauen bekamen annähernd fünf Kinder.

65 P. Münch: Lebensformen, S. 242 f.
66 H. Wunder: Frauen, S. 134.
67 A. Maisch: Unterhalt, S. 271 f.; vgl. J. Knodel: Ortssippenbücher, S. 303 f.
68 M. Mitterauer: Formen, S. 312.
69 E. Heller-Karneth: Konfession, S, 79 f.
70 M. Mitterauer: Entwicklungstrends, S. 184.
71 R. Gehrmann: Verhältnis, S. 42.
72 E. Heller-Karneth: Konfession, S. 73.
73 G. Heckh: Bevölkerungsgeschichte, S. 157.
74 P. Zschunke: Konfession, S. 201.

Tab. 62 Quotienten zwischen Taufen und Eheschließungen nach Regionen der Grafschaft Mark 1688 bis 1751

Jahr	Land			Stadt			Insg.
	nordw.	südw.	insg.	nordw.	südw.	insg.	
1688	4,8	3,5	*4,0*	3,5	3,2	*3,4*	3,8
1689	3,7	4,2	*3,9*	4,6	4,8	*4,7*	4,1
1690	3,8	3,4	*3,6*	4,3	2,5	*3,2*	3,4
1696	4,5	3,7	*4,1*	3,5	3,6	*3,6*	3,9
1699	3,6	3,2	*3,3*	3,6	3,0	*3,3*	3,3
1700	3,2	3,4	*3,3*	3,3	2,8	*3,0*	3,2
1707	3,9	3,6	*3,7*	3,9	3,5	*3,7*	3,7
1732	3,2	3,5	*3,4*	3,0	2,9	*2,9*	3,3
1737	3,8	4,1	*4,0*	3,3	5,0	*4,0*	4,0
1738	4,3	4,6	*4,5*	4,4	4,9	*4,6*	4,5
1739	3,6	5,0	*4,3*	3,9	4,9	*4,4*	4,3
1750	3,8	3,9	*3,8*	3,5	4,1	*3,8*	3,8
1751	2,7	3,4	*3,1*	3,0	4,0	*3,5*	3,2
1688/1751	*3,7*	*3,8*	*3,7*	*3,6*	*3,7*	*3,6*	*3,7*

Für einzelne Jahre sind die Angaben ländlicher Gebiete bei den jeweiligen Städten erfasst:
1689 für die Ämter Kamen und Plettenberg, 1690 für das Amt Kamen,
1696 für die Ämter Schwerte und Plettenberg sowie das Hochgericht Schwelm,
1699 und 1700 für das Hochgericht Schwelm, 1750 für das Gericht Wetter.
Errechnet nach: GStA PK: I. HA Geh. Rat, Rep. 47 Geistl. Ang., Tit. 24 Populationsl., 1683–1696, unpag.; 1699–1749, unpag.; 1750–1759, Nr. 2, Bl. 14–15, 50–55; Nr. 9, Bl. 67 r-68 r. Landesarchiv NRW Abteilung Westfalen, Münster: KMK, Lds, Nr. 20, Bl. 382.

Unterschiedliches Gebärverhalten war Ausdruck konfessionsbedingter Mentalität.[75] Bei katholischen Familien stand das biblische Fruchtbarkeitsgebot im Vordergrund. Sie wollten ihre eheliche Pflicht erfüllen und nahmen notfalls Armut als Konsequenz einer hohen Kinderzahl auf sich. Demgegenüber relativierten lutherische und reformierte Eheleute den Gültigkeitsanspruch der ehelichen Fruchtbarkeit. Das galt auch für jüdische Familien.[76] So hatten 1737 die acht jüdischen Familien auf dem Lande der Grafschaft Mark im Durchschnitt nur zwei Kinder. Ihr eigenverantwortliches Reproduktionsverhalten berücksichtigte nicht nur die jeweilige ökonomische Situation, sondern galt auch der Fürsorge für Mutter und Kind. Denn weniger Geburten verringerten das Risiko der Kindbettsterblichkeit. In einer kleineren Familie waren intensive Beziehungen zueinander leichter möglich.

Veränderungen in der Fruchtbarkeit von Ehen können durch ein sehr summarisches Verfahren[77] ermittelt werden. Dabei lassen Quotienten aus Eheschließungen und Taufen zunächst nur die Tendenz erkennen, da Geburten einer bestimmten Zeit nicht unbedingt den in diesem Zeitraum erfolgten Eheschließungen zugeordnet werden können. In der Grafschaft Mark der Frühen Neuzeit wurden durchschnittlich etwa vier Kinder je Familie geboren (vgl. Tab. 62). Der märkische

75 Vgl. ebd., S. 221–225.
76 K. Maser: Juden, S. 94, 97.
77 A. Kessler: Bevölkerung, S. 50 f.; vgl. O. Karlsson: Bedeutung, S. 113 f.

Tab. 63 Haushalte mit Kindern in ausgewählten Gebieten der Grafschaft Mark 1685 bis 1766

Gebiet	Name (Jahr)	Anzahl	X	Kinder je Haushalt in v. H. (Zeilenprozente)				∅
				1–2	3–4	5–6	≥ 7	
K nordw. der Ruhr (1)	Herbede (1692)	169	91	52	31	13	4	*2,9*
	Methler (1766)	225	80	43	43	11	3	*2,9*
B südw. der Ruhr (2)	Valbert (1685)	24	39	75	25	–	–	*1,9*
	Valbert (1717)	61	73	39	36	23	2	*3,2*
	Gennebreck (1738)	102	86	46	33	17	4	*3,0*
	Nächstebreck (1738)	110	75	54	33	11	2	*2,7*
	Schwelm (1738)	106	76	52	36	10	2	*2,7*
Städte (3)	Altena (1738)	589	82	57	34	8	1	*2,4*
	Schwelm (1738)	255	71	62	28	9	1	*2,3*

B = Bauerschaft; K = Kirchspiel; X = Anteil an Haushalten in v. H.

Errechnet nach: 1) O. R. Enneper: Verzeichnis, S. 7–42; Generalaufnahme, S. 11–52.

2) N. Scheele: Einwohner; ders., Schatzliste; M. Knieriem: Bevölkerung, S. 66–74; ders., Bevölkerungsliste, S. 84–88.

3) Drahtzieherei, S, 75–78, 93–96, 104–109; G. Helbeck: Einwohnerliste, S. 1–17.

Abb. 37 Durchschnittliche Kinderzahl je Haushalt in ausgewählten Gebieten der Grafschaft Mark 1685 bis 1766

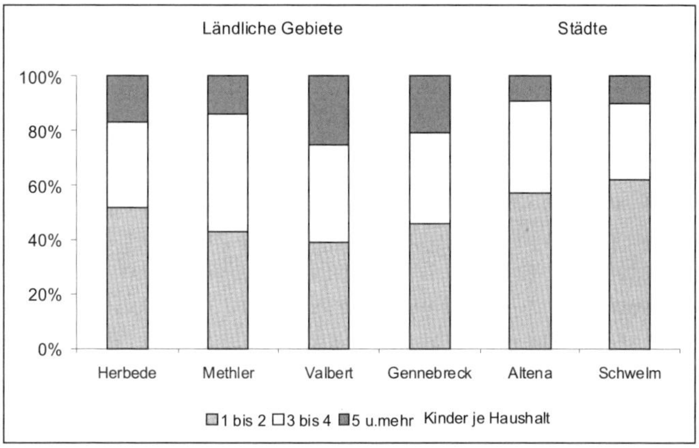

Errechnet und dargestellt nach Tab. 63.

Durchschnittswert von 3,6 Geburten entspricht nach Wernicke[78] dem der Provinzen Kleve und Mark für die Jahre 1698 bis 1756. Die ländlichen Werte differierten zwischen 3,1 und 4,5 Kindern, wogegen die städtischen Angaben von 2,9 bis 4,7 Kindern variierten. Diese Streubreiten trafen auch in der Hellwegregion und im Süderland zu. Interessanterweise bestanden zwischen den ländlichen und städtischen Regionen keine gravierenden Unterschiede. Darin spiegelte sich der Charakter der Ackerbürgerstädte wider.

In durchschnittlich drei Viertel der märkischen Haushalte lebten in der Frühen Neuzeit Kinder (vgl. Tab. 63). Die Kinderzahl lag im Durchschnitt zwischen zwei in den Städten und drei auf dem Lande.

78 J. Wernicke: Verhältnis, S. 59 f.

Tab. 64 Haushalte nach Anzahl der Kinder bei Landwirtschaft und Gewerbe in ausgewählten Bauerschaften des Hochgerichtes Schwelm 1738

Kinder je Haushalt	Landwirtschaft				Gewerbe			
	abs.	v. H.	X	Y	abs.	v. H.	X	Y
1–2	72	49	21	33	76	53	14	16
3–4	52	36	15	23	46	32	13	41
5–6	21	14	14	19	18	12	17	17
≥7	2	1	–	–	4	3	25	25
Insgesamt	*147*	*100*	*18*	*27*	*144*	*100*	*14*	*24*

X = Anteil der Haushalte mit Verwandten in v. H.

Y = Anteil der Haushalte mit Dienstpersonal in v. H.

Errechnet nach: M. Knieriem: Bevölkerung, S. 66–74; ders., Bevölkerungsliste, S. 84–88.

Abbildung 37 veranschaulicht die Relation der unterschiedlichen Anzahl an Kindern je Haushalt für ländliche und städtische Gebiete der Grafschaft Mark in der Frühen Neuzeit. Während in den Städten Altena und Schwelm der Anteil der Haushalte mit bis zu zwei Kindern ca. drei Fünftel betrug, war er in den ländlichen Gebieten Valbert und Methler zugunsten der übrigen Haushalte mit mehreren Kindern bis etwa zu einem Fünftel geringer. So entsprach in Methler der Anteil der Familienhaushalte mit ein oder zwei Kindern demjenigen mit drei oder vier Kindern von jeweils über zwei Fünfteln. Haushalte mit mehr als fünf Kindern waren in Altena und Schwelm bei höchstens 10 Prozent der Haushalte anzutreffen. In den Bauerschaften südwärts der Ruhr, Valbert und Gennebreck, verdoppelte sich der entsprechende Anteil.

Bis zur Mitte des 18. Jahrhunderts differierte die durchschnittliche Anzahl der Kinder je Haushalt im Kirchspiel Methler nach der beruflichen Stellung des Haushaltungsvorstandes (vgl. Tab. 58). Hatten Kötter im Durchschnitt nur zwei Kinder, so wiesen Bauern fast doppelt so viele auf. Die Haushalte der Tagelöhner und Gewerbetreibenden lagen mit jeweils drei Kindern knapp unter dem Durchschnittswert.

Im Hochgericht Schwelm besaßen Landwirte und Gewerbetreibende zwar im Durchschnitt drei Kinder (vgl. Tab. 64). Dafür differierten aber die Anteile an Kindern je Haushalt. Während über die Hälfte der Gewerbetreibenden auf Haushalte mit ein bis zwei Kindern entfiel, verschob sich dieser Anteil bei den Landwirten zu Gunsten der Haushalte mit drei und vier Kindern. „Es ist also nicht zu verwundern, wenn es in der Fabrikanten Häusern von Kindern wimmelt. Viele Kinder sich ein Reichthum einer Fabrikantenfamilie", hob Müller[79] hervor.

Tabelle 64 weist auch die Anteile der Haushalte mit Verwandten und Dienstpersonal aus. Bei den Landwirten verminderten sich die Anteile mit zunehmender Kinderzahl, wogegen sie sich bei den Gewerbetreibenden erhöhten. Etwa ein Viertel der Haushalte mit Kindern besaß Dienstpersonal. Der Anteil an Verwandten war im Vergleich dazu jeweils um zehn Prozent niedriger.

Je nach der Ehehäufigkeit verteilten sich die Haushalte mit Kindern unterschiedlich auf einzelne Größenklassen (vgl. Tab. 65). Der Anteil nahm mit zunehmender

79 F. Ch. Müller: Choragraphie, S. 15.

Tab. 65 Haushalte mit Kindern nach Ehehäufigkeit in ausgewählten Kirchspielen der Grafschaft Mark 1692 bis 1766

Kirchspiel	Ehe-häufigkeit	Anzahl	Kinder je Haushalt in v. H. (Zeilenprozente)				Ø Kinder
			1–2	3–4	5–6	≥ 7	
Herbede (1692)	Erstehe	153	54	31	11	4	*2,8*
	Zweitehe	16	31	31	31	7	*3,7*
Methler (1766)	Erstehe	172	48	40	10	2	*2,7*
	Zweitehe	53	24	53	19	4	*3,6*

Errechnet nach: O. R. Enneper: Verzeichnis, S. 7–42; Generalaufnahme, passim.

Abb. 38
Anteil Zweitehen an den Haushalten nach der Anzahl der Kinder je Haushalt in ausgewählten Kirchspielen der Grafschaft Mark 1692 bis 1766

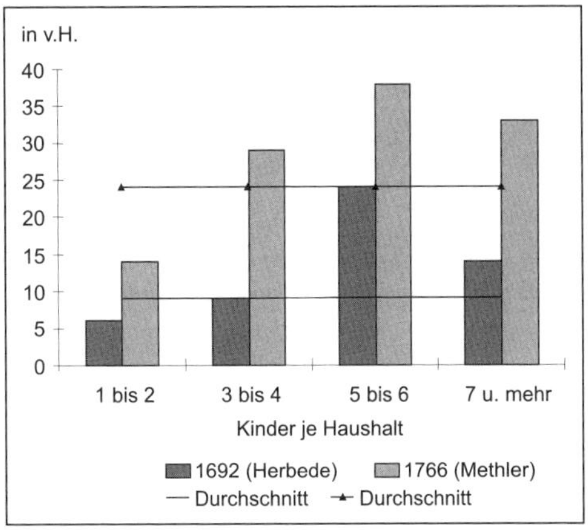

Errechnet und dargestellt nach Tab. 65.

Kinderzahl ab. Bei Erstehen entfiel über die Hälfte der Haushalte auf solche mit ein bis zwei Kindern. Bei Zweitehen traf das nur für etwa ein Viertel der Haushalte zu. Sie dominierten bei den kinderreichen Haushalten, deren Anteile die der Erstehen jeweils übertraf. Mehr als die Hälfte der Methlerner Zweitehen besaßen drei bis vier Kinder. Bei Erstehen betrug die durchschnittliche Anzahl etwa drei Kinder. Sie lag damit um ein Kind niedriger als bei Zweitehen.

Trotz unterschiedlicher Durchschnittswerte verteilten sich die Anteile der Zweitehen an den Haushalten in Abbildung 38 in analoger Weise. Nach dem Höchstwert bei den Haushalten mit fünf bis sechs Kindern reduzierten sich die Werte zwar in der folgenden Größenklasse, übertrafen aber dennoch die der ersten beiden Größenklassen.

Bisher wurden die im Haushalt überlebenden Kinder analysiert. Im Folgenden geht es um die Anzahl der je Frau überhaupt geborenen Kinder (vgl. Abb. 39). Im letzten Drittel des 17. Jahrhunderts bekamen Herbeder Ehefrauen im Durchschnitt vier Kinder. Bis zur Mitte des 18. Jahrhunderts erhöhte sich die Gebärfreudigkeit Herner Mütter auf durchschnittlich fünf Kinder. Dementsprechend kumulierten die Anteile der Frauen nach der Kinderanzahl in den ausgewählten Kirchspielen unterschiedlich. Der Hauptanteil von je über einem Drittel der Ehefrauen konzentrierte sich auf die Werte von drei bis vier Kindern. Während ein knappes Drittel der Herbeder Frauen nur ein bis zwei Kinder zur Welt brachte, schenkten über zwei

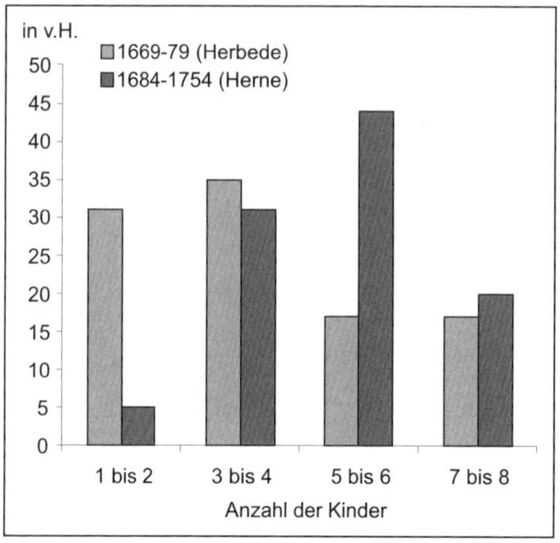

Abb. 39
Durchschnittliche Anzahl der je Frau geborenen Kinder in ausgewählten Kirchspielen der Grafschaft Mark 1669 bis 1754

Dargestellt nach Tab. 66.

Tab. 66 Erstehen nach Anzahl der je Frau geborenen Kinder in ausgewählten Kirchspielen der Grafschaft Mark 1669 bis 1754

Anzahl der Kinder von … bis …	Herbede (1669–1679)		Herne (1684–1754)				
			Erstehen		Heiratsalter in Jahren von … bis … (Zeilenprozente)		
	abs.	v. H.	abs.	v. H.	≤24	25–29	≥30
1–2	27	31	2	5	–	100	–
3–4	31	35	12	31	58	17	25
5–6	15	17	17	44	41	24	35
≥7	15	17	8	20	88	–	12
Insgesamt	*88*	*100*	*39*	*100*	*54*	*20*	*26*

Errechnet nach: LKAB: KB Herne, passim; O. R. Enneper: Verzeichnis, S. 7–42.

Fünftel der Herner Mütter fünf bis sechs Kindern das Leben. Selbst bei sieben bis acht Kindern blieben die Anteile noch jeweils über 10 Prozent.

Nach Tabelle 66 verteilte sich der Anteil der je Erstehe geborenen Kinder unterschiedlich auf märkische Kirchspiele der Frühen Neuzeit. Im Kirchspiel Herbede entfielen zwei Drittel auf Erstehen mit ein bis vier Kindern. Ein weiteres Drittel hatte über fünf Kinder. Im Kirchspiel Herne dagegen war das Verhältnis umgekehrt. Hier lag das Schwergewicht auf der höheren Kinderzahl. Im Vergleich zu Herbede wies das Kirchspiel Herne mit durchschnittlich fünf Kindern je Erstehe ein Kind mehr auf.

Diese realen Durchschnittswerte lagen nur geringfügig unter der in Tabelle 53 errechneten Gesamtfruchtbarkeit bei unterschiedlicher Ehedauer. Sie waren bei Herner Frauen aber sogar um etwa drei Kinder niedriger im Vergleich zur altersspezifisch ermittelten Gesamtfruchtbarkeit in Tabelle 52. Unberücksichtigt blieben dabei jedwede Mortalität und unterschiedliche Nuptialität. Voraussetzung war eine dreißigjährige Ehedauer zwischen 20 und 50 Jahren.

In Tabelle 66 wurde für das Kirchspiel Herne die Anzahl der je Frau geborenen Kinder auch nach dem Heiratsalter differenziert. Dabei wird deutlich, dass mit zu-

Tab. 67 Anzahl ausgewählter Haushalte mit Verwandten nach Alter des Haushaltungsvorstandes im Kirchspiel Methler 1766

Alter in Jahren von … bis …	Haushalt abs.	Haushalt v. H.	Haushalt X	∅ Anzahl Kinder über 12 Jahre je Haushalt	∅ Anzahl Verwandte je Haushalt
20–29	3	5	–	–	3,0
30–39	19	30	10	1,0	1,9
40–49	16	25	56	1,7	1,7
50–59	17	27	82	2,3	1,5
60–69	8	13	100	2,5	1,8
Insgesamt	*63*	*100*	*52*	*2,1*	*1,8*

X = Anteil der Haushalte mit Kindern über 12 Jahre in v. H.

Errechnet nach: Generalaufnahme, passim.

Tab. 68 Haushalte mit unverheirateten Kindern nach Altersklassen in ausgewählten Kirchspielen der Grafschaft Mark 1692 bis 1766

Alter in Jahren von … bis …	*Herbede (1692)*				*Methler (1766)*			
	Söhne		Töchter		Söhne		Töchter	
	abs.	v. H.	abs.	v. H.	abs.	v. H.	abs.	v. H.
< 1	5	2	1	1	19	5	11	4
1– 4	62	25	47	20	60	15	36	12
5– 9	48	20	52	22	73	19	56	19
10–14	47	19	45	19	63	16	57	20
15–19	38	16	47	20	64	16	55	19
20–24	45	18	41	18	59	15	41	14
≥25	–	–	–	–	53	14	35	12
Insgesamt	*245*	*100*	*233*	*100*	*391*	*100*	*291*	*100*

Errechnet nach: O. R. Enneper: Verzeichnis, S. 7–42; Generalaufnahme, passim.

nehmendem Heiratsalter die Anzahl abnahm. Bekamen etwa drei Fünftel der unter 24 Jahren Verheirateten drei bis vier Kinder, so traf das nur noch für ein Viertel der Frauen zu, die mit über 30 Jahren eine Ehe eingegangen waren. Zwei Fünftel der Jungvermählten besaßen fünf bis sechs Kinder, wogegen nur ein Viertel derjenigen, die mit 25 bis 29 Jahren geheiratet hatten, die gleiche Kinderanzahl aufweisen konnten.

Nach Tabelle 67 lebten im Kirchspiel Methler in der Frühen Neuzeit im Durchschnitt jeweils zwei Kinder über 12 Jahre und zwei Verwandte im Haushalt. Mit zunehmendem Alter des Haushaltungsvorstandes erhöhte sich die durchschnittliche Anzahl der Kinder je Haushalt. Dementsprechend nahm die Anzahl der Verwandten ab. Es handelte sich um eine gegenläufige Wechselwirkung zwischen der Anzahl arbeitsfähiger Kinder und mithelfender Familienangehöriger. In der Altersklasse von 40 bis 49 Jahren waren beide Anteile gleich groß.

Zu Ende des 17. Jahrhunderts waren die im Kirchspiel Herbede lebenden Kinder durchschnittlich 11 Jahre alt (vgl. Tab. 68). Ein halbes Jahrhundert später wie-

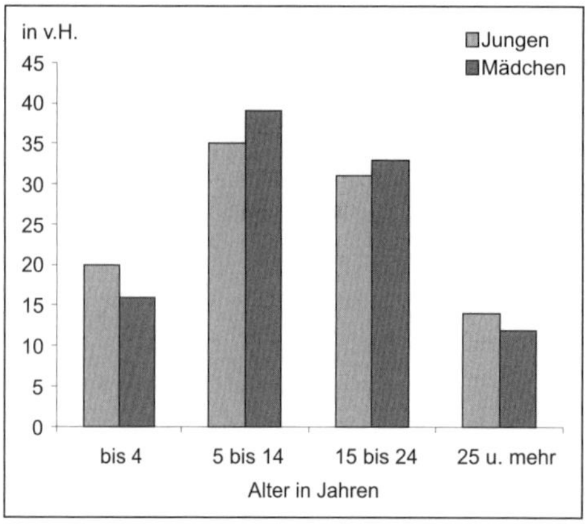

Abb. 40
Unverheiratete Kinder nach Altersklassen im Kirchspiel Methler 1766

Errechnet und dargestellt nach Tab. 68.

sen die Kinder das Kirchspiels Methler ein um dreieinhalb Jahre höheres Durchschnittsalter von knapp 15 Jahren auf. Der erhöhte Durchschnittswert ergab sich aus dem über zehnprozentigen Anteil an Kindern über 25 Jahren, die im Kirchspiel Herbede fehlten. Dafür übertrafen in den anderen Altersklassen die Herbeder Anteile an Jungen und Mädchen jene im Kirchspiel Methler. Im Kirchspiel Herbede waren zwei Fünftel zwischen 5 und 14 Jahre alt sowie zwei weitere Fünftel der Mädchen 15 bis 24 Jahre. Auf letztere entfiel nur ein Drittel der Jungen. Bei den unter Vierjährigen überwog der Anteil der Jungen vor dem der Mädchen.

Abbildung 40 veranschaulicht die prozentuale Verteilung unverheirateter Kinder im Kirchspiel Methler. Das Schwergewicht entfiel auf die beiden mittleren Altersklassen, wobei der Anteil der Mädchen höher als der der Jungen war. Letzterer übertraf in der vor- und nachgelagerten Alterklasse den jeweiligen Anteil der Mädchen.

4.6 Struktur ländlicher Familienhaushalte[80]

Beim Privathaushalt[81] handelte es sich um eine Personengruppe, die nach sozioökonomischen Gesichtspunkten eine Arbeits-, Wohn- und Hausgemeinschaft bildete. Zum Haushalt konnten auch entferntere Verwandte und familienfremde Personen gehören. Vielfach deckten sich die Begriffe Haushalt und Familie. Je nach der Anzahl der Mitglieder gab es verschiedene Familientermini.[82] In der westlichen ländlichen Gesellschaft der vorindustriellen Zeit dominierte die Zweigenerationenfamilie, auch „Kleinfamilie“ genannt.[83] Bei der „Großfamilie“ kamen z. B. erwachsene Geschwister des Haushaltungsvorstandes hinzu.

80 Zu Familienformen vgl. M. Mitterauer.

81 Ders., Mittelalter, S. 358; K. Hausen: Familienforschung, S. 69 ff.; K. Szameitat: Haushaltung, S. 314.

82 I. Esenwein-Rothe: Einführung, S. 92; W. Kuls: Bevölkerungsgeographie, S. 82 ff.; M. Mitterauer: Komplexe Familienformen, S. 101; D. Gaunt: Familie, S. 247.

83 M. Mitterauer: Europäische Familienformen, S. 26; ders., Vorindustrielle Familienformen, S. 37 f.; ders., Kritik, S. 52.

Unter Berücksichtigung der in den Quellen nachgewiesenen Familienhaushalte und in Anlehnung an Laslett[84] lassen sich je nach dem Verwandtschaftsgrad folgende Familientypen unterscheiden. Unter „Einzelpersonen" wurden Verwitwete und andere Einzelpersonen subsumiert. „Nichtfamilienhaushalte" setzten sich aus Geschwistern und Nichtverwandten zusammen. Die „Kernfamilie" bestand aus einem Ehepaar ohne oder mit Kindern sowie Verwitweten mit ledigen Kindern.[85] Sie konnte vertikal und/oder horizontal erweitert werden. Letzterer Anteil[86] wurde auf 10 Prozent geschätzt. Zur „Stammfamilie"[87] gehörten mindestens zwei verwandte Ehepaare aus verschiedenen Generationen. Es handelte sich um einen komplexen Familienhaushalt mit sekundärer Erweiterung.

Die personelle Zusammensetzung einer Familie änderte sich mit dem Lebenszyklus. Auf verschiedene Bevölkerungsgruppen bezogen stellte Pfister[88] für Zürcher Haushalte des 17. und 18. Jahrhunderts Folgendes fest. Vollbäuerliche Familienhaushalte entwickelten sich zeitweilig zu Stammfamilien, da die eigene Altersversorgung und die Kontinuität des Hofes im Vordergrund standen. Dagegen tendierte der unterbäuerliche Haushalt vorübergehend eher zum aufwärts erweiterten Familientyp. Es galt, neben der Vorsorge für den Lebensabend, das Neubesetzen zentraler Rollenträger zu sichern.

In der ländlichen Familienwirtschaft gab es die geschlechtsspezifische Arbeitsteilung.[89] Zu den typisch männlichen Aufgaben[90] gehörten risikoreiche Tätigkeiten mit hoher physischer Belastung. Wichtig war die Kontinuität der Wahrnehmung der Aufgaben über einen längeren Zeitraum. Sie wurden vom Wohnplatz räumlich getrennt ausgeübt. Dementsprechend ließen sich die weiblichen Arbeiten[91] charakterisieren. Es wird angenommen, dass im vorindustriellen Europa Schwangerschaften und Stillzeiten etwa zwei Drittel der Ehedauer beanspruchten. Daneben gab es in der Feldflur gemeinsame Arbeiten[92] mit einander ergänzenden Funktionen.

Unverheiratete Söhne und Töchter, die noch zu Hause lebten, unterstanden dem Hausvater. Unabhängig von ihrem Alter galten sie dem Rechtsstatus nach als „Kinder". In der Agrargesellschaft übernahmen Kinder[93] je nach Alter und Geschlecht schon frühzeitig Aufgaben in Haus und Hof. Knaben[94] arbeiteten vom 9. bis 12. Lebensjahr als Kuhhirten. In den nächsten vier Jahren folgte die Tätigkeit als Pferdejunge. 17 bis 20-Jährige wurden Kleinknechte und ab dem 21. Lebensjahr über-

84 P. Laslett: Introduction, S. 31; vgl. E. A. Hammel: Household.
85 H. Linde: Familie, S. 43.
86 W. H. Hubbard: Familiengeschichte, S. 20.
87 U. Pfister: Haushalt, S. 22.
88 Ebd., S. 24 f.
89 M. Mitterauer: Arbeitsteilung Geschlechterrollen, S. 819 f.; ders., Arbeitsteilung Zeit, S. 292; vgl. S. Lorenz-Schmidt: Wert.
90 Vgl. M. Mitterauer: Arbeitsteilung Geschlechterrollen, S. 842–856.
91 Vgl. ebd., S. 821–842; D. Saalfeld: Rolle, S, 121 ff.; H. Wunder: Arbeiten, S. 196 f.
92 M. Mitterauer: Arbeitsteilung Geschlechterrollen, S. 856.
93 R. v. Dülmen: Kultur, Bd. 1, S. 80; Kinderstuben, S. 9; D. Saalfeld: Rolle, S. 121.
94 P. Münch: Lebensformen, S. 251 f.

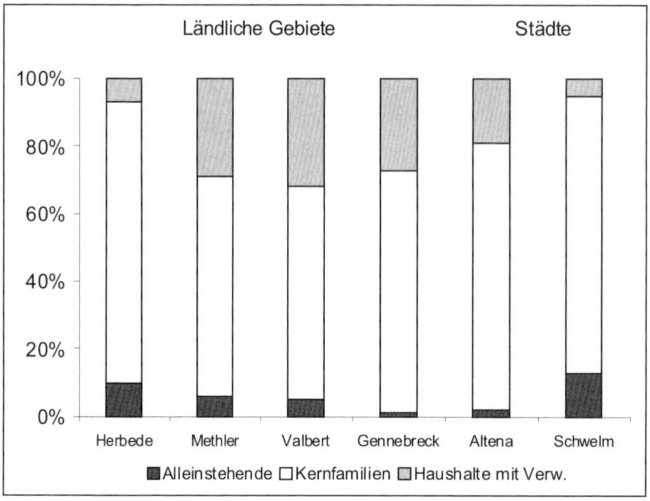

Abb. 41
Anteil verschiedener Familientypen in ausgewählten Gebieten der Grafschaft Mark 1692 bis 1766

Dargestellt nach Tab. 17 im Tabellenanhang.

nahmen sie Aufgaben der Großknechte. Mädchen[95] wurden dem hauswirtschaftlichen Bereich zugeordnet.

Der Arbeitskräftebedarf des landwirtschaftlichen Betriebes bestimmte größtenteils Struktur und Größe des Familienhaushaltes.[96] In unterbäuerlichen Haushalten blieb, aufgrund des geringeren Arbeitsvolumens im Gegensatz zu vollbäuerlichen Stammfamilien, nur ein Teil der erwachsenen Kinder im elterlichen Haushalt. Die anderen verließen ihr Elternhaus und verdingten sich als Knechte oder Mädge. Denn typisches Kennzeichen westeuropäischer Familien war der „Dienst im fremden Haus". Für junge Unverheiratete war der Gesindedienst[97] eine altersspezifische Durchgangsphase bis zur angestrebten eigenen Heirat. Daneben gab es aber auf dem Hof auch verbleibende Verwandte[98], die als Gesinde arbeiteten. Sie bildeten wie die Leibzüchter[99] einen Bestandteil des familiären Arbeitskräftepotentials, das saisonal noch durch Tagelöhner[100] ergänzt werden konnte.

Abbildung 41 veranschaulicht die unterschiedliche Priorität einzelner Familientypen in märkischen Gebieten in der Frühen Neuzeit. In den ausgewählten Kirchspielen und Städten dominierten eindeutig die Kernfamilien. In Herbede und Schwelm traf das mit über vier Fünfteln zu. Dort lebten noch um 10 Prozent Alleinstehende. Dieser Anteil war in den übrigen Gebieten niedriger, zugunsten von Familien

95 M. Mitterauer: Arbeitsteilung Zeit, S. 294.

96 U. Pfister: Haushalt, S. 32.

97 M. Mitterauer: Entwicklungstrends, S. 182 f.; ders., Europäische Familienformen, S. 26 f.; ders., Ländliche Familienformen, S. 136 ff.; G. W. Oesterdiekhoff: Familie, S. 70; vgl. P. Ilisch: Leben; M. Mitterauer: Gesindedienst.

98 J. Ehmer: Heiratsverhalten, S. 70; H. Medick: Emotionen, S. 50 f.; M. Mitterauer: Familiengröße, S. 234.

99 Ders., Familienwirtschaft, S. 186–192; P. Münch: Lebensformen, S. 475 f.; D. Sauermann: Hofidee, S. 58 ff., 68 f.

100 M. Mitterauer: Ländliche Familienformen, S. 137–140.

Tab. 69 Haushalte nach Anzahl des Gesindes in ausgewählten Gebieten der Grafschaft Mark 1685 bis 1738

Gebiet	Name (Jahr)	Anzahl	Gesinde je Haushalt in v. H. (Zeilenprozente)				∅
			1	2	3	≥4	
Bauerschaften (1)	Valbert (1685)	20	80	15	–	5	*1,3*
	Valbert (1717)	28	71	21	4	4	*1,4*
	Nächstebreck (1738)	26	88	8	–	4	*1,2*
	Schwelm (1738)	30	63	27	3	7	*1,6*
	Gennebreck (1738)	34	82	15	–	3	*1,3*
Städte (2)	Altena (1738)	145	77	18	4	1	*1,3*
	Schwelm (1738)	56	80	14	6	–	*1,3*

Errechnet nach: 1) N. Scheele: Einwohner; ders., Schatzliste; M. Knieriem: Bevölkerung, S. 66–74; ders., Bevölkerungsliste, S. 84–88.
2) Drahtzieherei, S. 75–78, 93–96, 104–109; G. Helbeck: Einwohnerliste, S. 1–17.

mit Verwandten, deren Anteil in Methler, Valbert und Gennebreck fast ein Drittel betrug. In Altena lag letzterer bei etwa einem Fünftel.

In Tabelle 17 im Anhang wird deutlich, dass bei Kernfamilienhaushalten Ehepaare mit Kindern den jeweils wichtigsten Familientyp darstellten. Im Kirchspiel Herbede betrug der Anteil sogar drei Fünftel. In der Bauerschaft Valbert verdoppelte er sich bis zum Beginn des 18. Jahrhunderts auf Kosten der dortigen Ehepaare. Alleinstehende spielten in der ländlichen Grafschaft Mark in der Frühen Neuzeit als Haushaltstypen eine untergeordnete Rolle. Die Werte der Einzelpersonen lagen in den Bauerschaften unter 10 Prozent. Der Anteil der Haushalte mit Verwandten dagegen variierte zwischen fünf Prozent und ungefähr einem Drittel. Sofern nähere Angaben vorlagen dominierten dabei erweiterte Familienhaushalte mit Großelternteilen und/oder Onkeln und Tanten. Der geringe Anteil an Stammfamilien mit meist verheirateten Kindern lag in der Größenordnung der von Pfister[101] für die Zürcher Landschaft in der Frühen Neuzeit ermittelten Werte zwischen vier und neun Prozent.

Bei der Angabe von Gesinde in den Quellen differierte dieser Anteil nach Tabelle 17 im Anhang etwa zwischen einem Fünftel und einem Drittel. In den Städten lag er am niedrigsten. In Valbert erhöhte er sich im Zeitablauf nur unwesentlich. Für die Mitte des 18. Jahrhunderts weist Fertig[102] eine starke regionale Streuung des Gesindes in ländlichen westfälischen Gebieten zwischen fünf Prozent und annähernd einem Viertel nach.

Die Anzahl der Knechte und Mägde je Haushalt variierte in der ländlichen Grafschaft Mark der Frühen Neuzeit von einer Person bis zu mehr als vier Personen (vgl. Tab. 69). Bei einem Durchschnittswert von 1,2 bis 1,6 Gesindestellen lag das Schwergewicht mit über drei bis vier Fünfteln auf einem Knecht oder einer Magd. Das galt auch für die Städte Altena und Schwelm. Während zum Ende des 17. Jahrhunderts 15 Prozent der Valberter zwei Gesindekräfte beschäftigten, erhöhte sich

101 U. Pfister: Haushalt, S. 22.
102 G. Fertig: Marriage, S. 259.

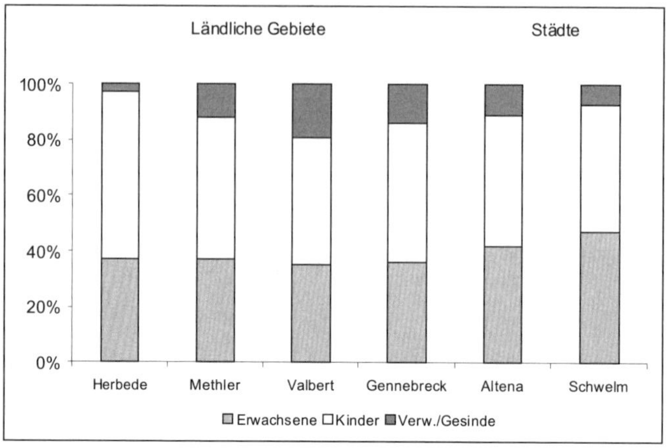

Abb. 42 Haushalte nach Anteil der Mitglieder in ausgewählten Gebieten der Grafschaft Mark 1692 bis 1766

Errechnet und dargestellt nach Tab. 70.

der Anteil bis zum Beginn des 18. Jahrhunderts auf ein Fünftel. Damit verbunden war ein Rückgang des Einpersonenanteils um fast 10 Prozent. In über einem Viertel der Schwelmer Familien arbeiteten ebenfalls zwei Knechte oder Mägde. Sogar sieben Prozent der dortigen Haushalte wiesen einen Anteil von mehr als vier Gesindekräften auf.

Während sich in märkischen Städten der Frühen Neuzeit die jeweiligen Anteile an Erwachsenen und Kindern weitgehend entsprachen, überwog in ländlichen Haushalten dagegen der Anteil an Kindern (vgl. Abb. 42). Demgegenüber trat der Anteil der Haushalte mit Verwandten und/oder Gesinde in den Hintergrund. Das galt auch für die Bauerschaft Valbert, wo dieser Anteil mit fast einem Fünftel am höchsten lag.

Das Verhältnis der Hausherren zu den Hausfrauen differierte in der Grafschaft Mark in der Frühen Neuzeit nur unwesentlich voneinander (vgl. Tab. 70). In der Bauerschaft Gennebreck war es sogar identisch. Dort und in der Bauerschaft Nächstebreck galt das auch für das Verhältnis der Söhne zu den Töchtern. In der Bauerschaft Schwelm dagegen dominierten die Töchter vor den Söhnen. Im Kirchspiel Methler war das Verhältnis umgekehrt. In der Bauerschaft Valbert war der Anteil der Söhne gegenüber den Töchtern nicht nur doppelt so groß, sondern jeder Anteil erhöhte sich bis zum Beginn des 18. Jahrhunderts auch jeweils um das Doppelte.

Tabelle 18 im Anhang enthält für zwei ausgewählte Bauerschaften nordwärts (Methler) und südwärts (Nächstebreck) der Ruhr den Anteil an Mitgliedern je Haushalt, bezogen auf Familientypen. Bei Alleinstehenden und Ehepaaren ohne Kinder entfiel das Schwergewicht eindeutig auf die Erwachsenen. In Nächstebreck trat noch ein Gesindeanteil hinzu. Dagegen stand bei Ehepaaren und Verwitweten mit ledigen Kindern der Anteil an Kindern mit über drei Fünfteln im Vordergrund. Auch bei den erweiterten und Stammfamilien dominierte der Kinderanteil, der sich aber zwischen einem Fünftel und zwei Fünfteln, zugunsten des Anteils an Verwandten, reduzierte. Bei erweiterten Familien wurde letzterer vom Anteil an Erwachsenen übertroffen, der bei Stammfamilien jedoch niedriger als der Verwandtenanteil war.

Tab. 70 Anteil der Haushaltsmitglieder in ausgewählten Gebieten der Grafschaft Mark 1685 bis 1766

Gebiet Name (Jahr)	Anzahl	Haushaltsmitglieder in v. H. (Zeilenprozente)							
		Erwachsene		Kinder		Verwandte		Gesinde	
		m	w	m	w	m	w	m	w
K nordwärts der Ruhr (1)									
Herbede (1692)	803	20	17	31	29	1	2	–	–
Methler (1766)	1225	19	20	29	22	4	6	–	–
B südwärts der Ruhr (2)									
Valbert (1685)	205	27	25	14	9	3	10	3	9
Valbert (1717)	432	17	18	31	15	5	5	3	6
Nächstebreck (1738)	565	18	19	26	26	2	4	1	4
Gennebreck (1738)	620	18	18	25	25	3	4	2	5
Schwelm (1738)	625	20	21	19	26	2	4	6	2
Städte (3)									
Altena (1738)	3111	20	22	24	23	2	3	3	3
Schwelm (1738)	1300	22	25	24	22	–	2	1	4

B = Bauerschaft; K = Kirchspiel; m = männlich; w = weiblich

Errechnet nach: 1) O. R. Enneper: Verzeichnis, S. 7–42; Generalaufnahme, S. 11–52.

2) N. Scheele: Einwohner; ders., Schatzliste; M. Knieriem: Bevölkerung, S. 66–74; ders., Bevölkerungsliste, S. 84–88.

3) Drahtzieherei, S. 75–78, 93–96, 104–109; G. Helbeck: Einwohnerliste, S. 1–17.

Abb. 42a
Anteil der Mitglieder je Haushalt nach Familientypen in der Bauerschaft Nächstebreck 1738

Errechnet und dargestellt nach Tabelle 18 im Tabellenanhang.

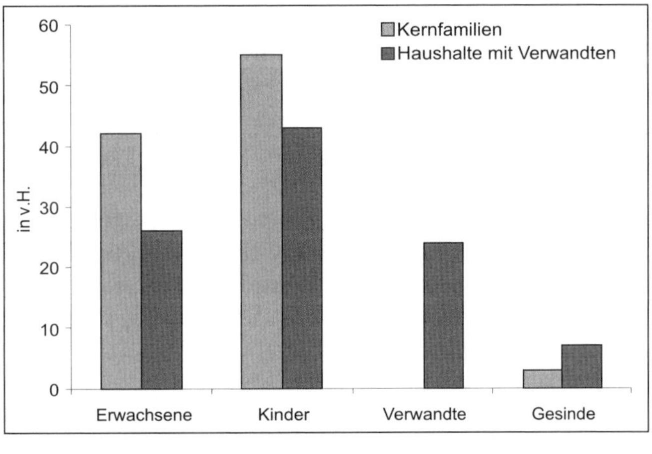

Abbildung 42a veranschaulicht für die Bauerschaft Nächstebreck den Anteil der Mitglieder bei ausgewählten Familientypen. Sowohl bei Kernfamilien als auch bei Haushalten mit Verwandten stand der Anteil an Kindern im Vordergrund. Interessanterweise entsprach dieser bei den Haushalten mit Verwandten dem der Erwachsenen bei den Kernfamilien. Bei den Haushalten mit Verwandten übertraf der Anteil an Erwachsenen den an Verwandten nur unwesentlich. Der dortige Gesindeanteil war doppelt so hoch wie bei Kernfamilien.

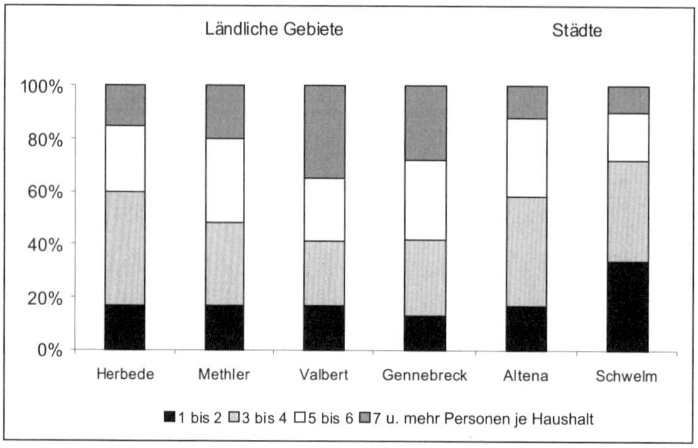

Abb. 43 Durchschnittliche Anzahl der Personen je Haushalt in ausgewählten Gebieten der Grafschaft Mark 1692 bis 1766

Errechnet und dargestellt nach Tab. 71.

4.7 Größe ländlicher Familienhaushalte

Trotz ähnlicher Durchschnittszahl von etwa fünf Personen je Haushalt verteilten sich die verschiedenen Anteile unterschiedlich auf einzelne Gebiete (vgl. Abb. 43). In der Bauerschaft Valbert dominierten die Haushalte mit über sieben Personen. Auf die Haushalte mit drei bis vier bzw. fünf bis sechs Personen entfiel jeweils ein Viertel. Die Bauerschaft Gennebreck zeigte in den drei Gruppierungen mit jeweils 30 Prozent annähernd gleich große Anteile. Im Kirchspiel Methler traf das mit jeweils knapp einem Drittel nur für die ersten beiden Größenklassen zu, auf Kosten der letzteren. Im Vergleich zu den ländlichen Familienhaushalten standen in der Stadt Schwelm jene mit ein oder zwei Personen zu über einem Drittel im Vordergrund. Der Anteil der Mehrpersonenhaushalte von fünf Mitgliedern an aufwärts betrug nur noch über ein Viertel.

Während der Frühen Neuzeit lebten nach Tabelle 71 in märkischen Städten durchschnittlich vier Personen in einem Haushalt. Das traf 1737 auch für die auf dem Lande der Grafschaft Mark lebenden jüdischen Familien[103] zu. Im Vergleich dazu war die Zahl in sonstigen ländlichen Haushalten teilweise um eine Person höher und konnte im Durchschnitt vier bis fünf Mitglieder umfassen. In dieser Größenordnung entwickelte sich auch die Haushaltsgröße der Valberter Bauerschaft bis zum Beginn des 18. Jahrhunderts. Unter diesen Prämissen bildete die Großfamilie in der frühneuzeitlichen Grafschaft Mark eher die Ausnahme. Nur in der süderländischen Bauerschaft Valbert bestand z. B. über ein Drittel der Haushalte aus sieben und mehr Personen. Aufgrund der niedrigen Lebenserwartung, verbunden mit einer hohen Säuglings- und Kindersterblichkeit, waren nicht wenige Großelternteile verwitwet. Letztere konnten dann mit ihren verheirateten Kindern und den überlebenden Enkeln, mit Stiefkindern und/oder Geschwistern einen gemeinsamen Haushalt bilden.

Nach Tabelle 18 im Anhang differierte die durchschnittliche Anzahl von Personen je Haushalt nach Familientypen. Ehepaare lebten zu zweit miteinander. Nichtfamilienhaushalte und Verwitwete mit ledigen Kindern wiesen drei bis vier Mitglie-

103 K. Maser: Juden, S. 94, 97.

Tab. 71 Haushalte nach Anzahl der Mitglieder in ausgewählten Gebieten der Grafschaft Mark 1685 bis 1766

Gebiet	Name (Jahr)	Anzahl	Personen je Haushalt in v. H. (Zeilenprozente)					∅
			1–2	3–4	5–6	7–8	≥9	
K nordwärts der Ruhr (1)	Herbede (1692)	185	17	43	25	12	3	*4,2*
	Methler (1766)	251	14	31	33	17	5	*4,9*
B südwärts der Ruhr (2)	Valbert (1685)	61	38	41	18	3	–	*4,5*
	Valbert (1717)	83	17	24	24	30	5	*5,2*
	Nächstebreck (1738)	123	15	36	30	16	3	*5,1*
	Schwelm (1738)	139	22	30	30	14	4	*4,5*
	Gennebreck (1738)	119	13	29	30	20	8	*5,2*
Städte (3)	Altena (1738)	716	17	41	30	10	2	*4,3*
	Schwelm (1738)	359	34	38	18	9	1	*3,6*

B = Bauerschaft; K = Kirchspiel

Errechnet nach: 1) O. R. Enneper: Verzeichnis, S. 7–42; Generalaufnahme, S. 11–52.

2) N. Scheele: Einwohner; ders., Schatzliste; M. Knieriem: Bevölkerung, S. 66–74; ders., Bevölkerungsliste, S. 84–88.

3) Drahtzieherei, S. 75–78, 93–96, 104–109; G. Helbeck: Einwohnerliste, S. 1–17.

Abb. 43a
Anzahl der Personen je Haushalt nach Familientypen in der Bauerschaft Nächstebreck 1738

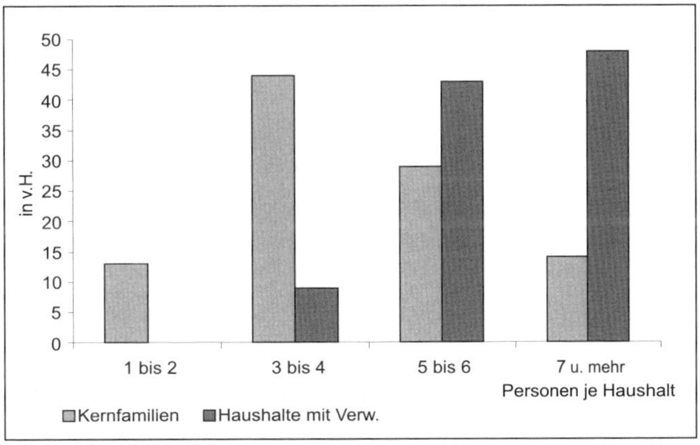

Errechnet und dargestellt nach Tab. 18 im Tabellenanhang.

der auf. Während Ehepaare mit unverheirateten Kindern zu fünft einen Haushalt bildeten, bestanden erweiterte Familien aus sechs und Stammfamilien aus sieben Personen. Über ein Fünftel der Nächstebrecker Stammfamilien wohnten sogar mit neun und mehr Mitgliedern zusammen.

Dementsprechend verteilte sich in der Bauerschaft Nächstebreck die Anzahl der Personen je Haushalt nach Abbildung 43a. Kernfamilien konzentrierten sich eher auf niedrige Personenzahlen je Haushalt. Der Anteil an Kleinhaushalten entsprach in etwa denen mit sieben und mehr Personen. Das Schwergewicht mit über zwei Fünfteln lag bei drei bis vier Mitgliedern. Die Höhe dieses Anteils traf bei fünf bis sechs Personen je Familie zu, für Haushalte mit Verwandten, die fast zur Hälfte sieben und mehr Mitglieder zählten.

Tab. 72 Haushalte nach Anzahl der Mitglieder bei Landwirtschaft und Gewerbe in ausgewählten Gebieten der Grafschaft Mark 1738 bis 1766

Mitglieder je Haushalt von … bis …	1) Ausgewählte Bauerschaften im Hochgericht Schwelm (1738)				2) Kirchspiel Methler (1766)			
	Landwirtschaft		Gewerbe		Landwirtschaft		Gewerbe	
	abs.	v. H.	abs.	v. H.	abs.	v. H.	abs.	v. H.
1–2	30	17	23	14	6	7	4	9
3–4	54	31	62	37	16	18	13	30
5–6	57	32	51	30	40	44	16	36
7–8	28	16	23	14	23	26	10	23
≥9	7	4	9	5	5	5	1	2
Insgesamt	*176*	*100*	*168*	*100*	*90*	*100*	*44*	*100*

Errechnet nach: 1) M. Knieriem: Bevölkerung, S. 66–74; ders., Bevölkerungsliste, S. 84–88.
2) Generalaufnahme, passim.

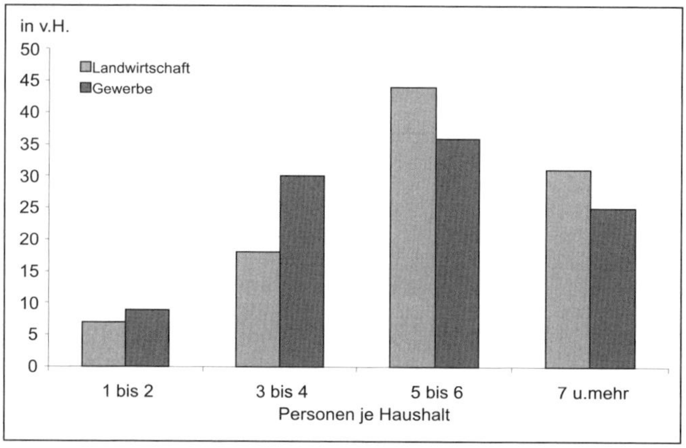

Abb. 44 Durchschnittliche Anzahl der Personen je Haushalt bei Landwirtschaft und Gewerbe im Kirchspiel Methler 1766

Errechnet und dargestellt nach Tab. 72.

Tabelle 72 bezieht die Haushaltsgröße auf ausgewählte Wirtschaftszweige. In zwei Dritteln der gewerblichen Haushalte lebten drei bis sechs Personen. Dagegen lag das Schwergewicht bei landwirtschaftlichen Haushalten auf fünf bis acht Personen. Das drückt sich im Kirchspiel Methler z. B. auch in der unterschiedlichen Haushaltsgröße aus. Letztere betrug durchschnittlich fünf Personen im Gewerbe und sechs in der Landwirtschaft.

Abbildung 44 veranschaulicht die Verteilung unterschiedlicher Haushaltsgrößen auf ausgewählte Wirtschaftszweige im Kirchspiel Methler. Entfielen mehr als zwei Fünftel der landwirtschaftlichen Haushalte auf solche mit fünf bis sechs Personen, so traf das nur bei gut einem Drittel der gewerblichen Haushalte zu. In beiden Fällen handelte es sich um das jeweilige Maximum. Auch in den höheren Haushaltsgrößen übertrafen die Anteile der landwirtschaftlichen jene der gewerblichen Haushalte. Dagegen blieben sie in den niedrigen Haushaltsgrößen hinter den gewerblichen zurück.

Tabelle 73 zeigt am Beispiel des Kirchspiels Methler die regionale und konfessionelle Verteilung der dortigen Familien. Über die Hälfte konzentrierte sich auf das

Tab. 73 Familien in Bauerschaften des Kirchspiels Methler nach der Konfessionszugehörigkeit 1766

Bauerschaft	Insgesamt		Konfessionsgleiche Familien		Konfessionsverschiedene Familien		
	abs.	v. H.	abs.	v. H.	abs.	v. H.	Anteil in v. H.
Dorf Methler	57	27	45	21	12	6	21
Oberaden	48	23	38	18	10	5	21
Westick	31	15	28	14	3	1	10
Weddinghofen	29	14	23	11	6	3	21
Niederaden	22	11	19	9	3	1	13
Wassercurl	22	10	16	8	6	3	27
Kirchspiel Methler	*209*	*100*	*169*	*81*	*40*	*19*	*19*

Errechnet nach: Generalaufnahme, passim.

Dorf Methler und die Bauerschaft Oberaden. Die übrigen entfielen auf vier weitere Bauerschaften. Bei etwa einem Fünftel handelte es sich um konfessionsverschiedene Familien. Der Anteil streute von 10 Prozent in der Bauerschaft Westick und gut einem Viertel in der Bauerschaft Wassercurl.

Über drei Fünftel der konfessionsverschiedenen Familien verteilten sich auf lutherische und reformierte Bekenntnisse sowie ein Drittel auf die lutherische und katholische Konfession. Bei über 90 Prozent der konfessionsungleichen Familien dominierte das lutherische Bekenntnis.

In der Frühen Neuzeit war eine ländliche Geburt[1] in erster Linie Sache von Frauen. An diesem öffentlichen Ereignis nahm die sich bei jeder Niederkunft immer wieder neu bildende und auf gegenseitigem Vertrauen basierende Gruppe verheirateter Frauen eines Ortes teil. Aus Gründen des Anstands sollten Männer sich in den Geburtsvorgang nicht einmischen. Erst im Laufe des 18. Jahrhunderts konnten sich Geburtschirurgen gegen dieses Vorurteil durchsetzen.[2]

Gewohnheitsmäßig umfasste die Not-, Hilfs- und Festgemeinschaft vor, während und nach der Geburt fünf bis sieben Mütter aus der Familie, Verwandtschaft und Nachbarschaft. Die von den verheirateten Dorffrauen traditionsgemäß gewählte Hebamme[3] leitete den Geburtsprozess. Daneben kontrollierte sie unerlaubte Schwangerschaften[4] im jeweiligen Dorf. Im sogenannten Genießverhör sollte die Hebamme beim Geburtsvorgang den Namen des bisher unbekannten Vaters ermitteln. Dazu heißt es im Weitmarer Taufbuch[5] des Jahres 1734: „[...] ein uneheliches Kindt ist getauffet, deßen Vatter nach dem in Kindes nöthen gethanes bekendtniß sein solle Johan Franette ein Soldath auß Werden, die Mutter Catarina Margareta auß stiepel.“ Die Hebamme entstammte größtenteils der ortsansässigen Mittelschicht. In Gerichtsprotokollen werden auch ältere Witwen aus der klein- und unterbäuerlichen Schicht genannt. Ihre Ehrbarkeit und familiäre Eingebundenheit waren maßgebend für die Anerkennung ihrer Geburtshilfe.

Die ernannte Vertrauensperson besaß überlieferte Kenntnisse und langjährige Erfahrung. Von 1724 bis 1748 half z. B. die Frau des Gerichtsfronen Konrad Meyer in Schwelm 2000 Kindern, auf die Welt zu kommen.[6] Sie hütete und verwaltete das Wissen um die Geburt der Neugeborenen. Eine geregelte Ausbildung entstand erst während des 18. Jahrhunderts. Das verantwortungsvolle Amt der Landhebamme galt als ein besonderer Dienst zur Erhaltung von Leib und Leben der Nachkommenschaft eines Ortes.

Normalerweise erblickten Kinder zu Hause das Licht der Welt.[7] Das geschah wohl weniger im direkten Wohnbereich, sondern eher vor dem Kamin oder im Stall. Wegen des austretenden Blutes lag die Gebärende auf Stroh oder einem Laken, das man danach verbrannte. Seit dem 18. Jahrhundert konnte die Entbindung mit Hilfe eines Geburtsstuhls im Sitzen erfolgen. In ländlichen Regionen fand die Niederkunft bisweilen unverhofft während der Arbeit auf dem Felde statt. Müller[8] bemerkte für das Hochgericht Schwelm: „Merkwürdig ist es unterdessen, daß der

1 R. v. Dülmen: Kultur, Bd. 1, S. 82 f.; E. Labouvie: Beistand, S. 44 f., 66; dies., Geburt, S. 495–502; dies., Schmerzen, S. 84; dies., Umstände, S. 103.

2 A. Burguière: Priester, S. 180 f.

3 Vgl. U. Gleixner: Gute; E. Labouvie: Beistand; dies., Geburt.

4 H. Herold: Hebammenamt, S. 374 f.; E. Labouvie: Schmerzen, S. 92 f.; dies., Umstände, S. 150; Th. Niederquell: Bevölkerung, S. 57 f.; C. Ulbrich: Shulamit, S. 70.

5 KB Weitmar, Bd. 1, S. 107.

6 G. Helbeck: Einwohnerliste, Anlage 1, XIII.

7 E. Labouvie: Geburt, S. 503; P. Münch: Lebensformen, S. 238 ff.

8 F. Ch. Müller: Choragraphie, S. 15.

schwächlichen Leibesbeschaffenheit der meisten Frauenzimmer ohngeachtet die Geburten in der hiesigen Gegend ungemein leicht und glücklich von statten gehen. Am zweyten dritten Tage nach der Geburt, sind die meisten Kindbetterinnen schon wieder hergestellt, und verrichten ihre häusliche Geschäfte.“

In den schweren Stunden der Geburt nahm man Zuflucht zu magisch-rituellen Praktiken.[9] Evangelisch-lutherische bevorzugten dabei religiöse Bücher mit Gebeten und Kirchenliedern.[10] Sie erwarteten von der Verdinglichung des Gotteswortes eine direkt wirksame beschützende und heilbringende Kraft. Als Amulett erhielten Schwangere die Bibel unter das Kopfkissen und Säuglinge diese in die Wiege gelegt. Statt dessen unterstützen Katholiken ihre Fürbitte um göttlichen Beistand mit Sakramentalien wie z. B. Weihwasser, einem Rosenkranz, Heiligenbildchen und Kreuzzeichen. Denn nach dem frühneuzeitlichen Volksglauben waren Wöchnerinnen und Neugeborene innerhalb der ersten sechs Wochen besonders dem Einfluss böser Mächte ausgeliefert. Danach erfolgte die Reintegration[11] sowohl im religiösen Bereich in der Kirche mit Kerze und Dankesgabe durch die Aussegnung als auch auf sozialer Ebene mit einem Festmahl.

5.1 Regionale Verteilung der Getauften

Gut zwei Drittel der märkischen Geborenen kamen nach Tabelle 74 in der Frühen Neuzeit auf dem Lande zur Welt. Die geringe Streubreite lag zwischen 64 Prozent im Jahr 1690 und 71 Prozent in den Jahren 1732, 1738 bis 1739 sowie 1751. Wie bei den Eheschließungen betrug der Anteil des Gebietes südwärts der Ruhr an den ländlichen Geburten im Durchschnitt 55 Prozent. Er variierte von 48 bis 61 Prozent.

Die jährliche Wachstumsrate ländlicher Geborener der Jahre 1688 bis 1751 betrug 0,4 Prozent. Nordwärts der Ruhr halbierte sie sich auf 0,2 Prozent. Der Wert war geringer als jener der Reformierten und Lutherischen der Jahre 1680/84 bis 1750/54. Im Süderland war die Wachstumsrate pro Jahr mit 0,6 Prozent dreimal höher als im Hellweggebiet. Bezogen auf den Durchschnittswert für 1688/1751 variierten die Angaben märkischer Geborener von 72 bis 121 Prozent.

Abbildung 45 zeigt für ausgewählte Jahre der Frühen Neuzeit die Entwicklung ländlicher Getauften in der Grafschaft Mark nord- und südwärts der Ruhr. Die zu Ende des 17. Jahrhunderts unterdurchschnittlichen Werte stiegen im ersten Drittel des 18. Jahrhunderts zwar über dem Durchschnitt an. Sie stagnierten aber bis zur Jahrhundertmitte. Dabei blieb der Anteil süderländischer Getaufter höher als der hellwegische.

Mehr als zwei Drittel der Getauften nordwärts der Ruhr entfielen auf die Ämter Unna/Kamen, Bochum und Hamm (vgl. Tab. 75). Mit Ausnahme des Amtes Hörde blieb der jeweilige Anteil aller anderen Gebiete unter fünf Prozent. Im ersten Drittel des 18. Jahrhunderts war die Entwicklung der Getauften im Hellweggebiet

9 E. François: Buch, S. 222, 226 f.; R. Grube-Verhoeven: Verwendung, S. 24 f.
10 Vgl. Kirchen-Gesang-Buch; P. Veit: Kirchenlied.
11 E. Labouvie: Umstände, S. 245 f., 254 ff.

Tab. 74 Entwicklung der Getauften nach ländlichen Regionen der Grafschaft Mark 1688 bis 1751

Jahr	Nordwärts der Ruhr		Südwärts der Ruhr			Insgesamt		
	abs.	X	abs.	X	Y	abs.	X	Z
1688	977	96	1109	88	53	2086	92	72
1689	985	97	984	78	50	1969	87	68
1690	1029	102	953	76	48	1982	87	64
1696	1054	104	994	79	49	2048	90	65
1699	763	75	871	69	53	1634	72	67
1700	889	88	862	68	49	1751	77	69
1707	996	98	1221	97	55	2217	97	70
1732	1119	110	1586	126	59	2705	119	71
1737	998	98	1565	124	61	2563	121	70
1738	1083	107	1609	128	60	2692	118	71
1739	1012	100	1539	122	60	2551	112	71
1750	1147	113	1485	118	56	2632	116	68
1751	1121	111	1601	127	59	2722	120	71
1688/1751	*1013*	*100*	*1260*	*100*	*55*	*2273*	*100*	*69*

X = Durchschnitt für 1688/1751 je Gebiet = 100; Y = Anteil in v. H. je Jahr

Z = in v. H. aller Getauften der Grafschaft Mark in Stadt und Land

Für einzelne Gebiete fehlen Angaben folgender Jahre:

1689 für die Ämter Kamen und Plettenberg, 1690 für das Amt Kamen,

1696 für die Ämter Schwerte und Plettenberg sowie das Hochgericht Schwelm,

1699 und 1700 für das Hochgericht Schwelm, 1750 für das Gericht Wetter.

Errechnet nach: GStA PK: I. HA Geh. Rat, Rep. 47 Geistl. Ang., Tit. 24 Populationsl., 1683–1696, unpag.; 1699–1749, unpag.; 1750–1759, Nr. 2, Bl. 14–15, 50–55; Nr. 9, Bl. 67 r-68 r. Landesarchiv NRW Abteilung Westfalen, Münster: KMK, Lds, Nr. 20, Bl. 382.

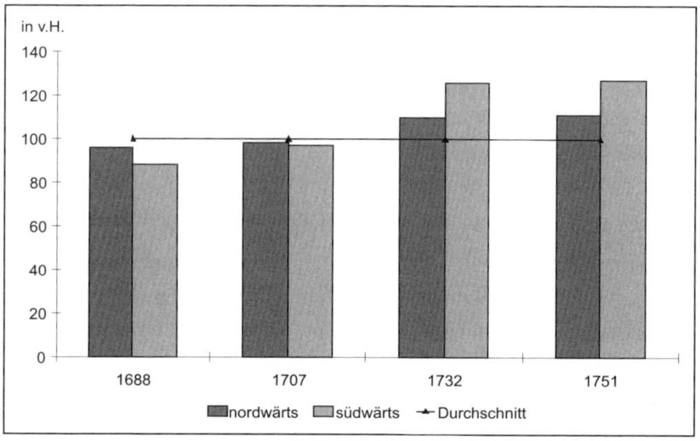

Abb. 45 Ländliche Getaufte in der Grafschaft Mark 1688 bis 1751

Dargestellt nach Tab. 74.

insgesamt gesehen wenig veränderlich. Das Amt Lünen sowie die Gerichte Strünkede und Heeren zeigten dagegen eine stärkere Zunahme. Die Bruttogeburtenrate betrug 28 Getaufte im ländlichen Gebiet der Grafschaft Mark nordwärts der Ruhr. Sie schwankte von 13 in den Gerichten Langendreer und Horst bis zu 42 im Gericht Witten.

Tab. 75 Anzahl der Getauften in einzelnen ländlichen Gebieten der Grafschaft Mark nördwärts der Ruhr 1688 bis 1739

Gebiet	1688		1707		1739			Entwicklung (1707 = 100)	
	abs.	v. H.	abs.	v. H.	abs.	v. H.	X	1688	1739
A Bochum	*392*	*40*	*335*	*34*	*290*	*29*	*23*	*117*	*87*
davon G:									
Bochum	293	30	250	25	147	15	18	117	59
Castrop	58	6	–	–	53	5	39	–	–
Eickel	–	–	42	4	35	4	39	–	83
Strünkede / Herne	41	4	26	3	41	4	37	158	158
Langendreer	–	–	17	2	14	1	13	–	82
A Unna/Kamen	227	23	279	28	288	28	35	81	103
G Heeren	–	–	16	2	19	2	40	–	119
A Hamm	199	20	184	18	186	18	30	108	101
G Haren-Üntrop	–	–	–	–	25	3	26	–	–
A Hörde	87	9	83	8	86	8	34	105	104
A Lünen	26	3	18	2	25	3	36	144	139
A Schwerte	–	–	9	1	28	3	30	–	311
G Bodelschwingh-Mengede	28	3	44	4	39	4	27	63	88
G Witten	11	1	23	2	24	2	42	48	104
G Horst	7	1	5	1	2	0	13	140	40
Insgesamt	*977*	*100*	*996*	*100*	*1012*	*100*	*28*	*98*	*102*

A = Amt; G = Gericht; X = Getaufte je 1000 ländlicher Einwohner

Errechnet nach: GStA PK: I. HA Geh. Rat, Rep. 47 Geistl. Ang., Tit. 24 Populationsl., 1683–1696, unpag.; 1699–1749, unpag.; 1750–1759, Nr. 2, Bl. 54–55.

Die Zahl der ländlichen Getauften in der Grafschaft Mark stieg von 1707 bis 1751 im Durchschnitt um 23 Prozent. Sie variierte von 13 Prozent im Gebiet nordwärts der Ruhr bis 31 Prozent im südlichen Gebiet. Abbildung 46 verdeutlicht die unterschiedliche regionale Entwicklung. Demnach fanden im östlichen Gebiet der Grafschaft Mark, in den Ämtern Unna/Kamen und Iserlohn, dem Hochgericht Lüdenscheid sowie in den Gerichten Altena und Stiepel, die wenigsten Taufen statt. In den Ämtern Wetter, Schwerte, Lünen und Neuenrade nahm die Zahl der Getauften am stärksten zu.

Abbildung 47 präsentiert die ländlichen Geburten je 1000 Einwohner der Grafschaft Mark für das Jahr 1739 nach vier Größenklassen. In Anbetracht der märkischen Werte wurden von den bei Harnisch[12] vorgeschlagenen fünf Gruppen die beiden letzten Größenklassen vereinigt. Mit durchschnittlich 34 Geburten je 1000 Einwohnern handelte es sich bei der märkischen Geburtenrate um einen niedrigen Wert. Im Amt Bochum sowie in den Gerichten Bodelschwingh-Mengede und Horst waren die Werte am geringsten. Dagegen wies der nördliche Teil des Süderlandes mit den Ämtern Wetter und Blankenstein sowie den Gerichten Herbede, Stiepel und Witten mit über 40 Geburten je 1000 Einwohnern die höchsten Geburtenraten auf.

12 H. Harnisch: Bevölkerung, S. 69.

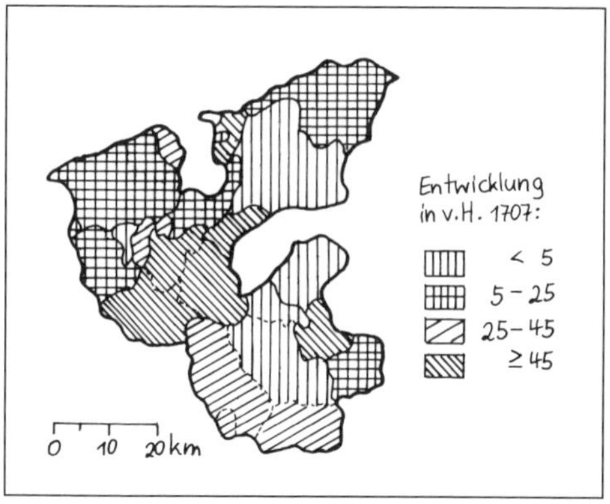

Abb. 46
Regionale Entwicklung ländlicher Getaufter in der Grafschaft Mark 1707 bis 1751

Errechnet und dargestellt nach: GStA PK: I. HA Geh. Rat, Rep. 47 Geistl. Ang., Tit. 24 Populationsl., 1699–1749, unpag.; 1750–1759, Nr. 2, Bl. 14–15.

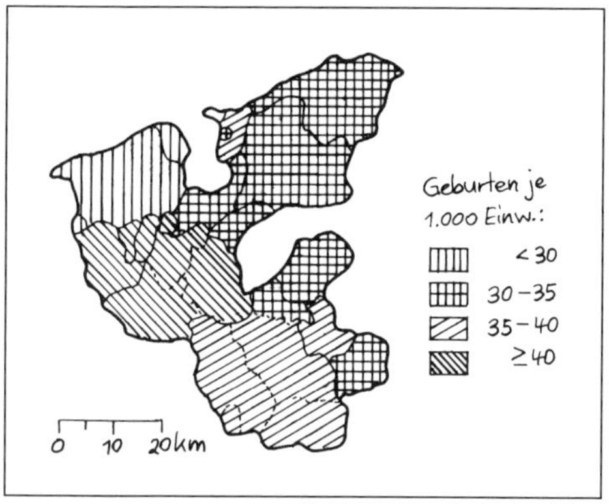

Abb. 47
Geburtenrate in einzelnen ländlichen Gebieten der Grafschaft Mark 1739

Errechnet und dargestellt nach den Tab. 2–3, 75–76.

Nach Tabelle 76 wurden mehr als 70 Prozent der Süderländer in den Ämtern Altena und Wetter geboren. Mit Ausnahme des Amtes Blankenstein verteilten sich die Getauften mit jeweils geringeren Anteilen auf die übrigen Gebiete. Im Gegensatz zum nördlichen Teil der Grafschaft Mark war in der Frühen Neuzeit im südlichen jedoch eine um fast 25 Prozent stärkere Geburtenzunahme anzutreffen. Hervorzuheben sind die Ämter Neuenrade und Wetter. Unter dem Durchschnitt blieben die Werte der Ämter Blankenstein, Plettenberg und Iserlohn. Mit fast 39 Geburten pro 1000 Einwohner war die Brutto-Geburtenrate im südlichen Gebiet der Grafschaft Mark um fast 11 Personen höher als im nördlichen Teil. Die Angaben streuten zwischen 19 im Gericht Bruch und 46 Geburten im Amt Blankenstein.

5.2 Langfristige Entwicklung der Lebendgeborenen

Die langfristige Entwicklung lutherischer Lebendgeborener im ländlichen Bereich der Grafschaft Mark erfolgte nach Abbildung 48 in der Frühen Neuzeit mit einer Wachstumsrate von jährlich 0,7 Prozent. Die bisherige mit 1680/84 beginnende unterdurchschnittliche Entwicklung verlief ab 1715/19 über dem Durchschnitt. Wie bei den Eheschließungen ist auch bei den Lebendgeborenen ein deutlicher Antagonismus zwischen Roggenpreisen und Geburtenhäufigkeit zu beobachten.

Tab. 76 Anzahl der Getauften in einzelnen ländlichen Gebieten der Grafschaft Mark südwärts der Ruhr 1688 bis 1739

Gebiet	1688		1707		1739			Entwicklung (1707 = 100)	
	abs.	v. H.	abs.	v. H.	abs.	v. H.	X	1688	1739
A Altena	*398*	*36*	*449*	*37*	*541*	*35*	*37*	*89*	*120*
davon:									
H Lüdenscheid	–	–	173	14	196	13	37	–	113
A Breckerfeld	–	–	150	12	196	13	37	–	131
G Meinerzhagen	–	–	103	9	125	8	38	–	121
G Altena	–	–	23	2	24	2	34	–	104
A Wetter	*382*	*34*	*390*	*32*	*604*	*39*	*43*	*98*	*155*
davon:									
H Schwelm	–	–	151	12	249	16	41	–	165
G Hagen	–	–	135	11	237	15	45	–	175
G Wetter	–	–	104	9	118	8	44	–	113
A Blankenstein	135	12	150	12	138	9	46	90	92
G Bruch	21	2	11	1	11	1	19	191	100
A Iserlohn	35	3	59	5	65	4	32	59	110
G Hemer	32	3	36	3	30	2	27	89	83
A Plettenberg	26	2	42	3	46	3	33	62	109
A Neuenrade	29	3	25	2	44	3	35	116	176
G Stiepel	22	2	30	3	30	2	43	73	100
G Herbede	29	3	29	2	30	2	40	100	103
Insgesamt	*1109*	*100*	*1221*	*100*	*1539*	*100*	*39*	*91*	*126*

A = Amt; G = Gericht; H = Hochgericht; X = Getaufte je 1000 ländliche Einwohner

Errechnet nach: GStA PK: I. HA Geh. Rat, Rep. 47 Geistl. Ang., Tit. 24 Populationsl., 1683–1696, unpag.; 1699–1749, unpag.; 1750–1759, Nr. 2, Bl. 54–55.

Abb. 48 Lebendgeborene nach Konfessionen in der Grafschaft Mark 1680 bis 1754

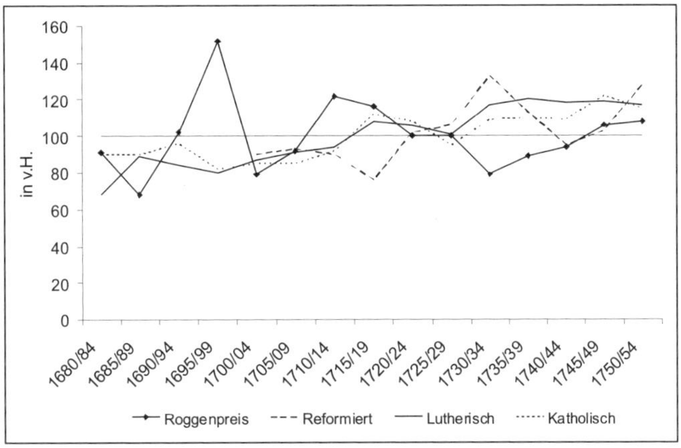

Dargestellt nach den Tab. 12, 77.

1695/99 bewirkten die erhöhten Kornpreise nur eine geringe Geburtenfreudigkeit. Im Gegensatz dazu förderten 1730/34 die Tiefstpreise einen um 20 Prozent über dem Durchschnitt liegenden Geburtenanstieg. Die einzelnen Zahlen sind in Tabelle 77 aufgeführt.

Tab. 77 Lebendgeborene nach Konfessionen in der Grafschaft Mark 1680 bis 1754

Lustrum	Reformiert (1)		Lutherisch (2)		Katholisch (3)	
	abs.	X	abs.	X	abs.	X
1680/84	–	–	274	68	376	90
1685/89	–	–	360	89	375	90
1690/94	–	–	339	84	401	96
1695/99	–	–	325	80	342	82
1700/04	123	87	352	87	355	85
1705/09	127	90	370	91	355	85
1710/14	124	88	383	94	384	92
1715/19	104	74	438	108	465	112
1720/24	140	99	429	106	449	108
1725/29	145	103	409	101	397	95
1730/34	182	129	474	117	456	109
1735/39	155	110	485	120	459	110
1740/44	130	92	478	118	455	109
1745/49	142	101	484	119	510	122
1750/54	175	124	474	117	480	115
1680/1754	*141*	*100*	*405*	*100*	*417*	*100*

X = Durchschnitt für 1680/1754 je Konfession = 100

Errechnet nach: 1) LKAB: KB Rhynern, Bd. 1–2; KB Wiblingwerde, Bd. 1.

2) LKAB: KB Dahl, Bd. 1, S. 6–123; KB Gevelsberg, Bd. 4–6, unpag.; KB Lünern, Bd. 1, passim; KB Weitmar, Bd. 1, S. 1–150; Bd. 2, S. 1–5.

3) KBabt. P: KB Rhynern, Bd. 1, S. 1–200; Bd. 2, S. 1–107; KPf. N: KB Niederwengern, Getaufte, Bl. 10 v-165 r.

Abbildung 48 zeigt die langfristige Entwicklung reformierter und katholischer Geburten für ländliche Gebiete der Grafschaft Mark in der Frühen Neuzeit. Bei einer jährlichen Wachstumsrate von 0,9 Prozent bei den Reformierten, war sie mit 0,3 Prozent bei den Katholischen geringer. Während die Entwicklung katholischer Geburten von 1680/84 bis 1710/14 zunächst unterdurchschnittlich und dann knapp über dem Durchschnitt, also relativ gleichmäßig, verlief, zeigten reformierte Geburten vor allem in der ersten Hälfte des 18. Jahrhunderts stärkere Entwicklungsschübe. Einzelne Angaben auch dazu sind in Tabelle 77 ersichtlich.

Die frühneuzeitliche Entwicklung ländlicher Lebendgeborener ausgewählter Kirchengemeinden der Grafschaft Mark wird in Abbildung 49 veranschaulicht. Erst zu Beginn des 18. Jahrhunderts nahmen die bisher unter dem Durchschnitt liegenden Werte der Lebendgeborenen überdurchschnittlich zu. In Lünern waren die Anteile 1720/24 und 1735/44 mit jeweis mehr als einem Fünftel über dem Durchschnitt. Für Weitmar traf das erst zur Mitte des 18. Jahrhunderts zu.

Die süderländischen Kirchspiele erreichten höhere Werte. Die Dahler Geburtenfreudigkeit stieg 1730/34 auf ein Drittel über dem Durchschnitt an. In Gevelsberg erhöhten sich die Werte von 1715/19 mit einem Fünftel über dem Durchschnitt bis 1745/49 auf 50 Prozent darüber. Gleichzeitig lagen die Anteile der anderen Kirchengemeinden nur mit mehr als 10 Prozent über dem Durchschnitt.

Die Wachstumsraten der Lebendgeborenen betrugen pro Jahr in Weitmar 0,2 Prozent und in Lünern 0,3 Prozent. In Rhynern differierten sie zwischen 0,1 Prozent

Abb. 49
Lebendgeborene in ausgewählten Kirchengemeinden der Grafschaft Mark 1680 bis 1754

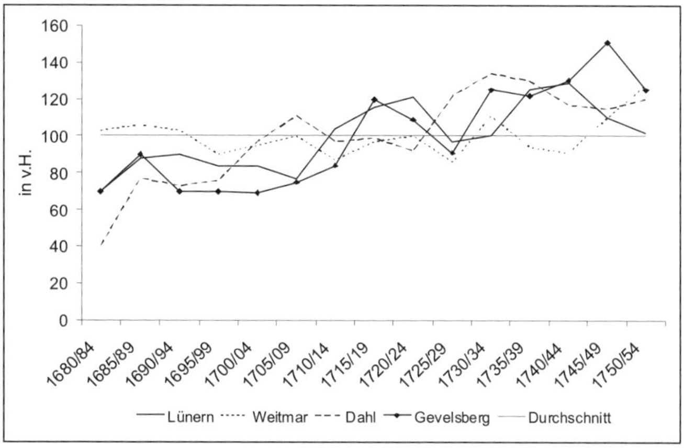

Dargestellt nach den Tab. 1 a, 3 a, 5 a, 13 a im Tabellenanhang.

bei den Katholiken und 0,9 Prozent bei den dortigen Reformierten. Die südlichen Kirchspiele übertrafen diese Werte teilweise: Niederwenigern mit 0,6 Prozent und Gevelsberg mit 0,7 Prozent sowie Dahl mit 0,9 Prozent und Wiblingwerde mit 1,0 Prozent.

5.3 Saisonale Schwankungen der Lebendgeborenen

Für traditionelle Agrargesellschaften der Frühen Neuzeit konstatierte Imhof[13] einen Kausalzusammenhang zwischen der saisonalen Häufigkeitsverteilung der Geburten und dem Jahresrhythmus der bäuerlichen Feldarbeiten. Im Verlauf von Jahrhunderten entstand zwischen beiden Rhythmen ein ausgewogenes Verhältnis. Sie ergänzten einander spiegelbildlich und führten hinsichtlich ihrer Belastungen zu einer Homöostase zum Besten der Mütter und ihrer Säuglinge.

Wie aus Tierpopulationen hinlänglich bekannt, werden die Jungen trotz unterschiedlicher Tragezeiten zu einem für ihr Überleben günstigen Zeitpunkt geboren.[14] So gesehen erfolgten auch bei Menschen überdurchschnittlich viele Geburten in den arbeitsärmeren Wintermonaten und unterdurchschnittlich wenige in den arbeitsintensiven Sommermonaten. Die Mütter konnten sich im ersten Drittel des Jahres besser um ihre Säuglinge kümmern, sie ruhiger stillen und intensiver pflegen. Während der hektischen Ernteperiode war ihre Arbeitskraft auf dem Felde unentbehrlich.[15] Außerdem konnten im Sommer gefürchtete Diarrhöen und die geringere Haltbarkeit der Lebensmittel die Überlebenschancen von Neugeborenen zusätzlich gefährden.[16]

13 A. E. Imhof: Jahre, S. 51–54; ders., Regulation, S. 123.
14 Ders., Geschichte, S. 193–196; ders., Leib, S. 30 ff.
15 Ch. Pfister: Bevölkerungsgeschichte, S. 33.
16 E. Rettinger: Aspekte, S. 207 f.

Tab. 78 Monatlich Lebendgeborene nach Konfessionen in der Grafschaft Mark 1680 bis 1754

Monat	Reformiert (1)		Lutherisch (2)		Katholisch (3)	
	abs.	X	abs.	X	abs.	X
Januar	170	122	595	115	609	114
Februar	167	132	620	133	651	135
März	182	130	720	140	761	144
April	165	122	595	119	558	108
Mai	133	95	542	105	550	103
Juni	86	64	366	73	397	77
Juli	93	66	364	71	348	65
August	113	81	388	75	449	84
September	130	96	464	93	461	90
Oktober	113	81	463	90	503	95
November	129	95	487	98	468	91
Dezember	164	117	470	91	504	95
Jan./Dez.	*137*	*100*	*506*	*100*	*522*	*100*

X = Durchschnitt für 1680/1754 je Konfession = 100, bereinigt

Errechnet nach: 1) LKAB: KB Rhynern, Bd. 1–2; KB Wiblingwerde, Bd. 1.

2) LKAB: KB Dahl, Bd. 1, S. 6–123; KB Gevelsberg, Bd. 4–6, unpag.; KB Lünern, Bd. 1, passim; KB Weitmar, Bd. 1, S. 1–150; Bd. 2, S. 1–5.

3) KBabt. P: KB Rhynern, Bd. 1, S. 1–200; Bd. 2, S. 1–107; KPf. N: KB Niederwengern, Getaufte, Bl. 10 v-165 r.

Abb. 50

Monatlich Lebendgeborene nach Konfessionen in der Grafschaft Mark 1680 bis 1754

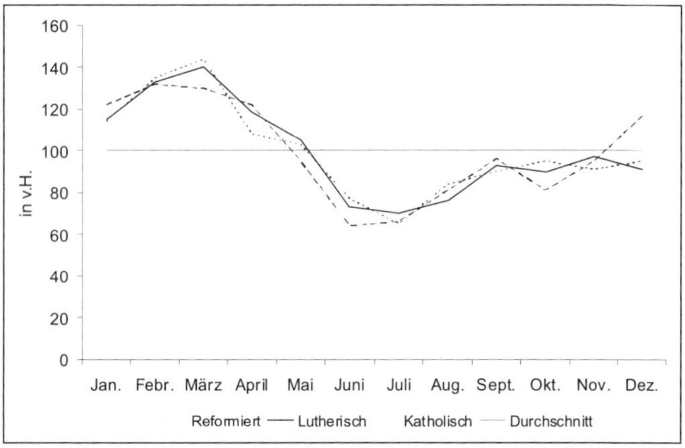

Dargestellt nach Tab. 78.

Die saisonalen Schwankungen der ländlichen Geburten in der Grafschaft Mark in der Frühen Neuzeit spiegelten den jahreszeitlichen Rhythmus der Konzeptionen wider. Für alle drei Konfessionen entwickelten sich die Geburten nach Abbildung 50 in den weniger arbeitsreichen Winter- und Frühjahrsmonaten überdurchschnittlich. Je nach der Konfession wurden im Februar oder März die meisten Kinder geboren. Die wenigsten Lebendgeborenen kamen in den Sommermonaten Juni und Juli zur Welt. Die anschließende Aufwärtsentwicklung verlief auch in den Sommer- und Herbstmonaten jeweils unter dem Durchschnitt (vgl. Tab. 78).

In Abbildung 51 werden die saisonalen Schwankungen der Lebendgeborenen für

Abb. 51
Entwicklung monatlich Lebendgeborener in der Grafschaft Mark 1680 bis 1754

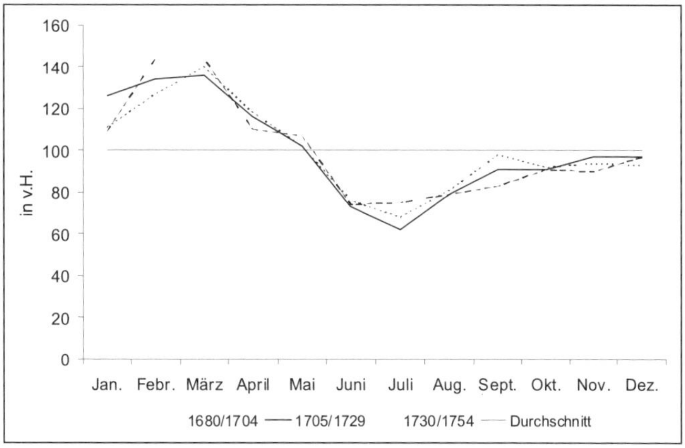

Dargestellt nach Tab. 79.

Abb. 52
Monatlich Lebendgeborene in ausgewählten Kirchengemeinden der Grafschaft Mark 1680 bis 1754

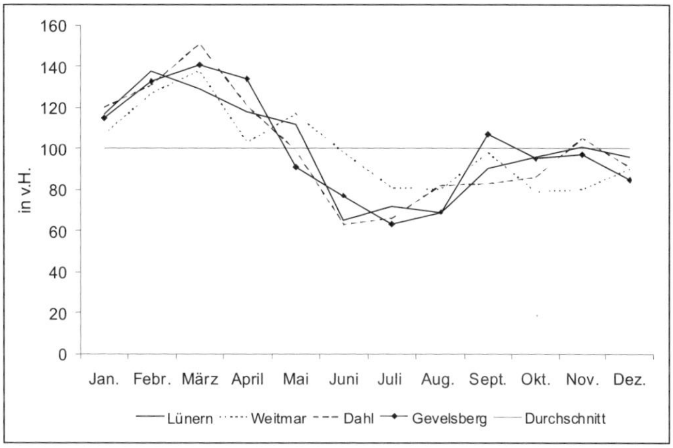

Dargestellt nach den Tab. 2 a, 4 a, 6 a, 14 a im Tabellenanhang.

verschiedene frühneuzeitliche Perioden dargestellt. Die weitgehend parallel verlaufenden Entwicklungslinien unterschieden sich im Phasenverlauf jeweils graduell. Wurden zu Ende des 17. Jahrhunderts im Februar und März die meisten Kinder geboren, so verlagerte sich das Schwergewicht bis zur Mitte des 18. Jahrhunderts eindeutig auf den März als Kulminationsmonat. Eine entsprechende Verschiebung galt ebenso für die Minimumphase. Anstatt auf drei Monate, von Juni bis August, konzentrierte sich die geringste Geburtenhäufigkeit bis zur Jahrhundertmitte auf den Juli zugunsten der Geburten im Herbst (vgl. Tab. 79).

Abbildung 52 enthält den typischen Phasenverlauf monatlicher Lebendgeborener in ausgewählten Kirchengemeinden der Grafschaft Mark in der Frühen Neuzeit. Mit zeitlichen Verschiebungen wiesen die Lebendgeborenen im Februar oder März ihr Maximum auf. Das Minimum lag in der Jahresmitte, d. h. Juni oder Juli. Die Weitmarer Lebendgeborenen erreichten im Mai erneut eine kleine Steigerung von annähernd einem Fünftel über dem Durchschnitt. In den Folgemonaten blieben sie, den September ausgenommen, 10 bis 20 Prozent unterhalb des Durchschnitts. Die Lebendgeborenen in Dahl wiesen im März einen Anteil von mehr als 50 Prozent über dem Durchschnitt auf. Nach dem Phasenverlauf lag er im November nur

Tab. 79 Entwicklung monatlich Lebendgeborener in der Grafschaft Mark 1680 bis 1754

Monat	1680/1704		1705/1729		1730/1754	
	abs.	X	abs.	X	abs.	X
Januar	343	109	504	126	524	111
Februar	412	144	485	134	539	127
März	456	144	545	136	661	140
April	335	110	448	116	538	118
Mai	337	107	409	102	482	102
Juni	226	74	281	73	344	76
Juli	237	75	248	62	319	68
August	251	79	317	79	383	81
September	253	83	352	91	447	98
Oktober	287	91	363	91	432	92
November	275	90	376	97	430	94
Dezember	306	97	390	97	440	93
Jan./Dez.	*310*	*100*	*393*	*100*	*462*	*100*

X = Durchschnitt je Periode = 100, bereinigt

Errechnet nach: KBabt. P: KB Rhynern, Bd. 1, S. 1–200; Bd. 2, S. 1–107; KPf. N: KB Niederwengern, Getaufte, Bl. 10 v-165 r; LKAB: KB Dahl, Bd. 1, S. 6–123; KB Gevelsberg, Bd. 4–6, unpag.; KB Lünern, Bd. 1, passim; KB Rhynern, Bd. 1–2; KB Weitmar, Bd. 1, S. 1–150; Bd. 2, S. 1–5; KB Wiblingwerde, Bd. 1.

noch fünf Prozent darüber. In Gevelsberg konnten die Lebendgeborenen in den Monaten Februar bis April einen überdurchschnittlichen Wert von einem Drittel verzeichnen. Selbst im September betrug der Anteil noch sieben Prozent oberhalb des Durchschnitts.

5.4 Sexualproportion der Lebendgeborenen

Basierend auf den absoluten Zahlen ausgewählter Kirchengemeinden der Grafschaft Mark in der Frühen Neuzeit zeigt Abbildung 53 die langfristige aufsteigende Entwicklung der Lebendgeborenen nach dem Geschlecht. Der durchschnittliche Anteil Jungen je 100 Mädchen betrug dort 104 Prozent. Die Werte streuten zwischen 121 Prozent in der Periode 1720/24 und 92 Prozent im folgenden Jahrfünft.

Abbildung 54 verdeutlicht den Anteil lebendgeborener Jungen je 100 Mädchen nach Konfessionen in der ländlichen Grafschaft Mark in der Frühen Neuzeit. Die starken Schwankungen zu Ende des 17. Jahrhunderts wurden bei Lutheranern zu Beginn des 18. Jahrhunderts zwischenzeitlich von durchschnittlichen Werten (100 Prozent) abgelöst. Seit dem zweiten Viertel des Jahrhunderts lag deren Priorität eindeutig bei den Angaben unter dem Durchschnitt. Dagegen erreichten die unterdurchschnittlichen Anteile lebendgeborener Jungen je 100 Mädchen bei Reformierten seit dem ersten Drittel des 18. Jahrhunderts überdurchschnittliche Werte, die nur im Jahrfünft 1745/49 unterbrochen wurden. Die um den Durchschnitt oszillierenden Anteile von Katholiken zeigten 1720/24 ihr Maximum von zwei Fünfteln über dem Durchschnitt. Im Jahrfünft 1735/39 lag der Wert um 20 Prozent niedriger. Einzelne Zahlen enthält Tabelle 80.

Abb. 53
Lebendgeborene nach Geschlecht in der Grafschaft Mark 1680 bis 1754

Errechnet und dargestellt nach den Tab. 1a, 7a, 9a/b, 11a, 13a, 15a im Tabellenanhang.

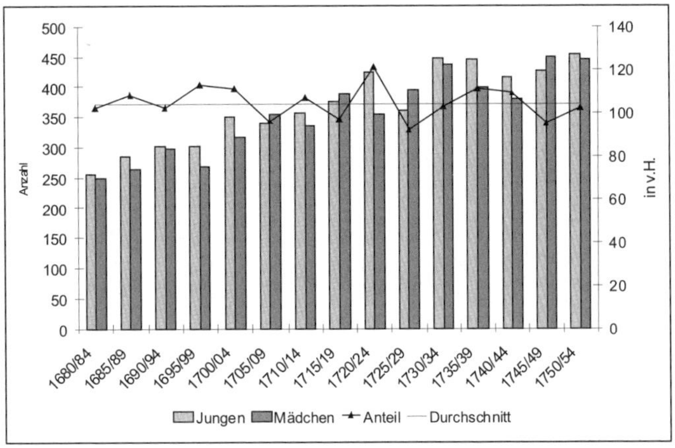

Abb. 54
Anteil Jungen je 100 Mädchen nach Konfessionen in der Grafschaft Mark 1680 bis 1754

Dargestellt nach Tab. 80.

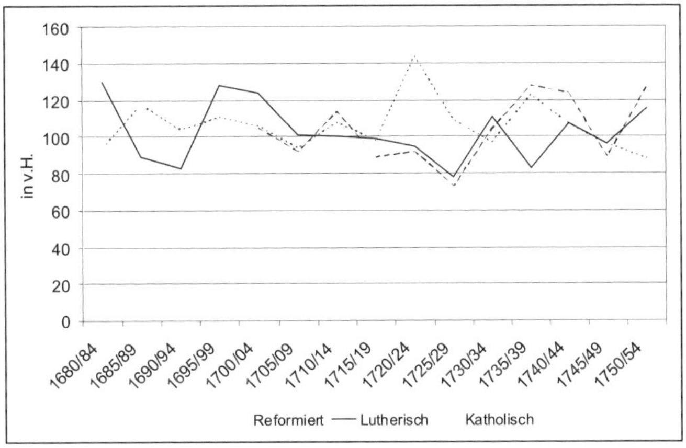

In der Literatur[17] wird der Anteil lebendgeborener Jungen je 100 Mädchen mit dem Durchschnittswert von 106 angegeben. Im frühneuzeitlichen Märkischen trat das nach Tabelle 80 eher für katholische Neugeborene zu. Bei den beiden anderen Konfessionen lag der Wert jeweils darunter. Er betrug für Reformierte 103 und für Lutherische 100.

Abbildung 55 zeigt die unterschiedlichen Anteile lebendgeborener Jungen je 100 Mädchen in ausgewählten Kirchspielen der Grafschaft Mark in der Frühen Neuzeit. Sie betrugen im Durchschnitt für Weitmar 95, für Dahl 102, für Rhynern (kath.) 104 und für Niederwenigern 108 Prozent. Aus der Komplexität der Daten ragen besondere hervor. Zu Ende des 17. Jahrhunderts traten sowohl die Höchstwerte von Dahl als auch die Minimumanteile von Weitmar in den Vordergrund. Im ersten Viertel des 18. Jahrhunderts differierten die Werte zwischen Rhynern (kath.) mit drei Fünfteln über dem Durchschnitt und Dahl mit fast drei Vierteln darunter.

17 I. Esenwein-Rothe: Einführung, S. 61 f.; dies., Süßmilch, S. 187; G. Mackenroth: Bevölkerungslehre, S. 40 f.

Tab. 80 Lebendgeborene nach Geschlecht in der Grafschaft Mark 1680 bis 1754

Lustrum	Reformiert (1)			Lutherisch (2)			Katholisch (3)		
	m	w	X	m	w	X	m	w	X
1680/84	–	–	–	73	56	130	182	194	94
1685/89	–	–	–	83	93	89	203	172	118
1690/94	–	–	–	76	92	83	204	197	104
1695/99	–	–	–	91	71	128	180	162	111
1700/04	63	60	105	105	85	124	183	172	106
1705/09	61	66	92	106	105	101	172	183	94
1710/14	66	58	114	92	92	100	199	185	108
1715/19	49	55	89	97	98	99	230	235	98
1720/24	67	73	92	92	97	95	265	184	144
1725/29	61	84	73	93	120	78	207	190	109
1730/34	93	89	104	130	117	111	225	231	97
1735/39	87	68	128	104	125	83	253	206	123
1740/44	72	58	124	109	102	107	235	220	107
1745/49	67	75	89	110	114	96	250	260	96
1750/54	98	77	127	131	113	116	224	256	88
1680/1754	*71*	*69*	*103*	*99*	*99*	*100*	*214*	*203*	*105*

m = männlich; w = weiblich; X = Anteil Jungen je 100 Mädchen in v. H.

Errechnet nach: 1) LKAB: KB Rhynern, Bd. 1–2; KB Wiblingwerde, Bd. 1.

2) LKAB: KB Dahl, Bd. 1, S. 6–123; KB Gevelsberg, Bd. 4–6, unpag.; KB Lünern, Bd. 1, passim; KB Weitmar, Bd. 1, S. 1–150; Bd. 2, S. 1–5.

3) KPf. N: KB Niederwengern, Getaufte, Bl. 10 v-165 r.

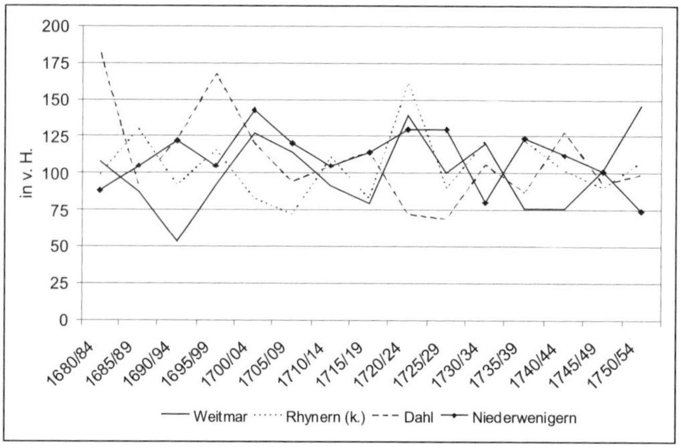

Abb. 55
Anteil Jungen je 100 Mädchen in ausgewählten Kirchengemeinden der Grafschaft Mark 1680 bis 1754

Dargestellt nach den Tab. 1 a, 7 a, 9 a/b, 13 a im Tabellenanhang.

Der Tabellenanhang enthält dazu die genauen Werte, ebenfalls für die Kirchspiele Rhynern (ref.) und Wiblingwerde.

Nach Abbildung 56 wurden in der frühneuzeitlichen Grafschaft Mark im März die meisten Kinder und im Juli die wenigsten Jungen und Mädchen geboren. Bis zum Jahresende nahm die Geburtenfreudigkeit wieder zu. Bei einem durchschnittlichen Anteil von 104 Jungen je 100 Mädchen streuten die Werte von 94 Prozent im Februar bis 122 Prozent im November.

Tab. 81 Monatlich Lebendgeborene nach Geschlecht in der Grafschaft Mark 1680 bis 1754

Monat	Reformiert (1)			Lutherisch (2)			Katholisch (3)		
	m	w	X	m	w	X	m	w	X
Januar	88	82	107	146	144	101	320	289	111
Februar	90	77	117	136	160	85	314	337	93
März	94	88	107	178	191	93	385	376	102
April	89	76	117	143	136	105	275	283	97
Mai	66	67	99	138	131	105	264	286	92
Juni	44	42	105	97	92	105	207	190	109
Juli	51	42	121	80	103	78	179	169	106
August	66	47	140	108	98	110	219	230	95
September	58	72	81	111	107	104	240	221	109
Oktober	49	64	77	104	107	97	259	244	106
November	62	67	93	129	104	124	265	203	131
Dezember	81	83	98	122	107	114	285	219	130
Jan./Dez.	*70*	*67*	*104*	*124*	*123*	*101*	*268*	*254*	*106*

m = männlich; w = weiblich; X = Anteil Jungen je 100 Mädchen in v. H.

Errechnet nach: 1) LKAB: KB Rhynern, Bd. 1–2; KB Wiblingwerde, Bd. 1.

2) LKAB: KB Dahl, Bd. 1, S. 6–123; KB Gevelsberg, Bd. 4–6, unpag.; KB Lünern, Bd. 1, passim; KB Weitmar, Bd. 1, S. 1–150; Bd. 2, S. 1–5.

3) KPf. N: KB Niederwengern, Getaufte, Bl. 10 v-165 r.

Abb. 56 Monatlich Lebendgeborene nach Geschlecht in der Grafschaft Mark 1680 bis 1754

Errechnet und dargestellt nach den Tab. 2 a, 8 a, 10 a/b, 12 a, 14 a, 16 a im Tabellenanhang.

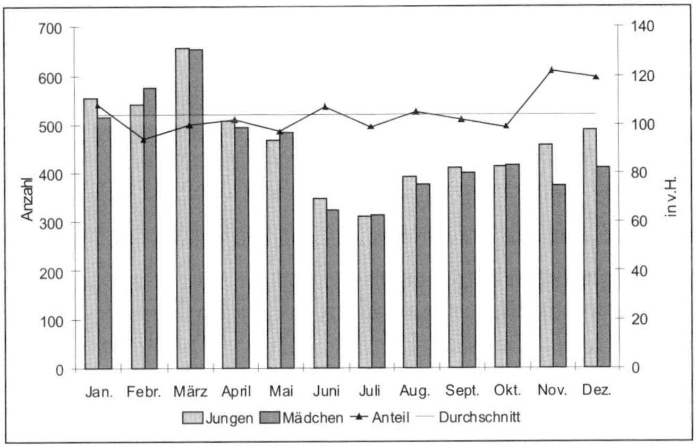

Der monatliche Anteil lebendgeborener Jungen je 100 Mädchen differierte nach einzelnen Konfessionen (vgl. Abb. 57). Die in der ersten Jahreshälfte um den Durchschnitt von jeweils über 100 Prozent angesiedelten Werte variierten im weiteren Verlauf stärker davon. Der lutherische Anteil sank im Juli um etwa ein Fünftel unter den Durchschnitt, um im November mit einem Viertel darüber zu liegen. Ab September bis Jahresende entwickelten sich parallel zu deren monatlichen Anteilen geborener Jungen je 100 Mädchen die der Katholiken. Die Reformierten erreichten im August mit zwei Fünfteln über dem Durchschnitt ihr Maximum. Sie blieben in den letzten Monaten des Jahres aber darunter. Tabelle 81 enthält weitere Zahlen.

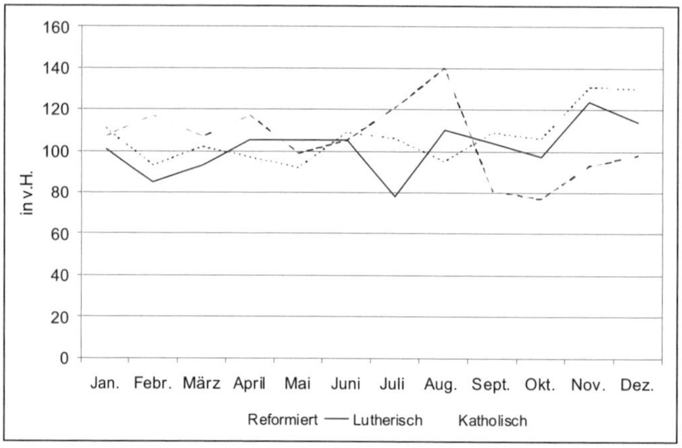

Abb. 57
Monatlicher Anteil Jungen je 100 Mädchen nach Konfessionen in der Grafschaft Mark 1680 bis 1754

Dargestellt nach Tab. 81.

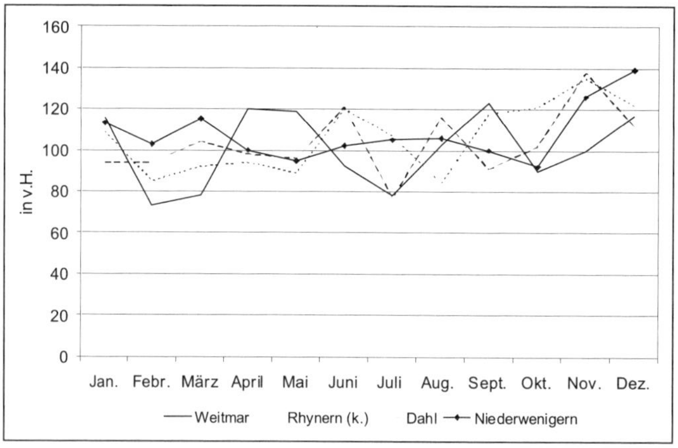

Abb. 58
Monatlicher Anteil Jungen je 100 Mädchen in ausgewählten Kirchengemeinden der Grafschaft Mark 1680 bis 1754

Dargestellt nach den Tab. 2a, 8a, 10a/b, 14a im Tabellenanhang.

Der monatliche Anteil von Jungen je 100 Mädchen für ausgewählte Kirchengemeinden der frühneuzeitlichen Grafschaft Mark oszillierte nach Abbildung 58 mehr oder weniger stark um den Durchschnittswert. Damit war eine deutliche Zunahme im letzten Vierteljahr verbunden. Die Spannbreite lag jeweils um 50 Prozent. In Weitmar z. B. streuten die Werte von 73 Prozent im Februar bis 123 Prozent im September, jeweils mit zwischenzeitlichen Auf- und Abschwüngen begleitet. In Niederwenigern variierten die Anteile zwischen 92 und 139 Prozent. Weitere Angaben zu den einzelnen Kirchspielen enthält der Tabellenanhang.

5.5 Geburtenüberschuss

Die Differenz zwischen der Anzahl der Getauften und Gestorbenen gilt als Geburtenüberschuss. Er wird in Tabelle 82 für Regionen der Grafschaft Mark auf einzelne Jahre bezogen. Der Anteil des ländlichen Geburtenüberschusses an den märkischen Geburten in Stadt und Land betrug knapp ein Fünftel. Er differierte zwischen minus 12 bis 27 Prozent. Im Vergleich dazu lag der Anteil des ländli-

Abb. 59
Regionale Entwicklung ländlicher Geburtenüberschüsse in der Grafschaft Mark 1707 bis 1751

Errechnet und dargestellt nach: GStA PK: I. HA Geh. Rat, Rep. 47 Geistl. Ang., Tit. 24 Populationsl., 1699–1749, unpag.; 1750–1759, Nr. 2, Bl. 14–15.

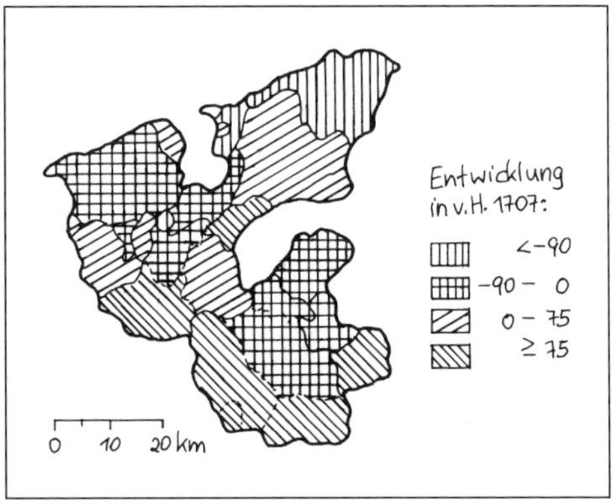

chen Geburtenüberschusses an den dortigen Getauften im Durchschnitt bei einem Viertel. Er streute von minus 18 bis 40 Prozent. Die Werte variierten auch für die einzelnen Regionen. Im Hellweggebiet lag der Durchschnittswert zwar darunter, wies aber eine erheblich größere Streubreite auf. Im Süderland beruhte der überdurchschnittliche Gesamtwert auf einer geringeren Variationsbreite. Dort entfielen im Durchschnitt gut drei Fünftel des ländlichen Geburtenüberschusses. In der Frühen Neuzeit verdoppelte sich der Anteil von 40 Prozent im Jahr 1688 bis auf 90 Prozent im Jahr 1751.

Tab. 82 Entwicklung des Geburtenüberschusses nach ländlichen Regionen der Grafschaft Mark 1688 bis 1751

Jahr	Nordwärts der Ruhr		Südwärts der Ruhr			Insgesamt		
	abs.	X	abs.	X	Y	abs.	X	Z
1688	407	42	269	24	40	676	32	23
1689	483	49	256	26	35	739	38	25
1690	446	43	342	36	43	788	40	25
1696	325	31	391	39	55	716	35	23
1699	44	6	94	11	68	138	8	6
1700	258	29	186	22	42	444	25	17
1707	354	35	439	36	55	793	36	25
1732	390	35	581	37	60	971	36	25
1737	177	18	490	31	73	667	26	18
1738	292	27	580	36	66	872	32	23
1739	389	38	571	37	59	960	38	27
1750	–712	–62	251	17	–	–461	–18	–12
1751	54	5	497	31	90	551	20	14
1688/1751	*223*	*22*	*381*	*30*	*63*	*604*	*27*	*18*

X = Durchschnitt für 1688/1751 je Gebiet = 100; Y = Anteil in v. H. je Jahr
Z = in v. H. aller Getauften der Grafschaft Mark in Stadt und Land
Für einzelne Gebiete fehlen Angaben folgender Jahre:
1689 für die Ämter Kamen und Plettenberg, 1690 für das Amt Kamen,
1696 für die Ämter Schwerte und Plettenberg sowie das Hochgericht Schwelm,
1699 und 1700 für das Hochgericht Schwelm, 1750 für das Gericht Wetter.
Errechnet nach den Tab. 74, 92.

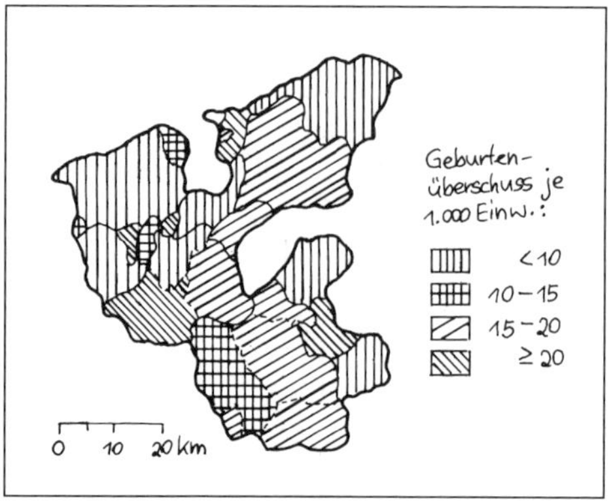

Abb. 60
Natürliche Zuwachsrate in einzelnen ländlichen Gebieten der Grafschaft Mark 1739

Errechnet und dargestellt nach den Tab. 2–3, 83–84.

Der ländliche Geburtenüberschuss der Grafschaft Mark entwickelte sich in der ersten Hälfte des 18. Jahrhunderts rückläufig. Bezogen auf 1707 war er im Jahr 1751 um knapp ein Drittel geringer. Diese Durchschnittszahl basiert auf den sehr stark gestreuten Einzelwerten. Während im Hellweggebiet ein Rückgang von 85 Prozent entstand, erhöhte sich im Süderland der Anteil um 13 Prozent. Abbildung 59 veranschaulicht die unterschiedliche Entwicklung. Die stärkste Abnahme wurde in den Ämtern Hamm und Lünen sowie im Gericht Witten verzeichnet. Die größte Zunahme erfolgte vor allem im südwestlichen Teil des Süderlandes: in den Ämtern Schwerte, Breckerfeld und Plettenberg, im Hochgericht Schwelm sowie im Gericht Meinerzhagen.

Im Jahr 1739 betrug der Geburtenüberschuss je 1000 ländliche Einwohner der Grafschaft Mark durchschnittlich 13 Personen. In den Ämtern Bochum, Hamm, Blankenstein und Hörde, Iserlohn, Plettenberg sowie im Gericht Wetter lagen die Werte sogar unter 10 Personen. In den Ämtern Lünen und Neuenrade, im Hochgericht Schwelm sowie in den Gerichten Stiepel und Witten entfielen mit über 20 Personen die höchsten natürlichen Zuwachsraten (vgl. Abb. 60).

Tabelle 83 enthält den Geburtenüberschuss für die ländlichen Gebiete der Grafschaft Mark nordwärts der Ruhr. Demnach wiesen die Ämter Unna/Kamen, Bochum und Hamm mit drei Fünfteln den höchsten Anteil auf. Bezogen auf das Basisjahr 1707 stieg der Geburtenüberschuss bis 1739 im Gebiet nordwärts der Ruhr insgesamt gesehen um 10 Prozent an. Eine erhöhte Zunahme betraf die Gerichte Strünkede/Herne und Eickel sowie die Ämter Schwerte und Hamm.

In Tabelle 83 ist auch der jeweilige Anteil des Geburtenüberschusses an den entsprechenden Lebendgeborenen aufgeführt. Betrug er im Jahr 1688 gut zwei Fünftel, so reduzierte er sich bis 1739 um vier Prozent. Die Werte streuten in den einzelnen Gebieten. Für 1739 weist Tabelle 83 den Anteil des Geburtenüberschusses auf 1000 ländliche Einwohner auf. Diese natürliche Zuwachsrate betrug im Gebiet nordwärts der Ruhr im Durchschnitt 11 Prozent. Sie differierte von minus zwei Prozent im Gericht Langendreer bis 25 Prozent im Gericht Heeren.

Vergleichsweise dazu stellt Tabelle 84 den Geburtenüberschuss der ländlichen Gebiete der Grafschaft Mark südwärts der Ruhr dar. Dabei dominierten die Ämter Altena und Wetter. Mit steigendem Geburtenüberschuss erhöhte sich der Anteil

Tab. 83 Geburtenüberschuss in einzelnen ländlichen Gebieten der Grafschaft Mark nördwärts der Ruhr 1688 bis 1739

Gebiet	1688		1707		1739			Entwicklung (1707 = 100)	
	abs.	X	abs.	X	abs.	X	Y	1688	1739
A Bochum	*141*	*36*	*80*	*24*	*106*	*36*	*9*	*176*	*132*
davon G:									
Bochum	86	29	58	23	45	31	5	148	78
Castrop	36	62	–	–	18	34	13	–	–
Strünkede / Herne	19	46	8	31	27	66	24	237	337
Eickel	–	–	8	19	18	51	20	–	225
Langendreer	–	–	6	35	–2	–14	–2	–	–33
A Unna / Kamen	85	37	143	51	128	44	15	59	89
G Heeren	–	–	6	37	12	63	25	–	200
A Hamm	86	43	41	22	62	33	10	210	151
G Haren-Üntrop	–	–	–	–	4	16	4	–	–
A Hörde	67	77	26	31	18	21	7	258	69
A Lünen	15	58	12	67	15	60	22	125	125
A Schwerte	–	–	7	78	14	50	15	–	200
G Bodelschwingh-Mengede	8	29	24	54	16	41	11	33	67
G Witten	1	9	14	39	12	50	21	7	86
G Horst	4	57	1	20	2	100	13	400	200
Insgesamt	*407*	*42*	*354*	*35*	*389*	*38*	*11*	*115*	*110*

A = Amt; G = Gericht; X = in v. H. der Lebendgeborenen; Y = auf 1000 ländliche Einwohner

Errechnet nach den Tab. 75, 93.

um ein Fünftel, von drei Fünfteln auf vier Fünftel. Der südliche Geburtenüberschuss entwickelte sich von 1707 bis 1739 durchschnittlich um knapp ein Drittel. Ein stärkerer Anstieg entfiel jeweils auf die Ämter Wetter und Neuenrade.

1688 war der Anteil des Geburtenüberschusses an den Lebendgeborenen im Süderland um fast ein Fünftel geringer als im Hellweggebiet. Dieser Durchschnittswert stieg bis zur Mitte des 18. Jahrhunderts um 13 Prozent an und erreichte beinahe den nördlichen Anteil. Die regionalen Werte differierten nicht unerheblich. Die natürliche Zuwachsrate lag im ländlichen Gebiet der Grafschaft Mark südwärts der Ruhr um drei Prozent höher als nordwärts und betrug im Durchschnitt 14 Prozent. Sie streute bis 24 Prozent im Gericht Stiepel.

Bei dem in Abbildung 61 dargestellten Anteil des Geburtenüberschusses je 100 Lebendgeborene in ländlichen Gebieten der Grafschaft Mark fielen die negativen Extremwerte vor allem während der ersten Hälfte des 18. Jahrhunderts auf. Die Anteile verteilten sich unterschiedlich auf die Konfessionen. Den zyklisch verlaufenden Werten des reformierten Geburtenüberschusses folgten 1725/29 auch die katholischen und lutherischen. Dagegen verhielten sich die lutherischen Anteile 1715/19 und 1740/44 antizyklisch. Für die katholischen Anteile traf das nur 1715/19 zu.

Nach Tabelle 85 betrug der Anteil des Geburtenüberschusses je 100 Lebendgeborene im Durchschnitt bei Reformierten 15, bei Lutheranern 22 und bei Katholiken

Tab. 84 Geburtenüberschuss in einzelnen ländlichen Gebieten der Grafschaft Mark südwärts der Ruhr 1688 bis 1739

Gebiet	1688		1707		1739			Entwicklung (1707 = 100)	
	abs.	X	abs.	X	abs.	X	Y	1688	1739
A Altena	*111*	*29*	*178*	*40*	*209*	*39*	*14*	*62*	*117*
davon:									
H Lüdenscheid	–	–	80	46	81	41	15	–	101
G Meinerzhagen	–	–	43	42	54	43	16	–	126
A Breckerfeld	–	–	41	27	61	31	11	–	149
G Altena	–	–	14	61	13	54	19	–	93
A Wetter	*52*	*14*	*120*	*31*	*253*	*42*	*18*	*43*	*211*
davon:									
H Schwelm	–	–	25	16	133	53	22	–	532
G Hagen	–	–	58	43	101	43	19	–	174
G Wetter	–	–	37	36	19	16	7	–	51
A Blankenstein	35	26	44	29	29	21	10	80	66
G Bruch	14	67	6	55	0	0	0	233	0
A Iserlohn	0	0	33	56	16	25	8	0	48
G Hemer	19	59	10	28	7	23	6	190	70
A Neuenrade	8	28	12	48	25	57	20	67	208
A Plettenberg	9	35	4	10	5	11	4	225	125
G Stiepel	13	59	19	63	17	57	24	68	89
G Herbede	8	28	13	45	10	33	13	62	77
Insgesamt	*269*	*24*	*439*	*36*	*571*	*37*	*14*	*61*	*130*

A = Amt; G = Gericht; H = Hochgericht

X = in v. H. der Lebendgeborenen; Y = auf 1000 ländliche Einwohner

Errechnet nach den Tab. 76, 94.

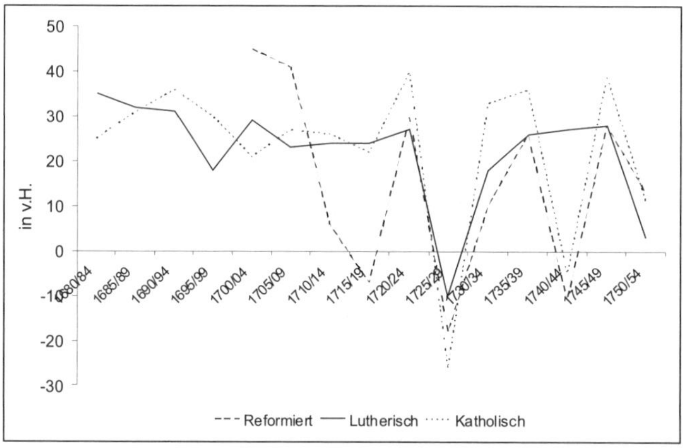

Abb. 61 Geburtenüberschuss je 100 Lebendgeborene nach Konfessionen in der Grafschaft Mark 1680 bis 1754

Dargestellt nach Tab. 85.

23 Prozent. Die jeweilige Streubreite differierte von 45 bis minus 18 Prozent bei Reformierten, von 35 bis minus 10 Prozent bei Lutheranern und 40 bis minus 26 Prozent bei Katholiken.

Abbildung 62 enthält den Geburtenüberschuss je 100 Lebendgeborene in ländli-

Tab. 85 Geburtenüberschuss nach Konfessionen in der Grafschaft Mark 1680 bis 1754

Lustrum	Reformiert		Lutherisch		Katholisch	
	abs.	X	abs.	X	abs.	X
1680/84	–	–	95	35	93	25
1685/89	–	–	117	32	115	31
1690/94	–	–	106	31	145	36
1695/99	–	–	58	18	102	30
1700/04	56	45	103	29	76	21
1705/09	52	41	87	23	97	27
1710/14	8	6	93	24	99	26
1715/19	–7	–7	104	24	100	22
1720/24	42	30	118	27	181	40
1725/29	–26	–18	–40	–10	–102	–26
1730/34	18	10	88	18	151	33
1735/39	41	26	125	26	166	36
1740/44	–14	–11	131	27	–24	–5
1745/49	40	28	135	28	198	39
1750/54	22	13	17	3	53	11
1680/1754	*21*	*15*	*89*	*22*	*112*	*23*

X = in v. H. der Lebendgeborenen

Errechnet nach den Tab. 77, 95.

Abb. 62
Geburtenüberschuss je 100 Lebendgeborene in ausgewählten Kirchengemeinden der Grafschaft Mark 1680 bis 1754

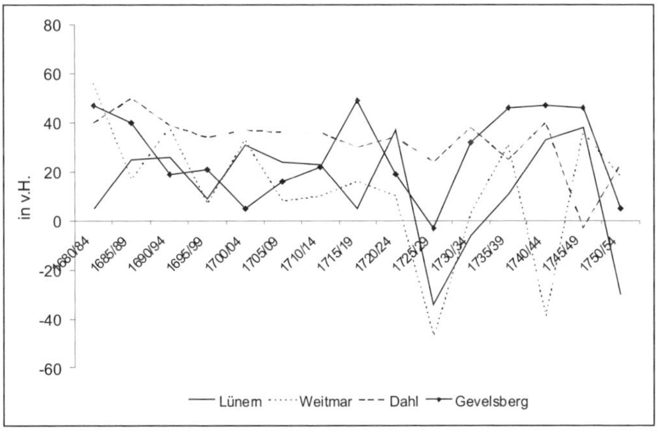

Dargestellt nach den Tab. 1a, 3a, 5a, 13a im Tabellenanhang.

chen Gebieten der Grafschaft Mark. Während die süderländischen Anteile in der Frühen Neuzeit weitgehend im positiven Bereich blieben, verminderten sich die hellwegischen im zweiten Viertel des 18. Jahrhunderts. Das erfolgte je nach Gemeinde mit unterschiedlicher Intensität und in verschiedenen Perioden.

Lünern wies 1725/29 einen Anteil von minus einem Drittel auf. Das wiederholte sich in der Mitte des 18. Jahrhunderts mit einem etwas geringeren Wert von minus 30 Prozent. Weitmar besaß zur gleichen Zeit ebenfalls einen negativen Geburtenüberschuss von sogar fast 50 Prozent. Während er etwas abgeschwächt 1740/44 mit minus zwei Fünfteln erneut auftauchte, zeigten die übrigen aufgeführten Gemeinden demgegenüber positive Werte zwischen 33 und 47 Prozent.

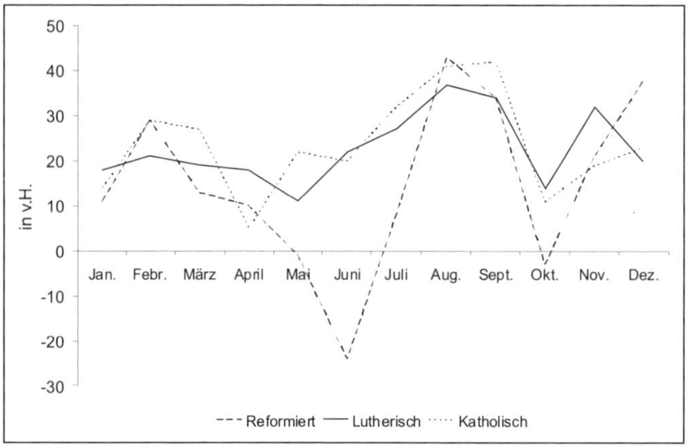

Abb. 63
Monatlicher Geburtenüberschuss je 100 Lebendgeborene nach Konfessionen in der Grafschaft Mark 1680 bis 1754

Dargestellt nach Tab. 86.

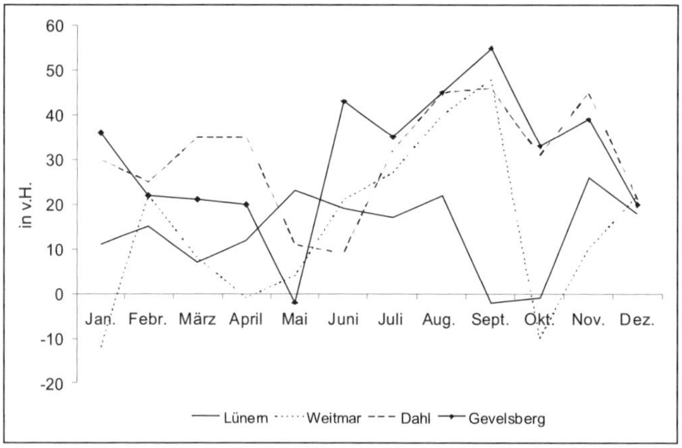

Abb. 64
Monatlicher Geburtenüberschuss je 100 Lebendgeborene in ausgewählten Kirchengemeinden der Grafschaft Mark 1680 bis 1754

Dargestellt nach den Tab. 2a, 4a, 6a, 14a im Tabellenanhang.

Die süderländischen Kirchengemeinden Gevelsberg und Dahl erreichten zeitlich versetzt jeweils ihr Minimum von minus drei Prozent. Zur Mitte des 18. Jahrhunderts fiel der Gevelsberger Geburtenüberschuss zusätzlich auf fünf Prozent. Interessanterweise entsprachen die Perioden der geringsten Gevelsberger Anteile von der Tendenz her zwar denen der hellwegischen Gemeinde Lünern; die Einzelwerte differierten jedoch etwa um ein Drittel voneinander.

Abbildung 63 visualisiert den monatlichen Geburtenüberschuss je 100 Lebendgeborene nach Konfessionen in der ländlichen Grafschaft Mark in der Frühen Neuzeit. Die Höchstwerte lagen im August um 40 Prozent. Bei den Minima im Frühjahr und im Oktober differierten die Werte mehr voneinander. Während die lutherischen und katholischen Anteile im positiven Bereich blieben, fielen die reformierten im Juni sogar auf minus 24 Prozent. Die genauen Zahlen enthält Tabelle 86.

Abbildung 64 veranschaulicht den monatlichen Geburtenüberschuss je 100 Lebendgeborene in ländlichen Kirchengemeinden der frühneuzeitlichen Grafschaft Mark. Im September entstand für drei davon der höchste Geburtenüberschuss, der je nach Gemeinde um 50 Prozent schwankte. Im Gegensatz dazu wiesen die Lü-

Tab. 86 Monatlicher Geburtenüberschuss nach Konfessionen in der Grafschaft Mark 1680 bis 1754

Monat	Reformiert		Lutherisch		Katholisch	
	abs.	X	abs.	X	abs.	X
Januar	18	11	104	18	87	14
Februar	49	29	128	21	186	29
März	23	13	138	19	202	27
April	16	10	110	18	28	5
Mai	–2	–1	62	11	120	22
Juni	–21	–24	80	22	79	20
Juli	7	8	97	27	110	32
August	49	43	144	37	182	41
September	43	34	158	34	193	42
Oktober	–3	–3	64	14	55	11
November	27	21	157	32	91	19
Dezember	62	38	94	20	117	23
Jan./Dez.	*22*	*15*	*111*	*23*	*121*	*24*

X = in v. H. der Lebendgeborenen
Errechnet nach den Tab. 78, 97.

nerner in den Monaten September und Oktober einen geringfügigen negativen Geburtenüberschuss auf, der für die Weitmarer im Oktober und Januar sogar jeweils auf minus 10 Prozent absank.

Vergleichsweise dazu blieb der Geburtenüberschuss der süderländischen Gemeinde Dahl in allen zwölf Monaten im positiven Bereich. Der für Gevelsberg im Mai leicht negative Geburtenüberschuss erhöhte sich anschließend im Juni und erneut im November jeweils auf zwei Fünftel Prozent. Dadurch wurde das dortige im September vorhandene Maximum von 55 Prozent gleichsam eingerahmt. Weitere exakte Daten zu einzelnen Kirchengemeinden enthält der Tabellenanhang.

5.6 Illegitime Geburten[18]

Mit der Heirat[19] ist die soziale Legitimation zur Zeugung verbunden. Reproduktion vor oder außerhalb der Ehe gilt als illegitim. Im Kontext der frühneuzeitlichen Konfessionsbildung kam es mit Billigung des Staates zu einer Verkirchlichung der Eheschließung, wobei die kirchliche Trauung die Rechtmäßigkeit[20] der Ehe begründete. Das dreimalige Aufgebot sollte die Kopulation öffentlich bekannt machen, um etwaige Ehehindernisse aufzudecken. Die kirchliche Zeremonie erfolgte vor dem Ortspfarrer mit zwei oder drei Zeugen. Die Eintragung im Traubuch bot die Möglichkeit der Beweisbarkeit und Kontrolle der Trauung. Das Trienter Kon-

18 Vgl. B. Harms-Ziegler: Illegitimität; M. Mitterauer: Mütter.

19 Ebd., S. 13.

20 Ph. Ariès: Ehe, S. 194 f.; K. Amshoff: Geburten, S. 273; O. Becher: Ordnung, S. 256–259; A. Burguière: Priester, S. 123; R. v. Dülmen: Fest, S. 90; A. Franzen: Kirchengeschichte, S. 304; J. Füchtner: Beurkundung, Jg. 109, S. 320–325; H. Jedin: Konzil, S. 422 f.

zil erklärte im Dekret „Tametsi“ kladestine (geheime) Eheabschlüsse für ungültig. Der lutherische Prediger in Gevelsberg[21] berichtete im Jahr 1707 hinsichtlich einer Eheschließung über die Braut: „[...] nachdem diese schon eines Kindes genesen, welches kaum 8 Tage alt gewesen, in der Höllen kopuliert. Die Braut hielt das Kind auff Ihren Armen sub copulationis sermone. Deus remittat peccata!“

Zwischen Verlobung und Heirat bestand eine ambivalente Doppelstruktur.[22] Das Verlöbnis ist nur ein Eheversprechen, das die Ehewilligen zwar moralisch, nicht aber rechtlich verpflichtet zu heiraten. Beide Brautleute suchten daraus jeweils für sich den besten Nutzen zu ziehen. Im Fall einer Schwangerschaft verwiesen heiratsunwillige Männer nicht selten auf die juristische Ungültigkeit ihres heimlichen Versprechens, wie es z. B. um 1690 im Gericht Herbede der Fall war. „Bertha ein unelich Kind gebohren Henrich Jürgen, so Henrich Großrüßberg zugegeben worden, der sich aber durch einen Proceß und rechtliche Erkäntniß loß u(nd) frey gemacht.“[23] Um ihre Ehre[24] zu retten, versuchten Schwangere ihrerseits die Männer moralisch zu verpflichten.

In der ländlichen Gesellschaft der Frühen Neuzeit bestanden illegitime Sexualbeziehungen mit unterschiedlicher Intention. Im Rahmen der Brautwerbung[25] bildete das Eheversprechen bei der Verlobung die legitime Voraussetzung für die Aufnahme sexueller Kontakte. „Der Jüngling hält es zwar nicht für unehrlich bey einem Mädchen zu schlafen; aber dieses Mädchen nun zu vergessen und sitzen zu lassen ist ihm Ehebruch.“[26] Gleichzeitig trafen die Brautleute und ihre Familien besitzrechtliche Absprachen. Daraus wird die enge Verflechtung zwischen Sexualität und Ökonomie deutlich. Die sexuelle Interaktion war Teil eines umfassenden sozialen Transaktionsprozesses[27] mit der Forderung nach Reziprozität. Es ging nicht um Legitimität oder Illegitimität, sondern es standen einander Ehre und Unehre gegenüber. Die Frau tauschte ihre ehrenhafte Virginität ein gegen das Versprechen des Mannes einer standesgemäßen Familiengründung. „Die Tochter Anna Gerdrut gebohren ein unehlich Kind, Henrichen ihren Sohn, dessen Vatter Johan Helmerg, der aber biß dato versprochen, daß er sie ehelichen wolle“ lautet 1692 ein Eintrag im Herbeder Kirchenverzeichnis.[28]

Weiterhin wurden unerlaubte Schwangerschaften bewußt als Druckmittel bei bisher verweigerter Einwilligung der Eltern oder potentieller Ehepartner eingesetzt[29], wie aus folgendem Eintrag im Herbeder Kirchenbuch[30] hervorgeht. Jörgen am Wege gab 1692 zu Protokoll: „Seine Tochter Ann(am) Elisabeth ein unehlich Kind

21 KB Gevelsberg, Bd. 1, unpag.
22 J. V. Bredt: Verfassung, S. 261; B. Rajkay: Verflechtung, S. 142.
23 O. R. Enneper: Verzeichnis, S. 35 Nr. 130.
24 M. Dinges: Ehre, S. 135 f.
25 R. v. Dülmen: Kultur, Bd. 1, S. 186 f.; M. Frank: Nutzen, S. 198; A. E. Imhof: Geschichte, S. 207; A. Maisch: Unzucht, S. 301–306.
26 Charakteristik, S. 197.
27 R. Beck: Illegitimität, S. 135 f., 237; A. Holzem: Religion, S. 341 f.
28 O. R. Enneper: Verzeichnis, S. 36 Nr. 131.
29 W. Norden: Bevölkerung, S. 169.
30 O. R. Enneper: Verzeichnis, S. 38 Nr. 139.

gebohren, dessen Vatter zu seyn sich bekent hat Jörgen Stratman auch versprochen, so bald es Kriegs halber geschehen möchte u(nd) (die) Eltern am Wege es zulassen wollten, selbe zu ehelichen." Kam es bei gescheiterten Transaktionen zu Gerichtsprozessen[31], so verlangten die Frauen Schadensersatz für ihre verlorene Jungfernschaft, sofern keine Leichtfertigkeit[32] und Liederlichkeit[33] vorlagen. Der Ehrverlust[34] bestand nach landläufiger Meinung in verringerter Heiratsmöglichkeit. Er konnte durch monetäre Leistungen ersetzt werden, deren Höhe sich nach der Sozialschicht der Braut richtete. Bestand keine Aussicht auf eine Heirat, so versuchten unehelich Schwangere ihrer Schande zu entgehen. Neben einem Ortswechsel gab es andere Möglichkeiten[35], die aber geahndet wurden, weil sie gegen Sitte und Gesetz verstießen. Dazu gehörten Abtreibung[36] sowie Aussetzung oder Tötung[37] des Neugeborenen.

Außerdem begünstigte die Arbeitsorganisation der landwirtschaftlichen Familienwirtschaft die Illegitimität. In der vorindustriellen Gesellschaft war der „Dienst im fremden Haus"[38] mit dem Ledigenstatus verbunden. Dennoch führten die räumlich oft beengten Verhältnisse nicht selten zu illegitimen Sexualbeziehungen ohne spätere Heiratsabsichten. Zwei- und mehrschläfrige Betten[39] waren während der Frühen Neuzeit keine Seltenheit. Ein typisches Merkmal des Gesindedienstes war die Mobilität der Knechte und Mägde, die in der Regel alle ein bis zwei Jahre die Stelle wechselten. Daher bestand leicht die Gefahr ebenso flüchtiger illegitimer Interaktionen. Selbst die Abhängigkeit zwischen Hausherr und Magd war davon nicht ausgenommen. Im Lünerner Taufbuch[40] lautet 1686 ein Eintrag: „[...] ein ohnehliches Kind getauffet, welches Schulte zu Mülhausen baumeister Vincentz mit deßen Magd gezeuget, welcher nachgehendt diese magd geehliget."

Die Eltern illegitimer Kinder entstammten überproportional häufig dem Kreis dienstleistender Personen. Im Taufbuch[41] von Volmarstein heißt es z.B. 1693: „Johan Vogt, so itzo als Knecht [...] dienet, ein unehelich Kind zur Taufe geschickt, so gezeuget mit Elisabeth Landgrafen, so vor der Copulation gebohren, Petrus getauft [...]." Bei den Vätern lag der Anteil an Soldaten[42] höher als bei anderen Sozialgruppen. Dafür gab es mehrere Gründe. Die Truppen[43] konnten sich infolge häufigen Ortswechsels leicht ihrer Verantwortung entziehen. Illegiti-

31 I. V. Hull: Sexualstrafrecht, S. 230.
32 G. Mackenroth: Grundzüge, S. 38; vgl. St. Breit: Leichtfertigkeit.
33 Vgl. G. Wand-Seyer: Filiae.
34 R. Beck: Illegitimität, S. 137; M. Dinges: Ehre, S. 136.
35 Vgl. St. Breit: Leichtfertigkeit.
36 K. Stutenbrock: Zeitalter, S. 112–116; vgl. L. Leibrock-Plehn: Abtreibungsmittel; dies., Neuzeit; F. Lüke: Abtreibungsmittel.
37 Vgl. M. Lorenz: Stein; O. Ulbricht: Kindsmörderinnen; ders., Kindsmord; K. Stutenbrock: Zeitalter; C. Zimmermann: Orthen.
38 M. Mitterauer: Illegitimität, S. 68 f.; Ch. Reinders-Düselder: Bevölkerung, S. 108 f.
39 P. Münch: Lebensformen, S. 340 f.
40 KB Lünern, Bd. 1, unpag.
41 KB Vollmarstein, Bd. 1, S. 52.
42 K. Hagemann: Militär, S. 72 f.; W. G. Rödel: Mainz, S. 172.
43 B. Engelen: Soldaten, S. 257; H.-D. Fricke: Frauen, S. 172.

me Schwangerschaften waren nicht einklagbar. Auch hierfür ein Beispiel aus dem Weitmarer Kirchenbuch[44] für das Jahr 1722: „[...] ein unehliches Kind, deßen Vatter Wie die Mutter nach Zeugniß der Wehe=Mutter Catarihna Bechman [...] seyn solln Jürgen Veltman Von Bochumb ein Soldath, die Mutter Anna Margareta [...].“ Aus militärischer Sicht brachten Frauen[45] ökonomische und disziplinarische Probleme. Moralisch gesehen gefährdeten sie die rationale Ordnung des Heeres. Da nur ein Drittel der Militärangehörigen verheiratet sein durfte, bestand eine geringe Heiratserlaubnis.[46] Noch 1726 konnten ausländische Soldaten heiraten, inländische aber nur ausnahmsweise. Im Zuge der preußischen Peuplierungspolitik hob Friedrich II. im Jahr 1743 einschränkende Maßnahmen auf. Drei Jahre später entfielen für illegitime Geburten Kirchenbußen.

Obwohl der Sold kaum ausreichte, eine Familie zu ernähren, war ein Soldat[47] für Frauen der Unterschicht dennoch ein begehrter Heiratspartner. Allein die Heirat hob die soziale Stellung innerhalb der Dorfgemeinschaft. Der regelmäßige Sold bildete wenigstens die Existenzgrundlage zum Nebenerwerb. Da für Kantonisten jährlich nur eine zweimonatige Anwesenheitspflicht bei ihren Regimentern bestand, konnten sie in der übrigen Zeit des Jahres bei ihrer Familie sein.

Nach Flinn[48] lag in der Frühen Neuzeit der Durchschnittswert illegitimer Geburten nur um drei Prozent. Im Vergleich dazu stieg der Anteil vorehelicher Konzeptionen aber um das Fünffache. Die Angaben differierten in einzelnen Gebieten und variierten im Zeitablauf.[49] Auf dem Lande der Grafschaft Mark kamen im Durchschnitt vier Prozent der Lebendgeborenen illegitim zur Welt (vgl. Tab. 87). Trotz unterschiedlicher durchschnittlicher Anteile zwischen zwei Prozent in Dahl sowie sechs Prozent in Weitmar, entwickelten sich die märkischen Unehelichenquoten mit geringen Streubreiten. Während der Frühen Neuzeit nahmen die Anteile in den ausgewählten Kirchengemeinden zum Beginn des 18. Jahrhunderts hin ab. Bis zur Jahrhundertmitte behielten sie in Niederwenigern das gleiche Niveau, halbierten sich aber in Lünern und erhöhten sich in Dahl und Weitmar. Bei letzteren erreichte der jeweilige Anteil illegitim Geborener an den Lebendgeborenen zwar nicht die Werte wie zu Beginn des 18. Jahrhunderts. Sie lagen aber dennoch über dem Durchschnitt.

Auf Quartalsebene bezogen zeigt Tabelle 87 folgende Entwicklung. Im Vergleich zum ersten Quartal nahmen die Anteile zum zweiten Quartal hin überdurchschnittlich zu, reduzierten sich im nächsten Quartal, um zum Jahresende hin erneut anzusteigen. Eine Ausnahme bildete dabei Lünern. Bei relativ konstanten Werten

44 KB Weitmar, Bd. 1, S. 79.

45 M. Sikora: Disziplin, S. 319; vgl. M. Meumann: Soldatenfamilien; R. Pröve: Soldat.

46 O. Bötte: Rekrutierung, S. 194; H.-D. Fricke: Frauen, S. 172–180.

47 B. Engelen: Soldaten, S. 251 ff.; H.-D. Fricke: Frauen, S. 168 ff., 180 ff.; K. Hagemann: Militär, S. 63; J. Nowosadtko: Soldatenpartnerschaften, S. 310; vgl. B. Engelen: Soldatenfrauen.

48 M. W. Flinn: System, S. 82.

49 Vgl. A. Maisch: Unterhalt, S. 298–301; ders., Unzucht, S. 288–291; W. Norden: Bevölkerung, S. 164–169; B. Rajkay: Verflechtung, S. 175; R. Reichardt: Bevölkerung, S. 173 f.; M. Schelbert: Bevölkerungsgeschichte, S. 130–137; M. Schürmann: Bevölkerung, S. 91–94.

Tab. 87 Unehelich Lebendgeborene in ausgewählten Kirchengemeinden der Grafschaft Mark 1680 bis 1754

Periode	Nordwärts der Ruhr				Südwärts der Ruhr			
	Lünern		Weitmar		Dahl		Niederwenigern	
	abs.	X	abs.	X	abs.	X	abs.	X
1680–1704	22	4,2	27	6,9	9	3,1	36	4,2
1705–1729	29	4,5	16	4,3	10	1,6	30	2,8
1730–1754	29	2,2	28	6,6	16	2,2	34	2,8
1680–1754	*80*	*4,2*	*71*	*6,0*	*35*	*2,0*	*100*	*3,2*
1. Quartal	28	4,7	19	5,2	14	2,4	25	2,7
2. Quartal	21	4,5	22	7,0	12	2,8	36	4,4
3. Quartal	17	4,6	15	5,8	2	0,6	14	2,2
4. Quartal	14	3,0	15	6,0	7	1,7	25	3,4

X = Anteil illegitimer Geburten in v. H. der Lebendgeborenen

Errechnet nach: LKAB: KB Lünern, Bd. 1, passim; KB Weitmar, Bd. 1, S. 1–150; Bd. 2, S. 1–5; KB Dahl, Bd. 1, S. 6–123; KPf. N: KB Niederwengern, Getaufte, Bl. 10 v-165 r.

in den ersten drei Quartalen war der letzte Anteil vergleichsweise dazu nicht nur niedriger, sondern blieb auch unterhalb des Durchschnitts.

Im Vergleich zu anderen Regionen könnten die niedrigen märkischen Angaben auf unvollständigen Ursprungsdaten beruhen. Lebendgeborene, die vor der Taufe starben, wurden z. B. den Totgeborenen zugerechnet. Nicht wenige Bräute mit illegitimer Konzeption heirateten noch rechtzeitig vor der Niederkunft.[50] „Hochzeit hat demnach beym märkischen Landmann noch die erste Bedeutung, nach welcher es hohe Zeit ist, daß das Paar getrauet werde."[51] Ein extremes Beispiel dazu aus dem Volmarsteiner Taufbuch[52] des Jahres 1684: „Peter Nölle mit Elsebeth Kebbe ein Kind gezeuget, so für der Copulation auf die Welt kommen, un Kindbette sich geeheliget, das Kind getauft Liborius [. . .]." Die damalige bäuerliche Gesellschaft wertete das mit dem Verlöbnis gegebene Heiratsversprechen bereits als Eheschließung. Nicht selten wurde eine illegitime Konzeption bewußt als Mittel eingesetzt, um eine versprochene Heirat zu erzwingen. Da bekannte Illegitimität bestraft wurde, lag der offizielle Anteil[53] der Unehelichen an den Getauften im Herzogtum Kleve und in der Grafschaft Mark in der Mitte des 18. Jahrhunderts im Durchschnitt unter einem Prozent.

50 Charakteristik, S. 197; F. Ch. Müller: Choragraphie, S. 15. Zu vorehelichen Konzeptionen vgl. oben Tab. 56.

51 Charakteristik, S. 197.

52 KB Vollmarstein, Bd. 1, S. 26.

53 Errechnet nach: GStA PK: I. HA Geh. Rat, Rep. 47 Geistl. Ang., Tit. 24 Populationslisten, 1750–1759, Nr. 2, Bl. 14–15, 50–55; Nr. 9, Bl. 67 r-68 r.

5.7 Namengebung der Täuflinge[54]

Die Taufe[55] bedeutet kirchenrechtlich gesehen die Aufnahme in die christliche Gemeinde. Sie ist Voraussetzung für die spätere Auferstehung von den Toten und das ewige Leben. Der Taufakt gilt als „geistliche Wiedergeburt" und stellt das für das ewige Heil notwendige Sakrament dar. Bei drohender Lebensgefahr des Neugeborenen bestanden katholische Eltern auf der Nottaufe.[56] Die Hebamme konnte aber nur lebende Kinder gültig taufen.[57] „Kind Johan Friderich ob periculum morbi epileptici des Nachts am Hause getaufft nullis patrinis praesentibus welches des folgenden Tages Nachmittag umb 2 Uhr mitt Tode abgangen" lautet ein Eintrag im Gevelsberger Taufbuch[58] von 1732. Nach lutherischem Verständnis erübrigte sich eine Taufe vor vollendeter Geburt, da der Glaube und die Fürbitte der Eltern die ungetauft Verstorbenen vor der Verdammnis bewahrten. Die Reformierten[59] lehnten eine Nottaufe ab, da sie im Glauben den Weg zur Seligkeit sahen. Das Geschick eines ungetauft verstorbenen Säuglings wurde dem Ratschluss Gottes anheimgestellt. Nur ein ordentlicher Prediger durfte bei ihnen eine „Jäh-Taufe" vornehmen. Bei konfessionsverschiedenen Eheleuten[60] sollte der Glaube der Kinder nach dem Geschlecht des jeweiligen Elternteiles erfolgen, sofern keine anderen Vereinbarungen vorlagen, wie z. B. bei der lutherischen Copulation eines katholisch-evangelischen Brautpaares am 17. Juli 1721 in Weitmar: „Hat an aides statt aid geleistet, daß es alle Kindern, so gott geben würde, in der Ev. Luth. Religion wolle Tauffen und folgends aufferziehen lassen."

Gewöhnlich fand die Taufe des Neugeborenen zwei bis drei Tage nach der Geburt in der Kirche, während des Gottesdienstes und in Gegenwart von drei Taufzeugen[61] statt. „[...] den 2. October habe ich Joh. Conrad Revelmann Pastor hieselbst, mein nestgebohrend Söhnlein getauft, so den 28. Septbr. vor. Monats Abend zwischen 5 und 6 Uhr gebohren, und ist solches Joh. Adolph Friederich genennet worden [...]" heißt ein Eintrag im Volmarsteiner Taufbuch[62] des Jahres 1719. Gelegentlich kamen auch längere Wartezeiten[63] vor, wie 1685: „[...] den 6. Juny Georg Messing zu Voerde ein unehelich Kind taufen lassen, so er mit Clara aus der

54 Vgl. M. Mitterauer: Ahnen.

55 J. V. Bredt: Verfassung, S. 238 f.; R. v. Dülmen: Kultur, Bd. 1, S. 85; E. Labouvie: Umstände, S. 217 f.; M. Mitterauer: Mittelalter, S. 359; P. Münch: Lebensformen, S. 244 f.

56 E. Heller-Karneth: Konfessionen, S. 209 f.; E. Labouvie: Geburt, S. 290 f.; dies., Umstände, S. 171 ff.

57 Zur vorübergehenden Wiedererweckung totgeborener oder nach der Geburt verstorbener Säuglinge für die Taufe vgl. A. E. Imhof: Einleitung Herausgeber, S. 26; ders., Unsichere Lebenszeit, S. 190 f.; E. Labouvie: Umstände, S. 177 f.

58 KB Gevelsberg, Bd. 2, unpag.

59 B. Duden: Wissen, S. 35 f.; J. V. Bredt: Verfassung, S. 238 f.; J. Füchtner: Beurkundung, Jg. 109, S. 315 f.; E. Heller-Karneth: Konfessionen, S. 207 ff.

60 J. V. Bredt: Verfassung, S. 274 f.; K.-Th. Geringer: Konfessionsbestimmung, S. 34, 46; E. Labouvie: Umstände, S. 217 f.; W. Noelle: Lutheraner Union, Jg. 37, S. 13; vgl. D. Freist: Body; ders., Glaubensfreiheit.

61 R. Brämik: Verfassung, S. 194 ff.; M. Simon: Vornamen, S. 201–206, 212 f.

62 KB Vollmarstein, Bd. 1, S. 121.

63 Ebd., S. 27.

Hütten gezeuget, und ist in der 9 ten Woche nach seiner Geburt getauft worden, und Georg getauft [...]."

Mit der Namengebung war ebenso eine Art sozialer Geburt verbunden, die dem Täufling eine benennbare Identität in der ländlichen Gesellschaft zuerkannte. In der Frühen Neuzeit bekamen die Neugeborenen den Namen der Paten[64], die in einer bestimmten Abfolge[65] aus der Familie gewählt wurden. Beim Erstgeborenen waren der väterliche Großvater und die mütterliche Großmutter Paten. Während das zweite Kind nach dem mütterlichen Großvater und der väterlichen Großmutter benannte wurde, kamen bei den weiteren Kindern die Verwandten nach dem Grad der Verwandtschaft und erst danach Freunde und Bekannte als Paten in Betracht. „[...] Johannes Peter getaufft. Tauffzeugen oder Pathen gewesen 1. Johannes Peter Schultz des Schmiedes altester Sohn 2. N. N., der aber [...] vom Altar weggelaufen, weil sein etwas späterer als des ersteren vorgebrachter Name nicht angenommen [...]", notierte der Gevelsberger Prediger 1722 im dortigen Taufbuch.[66] Je nach dem Geschlecht des Kindes kamen auch movierte Vornamen[67] vor. Im katholischen Kirchenbuch in Rhynern erhielten Mädchen geschlechtsvertauschte Vornamen ihrer Paten und hießen z. B. Berhardine, Franziska oder Johanna. Infolge der hohen Säuglingssterblichkeit war es Sitte, dass Nachgeborene die Vornamen der verstorbenen Geschwister erhielten, um die Tradition der Familie zu bewahren. Die Namen blieben bestehen. Nur die jeweiligen Personen wechselten.

Die zweiten und dritten Vornamen[68] dienten der persönlichen und konfessionellen[69] Unterscheidung. Katholische Eltern[70] waren aufgefordert, Heiligennamen als Vorbilder und Fürsprecher ihrer Täuflinge zu wählen. Da aus der Vielzahl der Heiligen die schutzmächtigsten favorisiert wurden, bildeten diese die Hauptgruppe[71] für die Namengebung. Bei den männlichen Heiligennamen stand an erster Stelle Johannes der Täufer.[72] Nach Mt 11,11 hat es unter allen Menschen keinen größeren gegeben als ihn. Seine Beliebtheit ergab sich aus seiner besonderen Stellung in der Heilsgeschichte als Täufer Jesu. Bei den weiblichen Heiligennamen war die heilige Anna[73], die Mutter Marias und Großmutter des Heilandes, führend. Nach der apokryphen Überlieferung galt sie als Schutzheilige unfruchtbarer Frauen. Sie repräsentierte das Matriarchat, das in Darstellungen von Anna-Selbdritt

64 Vgl. M. Simon: Pate.

65 L. Irle: Vornamengebung, S. 14; F. Mennemeyer: Kult, S. 83; M. Mitterauer: Ahnen, S. 419.

66 KB Gevelsberg, Bd. 2, unpag.

67 M. Simon: Vornamen, S. 191–195.

68 L. Irle: Vornamengebung, S. 15, 21, 38; F. Mennemeyer: Kult, S. 84.

69 E. Ammermüller: Unterschiede, S. 102 f., 113; E. François: Grenze, S. 170–178, 276 ff.; E. Heller-Karneth: Konfessionen, S. 254–263; B. Rajkay: Verflechtung, S. 128–133, 262–285; E. Rettinger: Umgebung, S. 63–69; W. Seibicke: Überblick, S. 2156; P. Zschunke: Konfession, S. 109 ff.

70 M. Mitterauer: Namengebung, S. 49, 54 f.

71 Ebd., S. 49; vgl. E. Nied: Heiligenverehrung.

72 M. Mitterauer: Ahnen, S. 144 f., 278.

73 R. W. Scribner: Elemente, S. 91. Zur Verehrung der Hl. Anna in Spätmittelalter und Früher Neuzeit vgl. A. Dörfler-Dierken: Verehrung; B. Kleinschmidt: Anna.

(Anna – Maria – Jesus) sichtbaren Ausdruck fand. Von den 14 Nothelfern[74] waren Barbara, Katharina[75] und Margaretha, Christopherus und Georg[76] häufig gewählte Taufnamen. Als privilegierte Mittler und Fürsprecher am Thron Gottes vertraute man ihnen die alltäglichen Nöte und Sorgen des Leibes und der Seele an.

Abgrenzend dazu sollten nach der Klevisch-Märkischen evangelisch-lutherischen Kirchenordnung von 1687 lutherische Eltern[77] ihren Kindern christliche Namen geben. Darunter wurden vor allem biblische Namen verstanden wie z. B. die der Apostel und Evangelisten. Bei reformierten Taufen[78] standen alttestamentliche Namen im Vordergrund. Sie durften nicht an die Heiligenverehrung erinnern, nicht im Gottesdienst vorkommen und weder Gott noch Christus bezeichnen.

Die Neuorientierung der Vornamengebung nach Vorbildgestalten verdrängte formal keineswegs die Heiligennamen. Sie führte inhaltlich zu einem Bedeutungswandel[79] von der transzendentalen zur realen Ebene. Die zunächst als himmlischer Patron gewählte Bezugsperson der Namengebung war nicht selten zugleich auch jener eines Angehörigen.[80] Die bisherige religiöse Komponente der Heiligennamen trat zurück zugunsten der mehr innerfamiliären Nachbenennung und deren Beziehung zu Ahnen und Verwandten als Paten.

Für ausgewählte Kirchengemeinden der Grafschaft Mark enthält Tabelle 88 bevorzugte Taufnamen. Es wurden jeweils die am häufigsten genannten sieben Namen für Jungen und Mädchen ausgewertet. Dabei fällt einerseits auf, dass der männliche Namensschatz vielfältiger als der weibliche war. Andererseits erhielten Kinder von ihren vorher verstorbenen Geschwistern nicht selten denselben Taufnamen.[81] Beispiele aus dem Herbeder Kirchenbuch von 1692 können das belegen: „[...] tauffen lassen seinen Sohn Johan vor 17 Jahren, seinen Sohn, auch Johan genant vor 10 Jahren; der erste Sohn gestorben 6 Wochen alt.“[82] „Henrich Gruter, gezeuget mit seiner Fr(au) seine Tochter Gerd rut vor 23 Jahren, 10 Tage alt gestorben, [...] seine Tochter 18 Jahr alt, Gerdrut genandt [...].“[83] Lutherische Jungen hießen am häufigsten Henrich, Johannes oder Georg. Auch Konrad und Theodor waren beliebt, die jedoch vergleichsweise bei Katholischen eher ungenannt blieben. Bei letzteren dominierte eindeutig der Name Johannes, gefolgt von Henrich. An letzter Stelle standen bei ihnen Georg und Wilhelm. Die weiblichen Favoriten der aufgeführten Konfessionen waren Katharina und Elisabeth. Bei lutherischen

74 H. Lahrkamp: Nothelfer, S. 119 ff.; E. Nied: Heiligenverehrung, S. 24 f., 77 f.; vgl. G. Schreiber: Nothelfer.

75 Zu Katharinenkult und -brauchtum in Westfalen vgl. W. Stüwer: Katharinenkult.

76 H. Lahrkamp: Nothelfer, S. 120 f.; M. Mitterauer: Ahnen, S. 109, 163; E. Nied: Heiligenverehrung, S. 74 f.

77 R. Brämik: Verfassung, S. 195; F. Schulz: Heilige, S. 667; M. Simon: Vornamen, S. 32 f.

78 M. Mitterauer: Namengebung, S. 56.

79 Ders., Ahnen, S. 51, 401 ff.

80 Ders., Namengebung, S. 51.

81 O. R. Enneper: Verzeichnis, S. 25.

82 Ebd., S. 25 Nr. 84.

83 Ebd., S. 22 Nr. 68.

Tab. 88 Bevorzugte Taufnamen in ausgewählten Kirchengemeinden der Grafschaft Mark 1668 bis 1704

Taufname	Herbede, luth. (1668–1692)		Weitmar, luth. (1680–1704)		Rhynern, kath. (1680–1704)	
	abs.	v. H.	abs.	v. H.	abs.	v. H.
Georg	14	13	28	30	8	5
Henrich	41	38	20	22	54	32
Hermann	6	6	–	–	17	10
Johannes	25	23	23	25	80	48
Konrad	19	18	–	–	–	–
Theodor	–	–	14	15	–	–
Wilhelm	2	2	7	8	8	5
Jungennamen	*107*	*100*	*92*	*100*	*167*	*100*
Anna	17	11	9	10	26	15
Elisabeth	37	25	24	26	46	26
Gertrud	12	8	21	23	3	2
Katharina	32	22	23	25	47	27
Klara	11	7	–	–	34	19
Margarete	16	11	7	8	7	4
Maria	24	16	7	8	12	7
Mädchennamen	*149*	*100*	*91*	*100*	*175*	*100*

Errechnet nach: KBabt. P: KB Rhynern, Bd. 1, S. 1–200; Bd. 2, S. 1–107; LKAB: KB Weitmar, Bd. 1, S. 1–150; Bd. 2, S. 1–5; O. R. Enneper: Verzeichnis, S. 7–42.

Namen traten auch Gertrud und Maria hervor. Katholiken nannten ihre Töchter stattdessen häufiger Klara oder Anna.

Wie Jungen am häufigsten „Johann“ genannt wurden, so trat bei Mädchen der Name „Anna“ in den Vordergrund.[84] Tabelle 89 listet in alphabetischer Reihenfolge aus der Vielzahl der möglichen Kombinationen für Doppelnamen bevorzugte Taufnamen auf. Dabei zeigten die einzelnen Kirchengemeinden verschiedene Vorlieben. In der Frühen Neuzeit wählten Weitmarer Eltern am häufigsten „Johann Henrich“ als Taufname für ihren Sohn. In Dahl traf das für „Johann Peter“ zu, der in Wiblingwerde von „Johann Hermann“ und „Hermann Henrich“ übertroffen wurde. Töchter hießen zwar bevorzugt „Anna Katharina“, ohne jedoch die eindeutige Priorität wie bei den Jungennamen aufzuweisen. Fast gleichwertig favorisierten Eltern in Weitmar „Anna Elisabeth“, in Dahl „Anna Gertrud“ und in Wiblingwerde „Anna Margarete“.

Abbildung 65 veranschaulicht die unterschiedlichen Präferenzen einzelner Konfessionen hinsichtlich ausgewählter Doppelnamen. Die Rangfolge ergab sich aus der abnehmenden Dominanz lutherischer Anteile zugunsten reformierter Prioritäten. Bei den ersten beiden Jungennamen in Abbildung 65, „Johann Diederich“ und „Johann Henrich“, verteilten sich die konfessionellen Anteile ähnlich. So entfielen etwa drei Fünftel auf Katholische, ein Viertel auf Lutherische und über 10 Pro-

84 Zur Vornamengebung der Bauern- und Reidemeisterfamilie Woeste vgl. D. Woeste: Vornamen.

Tab. 89 Bevorzugte Doppelnamen in ausgewählten Kirchengemeinden der Grafschaft Mark 1680 bis 1754

Taufname	Weitmar		Dahl		Wiblingwerde	
	abs.	v. H.	abs.	v. H.	abs.	v. H.
Johann Caspar	–	–	71	18	9	3
Johann Diederich	34	29	41	11	22	7
Johann Henrich	67	57	75	19	47	15
Johann Hermann	9	8	25	6	79	24
Johann Peter	7	6	175	45	61	19
Hermann Dietrich	–	–	–	–	31	9
Hermann Henrich	–	–	4	1	73	23
Jungennamen	*117*	*100*	*391*	*100*	*322*	*100*
Anna Elisabeth	50	24	94	14	30	11
Anna Gertrud	31	15	140	21	48	17
Anna Katharina	55	26	177	27	57	21
Anna Margarete	17	8	134	20	64	23
Anna Maria	24	12	36	5	39	14
Katharina Elisabeth	21	10	47	7	23	8
Katharina Margarete	11	5	37	6	16	6
Mädchennamen	*209*	*100*	*665*	*100*	*277*	*100*

Errechnet nach: LKAB: KB Weitmar, Bd. 1, S. 1–150; Bd. 2, S. 1–5; KB Dahl, Bd. 1, S. 6–123; KB Wiblingwerde, Bd. 1.

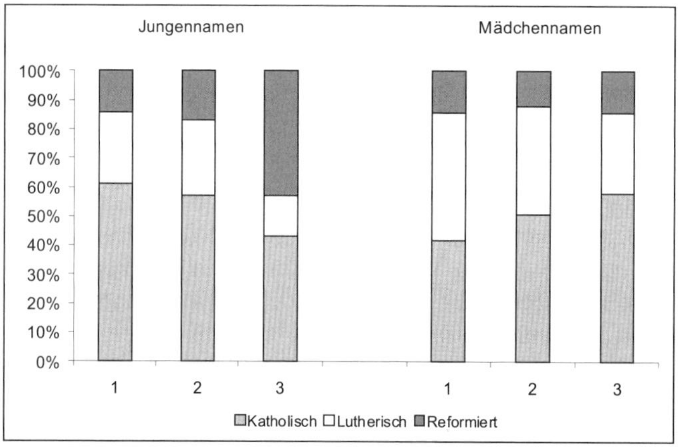

Abb. 65 Bevorzugte Taufnamen nach Konfessionen in der Grafschaft Mark 1680 bis 1754

Jungennamen: 1. Johann Diederich, 2. Johann Henrich, 3. Johann Hermann. Mädchennamen: 1. Anna Katharina, 2. Anna Elisabeth, 3. Katharina Elisabeth. Errechnet und dargestellt nach den Tab. 89–90.

zent auf Reformierte. Bei „Johann Hermann" waren Reformierte und Katholiken jeweils mit über zwei Fünfteln beteiligt. Aber nur gut 10 Prozent an Lutheranern wählten diesen Namen.

Eine ähnliche Priorität ergab sich bei den ausgewählten Mädchennamen. Mit zunehmendem Anteil von über zwei bis knapp drei Fünfteln favorisierten Katholiken die Vornamen „Anna Katharina", „Anna Elisabeth" und „Katharina Elisabeth". Dementsprechend verlagerte sich das Schwergewicht bei Lutheranern von gut zwei Fünfteln auf mehr als ein Viertel. Nur jeweils über 10 Prozent an Reformierten waren daran beteiligt.

Tab. 90 Entwicklung bevorzugter Doppelnamen in der katholischen Kirchengemeinde Rhynern 1680 bis 1754

Taufname	1680/1704		1705/1729		1730/1754		1680/1754	
	abs.	v. H.	abs.	v. H.	abs.	v. H.	abs.	v. H.
Johann Henrich	31	38	70	35	62	27	163	31
Johann Diederich	34	41	25	12	39	17	98	19
Johann Theodor	–	–	56	28	23	10	79	15
Johann Hermann	7	9	35	17	36	15	78	15
Johann Christian	4	5	10	5	26	11	40	8
Johann Franz	–	–	3	1	36	15	39	8
Johann Wilhelm	6	7	3	2	12	5	21	4
Jungennamen	*82*	*100*	*202*	*100*	*234*	*100*	*518*	*100*
Anna Katharina	60	33	61	24	51	20	172	25
Anna Elisabeth	32	18	50	19	47	19	129	18
Katharina Elisabeth	26	14	28	11	41	16	95	14
Anna Sibylla	11	6	29	11	48	19	88	13
Klara Anna	21	11	42	16	21	8	84	12
Klara Elisabeth	14	8	26	10	24	9	64	9
Anna Maria	18	10	23	9	22	9	63	9
Mädchennamen	*182*	*100*	*259*	*100*	*254*	*100*	*695*	*100*

Errechnet nach: KBabt. P: KB Rhynern, Bd. 1, S. 1–120; Bd. 2, S. 1–107.

Tabelle 90 versucht die Entwicklung katholischer Taufnamen am Beispiel der Kirchengemeinde Niederwenigern in der Frühen Neuzeit zu verdeutlichen. Unabhängig von den absoluten Zahlen geht es mehr um den jeweiligen prozentualen Anteil innerhalb der ausgewählten Namensfolge. Von den am Ende des 17. Jahrhunderts beliebtesten Jungennamen „Johann Diederich" und „Johann Henrich" trat ersterer zu Beginn des 18. Jahrhunderts zugunsten von „Johann Theodor" sowie „Johann Hermann" zurück. Letzterer hatte in der Jahrhundertmitte die gleiche Wertigkeit wie „Johann Franz". Beide wurden aber dennoch von „Johann Henrich" und „Johann Diederich" übertroffen. Damit hatte sich das Schwergewicht von wenigen männlichen Taufnamen auf eine größere Anzahl verteilt. Die Taufnamen „Johann Henrich" sowie „Johann Diederich" behielten aber ihre Vorrangstellung.

Bei den Mädchennamen dominierte zum Ende des 17. Jahrhunderts der Taufname „Anna Katharina". Erst in weiterem Abstand folgten „Anna Elisabeth" und „Katharina Elisabeth". Bis zum Beginn des 18. Jahrhunderts erhöhten sich die Anteile von „Klara Anna" sowie „Anna Sibylla" um jeweils fünf Prozent auf Kosten der anderen Taufnamen. In der Mitte des 18. Jahrhunderts nahm die Beliebtheit von „Anna Sibylla" weiter zu. Sie konkurrierte mit der von „Anna Katharina" und „Anna Elisabeth". Insgesamt gesehen bevorzugten Rhynerner Katholiken in der Frühen Neuzeit für ihre Töchter den Vornamen „Anna Katharina". Sie wählten andere Doppelnamen weniger häufig.

Am Beispiel der katholischen Kirchengemeinde Rhynern kann die unterschiedliche Verteilung ausgewählter Taufnamen im Zeitablauf verdeutlicht werden (vgl. Abb. 66). Während die Beliebtheit des Jungennamens „Johann Diederich" zum Beginn des 18. Jahrhunderts um 10 Prozent abnahm, stieg sie bis zur Jahrhundert-

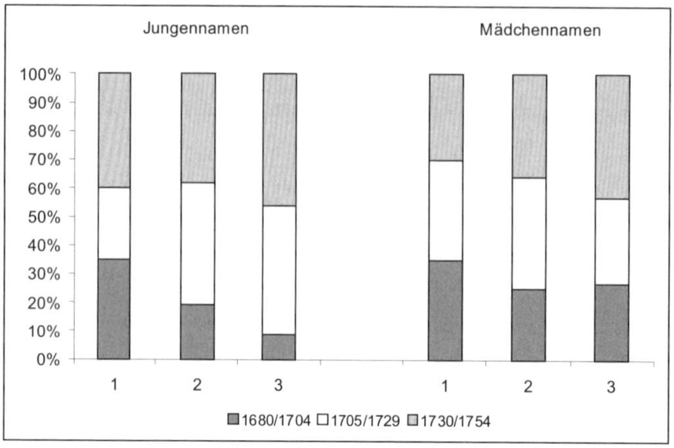

Abb. 66 Entwicklung katholischer Taufnamen in der Kirchengemeinde Rhynern 1680 bis 1754

Jungennamen: 1. Johann Diederich, 2. Johann Henrich, 3. Johann Hermann. Mädchennamen: 1. Anna Katharina, 2. Anna Elisabeth, 3. Katharina Elisabeth. Errechnet und dargestellt nach Tab. 90.

Tab. 91 Vornamengebung doppelter Taufnamen nach den Taufpaten in der katholischen Kirchengemeinde Rhynern 1680 bis 1754

Periode	Männliche Doppelnamen nach Paten			Weibliche Doppelnamen nach Paten			Doppelnamen nach Paten insgesamt		
	abs.	davon nach Eltern		abs.	davon nach Eltern		abs.	davon nach Eltern	
		v. H.	X		v. H.	X		v. H.	X
1680–1704	142	30	86	198	36	88	340	34	89
1705–1729	406	35	100	385	41	100	791	38	100
1730–1754	538	36	103	369	45	110	907	40	105
1680–1754	*1086*	*35*	*100*	*952*	*41*	*100*	*2038*	*38*	*100*

X = Durchschnitt für 1680/1754 = 100

Errechnet nach: KBabt. P: KB Rhynern, Bd. 1, unpag.

mitte sogar auf zwei Fünftel an und übertraf den Anteil zum Ende des 17. Jahrhunderts noch um fünf Prozent. Im Vergleich zum Ausgangswert verdoppelte sich der Anteil bei „Johann Henrich" im 18. Jahrhundert. Der Anteil des zunächst nur wenig gewählten Taufnamens „Johann Hermann" verfünffachte sich in der ersten Hälfte des 18. Jahrhunderts.

Beim Mädchennamen „Anna Katharina" verringerte sich der Anteil zur Jahrhundertmitte nur um fünf Prozent. Die Wahl des Namens „Anna Elisabeth" nahm von einem Viertel auf annähernd zwei Fünftel zum Beginn des 18. Jahrhunderts zu und reduzierte sich auf gut ein Drittel bis zur Jahrhundertmitte. Vergleichsweise dazu erhöhte sich die Vorrangstellung des Vornamens „Katharina Elisabeth" von einem Viertel zum Ende des 17. Jahrhunderts auf über zwei Fünftel in der Mitte des 18. Jahrhunderts. Damit bestätigte sich die traditionsbewusste Namenswahl katholischer Eltern in der Grafschaft Mark in der Frühen Neuzeit.

In Tabelle 91 stehen katholische Doppelnamen in Beziehung zu den Namen der Taufpaten und Eltern. Von den nach Paten gewählten Vornamen stimmten mehr als ein Drittel zum Beginn des 18. Jahrhunderts auch mit den Vornamen des jeweiligen Elternteils überein. Bis zur Jahrhundertmitte stieg der Anteil auf zwei

Fünftel. Nach dem Geschlecht unterteilt erhöhte sich der Anteil bei den weiblichen Doppelnamen stärker als bei den männlichen.

6 Mortalität ländlicher Bevölkerung[1]

In der ländlichen Gesellschaft der Frühen Neuzeit gehörten Sterben und Tod zur unmittelbaren Alltagserfahrung der Menschen. Die Sterblichkeit stand im Zusammenhang mit religiösen, gesellschaftlichen, wirtschaftlichen und mentalen Strukturen. Eingebettet in den Glauben[2] an eine jenseitige Welt bildete der Tod den Durchgang von einem zeitlichen zu einem ewigen Leben. Es bestand die Vorstellung von der Gemeinschaft und Verbundenheit zwischen Lebenden und Verstorbenen. Die Toten blieben im Leben präsent. Dies äußerte sich z. B. im Gebet für sie sowie im allwöchentlichen Samstagabendläuten.[3] Kirchliche Gedächtnisfeiern fanden gewöhnlich am 3., 7. und 30. Tag nach dem Todesfall sowie am Jahrestag der Trauerzeit statt.

Wie Taufe und Hochzeit waren Tod und Begräbnis gesellschaftlich-öffentliche Ereignisse. Auf dem Lande gehörten alle Bewohner einer Bauerschaft zur Nachbarschaft[4], die als rechtstragende Gemeinschaft auch wirtschaftlich und gesellschaftlich eine Einheit bildete. Nach dem Tod des Hausherrn galt es z. B. die Nachfolge zu regeln, den Besitz zu übertragen und die Nachkommen zu versorgen. Der Leichnam wurde in der besten Stube aufgebahrt, damit Angehörige, Nachbarn und Freunde von dem Verstorbenen Abschied nehmen konnten. Für das Hochgericht Schwelm stellte Müller[5] fest: „Ueberdies wird die ganze Gegend aufgeboten, die Leiche zum Grabe zu begleiten. Die Fabrikanten müssen alsdann ihre Werkstätten verlassen, und den ganzen Tag wegen der Leichenbegleitung versäumen, zumal wenn sie von der Pfarrkirche entfernt wohnen."

Die Todesnachricht[6] wurde nicht nur allen Mitgliedern der Hausgemeinschaft, einschließlich dem Vieh, sondern auch durch mündliche Rundsage von Hof zu Hof öffentlich bekannt gemacht. Die Drohung, dass bei nicht unverzüglicher Weitergabe der Todesnachricht der Betreffende sterben müsse, bezeichnete der Kurfürst von Brandenburg in seinem Erlasss von 1669 als Aberglaube. In den westfälischen Ländern konnten Konfessionsunterschiede sich nur graduell auf das Totenbrauchtum auswirken. Davon waren z. B. Leichenfolge, Tragepflicht und Totengeläut als gemeinschaftliche Aufgaben nicht betroffen.

Die letzte rituell gestaltete Situation menschlichen Lebens war die Beerdigung[7], die seit Ende des 17. Jahrhunderts konfessionsbedingt unterschiedlich gestaltet wurde. Bei den mittags oder nachmittags stattfindenden lutherischen Begräbnissen stand die Leichenpredigt zum Trost der Lebenden im Vordergrund. Dabei bemän-

1 Vgl. R. v. Dülmen: Kultur, Bd. 1, S. 215–228; P. Löffler: Studien; R. W. Scribner: Auswirkungen, S. 322–328.

2 A. E. Imhof: Welten, S. 217; P. Münch: Lebensformen, S. 480 f.; U. Schelbert: Bevölkerungsgeschichte, S. 165 f.

3 S. Wollgast: Tod, S. 38; vgl. P. Löffler: Studien, S. 152–183.

4 Ebd., S. 18.

5 F. Ch. Müller: Choragraphie, S. 17.

6 P. Löffler: Studien, S. 42 f.

7 R. v. Dülmen: Kultur, Bd. 1, S. 220–225; P. Löffler: Studien, S. 254, 295 f.; P. Münch: Lebensformen, S. 483.

gelte der Schwelmer Pastor Müller[8]: „Da in diesen volkreichen Gegenden sehr viele Leichen vorfallen, und auch kleine Kinder mit Leichenpredigten begraben werden, so wäre zu wünschen, daß dieser Unfug abgeschaft, und so wie an vielen andern Orten, die stille Beerdigung eingeführt würde." Der Leichenzug fand ohne Begleitung des Pastors und ohne Kerzen statt. Die klevisch-märkische Verordnung von 1729 verbot bei Leichenbegängnissen evangelisch-lutherischer Glaubensangehöriger das Vortragen eines Kruzifixes.

Dagegen blieben bei katholischen Begräbnissen die alten liturgischen Formen und Zeremonien bestehen. Die Trauerfeier hatte für den Toten und die Gemeinde einen substantiellen Wert. Im Anschluss an die vormittags gehaltene Totenmesse führte der Geistliche den Leichenzug an, unter Mitnahme von Kreuz, Kerzen, Weihrauch und Weihwasser. Noch 1714 versuchte die evangelisch-reformierte Obrigkeit[9] vergeblich, den üppigen Leichenschmaus mit Kirchenzuchtmaßnahmen zu reglementieren. Im Hochgericht Schwelm ging „[...] es dann wacker über die Schinken und Kalbskeulen, und über Bier und Brandtewein, ohne Barmherzigkeit."[10]

6.1 Regionale Verteilung der Todeszahlen

In der Grafschaft Mark starben im Durchschnitt zwei Drittel der Personen auf dem Lande (vgl. Tab. 92). Der Wert variierte in der Frühen Neuzeit von 59 Prozent im Jahr 1689 bis 70 Prozent in den Jahren 1688, 1732 und 1750. Von den ländlichen Gestorbenen entfiel über die Hälfte auf das Süderland. Die Anteile streuten zwischen 40 und 61 Prozent.

Die jährliche Wachstumsrate ländlicher Gestorbener betrug für die Jahre 1688 bis 1751 den Wert von etwa 0,7 Prozent. Für das Hellweggebiet erhöhte sie sich auf 0,9 Prozent. Dieser Wert entsprach in etwa auch den Wachstumsraten der drei Konfessionen für die Jahre 1680/84 bis 1750/54. Das traf jedoch nicht für das südliche Gebiet zu, wo die konfessionellen Werte die jährliche Wachstumsrate der Jahre 1688 bis 1751 mit 0,4 Prozent übertrafen. Letztere zeigte damit eine annähernd halb so große Wachstumsrate wie das Hellweggebiet sie aufwies. Die Angaben märkischer Gestorbener, bezogen auf den Durchschnittswert für 1688/1751, differierten zwischen 71 und 185 Prozent.

Nach Abbildung 67 erhöhte sich die Anzahl der ländlichen Gestorbenen der Grafschaft Mark nord- und südwärts der Ruhr in der Frühen Neuzeit mit unterschiedlicher Intensität. Während der Anteil hellwegischer Gestorbener sich etwa verdoppelte, nahm der süderländische um ungefähr ein Drittel zu. Das führte dazu, dass der vorhandene Vorrang der südlichen Gestorbenen in der Mitte des 18. Jahrhunderts an die nördlichen abgegeben wurde.

Tabelle 93 weist annähernd drei Viertel der im nördlichen Gebiet der Grafschaft Mark Gestorbenen für die Ämter Unna/Kamen, Hamm und Bochum aus. Die übrigen Gestorbenen verteilten sich auf weitere 12 märkische Gebiete. Mit Ausnahme

8 F. Ch. Müller: Choragraphie, S. 17.
9 A. Stenger: Leben, S. 12 f.
10 F. Ch. Müller: Choragraphie, S. 17.

Tab. 92 Entwicklung der Anzahl der Gestorbenen nach ländlichen Regionen der Grafschaft Mark 1688 bis 1751

Jahr	Nordwärts der Ruhr		Südwärts der Ruhr			Insgesamt		
	abs.	X	abs.	X	Y	abs.	X	Z
1688	570	72	840	96	60	1410	84	70
1689	502	63	728	83	59	1230	74	59
1690	583	74	611	69	51	1194	71	64
1696	729	92	603	69	45	1332	80	63
1699	719	91	777	88	52	1496	90	67
1700	631	80	676	77	52	1307	78	64
1707	642	81	782	89	55	1424	85	68
1732	729	92	1005	114	58	1734	104	70
1737	821	104	1075	122	57	1896	114	62
1738	791	100	1029	117	57	1820	109	67
1739	623	79	968	110	61	1591	95	68
1750	1859	235	1234	140	40	3093	185	70
1751	1067	135	1104	126	51	2171	130	61
1688/1751	*790*	*100*	*879*	*100*	*53*	*1669*	*100*	*66*

X = Durchschnitt für 1688/1751 je Gebiet = 100; Y = Anteil in v. H. je Jahr

Z = in v. H. aller Gestorbenen der Grafschaft Mark in Land und Stadt

Für einzelne Gebiete fehlen Angaben folgender Jahre:

1689 für die Ämter Kamen und Plettenberg. 1690 für das Amt Kamen.

1696 für die Ämter Schwerte und Plettenberg sowie das Hochgericht Schwelm.

1699 und 1700 für das Hochgericht Schwelm. 1750 für das Gericht Wetter.

Errechnet nach: GStA PK: I. HA Geh. Rat, Rep. 47 Geistl. Ang., Tit. 24 Populationslisten, 1683–1696, 1699–1749, 1750–1759, Nr. 2, Bl. 14–15, 50–55; Nr. 9, Bl. 67 r-68 r. Landesarchiv NRW Abteilung Westfalen, Münster: KMK, Lds, Nr. 20, Bl. 382.

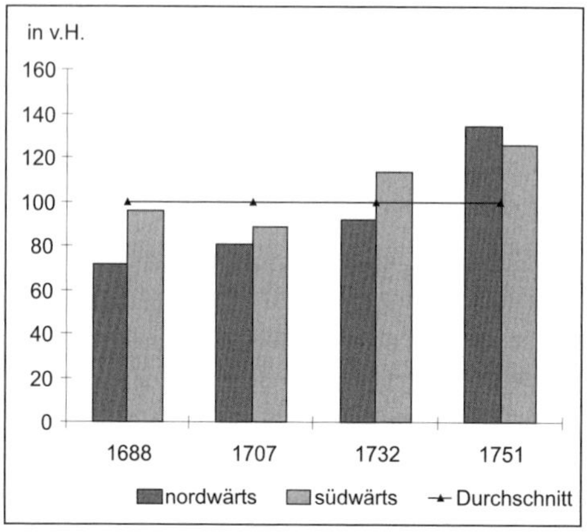

Abb. 67
Ländliche Gestorbene in der Grafschaft Mark 1688 bis 1751

Dargestellt nach Tab. 92.

des Amtes Hörde lagen die Anteile jeweils unter sechs Prozent. Bezogen auf 1707 war die Anzahl der Gestorbenen im Durchschnitt um drei Prozent rückläufig. Die Anteile hatten in den Ämtern Unna/Kamen, Hörde und Lünen sowie in den Gerichten Langendreer und Witten zugenommen.

Tab. 93 Anzahl der Gestorbenen in einzelnen ländlichen Gebieten der Grafschaft Mark nördwärts der Ruhr 1688 bis 1739

Gebiet	1688		1707		1739			Entwicklung (1707 = 100)	
	abs.	v. H.	abs.	v. H.	abs.	v. H.	X	1688	1739
A Bochum	*251*	*44*	*255*	*40*	*184*	*29*	*14*	*98*	*72*
davon G:									
Bochum	207	36	192	30	102	16	12	108	53
Castrop	22	4	–	–	35	6	25	–	–
Eickel	–	–	34	5	17	3	19	–	50
Strünkede / Herne	22	4	18	3	14	2	13	122	78
Langendreer	–	–	11	2	16	2	14	–	145
A Unna/Kamen	142	25	136	21	160	26	19	104	118
G Heeren	–	–	10	2	7	1	15	–	70
A Hamm	113	20	143	22	124	20	20	79	87
G Haren-Üntrop	–	–	–	–	21	3	22	–	–
A Hörde	20	3	57	9	68	11	27	35	119
A Lünen	11	2	6	1	10	2	14	183	167
A Schwerte	–	–	2	0	14	2	15	–	700
G Bodelschwingh-Mengede	20	3	20	3	23	4	16	100	115
G Witten	10	2	9	1	12	2	21	111	133
G Horst	3	1	4	1	–	–	–	75	–
Insgesamt	*570*	*100*	*642*	*100*	*623*	*100*	*17*	*89*	*97*

A = Amt; G = Gericht; X = Gestorbene je 1000 ländliche Einwohner

Errechnet nach: GStA PK: I. HA Geh. Rat, Rep. 47 Geistl. Ang., Tit. 24 Populationsl., 1683–1696, unpag.; 1699–1749, unpag.; 1750–1759, Nr. 2, Bl. 54–55.

Die Bruttosterberate betrug durchschnittlich 17 Gestorbene. In den einzelnen Gebieten variierte sie zwischen 12 im Amt Bochum und 27 im Amt Hörde. Die unter 20 Promille liegenden Sterbeziffern lassen nach Kurmann[11] mit an Sicherheit grenzender Wahrscheinlichkeit auf unvollständige Sterbeeinträge in den Registern schließen. Dabei ist ungewiss, in welchem Umfang Kinder und/oder Erwachsene fehlen.

In der Grafschaft Mark erhöhte sich der Anteil Gestorbener von 1707 bis 1751 im Durchschnitt um 52 Prozent. Die durchschnittlichen Werte betrugen im Süderland 41 Prozent und im Hellweggebiet 66 Prozent. Nach Abbildung 68 wiesen daher die Ämter Hörde, Blankenstein und Plettenberg sowie die Gerichte Meinerzhagen, Herbede und Stiepel jeweils den geringsten Zuwachs auf. Dagegen verzeichneten die Ämter Lünen, Schwerte und Neuenrade sowie die Gerichte Wetter und Witten die größte Zunahme an Gestorbenen.

Abbildung 69 veranschaulicht die unterschiedliche Sterberate von ländlichen Gebieten der Grafschaft Mark für 1739. Angelehnt an die Größenklassen bei Harnisch[12] wurden für die märkischen Werte die beiden höchsten Gruppen zusam-

11 F. Kurmann: Fortschreibungsmethode, S. 558.

12 H. Harnisch: Bevölkerung, S. 69.

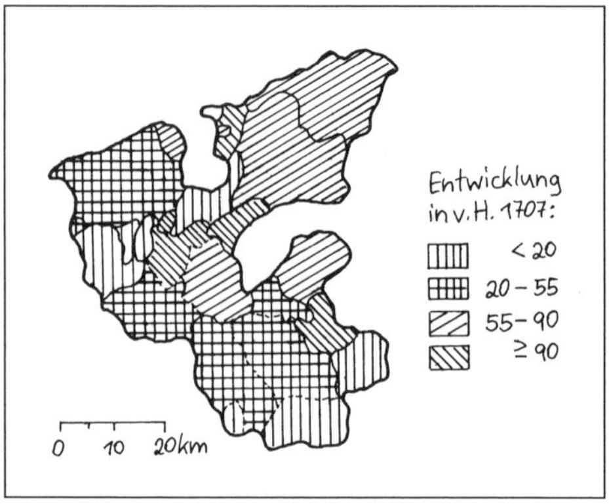

Abb. 68
Regionale Entwicklung ländlicher Gestorbener in der Grafschaft Mark 1707 bis 1751

Errechnet und dargestellt nach: GStA PK: I. HA Geh. Rat, Rep. 47 Geistl. Ang., Tit. 24 Populationsl., 1699–1749, unpag.; 1750–1759, Nr. 2, Bl. 14–15.

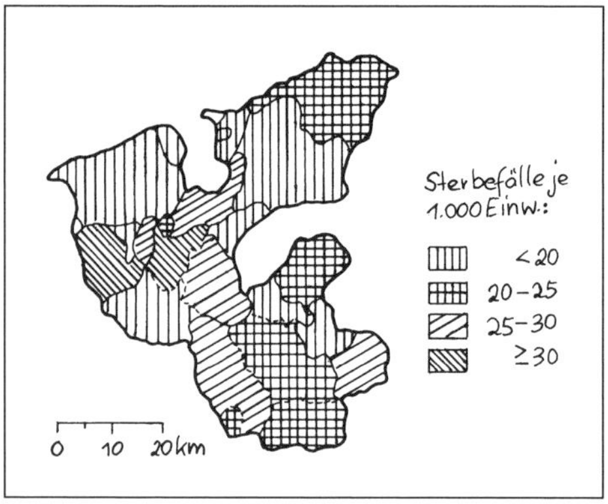

Abb. 69
Sterberate in einzelnen ländlichen Gebieten der Grafschaft Mark 1739

Errechnet und dargestellt nach den Tab. 2–3, 93–94.

mengefasst. Mit einer durchschnittlichen Sterberate von nur 21 Personen gehörte die Grafschaft Mark zum niedrigen Bereich. Noch geringere Werte entfielen auf die Ämter Bochum, Unna/Kamen, Lünen, Schwerte und Neuenrade, das Hochgericht Schwelm sowie die Gerichte Altena, Stiepel und Bodelschwingh-Mengede. Die höchsten Sterberaten von über 30 Personen waren nur im Amt Blankenstein und im Gericht Wetter anzutreffen.

Mehr als zwei Drittel der ländichen Gestorbenen im südlichen Gebiet der Grafschaft Mark entfielen in der Frühen Neuzeit auf die Ämter Altena und Wetter (vgl. Tab. 94). Im ersten Drittel des 18. Jahrhunderts nahm die Anzahl der Gestorbenen im Gebiet südwärts der Ruhr um durchschnittlich 27 Prozent mehr als im nördlichen Gebiet zu. Die Anteile in den Ämtern Wetter, Neuenrade und Iserlohn z. B. waren noch höher. Weniger Gestorbene wurden in den Ämtern Plettenberg und Blankenstein sowie im Gericht Hemer begraben. Pro 1000 Einwohner starben im Süderland durchschnittlich 24 Personen. Das waren sieben Personen mehr als im Hellweggebiet. Die Brutto-Sterberate streute zwischen 15 Gestorbenen im Amt Neuenrade und 37 Gestorbenen im Gericht Wetter. Die große Streubreite deutet im Vergleich zum nördlichen Gebiet der Grafschaft Mark auf eine teilweise bessere Registrierung der frühneuzeitlichen Kirchenbucheinträge hin.

Tab. 94 Anzahl der Gestorbenen in einzelnen ländlichen Gebieten der Grafschaft Mark südwärts der Ruhr 1688 bis 1739

Gebiet	1688		1707		1739			Entwicklung (1707 = 100)	
	abs.	v. H.	abs.	v. H.	abs.	v. H.	X	1688	1739
A Wetter	*330*	*39*	*270*	*35*	*351*	*36*	*25*	*122*	*130*
davon:									
H Schwelm	–	–	126	16	116	12	19	–	92
G Hagen	–	–	77	10	136	14	26	–	177
G Wetter	–	–	67	9	99	10	37	–	148
A Altena	*287*	*34*	*271*	*35*	*332*	*34*	*23*	*106*	*122*
davon:									
A Breckerfeld	–	–	109	14	135	14	26	–	124
H Lüdenscheid	–	–	93	12	115	12	22	–	124
G Meinerzhagen	–	–	60	8	71	7	21	–	118
G Altena	–	–	9	1	11	1	16	–	122
A Blankenstein	100	12	106	13	109	11	36	94	103
G Bruch	7	1	5	1	11	1	19	140	220
A Iserlohn	35	4	26	3	49	5	24	135	188
G Hemer	13	2	26	3	23	3	21	50	88
A Plettenberg	17	2	38	5	41	4	29	45	108
A Neuenrade	21	3	13	2	19	2	15	161	146
G Herbede	21	2	16	2	20	2	27	131	125
G Stiepel	9	1	11	1	13	2	19	82	118
Insgesamt	*840*	*100*	*782*	*100*	*968*	*100*	*24*	*107*	*124*

A = Amt; G = Gericht; H = Hochgericht; X = Gestorbene je 1000 ländliche Einwohner

Errechnet nach: GStA PK: I. HA Geh. Rat, Rep. 47 Geistl. Ang., Tit. 24 Populationsl., 1683–1696, unpag.; 1699–1749, unpag.; 1750–1759, Nr. 2, Bl. 54–55.

6.2 Langfristige Entwicklung der Todeszahlen

In Abbildung 70 wird die langfristige Entwicklung der Todeszahlen verschiedener Konfessionen für ländliche Gebiete der Grafschaft Mark in der Frühen Neuzeit dargestellt. Die Wachstumsrate pro Jahr differierte in den einzelnen Bekenntnissen. Sie lag zwischen 1,6 Prozent bei Reformierten, 1,3 Prozent bei Lutheranern und 0,4 Prozent bei Katholiken. Die unterdurchschnittliche Entwicklung der Todeszahlen in allen drei Konfessionen bis zum Beginn des 18. Jahrhunderts wurde von einem steilen Anstieg 1725/29 abgelöst. Bis zur Jahrhundertmitte folgten weitere überdurchschnittliche Entwicklungsschübe. Tabelle 95 verfügt über einzelne Zahlenangaben dazu.

Abbildung 71 präsentiert die langfristige Entwicklung der Todeszahlen von ausgewählten Kirchengemeinden in der Grafschaft Mark. Der bis zum Beginn des 18. Jahrhunderts unter dem Durchschnitt gebliebene Anteil erreichte 1725/29 einen Höhepunkt. Er lag für die hellwegischen Gemeinden Lünern und Weitmar um 50 Prozent und bei den süderländischen, wie Dahl und Gevelsberg, nur um ein Drittel darüber.

In Lünern erreichte der Anteil der Gestorbenen in der Mitte des 18. Jahrhunderts nach zwischenzeitlichen Schwankungen sein Optimum von 57 Prozent über

Tab. 95 Gestorbene nach Konfessionen in der Grafschaft Mark 1680 bis 1754

Lustrum	Reformiert (1)		Lutherisch (2)		Katholisch (3)	
	abs.	X	abs.	X	abs.	X
1680/84	–	–	179	56	283	88
1685/89	–	–	243	77	260	81
1690/94	52	47	233	74	256	80
1695/99	62	56	267	84	240	75
1700/04	67	61	249	79	279	87
1705/09	75	68	283	89	258	80
1710/14	116	105	290	92	285	89
1715/19	111	101	335	106	365	114
1720/24	98	89	311	98	268	83
1725/29	171	155	449	142	499	155
1730/34	164	149	386	122	305	95
1735/39	114	103	360	114	293	91
1740/44	144	131	347	110	479	149
1745/49	102	93	349	110	312	97
1750/54	153	139	457	144	427	133
1680/1754	*110*	*100*	*316*	*100*	*321*	*100*

X = Durchschnitt für 1680/1754 je Konfession = 100

Errechnet nach: 1) LKAB: KB Rhynern, Bd. 1–2; KB Wiblingwerde, Bd. 3.

2) LKAB: KB Dahl, Bd. 1, S. 251–330; KB Gevelsberg, Bd. 4–6, unpag.; KB Lünern, Bd. 1, passim; KB Weitmar, Bd. 1, S. 151–228; Bd. 2, S. 192–196.

3) KBabt. P: KB Rhynern, Bd. 1, unpag.; Bd. 2, Sp. 1–33; KPf. N: KB Niederwengern, Beerdigte, Bl. 21 v-267 r.

dem Durchschnitt. Weitmar konnte seinen Höchstwert 1740/44 erneut erreichen. Gleichzeitig fielen die Werte der drei anderen Gemeinden auf den Durchschnitt. In den davon benachbarten Zeitperioden rahmten die Dahler Gestorbenenwerte diesen mit zwei Fünfteln und etwa drei Fünfteln über dem Durchschnitt liegend ein. Gevelsberg erhöhte seinen überdurchschnittlichen Anteil an Gestorbenen zur Mitte des 18. Jahrhunderts auf zwei Drittel.

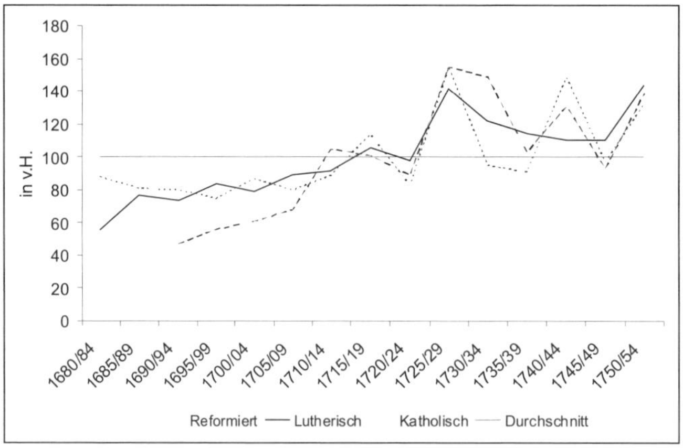

Abb. 70 Gestorbene nach Konfessionen in der Grafschaft Mark 1680 bis 1754

Dargestellt nach Tab. 95.

Abb. 71
Gestorbene in ausgewählten Kirchengemeinden der Grafschaft Mark 1680 bis 1754

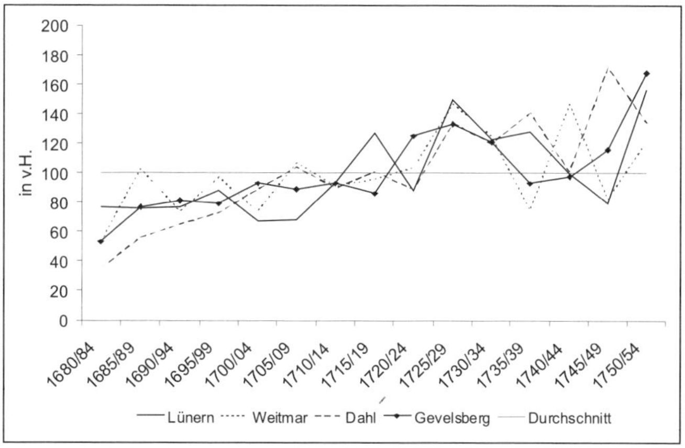

Dargestellt nach den Tab. 1 a, 3 a, 5 a, 13 a im Tabellenanhang.

Tab. 96 Gestorbene nach Geschlecht in der Grafschaft Mark 1680 bis 1754

Lustrum	Reformiert (1)			Lutherisch (2)			Katholisch (3)		
	m	w	X	m	w	X	m	w	X
1680/84	–	–	–	77	78	99	69	52	133
1685/89	–	–	–	95	103	92	50	60	83
1690/94	23	22	105	100	102	98	77	51	151
1695/99	22	33	67	133	122	109	63	69	91
1700/04	32	27	119	135	91	148	68	79	99
1705/09	41	24	152	146	117	125	73	66	111
1710/14	71	39	182	153	121	126	78	77	101
1715/19	51	55	93	142	151	94	99	87	114
1720/24	49	43	114	145	152	95	72	47	153
1725/29	85	78	109	223	201	111	105	98	107
1730/34	79	73	108	192	154	125	72	64	113
1735/39	63	48	131	162	193	84	71	64	111
1740/44	69	67	103	163	180	91	166	142	117
1745/49	55	46	120	182	160	114	95	70	136
1750/54	84	67	125	225	232	97	77	95	81
1680/1754	*56*	*48*	*116*	*152*	*144*	*106*	*82*	*75*	*109*

m = männlich; w = weiblich; X = Anteil männlicher Gestorbene je 100 weibliche

Errechnet nach: 1) LKAB: KB Rhynern, Bd. 1–2; KB Wiblingwerde, Bd. 3.

2) LKAB: KB Dahl, Bd. 1, S. 251–330; KB Gevelsberg, Bd. 4–6, unpag.; KB Lünern, Bd. 1, passim; KB Weitmar, Bd. 1, S. 151–228; Bd. 2, S. 192–196.

3) KBabt. P: KB Rhynern, Bd. 1, unpag.; Bd. 2, Sp. 1–33; KPf. N: KB Niederwengern, Beerdigte, Bl. 21 v-267 r.

Die Wachstumsraten für ländliche Todeszahlen pro Jahr errechneten sich für hellwegische Kirchspiele niedriger als für süderländische. Sie betrugen im einzelnen: Rhynern (kath.) 0,3 Prozent, Weitmar 0,3 Prozent, Lünern 0,6 Prozent und Rhynern (ref.) 0,8 Prozent. Für südliche Gemeinden lauteten die Werte: Niederwenigern 0,5 Prozent, Gevelsberg 1,0 Prozent, Wiblingwerde 1,5 Prozent und Dahl 1,6 Prozent.

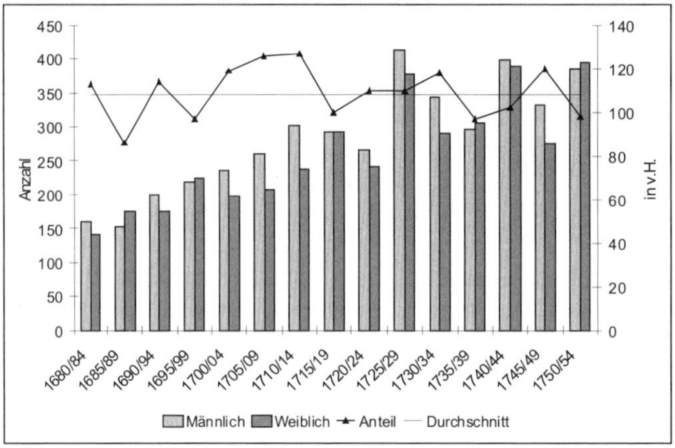

Abb. 72
Gestorbene nach Geschlecht in der Grafschaft Mark 1680 bis 1754

Errechnet und dargestellt nach den Tab. 1 a, 3 a, 5 a, 7 a, 11 a, 13 a, 15 a im Tabellenanhang.

Die absolute Zunahme ländlicher Todeszahlen in ausgewählten Kirchengemeinden der Grafschaft Mark in der Frühen Neuzeit galt für beide Geschlechter (vgl. Abb. 72). Von 1680/84 bis 1715/19 hatte sich die Anzahl der gestorbenen Männer fast, die der Frauen mehr als verdoppelt. Sie stieg bis zur Jahrhundertmitte weiter an. In den Jahrfünften 1725/29, 1740/44 und 1750/54 traten Extremwerte in Erscheinung.

Der durchschnittliche Anteil männlicher Gestorbener je 100 weibliche betrug in der Grafschaft Mark 108 Prozent. Nach Abbildung 72 variierten die Werte zwischen 86 Prozent in den Jahren 1685/89 und 127 Prozent im Jahrfünft 1710/14. Die zum Beginn des 18. Jahrhunderts aufgetretenen erhöhten Anteile männlicher Gestorbener je 100 weibliche wiederholten sich in abgeschwächter Form bis zur Jahrhundertmitte.

In der Frühen Neuzeit entwickelte sich der Anteil männlicher Gestorbener je 100 weibliche in einzelnen Konfessionen der Grafschaft Mark unterschiedlich. Nach Abbildung 73 erreichte der katholische Anteil zum Ende des 17. und im ersten Viertel des 18. Jahrhunderts Spitzenwerte von über 150 Prozent. Die Minima lagen um 80 Prozent. Lutherische zeigten zum Beginn des 18. Jahrhunderts ihren maximalen Wert, der sich bis zur Jahrhundertmitte teilweise unterhalb von 100 Prozent verringerte. Der Anteil männlicher Gestorbener je 100 weibliche zeigte bei Reformierten die größte Spannweite. Von zwei Drittel Prozent zum Ende des 17. Jahrhunderts erhöhte sich der Wert 1710/14 auf 182 Prozent. Ab den 20er Jahren blieben die Anteile bis zur Jahrhundertmitte über 100 Prozent. Nach Tabelle 96 lagen die Durchschnittswerte zwischen 106 bei Lutherischen, 109 bei Katholischen und 116 bei Reformierten.

Der Anteil männlicher Gestorbener je 100 weibliche wird in Abbildung 74 für ausgewählte Kirchspiele der neuzeitlichen Grafschaft Mark veranschaulicht. Die durchschnittlichen Werte lagen für Lünern bei 98, für Weitmar bei 100, für Gevelsberg bei 110 und für Dahl bei 116 Prozent. Ebenso unterschiedlich verliefen die einzelnen Anteile. Zum Beginn des 18. Jahrhunderts verdoppelten sich die Dahler Werte, während der Gevelsberger nur mit 50 Prozent über dem Durchschnitt lag. Entfiel der Weitmarer Anteil mit einem Drittel über dem Durchschnitt, so lagen

Abb. 73
Anteil männlicher Gestorbener je 100 weibliche nach Konfessionen in der Grafschaft Mark 1680 bis 1754

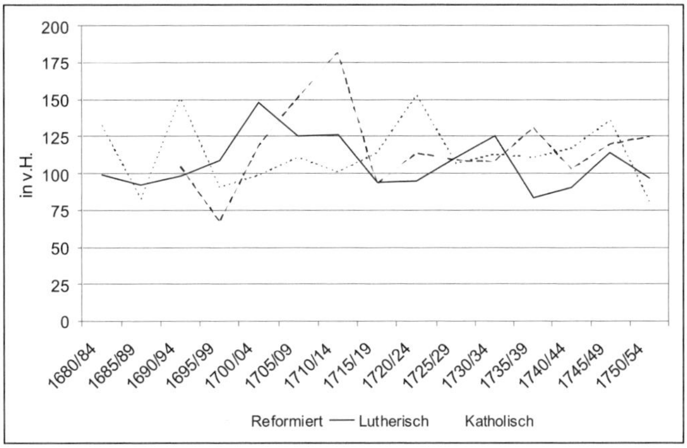

Dargestellt nach Tab. 96.

Abb. 74
Anteil männlicher Gestorbener je 100 weibliche in ausgewählten Kirchengemeinden der Grafschaft Mark Mark 1680 bis 1754

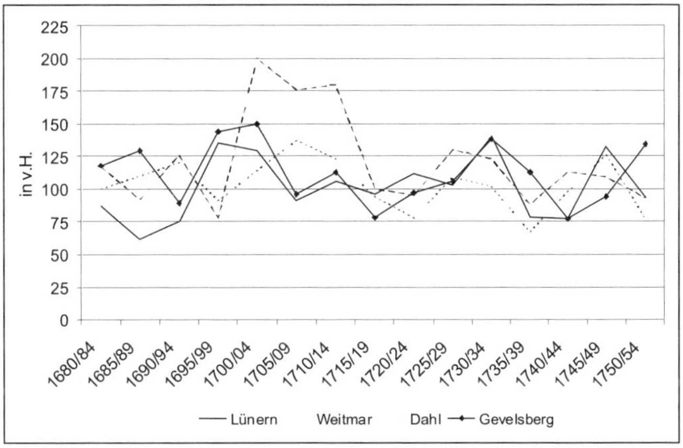

Dargestellt nach den Tab. 1 a, 3 a, 5 a, 13 a im Tabellenanhang.

die Lünerner und Gevelsberger knapp darunter. Im Jahrfünft 1720/24 streuten die Werte männlicher Gestorbener je 100 weibliche am wenigsten vom Durchschnitt.

Im Tabellenanhang sind die Einzelwerte erfasst, aus denen jeweils geschlechtsspezifische Wachstumsraten pro Jahr ermittelt werden können. Je nach Kirchengemeinde waren männliche und weibliche Anteile entweder gleich oder unterschiedlich. Für hellwegische Kirchspiele betrugen sie (m/w): Weitmar 0,3/0,6 Prozent, Lünern 1,1/0,7 Prozent und Rhynern (ref.) 1,2/0,6 Prozent. Die süderländischen Anteile lauteten: Niederwenigern 0,5/0,5, Gevelsberg 1,4/1,5 Prozent, Dahl 1,6/1,6 Prozent sowie Wiblingwerde 2,0/1,4 Prozent.

6.3 Saisonale Schwankungen der Todeszahlen

Während der Frühen Neuzeit waren in agrarisch strukturierten Gebieten Krankheit und Tod noch fast ausschließlich von der Natur bestimmte Gegebenheiten. Der Mensch hatte nur geringe Möglichkeiten, auf sie einzuwirken. Wie die Geburten, so verteilten sich auch die Todesfälle ungleichmäßig auf die einzelnen Monate des

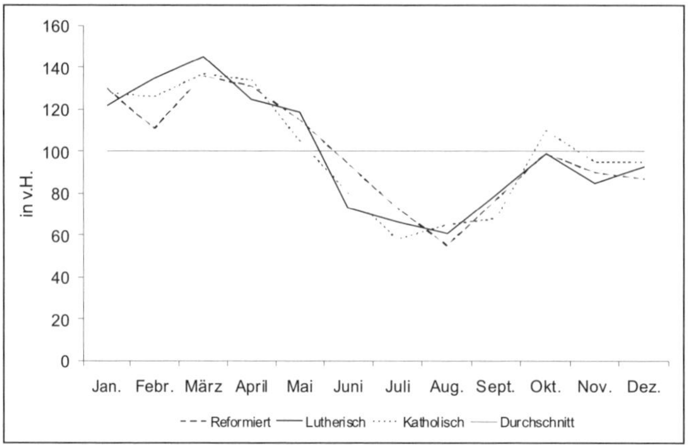

Abb. 75
Monatlich Gestorbene nach Konfessionen in der Grafschaft Mark 1680 bis 1754

Dargestellt nach Tab. 97.

Tab. 97 Monatlich Gestorbene nach Konfessionen in der Grafschaft Mark 1680 bis 1754

Monat	Reformiert (1)		Lutherisch (2)		Katholisch (3)	
	abs.	X	abs.	X	abs.	X
Januar	152	130	491	122	522	128
Februar	118	111	492	135	465	126
März	159	136	582	145	559	137
April	149	131	485	125	530	134
Mai	135	115	480	119	430	105
Juni	107	94	286	73	318	80
Juli	86	73	267	66	238	58
August	64	55	244	61	267	65
September	87	77	306	79	268	68
Oktober	116	99	399	99	448	110
November	102	90	330	85	377	95
Dezember	102	87	376	93	387	95
Jan./Dez.	*115*	*100*	*395*	*100*	*401*	*100*

X = Durchschnitt für 1680/1754 je Konfession = 100, bereinigt

Errechnet nach: 1) LKAB: KB Rhynern, Bd. 1–2; KB Wiblingwerde, Bd. 3.

2) LKAB: KB Dahl, Bd. 1, S. 251–330; KB Gevelsberg, Bd. 4–6, unpag.; KB Lünern, Bd. 1, passim; KB Weitmar, Bd. 1, S. 151–228; Bd. 2, S. 192–196.

3) KBabt. P: KB Rhynern, Bd. 1, unpag.; Bd. 2, Sp. 1–33; KPf. N: KB Niederwengern, Beerdigte, Bl. 21 v-267 r.

Jahres. Im Spätwinter und Frühjahr starben mehr Menschen als in den Sommer- und Herbstmonaten.[13] Diese Wellenbewegungen ergaben sich aufgrund der damals prägenden Todesursachen, die jahreszeitlich schwankten. Unterschiedliche Altersgruppen waren davon betroffen.

Bei Säuglingen und Kleinkindern[14] spielten z. B. Verdauungskrankheiten im Zusammenhang mit ungeeigneter Ernährung nach der frühzeitigen Entwöhnung eine

13 A. E. Imhof: Sterblichkeitsstrukturen, S. 113.

14 M. Schürmann: Bevölkerung, S. 120 f.; E. Heller-Karneth: Konfessionen, S. 272.

Abb. 76
Entwicklung monatlich Gestorbener in der Grafschaft Mark 1680 bis 1754

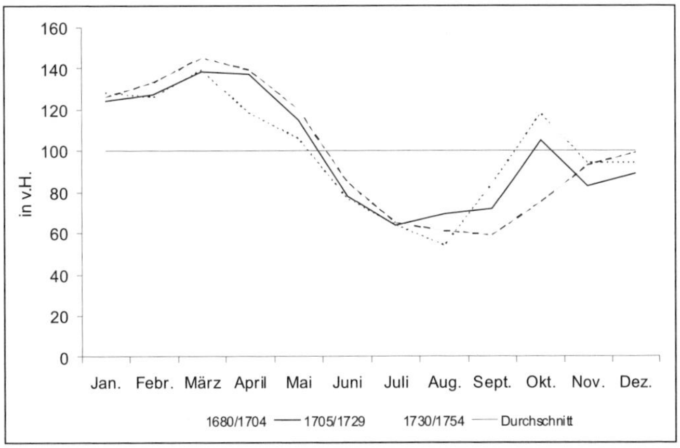

Dargestellt nach Tab. 98.

Tab. 98 Entwicklung monatlich Gestorbener in der Grafschaft Mark 1680 bis 1754

Monat	1680/1704		1705/1729		1730/1754	
	abs.	X	abs.	X	abs.	X
Januar	292	126	411	124	477	128
Februar	277	133	380	127	425	126
März	335	145	460	138	517	139
April	312	139	442	137	425	118
Mai	277	120	382	115	397	106
Juni	191	85	250	78	279	77
Juli	151	65	213	64	238	64
August	142	61	230	69	202	54
September	132	59	233	72	304	84
Oktober	173	75	348	105	441	118
November	208	93	267	83	338	94
Dezember	229	99	297	89	349	94
Jan./Dez.	*227*	*100*	*326*	*100*	*366*	*100*

X = Durchschnitt je Periode = 100, bereinigt

Errechnet nach: KBabt. P: KB Rhynern, Bd. 1, unpag.; Bd. 2, Sp. 1–33; KPf. N: KB Niederwengern, Beerdigte, Bl. 21 v-267 r; LKAB: KB Dahl, Bd. 1, S. 251–330; KB Gevelsberg, Bd. 4–6, unpag.; KB Lünern, Bd. 1, passim; KB Rhynern, Bd. 1–2; KB Weitmar, Bd. 1, S. 151–228; Bd. 2, S. 192–196; KB Wiblingwerde, Bd. 3.

wesentliche Rolle. Im Sommer konnte besonders der Verzehr der durch Hitze verdorbenen Lebensmittel tödliche Infektionserkrankungen beschleunigen. Außerdem führten die als Folge von Kornengpässen auftretenden Epidemien häufig zum Tode. Bei Erwachsenen[15] standen Krankheiten der Atmungsorgane im Vordergrund. Im Spätwinter und in den Frühlingsmonaten häuften sich Erkältungen der Luftwege, die eine Übersterblichkeit verursachen konnten. Schlecht beheizbare Wohnräume waren wenig gesundheitsfördernd und minderten die Abwehrkräfte.

15 A. E. Imhof: Jahre, S. 90–93; P. Stephan: Sterben, S. 73.

Auf dem Lande war die Rhythmisierung des Sterbegeschehens aufgrund der dortigen Lebensumstände[16] stärker als in der Stadt ausgeprägt. Die Hygiene, Trink- und Abwasserversorgung ließen zu wünschen übrig. Die ärztliche Versorgung mit Medikamenten war zu gering. Unkenntnis über Infektionswege, Ansteckungsmechanismen und Immunitätslagen führten zu Seuchen, die die Menschen hinwegrafften. Engpässe in der Nahrungsversorgung forderten weitere Todesopfer. Denn Mangel an pflanzlicher und tierischer Kost erhöhte die Anfälligkeit gegenüber Krankheiten und vergrößerte das Sterberisiko.

Analog zum saisonalen Verlauf der Geburten zeigt Abbildung 75 den Zyklus des Todes in der ländlichen Grafschaft Mark in der Frühen Neuzeit. Die meisten Menschen starben in der ersten Hälfte des Jahres, im Winter und Frühjahr. Dabei bildete der März für alle drei Konfessionen den Höhepunkt, der die nachfolgende Abschwungphase einleitete. Ab Juni lag der Anteil der Sterbefälle bereits unter dem Durchschnittswert und erreichte im August sein Minimum. Von da an nahmen die Todesfälle auch im Herbst erneut zu. Sie stiegen im Oktober teilweise überdurchschnittlich an. Dieser Verlauf traf für alle drei Konfessionen zu, jeweils mit graduellen Unterschieden (vgl. Tab. 97).

In Abbildung 76 wird die unterschiedliche zeitliche Entwicklung märkischer Gestorbener für verschiedene Perioden der Frühen Neuzeit dargestellt. Zum Ende des 17. Jahrhunderts wurde der im März vorhandene überdurchschnittliche Anteil der Gestorbenen in eine sich bis September erstreckende Tiefphase überführt.

Demgegenüber entwickelten sich die Gestorbenen bis zur Mitte des 18. Jahrhunderts von dem im März überdurchschnittlichen Wert hin zu einer bis zum Sommer reichenden Abschwungphase. Nach dem Wendepunkt im August lagen die Anteile im Oktober kurzfristig über dem Durchschnitt (vgl. Tab. 98).

In ausgewählten Kirchengemeinden der frühneuzeitlichen Grafschaft Mark starben nach Abbildung 77 die meisten Menschen im März. Die Werte streuten um 20 Prozent. Nach der anschließenden Abschwungphase erreichten die Anteile in den Sommermonaten ihr Minimum. Bei dem nun folgenden Anstieg lag bis zum Jahresende das Schwergewicht auf den durchschnittlichen Werten.

Es folgen Besonderheiten einzelner Kirchengemeinden. In Lünern gab es während der Monate Juni bis August die geringste Anzahl an Gestorbenen, die aber in den anschließenden Herbstmonaten wieder bis etwa 10 Prozent über den Durchschnitt anstieg. Vergleichsweise dazu starben die wenigsten Weitmarer ebenfalls im August, aber auch im September. Das galt gleichfalls für Dahl, wo das Minimum der Gestorbenen aber zusätzlich bereits mit dem Monat Juli begann. Der Anteil betrug jeweils zwei Drittel.

Das süderländische Gevelsberg trat mit einer längeren Periode hoher Sterblichkeit hervor. Von Februar bis April lag der Anteil teilweise mehr als 50 Prozent über dem Durchschnitt. Die tiefsten Werte im August erreichten dort ein ähnliches unterdurchschnittliches Niveau. Im Tabellenanhang sind Angaben weiterer Kirchengemeinden aufgeführt.

16 A. E. Imhof: Auswertung Resultate, S. 250 f.; E. Rettinger: Umgebung, S. 268–271.

Abb. 77
Monatlich Gestorbene in ausgewählten Kirchengemeinden der Grafschaft Mark 1680 bis 1754

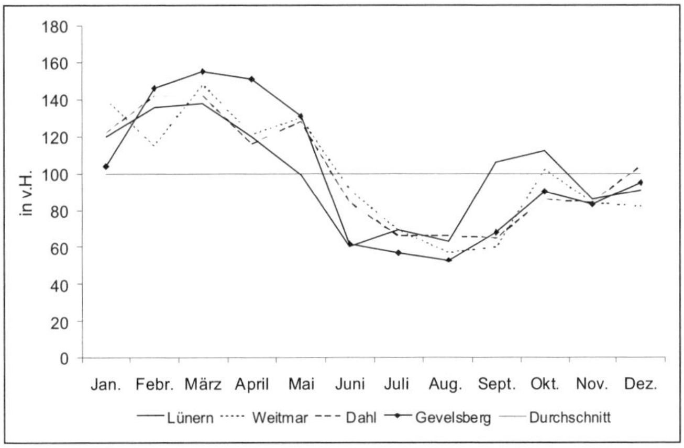

Dargestellt nach den Tab. 2a, 4a, 6a, 14a im Tabellenanhang.

Abb. 78
Monatlich Gestorbene nach Geschlecht in der Grafschaft Mark 1680 bis 1754

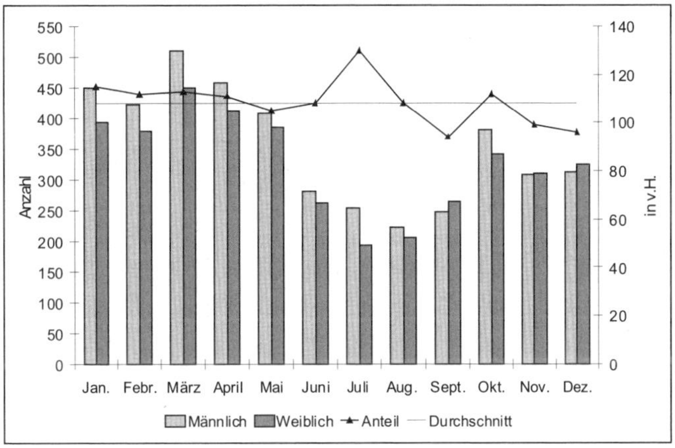

Errechnet und dargestellt nach den Tab. 2a, 4a, 6a, 8a, 12a, 14a, 16a im Tabellenanhang.

In der ländlichen Grafschaft Mark der Frühen Neuzeit starben im März die meisten Personen und in den Sommermonaten die wenigsten Männer und Frauen (vgl. Abb. 78). Bis zum Oktober stieg die Sterblichkeit für beide Geschlechter erneut an. Der Anteil männlicher Gestorbener je 100 weibliche differierte von 130 Prozent im Juli bis 94 Prozent im September. In den ersten vier Monaten des Jahres blieb der Anteil fast gleichbleibend mit 108 Prozent knapp über dem Durchschnittswert. Zum Jahresende hin häuften sich die Monate, in denen die Anzahl der gestorbenen Frauen die der Männer übertraf.

In Abbildung 79 wird der monatliche Anteil männlicher Gestorbener je 100 weibliche nach Konfessionen in der frühneuzeitlichen Grafschaft Mark dargestellt. Die Werte erhöhten sich bei Lutheranern und Reformierten im Sommer auf über 150 Prozent. In der zweiten Jahreshälfte verliefen die beiden Anteile annähernd parallel zueinander. Die niedrigsten Werte lagen jeweils um 80 Prozent. Im Gegensatz dazu streute der Anteil männlicher Gestorbener je 100 weibliche bei Katholiken nur zwischen 125 Prozent im Anfang des Jahres und 92 Prozent in der Jahresmitte. Weitere genaue Zahlen dazu können Tabelle 99 entnommen werden.

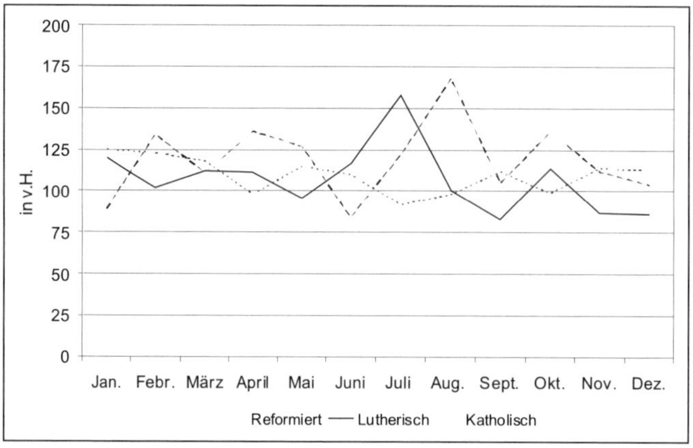

Abb. 79
Monatlicher Anteil männlicher Gestorbener je 100 weibliche nach Konfessionen in der Grafschaft Mark 1680 bis 1754

Dargestellt nach Tab. 99.

Tab. 99 Monatlich Gestorbene nach Geschlecht in der Grafschaft 1680 bis 1754

Monat	Reformiert (1)			Lutherisch (2)			Katholisch (3)		
	m	w	X	m	w	X	m	w	X
Januar	75	84	89	244	204	120	131	105	125
Februar	67	50	134	233	229	102	123	100	123
März	83	75	111	289	258	112	138	117	118
April	91	67	136	237	214	111	129	132	98
Mai	76	60	127	222	231	96	109	95	115
Juni	49	58	84	146	125	117	87	79	110
Juli	45	37	122	153	97	158	55	60	92
August	42	25	168	116	116	100	64	65	98
September	44	42	105	128	155	83	76	68	112
Oktober	64	47	136	199	175	114	118	119	99
November	55	49	112	145	166	87	108	95	114
Dezember	54	52	104	161	187	86	97	86	113
Jan./Dez.	*62*	*54*	*115*	*189*	*180*	*105*	*103*	*93*	*111*

m = männlich; w = weiblich; X = Anteil männlicher Gestorbener je 100 weibliche

Durchschnitt je Spalte für 1680/1754 = 100, bereinigt

Errechnet nach: 1) LKAB: KB Rhynern, Bd. 1–2; KB Wiblingwerde, Bd. 3.

2) LKAB: KB Dahl, Bd. 1, S. 251–330; KB Gevelsberg, Bd. 4–6, unpag.; KB Lünern, Bd. 1, passim; KB Weitmar, Bd. 1, S. 151–228; Bd. 2, S. 192–196.

3) KPf. N: KB Niederwengern, Beerdigte, Bl. 21 v-267 r.

Nach Abbildung 80 entwickelte sich der monatliche Anteil männlicher Gestorbener je 100 weibliche in Kirchengemeinden der frühneuzeitlichen Grafschaft Mark unterschiedlich. Im Juli erreichten drei der ausgewählten Kirchengemeinden ihr Optimum, wobei die süderländischen Anteile die hellwegischen übertrafen. Im Oktober wies Weitmar den höchsten Wert auf, der zum Jahresende hin auf 50 Prozent abfiel. Die Einzelwerte, auch für weitere Gemeinden, enthält der Tabellenanhang.

Abb. 80
Monatlicher Anteil männlicher Gestorbener je 100 weibliche in ausgewählten Kirchengemeinden der Grafschaft Mark 1680 bis 1754

Dargestellt nach den Tab. 2a, 4a, 6a, 14a im Tabellenanhang.

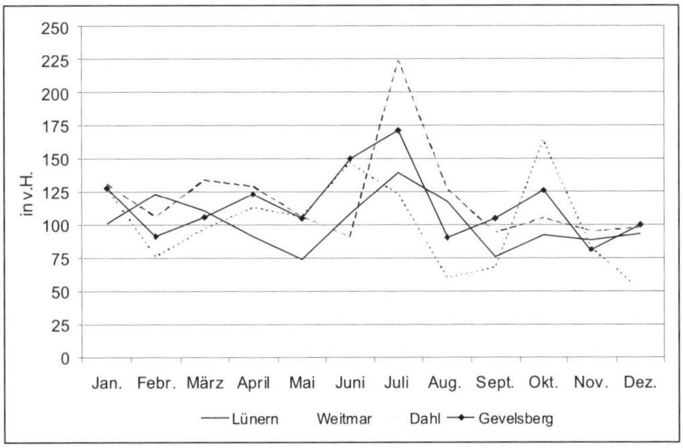

6.4 Alterspezifische Sterblichkeit

Abbildung 81 zeigt die altersspezifische Sterblichkeit der hellwegischen katholischen Kirchengemeinde Rhynern in der Frühen Neuzeit. Die Kindersterblichkeit betrug im Februar/März 175 Prozent und fiel im August auf 47 Prozent ab. Der im letzten Drittel des Jahres unterdurchschnittliche Wert lag im Dezember um 80 Prozent niedriger als die Sterblichkeit der 45- bis 64-Jährigen mit 147 Prozent im gleichen Monat. Der Spitzenwert wiederholte sich für diese Altersgruppe im März, in dem die Säuglingssterblichkeit ihr Maximum von 155 Prozent erreichte. Nach dem unteren Wendepunkt im August fiel deren Entwicklung im letzten Vierteljahr mit der Sterblichkeit der über 65-Jährigen zusammen. Letztere erzielten bereits im Januar ihr Optimum von 180 Prozent, das die Kindersterblichkeit im gleichen Monat um 100 Prozent übertraf. Die Erwachsenensterblichkeit der 15- bis 44-Jährigen betrug im Januar 190 Prozent. Sie sank im Juli auf das Minimum von nur 33 Prozent. Die Kindersterblichkeit lag im gleichen Monat um etwa 50 Prozent darüber. Die absoluten Zahlen dazu enthält Tabelle 100.

In Abbildung 82 ist die monatliche Sterblichkeit verschiedener Lebensalter der süderländischen evangelischen Kirchengemeinde Volmarstein in der Frühen Neuzeit dargestellt. Trotz unterschiedlicher Entwicklungsintensität können die Werte zu zwei Gruppen zusammengefasst werden. Die erste Gruppe, die ein- bis 14-jährigen Kinder und die 45 bis 64-jährigen Erwachsenen umfassend, erreichte im April mit 212 Prozent ihre jeweilige höchste Sterblichkeit. Damit korrespondierte zum Ende des Jahres hin deren niedrigste Sterblichkeit im Vergleich zu den übrigen Altersklassen.

Die zweite Gruppe, bestehend aus Säuglingen, 15- bis 44-Jährigen und über 65-Jährigen, starb im ersten Drittel des Jahres am häufigsten. An unterschiedlichen Monaten betrug deren Anteil jeweils um 158 Prozent, der gegenüber dem Höchstwert der vorherigen Altersklassen um 54 Prozent niedriger war. Die Säuglings- und Kindersterblichkeit erreichte im August mit 37 Prozent jeweils ihr Minimum. Erstere stieg im September überdurchschnittlich an, so dass sie im gleichen Monat die Kindersterblichkeit um 70 Prozent übertraf (vgl. Tab. 101).

Tab. 100 Monatliche Sterblichkeit nach Alter in ausgewählten Kirchengemeinden der Grafschaft Mark nordwärts der Ruhr 1715 bis 1754

Monat	Weitmar, luth. (1715–1749)					Rhynern, kath. (1730–1754)				
	<1	1–14	15–44	45–64	≥65	<1	1–14	15–44	45–64	≥65
Jan.	13	11	7	11	19	14	17	29	14	22
Febr.	11	9	8	5	10	14	37	20	13	10
März	12	14	9	13	12	19	41	19	21	12
April	6	11	12	8	11	11	31	17	18	15
Mai	11	22	11	8	14	14	34	14	19	14
Juni	5	8	5	2	8	6	22	12	7	8
Juli	1	11	7	4	3	9	19	5	7	8
Aug.	1	3	7	3	10	5	11	9	6	6
Sept.	4	3	6	8	3	12	14	14	9	10
Okt.	5	12	13	9	9	14	17	15	20	14
Nov.	2	5	3	8	8	7	13	8	14	7
Dez.	6	1	8	5	12	14	16	15	21	14
Jan./Dez.	*6*	*9*	*8*	*7*	*10*	*12*	*23*	*15*	*14*	*12*

Errechnet nach: LKAB: KB Weitmar, Bd. 1, S. 182–228; KBabt. P: KB Rhynern, Bd. 1, unpag; Bd. 2, Sp. 1–33.

Abbildung 83 veranschaulicht die saisonalen Schwankungen altersspezifischer Sterblichkeit im hellwegischen Kirchspiel Weitmar in der Frühen Neuzeit. Dabei wurde die Anzahl der Gestorbenen je Monat gleich Hundert gesetzt und nach einzelnen Altergruppen unterteilt. Folgende Besonderheiten können hervorgehoben werden. Während am Anfang des Jahres fast ein Drittel der 65-Jährigen und älteren Menschen starb, galt das nur für 12 Prozent der 15- bis 44-Jährigen. Im Februar verringerte sich der Anteil der 45- bis 64-jährigen Gestorbenen ebenfalls auf 12 Prozent. Im April entfiel dieser Anteil auf die Säuglinge. Von Mai bis Juli starben die meisten Kinder, aber die wenigsten 45- bis 64-Jährigen. Im August konzentrierte sich die Sterblichkeit mit zwei Fünfteln auf die 65-jährigen und älteren Menschen. Der Anteil der Säuglinge betrug dabei nur vier Prozent. Im September verlagerte sich das Schwergewicht auf die 45 bis 64 Jahre alten Menschen. Kinder und 65-Jährige sowie ältere Personen waren nur zu je 12 bzw. 13 Prozent betroffen.

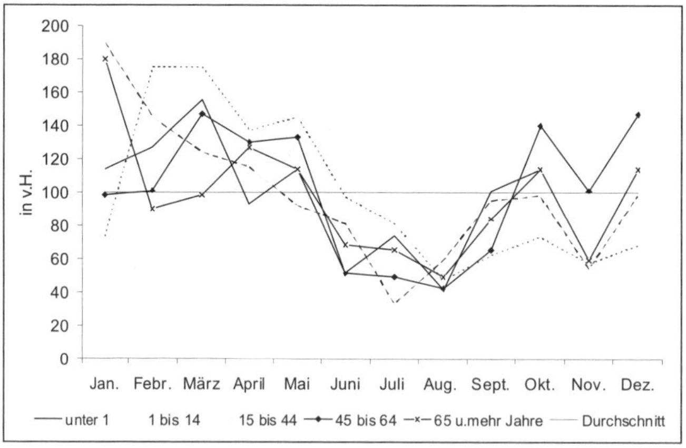

Abb. 81 Monatliche Sterblichkeit nach Alter in der katholischen Kirchengemeinde Rhynern 1730 bis 1754

Errechnet und dargestellt nach Tab. 100.

Abb. 82
Monatliche Sterblichkeit nach Alter in der evangelischen Kirchengemeinde Volmarstein 1700 bis 1754

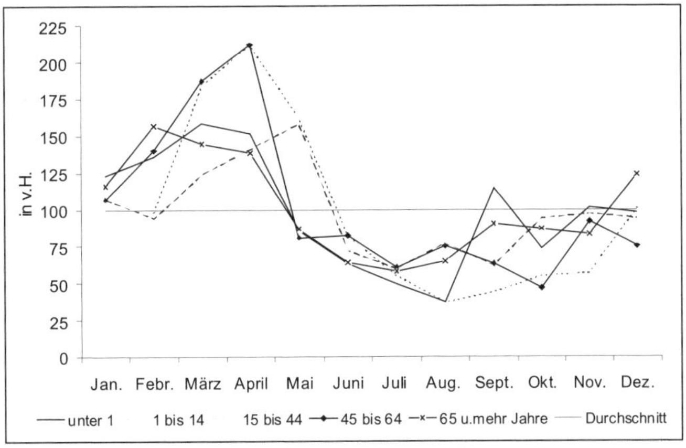

Errechnet und dargestellt nach Tab. 101.

Abb. 83
Monatliche Altersstruktur der Gestorbenen in der evangelisch-lutherischen Kirchengemeinde Weitmar 1715 bis 1749

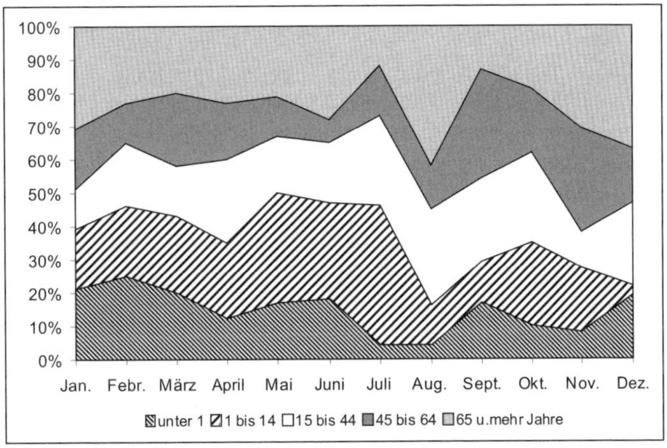

Errechnet und dargestellt nach Tab. 100.

Der November war der Sterbemonat für die 45-jährigen und älteren Menschen. Der Anteil betrug für sie drei Fünftel, wogegen Säuglinge und 15 bis 44 Jahre alte Personen mit acht bzw. 11 Prozent unterrepräsentiert blieben. Im Dezember starben die 65-Jährigen und Älteren am häufigsten. Auf Kinder entfiel dabei nur ein Anteil von drei Prozent. Tabelle 100 weist die absoluten Zahlen auf.

Im Vergleich zum Vorhergehenden zeigt Abbildung 84 die monatliche Altersstruktur des süderländischen Kirchspiels Dahl. Auch hierbei wurden die nach Altersgruppen gegliederten Gestorbenen pro Monat gleich Hundert gesetzt. In den ersten beiden Monaten des Jahres dominierte die Sterblichkeit der 65-jährigen und älteren Menschen. Im März starben die meisten Kinder. Im April betrug die Sterblichkeit der 65 Jahre alten und älteren Personen ein Drittel. Die Säuglinge waren nur zu acht Prozent betroffen. Von Mai bis September lag das Schwergewicht auf der Kindersterblichkeit, deren Anteil im August aber von den 15- bis 44-jährigen Personen übertroffen wurde. Die 45 bis 64 Jahre alten Menschen wiesen dabei nur einen 10-prozentigen Anteil auf. Im Oktober stand die Sterblichkeit der 15- bis 44-Jährigen sowie der 65 Jahre alten und Älteren mit einem Anteil von zusammen drei Fünfteln im Vordergrund. Die Säuglinge waren dabei mit acht Prozent

Tab. 101 Monatliche Sterblichkeit nach Alter in ausgewählten Kirchengemeinden der Grafschaft Mark südwärts der Ruhr 1700 bis 1754

Monat	Dahl (1720–1754)					Volmarstein (1700–1754)				
	<1	1–14	15–44	45–64	≥65	<1	1–14	15–44	45–64	≥65
Jan.	10	18	15	12	20	10	32	25	23	32
Febr.	10	12	13	11	19	10	29	20	27	39
März	12	23	12	17	21	13	60	29	40	40
April	5	16	12	9	22	12	67	32	44	37
Mai	9	21	12	15	15	7	53	37	19	24
Juni	7	18	8	12	9	5	26	16	17	17
Juli	5	11	9	6	5	4	18	14	13	16
Aug.	5	7	11	3	5	3	12	18	16	18
Sept.	6	15	8	7	7	9	14	14	13	24
Okt.	5	9	19	11	18	6	18	22	10	24
Nov.	6	13	12	11	16	8	18	22	19	22
Dez.	9	9	13	16	13	8	33	22	16	34
Jan./Dez.	*7*	*14*	*12*	*11*	*14*	*8*	*32*	*23*	*21*	*27*

Errechnet nach: LKAB: KB Dahl, Bd. 1, S. 275–330; KB Vollmarstein, Bd. 1, S. 73–89, 281–323.

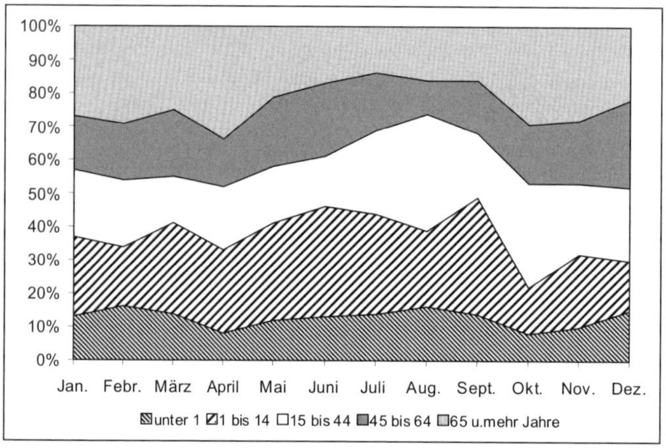

Abb. 84 Monatliche Altersstruktur der Gestorbenen in der evangelischen Kirchengemeinde Dahl 1720 bis 1754

Errechnet und dargestellt nach Tab. 101.

unterrepräsentiert. In den beiden letzten Monaten des Jahres starben die meisten Menschen von 45 Jahren und älter (vgl. Tab. 101).

Der Anteil Gestorbener je 1000 Lebendgeborene war nach Tabelle 102 vom Sterbealter abhängig. Er variierte in den einzelnen Kirchengemeinden. Der durchschnittliche Wert streute zwischen 73 Gestorbenen in Weitmar bis 60 Gestorbenen in Dahl. Im Vergleich dazu verdoppelte sich bei den Ein- bis Vierjährigen in etwa die Kindersterblichkeit je 1000 Lebendgeborene. Sie sank bei den 10- bis 14-Jährigen annähernd auf den halben Durchschnittswert. Die Erwachsenensterblichkeit nahm von den 55-Jährigen an aufwärts je 1000 Lebendgeborene überdurchschnittlich zu. Sie stieg bis zu den 65-Jährigen in Rhynern und Dahl bzw. den 75-Jährigen in Weitmar und Volmarstein. Von da an verminderte sich der Anteil der Gestorbenen je 1000 Lebendgeborene und fiel bei den über 85-Jährigen

Tab. 102 Sterblichkeit nach Alter in ausgewählten Kirchengemeinden der Grafschaft Mark 1700 bis 1754

Alter in Jahren von ... bis ...	Nordwärts der Ruhr				Südwärts der Ruhr			
	Weitmar (1715–1749)		Rhynern, kath. (1730–1754)		Dahl (1720–1754)		Volmarstein (1700–1754)	
	abs.	Y	abs.	Y	abs.	Y	abs.	Y
< 1	77	141	139	123	89	90	95	58
1– 4	76	140	157	139	108	109	204	124
5– 9	16	29	78	69	37	37	113	69
10–14	18	33	37	33	27	27	63	38
15–24	31	57	52	46	57	58	105	64
25–34	30	55	70	62	38	38	81	49
35–44	35	64	55	49	49	50	85	52
45–54	33	61	76	67	44	45	112	68
55–64	51	94	93	82	86	87	145	88
65–74	53	97	78	69	84	85	176	107
75–84	49	90	35	31	64	65	110	67
≥85	17	31	27	24	22	22	41	25
Insg.	*486*	*892*	*897*	*794*	*705*	*713*	*1330*	*809*

Y = Gestorbene auf 1000 Lebendgeborene

Errechnet nach: LKAB: KB Weitmar, Bd. 1, S. 182–228; KBabt. P: KB Rhynern, Bd. 1, unpag; Bd. 2, Sp. 1–33; LKAB: KB Dahl, Bd. 1, S. 275–330; KB Vollmarstein, Bd. 1, S. 73–89, 281–323.

noch unter den Wert der niedrigsten Kindersterblichkeit. Je nach Kirchengemeinde betrug der Anteil nur noch ein Drittel des Durchschnittswertes.

Die geschlechtsspezifische Sterbehäufigkeit wird nach Altersklassen für die katholische Kirchengemeinde Rhynern in Abbildung 85 dargestellt. Ein breiter „Sockel" entspricht der Anzahl der Sterbefälle bei Säuglingen bis neunjährigen Kindern. Darüber steht ein schlanker „Stiel" der 10- bis 14-Jährigen. Die Anzahl der fünf bis 24 Jahre alten Gestorbenen war bei beiden Geschlechtern fast gleich. In den folgenden Altersklassen überstieg die weibliche die männliche Sterbehäufigkeit, was u. a. auf einen Frauenüberschuss, besonders bei den 65- bis 74-Jährigen, zurückgeführt werden könnte. Erst in der höheren Altersklasse starben doppelt soviel Männer wie Frauen (vgl. Tab. 103).

Aus Tabelle 103 wird auch die Weitmarer Sterblichkeit nach Alter und Geschlecht deutlich. Bei Säuglingen und Ein- bis Vierjährigen starben mehr Jungen als Mädchen. Bei den 10- bis 24-Jährigen und den 45- bis 54-Jährigen trat die männliche Sterblichkeit ebenso in den Vordergrund. Bei den 25- bis 44-jährigen Erwachsenen sowie den ab 55-Jährigen übertraf jedoch die weibliche die männliche Sterblichkeit.

Im Vergleich dazu wies die Volmarsteiner alters- und geschlechtsspezifische Sterblichkeit ähnliche Prioritäten auf (vgl. Tab. 103). Jungen starben im Säuglings- und Kindesalter häufiger als Mädchen, mit Ausnahme der Fünf- bis Neunjährigen. Die männliche Sterblichkeit war bei den 25 bis 64-Jährigen größer als die weibliche, wobei das für die 35 bis 44-Jährigen nicht zutraf. In höheren Altersgruppen

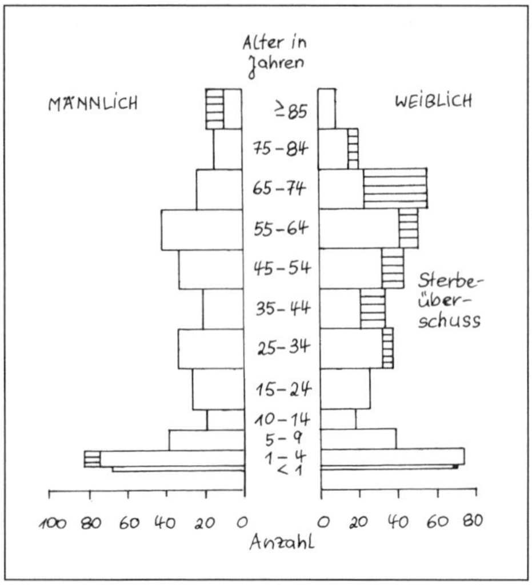

Abb. 85
„Kelch des Todes" in der katholischen Kirchengemeinde Rhynern 1730 bis 1754

Dargestellt nach Tab. 103.

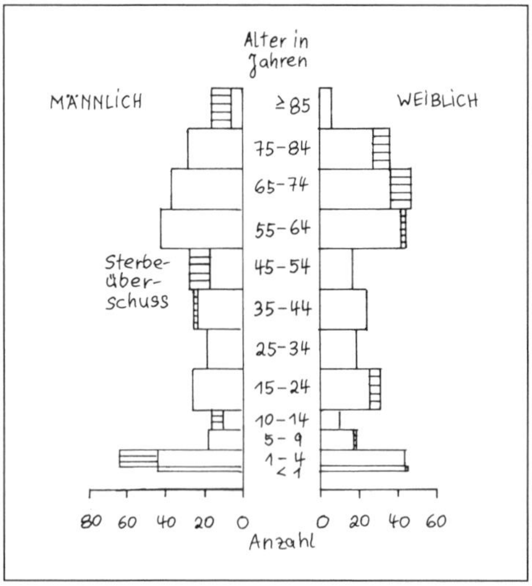

Abb. 86
„Kelch des Todes" in der evangelischen Kirchengemeinde Dahl 1720 bis 1754

Dargestellt nach Tab. 103.

dominierte zwar die Frauen- vor der Männersterblichkeit, jedoch mit abnehmender Tendenz.

Auch in der evangelischen Kirchengemeinde Dahl übertraf bei den Ein- bis Vierjährigen die männliche die weibliche Sterbehäufigkeit (vgl. Abb. 86). Das galt ebenfalls für die 10- bis 14-jährigen Gestorbenen. Bei den Fünf- bis Neunjährigen sowie den 15- bis 24-Jährigen starben mehr weibliche als männliche Personen. Zwischen 35 und 54 Jahren überstieg die Sterbehäufigkeit der Männer die der Frauen. Von 55 bis 84 Jahren erhöhte sich der weibliche Sterbeüberschuss, der danach auf den männlichen überging.

Werden neben der Kumulation der Gestorbenen auch die Überlebenden einzelner Altersklassen aufgeführt, so entsteht Abbildung 87. In der hellwegischen Kirchen-

Tab. 103 Sterblichkeit nach Alter und Geschlecht in ausgewählten Kirchengemeinden der Grafschaft Mark 1700 bis 1754

Alter in Jahren von … bis …	Nordwärts der Ruhr				Südwärts der Ruhr			
	Weitmar (1715–1749)		Rhynern, kath. (1730–1754)		Dahl (1720–1754)		Volmarstein (1700–1754)	
	m	w	m	w	m	w	m	w
< 1	39	38	68	71	44	45	49	46
1– 4	40	36	83	74	64	44	107	97
5– 9	8	8	39	39	18	19	53	60
10–14	12	6	19	18	17	10	39	24
15–24	20	11	26	26	26	31	53	52
25–34	9	21	33	37	19	19	47	34
35–44	14	21	21	34	25	24	39	46
45–54	19	14	33	43	27	17	62	50
55–64	23	28	42	51	42	44	74	71
65–74	24	29	23	55	37	47	83	93
75–84	25	24	15	20	28	36	54	56
≥85	6	11	18	9	16	6	21	20
Insg.	*239*	*247*	*420*	*477*	*363*	*342*	*681*	*649*

m = männlich; w = weiblich

Errechnet nach: LKAB: KB Weitmar, Bd. 1, S. 182–228; KBabt. P: KB Rhynern, Bd. 1, unpag; Bd. 2, Sp. 1–33; LKAB: KB Dahl, Bd. 1, S. 275–330; KB Vollmarstein, Bd. 1, S. 73–89, 281–323.

Tab. 104 Gestorbene nach Alter in ausgewählten Kirchengemeinden der Grafschaft Mark 1700 bis 1754

Alter in Jahren von … bis …	Weitmar (1715–1749)			Volmarstein (1700–1754)		
	Gestorbene	Kumulation	Überlebende	Gestorbene	Kumulation	Überlebende
< 1	158	0	842	72	0	928
1– 4	156	158	686	153	72	775
5–14	70	314	616	132	225	643
15–34	126	384	490	140	357	503
35–54	140	510	350	148	497	355
55–74	214	650	136	241	645	114
≥75	136	864	0	114	886	0

Errechnet nach: LKAB: KB Weitmar, Bd. 1, S. 182–228; KB Vollmarstein, Bd. 1, S. 73–89, 281–323.

gemeinde Weitmar betrug der Anteil der gestorbenen Säuglinge annähernd dem der Vierjährigen (15 Prozent). Im Vergleich dazu starben nur ungefähr halb soviel Kinder im Alter von fünf bis 14 Jahren. Bei den 15- bis 34-Jährigen entsprach der Anteil der bis zu diesem Alter Gestorbenen von 51 Prozent, in etwa dem der Überlebenden. Auf die 55- bis 74- Jährigen entfiel mit einem Fünftel der höchste Gestorbenenanteil je Altersklasse (vgl. Tab. 104).

Abbildung 88 zeigt die Relation der Gestorbenen und Überlebenden nach einzelnen Altersklassen für die süderländische Kirchengemeinde Volmarstein in der Frühen Neuzeit. Im Gegensatz zu Weitmar fällt der halb so hohe Gestorbenenanteil der Säuglinge auf, der durch den doppelten Anteil bei den Fünf- bis 14-Jährigen kompensiert wurde. Auch in Volmarstein entsprach der Anteil der Überlebenden

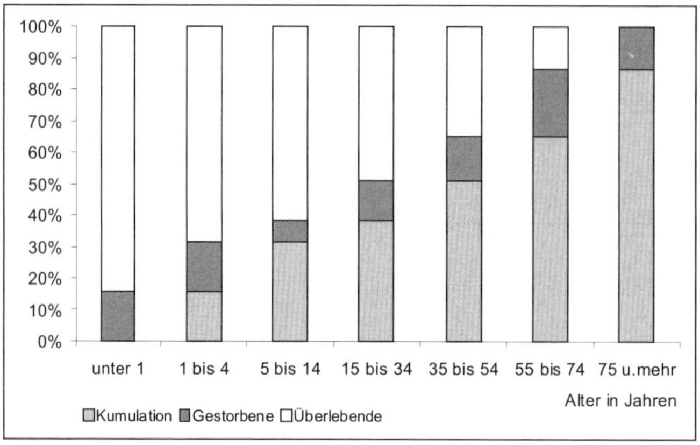

Abb. 87
Gestorbene und Überlebende nach Alter in der evangelisch-lutherischen Kirchengemeinde Weitmar 1715 bis 1749

Dargestellt nach Tab 104.

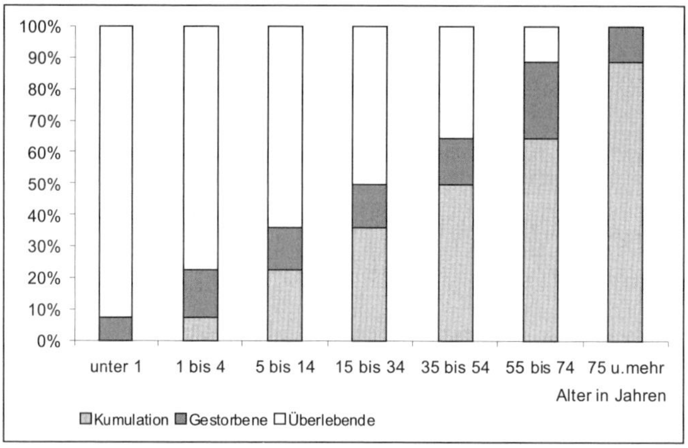

Abb. 88
Gestorbene und Überlebende nach Alter in der evangelischen Kirchengemeinde Volmarstein 1700 bis 1754

Dargestellt nach Tab. 104.

bei den 15- bis 34-Jährigen dem der Gestorbenen. Ebenfalls trat hier der hohe Anteil der mit 55 bis 74 Jahren Gestorbenen (ein Viertel) in Erscheinung; Tabelle 104 weist die einzelnen Daten nach.

6.5 Absterbeordnung ländlicher Bevölkerung

Für Abbildung 89 wurden Überlebende von ausgewählten Kirchengemeinden der Grafschaft Mark in der Frühen Neuzeit jeweils auf 1000 Personen bezogen und einander nach Altersklassen gegenübergestellt. In dem steilen Abstieg von den Säuglingen bis zu den Neunjährigen spiegelt sich eine hohe Sterblichkeit wider. Dabei übertraf der Anteil der Überlebenden in den süderländischen Kirchengemeinden Volmarstein und Dahl den der hellwegischen Kirchengemeinden Weitmar und Rhynern (kath.). Mit dem darauf folgenden Jahrfünft zeigten nur die Katholiken in Rhynern weiterhin einen niedrigeren Anteil Überlebender als die Lutherischen in den anderen drei Kirchengemeinden. In Tabelle 105 sind die genauen Werte angegeben.

Die Absterbeordnung in Abbildung 90 veranschaulicht die höheren Überlebenschancen von Frauen gegenüber Männern. In dem steilen Abstieg bis zu den

Tab. 105 Absterbeordnung nach Alter in ausgewählten Kirchengemeinden der Grafschaft Mark 1700 bis 1754

Alter in Jahren von … bis …	Nordwärts der Ruhr				Südwärts der Ruhr			
	Weitmar (1715–1749)		Rhynern, kath. (1730–1754)		Dahl (1720–1754)		Volmarstein (1700–1754)	
	X	Y	X	Y	X	Y	X	Y
< 1	158	1000	155	1000	126	1000	72	1000
1– 4	156	842	175	845	153	874	153	928
5– 9	33	686	87	670	53	721	85	775
10–14	37	653	41	583	38	668	47	690
15–24	64	616	58	542	81	630	79	643
25–34	62	552	78	484	54	549	61	564
35–44	72	490	61	406	70	495	64	503
45–54	68	418	85	345	62	425	84	439
55–64	105	350	104	260	122	363	109	355
65–74	109	245	87	156	119	241	132	246
75–84	101	136	39	69	91	122	83	114
≥85	35	35	30	30	31	31	31	31

X = Gestorbene auf 1000; Y = Überlebende

Errechnet nach: LKAB: KB Weitmar, Bd. 1, S. 182–228; KBabt. P: KB Rhynern, Bd. 1, unpag; Bd. 2, Sp. 1–33; LKAB: KB Dahl, Bd. 1, S. 275–330; KB Vollmarstein, Bd. 1, S. 73–89, 281–323.

Fünf- bis Neunjährigen spiegelt sich eine hohe Säuglings- und Kindersterblichkeit wider. Vergleichsweise nahm der Anteil der überlebenden Männer und Frauen in den folgenden Lebensaltern langsamer ab. Von Ausnahmen abgesehen, verlief die Entwicklung jeweils parallel. In Dahl erhöhte sich der Abstand zwischen den Geschlechtern bei den 15- bis 24-Jährigen und den 55- bis 64-Jährigen. In Rhynern traf das für die 25- bis 44-jährigen Katholiken zu. Jedoch in den höheren Lebensaltern übertraf der männliche Anteil Überlebender den der weiblichen; genaue Angaben enthält Tabelle 106.

Abb. 89 Absterbeordnung in ausgewählten Kirchengemeinden der Grafschaft Mark 1700 bis 1754

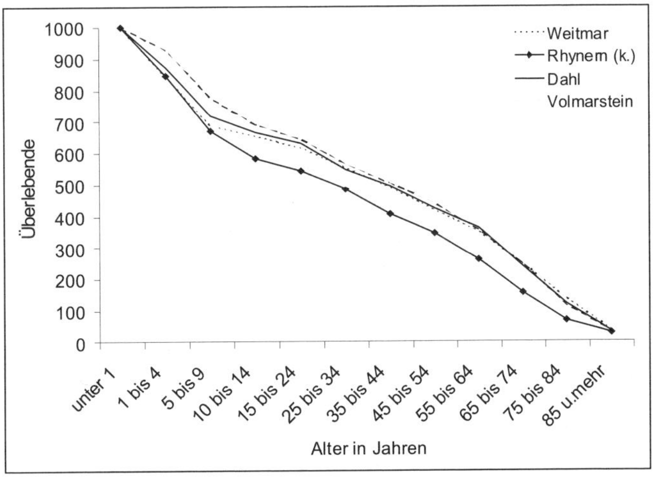

Dargestellt nach Tab. 105.

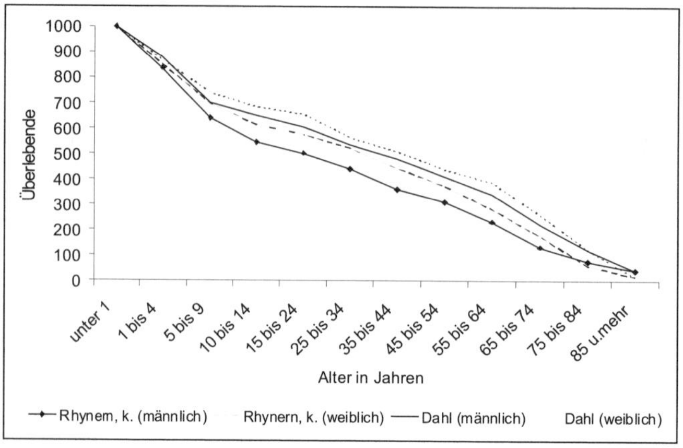

Abb. 90 Absterbeordnung nach Geschlecht in ausgewählten Kirchengemeinden der Grafschaft Mark 1720 bis 1754

Dargestellt nach Tab. 106.

Tab. 106 Absterbeordnung nach Alter und Geschlecht in ausgewählten Kirchengemeinden der Grafschaft Mark 1720 bis 1754

Alter in Jahren von ... bis ...	Rhynern, kath. (1730–1754)				Dahl, luth. (1720–1754)			
	m		w		m		w	
	X	Y	X	Y	X	Y	X	Y
< 1	162	1000	149	1000	121	1000	132	1000
1– 4	197	838	155	851	176	879	129	868
5– 9	93	641	82	696	50	703	55	739
10–14	45	548	38	614	47	653	29	684
15–24	62	503	54	576	72	606	91	655
25–34	78	441	78	522	52	534	55	564
35–44	50	363	71	444	69	482	70	509
45–54	79	313	90	373	74	413	50	439
55–64	100	234	107	283	116	339	129	389
65–74	55	134	115	176	102	223	137	260
75–84	36	79	42	61	77	121	105	123
≥85	43	43	19	19	44	44	18	18

m = männlich; w = weiblich; X = Gestorbene auf 1000; Y = Überlebende

Errechnet nach: KBabt. P: KB Rhynern, Bd. 1, unpag; Bd. 2, Sp. 1–33; LKAB: KB Dahl, Bd. 1, S. 275–330.

Nach Süßmilch[17] starb die Hälfte der Landbewohner bis zum 24. Lebensjahr. In größeren Städten war dieser Anteil, aufgrund der dortigen höheren Säuglings- und Kindersterblichkeit, bereits mit 10 Jahren erreicht. Hingewiesen sei in diesem Zusammenhang auf die von Imhof[18] durchgeführten Vergleichsstudien zu Sterblichkeitsstrukturen urbaner und ruraler Verhältnisse mit geschlechtsspezifischer Differenzierung.

17 I. Esenwein-Rothe: Süßmilch, S. 184 f.

18 Vgl. A. E. Imhof: Sterblichkeitsstrukturen, S. 108–112.

6.6 Sterbewahrscheinlichkeit und Lebenserwartung

Aus den Altersangaben in den Sterbebüchern konnte die Lebenserwartung[19] approximativ ermittelt werden. Ausgangspunkt war die Annahme, dass im Durchschnitt das mittlere Alter der jeweiligen Altersklasse erreicht wird. Der Wert ergibt sich dann aus der Summe der durchlebten Jahre dividiert durch die Zahl der Beteiligten. Wird die Anzahl der Gestorbenen einer Periode durch die der Lebenden zu Beginn der Periode dividiert, so stellt der Wert des Quotienten die Sterbewahrscheinlichkeit[20] dar.

In der Frühen Neuzeit entwickelte sich die Sterbewahrscheinlichkeit der einzelnen Altersklassen in ausgewählten Kirchengemeinden der Grafschaft Mark nach Abbildung 91 folgendermaßen. Im Vergleich zu den Säuglingen erhöhte sich die Sterbewahrscheinlichkeit der Ein- bis Vierjährigen. Sie erreichte bei den 10- bis 14-jährigen Kindern das Minimum. An dem folgenden leichten Anstieg der Sterbewahrscheinlichkeit nahmen die 25- bis 34-Jährigen der süderländischen Kirchengemeinden Dahl und Volmarstein nicht teil. Auch bei den 35- bis 44-jährigen Katholiken in Rhynern verminderte sich die Sterbewahrscheinlichkeit. Ab den 55-Jährigen stieg sie stark an. Eine Ausnahme dabei war die nur sehr geringe Sterbewahrscheinlichkeit der 75- bis 84-jährigen Katholiken in Rhynern. Einzelne Zahlen hierfür können Tabelle 107 entnommen werden.

Tab. 107 Sterbewahrscheinlichkeit und mittlere Lebenserwartung nach Alter in ausgewählten Kirchengemeinden der Grafschaft Mark 1700 bis 1754

Alter in Jahren von ... bis ...	Nordwärts der Ruhr				Südwärts der Ruhr			
	Weitmar (1715–1749)		Rhynern, kath. (1730–1754)		Dahl (1720–1754)		Volmarstein (1700–1754)	
	X	Y	X	Y	X	Y	X	Y
< 1	0,158	34,9	0,155	29,2	0,126	35,3	0,072	36,1
1– 4	0,185	39,5	0,207	32,5	0,175	38,4	0,165	36,9
5– 9	0,048	43,9	0,130	36,5	0,074	42,1	0,110	39,7
10–14	0,057	41,2	0,070	37,0	0,057	40,4	0,068	39,6
15–24	0,104	36,1	0,107	32,3	0,129	35,3	0,123	35,0
25–34	0,112	30,3	0,161	26,2	0,098	30,6	0,108	29,9
35–44	0,147	24,2	0,150	21,2	0,141	23,9	0,127	23,6
45–54	0,163	18,3	0,246	14,9	0,146	17,8	0,191	17,0
55–64	0,300	11,9	0,400	9,8	0,336	10,9	0,307	11,0
65–74	0,445	7,0	0,558	6,4	0,494	6,4	0,537	5,9
75–84	0,743	2,6	0,565	4,4	0,746	2,5	0,728	2,7
≥85	1,000	0	1,000	0	1,000	0	1,000	0

X = Sterbewahrscheinlichkeit; Y = Mittlere Lebenserwartung

Errechnet nach: LKAB: KB Weitmar, Bd. 1, S. 182–228; KBabt. P: KB Rhynern, Bd. 1, unpag; Bd. 2, Sp. 1–33; LKAB: KB Dahl, Bd. 1, S. 275–330; KB Vollmarstein, Bd. 1, S. 73–89, 281–323.

19 M. Schürmann: Bevölkerung, S. 108 ff.; A. E. Imhof: Unsichere Lebenszeit, S. 178 ff.; vgl. U. Schelbert: Bevölkerungsgeschichte, S. 180–202.

20 L. Henry: Manuel, S. 132; U. Schelbert: Bevölkerungsgeschichte, S. 181.

In Abbildung 92 wird die unterschiedliche Sterbewahrscheinlichkeit von Männern und Frauen verschiedener Altersklassen ausgewählter Kirchengemeinden der Grafschaft Mark konkretisiert. In Rhynern übertraf die männliche Sterbewahrscheinlichkeit die weibliche bei Säuglingen, Kindern und Erwachsenen bis 34 Jahren sowie bei den 45- bis 64-Jährigen. Demgegenüber starben mehr Frauen als Männer im Alter von 35 bis 44 und ab 65 Jahren.

Im Vergleich dazu entwickelte sich die Dahler Sterbewahrscheinlichkeit wie folgt. Die männliche Sterbewahrscheinlichkeit war höher als die weibliche bei Kindern im Alter von ein bis vier und 10 bis 14 Jahren. Es traf ebenfalls zu bei den 35- bis 64-Jährigen. Die weibliche Sterbewahrscheinlichkeit hatte den Vorrang bei Säuglingen und Fünf- bis Neunjährigen. Außerdem gehörten 15- bis 34- und ab 65-Jährige dazu (vgl. Tab. 108).

Abbildung 93 veranschaulicht die mittlere Lebenserwartung für ausgewählte Kirchengemeinden der Grafschaft Mark in der Frühen Neuzeit. In drei Kirchengemeinden lag die Lebenserwartung der Säuglinge bei etwa 35 Jahren. Bis zur maximalen Lebenserwartung der Fünf- bis Neunjährigen erhöhte sie sich nicht nur, sondern die Einzelwerte differierten auch jeweils ungefähr zwei Jahre voneinander: Weitmar 43,9 Jahre, Dahl 42,1 Jahre und Volmarstein 39,7 Jahre. Von den 10- bis 14-Jährigen und folgenden Lebensaltern an verringerte sich der Abstand zwischen den Lebenserwartungen zueinander.

Parallel dazu entwickelte sich die geringere Lebenserwartung in Rhynern (kath.). Erst die 10- bis 14-Jährigen zeigten die maximale Lebenserwartung von 37 Jahren. Auch in den folgenden Altersjahren verlief deren Lebenserwartung unterhalb der anderen Kirchengemeinden. Nur bei den 75- bis 84-Jährigen übertraf die Rhynerner Lebenserwartung die der anderen um annähernd zwei Jahre. Einzelwerte dazu enthält Tabelle 107.

In ausgewählten Kirchengemeinden der Grafschaft Mark streute die durchschnittliche mittlere Lebenserwartung von 29,7 Jahren in Rhynern (kath.), 35,4 Jahren in Weitmar, 35,8 Jahren in Dahl bis zu 36,6 Jahren in Volmarstein. Demnach lebten Süderländer länger als Hellweger. Katholiken hatten eine geringere durchschnitt-

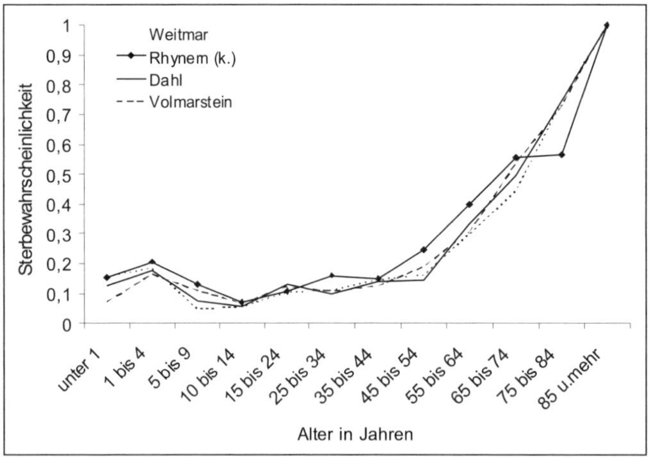

Abb. 91
Sterbewahrscheinlichkeit in ausgewählten Kirchengemeinden der Grafschaft Mark 1700 bis 1754

Dargestellt nach Tab. 107.

Abb. 92
Sterbewahrscheinlichkeit nach Geschlecht in ausgewählten Kirchengemeinden der Grafschaft Mark 1720 bis 1754

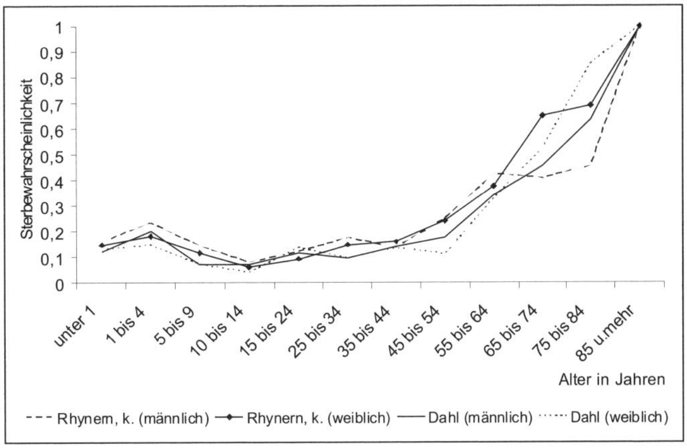

Dargestellt nach Tab. 108.

Abb. 93
Mittlere Lebenserwartung in ausgewählten Kirchengemeinden der Grafschaft Mark 1700 bis 1754

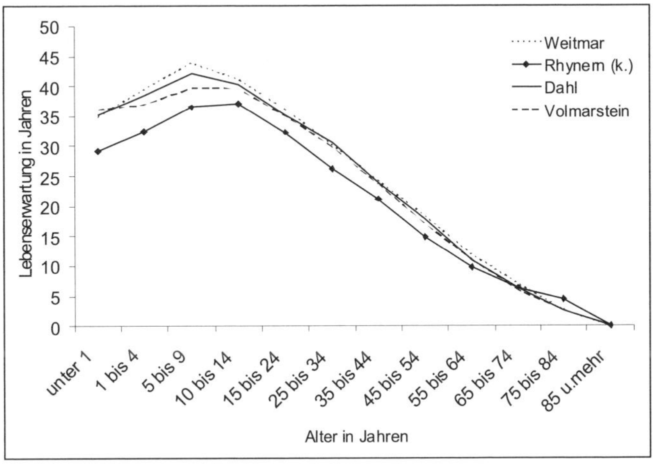

Dargestellt nach Tab. 107.

liche Lebenserwartung als Lutherische. Wieweit die Zahlen jedoch für die Frühe Neuzeit repräsentativ sind, muss weiteren Forschungen vorbehalten bleiben.

Die geschlechtsspezifische mittlere Lebenserwartung ist in Abbildung 94 für ausgewählte Kirchengemeinden der Grafschaft Mark in der Frühen Neuzeit dargestellt. Beiden gemeinsam war, dass die weibliche Lebenserwartung im Säuglings- und Kindesalter sowie teilweise im Erwachsenenalter die männliche übertraf. Der Altersabstand verringerte sich dabei mit zunehmendem Alter. Die männliche Lebenserwartung konnte im Erwachsenenalter höher als die weibliche sein. Gleichzeitig vergrößerte sich mit ansteigendem Lebensalter der Altersabstand voneinander.

Im katholischen Rhynern erreichten die 10- bis 14-jährigen Mädchen mit 37,6 Jahren und die gleichaltrigen Jungen mit 36,2 Jahren die maximale Lebenserwartung. Der Unterschied betrug fast eineinhalb Jahre. Die Lebenserwartung der dortigen 15- bis 24-jährigen Frauen und Männer unterschied sich nur unwesentlich voneinander. Von den 25-Jährigen an war die männliche Lebenserwartung der weiblichen

Tab. 108 Sterbewahrscheinlichkeit und mittlere Lebenserwartung nach Alter und Geschlecht in ausgewählten Kirchengemeinden der Grafschaft Mark 1720 bis 1754

Alter in Jahren von ... bis ...	Rhynern, kath. (1730–1754)				Dahl, luth. (1720–1754)			
	Sterbewahrscheinlichkeit		Mittlere Lebenserwartung		Sterbewahrscheinlichkeit		Mittlere Lebenserwartung	
	m	w	m	w	m	w	m	w
< 1	0,162	0,149	27,1	31,0	0,121	0,132	34,3	36,4
1– 4	0,235	0,182	30,4	34,4	0,200	0,149	37,0	40,0
5– 9	0,145	0,118	35,2	37,6	0,071	0,074	41,8	42,4
10–14	0,082	0,062	36,2	37,6	0,072	0,042	40,8	40,8
15–24	0,123	0,094	32,0	32,6	0,119	0,139	35,6	35,2
25–34	0,177	0,149	26,4	26,0	0,097	0,098	30,4	30,8
35–44	0,138	0,160	22,1	20,5	0,143	0,138	23,7	24,2
45–54	0,252	0,241	15,7	14,5	0,179	0,114	17,6	18,0
55–64	0,427	0,378	10,9	9,1	0,432	0,332	11,5	10,3
65–74	0,410	0,653	9,1	4,6	0,457	0,527	7,4	5,4
75–84	0,456	0,689	5,4	3,1	0,636	0,854	3,6	1,5
≥85	1,000	1,000	0	0	1,000	1,000	0	0

m = männlich; w = weiblich

Errechnet nach: KBabt. P: KB Rhynern, Bd. 1, unpag; Bd. 2, Sp. 1–33; LKAB: KB Dahl, Bd. 1, S. 275–330.

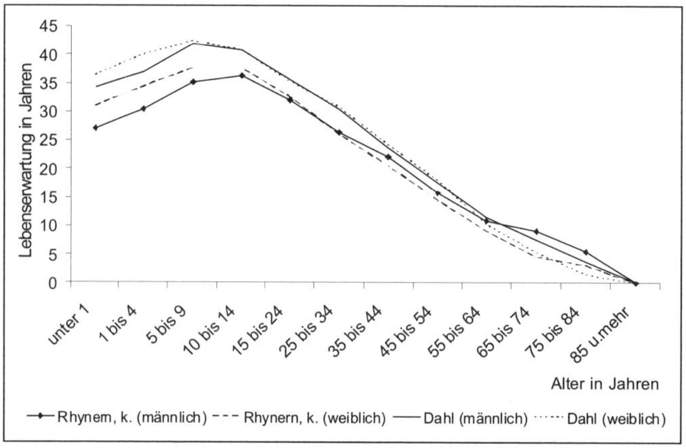

Abb. 94
Mittlere Lebenserwartung nach Geschlecht in ausgewählten Kirchengemeinden der Grafschaft Mark 1720 bis 1754

Dargestellt nach Tab. 108.

überlegen. Bei den 65 bis 74 Jahre alten Personen übertraf die Lebenserwartung der Männer die der Frauen sogar um viereinhalb Jahre.

Im süderländischen Dahl wiesen bereits die Fünf- bis Neunjährigen die maximale Lebenserwartung auf, die bei Mädchen 42,4 Jahre und bei Jungen 41,8 Jahre betrug. Auch in den Folgejahren unterschied sich die geschlechtliche Lebenserwartung nur unwesentlich voneinander. Erst von den 55-Jährigen an vergrößerte sich nicht nur der Abstand zueinander, sondern die männliche Lebenserwartung übertraf die weibliche. In Tabelle 108 sind Einzelwerte aufgeführt.

Die durchschnittliche Lebenserwartung der Frauen betrug bei den Katholiken in Rhynern 31,5 Jahre und bei den Männern 27,6 Jahre. Der Altersunterschied war etwa vier Jahre. Er variierte in den einzelnen Altersklassen. Im Vergleich dazu erhöhte sich die Lebenserwartung im süderländischen Dahl bei den Männern um sieben und bei den Frauen um gut fünf Jahre. Die weibliche Lebenserwartung mit 36,9 Jahren unterschied sich von der männlichen mit 34,8 Jahren um zwei Jahre.

6.7 Todesursachen

„Vor Pest, Hunger und Krieg bewahre uns oh Herr!“ Dieses Bittgebet typisiert die wichtigsten Übel der Frühen Neuzeit. Sie stehen stellvertretend für Epidemien und nicht ansteckende Krankheiten. Bei mangelnder Hygiene und unzureichender medizinischer Versorgung[21] beeinflusste die Ernährungslage maßgeblich die Morbidität einer Bevölkerung.[22] Denn der schlecht ernährte oder durch Hunger geschwächte Körper war gegenüber Erkrankungen anfälliger.[23] Im Kirchspiel Gevelsberg[24] z. B. lauten die Einträge: „[...] den 20 Maii [1721] dessen Haußfrau Anna Catharina Hundeicker so gleich ihrem Manne am Fleckenfieber verstorben [...].“ „[...] den 23 Maii [1725] die alte Brähinsche so an der Cachexia oder Wassersucht lang krank gelegen aetat 62 [...].“ „[...] den 22. Octbr. [1726] Anna Margretha Bellings zum Vogelsang so an der Schwindsucht gestorben [...].“

Die in Kirchenbüchern eingetragenen Todesursachen[25] beruhen auf Angaben medizinischer Laien: der Angehörigen des Verstorbenen, des Küsters oder sonstiger Personen sowie des Pfarrers. Im 18. Jahrhundert wurden Krankheiten nach ihren Symptomen und nicht wie heute nach den Ursachen beurteilt. Aufgrund der anderen Logik zwischen nosologischer und anatomisch-ätiologischer Sichtweise können die damaligen Krankheitsbezeichnungen nicht einfach in moderne Systematiken[26] der Todesursachen übersetzt werden. Imhof[27] erstellte aus 33 amtlichen Todesursachen südschwedischer Propsteibezirke der Jahre 1749 bis 1773 eine vereinfachte Liste von 17 adäquaten Sachgruppen, die modifiziert der folgenden Tabelle zugrunde liegen.

In Tabelle 109 können die aus den Quellen im Durchschnitt bei höchstens drei Fünfteln der Gestorbenen angegebenen Todesursachen in medizinischer, regionaler und konfessioneller Hinsicht nur einen ungefähren Eindruck vermitteln. In der evangelisch-lutherischen und der reformierten Kirchengemeinde entfielen jeweils über ein Fünftel der Todesursachen auf Schwindsucht und Brustkrankheiten. Dazu gehörten auch Auszehrung und Zehrung, die heute teilweise mit Tuberkulose bezeichnet würden. Im Gegensatz dazu konzentrierten sich in der katholischen

21 Zum Medizinalwesen in der Grafschaft Mark vgl. E. Dösseler: Beiträge.

22 K. M. Bolte: Bevölkerung, S. 45 f.; H. Zielinski: Aspekte, S. 990.

23 Zu Haupttodesursachen ausgewählter Gebiete in der Frühen Neuzeit vgl. A. E. Imhof: Todesursachen, S. 580; T. Saunders: Familie, S. 399; P. Stephan: Sterben, S. 67–73.

24 KB Gevelsberg, Bd. 2, unpag.

25 A. E. Imhof: Todesursachen, S. 560 f.; H. J. Seilkopf: Auswertung, S. 6–21; J. P. Süßmilch: Ordnung, Bd. 2, S. 81; H. Dreitzel: Anmerkungen, S. 387–399.

26 Vgl. I. Esenwein-Rothe: Einführung, S. 210, Schema 35.

27 A. E. Imhof: Bevölkerungsentwicklung, S. 243–253; ders., Sozialgeschichte, S. 139–143, 155.

Tab. 109 Gestorbene nach Todesursachen in ausgewählten Kirchengemeinden 1713 bis 1800

Todesursache	Deilinghofen, luth. (1713–1800)		Vorhelm, kath. (1728–1800)		Essenheim, ref. (1749–1800)	
	abs.	v. H.	abs.	v. H.	abs.	v. H.
Schwindsucht, Brustkrankheit	158	22	74	15	151	27
Kinderkrankheiten	94	13	24	5	–	–
Schwachheit, Alter	78	11	17	3	22	4
Pocken, Masern	70	10	14	3	45	8
Ruhr, Blutfluss	42	6	–	–	31	6
Gicht, Lähmung	34	5	1	0	63	12
Hitzige Krankheit, Fleckfieber	32	5	262	52	135	24
Wassersucht	32	4	30	6	12	2
Husten	31	4	–	–	15	3
Geschwülste, Geschwüre	24	3	5	1	17	3
Kindbett	17	2	6	1	5	1
Schlagfluss	13	2	1	0	28	5
Unglücke	21	3	12	2	9	1
Andere Krankheiten	67	8	61	12	24	4
Insgesamt	*713*	*100*	*507*	*100*	*557*	*100*

Errechnet nach: G. Schulte: Menschen, Jg. 31, S. 8–14; H. Honermann: Statistik, S. 296; E. Rettinger: Umgebung, S. 303 f.

Kirchengemeinde über die Hälfte und in der reformierten etwa ein Viertel der Todesursachen auf hitzige Krankheit und Fleckfieber (Typhus). Fieber[28] galt als selbständige Krankheit.

In der Frühen Neuzeit waren die Infektionskrankheiten Pocken (Blattern), Masern, Scharlach und Ruhr (Dysenterie) stark verbreitet. Über 10 Prozent der reformierten Todesursachen bezogen sich auf Gicht und Lähmung. Zu den anderen Krankheiten gehörten Brust- und Seitenstechen, Magen- und Bauchkrämpfe, Bruchschäden sowie Steinschmerzen. Ein gewaltsamer Tod konnte z. B. durch Ertrinken, Verhungern, Erfrieren oder einem Sturz erfolgen. „[...] den 7. Septembr [1686] Holtmans Kind zu stockumb in der mist Kuhlen vertruncken und den 9, begraben.“[29] „[...] den 25. August [1719] Jürgen Eipper im Schede, so von Hillebrand [...] mit einer Mistgabel erschlagen worden; der Schlag ist geschehen dem 18. August, ist gestorben den 22. August, alt 39 Jahr.“[30] „[...] den 25. [1743] Anna Gertraut Werminghauß Haußfrau Diederichen Schirrhoff so durch die Balckens Luke herunter auff die Dehle gefallen und das Genick zerbrochen und die Hirnschale und nach 1 Stunde Todes verblichen [...].“[31]

Die einzelnen Todesursachen traten mit unterschiedlicher Intensität im Jahresverlauf auf. Infektionskrankheiten[32] können nur dann zustande kommen, wenn Er-

28 H. Dreitzel: Anmerkungen, S. 387.

29 KB Lünern, Bd. 1, unpag.

30 KB Vollmarstein, Bd. 1, S. 86.

31 KB Gevelsberg, Bd. 2, unpag.

32 B. d. Rudder: Wetter, S. 81–86; R. v. Ungern-Sternberg: Grundriss, S. 380.

reger, Übertragungsmöglichkeiten und empfängliche Individuen vorhanden sind. Auf diese primären Voraussetzungen wirken jahreszeitlich gebundene sekundäre Faktoren ein. Beide beeinflussen dann die Häufigkeit einer Infektionskrankheit zu einer bestimmten Zeit. Infektionen der Luftwege[33] basieren auf verringerter Immunität infolge von Mangel an ultravioletter Strahlung. Einen Wintergipfel zeigten u. a. die Sterbefälle an Diphterie, Scharlach und Altersschwäche. Im Frühjahr dominierten Lungenentzündung[34], Grippe, Bronchitis und Gelenkrheumatismus.

Bei sommerlichen Magen-Darm-Krankheiten[35] handelte es sich um direkte Hitzeschäden. Aufgrund des Wärmestaus gefährdete der Wasserverlust die notwendige Wärmeregulation des Organismus. Typische Sommerkrankheiten waren Darm-Katarrh, Brechdurchfall und Ruhr. In den Jahren 1676, 1703, 1726/27, 1748 und 1750 raffte die Diarrhöe[36], eine bakterielle Darmerkrakung, etliche Personen aus allen Altersklassen in Schwelmer Bauerschaften dahin. In Herdecke[37] fielen 1709 drei Fünftel der Verstorbenen der Roten Ruhr zum Opfer. Auch in anderen Bauerschaften fanden Menschen unterschiedlichen Alters durch diese Krankheit den Tod. „[...] den 22. [1726] Engelbertus Wilhelm ein Jüngling von der Lappenförde und Deckers Diederichs Kind Anna Maria so alle beyde an der rothen Ruhr gestorben [...].“[38] „[...] den 16 ten Octb [1744] Henrius Sudhoff beerdiget anne 45 an der rothen Ruhr gestorben.“[39] „[...] den 2 ten Xbris [1750] Anna Catharina Kühling die dritte welche aus meinem hause binnen 3 Wochen auch an der rothen Ruhr 10 Jahr.“[40]

Die Todesursachen wirkten sich auch altersspezifisch[41] aus. Bei Neugeborenen und Säuglingen standen epidemische Krankheiten[42] an erster Stelle. Kinderblattern[43] und Röteln, Gichtern und hitzige Krankheiten verursachten einen frühen Tod. Säuglinge und Kleinstkinder erkrankten vorwiegend an Magen und Darm sowie den Atmungsorganen. Kinder und Jugendliche fielen akuten Infektionskrankheiten[44] wie Diphterie und Lungenentzündung zum Opfer. „[...] den 24. Auguste [1714] Diedrichs Kind in der Arno, Anna Catharine begraben worden, so an der Zehrung gestorben.“[45] „[...] den 26 Maii [1723] eben desselben 2 tes Söhnlein Johan Wilhelm so gleich dem vorigen an den Pocken verstorben [...].“[46] Ältere

33 B. d. Rudder: Wetter, S. 115–119.
34 Ebd., S. 111; vgl. S. Peller: Kenntnis, S. 253–259.
35 B. d. Rudder: Wetter, S. 87 ff.
36 G. Helbeck: Schwelm, S. 587 f.; T. Saunders: Familie, S. 414 f.
37 F. Kollatz: Seuchen, S. 57 ff.
38 KB Gevelsberg, Bd. 2, unpag.
39 KB Weitmar, Bd. 1, S, 223.
40 KB Vollmarstein, Bd. 1, S. 316.
41 A. E. Imhof: Sterblichkeitsstrukturen, S. 116.
42 E. Labouvie: Umstände, S. 168.
43 Kirchenbücher, Jg. 6, S. 108 f.; T. Saunders: Familie, S. 408–413.
44 Vgl. B. d. Rudder: Wetter, S. 122.
45 KB Gevelsberg, Bd. 1, unpag.
46 Ebd., Bd. 2, unpag.

Menschen waren anfällig für Erkrankungen der Atemwege, Schlag- und Stichfluss, Geschwulst und Wassersucht.[47]

Männer starben an Schwindsucht oder Trunkenheit, erlitten einen Schlaganfall oder hatten Steinschmerzen. Die folgenden Zitate stammen aus dem Kirchspiel Gevelsberg.[48] „[...] den 3 Aprilis [1722] Georg Schmidt alhier ein Mann von 73 Jahren so vorlängst mitt dem Schlag gerühret und den 31. Martii plötzlich von seinem Todesstündlein überfallen [...].“ „[...] den 15. Febr [1724] Johan Henrichen Kramer alhier so an der Diarrhea und Stein Schmerzen gestorben [...] begraben aetat 77 Jahr.“ „[...] den 13 Martii [1724] Anton Caspar Hartman [...] sepultus aetat 38 Jahr, so sich mitt dem Brantwein trinken das Leben verkürtzet, jedoch durch langwierige Krankheit ziemlich zur Erkändtnis und Reue gebracht.“ Männliche Gestorbene erlagen dem hitzigen Fieber, der Wassersucht oder stürzten von einem Baum. „1747 August 6. Jobst Dietrich Maas, so den 14. zu Riemke als Knecht gedient und von einem Birnbaum, da es Zeit in die Kinderlehre zu gehen, leydweise heruntergefallen und bald darauf todesverblichen.“[49] In den Jahren 1699 bis 1701 wütete in Herdecke das Fleckfieber[50], dem nach Angaben des Pfarrers viele Männer, Frauen und Junggesellen zum Opfer fielen.

Das Risiko der Müttersterblichkeit[51] vergrößerte sich bei Komplikationen während der Schwangerschaft und der Geburt sowie bei Tot- und Frühgeburten. Die Sterblichkeit stieg außerdem nach den ersten drei Wochen stark an. Als Folge von Entzündungen und bakteriellen Infektionen lauteten die Todesursachen dann „Muttergichten“ oder „hitzige Krankheiten“. „[...] den 11 april [1695] hatt Herman Strottes frau [...] einen sohn gebohren welcher sofort getauffet und Johan Conrad genennet auch alßbald darauff gestorben. den 12 april ist die mutter auch gestorben und den 17 begraben.“[52] „[...] den 12 Aprilis [1735] Engelbert Bratfelds Frau so den 10. Aprilis ins Wochenbett kommen und 4 Stund hernach verschieden [...].“[53] „[...] den 16. Octobr [1743] Anna Margretha Kebbe Hauß Frau Michel Hogmans so einige Stunden nach dem sie mitt einem Sohn ins Wochenbette gekommen beerdiget.“[54]

Die Kindbettsterblichkeit[55] differierte je nach dem Alter bei der Geburt und nach dem Geburtsrang. Bei den 15- bis 24-jährigen Frauen lag das Risiko, an den Geburtsfolgen zu sterben, unter dem Durchschnitt. Der Risikofaktor stieg mit dem Alter überdurchschnittlich an. Das galt erst recht für Erstgebärende. Bezogen auf die unter 25-Jährigen verdreifachte sich das Sterberisiko bei den 25- bis 29-Jährigen und vervierfachte sich bei den 30 bis 34 Jahre alten Erstgebärenden. Während bei der Erstgeburt der Risikofaktor zu sterben deutlich über dem Durchschnitt lag,

47 P. Stephan: Sterben, S. 68.
48 KB Gevelsberg, Bd. 2, unpag.
49 A. Busch: Kirchenbuch, Jg. 3, S. 9.
50 F. Kollatz: Seuchen, S. 55 ff.; T. Saunders: Familie, S. 415 f.
51 E. Labouvie: Umstände, S. 170.
52 KB Lünern, Bd. 1, unpag.
53 KB Gevelsberg, Bd. 2, unpag.
54 Ebd.
55 A. E. Imhof: Jahre, S. 155 f.

verminderte er sich bei den nachfolgenden Geburten erheblich. Ab den Geburtsrängen acht und folgenden überstieg das Sterberisiko jedoch wieder den Wert der ersten Geburt. Etwa sechs Prozent der Erstgebärenden starben bei der ersten Niederkunft.[56] In Alzey[57] war die Quote der Kindbettsterblichkeit in den gehobenen Sozialschichten aufgrund der größeren Geburtenraten deutlich höher als in der Unterschicht.

Bei einer demographischen Krise, die sich in einer kurzfristigen Übersterblichkeit äußerte, lagen die Gestorbenenzahlen um mindestens 30 Prozent über den Durchschnittswerten von jeweils fünf vor- und nachgelagerten Normaljahren.[58] Damit verbunden waren größtenteils erhebliche Sterbeüberschüsse über den Geborenenzahlen.

Auslösende Faktoren[59] für regelmäßig auftretende demographische Krisen konnten Ernteausfall und/oder Epidemien sein. In der agrarisch orientierten Gesellschaft des Ancien Régime dominierte die Getreideproduktion. Da Korn das Hauptnahrungsmittel war, galten Getreidepreise[60] als Indikatoren der Ernteerträge. Dabei schwankten die Preise für billigere Getreidearten wie Hafer und Roggen heftiger. Vor allem in Teuerungszeiten verlagerte sich die Nachfrage danach. Besonders harte und lange Winter in Verbindung mit Überschwemmungen im Frühjahr und verregnete Sommer- und Herbstmonate verursachten witterungsbedingte Missernten[61], nach denen die Getreidepreise stiegen. Unterstellt man bei mittleren Getreideerträgen eine Marktquote von einem Fünftel, so wurde sie bei stärker verringerten Ernten nicht mehr erreicht.[62] Die Bauern konnten aufgrund ihrer Einkommensverluste weniger kaufen. Da auch die Löhne sanken, mussten ärmere Familien einen größeren Anteil ihrer Gesamtausgaben für Nahrung aufbringen.

Infolge der Nahrungsmittelknappheit[63] gerieten die Menschen in bitterste Armut und mussten sogar hungern. Schließlich nahm die Sterblichkeit rapide zu. Abel[64] verweist in diesem Zusammenhang auf die Vergiftung durch das sogenannte Mutterkorn. Die Anzahl der Eheschließungen und auch der Konzeptionen[65] verminderte sich erheblich. Denn aufgrund der unzureichenden Ernährung[66] konnten Frauen vorübergehend unfruchtbar sein (Hungeramenorrhöe). Zu diesen physiologischen Gründen gesellten sich nicht selten auch psychologische.

56 E. Heller-Karneth: Konfessionen, S. 291 Anm. 57.
57 Ebd., S. 291.
58 Vgl. W. G. Rödel: Mainz, S. 218–223; H. Medick: Weben, S. 308 f.
59 Ch. Pfister: Bevölkerungsgeschichte, S. 37.
60 A. E. Imhof: Sozialgeschichte, S. 77, 79 f.; K. H. Kaufhold: Wirtschaft, S. 43, 45; D. Saalfeld: Preise, S. 638 f.
61 W. Abel: Massenarmut, S. 157, 279 f.
62 Ebd., S. 292 f.
63 H.-R. Burri: Bevölkerung, S. 68–71; M. Schürmann: Bevölkerung, S. 122 f.
64 W. Abel: Massenarmut, S. 295; W. v. Hippel: Armut, S. 7–10; A. E. Imhof: Lebenserwartungen, S. 23 f.; D. Saalfeld: Bevölkerungswachstum, S. 66 f.
65 W. Abel: Massenarmut, S. 288 f.
66 E. Le Roy Ladurie: Hungeramenorrhöe, S. 147; Ch. Dipper: Geschichte, S. 51; vgl. P. Stephan: Auswirkungen, S. 18–23.

Mit besseren Ernten ging die Krise wieder zurück. Die Preise der Agrarprodukte sanken und die Einkommen der Bauern nahmen zu. Frei gewordene Stellen wurden neu besetzt. Bei geringer Sterblichkeit steigerte sich die Zahl der Heiraten und Konzeptionen. Wrigley[67] charakterisiert diesen Zyklus in einer demographischen Krise als ein Beispiel für eine homöostatische Anpassung von Nahrungsspielraum und der Anzahl der zu ernährenden Menschen für das westliche Europa in vorindustrieller Zeit.

Epidemien[68] wie Pest, Pocken, Ruhr oder Typhus beschleunigten die Sterblichkeit. Je nach den hygienischen Verhältnissen beeinflussten die meist lokalisierten epidemischen Krisen im Vergleich zu den Ernährungskrisen die Heirats- und Konzeptionszahlen weniger negativ, wenn die Allgemeinsituation keinen Rückgang der Gesamtzahlen erforderte. Die Bevölkerung wurde vorrangig im Herbst von Epidemien heimgesucht.[69]

In der Frühen Neuzeit standen Subsistenzkrisen und Epidemien in wechselseitiger Beziehung zueinander.[70] Da die schlecht und ungenügend ernährten Menschen für Krankheiten anfälliger waren, starben sie eher an Seuchen, als dass sie verhungerten. Auch Kriegsereignisse[71] wirkten sich v. a. indirekt auf die Mortalität aus. Die den durchziehenden Armeen folgenden Hungersnöte rafften die Menschen eher hinweg, als dass sie kriegerischen Ereignissen zum Opfer fielen.

Bei der Bevölkerungsentwicklung in der Grafschaft Mark traten demographische Krisen vermehrt in der ersten Hälfte des 18. Jahrhunderts auf. In Brandenburg-Preußen[72] herrschten im Sommer 1726 anhaltende Dürre, Misswuchs und Viehseuchen, im nächsten Frühjahr und Sommer folgten Brotmangel, Futternot und grassierende Krankheiten. Kaum der dritte Teil der Äcker konnte besät werden. In ausgewählten Kirchspielen der Grafschaft Mark starben im Jahr 1727 etwa drei Fünftel mehr Menschen als im Vergleich zum Durchschnittswert von jeweils fünf vor- bzw. nachgelagerten Jahren. Der Sterbeüberschuss betrug annähernd 50 Prozent. Die Rote Ruhr raffte vor allem Erwachsene hinweg. Nur annähernd ein Fünftel der Toten entfiel auf Kinder.

Nach Abbildung 95 konzentrierte sich die märkische Sterbehäufigkeit der Jahre 1726 bis 1728 auf die Herbstmonate. Im Jahr 1729 dagegen starben die Menschen größtenteils im Winter. Beides deutet darauf hin, dass zunächst Epidemien, verbunden mit später auftretendem Ernteausfall, die demographische Krise verursachten. Die im Zeitablauf abnehmenden Geburtenhöhepunkte im Winter führten nach zeitweiligen geringen Geburtenüberschüssen zu erheblichen Sterbeüberschüssen. In diesem Kontext stieg die Ehefreudigkeit im Frühjahr an und verlief gegenläufig zur Häufigkeit der Gestorbenen.

67 E. A. Wrigley: Bevölkerungsstruktur, S. 113 f.

68 H.-R. Burri: Bevölkerung, S. 69; Ch. Pfister: Bevölkerungsgeschichte, S. 39 ff.; M. Schürmann: Bevölkerung, S. 122.

69 E. A. Wrigley: Bevölkerungsstruktur, S. 115.

70 H.-R. Burri: Bevölkerung, S. 70 f.; M. Schürmann: Bevölkerung, S. 123.

71 V. Seresse: Normen, S. 39–43.

72 W. Abel: Massenarmut, S. 177 ff.

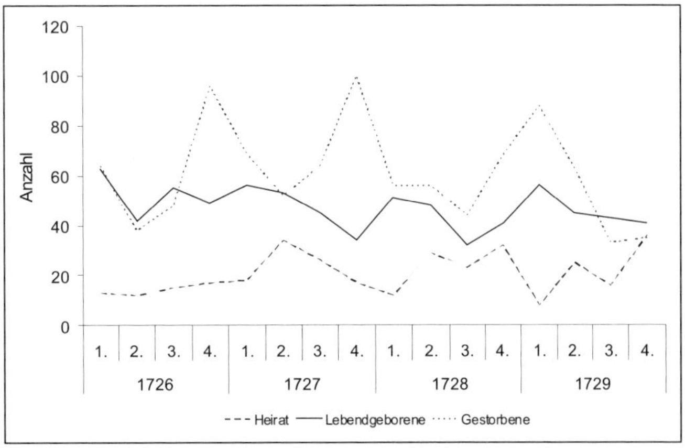

Abb. 95 Vierteljährliche Entwicklung der Eheschließungen, Lebendgeborenen und Gestorbenen in der Grafschaft Mark 1726 bis 1729

Dargestellt nach Tab. 110.

Tab. 110 Vierteljährliche Entwicklung der ländlichen Bevölkerung in der Grafschaft Mark 1726 bis 1729

Jahr	Vierteljahr	Heirat		Lebendgeborene		Gestorbene	
		abs.	X	abs.	X	abs.	X
1726	1.	13	62	63	134	64	105
	2.	12	57	42	89	38	62
	3.	15	71	55	117	48	79
	4.	17	81	49	104	96	157
1727	1.	18	86	56	119	69	113
	2.	34	162	53	113	52	85
	3.	26	124	45	96	64	105
	4.	17	81	34	72	100	164
1728	1.	12	57	51	109	56	92
	2.	29	138	48	102	56	92
	3.	23	110	32	68	44	72
	4.	32	152	41	87	68	111
1729	1.	8	38	56	119	88	144
	2.	25	119	45	96	63	103
	3.	16	76	43	91	33	54
	4.	36	171	41	87	35	57
1726/29	*1–4*	*21*	*100*	*47*	*100*	*61*	*100*

X = Durchschnitt für 1726/1729 je Spalte = 100

Errechnet nach: KBabt. P: KB Rhynern, Bd. 1–2, passim; KPf. N: KB Niederwengern, Getraute, Getaufte, Beerdigte, passim; LKAB: KB Dahl, Bd. 1, passim; KB Gevelsberg, Bd. 4–6, unpag.; KB Lünern, Bd. 1, passim; KB Rhynern, Bd. 1–2, passim; KB Weitmar, Bd. 1–2, passim; KB Wiblingwerde, Bd. 1–3, passim.

Tabelle 110 enthält dazu die absoluten Werte. In einer jeweils zweiten Spalte wurde der Anteil an den durchschnittlichen Werten von 1726 bis 1729 ermittelt. Während die Anteile im Krisenjahr 1727 weitgehend über dem Durchschnitt lagen, fielen sie in den beiden Folgejahren teilweise darunter. Das traf für die Eheschließungen im ersten Quartal sowie weitgehend für die Gestorbenen und Geborenen im dritten und vierten Quartal zu.

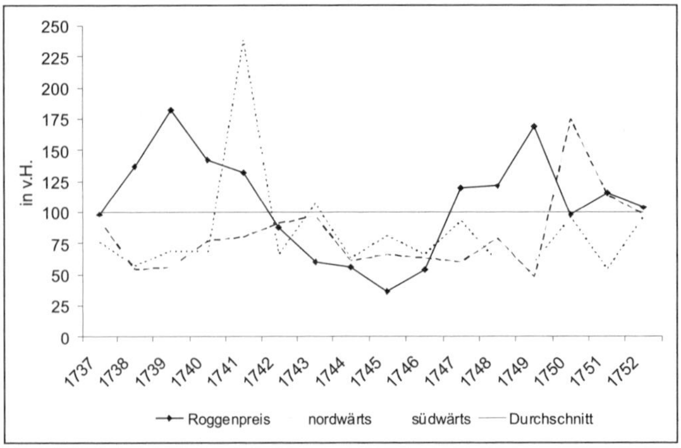

Abb. 96
Anteil der Gestorbenen an den Lebendgeborenen im Verhältnis zum Roggenpreis nach Regionen der Grafschaft Mark 1737 bis 1752

Errechnet und dargestellt nach Tab. 111.

Eine erneute Krise breitete sich in den Jahren 1739/41 europaweit aus.[73] Der früh einsetzende, ungemein kalte und lang andauernde Winter mit anschließend nasskalter Frühlings- und Sommerwitterung schädigten Pflanzen und Tiere. Aufgrund der mäßig bis schlechten Ernte litten auch die Menschen große Not. Die von der Ernte an den Markt zu verkaufenden Mengen fielen gering aus. Missernten und Viehsterben beschleunigten den Preisanstieg. Versorgungsschwierigkeiten, Mangelernährung und Krankheiten wirkten sich in der Grafschaft Mark unterschiedlich aus. Während 1741 im Hellweggebiet ein Geburtenüberschuss vorlag, hatte sich im Süderland die Zahl der Gestorbenen mehr als verdoppelt. Knapp zwei Fünftel der Toten entfielen auf den Oktober. Gut zwei Fünftel der Opfer starben im Kindesalter.

Die gravierende Sterblichkeitskrise in der Mitte des 18. Jahrhunderts basierte vor allem auf epidemischen Infektionen wie Pocken und Masern.[74] Im Jahr 1750 erhöhte sich im nördlichen Gebiet der Grafschaft Mark die Anzahl der Gestorbenen um mehr als das Doppelte. Etwa ein Drittel davon fiel im Oktober der Seuche zum Opfer. Fast die Hälfte der Toten waren Kinder.

Auf märkische Regionen bezogen veranschaulicht Abbildung 96 für die Jahre 1737 bis 1752 die Relation zwischen Roggenpreis und Anteil der Gestorbenen an den Lebendgeborenen.[75] Infolge von Preiserhöhungen in den Jahren 1739 bzw. 1749 stieg der Anteil der Gestorbenen an den Lebendgeborenen überdurchschnittlich an. Dabei unterschieden sich neben dem zeitlichen Abstand auch Ausmaß und Gebiet, die von der Krise erfasst wurden.

Nach zweijähriger Zeitverzögerung war die gebirgige Region südwärts der Ruhr 1741 wesentlich stärker betroffen als das fruchtbare Gebiet nordwärts davon mit einer nur einjährigen Distanz 1750. In den genannten Jahren wirkte sich die Krise in der jeweils anderen Region weniger gravierend aus. Somit führten Missernten

73 Ebd., S. 180–183; R. Hennig: Katalog, S. 69; H. Zielinski: Aspekte, S. 958 ff.

74 H. Medick: Weben, S. 310.

75 Vgl. J. Meuvret: Crises, S. 646; W. Norden: Bevölkerung, S. 97 f.

Tab. 111 Jährliche Entwicklung der ländlichen Bevölkerung nach Regionen der Grafschaft Mark 1737 bis 1752

Jahr	Roggenpreis (1) in v. H.	Nordwärts der Ruhr (2)			Südwärts der Ruhr (3)		
		Heirat	Lebendgeborene	Gestorbene	Heirat	Lebendgeborene	Gestorbene
1737	98,4	47	90	85	28	110	84
1738	136,8	27	120	65	29	114	65
1739	182,5	40	102	57	19	121	84
1740	141,8	39	103	79	20	105	71
1741	131,7	38	80	64	26	84	201
1742	87,6	36	118	107	39	133	88
1743	59,9	40	106	103	36	107	115
1744	56,1	30	118	72	24	109	69
1745	36,0	39	93	61	23	102	83
1746	54,1	40	112	70	39	122	81
1747	119,8	30	111	67	28	116	108
1748	121,1	46	101	80	32	143	86
1749	169,0	45	99	48	34	132	79
1750	98,2	36	100	175	24	107	103
1751	115,1	47	118	134	31	140	75
1752	103,6	38	90	88	22	125	121

Roggenpreis = Kölner Jahrespreis in Prozent des Durchschnittspreises von fünf vorangegangenen Jahren

Errechnet nach: 1) F. Irsigler: Getreide, S. 526.

2) KBabt. P: KB Rhynern, Bd. 1–2, passim; LKAB: KB Lünern, Bd. 1, passim; KB Rhynern, Bd. 1–2, passim; KB Weitmar, Bd. 1–2, passim.

3) KPf. N: KB Niederwengern, Getraute, Getaufte, Beerdigte, passim; LKAB: KB Dahl, Bd. 1, passim; KB Gevelsberg, Bd. 4–6, unpag.; KB Wiblingwerde, Bd. 1–3, passim.

bzw. Epidemien nicht automatisch zu einer Sterblichkeitsexplosion in angrenzenden Gebieten.[76]

In Tabelle 111 sind die absoluten Zahlen der märkischen Eheschließungen, Lebendgeborenen und Gestorbenen aufgeführt. Daraus wird ersichtlich, dass in den den Krisenjahren 1741 und 1750 folgenden Jahren jeweils eine starke Zunahme der Heiraten und Geburten stattfand. Eine Kompensation der Verluste nach erhöhter Sterblichkeit gilt als Anzeichen für eine Homöostase.[77]

76 A. E. Imhof: Einführung, S. 49.

77 R. Gehrmann: Verhältnis, S. 37.

7.1 Langfristige Entwicklung der Säuglings- und Kindersterblichkeit

Die geburtsrangspezifische Sterblichkeit der Säuglinge stieg nach Imhof[1], wie die der Mütter, mit zunehmender Rangfolge an. Zwischen der siebten und achten Geburt erhöhte sie sich aufgrund des fortgeschrittenen Alters der Gebärenden exzessiv. In katholischen Gegenden starben Säuglinge bereits vermehrt ab dem fünften Geburtsrang. Imhof vermutet, dass die Eltern durch bewusstes Vernachlässigen der Kinder deren vorzeitiges Ableben beschleunigten. Diese „nachgeburtliche Familienplanung" ab einem bestimmten Geburtsrang steht im Kontext zur katholischen Volksfrömmigkeit, Säuglinge zu „Himmeln". Denn die unschuldig gestorbenen „Englein" konnten als Fürbitter das Seelenheil der Eltern absichern. Nach Revermann[2] stieg auch die Krummhörner Kindersterblichkeit mit zunehmendem Geburtsrang an. Sie war bei Besitzlosen höher als bei Großbauern. Innerhalb der Sozialgruppen zeigten Jungen eine geringere Überlebenswahrscheinlichkeit als Mädchen.

In der Landwirtschaft differierte die Kindersterblichkeit je nach der Betriebsform. Denn die unterschiedliche Mitarbeit der Mütter ging zu Lasten der Pflege der Kinder.[3] Deshalb war in Getreidegegenden eine höhere Kindersterblichkeit als in Viehzuchtgebieten anzutreffen. „[...] den 11 Marty [1685] sind Johan [...] zwey Kinder abgestorben, das alteste mit nahmen Johan hora 8 matut. Das jüngste mit nahmen Hermann hora 12 meridiana, und den 13 begraben."[4]

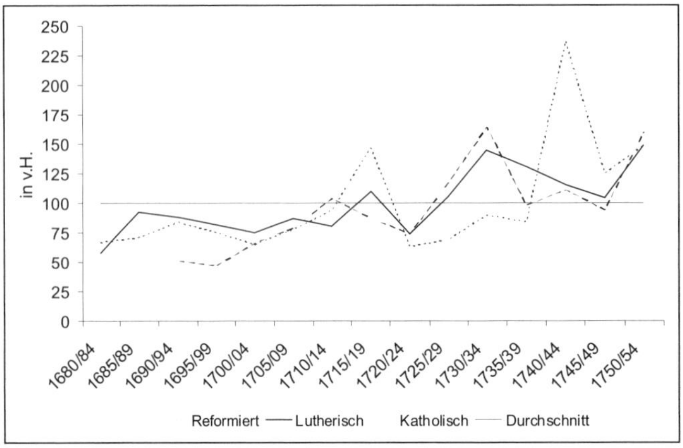

Abb. 97

Säuglings- und Kindersterblichkeit nach Konfessionen in der Grafschaft Mark 1680 bis 1754

Dargestellt nach Tab. 112.

Abbildung 97 präsentiert die langfristige Entwicklung der Säuglings- und Kindersterblichkeit verschiedener Konfessionen in der Grafschaft Mark in der Frühen Neuzeit. Die jährliche Wachstumsrate war bei Reformierten mit 1,5 Prozent doppelt so hoch wie bei Lutheranern mit 0,7 Prozent. Die der Katholiken lag mit

1 A. E. Imhof: Einstellungen, S. 76–79; ders., Ermittlung, S. 105 ff.; ders., Reife, S. 72 f.

2 Ch. Revermann: Manipulation, S. 101.

3 Grassl: Ursachen, S. 396 f.

4 KB Lünern, Bd. 1, unpag.

Tab. 112 Säuglings- und Kindersterblichkeit nach Konfessionen in der Grafschaft Mark 1680 bis 1754

Lustrum	Reformiert (1)		Lutherisch (2)		Katholisch (3)	
	abs.	X	abs.	X	abs.	X
1680/84	–	–	78	58	34	67
1685/89	–	–	125	93	36	71
1690/94	24	51	118	88	43	84
1695/99	22	47	110	82	38	75
1700/04	31	66	101	75	33	65
1705/09	37	79	116	87	40	78
1710/14	49	104	109	81	48	94
1715/19	41	87	148	110	75	147
1720/24	35	74	99	74	32	63
1725/29	55	117	142	106	35	69
1730/34	77	164	194	145	46	90
1735/39	46	98	175	131	43	84
1740/44	52	111	154	115	121	237
1745/49	44	94	139	104	64	125
1750/54	75	160	199	149	76	149
1680/1754	*47*	*100*	*134*	*100*	*51*	*100*

X = Durchschnitt für 1680/1754 je Konfession = 100

Errechnet nach: 1) LKAB: KB Rhynern, Bd, 1–2; KB Wiblingwerde, Bd. 3.

2) LKAB: KB Dahl, Bd. 1, S. 251–330; KB Gevelsberg, Bd. 4–6, unpag.; KB Lünern, Bd. 1, passim; KB Weitmar, Bd. 1, S. 151–228, Bd. 2, S. 192–196.

3) KPf. N: Niederwengern, Beerdigte, Bl. 21 v-267 r.

0,9 Prozent dazwischen. Die bis zum Beginn des 18. Jahrhunderts unterdurchschnittliche Entwicklung der Säuglings- und Kindersterblichkeit kulminierte für Reformierte und Lutheraner im Jahrfünft 1730/34, während die der Katholiken unterhalb des Durchschnittswertes blieb. Letztere erreichten 1740/44 ihren Höhepunkt, der den von 1715/19 bei weitem übertraf. In der Mitte des 18. Jahrhunderts erhöhte sich die Säuglings- und Kindersterblichkeit bei allen drei Konfessionen auf etwa 50 Prozent über dem Durchschnitt. Einzelne Zahlenangaben sind in Tabelle 112 aufgeführt.

Abbildung 98 veranschaulicht die langfristige Entwicklung ländlicher Sterblichkeit von Säuglingen und Kindern in ausgewählten Kirchengemeinden der frühneuzeitlichen Grafschaft Mark. Die bisherige vorwiegend unterdurchschnittliche Sterblichkeit erreichte für Lünern 1730/39 Höchstwerte von mehr als drei Fünfteln über dem Durchschnitt, die in der Mitte des 18. Jahrhunderts erneut auf 53 Prozent überdurchschnittlich anstiegen. Die Sterblichkeit der Säuglinge und Kinder in Weitmar fiel 1735/39 mit 47 Prozent auf ihr Minimum. In der jeweils benachbarten Zeitperiode erhöhte sie sich um 100 Prozent. Der Wert war etwas höher als der im Vergleich zum Ende des 17. Jahrhunderts.

Die Dahler Sterblichkeitswerte der Säuglinge und Kinder schnellten 1735/39 auf vier Fünftel über den Durchschnitt hoch. Sie stiegen nach weiteren 10 Jahren auf zwei Drittel überdurchschnittlich an. Die Gevelsberger Anteile im Jahrfünft

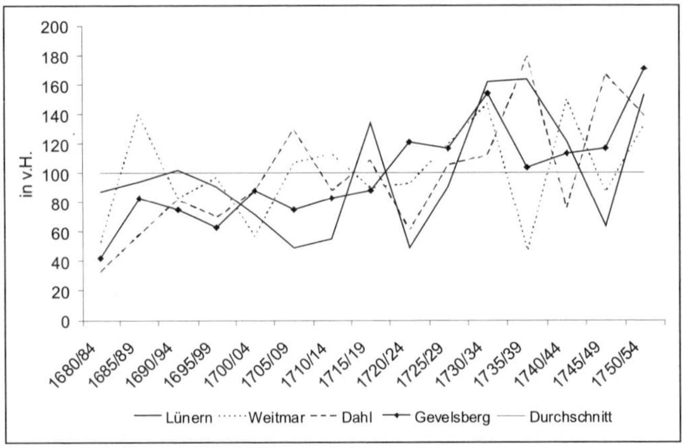

Abb. 98
Säuglings- und Kindersterblichkeit in ausgewählten Kirchengemeinden der Grafschaft Mark 1680 bis 1754

Dargestellt nach den Tab. 1b, 3b, 5b, 13b im Tabellenanhang.

1730/34 von 54 Prozent über dem Durchschnitt nahmen zur Mitte des 18. Jahrhunderts nach zwischenzeitlichem Sinken auf 71 Prozent über dem Durchschnitt zu.

Die Wachstumsraten der jährlichen Säuglings- und Kindersterblichkeit verteilten sich auf nördliche Kirchspiele wie folgt: Lünern und Weitmar jeweils 0,2 Prozent sowie Rhynern (ref.) 0,9 Prozent. Für südliche Gemeinden betrugen die Angaben: Niederwenigern 0,9 Prozent, Gevelsberg 1,1 Prozent, Dahl 1,6 Prozent und Wiblingwerde 2,1 Prozent. Demnach wiesen in der Frühen Neuzeit süderländische Kirchengemeinden eine höhere Wachstumsrate der Säuglings- und Kindersterblichkeit pro Jahr auf als hellwegische.

Werden gestorbene Säuglinge und Kinder auf 1000 Lebendgeborene bezogen, so erhält man die Bruttomortalitätsrate. Abbildung 99 zeigt deren Anstieg für einzelne Konfessionen in der Grafschaft Mark in der Frühen Neuzeit. Die Durchschnittswerte betrugen für Reformierte 350 Promille, für Lutheraner 331 Promille und bei Katholiken 243 Promille. Bei weitgehend paralleler Entwicklung differierten im Zeitablauf die Abstände der Kurven zueinander. Seit den 20er Jahren des 18. Jahrhunderts erhöhte sich die Bruttomortalitätsrate der Katholiken im Vergleich zu den beiden anderen Konfessionen weniger, um 1740/44 beide erheblich zu übertreffen.

Nach dem Tabellenanhang lag die Bruttomortalitätsrate in den hellwegischen Kirchspielen Lünern (371) und Weitmar (384) um etwa 100 höher als im süderländischen Dahl (277) und in Gevelsberg (294). Abbildung 100 veranschaulicht deren Entwicklung für die Frühe Neuzeit. Für Lünern vervierfachte sich der zunächst abnehmende Anteil in der ersten Hälfte des 18. Jahrhunderts von 150 auf 603 Promille. Für Weitmar verdreifachten sich die zunächst unterdurchschnittlichen Werte zur Jahrhundertmitte hin von 189 auf 625 Promille. In den südlichen Kirchspielen verdoppelten sich die Anteile gestorbener Säuglinge und Kinder je 1000 Lebendgeborene, in Dahl von 180 auf 401 Promille und in Gevelsberg von 175 auf 406 Promille. Der Tabellenanhang enthält weitere Einzelwerte auch für hier nicht aufgeführte Kirchspiele.

Abb. 99
Anteil gestorbener Säuglinge und Kinder je 1000 Lebendgeborene nach Konfessionen in der Grafschaft Mark 1680 bis 1754

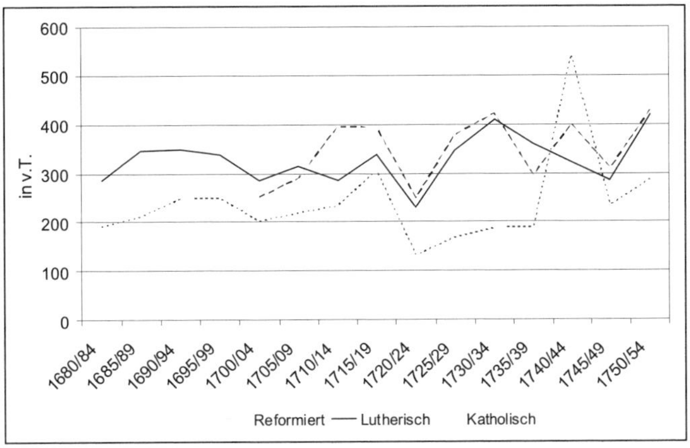

Errechnet und dargestellt nach den Tab. 77, 112.

Abb. 100
Anteil gestorbener Säuglinge und Kinder je 1000 Lebendgeborene in ausgewählten Kirchengemeinden der Grafschaft Mark 1680 bis 1754

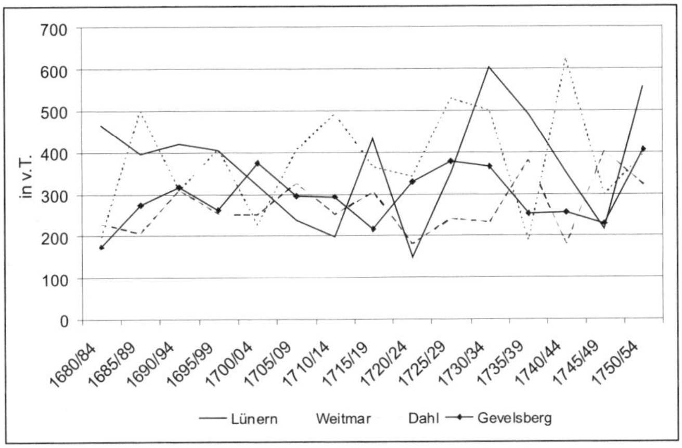

Dargestellt nach den Tab. 1 b, 3 b, 5 b, 13 b im Tabellenanhang.

7.2 Saisonale Schwankungen der Säuglings- und Kindersterblichkeit

Die unterschiedliche Säuglings- und Kindersterblichkeit wird auch als Ausdruck unterschiedlichen Elternverhaltens gegenüber dem Nachwuchs verstanden. Darüber hinaus können konfessionsbedingte Reproduktionsstrategien abgeleitet werden, die als latente Mentalitätsstrukturen[5] die Eltern-Kind-Beziehung beeinflussten. Die in calvinistischen und lutherischen Familien verantwortungsvolle Sorge für das Überleben der Nachkommenschaft führte zu einer Abnahme der Säuglings- und Kindersterblichkeit. Die elterliche Aufmerksamkeit und Fürsorge bewirkten ein entsprechend geringeres Sterberisiko. Dagegen überließen katholische Eltern Gott die letztgültige Verantwortung für Leben und Tod. Das Seelenheil des Neugeborenen stand eher im Vordergrund als sein irdisches Wohlergehen. Die duldende Hinnahme irdischer Ereignisse als gottgewollte Fügungen führte gleichzeitig zu einer höheren Säuglings- und Kindersterblichkeit.

5 A. E. Imhof: Einstellungen, S. 75–78; ders., Säuglingssterblichkeit, S. 366 f.; E. Heller-Karneth: Konfessionen, S. 277 f.; Ch. Pfister: Bevölkerungsentwicklung, S. 36 f.

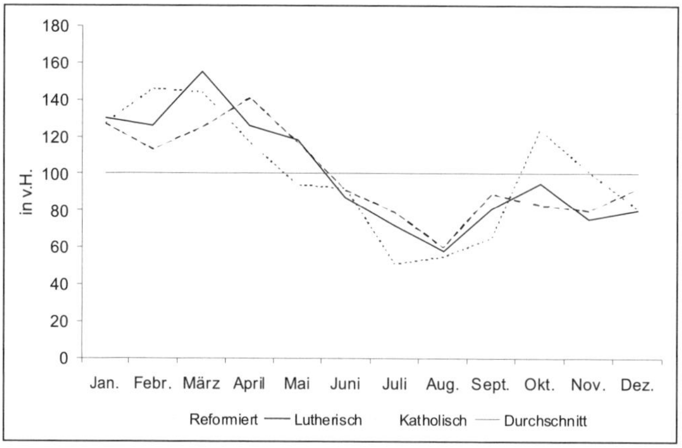

Abb. 101
Monatliche Säuglings- und Kindersterblichkeit nach Konfessionen in der Grafschaft Mark 1680 bis 1754

Dargestellt nach Tab. 113.

Die saisonale Säuglings- und Kindersterblichkeit folgte dem bekannten Phasenverlauf. Abbildung 101 zeigt die konfessionellen Unterschiede. Während lutherische Säuglinge und Kinder am häufigsten im März starben, galt das in abgeschwächterem Maße für katholische im Februar und für reformierte im April. Katholische Säuglinge und Kinder wurden am seltensten im Juli begraben. Im Folgemonat erhöhte sich der Anteil, der dem jeweiligen Minimum der beiden anderen Konfessionen entsprach. Infolge der Aufschwungphase erreichten nur katholische Säuglinge und Kinder bereits im Oktober eine erhöhte Sterblichkeit von einem Viertel über dem Durchschnitt. Zum Jahresende hin blieb die Säuglings- und Kindersterblichkeit der drei Konfessionen unterdurchschnittlich (vgl. Tab. 113).

Die unterschiedliche frühneuzeitliche Entwicklung der märkischen Säuglings- und Kindersterblichkeit wird in Abbildung 102 visualisiert. Unter Beibehalten des Phasenverlaufs verlagerten sich die Schwergewichte. Zum Ende des 17. Jahrhunderts starben im März etwa 50 Prozent Säuglinge und Kinder über dem Durchschnitt. Der zum Beginn des 18. Jahrhunderts erhöhte Anteil fiel bis zur Jahrhundertmitte auf gut ein Drittel über dem Durchschnitt. Die auch in der Abschwungphase geringe Säuglings- und Kindersterblichkeit, im Vergleich zu den Vorperioden, wurde nach dem Wendepunkt im August durch eine starke Zunahme ausgeglichen. Zur Mitte des 18. Jahrhunderts lag der Anteil im Oktober gut ein Viertel über dem Durchschnitt, bei unterdurchschnittlichen Werten in den Vorperioden (vgl. Tab. 114).

Abbildung 103 enthält die monatliche Säuglings- und Kindersterblichkeit ausgewählter Kirchengemeinden der Grafschaft Mark in der Frühen Neuzeit. Entsprechend dem typischen Phasenverlauf konzentrierte sich das Maximum bei drei Kirchengemeinden auf den März. Die Spannbreite betrug ein Viertel Prozent. Das Minimum streute im August mit mehr als einem Drittel.

Im hellwegischen Kirchspiel Lünern lag die Säuglings- und Kindersterblichkeit in den Monaten Juni bis August weitgehend bei drei Viertel Prozent. Sie stieg im Oktober auf fast ein Drittel über dem Durchschnitt an. Damit blieb sie um 16 Prozent unter dem Höchstwert vom März. Im November starb dort die gleiche

Tab. 113 Monatliche Säuglings- und Kindersterblichkeit nach Konfessionen in der Grafschaft Mark 1680 bis 1754

Monat	Reformiert (1)		Lutherisch (2)		Katholisch (3)	
	abs.	X	abs.	X	abs.	X
Januar	66	127	222	130	83	127
Februar	53	113	193	126	86	146
März	65	125	264	155	94	144
April	71	141	207	126	74	117
Mai	61	117	201	118	61	94
Juni	46	91	144	87	58	92
Juli	41	79	122	72	33	51
August	31	60	98	58	36	55
September	45	89	134	81	41	65
Oktober	43	83	161	95	81	124
November	40	80	124	75	64	101
Dezember	48	92	137	80	53	81
Jan./Dez.	*51*	*100*	*167*	*100*	*64*	*100*

X = Durchschnitt für 1680/1754 je Konfession = 100, bereinigt

Errechnet nach: 1) LKAB: KB Rhynern, Bd, 1–2; KB Wiblingwerde, Bd. 3.

2) LKAB: KB Dahl, Bd. 1, S. 251–330; KB Gevelsberg, Bd. 4–6, unpag.; KB Lünern, Bd. 1, passim; KB Weitmar, Bd. 1, S. 151–228, Bd. 2, S. 192–196.

3) KPf. N: Niederwengern, Beerdigte, Bl. 21 v-267 r.

Abb. 102 Entwicklung monatlicher Säuglings- und Kindersterblichkeit in der Grafschaft Mark 1680 bis 1754

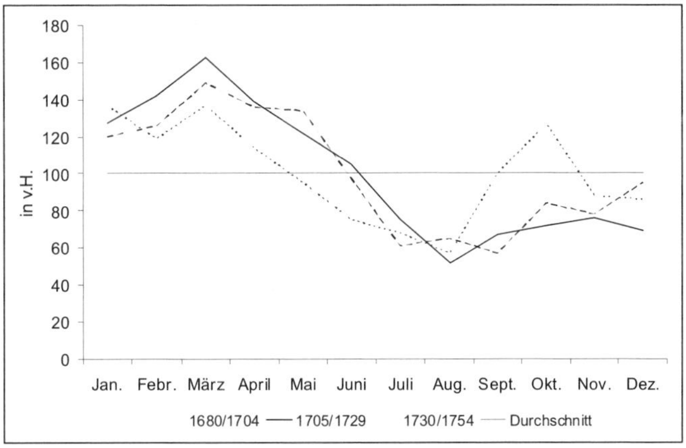

Dargestellt nach Tab. 114.

Anzahl Säuglinge und Kinder wie im Juni. Bis zum Jahresende verringerte sie sich noch weiter. Ihr Minimum betrug etwas über drei Fünftel Prozent.

Im Vergleich dazu zeigte die Weitmarer Säuglings- und Kindersterblichkeit andere Prioritäten. Lagen dort im März die Höchstwerte bei zwei Dritteln über dem Durchschnitt, so starben im August die wenigsten Säuglinge und Kinder: zwei Fünftel Prozent unter dem Durchschnitt. Letzterer Wert war damit um etwa ein Drittel niedriger als der gleichzeitige Lünerner Anteil. Die in den Folgemonaten erhöhte Weitmarer Säuglings- und Kindersterblichkeit blieb aber unterhalb des Durchschnittswertes.

Tab. 114 Entwicklung der Zahlen monatlich gestorbener Säuglinge und Kinder in der Grafschaft Mark 1680 bis 1754

Monat	1680/1704		1705/1729		1730/1754	
	abs.	X	abs.	X	abs.	X
Januar	83	120	114	127	174	137
Februar	79	126	115	142	137	119
März	103	149	146	163	174	137
April	91	136	121	139	140	114
Mai	93	134	109	122	121	95
Juni	65	97	91	105	92	75
Juli	42	61	67	75	87	68
August	45	65	47	52	73	57
September	38	57	58	67	123	100
Oktober	58	84	65	72	162	127
November	52	78	66	76	109	88
Dezember	66	95	62	69	110	86
Jan./Dez.	*68*	*100*	*88*	*100*	*125*	*100*

X = Durchschnitt je Periode = 100, bereinigt

Errechnet nach: KPf. N: Niederwengern, Beerdigte, Bl. 21 v-267 r; LKAB: KB Dahl, Bd. 1, S. 251–330; KB Gevelsberg, Bd. 4–6, unpag.; KB Lünern, Bd. 1, passim; KB Rhynern, Bd, 1–2; KB Weitmar, Bd. 1, S. 151–228, Bd. 2, S. 192–196; KB Wiblingwerde, Bd. 3.

In der süderländischen Kirchengemeinde Dahl starben die meisten Säuglinge und Kinder im Februar. Bis Juli sank der Anteil auf zwei Drittel Prozent und erreichte das Minimum erst im Oktober. Fielen die Gevelsberger Extremwerte auch weitgehend mit denen von Weitmar zusammen, so differierten sie dennoch zwischenzeitlich voneinander. Besonders in den Herbst- und Wintermonaten starben in Gevelsberg mehr Säuglinge und Kinder als in Weitmar. Im Dezember erhöhte sich die Differenz sogar auf zwei Fünftel.

In der Frühen Neuzeit differierte der Anteil gestorbener Säuglinge je 1000 Lebendgeborene nach Konfessionen in der frühneuzeitlichen Grafschaft Mark. Der durchschnittliche Anteil betrug bei Reformierten 342 Promille, bei Lutherischen

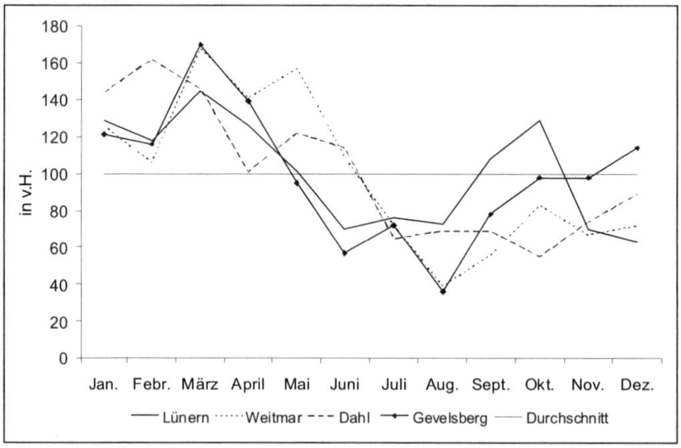

Abb. 103 Monatliche Säuglings- und Kindersterblichkeit in ausgewählten Kirchengemeinden der Grafschaft Mark 1680 bis 1754

Dargestellt nach den Tab. 2b, 4b, 6b, 14b im Tabellenanhang.

Abb. 104
Monatlicher Anteil gestorbener Säuglinge und Kinder je 1000 Lebendgeborene nach Konfessionen in der Grafschaft Mark 1680 bis 1754

Errechnet und dargestellt nach den Tab. 78, 113.

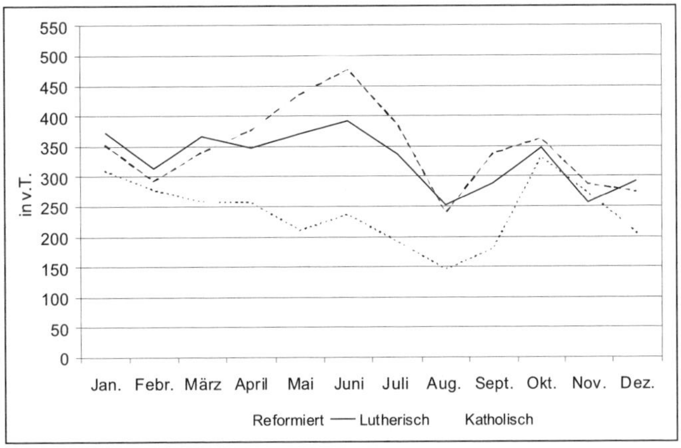

331 Promille und lag bei Katholischen mit 243 Promille um etwa 100 Promille niedriger. Nach Abbildung 104 verlief die Bruttomortalitätsrate uneinheitlich. Während der reformierte und lutherische Anteil jeweils im Juni sein Maximum aufwies, traf das für den Anteil katholischer Säuglinge und Kinder je 1000 Lebendgeborene nicht zu. Letzterer erreichte dagegen im Oktober seinen höchsten Wert, der von den beiden anderen Konfessionen noch geringfügig übertroffen wurde. Eine ähnliche Relation trat im Februar auf.

Die saisonalen Schwankungen der Bruttomortalitätsrate werden in Abbildung 105 für Säuglinge und Kinder ausgewählter Kirchspiele der Grafschaft Mark in der Frühen Neuzeit dargestellt. Der typische Phasenverlauf kann am Weitmarer Beispiel verdeutlicht werden. Die maximalen Werte im Frühjahr erreichten den untersten Wendepunkt im August. Nach Anstieg im Oktober, bis leicht über dem Durchschnitt, sank der monatliche Anteil gestorbener Säuglinge und Kinder je 1000 Lebendgeborene zum Jahresende auf den Wert vom Februar. Die Spannweite lag zwischen 185 und 525 Promille. Dagegen erreichten die Lünerner Anteile im Oktober Ihr Optimum und fielen zum Jahresende auf das Minimum. Die Werte streuten zwischen 240 und 494 Promille.

Abb. 105
Monatlicher Anteil gestorbener Säuglinge und Kinder je 1000 Lebendgeborene in ausgewählten Kirchengemeinden der Grafschaft Mark 1680 bis 1754

Dargestellt nach den Tab. 2b, 4b, 6b, 14b im Tabellenanhang.

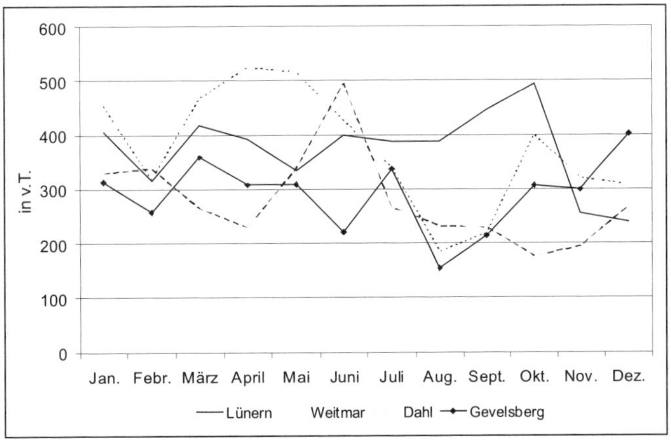

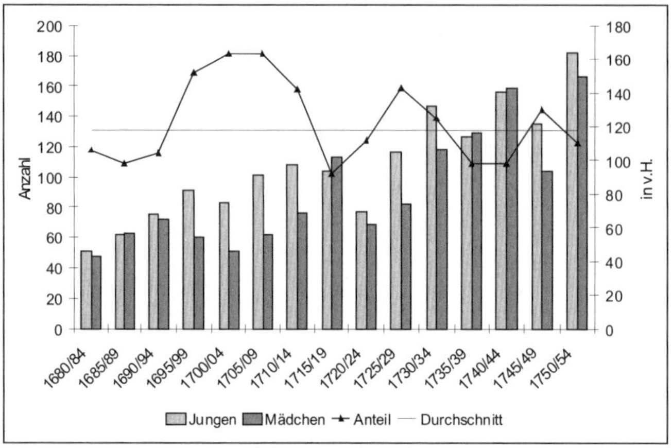

Abb. 106
Säuglings- und Kindersterblichkeit nach Geschlecht in der Grafschaft Mark 1680 bis 1754

Errechnet und dargestellt nach den Tab. 1 b, 3 b, 5 b, 7 b, 11 b, 13 b, 15 b im Tabellenanhang.

Die Dahler Anteile verteilten ihren höchsten Wert auf den Juni und den niedrigsten auf den Oktober. Der Anteil im Dezember entsprach dem vom Juli. Die Variationsbreite lag zwischen 176 und 495 Promille. Die überdurchschnittlichen Gevelsberger Werte im März fielen bis August auf den niedrigsten Anteil und erreichten im Dezember ihre höchste Bruttomortalitätsrate. Die Werte differierten von 155 bis 402 Promille. Für weitere Einzeldaten möge der Hinweis auf den Tabellenanhang genügen.

Nach Abbildung 106 verdreifachte sich die geschlechtsspezifische Säuglings- und Kindersterblichkeit in ausgewählten Kirchengemeinden der Grafschaft Mark in der Frühen Neuzeit. Beide Geschlechter waren davon unterschiedlich betroffen. Im Jahrfünft 1720/24 reduzierte sich die Sterblichkeit der Säuglinge und Kinder auf das Niveau von etwa 1690/94. Zum Beginn des 18. Jahrhunderts fällt der hohe Anteil männlicher gestorbener Säuglinge und Kinder je 100 weibliche auf. Bis zur Mitte des 18. Jahrhunderts bildeten unterdurchschnittliche Werte das Gegengewicht dazu. Die Anteile streuten zwischen 92 und 163 Prozent.

7.3 Geschlechtsspezifische Säuglings- und Kindersterblichkeit

Abbildung 107 veranschaulicht den Anteil gestorbener Jungen je 100 Mädchen nach Konfessionen in der frühneuzeitliche Grafschaft Mark. Während der zum Ende des 17. und in den 20er Jahren des 18. Jahrhunderts katholischen Maxima zeigten die Reformierten ihre Minima. Die Anteile der Lutherischen lagen dazwischen. Ihre Streubreite von 100 Prozent war im Vergleich zu der der beiden anderen Konfessionen am geringsten. Die Werte der Lutherischen variierten von 69 bis 169 Prozent (vgl. Tab. 115).

Wie unterschiedlich der Anteil gestorbener Jungen je 100 Mädchen in ausgewählten Kirchengemeinden der Grafschaft Mark in der Frühen Neuzeit war, geht aus Abbildung 108 hervor. Zum Beginn des 18. Jahrhunderts erreichten die süderländischen Gebiete Gevelsberg und Dahl jeweils ihr Maximum, während die hellwegischen Anteile von Lünern und Weitmar gleichzeitig unter 100 Prozent lagen. Bei einem Durchschnittswert von 105 Prozent streuten die Gevelsberger Anteile zwischen 37 und 333 Prozent. Das Dahler Optimum von 300 Prozent entsprach dem Lünerner in den 20er Jahren des 18. Jahrhunderts. Bei gleichem Minimum von 58 Prozent unterschieden sich beide Kirchspiele im Durchschnittswert. Der Dahler betrug 128 Prozent und der Lünerner 111 Prozent. Die Weitmarer Anteile gestorbener Jungen je 100 Mädchen erreichten im zwanzigjährigen Rhythmus überdurchschnittliche Werte, die sich bis zur Mitte des 18. Jahrhunderts hin sukzessiv verringerten. Sie variierten zwischen 75 und 200 Prozent. Der durchschnittliche Anteil betrug 112 Prozent.

Nach dem Tabellenanhang ergaben sich für Jungen und Mädchen folgende Wachstumsraten pro Jahr (m/w). Im Hellwegischen waren es für: Weitmar 0,1/0,6 Prozent, Lünern 1,3/0,9 Prozent und Rhynern (ref.) 1,4/0,8 Prozent. Die süderländischen Anteile betrugen für Niederwenigern: 0,8/1,0 Prozent, Dahl 2,2/1,3 Prozent, Gevelsberg 2,4/2,2 Prozent sowie Wiblingwerde 3,0/2,3 Prozent.

Aus Abbildung 109 lässt sich ein Bild von dem jahreszeitlichen Ablauf der geschlechtsspezifischen Säuglings- und Kindersterblichkeit in der frühneuzeitlichen Grafschaft Mark gewinnen. Sie war im März am höchsten und in den Sommermonaten Juli/August, je nach Geschlecht, am niedrigsten. Nur im September starben

Abb. 107
Anteil gestorbener Jungen je 100 Mädchen nach Konfessionen in der Grafschaft Mark 1680 bis 1754

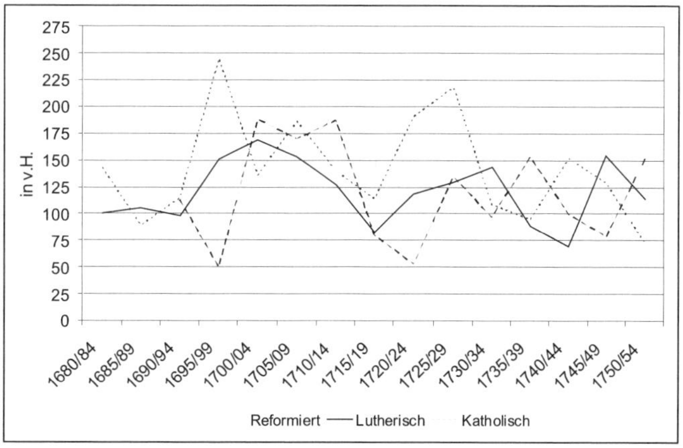

Dargestellt nach Tab. 115.

Tab. 115 Säuglings- und Kindersterblichkeit nach Geschlecht in der Grafschaft Mark 1680 bis 1754

Lustrum	Reformiert (1)			Lutherisch (2)			Katholisch (3)		
	m	w	X	m	w	X	m	w	X
1680/84	–	–	–	27	27	100	20	14	143
1685/89	–	–	–	41	39	105	17	19	89
1690/94	9	8	113	43	44	98	23	20	115
1695/99	5	10	50	59	39	151	27	11	245
1700/04	15	8	188	49	29	169	19	14	136
1705/09	17	10	170	58	38	153	26	14	186
1710/14	28	15	187	52	41	127	28	20	140
1715/19	16	20	80	48	58	83	40	35	114
1720/24	10	19	53	46	39	118	21	11	191
1725/29	27	20	135	66	51	129	24	11	218
1730/34	32	33	97	91	63	144	24	22	109
1735/39	26	17	153	80	90	89	21	22	95
1740/44	22	22	100	61	89	69	73	48	152
1745/49	19	24	79	80	52	154	36	28	129
1750/54	44	29	152	106	93	114	32	44	73
1680/1754	*21*	*18*	*117*	*60*	*53*	*113*	*29*	*22*	*132*

m = männlich; w = weiblich; X = Anteil Jungen je 100 Mädchen in v. H.

Errechnet nach: 1) LKAB: KB Rhynern, Bd, 1–2; KB Wiblingwerde, Bd. 3.

2) LKAB: KB Dahl, Bd. 1, S. 251–330; KB Gevelsberg, Bd. 4–6, unpag.; KB Lünern, Bd. 1, passim; KB Weitmar, Bd. 1, S. 151–228, Bd. 2, S. 192–196.

3) KPf. N: Niederwengern, Beerdigte, Bl. 21 v-267 r.

mehr Mädchen als Jungen. In den ersten sieben Monaten des Jahres lag der Anteil gestorbener Jungen je 100 Mädchen zwischen 114 und 137 Prozent. Zum Jahresende hin verringerte er sich.

Wie sehr der Anteil gestorbener Jungen je 100 Mädchen im Jahresverlauf nach Konfessionen in der ländlichen Grafschaft Mark der Frühen Neuzeit voneinander differierte, veranschaulicht Abbildung 110. Der katholische Anteil erreichte bereits

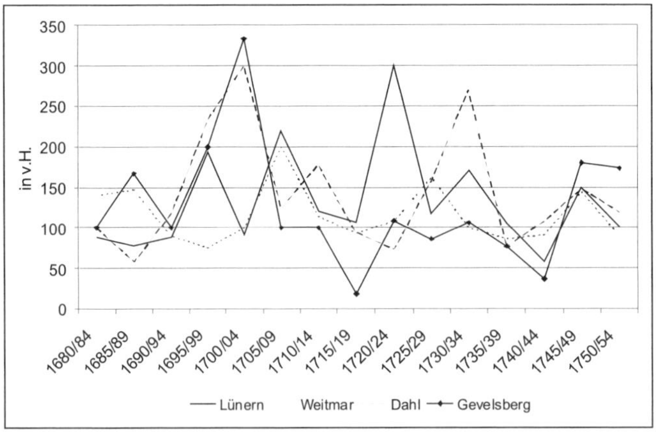

Abb. 108
Anteil gestorbener Jungen je 100 Mädchen in ausgewählten Kirchengemeinden der Grafschaft Mark 1680 bis 1754

Dargestellt nach den Tab. 1 b, 3 b, 5 b, 13 b im Tabellenanhang.

Abb. 109
Monatliche Säuglings- und Kindersterblichkeit nach Geschlecht in der Grafschaft Mark 1680 bis 1754

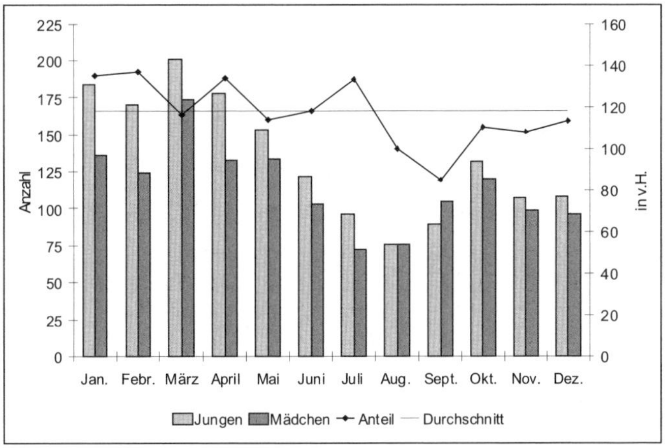

Errechnet und dargestellt nach den Tab. 2b, 4b, 6b, 8b, 12b, 14b, 16b im Tabellenanhang.

Abb. 110
Monatlicher Anteil gestorbener Jungen je 100 Mädchen nach Konfessionen in der Grafschaft Mark 1680 bis 1754

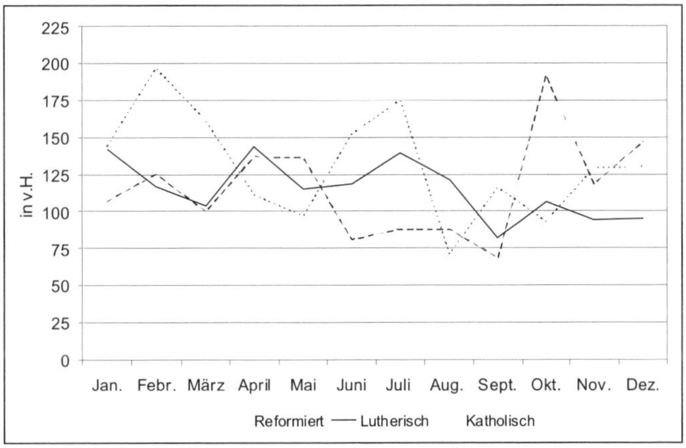

Dargestellt nach Tab 116.

zum Jahresbeginn sein Maximum, während die Werte der anderen Konfessionen um fast drei Viertel Prozent niedriger lagen. Die Spannweite betrug bei Katholiken 126 Prozent. Bei Reformierten war sie nur unwesentlich geringer. Deren höchster Wert gestorbener Jungen je 100 Mädchen tauchte erst im Oktober auf. Gleichzeitig streuten die Anteile der anderen Konfessionen um 100 Prozent. Im Gegensatz dazu differierten die Anteile bei Lutherischen nur halb so stark voneinander. Sie variierten zwischen 82 und 144 Prozent (vgl. Tab. 116).

Abbildung 111 zeigt für ausgewählte Kirchspiele der Grafschaft Mark den monatlichen Anteil gestorbener Jungen je 100 Mädchen in der Frühen Neuzeit. Die in der ersten Jahreshälfte weitgehend überdurchschnittlichen Werte verlagerten ihr Schwergewicht in der zweiten, mit unterschiedlicher Intensität, unter 100 Prozent. Folgende Besonderheiten lassen sich hervorheben. Der Lünerner Anteil stieg im Juli sogar auf über 200 Prozent. Die Dahler Werte zeigten einen ausgeprägten Zyklus, wobei die höchsten Anteile jeweils um etwa 20 Prozent zunahmen. Im Oktober stieg der Wert sogar auf mehr als vier Fünftel Prozent über dem Durchschnitt. Dagegen wiesen die übrigen Kirchengemeinden weitgehend Anteile von

Tab. 116 Monatliche Säuglings- und Kindersterblichkeit nach Geschlecht in der Grafschaft Mark 1680 bis 1754

Monat	Reformiert (1)			Lutherisch (2)			Katholisch (3)		
	m	w	X	m	w	X	m	w	X
Januar	30	28	107	105	74	142	49	34	144
Februar	25	20	125	88	75	117	57	29	197
März	26	26	100	117	112	104	58	36	161
April	37	27	137	102	71	144	39	35	111
Mai	30	22	136	93	81	115	30	31	97
Juni	17	21	81	70	59	119	35	23	152
Juli	14	16	88	61	44	139	21	12	175
August	14	16	88	47	39	121	15	21	71
September	17	25	68	50	61	82	22	19	116
Oktober	23	12	192	70	66	106	39	42	93
November	20	17	118	51	54	94	36	28	129
Dezember	25	17	147	53	56	95	30	23	130
Jan./Dez.	*23*	*21*	*110*	*76*	*66*	*115*	*36*	*28*	*129*

m = männlich; w = weiblich; X = Anteil Jungen je 100 Mädchen in v. H.

Errechnet nach: 1) LKAB: KB Rhynern, Bd, 1–2; KB Wiblingwerde, Bd. 3.

2) LKAB: KB Dahl, Bd. 1, S. 251–330; KB Gevelsberg, Bd. 4–6, unpag.; KB Lünern, Bd. 1, passim; KB Weitmar, Bd. 1, S. 151–228, Bd. 2, S. 192–196.

3) KPf. N: Niederwengern, Beerdigte, Bl. 21 v-267 r.

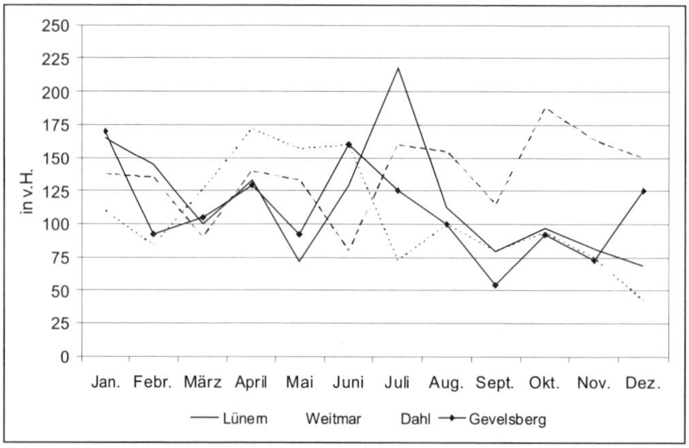

Abb. 111 Monatlicher Anteil gestorbener Jungen je 100 Mädchen in ausgewählten Kirchengemeinden der Grafschaft Mark 1680 bis 1754

Dargestellt nach den Tab. 2b, 4b, 6b, 14b im Tabellenanhang.

unter 100 Prozent auf. Weitere Einzelangaben, auch für andere Kirchspiele, enthält der Tabellenanhang.

7.4 Altersspezifische Säuglingssterblichkeit

In der frühneuzeitlichen Grafschaft Mark verringerte sich die Säuglingssterblichkeit ausgewählter Kirchengemeinden mit zunehmenden Altersmonaten (vgl. Abb. 112). In den Kirchengemeinden Rhynern (kath.) und Volmarstein starben jeweils zwei Fünftel der Säuglinge in einem Alter von unter einem Monat, etwa

Tab. 117 Säuglingssterblichkeit nach Altersmonaten in ausgewählten Kirchengemeinden der Grafschaft Mark 1700 bis 1754

Altersmonat	Nordwärts der Ruhr				Südwärts der Ruhr			
	Weitmar (1715–1749)		Rhynern, kath. (1730–1754)		Dahl (1720–1754)		Volmarstein (1700–1754)	
	abs.	X	abs.	X	abs.	X	abs.	X
< 1	25	46	55	49	28	28	39	24
1– 2	13	24	39	34	25	25	24	15
3– 5	16	29	24	21	14	14	14	9
6– 8	10	18	11	10	14	14	9	5
9–11	13	24	10	9	8	8	9	5
Insg.	*77*	*141*	*139*	*123*	*89*	*89*	*95*	*58*

X = Anteil gestorbener Säuglinge je 1000 Lebendgeborene

Errechnet nach: LKAB: KB Weitmar, Bd. 1, S. 182–228; KBabt. P: KB Rhynern, Bd. 1, unpag.; Bd. 2, Sp. 1–33; LKAB: KB Dahl, Bd. 1, S. 275–330; KB Vollmarstein, Bd. 1, S. 73–89, 281–323.

16 Prozent waren drei bis fünf Monate alt und unter 10 Prozent erreichten nur ein Alter von neun bis elf Monaten. Bei den Weitmarer und Dahler Säuglingen verlagerte sich der Anteil der Gestorbenen zu Lasten der älteren Kleinstkinder. Vergleichsweise starben dort etwa 10 Prozent weniger Säuglinge, die unter einem Monat alt waren. Der Anteil bei den Dahler sechs bis acht Monate alten Kleinstkindern entsprach sogar dem der vorherigen Altersklasse und war doppelt so hoch wie bei den gleichaltrigen katholischen Säuglingen in Rhynern. Im Vergleich zu letzteren starben in Weitmar zehn Prozent mehr neun bis elf Monate alte Säuglinge. Die absoluten Zahlen enthält Tabelle 117.

Der Anteil gestorbener Säuglinge je 1000 Lebendgeborene verringerte sich mit zunehmenden Altersmonaten in ausgewählten Kirchengemeinden der frühneuzeitlichen Grafschaft Mark (vgl. Abb. 113). Dabei bildeten die Weitmarer Werte der mittleren und letzten Altersklasse Ausnahmen. Die hellwegischen Kirchspiele Weitmar und Rhynern (kath.) zeigten höhere Anteile als die beiden süderländi-

Abb. 112 Säuglingssterblichkeit nach Altersmonaten in ausgewählten Kirchengemeinden der Grafschaft Mark 1700 bis 1754

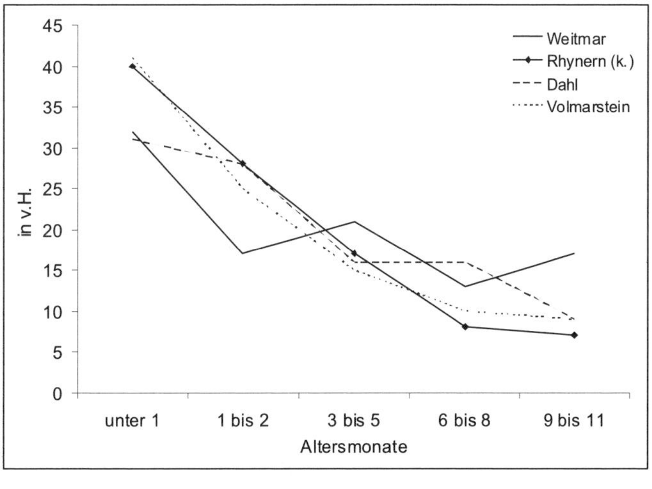

Errechnet und dargestellt nach Tab. 117.

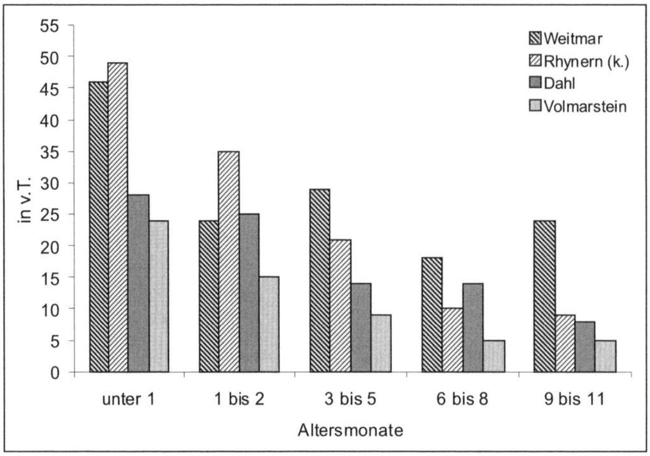

Abb. 113
Anteil gestorbener Säuglinge nach Altersmonaten je 1000 Lebendgeborene in ausgewählten Kirchengemeinden der Grafschaft Mark 1700 bis 1754

Dargestellt nach Tab. 117.

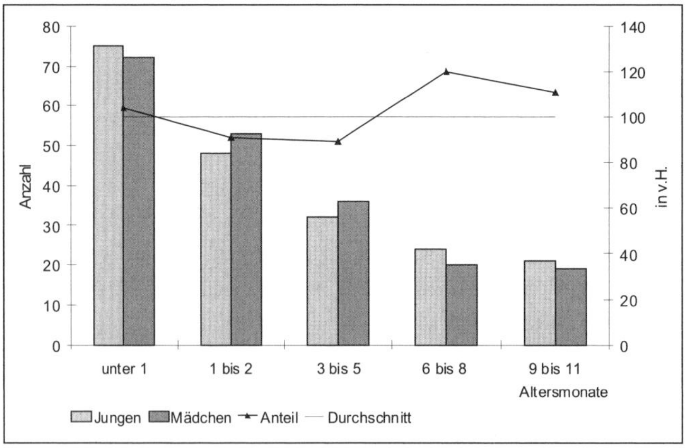

Abb. 114
Säuglingssterblichkeit nach Alter und Geschlecht in der Grafschaft Mark 1700 bis 1754

Errechnet und dargestellt nach Tab. 118.

schen Kirchspiele Dahl und Volmarstein. Die genauen Werte dazu enthält Tabelle 117.

Die Anzahl der gestorbenen Säuglinge verringerte sich in der Grafschaft Mark in der Frühen Neuzeit nach Abbildung 114 mit zunehmendem Altersmonat. Es betraf beide Geschlechter. Das Verhältnis zueinander war dabei unterschiedlich. Im ersten Altersmonat starben vier Prozent mehr Jungen als Mädchen. In den folgenden bis fünf Altersmonaten änderte sich die Relation. Die männliche Säuglingssterblichkeit verminderte sich gegenüber der weiblichen auf etwa 90 Prozent. In den weiteren Altersmonaten übertraf die Anzahl der gestorbenen männlichen Säuglinge die der weiblichen erneut. Die dabei weit über 100 Prozent liegenden Anteile dürften wohl eher auf die relativ geringen Ausgangswerte zurückzuführen sein und wohl weniger die Realität widerspiegeln.

Der Anteil gestorbener männlicher Säuglinge je 100 weibliche wurde in Abbildung 115 auf Altersmonate ausgewählter Kirchengemeinden der Grafschaft Mark in der Frühen Neuzeit präzisiert. Während er bis zu den drei bis fünf Monate alten Säuglingen in Volmarstein und Rhynern (kath.) überdurchschnittlich an-

Tab. 118 Säuglingssterblichkeit nach Altersmonaten und Geschlecht in ausgewählten Kirchengemeinden der Grafschaft Mark 1700 bis 1754

Altersmonat	Nordwärts der Ruhr				Südwärts der Ruhr			
	Weitmar (1715–1749)		Rhynern, kath. (1730–1754)		Dahl (1720–1754)		Volmarstein (1700–1754)	
	m	w	m	w	m	w	m	w
< 1	12	13	23	32	18	10	22	17
1– 2	7	6	18	21	10	15	13	11
3– 5	5	11	14	10	4	10	9	5
6– 8	7	3	6	5	7	7	4	5
9–11	8	5	7	3	5	3	1	8
Insg.	*39*	*38*	*68*	*71*	*44*	*45*	*49*	*46*

m = männlich; w = weiblich

Errechnet nach: LKAB: KB Weitmar, Bd. 1, S. 182–228; KBabt. P: KB Rhynern, Bd. 1, unpag; Bd. 2, Sp. 1–33; LKAB: KB Dahl, Bd. 1, S. 275–330; KB Vollmarstein, Bd. 1, S. 73–89, 281–323.

stieg, fielen die Weitmarer und Dahler Anteile auf unter 50 Prozent. In der letzten Altersklasse sank nur der Volmarsteiner Wert männlicher Säuglinge je 100 weibliche unterdurchschnittlich ab. Die der übrigen Kirchspiele blieben über dem Durchschnitt. Dabei trafen sich die Weitmarer und Dahler Anteile bei etwa drei Fünfteln. Sie wurden bei den gestorbenen neun- bis elfmonatigen Säuglingen um gut zwei Drittel von dem Anteil der Rhynerner katholischen Säuglinge übertroffen. Letzterer Wert entsprach dem der Weitmarer in der vorherigen Altersklasse.

Die endogenen und exogenen Komponenten der Säuglingssterblichkeit können näherungsweise bestimmt werden.[6] Dazu werden die kumulierten Werte pro 1000 Lebendgeborenen monatsweise in eine Grafik mit logarithmischem Maßstab eingetragen. Die diese Punkte verbindende Diagonale zeigt auf der Ordinaten den Wert für die endogene Säuglingssterblichkeit an. Subtrahiert man diesen von der Summe der gestorbenen Säuglinge, so ergibt sich als Wert die exogene Säuglings-

6 T. G. Saunders: Familie, S. 386–389.

Abb. 115 Anteil gestorbener männlicher Säuglinge je 100 weibliche in ausgewählten Kirchengemeinden der Grafschaft Mark 1700 bis 1754

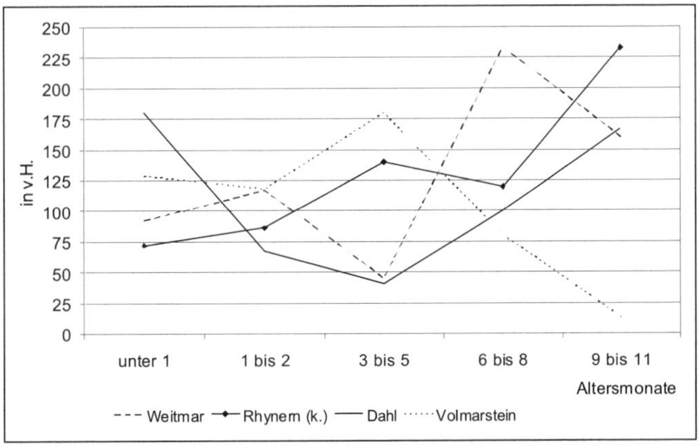

Errechnet und dargestellt nach Tab. 118.

sterblichkeit. Die Säuglingssterblichkeit vom zweiten bis zwölften Monat beruhte auf äußeren Faktoren[7] wie ungünstigen Umweltbedingungen und mangelnder Hygiene, ungeeigneter Ernährung, Erkältungen sowie Infektionskrankheiten. Es bestand ebenfalls ein Zusammenhang zwischen Stillgewohnheiten[8] und Säuglingssterblichkeit. Letztere stieg um so mehr, desto früher das Stillen beendet wurde. Denn die nahrhafte Muttermilch bot dem Säugling durch regelmäßiges und ausreichendes Stillen Schutz vor Infektionskrankheiten, denen er sonst bei unzureichender Ernährung ausgesetzt war.

Die Säuglingssterblichkeit[9] kann anhand einzelner Faktoren[10] analysiert werden. Unter regionalem Aspekt war die exogene Sterblichkeit der Säuglinge vom zweiten Monat bis zu unter einem Jahr im Gegensatz zur endogenen für unter einen Monat alte Säuglinge in ländlichen Gebieten[11] niedriger als in der Stadt. Aufgrund der geringen Bevölkerungsdichte bestand eine weniger hohe Ansteckungsgefahr. Dazu kam auf dem Land die höherwertige Ernährung aus der Selbstversorgung. Die großbäuerlichen Schichten wiesen eine höhere Säuglingssterblichkeit auf als die Sozialschichten der Besitzlosen.[12] Nach Schlumbohm[13] unterschieden sich die Werte der Sozialschichten innerhalb eines Ortes jedoch weniger voneinander als die Varianzen zwischen verschiedenen Gebieten.

Tabelle 119 enthält für ausgewählte Kirchengemeinden deren endogene und exogene Säuglingssterblichkeit. Geht man von den Kindern in Gesamtheit aus, so wiesen sie in Weitmar und Rhynern, den Gebieten nordwärts der Ruhr, einen höheren Anteil an endogener Säuglingssterblichkeit auf als in Dahl und Volmarstein, den Gemeinden südwärts der Ruhr. Im ersten Fall streuten die Werte zwischen annähernd einem Drittel und einem Viertel. Im zweiten Fall lagen die Anteile um ein Fünftel.

Auch auf das Geschlecht wirkte sich die endogene und exogene Säuglingssterblichkeit unterschiedlich aus. In Weitmar und Rhynern übertraf die endogene Säuglingssterblichkeit der Mädchen, die der Jungen. In Dahl und Volmarstein war das Verhältnis umgekehrt. Innerhalb des gleichen Geschlechtes traten folgende Unterschiede auf. Die endogene Säuglingssterblichkeit der Mädchen lag im Hellwegischen vergleichsweise zum Süderländischen etwa zwei- bis dreimal höher. Bei den Jungen variierten die Anteile weniger stark voneinander. Die maximale endogene Säuglingssterblichkeit von zwei Dritteln wiesen Weitmarer Mädchen und Dahler Jungen auf. Die höchste exogene Säuglingssterblichkeit von über 70 Prozent zeigten Mädchen in Dahl und Volmarstein.

7 A. E. Imhof: Einführung, S. 68.

8 Grassl: Ursachen, S. 394; A. E. Imhof: Reife, S. 134 f.; E. Shorter: Umwälzung, S. 514.

9 Vgl. A. E. Imhof: Säuglingssterblichkeit.

10 Vgl. I. E. Kloke: Säuglingssterblichkeit.

11 A. E. Imhof: Einführung, S. 68 f.

12 Ch. Revermann: Manipulation, S. 99.

13 J. Schlumbohm: Sozialstruktur, S. 343.

Tab. 119 Endogene und exogene Säuglingssterblichkeit in ausgewählten Kirchengemeinden der Grafschaft Mark 1700 bis 1754

Kirchengemeinde	Säuglings-sterblichkeit	Jungen		Mädchen		Kinder	
		abs.	v. H.	abs.	v. H.	abs.	v. H.
Weitmar (1715–1749)	endogen	20	51	25	66	23	30
	exogen	19	49	13	34	54	70
		39	*100*	*38*	*100*	*77*	*100*
Rhynern, kath. (1730–1754)	endogen	25	37	35	49	30	22
	exogen	43	63	36	51	109	78
		68	*100*	*71*	*100*	*139*	*100*
Dahl (1720–1754)	endogen	29	66	8	18	18	20
	exogen	15	34	37	82	71	80
		44	*100*	*45*	*100*	*89*	*100*
Volmarstein (1700–1754)	endogen	17	35	13	28	16	17
	exogen	32	65	33	72	79	83
		49	*100*	*46*	*100*	*95*	*100*

Errechnet nach: LKAB: KB Weitmar, Bd. 1, S. 182–228; KBabt. P: KB Rhynern, Bd. 1, unpag; Bd. 2, Sp. 1–33; LKAB: KB Dahl, Bd. 1, S. 275–330; KB Vollmarstein, Bd. 1, S. 73–89, 281–323.

Bei der Säuglings- und Kindersterblichkeit traten mehrere beeinflussende Faktoren auf, die in mannigfaltiger Weise gegenseitig aufeinander einwirkten.[14] Unter Totgeborenen[15] werden alle nicht lebend zur Welt gekommenen Leibesfrüchte von Frauen verstanden. Dabei kann der Tod schon vor oder erst bei der Geburt erfolgt sein. Die Abgrenzung zu Fehl- und Lebendgeburten ist nicht eindeutig. „[...] den 16. April [1690] Henrich Wißmans Kind zu stockumb gebohren, getauffet u. genennet diederich darauff so bald gestorben u. den 18 begraben."[16] Eine Lebendgeburt liegt bei natürlicher Lungenatmung oder einem anderen Lebenszeichen wie Herzschlag, Pulsation der Nabelschnur oder deutlicher Bewegung willkürlicher Muskeln vor. Nicht wenige Neugeborene überlebten den Übergang vom intra- zum extrauterinen Zustand nicht. Andere waren zu lebensschwach oder starben an einer tatsächlichen Erkrankung.

Der Anteil der Totgeborenen war bei Jungen größer als bei Mädchen. Im Vergleich zu ehelich Geborenen lag der Wert bei unehelichen Geburten höher, da es sich vielfach um Erstgeburten handelte. „[...] den 22. febr [1682] [...] zu Hemmerde beschwängert, ein ohnehliches todtes Kind zur Welt gebracht, und den 24. febr darauff gestorben, den 27. begraben."[17] Die angeblich geringe Anzahl Totgeborener bei katholischen Müttern[18] entsprach weniger der Realität, sondern be-

14 Zu Erklärungshypothesen ausgewählter Forschungsansätze zur Entwicklung der Säuglingssterblichkeit vgl. I. E. Kloke: Säuglingssterblichkeit, S. 65–72.

15 A. Gottstein: Statistik, S. 9, 13; G. Mackenroth: Bevölkerungslehre, S. 38 f.; N. Ohler: Pfarrbücher, S. 124 f.; vgl. W. Weinberg: Totgeburt.

16 KB Lünern, Bd. 1, unpag.

17 Ebd.

18 A. E. Imhof: Ermittlung, S. 103 f.; ders., Welten, S. 160 ff.

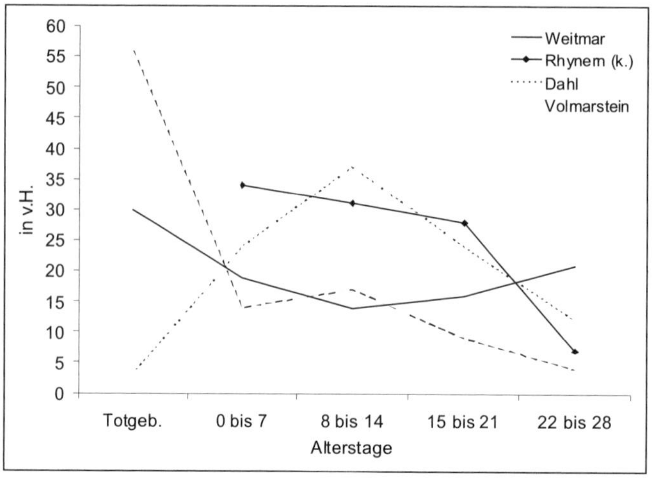

Abb. 116
Säuglingssterblichkeit nach Alterstagen in ausgewählten Kirchengemeinden der Grafschaft Mark 1700 bis 1754

Errechnet und dargestellt nach Tab. 120.

ruhte auf eher zu niedrigen Angaben. Denn es bestand das Bestreben, tatsächlich Totgeborene aufgrund der Nottaufe als Lebendgeborene auszuweisen.

Abbildung 116 zeigt die unterschiedliche Entwicklung der Säuglingssterblichkeit nach Alterstagen in ausgewählten Kirchengemeinden der Grafschaft Mark in der Frühen Neuzeit. Angesichts der geringen Zahlenbasis muss dahingestellt bleiben, inwieweit die Werte repräsentativ sein können. Auffällig ist der hohe Anteil der Volmarsteiner Totgeborenen mit über 50 Prozent, wodurch die übrigen Werte relativiert werden. In Weitmar betrug der Anteil der Totgeborenen etwa ein Drittel, bei den acht bis vierzehn Tage alten Säuglingen halbierte sich der Anteil der Sterbefälle und erhöhte sich erneut in der letzten Altersklasse der 22 bis 28 Tage alten Kleinstkinder auf über ein Fünftel. In Dahl starben mehr als ein Drittel der acht bis 14 Tage alten Säuglinge. Zu den benachbarten Altersklassen hin verminderten sich die Werte.

Erwartungsgemäß waren in der katholischen Kirchengemeinde Rhynern keine Totgeborenen verzeichnet. Statt dessen lag der Gestorbenenanteil der bis sieben Tage alten Säuglinge mit über einem Drittel, im Vergleich zu den übrigen Kirchengemeinden, am höchsten. Es wurden aber nicht wenige Gestorbene verzeichnet, die angeblich nicht wenigstens einige Stunden gelebt hätten, damit sie getauft werden konnten, um das Seelenheil zu erlangen. Erst bei den 22 bis 28 Tage alten Säuglingen verminderte sich deren Sterblichkeit auf sieben Prozent. Dieser Wert rückte damit in die Nähe der Volmarsteiner Säuglingssterblichkeit für dieses Alter.

In Abbildung 117 lag der jeweilige Anteil perinataler Sterblichkeit je 1000 Lebendgeborene nach Alterstagen in den hellwegischen Gebieten Weitmar und Rhynern (kath.) höher als in den süderländischen Kirchengemeinden Dahl und Volmarstein. Hingewiesen sei auf die unvollständigen Angaben der Totgeborenen. Deren hoher Anteil von einem Drittel je 1000 Lebendgeborene in Volmarstein korrespondierte mit niedrigen Anteilen der Säuglingssterblichkeit in den übrigen Altersklassen.

In Weitmar dagegen erhöhten sich die Werte in den beiden letzten Altersklassen

Tab. 120 Perinatale Sterblichkeit nach Alterstagen in ausgewählten Kirchengemeinden der Grafschaft Mark 1700 bis 1754

Alterstage	Nordwärts der Ruhr				Südwärts der Ruhr			
	Weitmar (1715–1749)		Rhynern, kath. (1730–1754)		Dahl (1720–1754)		Volmarstein (1700–1754)	
	abs.	X	abs.	X	abs.	X	abs.	X
Totgeb.	13	24	–	–	1	1	54	33
0– 7	8	15	20	18	8	8	14	9
8–14	6	11	18	16	12	12	16	10
15–21	7	13	16	14	8	8	9	5
22–28	9	16	4	3	4	4	4	2
Insg.	*43*	*79*	*58*	*51*	*33*	*33*	*97*	*59*

X = Anteil gestorbener Säuglinge je 1000 Lebendgeborene

Errechnet nach: LKAB: KB Weitmar, Bd. 1, S. 182–228; KBabt. P: KB Rhynern, Bd. 1, unpag.; Bd. 2, Sp. 1–33; LKAB: KB Dahl, Bd. 1, S. 275–330; KB Vollmarstein, Bd. 1, S. 73–89, 281–323.

Abb. 117 Anteil gestorbener Säuglinge nach Alterstagen je 1000 Lebendgeborene in ausgewählten Kirchengemeinden der Grafschaft Mark 1700 bis 1754

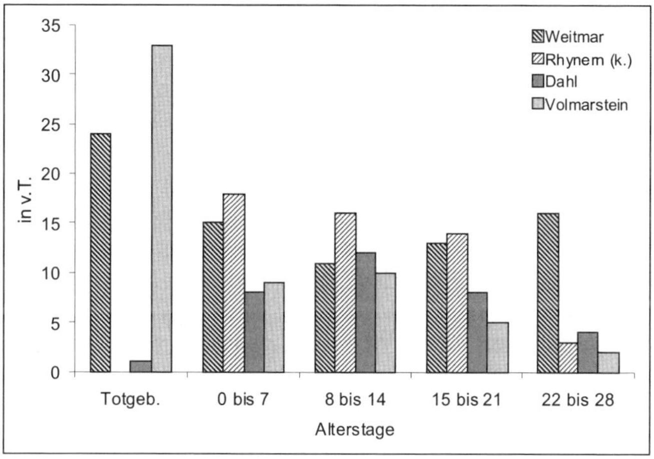

Dargestellt nach Tab. 120.

trotz des relativ hohen Anteils bei den Totgeborenen. In Dahl dominierte die Bruttomortalitätsrate der Säuglinge bei den acht bis 14 Tage alten Kleinstkindern mit über 10 Promille. Der Rhynerner Anteil von 18 Promille bei den bis zu sieben Tage alten Säuglingen war doppelt so hoch wie der der Volmarsteiner in der gleichen Altersklasse.

Die in Abbildung 118 dargestellte perinatale Sterblichkeit von Jungen und Mädchen basiert auf Angaben ausgewählter Kirchengemeinden der Grafschaft Mark in der Frühen Neuzeit. In den ersten Tagen nach der Geburt starben größtenteils mehr Jungen als Mädchen. Nur bei den 15 bis 21 Tage alten Säuglingen verdoppelte sich die weibliche Sterblichkeit gegenüber der männlichen. Der Anteil der gestorbenen männlichen Säuglinge je 100 weibliche war bei den Totgeborenen und den 22 bis 28 Tage alten Kleinstkindern am höchsten. Die extremen Prozentangaben ergaben sich wohl aufgrund der niedrigen Ausgangswerte. Sie können daher nicht repräsentativ sein.

Tab. 121 Perinatale Sterblichkeit nach Alterstagen und Geschlecht in ausgewählten Kirchengemeinden der Grafschaft Mark 1700 bis 1754

Alterstage	Nordwärts der Ruhr				Südwärts der Ruhr			
	Weitmar (1715–1749)		Rhynern, kath. (1730–1754)		Dahl (1720–1754)		Volmarstein (1700–1754)	
	m	w	m	w	m	w	m	w
Totgeb.	5	8	–	–	1	–	35	19
0– 7	4	4	9	11	6	2	10	4
8–14	3	3	9	9	10	2	8	8
15–21	3	4	4	12	2	6	4	5
22–28	6	3	3	1	2	2	2	2
Insg.	*21*	*22*	*25*	*33*	*21*	*12*	*59*	*38*

m = männlich; w = weiblich

Errechnet nach: LKAB: KB Weitmar, Bd. 1, S. 182–228; KBabt. P: KB Rhynern, Bd. 1, unpag.; Bd. 2, Sp. 1–33; LKAB: KB Dahl, Bd. 1, S. 275–330; KB Vollmarstein, Bd. 1, S. 73–89, 281–323.

Abbildung 119 veranschaulicht die ländliche Säuglings-, Kinder- und Erwachsenensterblichkeit in der Grafschaft Mark in der Frühen Neuzeit. Bis zum ersten Viertel des 18. Jahrhunderts konzentrierten sich die Werte im unterdurchschnittlichen Bereich. Im Jahrfünft 1725/29 betrug die Erwachsenensterblichkeit fast drei Viertel Prozent über dem Durchschnitt, während der Anteil der gestorbenen Säuglinge und Kinder nur knapp darüber lag. Letzterer stieg im darauf folgenden Jahrfünft auf zwei Fünftel über dem Durchschnitt bei gleichzeitig niedrigerem Anteil der gestorbenen Erwachsenen an. Im Jahrfünft 1740/44 erhöhten sich beide Anteile erneut. In der Mitte des 18. Jahrhunderts erreichte die Säuglings- und Kindersterblichkeit einen Wert von 56 Prozent über dem Durchschnitt. Gleichzeitig verminderte sich die Erwachsenensterblichkeit auf ein Viertel darüber.

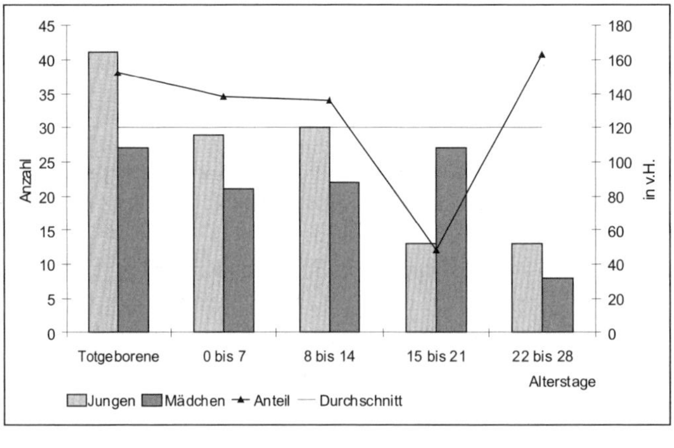

Abb. 118 Anteil gestorbener männlicher Säuglinge nach Alterstagen je 100 weibliche in der Grafschaft Mark 1700 bis 1754

Errechnet und dargestellt nach Tab. 121.

Abb. 119
Säuglings-, Kinder- und Erwachsenensterblichkeit in der Grafschaft Mark 1680 bis 1754

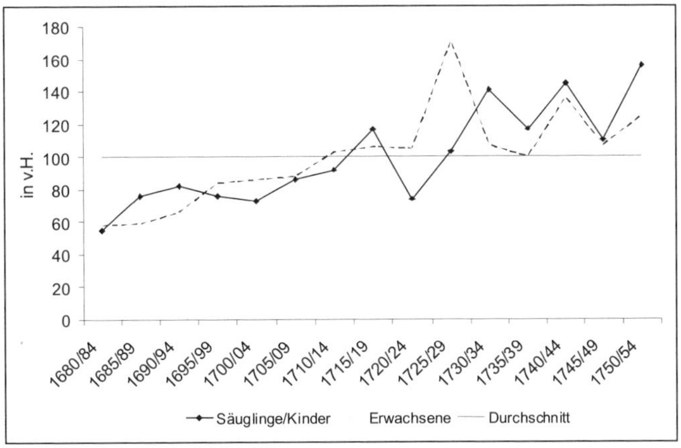

Errechnet und dargestellt nach den Tab. 1 b, 3 b, 5 b, 7 b, 11 b, 13 b, 15 b im Tabellenanhang.

7.5 Langfristige Entwicklung der Erwachsenensterblichkeit

Sterben und Tod beenden in der säkularisierten Welt das diesseitige Leben endgültig. Demgegenüber bedeuteten sie in der Frühen Neuzeit den Übergang zur jenseitigen, ewigen Glückseligkeit.[19] Verschiedene Faktoren[20] beeinflussten die Sterblichkeit der Erwachsenen wie z. B. Region, Schichtzugehörigkeit und Familienstand, Beruf sowie Konfession. Aufgrund der schlechteren sanitären Verhältnisse war die altersspezifische Übersterblichkeit[21] in der Stadt höher als auf dem Land. Die Lebenserwartung einer Schwalmer Bäuerin z. B. betrug etwa 20 Jahre mehr als die einer Marburger Städterin. Auch die Schichtzugehörigkeit spielte eine Rolle. Während ein 15-jähriger Bauernjunge aus der Schwalm durchschnittlich 62 Jahre leben konnte, wurde ein Marburger Bürger aus der Oberschicht im Durchschnitt nur 48 Jahre alt.

Die Entwicklung der Erwachsenensterblichkeit verschiedener Konfessionen in der frühneuzeitlichen Grafschaft Mark wird in Abbildung 120 veranschaulicht. Die jährliche Wachstumsrate betrug bei Reformierten und Lutheranern jeweils ein Prozent. Dagegen verminderte sie sich bei Katholiken auf 0,3 Prozent. Die zunächst parallel verlaufende Zunahme der Erwachsenensterblichkeit unterhalb des Durchschnitts gipfelte 1725/29 für alle drei Konfessionen mit mehr als drei Fünftel über dem Durchschnitt. Ein weiterer Höhepunkt entfiel auf die katholische Erwachsenensterblichkeit in der Periode 1740/44. Dabei waren Reformierte mit zwei Fünftel über dem Durchschnitt beteiligt. Zeitlich verzögert wiederholte sich dieser Wert für die lutherische Erwachsenensterblichkeit in der Mitte des 18. Jahrhunderts. Tabelle 122 enthält die genauen Zahlen hierfür.

19 A. E. Imhof: Reife, S. 68.
20 K. Mayer: Einführung, S. 95; M. North: Handelsexpansion, S. 120 f.
21 I. Esenwein-Rothe: Einführung, S. 213.

Tab. 122 Erwachsenensterblichkeit nach Konfessionen in der Grafschaft Mark 1680 bis 1754

Lustrum	Reformiert (1)		Lutherisch (2)		Katholisch (3)	
	abs.	X	abs.	X	abs.	X
1680/84	–	–	101	55	107	74
1685/89	–	–	118	65	102	71
1690/94	28	43	115	63	110	76
1695/99	40	62	157	86	131	91
1700/04	36	55	148	81	147	102
1705/09	38	58	167	92	140	97
1710/14	67	103	181	99	135	94
1715/19	70	108	187	103	148	103
1720/24	63	97	212	116	131	91
1725/29	116	178	307	169	232	161
1730/34	87	134	192	105	131	91
1735/39	68	105	185	102	129	90
1740/44	92	142	193	106	242	168
1745/49	58	89	210	115	131	91
1750/54	78	120	258	142	139	97
1680/1754	*65*	*100*	*182*	*100*	*144*	*100*

X = Durchschnitt für 1680/1754 je Konfession = 100

Errechnet nach: 1) LKAB: KB Rhynern, Bd. 1–2; KB Wiblingwerde, Bd. 3.

2) LKAB: KB Dahl, Bd. 1, S. 251–330; KB Gevelsberg, Bd. 4–6, unpag.; KB Lünern, Bd. 1, passim; KB Weitmar, Bd. 1, S. 151–228, Bd. 2, S. 192–196.

3) KPf. N: Niederwengern, Beerdigte, Bl. 21 v-267 r.

Abb. 120

Erwachsenensterblichkeit nach Konfessionen in der Grafschaft Mark 1680 bis 1754

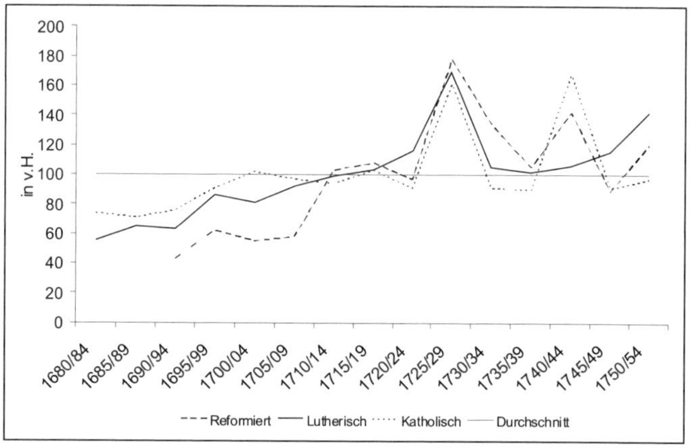

Dargestellt nach Tab. 122.

In Abbildung 121 wird die Erwachsenensterblichkeit ländlicher Kirchengemeinden der Grafschaft Mark in der Frühen Neuzeit verdeutlicht. Die zunächst unterdurchschnittlichen Werte erhöhten sich im Jahrfünft 1725/29 eindeutig für alle ausgewählten Gemeinden. Dabei übertraf die Erwachsenensterblichkeit der hellwegischen Gemeinden die der süderländischen. Im Vergleich zum Durchschnittswert verdoppelte sich in etwa der Lünerner Anteil. Der Weitmarer betrug zwei Drittel, wogegen die Dahler und Gevelsberger Werte jeweils um 50 Prozent über dem Durchschnitt lagen.

Abb. 121
Erwachsenensterblichkeit in ausgewählten Kirchengemeinden der Grafschaft Mark 1680 bis 1754

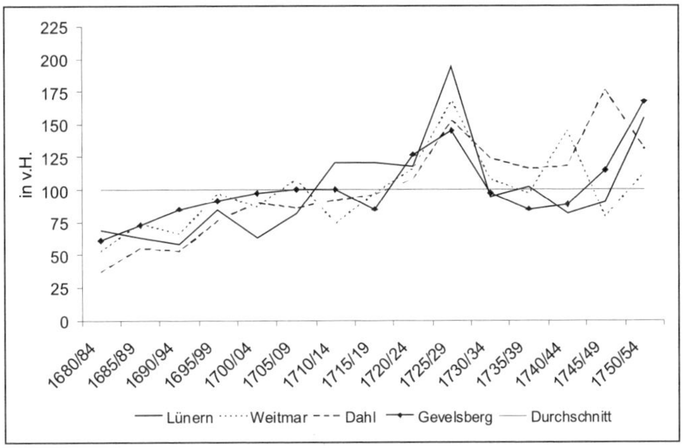

Dargestellt nach den Tab. 1 b, 3 b, 5 b, 13 b im Tabellenanhang.

Die in den Folgejahren verminderte Erwachsenensterblichkeit stieg bis zur Mitte des 18. Jahrhunderts erneut an. Die unterschiedlichen Angaben verteilten sich auf verschiedene Jahrfünfte. Ihnen gemeinsam war, dass die Erwachsenensterblichkeit der süderländischen Gemeinden nicht nur die der hellwegischen übertraf, sondern auch höher war als ihre Vergleichswerte des vorherigen Anstiegs von 1725/29. Die Erwachsenensterblichkeit stieg für Weitmar 1740/44 auf 45 Prozent über dem Durchschnitt und für Dahl im folgenden Jahrfünft auf drei Viertel darüber. 1750/54 betrug die Gevelsberger Erwachsenensterblichkeit zwei Drittel und die Lünerner 55 Prozent über dem Durchschnitt.

Die Wachstumsrate der Erwachsenensterblichkeit pro Jahr variierte in den einzelnen Kirchengemeinden. Für nördliche Gebiete betrug sie in Weitmar 0,6 Prozent sowie in Lünern und Rhynern (ref.) je 0,8 Prozent. Die südlichen Werte waren für Niederwenigern 0,2 Prozent, Gevelsberg 1,0 Prozent, Wiblingwerde 1,2 Prozent sowie Dahl 1,6 Prozent.

Nach Abbildung 122 verlief die saisonale Säuglings-, Kinder- und Erwachsenensterblichkeit in der Grafschaft Mark in der Frühen Neuzeit in bestimmten Phasen. Die am Anfang des Jahres überdurchschnittlichen Werte sanken ab Juni unter den Durchschnitt, jeweils mit Besonderheiten in den einzelnen Altersgruppen. Säuglinge und Kinder starben am häufigsten im März und am seltensten im August. Das traf generell auch für Erwachsene zu. Deren geringerer Anteil erstreckte sich dafür ebenfalls auf die jeweiligen benachbarten Monate April und Juli. Im letzten Viertel des Jahres blieben Säuglings- und Kindersterblichkeit knapp unter dem Durchschnitt. Die Sterblichkeit der Erwachsenen war jeweils um 15 Prozent niedriger.

7.6 Saisonale Schwankungen der Erwachsenensterblichkeit

Dass Verheiratete länger lebten als Ledige und Verwitwete, wird in mehrfacher Weise begründet. Biologisch gesehen heiraten gesunde Menschen häufiger als schwächliche Personen. Unter sozialem Aspekt fördert das geregelte Leben in der Ehe die Lebenserwartung, was mehr für Männer als für Frauen zutrifft. Bei

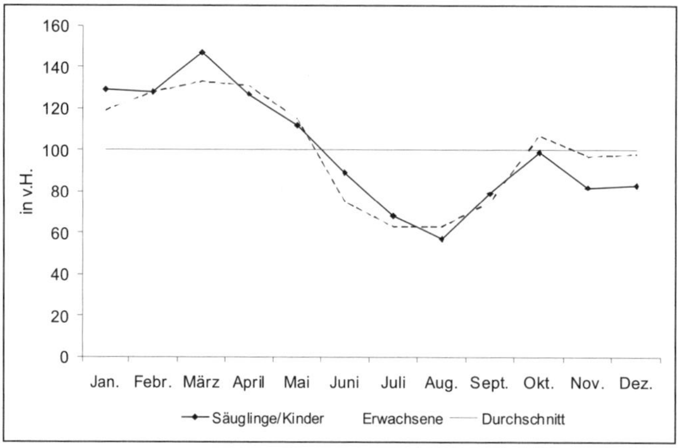

Abb. 122 Monatliche Säuglings-, Kinder- und Erwachsenensterblichkeit in der Grafschaft Mark 1680 bis 1754

Errechnet und dargestellt nach den Tab. 2b, 4b, 6b, 8b, 12b, 14b, 16b im Tabellenanhang.

Verwitweten kann der Verlust des Ehepartners Emotionen wecken, die eher zu einem krankmachenden Lebenswandel führen. Deutliche Unterschiede gab es ebenso zwischen einzelnen Berufen.[22] Verhältnismäßig lange lebten Geistliche. Dazu trug die gesunde Ernährung, der sichere Lebensunterhalt und die körperlich wenig anstrengende Tätigkeit bei. Die geringere Lebenserwartung bei Handwerkern mit einer Werkstatt resultierte vor allem aus der Lebensweise in geschlossenen Räumen.

Die konfessionelle saisonale Erwachsenensterblichkeit in der Grafschaft Mark entwickelte sich in der Frühen Neuzeit nach Abbildung 123 unterschiedlich. Während im Februar zwei Fünftel der lutherischen Erwachsenen über dem Durchschnitt starben, traf dieser Anteil im März für reformierte zu. Im April zeigten Katholiken ihren Höhepunkt, der mit einem Drittel über dem Durchschnitt etwas niedriger lag. Die danach für alle drei Konfessionen rückläufige Entwicklung der Erwachsenensterblichkeit strebte dem jeweiligen untersten Wendepunkt zu. Er lag im Juli für Lutheraner und Katholiken bei drei Fünfteln und im August für Reformierte bei 50 Prozent. Ab Oktober erreichte die Erwachsenensterblichkeit wieder Werte, die je nach Konfession, um den Durchschnitt lagen (vgl. Tab. 123).

Abbildung 124 visualisiert die Entwicklung monatlicher Erwachsenensterblichkeit in der Grafschaft Mark für verschiedene Perioden der Frühen Neuzeit. Zum Ende des 17. Jahrhunderts verminderte sie sich ab April und erreichte im August/September ihr Minimum. Von da an stieg die Erwachsenensterblichkeit zum Jahresende hin auf den Durchschnittswert an. Im Vergleich dazu verlagerte sie sich in der ersten Hälfte des 18. Jahrhunderts von den Anfangsmonaten hin auf das letzte Vierteljahr. Bereits im Oktober erhöhte sich die Erwachsenensterblichkeit überdurchschnittlich (vgl. Tab. 124).

Die monatliche Erwachsenensterblichkeit in ausgewählten Kirchengemeinden der Grafschaft Mark in der Frühen Neuzeit wird in Abbildung 125 veranschaulicht. Der annähernd parallel verlaufende Sterbezyklus zeigt einzelne Besonderheiten. In der Abschwungphase lag die Erwachsenensterblichkeit der hellwegischen Ge-

22 R. v. Dülmen: Kultur, Bd. 1, S. 209.

Tab. 123 Monatliche Erwachsenensterblichkeit nach Konfessionen in der Grafschaft Mark 1680 bis 1754

Monat	Reformiert (1)		Lutherisch (2)		Katholisch (3)	
	abs.	X	abs.	X	abs.	X
Januar	101	138	269	116	225	123
Februar	72	109	299	142	190	115
März	106	144	318	137	224	122
April	94	132	278	124	236	133
Mai	84	114	279	120	195	106
Juni	69	97	142	63	143	81
Juli	52	71	145	62	114	62
August	37	50	146	63	127	69
September	44	62	172	76	132	74
Oktober	76	104	238	102	212	116
November	67	94	206	92	184	104
Dezember	64	87	239	103	173	94
Jan./Dez.	*72*	*100*	*228*	*100*	*180*	*100*

X = Durchschnitt für 1680/1754 je Konfession = 100, bereinigt

Errechnet nach: 1) LKAB: KB Rhynern, Bd, 1–2; KB Wiblingwerde, Bd. 3.

2) LKAB: KB Dahl, Bd. 1, S. 251–330; KB Gevelsberg, Bd. 4–6, unpag.; KB Lünern, Bd. 1, passim; KB Weitmar, Bd. 1, S. 151–228, Bd. 2, S. 192–196.

3) KPf. N: Niederwengern, Beerdigte, Bl. 21 v-267 r.

Tab. 124 Entwicklung monatlicher Erwachsenensterblichkeit in der Grafschaft Mark 1680 bis 1754

Monat	1680/1704		1705/1729		1730/1754	
	abs.	X	abs.	X	abs.	X
Januar	121	116	196	117	206	122
Februar	134	143	182	120	192	126
März	143	138	212	126	230	136
April	143	142	222	136	194	119
Mai	122	117	203	121	181	107
Juni	83	83	106	65	130	79
Juli	70	67	106	63	103	61
August	63	61	121	72	92	54
September	61	61	137	84	121	74
Oktober	78	75	193	115	199	118
November	97	96	135	83	180	110
Dezember	107	103	167	99	159	94
Jan./Dez.	*102*	*100*	*165*	*100*	*166*	*100*

X = Durchschnitt je Periode = 100, bereinigt

Errechnet nach: KPf. N: Niederwengern, Beerdigte, Bl. 21 v-267 r; LKAB: KB Dahl, Bd. 1, S. 251–330; KB Gevelsberg, Bd. 4–6, unpag.; KB Lünern, Bd. 1, passim; KB Rhynern, Bd, 1–2; KB Weitmar, Bd. 1, S. 151–228, Bd. 2, S. 192–196; KB Wiblingwerde, Bd. 3.

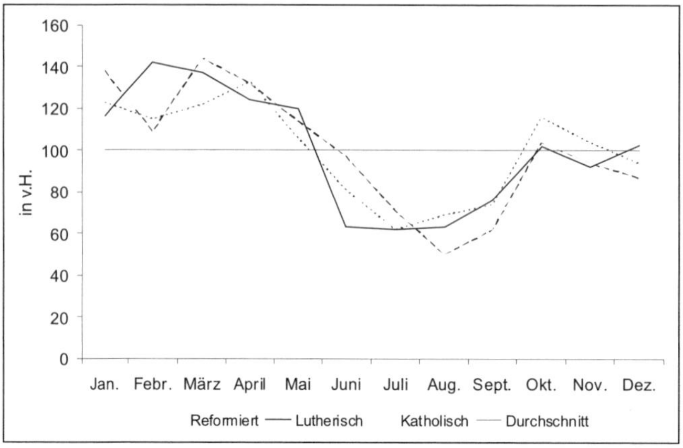

Abb. 123
Monatliche Erwachsenensterblichkeit nach Konfessionen in der Grafschaft Mark 1680 bis 1754

Dargestellt nach Tab. 123.

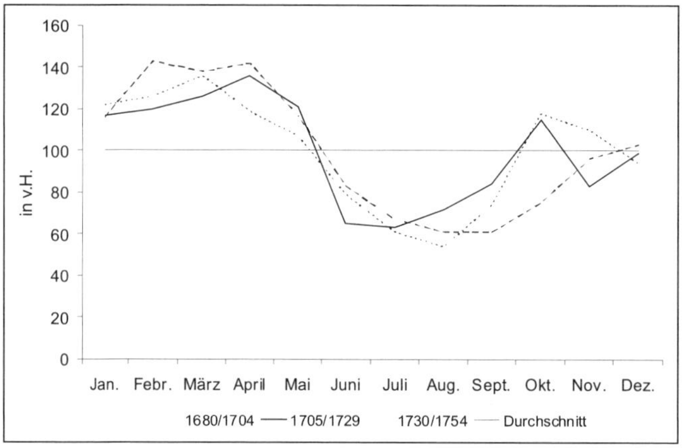

Abb. 124
Entwicklung monatlicher Erwachsenensterblichkeit in der Grafschaft Mark 1680 bis 1754

Dargestellt nach Tab. 124.

meinden Lünern und Weitmar unterhalb der der süderländischen Kirchengemeinden Dahl und Gevelsberg. Im Aufschwung war das Verhältnis weitgehend umgekehrt.

Die Lünerner Erwachsenensterblichkeit erreichte im Februar mit 50 Prozent über dem Durchschnitt ihr Optimum. Auf Juni und August entfielen die niedrigsten Werte, die ab September von knapp über dem Durchschnitt liegenden Angaben abgelöst wurden. Von den Weitmarer Erwachsenen starben bereits im Januar 50 Prozent über dem Durchschnitt. Bis September fiel der Anteil auf 60 Prozent. Schon im nächsten Monat stieg er wieder überdurchschnittlich an. Die Dahler Erwachsenensterblichkeit lag von Februar bis Mai erheblich über dem Durchschnitt. In den anschließenden vier Monaten halbierte sich ihr Anteil auf gut drei Fünftel Prozent. Zum Jahresende hin schwankte sie um den Durchschnitt. In Gevelsberg zeigte die Erwachsenensterblichkeit im Februar mit zwei Drittel Prozent über dem Durchschnitt liegend ihr Maximum, das sogar im April und Mai jeweils nur um 10 Prozent niedriger war. Ab dem geringsten Wert im Juli, mit knapp 50 Prozent, blieb die dortige Erwachsenensterblichkeit unter dem Durchschnitt. Die Werte erhöhten sich in den Folgemonaten auf lediglich vier Fünftel Prozent.

Abb. 125
Monatliche Erwachsenensterblichkeit in ausgewählten Kirchengemeinden der Grafschaft Mark 1680 bis 1754

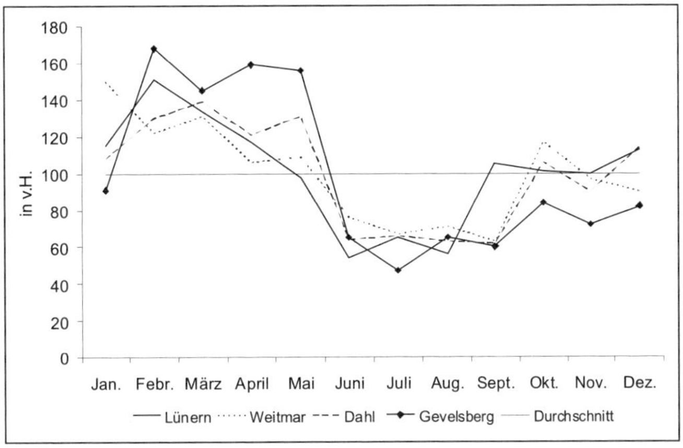

Dargestellt nach den Tab. 2b, 4b, 6b, 14b im Tabellenanhang.

Abb. 126
Erwachsenensterblichkeit nach Geschlecht in der Grafschaft Mark 1680 bis 1754

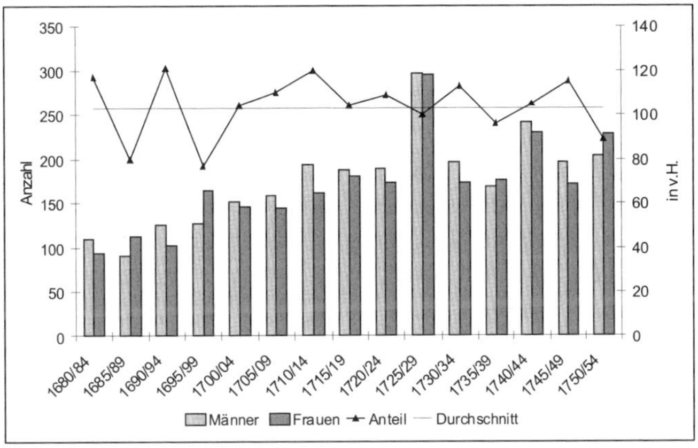

Errechnet und dargestellt nach den Tab. 1b, 3b, 5b, 7b, 11b, 13b, 15b im Tabellenanhang.

Vom Ende des 17. bis zur Mitte des 18. Jahrhunderts verdoppelte sich in etwa die Anzahl gestorbener Männer und Frauen in der ländlichen Grafschaft Mark (vgl. Abb. 126). Dabei traten die Jahre 1725/29 und 1740/44 mit Extremwerten hervor. Der durchschnittliche Anteil gestorbener Männer je 100 Frauen betrug in der Grafschaft Mark in der Frühen Neuzeit 103 Prozent. Besonders zum Ende des 17. Jahrhunderts schwankten die Werte um mehr als zwei Fünftel, zwischen 77 und 121 Prozent.

7.7 Geschlechtsspezifische Erwachsenensterblichkeit

Infolge der konfessionellen Ungleichheit vor dem Tod lebten in Oppenheim Evangelische ungefähr 10 Jahre länger als Katholiken. Bei Frauen wirkte sich die unterschiedliche Qualität der Geburtshilfe aus. Im Falle der Männer machte sich die traditionelle Passivität gegenüber epidemischen Krankheiten bemerkbar. „[...] den 9 Juli [1705] Elsche Strickers welche an die 10 jahr bettlägerig gewesen begra-

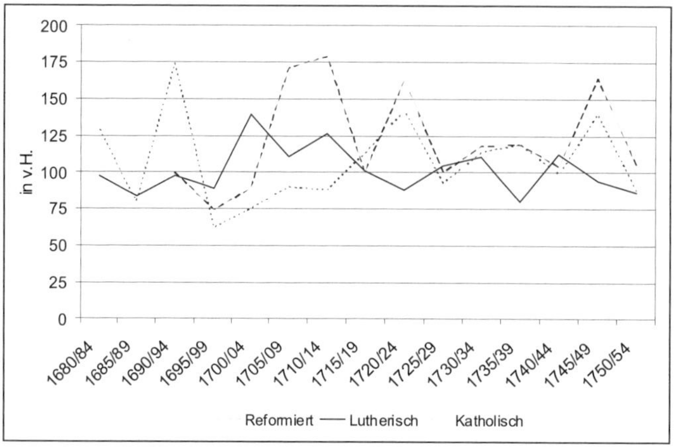

Abb. 127
Anteil gestorbener Männer je 100 Frauen nach Konfessionen in der Grafschaft Mark 1680 bis 1754

Dargestellt nach Tab. 125.

ben worden."[23] „[...] den 18. Januarii [1718] Matthias zur Hofe aetat 77, welcher plötzlich auffm Stuhl sitzend gestorben [...]."[24] „[...] den 9ten May [1751] Detmar Frische 69 Jahr N. B. ist des Abends noch gesund zu Bette gegangen, und des Morgens nun schon todt auf dem Bette gefunden nachdem er eine halbe stunde vorher gegen die Magd über Krankheit geklaget."[25]

In der Grafschaft Mark erreichte der Anteil gestorbener Männer je 100 Frauen für Katholiken zum Ende des 17. Jahrhunderts und für Reformierte zum Beginn des 18. Jahrhunderts jeweils Extremwerte von über 170 Prozent (vgl. Abb. 127). Ab den 20er Jahren bis zur Jahrhundertmitte blieben bei den parallel verlaufenden Werten die katholischen Anteile unterhalb der reformierten. Im Vergleich dazu entwickelten sich die lutherischen Angaben gestorbener Männer je 100 Frauen mehr antizyklisch. Bei einem Durchschnittswert von 100 Prozent streuten die Anteile zwischen 80 und 139 Prozent. Tabelle 125 weist dazu einzelne Daten aus.

Abbildung 128 veranschaulicht den Anteil gestorbener Männer je 100 Frauen in ausgewählten Kirchengemeinden der frühneuzeitlichen Grafschaft Mark. Zum Beginn des 18. Jahrhunderts betrug der Dahler Anteil 250 Prozent, während die Werte der übrigen Kirchengemeinden um 100 Prozent und darunter lagen. Die Dahler Werte streuten bis unter 50 Prozent, bei einem Durchschnittswert von 108 Prozent. Im ersten Drittel des 18. Jahrhunderts erreichte die süderländische Kirchengemeinde Gevelsberg ihr Maximum von 191 Prozent. Bei einem Minimum von 58 Prozent lag der durchschnittliche Anteil hier bei 113 Prozent.

Der Anteil gestorbener Männer je 100 Frauen differierte bei den ausgewählten hellwegischen Kirchspielen weniger stark. Für Lünern streuten die Werte zwischen 54 und 160 Prozent. Der durchschnittliche Anteil lag bei 92 Prozent. Die entsprechenden Angaben für Weitmar betrugen 61 und 150 Prozent, bei einem Durchschnitt von 93 Prozent.

23 KB Lünern, Bd. 1, unpag.
24 KB Gevelsberg, Bd. 1, unpag.
25 KB Vollmarstein, Bd. 1, S. 318.

Tab. 125 Erwachsenensterblichkeit nach Geschlecht in der Grafschaft Mark 1680 bis 1754

Lustrum	Reformiert (1)			Lutherisch (2)			Katholisch (3)		
	m	w	X	m	w	X	m	w	X
1680/84	–	–	–	50	51	98	49	38	129
1685/89	–	–	–	54	64	84	33	41	80
1690/94	14	14	100	57	58	98	54	31	174
1695/99	17	23	74	74	83	89	36	58	62
1700/04	17	19	89	86	62	139	49	65	75
1705/09	24	14	171	88	79	111	47	52	90
1710/14	43	24	179	101	80	126	50	57	88
1715/19	35	35	100	94	93	101	59	52	113
1720/24	39	24	163	99	113	88	51	36	142
1725/29	58	58	100	157	150	105	81	87	93
1730/34	47	40	118	101	91	111	48	42	114
1735/39	37	31	119	82	103	80	50	42	119
1740/44	47	45	104	102	91	112	93	94	99
1745/49	36	22	164	102	108	94	59	42	140
1750/54	40	38	105	119	139	86	45	51	88
1680/1754	*35*	*30*	*117*	*91*	*91*	*100*	*54*	*53*	*102*

m = männlich; w = weiblich; X = Anteil Männer je 100 Frauen in v. H.

Errechnet nach: 1) LKAB: KB Rhynern, Bd, 1–2; KB Wiblingwerde, Bd. 3.

2) LKAB: KB Dahl, Bd. 1, S. 251–330; KB Gevelsberg, Bd. 4–6, unpag.; KB Lünern, Bd. 1, passim; KB Weitmar, Bd. 1, S. 151–228, Bd. 2, S. 192–196.

3) KPf. N: Niederwengern, Beerdigte, Bl. 21 v-267 r.

Abb. 128
Anteil gestorbener Männer je 100 Frauen in ausgewählten Kirchengemeinden der Grafschaft Mark 1680 bis 1754

Dargestellt nach den Tab. 1 b, 3 b, 5 b, 13 b im Tabellenanhang.

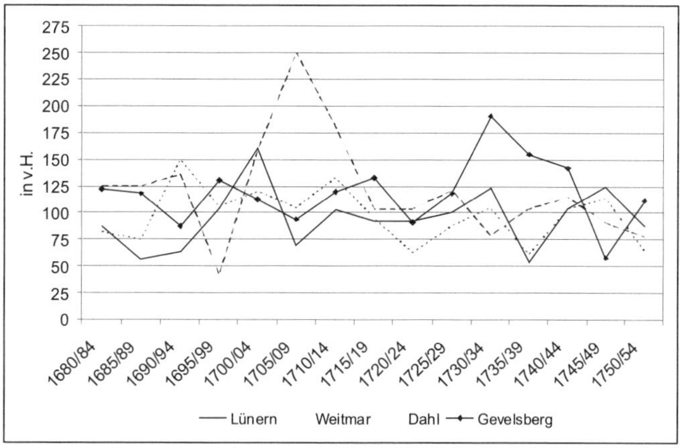

Aus den Angaben im Tabellenanhang lassen sich jährliche Wachstumsraten für die Sterblichkeit von Männern und Frauen ausgewählter märkischer Kirchengemeinden errechnen. Für nördliche Gebiete lauteten sie (m/w) für Weitmar 0,6/0,5 Prozent, Lünern 1,0/0,6 Prozent und Rhynern (ref.) 1,1/0,2 Prozent. Für südliche Kirchspiele ergaben sich folgende Werte: Niederwenigern 0,3/0,2 Prozent, Gevelsberg 0,8/1,3 Prozent, Wiblingwerde 1,4/1,0 Prozent und Dahl 1,4/1,9 Prozent.

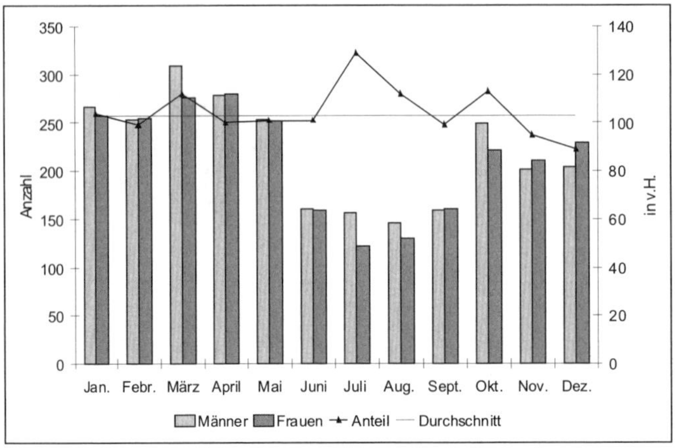

Abb. 129
Monatliche Erwachsenensterblichkeit nach Geschlecht in der Grafschaft Mark 1680 bis 1754

Errechnet und dargestellt nach den Tab. 2b, 4b, 6b, 8b, 12b, 14b, 16b im Tabellenanhang.

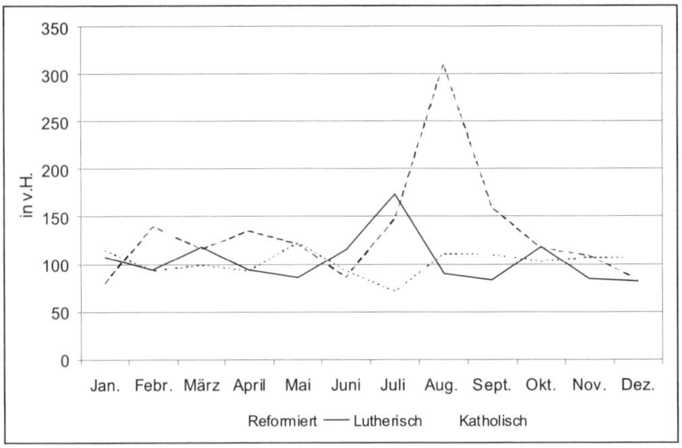

Abb. 130
Monatlicher Anteil gestorbener Männer je 100 Frauen nach Konfessionen in der Grafschaft Mark 1680 bis 1754

Dargestellt nach Tab. 126.

In der Frühen Neuzeit trat nach Abbildung 129 die saisonale Erwachsenensterblichkeit in der Grafschaft Mark je nach Geschlecht im Frühjahr (März/April) am stärksten und im Sommer (Juli/August) an schwächsten auf. Bis zum Oktober stieg sie erneut an. Am Jahresende übertraf die weibliche die männliche Sterblichkeit deutlich. Der Anteil gestorbener Männer je 100 Frauen variierte zwischen 89 und 129 Prozent.

Nach Abbildung 130 entwickelte sich der monatliche Anteil gestorbener Männer je 100 Frauen bei den einzelnen Konfessionen unterschiedlich. Bei Katholiken streuten die Werte zwischen 123 Prozent im Mai und 71 Prozent im Juli. Lutherische erreichten zur Jahresmitte mit drei Vierteln über dem Durchschnitt ihr Maximum, das zum Jahresende hin auf 82 Prozent abfiel. Reformierte zeigten eine größere Spannweite. Der geschlechtsspezifische Anteil Gestorbener stieg von 83 Prozent im Dezember auf über 300 Prozent im August. Gleichzeitig lagen die Anteile der anderen beiden Konfessionen um 100 Prozent (vgl. Tab. 126).

Der monatliche Anteil gestorbener Männer je 100 Frauen in ausgewählten Kirchspielen der Grafschaft Mark in der Frühen Neuzeit zeichnete sich durch Extrem-

Tab. 126 Monatliche Erwachsenensterblichkeit nach Geschlecht in der Grafschaft Mark 1680 bis 1754

Monat	Reformiert (1)			Lutherisch (2)			Katholisch (3)		
	m	w	X	m	w	X	m	w	X
Januar	45	56	80	139	130	107	82	71	115
Februar	42	30	140	145	154	94	66	71	93
März	57	49	116	172	146	118	80	81	99
April	54	40	135	135	143	94	90	97	93
Mai	46	38	121	129	150	86	79	64	123
Juni	32	37	86	76	66	115	52	56	93
Juli	31	21	148	92	53	174	34	48	71
August	28	9	311	69	77	90	49	44	111
September	27	17	159	78	94	83	54	49	110
Oktober	41	35	117	129	109	118	79	77	103
November	35	32	109	94	112	84	72	67	107
Dezember	29	35	83	108	131	82	67	63	106
Jan./Dez.	*39*	*33*	*118*	*114*	*114*	*100*	*67*	*66*	*102*

m = männlich; w = weiblich; X = Anteil Männer je 100 Frauen in v. H.

Errechnet nach: 1) LKAB: KB Rhynern, Bd. 1–2; KB Wiblingwerde, Bd. 3.

2) LKAB: KB Dahl, Bd. 1, S. 251–330; KB Gevelsberg, Bd. 4–6, unpag.; KB Lünern, Bd. 1, passim; KB Weitmar, Bd. 1, S. 151–228, Bd. 2, S. 192–196.

3) KPf. N: Niederwengern, Beerdigte, Bl. 21 v-267 r.

werte aus (vgl. Abb. 131). Während im Kirchspiel Lünern die Anteile um den Durchschnitt lagen, traf das für die anderen nicht zu. Für das Kirchspiel Dahl befanden sich die Werte im März zu drei Viertel Prozent über dem Durchschnitt. Sie erhöhten sich im Juli um mehr als 100 Prozent. Der Gevelsberger Wert lag dabei um 50 Prozent darunter. Er stieg im September erneut auf drei Viertel Prozent über dem Durchschnitt an und entsprach damit in etwa dem Dahler Anteil im März. Ebenso zeigte das Kirchspiel Weitmar zwei überdurchschnittliche Anteile der gestorbenen Männer je 100 Frauen im Juli und Oktober. Der Tabellenanhang weist genaue Zahlenangaben dazu auf.

Abb. 131 Monatlicher Anteil gestorbener Männer je 100 Frauen in ausgewählten Kirchengemeinden der Grafschaft Mark 1680 bis 1754

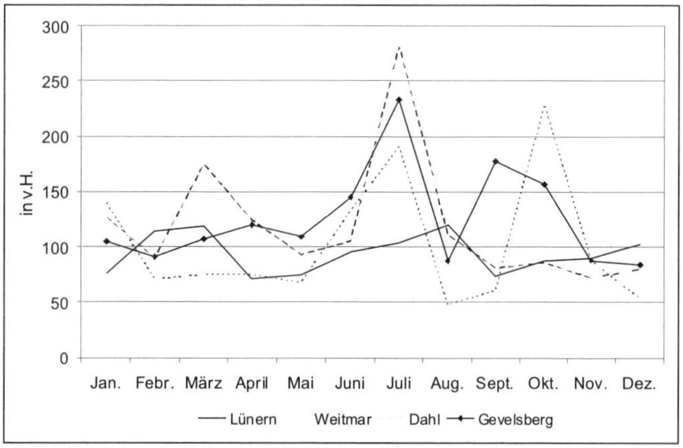

Dargestellt nach den Tab. 2 b, 4 b, 6 b, 14 b im Tabellenanhang.

Tab. 127 Ländliche Gestorbene mit über 90 Jahren in der Grafschaft Mark 1718 bis 1753

Altersklasse in Jahren von ... bis ...	Anzahl Gestorbener		Anteil in v. H. je Altersklasse			Periode in v. H.	
	abs.	v. H.	Südwärts der Ruhr	Männer	1736/53	1718/35	1736/53
90– 94	26	59	85	46	54	67	54
95– 99	10	23	50	50	60	22	23
100–104	6	14	50	50	67	11	15
≥105	2	4	100	100	100	–	8
Insgesamt	*44*	*100*	*73*	*50*	*59*	*100*	*100*

Errechnet nach: GStA PK: I. HA Geh. Rat, Rep. 47 Geistl. Ang., Tit. 24 Populationsl., 1699–1747, unpag.; II. HA Gen. Dir., Abt. 19 Mark, Tit. CLXXIX, Nr. 3, Bl. 1 r-52 r.

Friedrich Wilhelm I. ließ über die im hohen Alter Verstorbenen Tabellen anfertigen, die noch heute im Geheimen Staatsarchiv Preußischer Kulturbesitz vorhanden sind. Für die Jahre 1737 bis 1739 und 1750 bis 1751 betrug deren durchschnittlicher Anteil[26] an den Gestorbenen des Herzogtums Kleve und der Grafschaft Mark 0,3 Prozent, was im Durchschnitt einer absoluten Anzahl von jährlich 18 Gestorbenen entsprach. In Tabelle 127 wurden märkische Gestorbene nach Altersklassen aufgeschlüsselt. Mit zunehmender Altersklasse nahm der jeweilige Anteil ab. Entfielen auf die 90- bis 94-Jährigen noch drei Fünftel der Gestorbenen, so reduzierte sich der Wert bei denen mit 100 bis 104 Jahren auf 14 Prozent.

Süderlander wurden durchschnittlich älter als die Menschen im Hellweggebiet. Obwohl im Durchschnitt kein geschlechtsspezifischer Unterschied bestand, erhöhte sich der Männeranteil mit ansteigendem Alter. Auch im Zeitablauf war eine Zunahme der älteren Gestorbenen zu konstatieren. Starben zum Beginn des 18. Jahrhunderts zwei Drittel im Alter zwischen 90 und 94 Jahren, so verminderte sich der Anteil bis zur Mitte des 18. Jahrhunderts auf gut die Hälfte zugunsten der übrigen Altersgruppen.

Verheiratete Frauen der evangelisch-lutherischen Kirchengemeinde Methler erreichten in der Frühen Neuzeit durchschnittlich ein Alter von 61 Jahren. Ihre Ehemänner überlebten sie um ein Jahr. Nach Tabelle 128 starben zwei Fünftel der Ehemänner und mehr als zwei Fünftel der Ehefrauen im Alter von 60 bis 79 Jahren. Auch in der vorherigen Altersgruppe von 40 bis 59 Jahren war der Frauenanteil mit einem Drittel etwas höher als der Männeranteil, der bei 30 Prozent lag. Nur in der niedrigsten und der höchsten Altersklasse trat der Anteil gestorbener Ehefrauen hinter dem ihrer Ehemänner zurück.

In der katholischen Kirchengemeinde Brakel wurden Ehefrauen im Durchschnitt 57 Jahre alt und die Ehemänner ein Jahr älter. Damit starben sie vier Jahre eher als die Eheleute aus Methler. Von den Gestorbenen entfielen über zwei Fünftel der Ehefrauen und gut ein Drittel der Ehemänner auf die Altersgruppe zwischen 50 und 69 Jahren. In den davor und danach gelagerten Altersklassen übertraf der Anteil der gestorbenen Männer den der Frauen um jeweils vier Prozent.

26 Errechnet nach: GStA PK: I. HA Geh. Rat, Rep. 47 Geistl. Ang., Tit. 24 Populationsl., 1750–1759, Nr. 2, Bl. 14–15, 50–55; Nr. 9, Bl. 67 r-68 r.

Tab. 128 Eheleute beidseitiger Erstehen nach Sterbealter in ausgewählten westfälischen Kirchengemeinden 1680 bis 1754

Sterbealter in Jahren von … bis …	Methler, luth. (1710–1754)				Brakel, kath. (1680–1754)			
	Männer		Frauen		Männer		Frauen	
	abs.	v. H.	abs.	v. H.	abs.	v. H.	abs.	v. H.
<40	8	11	9	10	21	12	42	19
40–49	12	16	16	17	38	22	24	11
50–59	11	15	15	16	28	16	34	16
60–69	15	20	24	25	35	20	60	28
70–79	16	21	20	21	27	16	32	15
≥80	13	17	10	11	24	14	23	11
Insgesamt	*75*	*100*	*94*	*100*	*173*	*100*	*215*	*100*

Errechnet nach: KBabt. P: KB Brakel, Bd. 3, S. 422–488; Bd. 5, S. 1–33; Generalaufnahme, passim.

Abb. 132
Sterbealter von Eheleuten in ausgewählten westfälischen Kirchengemeinden 1680 bis 1754

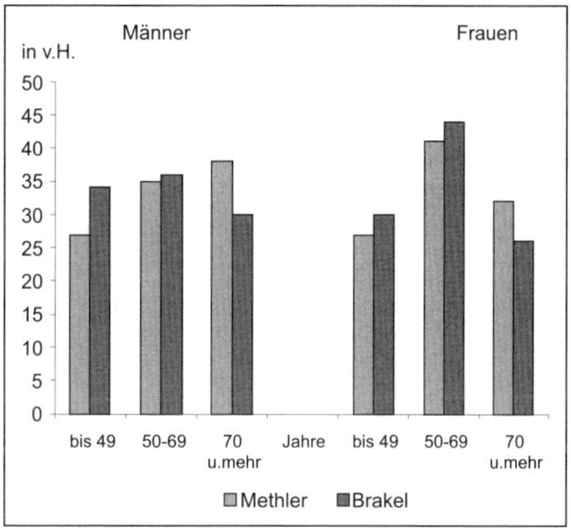

Errechnet und dargestellt nach Tab. 128.

Abbildung 132 verdeutlicht den geschlechtsspezifischen Vergleich gestorbener Verheirateter in ausgewählten Kirchengemeinden der Frühen Neuzeit. Mit zunehmender Altersgruppe stieg in der evangelisch-lutherischen Kirchengemeinde Methler der Anteil gestorbener Ehemänner an. In der Altersgruppe von 70 Jahren an aufwärts lag der dortige Wert acht Prozent über dem Anteil gestorbener Ehemänner der katholischen Kirchengemeinde Brakel. Das entsprach in etwa der Differenz mit der letztere in der Altersgruppe der unter 49-Jährigen wiederum den Anteil der Methlerner Männer übertrafen. Auch bei den gestorbenen Ehefrauen blieb der Anteil der evangelisch-lutherischen Kirchengemeinde Methler in den beiden ersten Altersgruppen hinter den jeweiligen Werten der katholischen Kirchengemeinde Brakel zugunsten der letzten Altersklasse zurück.

Migration[1] kennzeichnet die räumliche Bevölkerungsbewegung, die auf sozialem Handeln beruht. Sie steht im Gegensatz zur natürlichen Bevölkerungsbewegung qua Geburt und Tod. Als dritte Variable der Bevölkerungsveränderung handelt es sich bei Wanderungen nicht um Universalerscheinungen. Unter Migration werden Wohnungswechsel[2] von einer politischen Gemeinde in eine andere verstanden. Nach dem Kriterium der Distanz[3] können statistisch gesehen Binnen- und Außenwanderung voneinander abgegrenzt werden. Wanderungen innerhalb eines Gebietes heißen Umzüge. Erfolgen sie über die Grenzen des Gebietes hinaus, so spricht man von Zu- oder Fortzug. Bei Wanderungen über Staatsgrenzen hinweg, auch internationale Wanderungen genannt, werden Ein- und Auswanderung voneinander unterschieden.

Weitere Begriffsfelder[4] ergeben sich unter dem Aspekt der Distanz in Verbindung mit der Endgültigkeit der Trennung. Es handelt sich dabei um lokale, saisonale, bleibende oder berufliche Migration. Nach der Sozialform[5] gibt es Einzel-, Gruppen- und Massenwanderungen. Der Freiheitsgrad der Wanderung unterscheidet freiwillige und erzwungene. Je nach dem Motiv erfolgt die Migration z. B. in militärischer, beruflicher, religiöser oder siedlungspolitischer Intention. Der Migration als längerfristiges Verlassen des sozialen Raumes steht die Zirkulation als wiederkehrende Abwesenheit vom Wohnsitz gegenüber. Die beiden letzten Formen räumlicher Mobilität[6] spielten in der vorindustriellen Gesellschaft bei hoher Mortalität und Fertilität eine verhältnismäßig geringe Rolle.[7]

8.1 Binnenwanderung

In der Frühen Neuzeit galt der Gesindedienst[8] als ein wichtiger Faktor der horizontalen und vertikalen Mobilität. Er prägte die Jugendphase als Vorbereitungszeit auf einen eigenständigen Hausstand. Im Rahmen der Gesindehierarchie lernten Knechte und Mägde Kenntnisse und Fertigkeiten der bäuerlichen Wirtschaft kennen. Die 15- bis 24-Jährigen der unterbäuerlichen Schicht konnten dabei für eine ausreichende Mitgift sparen. In lutherischen Gebieten markierte die Konfirmation das Mindestalter für den Gesindedienst. Bei Bauernkinder lag das Alter für den Antritt des Gesindedienstes meist höher, wenn sie als Arbeitskräfte auf dem

1 K. Mayer: Einführung, S. 99.
2 U. Mueller: Bevölkerungsstatistik, S. 171.
3 W. Kuls: Bevölkerungsgeographie, S. 162.
4 V. Lünnemann: Wanderungen, S. 34 f.; L. P. Moch: Europeans, S. 16 f.
5 H.-R. Burri: Bevölkerung, S. 82; Th. Klingebiel: Migrationen, S. 24 f.; M. Mattmüller: Bevölkerungsgeschichte, Bd. 1, S. 309–312; E. Rettinger: Umgebung, S. 411.
6 J. Bähr: Bevölkerungsgeographie, S. 904 f.; J. Sieglerschmidt: Migration, S. 196.
7 Vgl. K. J. Bade: Migrationsforschung, S. 30 f.
8 M. Mitterauer: Gesindedienst, S. 184–189, 201 ff.; P. Münch: Lebensformen, S. 261; Ch. Pfister: Bevölkerungsgeschichte, S. 47 f.

eigenen Hof noch gebraucht wurden. Handwerksgesellen gingen für mehrere Jahre auf die Walz. Dabei bevorzugten Wandergesellen und -arbeiter Zielorte ihres Glaubens. Bei Wanderhändlern traf das nicht zu.[9]

Die regionale Land-Stadt-Wanderung[10] gilt als ein weiterer Teilaspekt der Binnenmigration. Nichterbende Söhne und Töchter versuchten als Tagelöhner, Handwerkslehrlinge oder Dienstmädchen in der Stadt ihr wirtschaftliches Auskommen zu finden.[11] Mehrere Kirchspielbewohner von Ohle[12] z. B. lebten in der ersten Hälfte des 18. Jahrhunderts in der benachbarten Stadt Plettenberg als Tuchmacher. Andere Landbewohner aus benachbarten märkischen Ämtern[13] – Plettenberg, Neuenrade und Altena sowie Hamm, Unna und dem Gericht Hemer – erwarben das Bürgerrecht. Die Neubürger in Lüdenscheid[14] kamen im 18. Jahrhundert vor allem aus dem gleichnamigen Kirchspiel. Von den umliegenden ländlichen Gemeinden sind weiter hervorzuheben Halver, Hülscheid und Kierspe, Herscheid, Breckerfeld sowie Meinerzhagen. Auch die Schwelmer[15] Neubürger entstammten größtenteils aus den Bauerschaften des umliegenden Hochgerichtes.

Für die Aufnahme als Neubürger waren drei Leistungen zu erbringen, das Einstandsgeld, ein lederner Brandeimer und der Bürgereid. Mit einem Bürgerbrief konnte der Betreffende sich legitimieren. In der ersten Hälfte des 18. Jahrhunderts hatten Bochumer Neubürger[16] neben einem Feuereimer aufs Rathaus zwei Eichen-Setzlinge auf die Landwehr zu bringen. Auch diese Neubürger stammten teilweise aus Kirchspielen der Ämter Bochum, Iserlohn oder Hörde.

Die Heiratsmobilität wird am Beispiel evangelisch-lutherischer Kirchengemeinden anhand ihrer auswärtigen Eheschließungen deutlich (vgl. Tab. 129). Bei gleichbleibendem Trend der oszillierenden Werte der Aufgebote war in der Frühen Neuzeit die rückläufige Tendenz, außerhalb von Weitmar zu heiraten, mit starken Schwankungen verbunden. Z. B. folgte dem Maximum der Jahre 1715/19 ein Minimum für die Periode 1735/39.

Im Durchschnitt wurden über zwei Fünftel der in Weitmar proklamierten Ehen nicht dort, sondern am Heimatort des auswärtigen Ehepartners geschlossen. Die Streubreite variierte zwischen 61 und 19 Prozent. Bis zur Mitte des 18. Jahrhunderts verringerte sich der Anteil auf etwa 30 Prozent (vgl. Abb. 133). Wie weit damit letztlich eine Zu- oder Abwanderung der Eheleute verbunden war konnte anhand der Quellen nicht ermittelt werden. Als Herkunftsorte von Brautleuten wurde, neben verschiedenen Kirchspielen des Amtes Bochum, das dortige Kirchspiel Eppendorf häufiger erwähnt. Innerhalb der Grafschaft Mark traten das Amt

9 W. Reininghaus: Wanderhandel, S. 36; vgl. ders., Migrationen; ders., Wanderungen.

10 J. H. P. Hoffmeyer-Zlotnik: Wanderungen, S. 944; Ch. Pfister: Bevölkerungsgeschichte, S. 106; R. v. Ungern-Sternberg: Grundriss, S. 500 f.

11 W. Reininghaus: Migrationen, S. 203; ders., Wanderhandel, S. 35.

12 P. D. Frommann: Hünenburg, S. 93; A. v. Schwartzen: Bürgerrechtsverleihungen.

13 P. H. Froman: Protokollbuch, S. 349.

14 F. Schmidt: Neubürger, S. 18.

15 E. Böhmer: Neubürgerbuch, S. 67, 75–81; G. Helbeck: Schwelm, S. 560 ff.

16 F. Darpe: Geschichte, S. 298 f., 406 f.

Tab. 129 Heiratsmobilität in der evangelisch-lutherischen Kirchengemeinde Weitmar 1680 bis 1754

Lustrum	Aufgebote		Eheschließungen				
			in Weitmar		außerhalb von Weitmar		
	abs.	X	abs.	X	abs.	X	Y
1680/84	33	92	17	85	16	100	48
1685/89	43	119	21	105	22	137	51
1690/94	30	83	19	95	11	69	37
1695/99	31	86	12	60	19	119	61
1700/04	38	105	22	110	16	100	42
1705/09	37	103	17	85	20	125	54
1710/14	38	105	26	130	12	75	32
1715/19	43	119	17	85	26	162	60
1720/24	30	83	15	75	15	94	50
1725/29	36	100	22	110	14	87	39
1730/34	38	105	21	105	17	106	45
1735/39	21	58	17	85	4	25	19
1740/44	55	153	32	160	23	144	42
1745/49	31	86	23	115	8	50	26
1750/54	33	92	23	115	10	62	30
1680/1754	*36*	*100*	*20*	*100*	*16*	*100*	*43*

X = Durchschnitt für 1680/1754 je Spalte = 100; Y = Anteil in v. H. des Aufgebotes
Errechnet nach: LKAB: KB Weitmar, Bd. 1, S. 229–303; Bd. 2, S. 340–344.

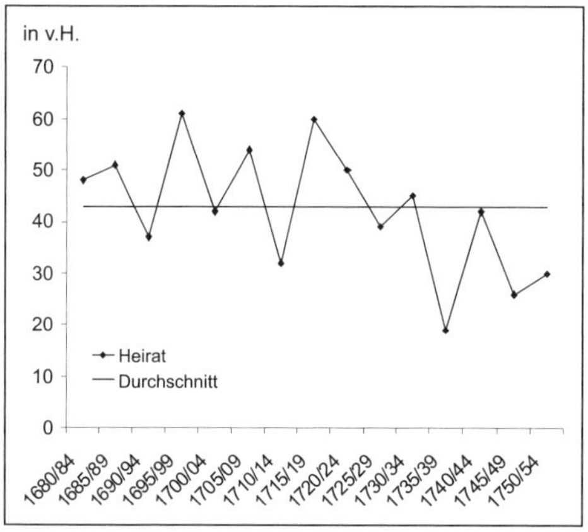

Abb. 133
Anteil auswärtiger Eheschließungen in der evangelisch-lutherischen Kirchengemeinde Weitmar 1680 bis 1754

Dargestellt nach Tab. 129.

Hattingen sowie das Gericht Stiepel hervor. Ehepartner konnten ebenso aus dem Bergischen, z. B. aus Langenberg oder Elberfeld, gebürtig sein.

Die saisonalen Schwankungen der Weitmarer Aufgebote und Eheschließungen wurden in Tabelle 130 erfasst. Interessanterweise zeigten die Eheschließungen außerhalb von Weitmar vergleichsweise dazu Extremwerte. Minimumwerte lagen im Februar und Juni. Maximalwerte folgten im Mai und November.

Analog dazu entwickelten sich die monatlichen Anteile auswärtiger Eheschließungen an den Aufgeboten der evangelisch-lutherischen Kirchengemeinde in Weitmar

Tab. 130 Monatliche Heiratsmobilität in der evangelisch-lutherischen Kirchengemeinde Weitmar 1680 bis 1754

Monat	Aufgebote		Eheschließungen				
			in Weitmar		außerhalb von Weitmar		
	abs.	X	abs.	X	abs.	X	Y
Januar	22	48	10	39	12	62	54
Februar	28	67	19	82	9	51	32
März	39	85	22	86	17	88	44
April	47	106	23	93	24	128	51
Mai	54	118	26	102	28	144	52
Juni	38	85	28	114	10	53	26
Juli	34	74	22	86	12	62	35
August	36	78	19	74	17	88	47
September	57	128	31	126	26	139	45
Oktober	55	120	33	129	22	114	40
November	74	168	36	146	38	203	51
Dezember	53	115	35	137	18	93	34
Jan./Dez.	*45*	*100*	*25*	*100*	*19*	*100*	*43*

X = Durchschnitt für 1680/1754 je Spalte = 100, bereinigt; Y = Anteil in v. H. des Aufgebotes
Errechnet nach: LKAB: KB Weitmar, Bd. 1, S. 229–303; Bd. 2, S. 340–344.

Abb. 134
Monatlicher Anteil auswärtiger Eheschließungen in der evangelisch-lutherischen Kirchengemeinde Weitmar 1680 bis 1754

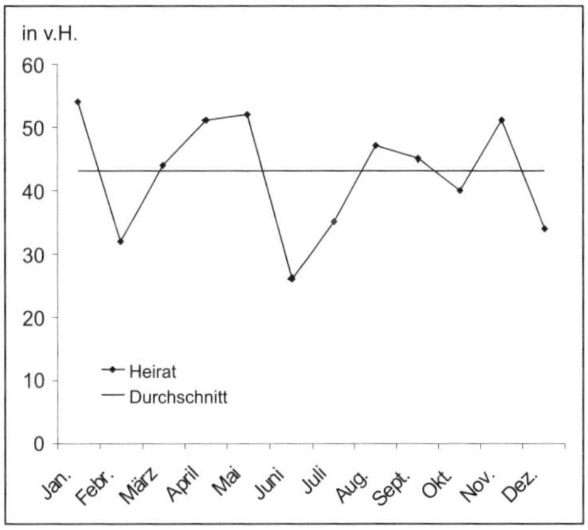

Dargestellt nach Tab. 130.

(vgl. Abb. 134). Die Anteile variierten zwischen 54 Prozent im Januar und 26 Prozent im Juni.

Auf dem Lande war es in der Frühen Neuzeit Sitte, dass der Ehepartner vornehmlich aus der eigenen Gemeinde oder der näheren Umgebung gewählt wurde. Diese Heiratsmobilität wird als „Gemeindeendogamie"[17] bezeichnet. Bei annähernd vier Fünfteln der Eheleute[18] lagen die Herkunftsorte unter zehn Kilometern voneinander entfernt. Die märkische Heiratsmobilität betraf nicht nur die Kirchspiele,

17 E. Rettinger: Bevölkerungsentwicklung, S. 325.

18 R. Gehrmann: Leezen, S. 284 f.; V. Lünnemann: Wanderungen, S. 40; L. P. Moch: Europeans, S. 35 f.

Tab. 131 Regionale Herkunft ausgewählter Brautleute im Kirchspiel Methler der Heiratsjahre 1725 bis 1754

Ehe	Kriterium	Anzahl	Regionale Herkunft in v. H. (Zeilenprozente)			
			Beide aus dem K Methler	Mann aus dem K, Frau von außerhalb	Mann von außerhalb, Frau aus dem K	Beide von außerhalb
Erstehen	1725–1739	72	43	21	25	11
	1740–1754	101	44	23	20	13
	1725–1754	*173*	*44*	*22*	*22*	*12*
Zweitehen	Witwer	27	48	33	11	8
	Witwe	27	26	7	30	37

K = Kirchspiel

Errechnet nach: Generalaufnahme, passim.

sondern bezog auch die umliegenden Städte mit ein. Das Brautweinbuch der Stadt Unna z. B. enthält von 1623 bis 1803 Angaben dort getrauter Paare, die ihre Abgabe für den Rat der Stadt entrichtet hatten. Die dort sporadisch angegebenen Herkunftsorte[19] benennen Eheleute aus Bauerschaften des Amtes Unna. In der Frühen Neuzeit ließen sich Brautleute aus den Ämtern Hamm, Unna und Kamen sowie aus dem Gericht Hagen und dem Amt Iserlohn in der Hammer katholischen Kirchengemeinde[20] St. Agnes trauen. In den Jahren 1696 bis 1759 stammten Eheleute der dortigen reformierten Kirchengemeinde[21] ebenfalls aus den umliegenden Ämtern sowie denen von Altena, Hörde und Wetter sowie aus den Gerichten Castrop und Heeren. In der Frühen Neuzeit kamen die Eingeheirateten des Gerichtes Herbede[22] ebenfalls aus den angrenzenden Ämtern Bochum (Bauerschaft Langendreer) und Blankenstein (Bauerschaft Sprockhövel) sowie den Gerichten Stiepel und Witten.

Über zwei Fünftel der Methlerer Brautleute stammten beide aus diesem Kirchspiel (vgl. Tab. 131). Jeweils mehr als ein Fünftel der Männer bzw. Frauen kam von außerhalb. Nur gut 10 Prozent beider Brautleute waren keine Einheimischen. Bei Zweitehen war der Anteil einheimischer Witwer etwa doppelt so groß wie bei wiederverheirateten Witwen. Ungefähr ein Drittel der Witwer bzw. Witwen kam aus Methler. Fast fünfmal soviel Witwen als Witwer waren zugezogen.

Tabelle 132 konkretisiert ausgewählte Herkunftsorte bei Erstehen im frühneuzeitlichen Kirchspiel Methler. Dabei ergaben sich im Zeitablauf zwischen der regionalen Herkunft von Bräutigam und Braut keine gravierenden Unterschiede. Zwei Drittel der Eheleute waren aus den umliegenden Bauerschaften des Kirchspiels Methler gebürtig. Jeweils ein Fünftel stammte aus anderen Kirchspielen des Amtes Unna und mehr als 10 Prozent aus sonstigen Gebieten der Grafschaft Mark. Die wenigsten kamen von außerhalb wie z. B. aus Dortmund, Soest oder dem Kölni-

19 H. Neßler: Auswärtige, S. 93 f.

20 H. Schleicher: Fremde, Jg. 41, S. 114–135.

21 Ders., Jg. 71, S. 97–102; Jg. 72, S. 117–123.

22 R. Große-Stoltenberg: Markenbuch.

Tab. 132 Herkunftsorte ausgewählter Brautleute bei Erstehen im Kirchspiel Methler der Heiratsjahre 1725 bis 1754

Geschlecht	Heiratsjahr	Anzahl	Herkunftsort in v. H. (Zeilenprozente)			
			K Methler	A Unna	G Mark	außerhalb der G Mark
Männer	1725–1739	72	64	21	12	3
	1740–1754	101	67	19	12	2
	1725–1754	*173*	*66*	*20*	*12*	*2*
Frauen	1725–1739	72	68	18	14	–
	1740–1754	101	64	24	11	1
	1725–1754	*173*	*66*	*21*	*12*	*1*

A = Amt; G = Grafschaft; K = Kirchspiel

Errechnet nach: Generalaufnahme, passim.

schen. Diese Aussagen bestätigen die These, dass die ländliche Bevölkerung ihren Ehepartner vorwiegend aus der näheren Umgebung freite.

Das traf auch für das Kirchspiel Lünern[23] zu. Im südlichen Kirchspiel Ohle[24] entstammte über die Hälfte beider Eheleute aus diesem Gebiet. Von den übrigen war wenigstens ein Ehepartner aus angrenzenden Orten gebürtig. In der Frühen Neuzeit waren Dorfgemeinschaften miteinander vertraut. Besuche in weitere Gegenden, um dort Bekanntschaften machen zu können, erfolgten außerdem aufgrund schlechter Wege- und Verkehrsverhältnisse eher seltener.

Im 18. Jahrhundert stammten z. B. mehr als drei Viertel der märkischen Pfarrersfrauen[25] aus diesem Territorium. Hinsichtlich der sozialen Mobilität heirateten fast 15 Prozent der märkischen Pfarrer[26] Frauen aus anderen Pfarrerfamilien. Bei der Hälfte davon handelte es sich um Töchter der Vorgänger oder Vorgesetzten in unmittelbarer Nachbarschaft. Fast drei Viertel der Pfarrer waren auch in der Grafschaft Mark[27] geboren. Im Hinblick auf die Vergabe von ländlichen Pfarrstellen kann von einer Binnenmobilität[28] des märkischen Pfarrerstandes gesprochen werden. Damit verbunden waren „Stellenvererbungen“ nach dem Familienprinzip. Die Wahl der Ehefrau bezog sich dann konkret auf das Gebiet, in dem freie Stellen zur Verfügung standen.

23 K.-H. Landwehr: Kirchspiel, F. 20, unpag.
24 P. D. Frommann: Hünenburg, S. 88.
25 W. Reininghaus: Pfarrer, S. 155.
26 O. Becher: Herrschaft, S. 156.
27 W. Reininghaus: Pfarrer, S. 132, 155.
28 O. Becher: Herrschaft, S. 162.

8.2 Immigration

Der frühneuzeitliche preußische Staat versuchte, Gewerbetreibende neuer Berufszweige mit Privilegien[29] auf dem Land der Grafschaft Mark ansässig zu machen. Dazu gehörten Subventionen bei der Anlage von Hammerwerken, prohibitive Zölle, befristete Steuerfreiheit sowie Befreiung vom Militärdienst. Im Jahr 1661 siedelten sich z. B. 21 Solinger Klingenschmiede[30] in Eilpe[31] und Oberwengern an. Um 1675 hatten sich im Gericht Hagen etwa 114 reformierte Gemeindemitglieder[32] vorwiegend aus dem Herzogtum Berg niedergelassen. Im Herbst 1707 unterschrieben 110 Meister[33] der Klingen-, Sensen- und Messerschmiede des Amtes Wetter eine Eingabe an den König. Im Jahr 1716 waren es mehr als 50 Schmiede, Härter und Schleifer, die in Eilpe dem Reidemeister Friedrich Engels jährlich 25 000 bis 30 000 Stück Klingen liefern konnten.[34] 1750 förderte die Messerschmiedezunft[35] in Hagen, Eilpe, Wetter und Herdecke durch Senken der Gebühren die Aufnahme fremder Lehrjungen und Gesellen, die Meister werden wollten.

Der Remscheider Rohstahlschmied Clemens Bertram[36] errichtete nach 1685 Hammerwerke an der Enneperstraße in Ahlhausen, Milspe und Frielinghausen. Die Familie betreute eingewanderte Schmiede, indem sie z. B. Patenschaften bei Taufen übernahm. Nach einjähriger Prüfung wurde 1700 das Gesuch des Stahlschmiedes Hasenclever[37] aus Remscheid genehmigt, mit weiteren Meistern ins Märkische überzusiedeln. Cronenberger Sensenschmiede ließen sich in Haspe nieder. Nach 1730 siedelten sich Kleinschmiede aus Remscheid in Gevelsberg an. Solinger Messerschmiede kamen hinzu.[38]

Zwischen 1680 und 1720 zogen aus dem Bergischen Velberter Schloss-Schmiede[39] nach Volmarstein. Um die Mitte des 18. Jahrhunderts ließen sich Messerschmiede, Schlössner und Schleifer aus Solingen und Velbert in Sprockhövel[40] nieder. Sie gehörten zur Schmiedezunft[41] der Landhandwerker im Hattinger Hügelland, „Sprockhövelsche Metall- und Eisen-Fabrik“ genannt.

29 E. Frohneberg: Bevölkerungslehre, S. 112 f.; H. Hassinger: Kräfte, S. 638 f.; Th. Klingebiel: Migrationen, S. 32 ff.; G. Lange: Gewerbe, S. 78 ff.

30 J. D. v. Steinen: Geschichte, T. 1,2, S. 1260 f.; vgl. E. Bonner: Kurfürst. Zum Privileg für die Klingenschmiede in Eilpe (Hagen) 1664 vgl. J. D. v. Steinen: Geschichte, T. 1,2, S. 1266–1269; vgl. W. Reininghaus: Zünfte, S. 270–273; M. Fessner: Steinkohlenbergbau, S. 109.

31 F. Schmidt: Ansiedlung. Zu den Arbeitsstätten und Wohngebäuden bergischer Klingenschmiede in Eilpe vgl. W. Claas: Arbeitsstätten.

32 W. Noelle: Lutheraner Union, Jg. 40/41, S. 42, 53 Nr. 13.

33 H.-U. Haedeke: Berg, S. 77.

34 Geschichtsquellen, Bd. 3, S. 72.

35 Ebd., S. 89 Nr. 231.

36 W. Reininghaus: Enneperstraße, S. 23 ff. Zu genealogischen Angaben zur Familie Bertram vgl. ebd., S. 41 ff.

37 M. Kaiser: Anfang, S. 30.

38 W. Reininghaus: Enneperstraße, S. 24 ff.

39 Ders., Wirtschaft, Staat, S. 23.

40 H. Eversberg: Lagerbuch, S. 73, 76, 85.

41 G. Lange: Gewerbe, S. 106 f.; W. Reininghaus: Zünfte, S. 250–254.

Der aus Remscheid im Herzogtum Berg stammende Peter Lange[42] immigrierte zum Beginn des 18. Jahrhunderts in die Grafschaft Mark. Er begründete in Witten die großgewerbliche Eisenverarbeitung. Mit Erlaubnis des Freiherrn Gerhard von der Recke errichtete Lange 1722 am Hammerteich seinen ersten Eisenhammer. Es folgten weitere, je einer am Wannen- und am Ölbach in Heven. 1724 aber lehnte die preußische Regierung sein Gesuch[43] um Beihilfe von 200 Talern für den Platz einer Stahlmühle im Gericht Herbede ab. Als Rohstoffbasis diente die seit 1732 auf dem gemuteten und verliehenen Bergwerk auf der Kleff bei Wannen, „Hammerbank"[44] genannt, geförderte Steinkohle.

Im gleichen Jahr erhielt Lange eine Konzession[45] zur Anlage von zwei Stahlhämmern auf der Meesmannschen Wiese zu Laer im Amt Bochum. Angesichts dieser vielfältigen Aktivitäten verwundert es nicht, dass der Unternehmer 1741 Konkurs[46] anmelden musste. Hauptgläubiger war mit 32 927 Gulden Jonius aus Amsterdam. Der Besitz des Immigranten Peter Lange fand verschiedene Käufer. Mehrere Teilhaber führten die Zeche Hammerbank weiter. Der Freiherr von der Recke erwarb den Hammer am Hammerteich. Der Wittener Chirurg Johann Herdegen übernahm den Reckhammer am Wannenbach, der nunmehr „Herdegen-Hammer" hieß und bis 1902 in Betrieb blieb.

Zur Förderung des märkischen Steinkohlenbergbaus an der Ruhr zog der preußische König fremde Bergleute[47] heran, die in ihrer Heimat bereits im Erz- und Schieferbergbau gearbeitet hatten. Die Einwanderer kamen u. a. aus Sachsen, dem Harzgebiet und Thüringen, aus Böhmen, Hessen sowie Waldeck. Von den im Jahr 1756 vorhandenen 699 Bergleuten auf Gruben in den märkischen Ämtern Bochum, Wetter, Blankenstein, Hörde und Unna stammten 75 Männer (11 Prozent) aus dem Ausland. Diese Spezialkräfte[48] arbeiteten vorwiegend als Hauer, Stollenführer oder Schichtmeister. Andere waren als Schlepper beschäftigt. Davon waren zwischen 1755 und 1756 über zwei Fünftel der Knappen vor allem aus Böhmen und Sachsen in die Grafschaft Mark eingewandert.

Nach Schmoller[49] war das Ziel kameralistischer Wirtschaftspolitik, zunächst die Anzahl der Einwanderer zu erhöhen, um damit auch den Flor von Gewerbe und Handel zu steigern. So durften sich in der Grafschaft Mark z. B. nur vermögende Juden[50] niederlassen, durch die die „Commercien" gefördert werden konnten. Bet-

42 G. Haren: Geschichte, S. 226; K. Max: Stadtgeographie, S. 48.

43 Geschichtsquellen, Bd. 3, S. 74 Nr. 188.

44 G. Koetter: Steinkohlenbergbau, S. 173 f.; W. Reininghaus: Steinkohlenbergbau, S. 36; vgl. P. Freisewinkel: Geschichte; J. Huske: Steinkohlenzechen, S. 665.

45 Urkunden, S. 67 f.

46 G. Haren: Geschichte, S. 226; G. Koetter: Steinkohlenbergbau, S. 174–177; W. Reininghaus: Steinkohlenbergbau, S. 36.

47 W. Hücker: Bevölkerungsentwicklung, S. 168–171; S. R. Krause: Bergwerke, S. 194–200; I. Lange-Kothe: Bergleute, S. 17 f.; E. Zink: Volkwerdung, S. 21–28. Zum alphabetischen Verzeichnis der Zuwanderer ins Oberbergamt Hörde von 1700 bis 1800 vgl. W. Hücker: Bevölkerungsentwicklung, S. 173–179; vgl. W. Reininghaus: Landesherr.

48 M. Fessner: Steinkohle, S. 238.

49 G. Schmoller: Einwanderung, S. 573 f.

50 K. Maser: Juden, S. 61, 73.

teljuden wies man ab. Erst danach galt es, Ackerbauern und ländliche Arbeitskräfte anzusiedeln. Das Schaffen neuer Bauernstellen wurde als innere Kolonisation bezeichnet, die Preußen staatlich lenkte. Unter dem Großen Kurfürsten entfielen etwa drei Prozent der Einwanderer[51] auf die Provinzen Kleve-Mark und Geldern. Für den Zeitraum von 1640 bis 1786 betraf der Anteil an Kolonisten und deren Nachkömmlingen im preußischen Staat gut ein Fünftel der damaligen Bevölkerung.[52]

Dabei blieb der Anteil an Ausländern unter den Soldaten unberücksichtigt. Unter Friedrich Wilhelm I. waren Hunderte von Werbeoffizieren im Ausland tätig, die in der Zeit von 1712 bis 1735 an Anwerbungskosten 12 Mill. Taler ausgaben. Von 1730 bis 1740 waren zwei Drittel der 80 000 preußischen Soldaten Ausländer. Sie bildeten einen wesentlichen Bestandteil preußischer Einwanderungspolitik.[53] Für geleistete Militärdienste erbaten mehrere Grenadiere[54] zwischen 1722 und 1724 Landschenkungen in der Grafschaft Mark. Der preußische König wies ihnen gegen den Widerstand der Eingesessenen wüste Ländereien zu, u. a. im Amt Hörde, dem Gericht Herbede und in der Nähe von Altena.

Die märkischen Königsgrenadiere Friedrich und Johann Dietrich Schmiemann[55] verschafften sich durch Diensteifer, Königsgunst und nicht ohne Raffinesse auf Kosten ihrer Landsleute materielle Vorteile. 1722 erhielten sie von ihrer Heimatstadt Iserlohn die Bremecker Wiese, vier Morgen in der Hemer Mark und zwei Hausstätten vor dem Unnaer Tor zu Iserlohn. Die ein Jahr später bewilligten 20 holländischen Morgen von der Haldener Weide im Kirchspiel Hagen ließ der König, nach dreijährigen Verhandlungen mit der Bauerschaft, in 200 Reichstaler sowie sechs Schinken umwandeln. Als ausrangierter Grenadier gelang es dem überlebenden Johann Dietrich Schmiemann 1730, vor allen anderen Bewerbern, in der Zivilverwaltung Akzise-Inspektor in Unna zu werden.

Bei den angesetzten Landeskindern in Tabelle 133 wird deutlich, dass es sich für den ausgewählten Zeitraum von 10 Jahren zur Mitte des 18. Jahrhunderts mit über zwei Fünfteln um Bauernsöhne handelte. Davon wohnten ungefähr drei Viertel im Süderland bei ihren Eltern. Gut zwei weitere Fünftel betrafen die Bauern, Knechte und Kötter, deren Hauptanteil auf das Hellweggebiet entfiel. Neue Gewerbetreibende ließen sich bevorzugt im Süderland nieder. So galt für das Amt Altena[56]: „Die Marcken sind mit Gehöltze bewachsen, so zu denen Fabricken höchstnöthig ist.“

Von den neuen Gebäuden wurde der Hauptteil auf ehemaliger Gemeinweide errichtet, mit Schwergewicht im Süderland. Auch auf dortigem Privatgrund entstanden mehr neue Gebäude als im Hellweggebiet. Im Jahr 1754 konnten im Amt Bochum[57] auf drei bisher wüsten Kotten drei Familien mit 20 Personen etabliert

51 O. Behre: Geschichte, S. 160 f.

52 G. Schmoller: Einwanderung, S. 575.

53 Ebd., S. 576; B. R. Kroener: Armee, S. 395; G. Schmoller: Verfassung, S. 116 f.

54 Bauern, S. 56 f.; Kerls, S. 15 f.; A. Sellmann: Landschenkungen.

55 Kerls, S. XII ff., 20 f., 376; A. Sellmann: Grenadiere.

56 GStA PK: II. HA Gen. Dir., Abt. 18 Kleve, Tit. CXXXVI, Sect. VIII, Nr. 1, Vol. 1, Bl. 22 r.

57 Ebd., Bl. 132 r.

Tab. 133 Ansetzen entlassener Soldaten sowie Errichten neuer Gebäude in ländlichen Gebieten der Grafschaft Mark 1746 bis 1755

Art der Etablierung	Grafschaft Mark		Südwärts der Ruhr			Nordwärts der Ruhr	
	abs.	v. H.	abs.	v. H.	X	abs.	v. H.
Sohn	69	45	51	65	74	18	24
Bauer	37	24	10	13	27	27	36
Knecht	18	12	3	4	17	15	20
Kötter	16	10	4	5	25	12	16
Gewerbetreibender	10	7	9	12	90	1	1
Einlieger	3	2	1	1	33	2	3
Personen	*153*	*100*	*78*	*100*	*51*	*75*	*100*
Neue Gebäude auf Gemeinweide	203	88	117	89	58	86	86
Neue Gebäude auf Privatgrund	18	8	14	11	78	4	4
Neubesetzen wüster Stellen	10	4	–	–	–	10	10
Gebäude	*231*	*100*	*131*	*100*	*57*	*100*	*100*

X = Anteil in v. H. je Ansetzungsart

Errechnet nach: GStA PK: II. HA Gen. Dir., Abt. 18 Kleve, Tit. CXXXVI, Sect. VIII, Nr. 1, Vol. 1, passim.

werden. 15 weitere Kotten mit einer entsprechenden Anzahl an Familien und insgesamt 53 Personen wurden auf gemeinem Heideland angesetzt. Für das Amt Unna[58] hieß es dagegen: „Die Gemeine und Heyde Gründe sind denen Unterthanen zur Unterhaltung ihres Viehes unentbehrlich und fast nicht hinlänglich.“

8.3 Emigration

Friedrich Wilhelm I. erließ im Jahr 1721 ein striktes Auswanderungsverbot[59], das Friedrich der Große bestätigte. Letzterer belohnte sogar das Ergreifen eines Emigranten mit 200 Talern. Die Auswanderung sollte keinem Untertanen ohne besondere landesherrliche Genehmigung erlaubt sein. Ländliche Bewohner[60] aus dem Amt Plettenberg erhielten als preußische Untertanen 1724 keine Erlaubnis, nach Ostpreußen auszuwandern. Denn dafür hatten sich bereits genügend ausländische Familien gemeldet. Dagegen gestattete man Juden[61] gerne die Emigration in fremde Länder. Für das Jahr des Wegzugs wurde ihnen sogar das Schutzgeld erlassen bzw. nach vorzeitiger Zahlung zurückgegeben.

In der Frühen Neuzeit zogen märkische Emigranten in westliche, östliche und transatlantische Gebiete außerhalb der Grafschaft Mark. Im Rahmen der Saisonwanderung[62] hielt sich der dritte Teil der Bewohner aus dem Hochgericht

58 Ebd., Bl. 107 r.

59 E. Frohneberg: Bevölkerungslehre, S. 117 f.; E. Schünzel: Auswanderung, S. 204 f.

60 Geschichtsquellen, Bd. 3, S. 220 Nr. 538.

61 K. Maser: Juden, S. 62 f.

62 R. v. Ungern-Sternberg: Grundriss, S. 470.

Schwelm[63] im benachbarten Bergischen auf. Sie arbeiteten in Bleichereien in Elberfeld und Barmen. „Die Handwerksbursche und das Gesinde, verdienen da mehr Lohn als im Märkischen, und haben eher Hofnung sich zu etabliren, welche Hofnung dann auch die wenigsten trügt.“[64] Seit der Mitte des 18. Jahrhunderts wanderten etwa doppelt soviel Märker in die Brucher Rotte[65] als ins übrige Barmen aus, um für die dortige dezentrale Manufaktur[66] von Johann Caspar Engels (1715–1787) zu arbeiten. Nach Reininghaus[67] konnte es sich bei Bleichern auch um Pendelwanderer zwischen der Grafschaft Mark und dem Herzogtum Berg handeln. Zahlreiche Kohlentreiber und Fuhrleute[68], Schweinehändler sowie Hausierer waren unterwegs.

Andere Wanderarbeiter[69] zogen als Hollandgänger[70] ins benachbarte Ausland. Es bestand ein ökonomisches Gefälle zwischen den Herkunfts- und Aufnahmeregionen, den Push- und Pullgebieten.[71] Den Arbeitgebern boten sich temporär kostengünstige Bedingungen. Die Hollandgänger[72] erhielten z. B. als Grasmäher, Torfstecher oder Deichbauer eine relativ hohe, leistungsbezogene Barentlohnung. Infolge ihrer langen Arbeitszeiten und entbehrungsreichen Lebensführung konnten sie mit dem Einkommen ihre Familie wenigstens zeitweilig finanziell absichern.

Im 17. Jahrhundert war Amsterdam[73] neben London und Paris die drittgrößte Stadt in Europa. Infolge des Geburtendefizits beruhte ihr Wachstum auf Einwanderung. Dabei waren u. a. auch westfälische Migranten als Kaufleute, Handwerker und Dienstboten beteiligt. Für die Zeit von 1601 bis 1800 enthalten Amsterdamer Aufgebotsregister[74] 17 004 Bräutigame und 9628 Bräute aus Westfalen. Märkische Einwanderer kamen u. a. aus Hamm, Unna sowie dem heutigen Ennepe-Ruhr-Kreis. Allein aus dem Landkreis Iserlohn stammten 227 Bräutigame und 131 Bräute, wovon etwa die Hälfte (102 Männer und 68 Frauen) auf den Zeitraum von 1676 bis 1750 entfiel. Sie gingen meist untereinander eine Verbindung ein. Mit Einheimischen traf das seltener zu. So ehelichte z. B. Friedrich Schmöle 1728 eine Holländerin aus Grol.[75]

63 G. Helbeck: Gastarbeiter, S. 88.

64 F. Ch. Müller: Choragraphie, S. 79.

65 M Knieriem: Migration, S. 170.

66 Zur Entwicklung der Unternehmung Caspar Engels Söhne vgl. ders., Entwicklung.

67 W. Reininghaus: Wupper, S. 19.

68 Vgl. G. Helbeck: Kohlentreibern; W. Kroker: Bergbau, S. 124–133; W. Reininghaus: Migrationen, S. 212.

69 Zum Wanderhandel vgl. ders., Wanderhandel; ders., Gewerberegionen, S. 205 f.; ders., Miszellen.

70 E. Baasch: Wirtschaftsgeschichte, S. 55 f.; E. Dösseler: Auswanderung, S. 163; L. P. Moch: Europeans, S. 40–43; Ch. Pfister: Bevölkerungsgeschichte, S. 58; vgl. W. Reininghaus: Migrationen, S. 211.

71 Vgl. J. Lucassen: Migrant.

72 Hollandgang, S. XV, XVIII f.; vgl. M. Küpker: Weber, S. 180–191.

73 Vgl. E. Kuijpers: Migrantenstad.

74 GAA: Ondertrouwregisters. Herrn Prof. Reininghaus möchte ich für seine Exzerpte aus J. Ipema, Mskr. zur Auswertung der Aufgebotsregister, recht herzlich danken.

75 W. Reininghaus: Stadt, S. 211 f.

Während der Frühen Neuzeit arbeiteten viele westfälische Hollandgänger in Haarlemer Leinenbleichereien.[76] Die ledigen Junggesellen, vor allem der dortigen Buntleinen- und Kattunweberei, waren Mitglieder der „Westphaalschen Bos“.[77] Diese 1631 gegründete landsmannschaftliche Vereinigung bestand bis 1792. Von den Mitgliedsbeiträgen wurden kranke oder arbeitslose Webergesellen unterstützt. So erhielt z. B. der Jungmann Gerrit Francke aus Hamm 1734 und 1743 Krankengeld.[78]

In den Neuaufnahmen spiegelte sich die unterschiedliche Migrationsfreudigkeit der Webergesellen wider. Die Zahl der Teilnehmer schwankte zwischen 73 im Jahr 1720 und drei 22 Jahre später. In diesem Zeitraum heirateten von den ermittelten 321 westfälischen Mitgliedern 70 Personen, was mehr als ein Fünftel ausmachte. Sie blieben vielfach in Haarlem. Der Märker Gerrit Francke[79] z. B. ehelichte 1743 die Haarlemerin Petronella Swaen. Vier Jahre später ging der Witwer mit Susanna Klouburg, die ebenfalls aus Haarlem gebürtig war, eine zweite Ehe ein.

Daneben gab es auch die bleibende Emigration. Nach zeitgenössischen Berichten[80] soll die Hälfte der bergischen Wuppertaler aus der Grafschaft Mark stammen. Um 1680 heiratete z. B. der Schwelmer Johann Caspar Vorwerk[81] als nicht erbberechtigter Sohn in Barmen Anna Katharina Rittershaus. Die namhafte Familie unterhielt dort Landwirtschaft, eine Bleicherei und eine Weberei. Die Liste Elberfelder Neubürger[82] enthält u. a. märkische Emigranten aus den Kirchspielen Hagen, Breckerfeld und Volmarstein sowie den Gerichten Schwelm und Stiepel. Süderländische Drahtzieher[83] wanderten in die benachbarten Länder wie z. B. nach dem Herzogtum Westfalen, der Landgrafschaft Hessen sowie in die Grafschaften Limburg, Nassau und Wittgenstein aus. Andere emigrierten ins „Cöllnische“ und nach Schmalkalden.[84] Im Jahr 1684 beklagten sich Altenaer[85], dass heimische Drahtzieher mit ihren Familien nicht nur nach Hessen und Waldeck zögen, sondern bis nach England und Schweden auswandern würden.

Am Beispiel von zwei Städten wird in Tabelle 134 der Anteil ländlicher Migranten aus der Grafschaft Mark an den städtischen Neubürgern aufgeführt. Dabei repräsentiert Dortmund, eine nicht märkische Stadt nordwärts der Ruhr gelegen, beispielhaft einen Ort für Emigrationen. Im Vergleich dazu steht Iserlohn südwärts davon als eine Stadt für Fortzüge. Unabhängig von den unterschiedlichen absoluten Werten betrug der Anteil ehemals ländlicher Bewohner der Grafschaft Mark an den dortigen Neubürgern durchschnittlich etwa ein Drittel. Im Zeitraum 1705/29 lag der Wert in beiden Städten auf Kosten anderer Gebiete erheblich darüber. Nach

76 S. Hart: Geschrift, S. 126 f.
77 A. Schulte: Mitglieder, S. 161–164.
78 Ebd., S. 169.
79 Ebd.
80 B. Kuske: Wirtschaftsgeschichte, S. 179.
81 K. Goebel: Zuwanderung, S. 80 f.
82 Ebd., S. 169, 200–203.
83 F. Schmidt: Michael Mark, S. 25.
84 Bauern, S. 82; Geschichtsquellen, Bd. 3, S. 75 Nr. 190.
85 M. Kaiser: Anfang, S. 31.

Tab. 134 Anzahl und Herkunft städtischer Neubürger in Dortmund und Iserlohn 1680 bis 1754

Zeitraum	Dortmund				Iserlohn			
	abs.	Anteil in v. H. (Zeilenprozente)			abs.	Anteil in v. H. (Zeilenprozente)		
		Ländl. Regionen der Gft. Mark		Übrige Gebiete		Ländl. Regionen der Gft. Mark		Übrige Gebiete
		nordw.	südw.			südw.	nordw.	
1680–1704	91	17	1	82	105	23	2	75
1705–1729	319	38	4	58	103	42	2	56
1730–1754	246	24	3	73	146	26	3	71
1680–1754	*656*	*30*	*3*	*67*	*354*	*30*	*2*	*68*

Errechnet nach: K. Rübel: Bürgerlisten, S. 154–186; W. Schulte: Iserlohn, Bd. 2, S. 419 f., 429–448.

Regionen differenziert stammten davon 30 Prozent jeweils aus dem märkischen Nahbereich. Für Dortmund betraf es das Hellweggebiet vorwiegend mit den Ämtern Bochum, Hörde, Unna und Kamen. Für Iserlohn war es das Süderland, wobei die Ämter Iserlohn und Altena sowie das Gericht Hemer im Vordergrund standen.

In der Frühen Neuzeit bevorzugten einzelne märkische Emigranten nordöstliche Gebiete. So bewarben sich junge reformierte Theologen[86] in Ostfriesland um geeignete Pfarrstellen. Als aktive Führungsschicht zeigten sie dort eine große Geburtenfreudigkeit. Zum Beginn des 18. Jahrhunderts nahm das Königsberger Textilgewerbe[87] Märker auf, die den ostpreußischen Werbern gefolgt waren. Der aus dem Kirchspiel Kierspe stammende Johann Henrich Hoefer[88] erlernte dort das Breittuchmacherhandwerk. Der Kaufmann Wilhelm Karl Krupp aus dem Kirchspiel Lünern gebürtig ließ sich 1724 in Lübeck[89] nieder. Weitere märkische Händler z. B. aus Vörde und Gevelsberg folgten.[90] Andere Märker gelangten nach Rostock, Stralsund und Danzig.[91] Die Grafschaft Lippe[92] galt in der Frühen Neuzeit als Durchgangsland für auswärtige Handels- und Fuhrleute.[93]

Märkische Eisengewerbetreibende[94] kamen im 18. Jahrhundert nach Dänemark und Russland. 1731 verbreiteten mehrere Eilper Klingenschmiede im Tausch gegen zahlreiche Gardesoldaten ihr Gewerbe in Tula und später auch in Spandau und

86 W. Schöningh: Einwanderer, S. 41; ders., Einwanderung, S. 189.

87 E. Dösseler: Auswanderung, S. 163; ders., Mark, S. 306.

88 Geschichtsquellen, Bd. 3, S. 221 Nr. 541.

89 E. Dösseler: Mark, S. 308.

90 Ebd., S. 309; A. Fahne: Westphalen, S. 133, 141.

91 E. Dösseler: Auswanderung, S. 161 f.; Geschichtsquellen, Bd. 3, S. 64 f. Nr. 165. Zu Beziehungen zwischen der Grafschaft Mark und den baltischen Provinzen vgl. O. Schnettler: Dortmund.

92 A. Hennigs: Straßen, S. 158 f., 166.

93 Das Landesarchiv NRW – Abteilung Ostwestfalen-Lippe, Detmold, verfügt unter der Signatur L 37 XVI über umfangreiche Listen von Personen, die 1681 bis 1683 an eingerichteten Kontrollstellen der Grafschaft Lippe erfasst worden waren, vgl. ebd.

94 E. Dösseler: Auswanderung, S. 164.

Neustadt-Eberswalde.[95] Im Jahr 1734 heiratete der Hagener Sensenschmied Nikolaus Heemke in der St. Petersburger Katharinenkirche. Er war auf der Durchreise und gehörte zu den preußischen Meistern[96], mit denen Demidov ein Jahr später die erste russische Sensenfabrik im Uralgebiet gründete. 1764 zogen westfälische Kolonisten[97] ins Banat. Darunter war auch Hans Georg Jungfleisch aus der Bauerschaft Asbeck. Größere Gruppen folgten in den Donauraum.

Bei der transatlantischen Massenwanderung in die nordamerikanischen Kolonien waren unter den Deutschen auch Westfalen und Märker[98] anzutreffen. Vorzugsgebiete[99] deutscher Einwanderer waren in der ersten Hälfte des 17. Jahrhunderts Neuniederland (New York) und seit 1683 Pennsylvania. Nach 1710 kamen z.B. Virginia, Maryland und Carolina hinzu. Neben Soldaten und Abenteurern wanderten vor allem Bauern und Gewerbetreibende nach Übersee aus. Dies erfolgte meist über Holland[100], nicht selten nach einem längeren Aufenthalt dort. Aus den vielfach hollandisierten Namen kann eine deutsche Herkunft schwerlich erkannt werden.

Die Emigration[101] vollzog sich in verschiedenen Phasen. Zum Beginn des 18. Jahrhunderts kamen vornehmlich Familien nach Übersee. Danach waren es mehr jüngere Familienväter und ledige Personen zwischen 15 und 40 Jahren. Die Auswanderer[102] entstammten meist den unteren und mittleren bäuerlichen Schichten, die durch Landnahme eine mögliche Chancenverbesserung erstrebten. Die monatelange gefährliche, abenteuerliche und oft unerschwingliche Überfahrt[103] mit Segelschiffen über den Atlantischen Ozean hatte sich mittlerweile zu einem gewinnträchtigen Geschäft[104] der Frachtschifffahrt entwickelt. Dabei gewährten englische Kaufleute in Rotterdam oder Amsterdam einen Teil der Überfahrtkosten als Kredit. Für die noch ausstehenden Schulden konnten sich die Emigranten in Amerika als Kontraktarbeiter verdingen.[105]

Aufgrund mangelnder Hygiene[106] starben auf den stark überfüllten Schiffen zwischen 10 Prozent bis etwa die Hälfte der Passagiere. Erst 1750 wurde die Pas-

95 E. Dossmann: Spuren, S. 65.

96 E. Amburger: Anwerbung, S. 117.

97 F. v. Klocke: Westfalen Kolonisten, S. 159; ders., Westfalen Osten, S. 114–122.

98 E. Schünzel: Auswanderung, S. 7.

99 O. Lohr: Familien, S. 44, 48, 51; ders., Kirchenbuch, S. 55 ff.; G. Moltmann: Amerikawanderung, S. 318; E. Schünzel: Auswanderung, S. 109.

100 F. Kapp: Geschichte, S. 14 f.; W. Mönckmeier: Auswanderung, S. 5–14; E. Schünzel: Auswanderung, S. 4.

101 M. Wokeck: Einwanderung, S. 30–39.

102 P. Burg: Demographie, S. 353, 368; G. Fertig: Leben, S. 164–167; W. Mönckmeier: Auswanderung, S. 136; G. Moltmann: Auswanderung, S. 310; Ch. Pfister: Bevölkerungsgeschichte, S. 57.

103 H. Bickelmann: Abenteuer, S. 330. Zur Reise nach Pennsylvania 1750 und Rückreise nach Deutschland 1754 vgl. G. Mittelberger: Reise.

104 H. Bickelmann: Geschäft, S. 336; A. Brinck: Auswanderungswelle, S. 76 f., 85–88; H. A. Rattermann: Ursachen, S. 124.

105 A. Brinck: Auswanderungswelle, S. 25 f.; G. Moltmann: Amerikawanderung, S. 321 ff.

106 W. Mönckmeier: Auswanderung, S. 13 f.; E. Schünzel: Auswanderung, S. 218.

sagierzahl der nach Neuengland fahrenden Schiffe gesetzlich beschränkt.[107] Das Schwergewicht der Übersee-Auswanderung lag im Jahrfünft von 1749 bis 1754. Danach ließ Friedrich II. den Rhein für nach Amerika reisende Auswanderer erfolgreich sperren. Es lag in seinem Interesse, die Kolonisten lieber im Osten seines Reiches anzusiedeln.[108] Das gelang ihm wegen des dortigen Militärdienstes[109] aber nur bedingt.

In den zwölf Jahren nach dem Siebenjährigen Krieg bis zur Amerikanischen Revolution ebbte der Zustrom z. B. nach Pennsylvania[110], dem Haupteinwanderungsgebiet in Amerika, merklich ab. Denn auch infolge der vermehrten Arbeitskräfte hatten sich die dortigen Erwerbsmöglichkeiten für ledige Personen und Neusiedler erheblich verringert. Bei Beginn des Unanhängigkeitskrieges waren 10 Prozent der weißen Bevölkerung Deutsche. In Pennsylvania betrug der Anteil sogar ein Drittel.[111]

Der 1738 geborene Sohn des gleichnamigen Iserlohner Bürgermeisters Johann Caspar Lecke[112] verlegte 1782 sein Handelsgeschäft von Hamburg nach Philadelphia. Die dort gegründete Kompagnie Lecke & Melbeck handelte erfolgreich mit Tabak. Nach seiner Rückkehr nach Hamburg erwarb der Kaufmann 1790 eines der schönsten Landgüter an der Elbchaussee bei Blankenese. Spektakulärer erging es seinem jüngeren Landsmann[113], dem Kaufmann Johann Heinrich Basse (1751–1810), der 1783 nach Philadelphia kam. Die sich dort anbahnende Handelskrise, verbunden mit betrügerischen Wechselreitereien seiner Partner, führten ein Jahr später dazu, dass seine Firma Basse & Soyer mit zwei weiteren Häusern in Konkurs geriet. Im Laufe des Jahres 1784 weitete sich die Geschäftskrise auf Kreditoren in London und Amsterdam aus. Basse[114] entzog sich seiner Verhaftung durch Flucht über Quebec nach London.

Im 18. Jahrhundert verstärkte sich über die Niederlande die Auswanderung[115] nach dem südafrikanischen Kapland. Das Kap der Guten Hoffnung entstand ursprünglich als Verpflegungsstation der Holländisch-Ostindischen Kompagnie für die nach Indien fahrenden Schiffe. Entlassene Soldaten, Matrosen, Kaufleute und Handwerker siedelten sich dort an. Die Europäer[116] stammten vorwiegend aus Deutschland und Holland. Darunter waren auch Westfalen[117] und Märker[118], die teilweise vorübergehend in den Niederlanden lebten und dann nach Übersee emigrierten.

107 A. Brinck: Auswanderungswelle, S. 107.

108 Ebd., S. 41 ff. Zum Aufruf zur Ansiedlung von 400 Familien in Ostpreußen vgl. Landesarchiv NRW Abteilung Rheinland, Düsseldorf: Kleve-Kammer, Nr. 7, S. 826.

109 A. Brinck: Auswanderungswelle, S. 143.

110 W. Mönckmeier: Auswanderung, S. 12; E. Schünzel: Auswanderung, S. 96 ff.

111 A. B. Faust: Deutschtum, S. 232–236.

112 W. Reininghaus: Stammlisten, S. 42 IV; J. Basse: Kaufmann, S. 26.

113 Ebd., S. 11 f.; W. Reininghaus: Stadt, S. 256; ders., Stammlisten, S. 21 IV c.

114 Zum Bericht des 33-Jährigen über seinen Konkurs vgl. J. Basse: Kaufmann, S. 63–127.

115 E. Dösseler: Auswanderung, S. 165; K. H. A. Dütting: Westfalen, S. 45.

116 Zur Herkunft der Buren vgl. H. T. Colenbrander: Herkunft.

117 K. H. A. Dütting: Westfalen, S. 46 ff.

118 Vgl. E. Moritz: Einwanderung, passim.

Nach Schmidt-Pretoria[119] lag das Lebensalter der in Kapstadt gelandeten Deutschen zwischen 17 und 35 Jahren. Das Durchschnittsalter betrug 25 Jahre. Etwa zwei Drittel heirateten mit 26 bis 35 Jahren. In der Frühen Neuzeit wiesen die Familien der deutschen Stammväter eine durchschnittliche Anzahl von sechs Kindern auf. Interessanterweise förderte Friedrich der Große[120] die Verbindung zwischen Preußen und Südafrika. Er bevorzugte nicht nur die dortigen Weine, sondern nahm junge, großgewachsene in Südafrika geborene Europäer in seine Armee auf. Im Jahr 1755 begann die preußische Kompagnie mit dem Schiffsverkehr nach Südafrika.

8.4 Migrationsbilanz

Die vorliegenden Quellen enthalten keine konkreten Angaben im Hinblick auf das Migrationsvolumen in der ländlichen Grafschaft Mark in der Frühen Neuzeit. Statt dessen kann aus der Differenz zwischen ungefähr errechneten Bevölkerungszahlen[121] einzelner Perioden und dem Geburtenüberschuss die Migrationsbilanz[122] als Hilfsgröße ermittelt werden.

Tab. 135 Durchschnittliche Migrationsbilanz nach ländlichen Regionen in der Grafschaft Mark 1688 bis 1751

Kriterium	Bevölkerungszahl			Geburten-über-schuss	Migrationsbilanz		Migra-tionsrate
	Anfang	Ende	Zunahme		abs.	∅ pro Jahrzehnt	
Grafschaft Mark							
1688–1707	62 580	66 510	3930	12 260	–8330	–4165	–6,6
1732–1751	81 150	81 660	510	11 860	–11 350	–5675	–7,0
1688–1751	*62 580*	*81 660*	*19 080*	*38 656*	*–19 576*	*–3059*	*–4,9*
Nordwärts der Ruhr	29 310	33 630	4320	14 272	–9952	–1555	–5,3
Südwärts der Ruhr	33 270	48 030	14 760	24 384	–9624	–1504	–4,5

* Migrationsbilanz pro Jahrzehnt in v. H. der Anfangsbevölkerung
Errechnet nach den Tab. 77, 89.

Nach Tabelle 135 nahm die Zahl der märkischen Einwohner in den aufgeführten Zeitintervallen und Regionen zu. Da das natürliche Bevölkerungswachstum die effektive Zunahme übertraf, ergeben sich negative Migrationsbilanzen. Die durchschnittliche Emigration betrug pro Jahrzehnt etwa fünf Prozent der Ausgangsbevölkerung. Im Hellweggebiet lag der Anteil sogar darüber.

119 W. Schmidt-Pretoria: Kulturanteil, S. 260–265.

120 Ebd., S. 42 f.

121 Die Anzahl der jeweiligen Lebendgeborenen wurde mit dem Faktor „30" multipliziert. Vgl. J. Jastrow: Volkszahl, S. 63–79.

122 C. Engel: Bevölkerungsgeschehen, S. 93; F. Kurmann: Fortschreibungsmethode, S. 557 f.; E. Rettinger: Umgebung, S. 415.

Tab. 136 Durchschnittliche Migrationsbilanz nach Konfessionen in der Grafschaft Mark 1680 bis 1754

Kriterium	Bevölkerungszahl			Geburten-überschuss	Migrationsbilanz		Migrationsrate*
	Anfang	Ende	Zunahme		abs.	∅ pro Jahrzehnt	
Lutherisch							
1680–1704	1590	2100	510	477	33	13	0,8
1705–1729	2010	2400	390	363	27	11	0,5
1730–1754	2490	2880	390	495	–105	–42	–1,7
1680–1754	*1590*	*2880*	*1290*	*1335*	*–45*	*–6*	*–0,4*
Reformiert							
1695–1754	780	1470	690	273	417	69	8,8
Katholisch							
1680–1754	2100	2670	570	1450	–880	–117	–5,6

* Migrationsbilanz pro Jahrzehnt in v. H. der Anfangsbevölkerung

Errechnet nach den Tab. 80, 92.

Dass die Konfession der Bevölkerung die Migrationsbilanzen beeinflusst, zeigt Tabelle 136. Märkische Reformierte wiesen demnach eine positive Migrationsbilanz auf. Annähernd neun Prozent der Ausgangsbevölkerung wanderte pro Jahrzehnt in die Grafschaft Mark ein. Der hohe Geburtenüberschuss katholischer Märker führte zu einer negativen Migrationsbilanz. Pro Jahrzehnt emigrierten knapp sechs Prozent der Ausgangsbevölkerung. Demgegenüber wiesen die Lutheraner der Grafschaft Mark im Durchschnitt eine wesentlich geringere negative Migrationsbilanz auf. Sie lag unter einem Prozent und differierte im Zeitablauf.

Im ersten Drittel des 18. Jahrhunderts immigrierten pro Jahrzehnt weniger als ein Prozent der Ausgangsbevölkerung. Bis zur Jahrhundertmitte dominierte die Emigration pro Jahrzehnt von fast zwei Prozent der Ausgangsbevölkerung. In der Frühen Neuzeit entwickelte sich die zunächst positive Migrationsbilanz der Lutheraner nach 1735, bedingt vor allem durch das preußische Kantonreglement, in den negativen Bereich.

Die Migrationsbilanz von jungen Ledigen kann ungefähr in der Gegenüberstellung der Anzahl an Konfirmationen und der in zehnjährigem Abstand erfolgten Heiraten ausgedrückt werden. Abbildung 135 zeigt dies für die evangelisch-lutherische Kirchengemeinde in Gevelsberg. Auf den begrenzten Zeitraum bezogen werden mehrere Migrationswellen deutlich. Die Emigration im ersten Jahrzehnt des 18. Jahrhunderts wurde von vor- und nachgelagerten Immigrationen abgelöst.

8.5 Migrationsmotivation

Der Entschluss, in der Frühen Neuzeit zu migrieren, basierte auf einem vielschichtigen Prozess.[123] Dabei spielten verschiedene Anziehungs- und Abstoßungsfaktoren zwischen Ein- und Auswanderungsregionen eine Rolle. Die maßgeblichen

123 Ebd., S. 411–414.

Abb. 135
Konfirmationen (1698 bis 1715) und Heiraten (1708 bis 1725) in der evangelisch-lutherischen Kirchengemeinde Gevelsberg

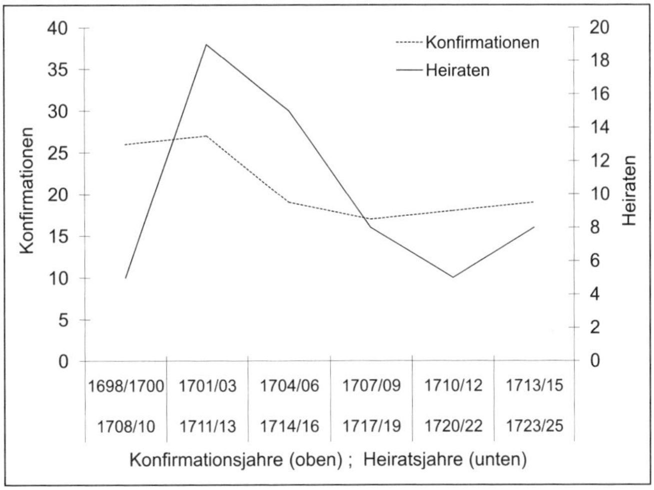

Errechnet und dargestellt nach: LKAB: KB Gevelsberg, Bd. 4, unpag.

Gründe dürften wohl in den Herkunftsländern gelegen haben. Im Folgenden werden einzelne Ursachen herausgegriffen, ohne sie damit isolieren oder eine Rangfolge aufstellen zu wollen.

Die freiwillige Migration konnte aus ökonomischen Gründen[124] geschehen wie bei Gesinde- und Land-Stadtwanderungen oder der Hollandgängerei. Aufgrund versiegender Erzlagerstätten verließen Bergleute[125] ihre Heimat und fanden im Ruhrkohlenbergbau neue Arbeit. Für Rohstahl- und Breiteschmiederei sowie Bleicherei bot die Grafschaft Mark bessere Rohstoffgrundlagen als angrenzende Gebiete. Bergische Klingen-, Sensen- und Schwertschmiede z. B. zogen aufgrund heimatlicher Zunftschwierigkeiten in das benachbarte Märkische. Dabei übten Privilegien[126] noch zusätzlich eine verstärkende Wirkung aus. Das galt ebenso für in wirtschaftliche Not geratene Pfälzer.[127] Mit seinem 1747 erlassenen Patent wandte sich der preußische König[128] ausdrücklich an Auswanderungswillige aus den rheinpfälzischen Gebieten. Wegen hoher Steuerlasten und Frohndiensten in der Rheinpfalz siedelten sich die Kolonisten in der zweiten Hälfte des 18. Jahrhunderts u. a. tatsächlich im Märkischen an.

Preissteigerungen infolge von Missernten und Kriegen konnten in der Grafschaft Mark zu wirtschaftlichen Krisen als auslösendem Faktor für eine Emigration[129] führen. Im Vergleich zum heimatlichen Ernteertrag besaß z. B. Pennsylvania[130] eine dreifache Bodenfruchtbarkeit. Arbeitsfreudige Siedler erhielten im Banat[131]

124 G. Lange: Gewerbe, S. 79.
125 E. Zink: Volkwerdung, S. 15 f.
126 Ebd., S. 34.
127 Vgl. W. Timm: Fremde; ders., Pfälzer.
128 Ders., Fremde, S. 125.
129 E. Rettinger: Umgebung, S. 412 f.
130 G. Fertig: Auswanderungspolitik, S. 76.
131 F. v. Klocke: Westfalen Kolonisten, S. 164.

unentgeldlich ausreichendes Land als Erbzins. Sie konnten sich dort als persönlich freie Bauern oder Handwerker niederlassen.

In der Frühen Neuzeit gab es auch die wirtschaftlich motivierte, erzwungene Migration. Wegen Verletzung der beschworenen Zunftordnung führte der Altenaer Droste[132] mit einer bewaffneten Mannschaft den nach Menden gezogenen Johann Herman Bomnüter in seine Heimat zurück. Der Drahtzieher starb dort nach neunmonatiger Untersuchungshaft. Im Jahr 1731 ließ der preußische König einige Meister und Gesellen der Eilper Klingen- und Messerschmiedezunft gewaltsam nach Russland[133] bringen. Gegen mehrere „lange Kerls" der russischen Kaiserin sollten sie in Tula[134] ihr Gewerbe etablieren. Die nach zwölf Jahren Zurückkehrenden mussten ihr Können auch noch in Spandau und Eberswalde verbreiten.

Militärpolitische Motive spielten eine Rolle, wenn junge Männer sich freiwillig im In- und Ausland für das preußische Heer als Söldner[135] anwerben ließen. Der „Kommiss" stellte für die untere Mittelschicht eine ökonomische Alternative[136] zum zivilen Leben dar. Dazu gehörten regelmäßige und gesicherte Besoldung, freie Unterkunft und kostenlose Verpflegung mit Brot. Die Werbewirsamkeit der „schmucken" Uniform dürfte dabei nicht unterschätzt werden. So fühlten sich die Rekruten nicht nur äußerlich sondern auch vom Sozialprestige her den Angehörigen ländlicher und städtischer Unterschichten überlegen.

Im Gegensatz dazu standen märkische Untertanen dem „Barras" eher ablehnend gegenüber. Bei der zwangsweisen Aushebung[137] von Eingesessenen der Ämter Blankenstein und Wetter zum Militär kam es im Jahr 1720 sogar zum bewaffneten Widerstand der Bevölkerung gegen die Willkür der Soldaten. Junge Märker versuchten, sich durch Flucht ins benachbarte Ausland aufdringlichen Werbern zu entziehen. Aus Furcht vor dem Mititärdienst verließen süderländische Drahtzieher[138] ihre Heimat und gingen kräftige Burschen[139] „über die Wupper".[140] „In vorigen Zeiten hat die Furcht vor der Werbung sehr viele junge Leute aus dem Märkischen ins Bergische getrieben. Man kann gewiß behaupten, daß beynahe die Hälfte der Bewohner des Wupperthals aus dem Märkischen stammet, und daß dieses Thal hauptsächlich den Markanern seinen Flor zu verdanken hat."[141] Im Jahr 1735 gewährte der preußische König entwichenen Söhnen eine straffreie

132 F. Schmidt: Burg, S. 138; Vgl. Ueberläufer.

133 E. Bonner: König, S. 176 f.; H.-U. Haedeke: Berg, S. 77 ff.

134 H. Kathe: Soldatenkönig, S. 49 f.

135 H. Bleckwenn: Bauernfreiheit, S. 6; vgl. R. v. Rosenberg: Soldatenwerbung.

136 H.-D. Fricke: Frauen, S. 164–168; B. R. Kroener: Armee, S. 398; R. Pröve: Verhältnis, S. 205.

137 Bauern, S. 33–39; J. Kloosterhuis: Aufruhr, S. 168 f.; vgl. F. G. H. J. Bädeker: Geschichte, S. 281 ff.; E. Böhmer: Aufstand; ders., Wupper; F. Overkott: Soldatenwerbung; Regierung: Gravaminum, S. 117; W. Reininghaus: Pfarrer, S. 133–138; H. Rothert: Unruhen.

138 Bauern, S. 82; Geschichtsquellen, Bd. 3, S. 75 Nr. 190; F. Schmidt: Michael, S. 25.

139 W. Dietz: Garnnahrung, S. 98 f.; K. Goebel: Zuwanderung, S. 180; V. P. Sonderland: Geschichte, S. 89 f.

140 Vgl. E. Böhmer: Wupper.

141 F. Ch. Müller: Choragraphie, S. 79.

Rückkehr[142]: „Dafern auch jemand von den Dörffern (nomine nominandum) seine Kinder der Werbung halber außer dem Lande geschickt haben solle, so befehlen Höchstgedachte Seine Königliche Majestät denselben so gnädigst als ernstlich dieselbe sofort und ohne Anstand wieder herbey zu schaffen, bey Vermeidung der in Dero Königlichen Edicten darauf gesetzten scharfen Straffe.“ In demselben Jahr wurde der Heeresersatz mit der Einführung des Kantonsystems[143] gesetzlich neu geregelt.

Der absolutistische Staat versuchte anhand der Rekrutierungsprinzipien[144] einen Ausgleich zwischen seinen militärischen und merkantilistischen Interessen zu schaffen. Einerseits passte sich die jährliche Exerzierzeit von April bis Juni der relativen Arbeitsruhe des landwirtschaftlichen Betriebes an. Andererseits bekamen einzelne Berufszweige und gewerbereiche Gebiete der Grafschaft Mark die Werbe- und Enrollierungsfreiheit.[145] Bereits 1691 hatte der Kurfürst Friedrich III. die Werbefreiheit den Bergleuten, vor allen anderen Gewerbetreibenden, in ihrer Bergordnung[146] zugesichert. Jedes Regiment hatte sich aus dem ihm zugewiesenen Aushebungsdistrikt personell zu ergänzen. Die Mindestgröße[147] von 5 Fuß 3 Zoll (ca. 165,5 cm) je Soldat basierte auf waffentechnischen Erkenntnissen. Denn zur schnellen Bedienung langläufiger Vorderlade-Gewehre war eine große Armspannweite erforderlich. Im Zuge einer „schlesischen Option“ hob Friedrich der Große mit dem Verlegen der Weselschen Regimenter[148] nach Breslau deren bisherige Kantone auf. Dadurch erhielten westliche Teile der Grafschaft Mark, gegen Bezahlung von Werbefreiheits-Gelder, im Jahr 1748 die Kantonfreiheit.[149] „Seit dem der König die Gnade gehabt hat, den Fabrikendistrikten die Werbefryheit zu schenken, und die Ausgetretenen zu pardonniren, hat die Volcksmenge und der Flor derselben, besonders des Hochgreichts Schwelm, sichtbar zugenommen“, stellte Müller[150] fest.

Für die Migration aus religiösen Motiven prägte Schilling[151] den Begriff der „Konfessionsmigration“. Darunter versteht er zum einen, dass es sich dabei um ein Syndrom mit ökonomischen und sozialen Erwägungen handelt. Zum anderen soll damit die gesteigerte Dynamik der beteiligten Bereiche ausgedrückt werden. Am Beispiel calvinistischer Minderheiten[152] hob Schilling deren besondere wirtschaftliche Aktivität mit entsprechendem Machtgewinn hervor. In religionssoziologi-

142 Bauern, S. 65.

143 Ebd., S. XVI-XXIX, 61–68; H. Bleckwenn: Bauernfreiheit, S. 4 f.; O. Büsch: Militärsystem, S. 18 f.; J. Kloosterhuis: Aufruhr, S. 178 f.; B. R. Kroener: Armee, S. 394; A. Simsch: Armee, S. 44.

144 R. Pröve: Verhältnis, S. 219–222; vgl. O. Bötte: Rekrutierung.

145 Bauern, S. 80, 83, 86 f.; G. Lange: Gewerbe, S. 82 f. Zur Befreiung von der Kantonpflichtigkeit im Amt Wetter 1733 vgl. A. Helbig: Kantonverfassung.

146 W. Reininghaus: Bergordnung, S. 312, 324.

147 H. Bleckwenn: Bauernfreiheit, S. 3; J. Kloosterhuis: Aufruhr, S. 176 f.

148 Bauern, S. XXIV; J. Kloosterhuis: Aufruhr, S. 180; ders., Wesel, S. 1380 ff.

149 Bauern, S. 88 ff.

150 F. Ch. Müller: Choragraphie, S, 79 f.

151 H. Schilling: Konfessionsmigration, S. 74 f.; W. Reininghaus: Migrationen, S. 205.

152 H. Schilling: Konfessionsmigration, S. 82.

scher Hinsicht kennzeichneten sie sich ebenfalls durch kulturelles Engagement in ihrer Kirchengemeinde aus.

Die Beziehungsaspekte zu den Einheimischen und zur Gemeinde werden ebenfalls bei Solinger Klingenschmieden[153] deutlich. Sie erfuhren in Glaubens- und anderen Sachen keinen gebührenden Schutz in ihrem Heimatland. Deshalb siedelten sie sich in der zweiten Hälfte des 17. Jahrhunderts im Amt Wetter an. Der Kurfürst sicherte ihnen im Privileg von 1661 das ungehinderte Ausüben der reformierten Religion zu. Sie errichteten in Hagen eine eigene Gemeinde. Im Zunftprivileg von 1664 wurden ihnen weitere Vorrechte hinsichtlich der Ausbreitung ihres Schmiedehandwerks eingeräumt.

In Recklinghausen[154] war die katholische Konfession Voraussetzung für den Erwerb des Bürgerrechts. Daher stammten märkische Zuwanderer aus den dortigen katholischen Enklaven in Bochum und Castrop. Nach einer Klageschrift[155] der Hagener Synode sollen zum Beginn des 18. Jahrhunderts 500 märkische Evangelische ins Kölnische ausgewandert und katholisch geworden sein.

Zu den persönlichen Motiven der Migration gehörte vor allem die Heiratsmobilität. Sie traf für den zivilen wie für den militärischen Bereich zu. Abenteuerlust, Neugier und Flucht aus den Zwängen gesellschaftlicher Konvention bei familiären oder sozialen Krisen waren wohl weitere Wanderungsmotive.[156] Private und staatliche Agenten sowie Großgrundbesitzer versuchten mit gezielter Kolonistenwerbung,[157] das Interesse für eine Emigration nach Übersee zu wecken. Persönliche Nachrichten[158] von bereits Ausgewanderten verstärkten bei Verwandten, Freunden und Nachbarn die Disposition, ebenfalls zu emigrieren, um dadurch die eigenen Lebenschancen zu erhöhen. In einem solchen Migrationsmilieu[159] konnte sich eine habituelle Auswanderungsbereitschaft entwickeln. „Unterdessen, da sich nun einmal so viele preußische Unterthanen im Bergischen etablirt haben, wovon sich die meisten in sehr blühenden Umständen befinden, so werden ihre Verwandte dadurch angelockt, auch in diesem Lande ihr Glück zu suchen, und es fehlt ihnen dann nicht an Bekanntschaft, Empfehlung und Unterstützung."[160]

Neben der freiwilligen Migration aus persönlichen Gründen gab es in der Frühen Neuzeit auch die Zwangswanderung. Der Landesverweis[161] war bei Totschlagsdelikten, Diebstählen und wiederholtem Ehebruch eine häufig verhängte Kriminalstrafe mit abschreckender Wirkung. Denn Heimat wurde über den lokalen Besitz und die eigenen sozialen Beziehungen wahrgenommen. Die Dorfgemeinschaft

153 F. Schmidt: Ansiedlung, S. 161–176.

154 A. Dorider: Neubürger, S. 92–95.

155 G. Haren: Geschichte, S. 195.

156 P. Burg: Demographie, S. 358 f.; R. Pröve: Verhältnis, S. 204 f.

157 A. Brinck: Auswanderungswelle, S. 63, 69 f.; G. Fertig: Leben, S. 140; W. Mönckmeier: Auswanderung, S. 31 f.; H. Neu: Auswanderung, S. 124.

158 A. Brinck: Auswanderungswelle, S. 100 f.; G. Fertig: Auswanderungspolitik, S. 78, 174 f.; M. Wokeck: Einwanderung, S. 30, 33.

159 Th. Klingebiel: Migrationen, S. 35.

160 F. Ch. Müller: Choragraphie, S. 80.

161 Th. Klingebiel: Migrationen, S. 28 ff.; H. Schnabel-Schüle: Strafe, S. 75, 82.

sollte vor Rechtsbrechern und Friedensstörern geschützt werden. So durfte sich z. B. der Unnaer Tagelöhner und spätere Knecht Thomas Diefhaus wegen eines großen Verbrechens nicht wieder im Märkischen niederlassen.[162] Um die festgesetzte Anzahl jüdischer Familien nicht zu überschreiten, mussten Knechte, Mägde u. a. Bedienstete dieses Glaubens nach ihrer Heirat[163] die Grafschaft Mark verlassen. Nach auswärts verheiratete Kinder durften nach ihrer Eheschließung aber noch sechs Wochen bei ihren Eltern wohnen.

Für die lokalen Aufstände[164] der märkischen Bevölkerung 1720 gegen die sonntäglichen Rekrutierungen und Ausschreitungen des Militärs zog der preußische König u. a. auch die dortigen lutherischen Pfarrer zur Verantwortung. Er untersagte ihnen künftig, gegen Werbungen zu predigen und sich in weltliche Dingen einzumischen. Als Exempel für die gesamte lutherische Geistlichkeit in Preußen bestrafte Friedrich Wilhelm I. zwei Hauptverantwortliche. Sie waren von 88 Geistlichen die ersten Unterzeichnenden der an den König gerichteten Supplik des Generalkonvents der Grafschaft Mark.

Es handelte sich um den aus Aschersleben, im Fürstentum Halberstadt gebürtigen 46-jährigen Renatus Andreas Kortum[165] (1674–1747), der seit neun Jahren Pfarrer in Hattingen war. Sein Amtsbruder Peter Mahler[166], etwa 40 Jahre alt, stammte aus Sprockhövel und leitete seit 16 Jahren die Pfarrei in Derne. Nach 10-wöchiger Festungshaft in Wesel kamen beide Gefangenen 1721 zum Verhör vor das Oberkonsistorium nach Berlin. Die Vorgeladenen schwörten erneut ihre Treue gegenüber dem preußischen König, der sie in die Mark Brandenburg strafversetzte. Kortum erhielt die Pfarre in Lebus bei Frankfurt/Oder und Mahler wurde Pfarrer in Dabergotz.

8.6 Unternehmer-Migranten

Bei den folgenden ausgewählten Beispielen steht die qualitative Betrachtungsweise im Vordergrund. Sowohl bei der Stadt-Land-Wanderung im ersten, als auch bei der Einwanderung im zweiten Fall bildeten ökonomisch gesehen die märkischen Standortvorteile für die ländlichen Unternehmer den entscheidenden Anlass zur Niederlassung. Dank ihrer Initiative gelang es, die vorhandenen Rohstoffe, Halbfabrikate sowie Energiequellen, verbunden mit weiteren Produktionsfaktoren, wirtschaftlich effizient einzusetzen und neue Gewerbezweige zu etablieren.

Der Initiator der eisengewerblichen Nutzung und späteren industriellen Erschließung des Sundwiger Bachtals im Gericht Hemer hieß Johann Bernhard von der Becke[167] (1655–1730). Tüchtigkeit und Experimentierfreudigkeit gehörten auch wei-

162 Generalaufnahme, S. 23, 71 Nr. 396.

163 K. Maser: Juden, S. 65.

164 Bauern, S. 33–39; W. Reininghaus: Pfarrer, S. 136 f.

165 F. G. H. J. Bädeker: Geschichte, S. 281 ff.; F. W. Bauks: Pfarrer, S. 271 Nr. 3416.

166 Ebd., S. 312 Nr. 3931.

167 E. Winkhaus: Jahre, S. 6–10; W. Reininghaus: Stammlisten S. 23 III a.

terhin zur Familientradition.[168] 1948 konnte das 250-jährige Firmenjubiläum[169] gefeiert werden. Im Jahr 1690 hatte der Iserlohner Schmied in seiner Heimatstadt erstmals die Produktion von eisernen Schnallen und Spangen eingeführt. Als der Iserlohner Rat ihm 1696 verbot, Nürnberger Fingerhüte und Nähringe nachzuahmen, entschloss sich von der Becke, seine Arbeitsstätte ins benachbarte ländliche Gebiet zu verlegen. Deshalb erwarb er von dem dortigen Bürgermeister Dietherich Dume „Kösters Gut“[170] in Sundwig. Auf dem dort errichteten Hammer fertigte der Schmied zwei Jahre später erneut seine Spangen und Schnallen. Die günstige Nähe zum Hemer Felsenmeer erleichterte ihm das Beschaffen der Eisenerze. Im Kataster der schatzbaren Güter der Grafschaft Mark[171] von 1705 heißt es: „Köster. 4 ½ Mg. und 1 Sch. Land. Gibt Pfacht 14 Rtl. – St. – d. worunter 2 Drahtrollen begriffen.“

Im Jahr 1712 begann Johann Bernhard von der Becke, eiserne Fingerhüte zu produzieren, die den Nürnberger und holländischen[172] glichen. Ein Jahr zuvor nämlich erschien ein deutscher Reisebericht[173] über die Utrechter Fingerhutmanufaktur. Die dortigen Fakten, verbunden mit persönlichen Reiseerfahrungen des Unternehmers[174], seines Sohnes Johann Dietrich von der Becke[175] (1686–1767) sowie die des Iserlohner Kaufmanns Johann Anton Löbbecke[176] (1683–1730), dürften die Innovation erfolgreich beeinflusst haben. Noch im gleichen Jahr befreite Friedrich I. die Gesellen und Knechte der ersten westfälischen Fingerhutmühle von aller Militärwerbung und Rekrutierung[177]: „[...] wir aber darauf gehalten und dergleichen fabriquen zu faveuren, zu mehrer Beförderung des Commercy so viel thunlich favorisiert wissen wollen [...]“ Nach dem großen Stadtbrand in Iserlohn veräußerte Johann Bernhard von der Becke seinen städtischen Besitz und verlegte 1712 auch seinen Wohnsitz nach Sundwig.

Im gleichen Jahr heiratete der älteste Sohn des Gründers, Johann Dietrich von der Becke[178], eine Schwester des Geschäftspartners, Maria Elisabeth Löbbecke[179], die ihm fünf Söhne und fünf Töchter schenkte. Er fertigte auf der 1719 von ihm erbauten ersten Messingschmelze gegossene Messingschnallen[180] und ließ auch

168 Stammtafel des Geschlechtes von der Becke vgl. ebd., S. 63 ff.
169 Zur Festschrift des Sundwiger Messingwerks vgl. ebd.
170 G. Kriependorf: Gut; W. Reininghaus: Stadt, S. 363; F. Woeste: Chronik, S. 149.
171 Kataster, S. 392 Nr. 7053.
172 Zur niederländischen Fingerhutmacherei vgl. G. v. Klaveren: Bescheiden.
173 W. Reininghaus: Stadt, S. 150.
174 E. Voye: Geschichte, Bd. 3, S. 119 f.
175 E. Winkhaus: Jahre, S. 8 f.
176 F. A. A. Eversmann: Uebersicht, Bd. 1, S. 280; E. Voye: Industrie, S. 490; H. Henniges: Chronik, S. 83 f.; W. Reininghaus. Stammlisten, S. 44 IV. Porträts der Iserlohner Kaufmannsfamilie vgl. Löbbekes.
177 E. Winkhaus: Jahre, S. 9 f.
178 W. Reininghaus: Stammlisten, S. 24 IV a. Porträt vgl. E. Voye: Industrie, S. 490.
179 W. Reininghaus: Stammlisten, S. 24 IV a, 44 III.
180 G. Kriependorf: Gut, S. 9.

stählerne Fingerhüte[181] herstellen. Die Liste der Gewerbetreibenden[182] im Gericht Hemer wies 1732 den Sundwiger Fingerhutfabrikanten von der Becke mit fünf Knechten aus. Seit 1739 war er Gewerke und Leiter der Sundwiger Eisenhütte, die das Rohmaterial für seine Erzeugnisse lieferte. Zwei seiner Söhne,[183] Johann Heinrich von der Becke (1720–1774) und Johann Adolph von der Becke (1726–1784), bauten neue Hammerwerke und erweiterten die Produktion. 1748 kamen z. B. gegossene Messingtabakdosen hinzu. Ab 1756 erfolgte die Fabrikation geprägter, ziselierter Tabakdosen[184] aus Messingblech. 1760 gelang es ihrem Vetter, Johann Anton Löbbecke[185] (1718–1764), das Geheimnis, Fingerhüte aus Messing nach holländischem Vorbild zu fertigen, nach Sundwig zu bringen.

Im Vergleich zur handwerklichen Einzelfertigung wurden die Waren[186] der von der Beckes arbeitsteilig hergestellt. Je nach Produkt belief sich die Anzahl der Mitarbeiter auf 20 bis 40 Personen. Erst nach langjährigem Einsatz nahmen Geschicklichkeit und Fingerfertigkeit zu. Die von der Beckeschen Unternehmer stellten Schnallen, Fingerhüte, Näh-, Vorhang- und Sattlerringe, Messingknöpfe sowie Tabakdosen auf eigene Rechnung her.[187] Da sie auch für entstandenen Schaden der Beschäftigten hafteten, erforderte das einen erhöhten Kapitaleinsatz.

Der Verkauf[188] der Eisen- und Messingprodukte erfolgte gemeinschaftlich mit dem Kaufmann Johann Anton Löbbecke auf der Frankfurter Messe sowie in Norddeutschland und den Niederlanden. Die beiden Brüder Johann Heinrich und Johann Adolph von der Becke kamen auf ihren Geschäftsreisen mit Packpferden oder schwer beladenen Planwagen in die Niederlande und nach Nordfrankreich. Da es noch keine Werbekataloge gab, nahmen sie Musterstücke mit, die mit den Erzeugnissen der Konkurrenz verglichen werden konnten. Zu Beginn des 19. Jahrhunderts lobte der Fabrikenkommissar Eversmann[189]: „Die schönsten und sehenswerthesten Werke der Fabrik besitzen indeß die von der B e c k e zu Sundwig."

Der 34-jährige Papiermacher Mathias Vorster[190] (1659–1704) aus Broich bei Mülheim/Ruhr[191] errichtete 1693 die erste Papiermühle an der Volme in Delstern, im Gericht Hagen. Dazu hatte er ein Jahr zuvor das niedrigste Gut zu Rettelkus[192] von den Erben des seligen Rentmeisters Roden erworben. Der Papiermeister trat vor allem in Konkurrenz zu der bereits seit dem 16. Jahrhundert in Westig und

181 Ebd., S. 8.
182 W. Honselmann: Häuser, S. 203.
183 E. Winkhaus: Jahre, S. 19 ff.; W. Reininghaus: Stammlisten, S. 24 IV a.
184 Zu Iserlohner Tabakdosen vgl. E. Dossmann: Tabakdosen.
185 H. Henniges: Chronik, S. 86 f.; W. Reininghaus: Stammlisten, S. 44 IV.
186 E. Winkhaus: Jahre, S. 34 ff.
187 F. A. A. Eversmann: Uebersicht, Bd. 1, S. 280; E. Voye: Geschichte, Bd. 3, S. 120.
188 E. Winkhaus: Jahre, S. 11 f.
189 F. A. A. Eversmann: Uebersicht, Bd. 1, S. 281.
190 W. Claas: Papierfabrikation, S. 97; A. Langenbach: Papiermühlen, Bd. 1, S. 39, 116–120.
191 Zur Stammtafel der Familie Vorster in Broich bei Mülheim/Ruhr vgl. C. v. Berg: Stammtafel; A. Langenbach: Papiermühlen, Bd. 1, Anlagen.
192 H. W. Emminghaus: Pastoratsrenten-Buch, S. 17 Nr. 235.

Hemer[193] bestehenden märkischen Papierlandschaft.[194] Nach seiner Tätigkeit in der väterlichen Papiermühle war Vorster einige Jahre in der Plückersmühle bei Langenberg im Rheinland tätig gewesen. Zuvor hatte er im Jahr 1685 die Mülheimerin Elisabeth Mühlhoff[195] (1659–1696) geheiratet, die ihm drei Söhne und vier Töchter schenkte. Vierzehn Jahre später ehelichte der Witwer Anna Catharina Engels aus Hagen, die ihm drei weitere Töchter gebar. Mathias Vorster sollte der Stammvater[196] der weit verzweigten Hagener Papiermacherfamilie werden.

Sein ältester Sohn, Johannes Vorster (1686–1745), übernahm 1704 die Delsterner Papiermühle[197], die wiederum dessen Sohn Johannes Vorster (1716–1760) erbte. Dessen jüngerer Sohn Mathias Vorster (1750–1799), mit Catharina Margarete Kühne verheiratet, gründete in Spechthausen bei Neustadt-Eberswalde 1779 eine neue Papiermühle.[198] Die jüngeren Brüder[199] seines Großvaters, Diederich Vorster (1688–1740) und Adolph Vorster (1690–1748), errichteten flussabwärts an der Volme 1712 am linken und 1725 am rechten Ufer zwei Papiermühlen in der Stennert[200], in der Eilper Bauerschaft gelegen. Nach dem Sohn von letzterem, Johannes Vorster (1716–1753), leitete der Reidemeister Friedrich Engels, der Stiefvater[201] des nächsten Stammhalters Andreas David Vorster (1750–1830), zehn Jahre lang die Papiermühlen, die vorübergehend „Engels-Mühlen" hießen.

Mathias Vorster hatte seine ersten Gehilfen[202], die sich gegenseitig als Schöpfer, Gautscher und Leger abwechseln konnten, aus der Mülheimer Papiermühle seines älteren Bruders, Johannes Vorster (1653–1708), nach Delstern geholt. Dazu gehörte auch Johann Peter Schulte[203] (1670–1748), der 1713 Katharina Jordan, die Nichte seines Vorgesetzten Mathias Vorster, heiratete. Daher wird es verständlich, dass auch sein Sohn Johann Schulte (1715–1762), dessen Sohn Johann Heinrich Schulte (1750–1819) sowie drei von dessen Söhnen zeitweilig in der Vorsterschen Papiermühle[204] tätig waren. Sie gehören zur langen Ahnenreihe[205] der erfolgreichen westfälischen Papiermacherfamilie Schulte.

193 Es bestanden verwandtschaftliche Beziehungen zu dem Papiermacher Johannes Langenbach (1664–1719) in Hemer, vgl. K. Schaub: Geschichte, S. 121.

194 A. Langenbach: Papiermühlen, Bd. 1, S. 82–93; vgl. dies., Anfänge. Zum Lageplan westfälischer Papiermühlen vgl. dies., Papiermühlen, Bd. 2, Anlage Nr. 4.

195 C. v. Berg: Stammtafel.

196 Vgl. E. Dossmann: Papier, S. 132–135; A. Langenbach: Papiermühlen, Bd. 1, Anlagen.

197 Vgl. W. Claas: Hagen, S. 1–4, 10 ff.; ders., Papierfabrikation, S. 100 ff.; E. Dossmann: Papier, S. 136–139; K. Schaub: Geschichte.

198 A. Langenbach: Papiermühlen, Bd. 1, Anlagen; K. Schaub: Geschichte, S. 118.

199 W. Claas: Hagen, S. 40 ff.

200 Vgl. ders., Papierfabrikation, S. 113–125; E. Dossmann: Papier, S. 139–142; A. Langenbach: Papiermühlen, Bd. 1, S. 40, 123–127.

201 W. Claas: Papierfabrikation, S. 122 f.

202 G. Bayerl: Bausch, S. 8; E. Dossmann: Papier, S. 131 Anm. 4.

203 W. Claas: Hagen, S. 2 f.

204 E. Dossmann: Papier, S. 119.

205 Vgl. ebd., S. 119–130; K. Schaub: Geschichte, S. 121.

Für die unterste Papiermühle in der Stennert lassen sich sogar holländische Fachkräfte[206] nachweisen. Hermann van Dulcken starb 1713 als dortiger Meisterknecht. Er war mit Peterke Jansen verheiratet gewesen. Jan Wilmsen Wilmbrink kam aus Apeldoorn im Geldrischen und ehelichte 1716 in Hagen. In der bekannten Papiermacherstadt Apeldoorn verwendete man wie im Märkischen Wasserkraft, anstatt wie im westlichen Teil Hollands Windmühlen. Die Familien Vorster setzten aber nicht nur ausländische Spezialisten ein. Selbst der eigene Sohn Johannes Vorster[207] erlernte im 18. Jahrhundert die Papiermacherei in Holland. Der holländische Einfluss spiegelte sich auch in deren Wasserzeichen[208] wider. Als einer der ersten märkischen Papiermacher verwendete Mathias Vorster in der Delsterner Papiermühle das Amsterdamer Wappen als Wasserzeichen.

Ebenfalls wurden technische Neuerungen eingeführt, die die Papierfabrikation qualitativ und quantitativ verbesserten. Die neuartige Zerreissmaschine[209] „Holländer" genannt, arbeitete gegenüber dem herkömmlichen Stampfgeschirr dreimal schneller und nutzte die Lumpen besser aus. Die Papiermühle in der Stennert[210] erhielt 1712 eine solche, die erste in Westfalen überhaupt. Die innovative Unternehmerfamilie Vorster begründete mit moderner Betriebsausstattung und Fachpersonal die Blüte der märkischen Papiermacherei[211] im 18. Jahrhundert. Im Jahr 1751 besaß die Delsterner Papiermühle zwei holländische „Riefbacken", die in der Stennert sogar drei. In der amtlichen Beschreibung von 1754 berichtete Roden[212]: „Der Papiermeister Johannes Vörster in der Stennert hat 2 schöne Papier-Mühlen zu Eilpe liegen auf der Volme auf vollem Wasser, wovon eine auf Holländische Art mit Riefbacken, so beide stark betrieben werden."

Neben fließendem Wasser als Antriebskraft und Hilfsstoff bei der Bereitung des Papierbreis bildeten Lumpen den wichtigsten Rohstoff für die Papierherstellung.[213] Aber gerade bei der Beschaffung der Hadern gab es immer wieder Schwierigkeiten.[214] Um die Mitte des 18. Jahrhunderts verdächtigten sich die Hagener Papiermacher gegenseitig, trotz bestehender Ausfuhrverbote, Lumpen ins Ausland geschmuggelt zu haben. Denn in Holland konnte der begehrte Rohstoff teuer verkauft werden. Deshalb konzessionierte Friedrich der Große 1747 und 1757 das Lumpensammeln[215] in der Grafschaft Mark für die dortigen Papiermühlen. Im Jahr 1754 benötigten allein die zwei Mühlen[216] in der Stennert 440 000 Pfund

206 A. Schulte: Name, S. 305 f.

207 A. Langenbach: Beziehungen, S. 48.

208 Dies., Papiermühlen, Bd. 1, S. 116; ebd., Bd. 2, Abb. 68.

209 A. Schulte: Name; A. Langenbach: Anfänge, S. 121.

210 Dies., Papiermühlen, Bd. 1, S. 52 f.

211 G. Bayerl: Bausch, S. 4; vgl. E. Dösseler: Wirtschaft, S. 34 f.

212 Mark, S. 189.

213 Vgl. G. Bayerl: Bausch, S. 5–9; W. Claas: Papierfabrikation, S. 98 ff.; E. Dossmann: Papier, S. 177–181; A. Langenbach: Anfänge, S. 121 f.; dies., Papiermühlen, Bd. 1, S. 16–19.

214 W. Claas: Papierfabrikation, S. 106 f.; A. Dorider: Papiermühlen, S. 31–34; A. Langenbach: Papiermühlen, Bd. 1, S. 61 f., 124 f.

215 H. Henkelmann: Friedrich; A. Langenbach: Papiermühlen, Bd. 1, S. 62. Zum Wortlaut des Ediktes vom 19. März 1757 vgl. Lumpen.

216 A. Dorider: Papiermühlen, S. 31.

Lumpen. Das Material bestand aus 280 000 Pfund feinen, 100 000 Pfund mittleren und 60 000 Pfund groben Lumpen. Dennoch fehlten pro Jahr 200 000 Pfund Lumpen in der Stennert, wo 1757 etwa 6000 bis 7000 Ries Papier in sieben Sorten[217] gefertigt wurden. Die Papiermühle in Delstern stellte 6000 Ries Papier in neun Sorten her. Im Vergleich dazu produzierten die übrigen märkischen Papiermühlen[218], mit jeweils jährlich bis zu 1200 Ries Papier, nur den fünften Teil davon. Wenn man bedenkt, dass ein Büttgeselle[219] nach zeitgenössischen Berichten pro Tag acht Ries Papier schöpfen konnte, überflügelten die Papiermühlen der Familie Vorster die eingesessenen um ein Vielfaches.

Nach der geografischen Beschreibung[220] von 1725 verfertigten die Papiermühlen von Vorster graues und weißes Papier in verschiedenen Sorten sowie Postpapier. Seit der Mitte des 18. Jahrhunderts erweiterte sich die Produktpalette[221] um Brief-, Tabak-, Nähnadel-[222] und Stempel- sowie Propatriapapier. Der Absatz[223] erfolgte nach Holland und in andere europäische Länder. Seit 1776 kamen auch die Vereinigten Staaten von Nordamerika hinzu. 1753 beantragte Johannes Vorster[224] in der Stennert jedoch vergeblich, Warenlager für feines Papier in Berlin, Königsberg, Breslau und Magdeburg einrichten zu dürfen. Die Delsterner Papiermühle verkaufte ihr Schreib- und Postpapier auch über Kommissionsfirmen[225], wie z. B. 1754 über das damals berühmte Handelshaus Johann Peter & Daniel Goebel in Voerde.

Nach Schumpeter[226] liegt das Wesentliche der wirtschaftlichen Entwicklung im Erkennen und Durchsetzen neuer Möglichkeiten. Er hebt dabei typische Aufgaben schöpferischer Unternehmer hervor, die sich an denen der vorhergehenden Persönlichkeiten konkretisieren lassen: Erstellen neuer Produkte und Produktqualität, Einsetzen neuer Fertigungsmethoden sowie Erschließen neuer Bezugsquellen und Absatzmärkte. So gesehen förderten die genannten Migranten mit ihren Innovationen das wirtschaftliche Wachstum der Grafschaft Mark in der Frühen Neuzeit.

Das nächste Beispiel erinnert an die hohe Mobilität typischer Hansekaufleute. Der märkische Bauernsohn Johann Jürgen Velthusen[227] stammte aus der Waldbauerschaft im Gericht Hagen. Er heiratete die 1665 aus einer alten und reichen Nürnberger Familie gebürtige Barbara Susanne Rosenhardt. Am 12. August 1705 erwarb der Krämer in der königlich schwedischen Hafenstadt Wismar[228] das Bürger-

217 A. Langenbach: Papiermühlen, Bd. 1, S. 126.
218 Ebd., S. 117 f., 126.
219 G. Bayerl: Bausch, S. 8.
220 Mark, S. 115, Anm. 1.
221 B. Kuske: Wirtschaftsgeschichte, S. 154; W. Claas: Papierfabrikation, S. 100, 114.
222 K. Schaub: Geschichte, S. 119.
223 W. Claas: Papierfabrikation, S. 100.
224 Geschichtsquellen, Bd. 3, S. 175 Nr. 428.
225 E. Voye: Geschichte, Bd. 1, S. 116.
226 J. Schumpeter: Unternehmer, S. 483.
227 E. Dösseler: Mark, S. 309; O. Witte: Aufstieg, S. 219 ff.; ders., Mark, S. 227; vgl. EKZ: W. Engelbrecht: Jahre; A. Sellmann: Kirchdorf.
228 Zum Schriftenverzeichnis zur Wismarer Stadtgeschichte vgl. Ph. Tober: Bibliographie.

recht. Er wohnte im Haus[229] „Am Markt 8“. Als der Stadt Finanzmittel[230] fehlten, um 1718 das Zeughaus und die beiden Provianthäuser vor dem Abbruch zu retten, beteiligte sich Velthusen mit zwei weiteren Honoratioren an der Kaufsumme von 2400 Talern. Im Jahr 1725 waren von den 883 steuerfähigen Personen[231] in Wismar nur ganz wenige wirklich vermögend, zu denen neben dem Bürgermeister Gabriel Lembke auch der Ratsherr Johann Jürgen Velthusen gehörte.

Der Kaufmann erstand 1731 aus einem Konkurs das viergeschossige Wohngebäude[232] „Hinter dem Rathaus 23“ und kaufte vor 1735 das älteste datierte Wismarer Privathaus[233] „Mecklenburger Straße 12“. Seine edle Gesinnung äußerte sich in Stiftungen für Armenhäuser, Kirchen und Schulen. Der 1736 gestorbene Velthusen fand in der Wismarer Marienkirche einer der schönsten norddeutschen Backsteinbauten, seine letzte Ruhestätte. Die Leichenpredigt wurde auf der von ihm ein Jahr zuvor gestifteten Kanzel, verziert mit seinem üppigen Barock-Epitaph, gehalten. Im Jahr 1742 erfüllten seine drei Kinder seinen Wunsch, das Wismarer Wohnhaus als Witwenhaus einzurichten.

Zur Ehre Gottes und aus Dankbarkeit vermachte der Emigrant 1724 auch seiner Heimatgemeinde 1200 Taler, deren Verwendung er in einer Urkunde[234] präzisierte. So sollten u. a. von den fünfprozentigen Zinsen ein anzustellender Kandidat der evangelisch-lutherischen Theologie 50 Taler für den Unterricht im Lesen und Schreiben sowie die sonn- und feiertägliche Predigt erhalten. 10 Taler waren für die zwei Hagener Pastoren und deren Nachfolger bestimmt. Weitere 50 Taler sollten sofort für den Bau eines notwendigen Kirch- und Schulhauses verwandt werden.

Nach der preußischen Genehmigung wurde im Jahr 1725 Johann Niclas Bühren aus Breckerfeld für das Lehr- und Predigeramt eingestellt. Ihm folgte vier Jahre später Henrich Caspar Schmidt[235] (1696–1774) aus Dortmund, der nach 12 weiteren Jahren als erster Prediger ordiniert werden konnte. Denn entgegen der Intention des Gönners bot die Stiftung den Anlass dazu, dass sich nach mehrjährigen Verhandlungen die evangelisch-lutherische Kirchengemeinde Zurstraße[236] im Jahr 1741 von der Hagener Mutterkirche abtrennte. Um 1730 hatte man mit dem Bau der aus heimatlichem Sandstein errichteten Dorfkirche und einliegender Pfarrwohnung begonnen. Für die Innenausstattung stiftete Velthusen einen bronzenen Kron- und drei zinnerne Altarleuchter. Eine Gedenktafel über dem ursprünglichen Kirchenportal erinnert an den frommen Wohltäter. Die ersten Zeilen lauten: „Diesz Hausz So Hier ist Aufgebaut wo Man des Herrn Wort lehrt, Hat Herr Iohann Georg

229 F. Braun: Häuser, S. 147 f.
230 F. Techen: Geschichte, S. 249.
231 Ebd., S. 257 f.
232 F. Braun: Häuser, S. 187 f.
233 Ebd., S. 229 ff.
234 J. D. v. Steinen: Geschichte, T. 1,2, S. 1383–1399, mit Quellentexten.
235 F. W. Bauks: Pfarrer, S. 442 Nr. 5483.
236 Auch an dieser Stelle möchte ich mich für die Auskünfte des dortigen Pfarrers, Herrn Gerd Heil, recht herzlich bedanken.

Veltthausz zu Wiszmar wohl beehrt." Das mehrmals renovierte und 2003 zuletzt umgebaute Gebäude steht unter Denkmalschutz.

8.7 Staatsdiener-Migranten

Die nachfolgenden zwei Migranten trugen als preußische Verwaltungsbeamte das Ihrige zum Wirtschaftswachstum der frühneuzeitlichen Grafschaft Mark bei. Während der eine im lokalen Bereich agierte, war der andere später auch auf zentraler Ebene tätig.

Der in Rügenwalde, in Hinterpommern, geborene Michael Christian Göring[237] (1694–1763) war Sohn des dortigen kurfürstlichen Amtmanns. Er hatte neun Geschwister. Ab 1713 studierte er drei Jahre an der Universität in Frankfurt/Oder und eineinhalb Jahre in Rostock. Da Göring wegen seiner stattlichen Körpergröße trotz Entlassungsschein befürchten musste, dennoch vom preußischen Heer angeworben zu werden, schloss er sich ihm freiwillig an und ging nach Berlin. Er kam als Schreiber zum Generalauditeur von Kautsch, war aber gleichzeitig Informator im Kadettenkorps des Kronprinzen. Von 1722 an leitete er als Regimentsquartiermeister zwanzig Jahre lang das neu gebildete Regiment von der Mosel, später von Dohna, in Wesel. Gegen Zahlung von 300 Reichstalern in die königliche Rekrutenkasse erhielt Göring im Jahr 1731 den Kriegsratstitel.[238] Damit verbunden war die Anwartschaft auf eine Stelle in der Zivilverwaltung, gemäß seinen juristischen Kenntnissen und Fähigkeiten.

Im Jahr 1737 heiratete der 42-Jährige Regina Willemsen (1715–1747), die Tochter eines angesehenen und vermögenden Weseler Weinhändlers. Von seinen fünf Kindern überlebten die Mutter nur ein Sohn und eine Tochter.[239] Im Jahr 1742 erhielt Göring die Bestallung zum Steuerrat und „Commissarius loci" (Ortskommissar)[240] für die märkischen Städte südwärts der Ruhr. Die jährliche Besoldung betrug anfangs 400 und später 500 Reichstaler. Er wohnte mit seiner Familie zunächst in Bochum und zog drei Jahre später nach Hagen. Seit 1748 besuchte sein ältester Sohn[241] als achtjähriger Schüler in Schwelm die unter dem Rektor Andreas Karsch[242] geführte angesehene Lateinschule.[243] In der öffentlichen Herbstprüfung 1748 referierte Christian Heinrich Göring[244] in lateinischer Sprache über „die Flüchtigkeit der Zeit". Nach drei Jahren wechselte er auf die Hagener Lateinschule, die sich unter neuer Leitung von Rektor Konrad Ehrenreich Griesenbeck

237 F. Schmidt: Michael Mark; ders., Michael Sauerlande; A. Sellmann: Kriegs; ders., Michael.

238 Zur Entwicklung der Ämterkäuflichkeit in Brandenburg-Preußen vgl. H. Möller: Ämterkäuflichkeit.

239 F. Schmidt: Michael Mark, S. 18, 47.

240 Vgl. O. Hintze: Commissarius; G. Schmoller: Verfassungsgeschichte, S. 151 ff.

241 F. Schmidt: Michael Mark, S. 19.

242 G. Helbeck: Schwelm, S. 398; P. H. Holthaus: Kirchen, S. 79 f.; vgl. E. Böhmer: Geschichte, S. 19–22; W. Tobien: Geschichte, S. 24–27.

243 Vgl. W. Tobien: Geschichte.

244 E. Boehmer: Schulprogramme, H. 3, S. 30 Nr. 16; A. Sellmann: Michael, S. 44.

gut entwickelte. Im Jahr 1753 handelte die lateinische Rede[245] des Schülers von „der nötigen Erkenntnis der Anfangsgründe der Wissenschaft“.

Die Tätigkeit des Steuerrats Göring als Ortskommissar bezog sich auf die süderländischen Städte[246] Iserlohn, Hagen, Blankenstein, Hattingen und Schwelm, Altena, Breckerfeld, Lüdenscheid, Neuenrade und Plettenberg. Zur Förderung des einheimischen Gewerbes machte Göring Eingaben und Vorschläge an den preußischen König. Halbjährlich musste er ihm über den Flor desselben ausführlich berichten. Auf Göring ging z. B. der 1744 unter großen Schwierigkeiten gegründete und 1756 erneuerte Eisendrahtstapel[247] in Altena zurück. Er verhandelte und schlichtete Streitigkeiten zwischen letzterem und der Iserlohner Kratzendrahtgilde.[248] Er befürwortete 1750 das Gesuch[249] des Steuer-Rezeptors Funcke zur Anlage der ersten Tuchscherenfabrik in Preußen und von zwei Breitwerkshämmern in der Nähe von Hagen. Der Steuerrat ließ 1751 das märkische Papiergewerbe[250] untersuchen und erstellte die „Specification und Nachricht von denen im Märkischen Kreise südwärts der Ruhr befindlichen Papiermühlen“. Er bemühte sich gleichzeitig um eine bessere Versorgung mit den notwendigen Rohstoffen. Unter seinem Vorsitz einigten sich die süderländischen Papiermacher 1756 über die Verteilung der Lumpensammelbezirke.

Der Beamte Göring förderte nicht nur Unternehmer, sondern war auch selbst unternehmerisch[251] tätig. 1744 erwarb er von dem Gewerken Hermann Albert Hünninghausen Anteile an mehreren Kohlenbergwerken in Königssteele und Herscheid im Wert von 220 Reichstalern. Sieben Jahre später leitete Göring die zusammen mit dem Iserlohner Bürgermeister Dr. iur. Johann Caspar Lecke[252] (1694–1785) wiederbegründete Messinggewerkschaft[253], die für sämtliche Galmei-Lagerstätten im Amt Iserlohn und im Gericht Hemer zuständig war. Im Jahr 1755 erhielt er den Titel eines Fabrikenkommissars im Range eines Kriegs- und Dömänenrats zuerkannt.[254] „Wir dazu den bisherigen dortigen Kriegs- und Steuerrath Göring weil er von sothanen Fabriquen schon Connaissance hat, ernennet und bestellet, auch ihm dabei wegen seiner vieljährigen geleisteten Dienste [...].“[255] Die Wertschätzung des preußischen Königs seinem Beamten Göring gegenüber übertraf die Meinung eines ehemaligen Mitarbeiters. Noch einige Jahre zuvor bemerkte Roden[256] über seinen Vorgesetzten, dass „Göring nicht viel wusste“.

245 Ebd., S. 45.
246 Vgl. D. Stievermann: Preußen; ders., Städtewesen.
247 F. Schmidt: Michael Brief, S. 113; vgl. G. Lange: Gewerbe, S. 116. Zum Wortlaut des Stapelvertrages vgl. Gründung.
248 Vgl. W. Reininghaus: Zünfte, S. 123 ff.
249 A. Helbig: Christian, S. 10 f.
250 A. Langenbach: Papiermühlen, Bd. 1, S. 61 f.
251 F. Schmidt: Michael Mark, S. 33.
252 W. Reininghaus: Stammlisten, S. 42 IV.
253 Vgl. ders., Stadt, S. 129 ff.
254 Ders., Wirtschaft, Staat, S. 32.
255 A. Helbig: Christian, S. 12.
256 E. Vogeler: Leben, T. 1, S. 7.

Im Siebenjährigen Krieg (1756–1763) kam Göring mit anderen Honoratioren aus Hagen zweimal unfreiwillig nach Düsseldorf. 1758 konnten sich die Geiseln mit 2500 Reichstalern von dem französischen General de Broglio loskaufen.[257] Vier Jahre später verlangte der französische General Fischer[258] erneut Submissionsgelder, ehe er die Gefangenen frei ließ. Die Pflichttreue von Göring war danach aber ungebrochen. Trotz erschwerter Verkehrsverhältnisse nach dem Krieg und einem stark geschwollenem Fuß unternahm er im März 1763 dennoch die Reise nach Altena, um mit dem dortigen Landrichter und Oberbürgermeister Johann Melchior Goecke zu verhandeln. Der Fabrikenkommissar[259] schrieb ihm: „Inzwischen kann keine ordinaire Beinkleider, Strümpfe, noch Schue ankriegen, sondern muß mir zuforderst zur Hinreise nach Altena neue machen lassen. ich will indeß die Reise wagen, um keinen auffenthalt zu causiren. Will hoffen, dass der Fuß nicht schlimmer wird.“

Vier Monate später starb der lutherische Kriegsrat[260] mit 68 Jahren nach über 20-jähriger Tätigkeit in der Grafschaft Mark. Er wurde wunschgemäß in der reformierten Hagener Kirche neben seiner vor 16 Jahren gestorbenen Gattin beerdigt. Sein Vermögen von 16300 Reichstalern wurde bis auf 890 Reichstaler unter seine zwei überlebenden Kinder aufgeteilt. Der 23-jährige Sohn Christian Heinrich Göring (1740–1805)[261] beendete 1763 das juristische Studium an der Universität Frankfurt/Oder. Im Jahr 1771 ehelichte er in Orsoy[262] die dort geborene Elisabeth Bernardine Lüps (1751–1819). Der Landgerichtsassessor und spätere Notar ließ sich in Emmerich nieder. Sein Sohn Peter Göring (1784–1862) wurde ein wohlhabender Kaufmann.[263] Die 18-jährige Tochter des Fabrikenkommissars, Johanna Christina Göring,[264] heiratete den Kapitän von Mack aus Mersick. Nach dem Testament sollten die treue Haushälterin des Witwers, Katharina Asmann, neben 25 Reichstalern, auch Hausgerät und Bettwäsche sowie der Bediente, Johann Dietrich Weyland, 10 Reichstaler erhalten. Um das verdienstvolle Wirken dieses angesehenen und einflussreichen Orts- und Fabrikenkommissars für die Grafschaft Mark in der Frühen Neuzeit angemessen würdigen zu können, bedarf es wohl noch eingehender Forschungen in den zuständigen Stadtarchiven.

Es folgt die bewegte Lebensgeschichte des arbeitsamen und pflichtbewussten preußischen Verwaltungsbeamten Johann Rembert Rode(n)[265] (1724–1781). Er ließ sich von den Unwägbarkeiten des Lebens nicht entmutigen. Aufgrund seiner Tüchtigkeit und Zielstrebigkeit begegneten Roden immer wieder geeignete Per-

257 F. Schmidt: Michael Mark, S. 36; A. Sellmann: Michael, S. 59.

258 Ebd., S. 60.

259 F. Schmidt: Michael Brief, S. 114.

260 Ders., Michael Mark, S. 47 f.; A. Sellmann: Kriegsrat, unpag.

261 Ders., Michael, S. 64 f.

262 F. Schmidt: Michael Sauerlande, S. 31.

263 Vgl. G. Milkereit: Peter.

264 A. Helbig: Christian, S. 12.

265 Th. v. Ditfurth: Geschichte, S. 85–88; J. Kloosterhuis: Fürsten, Räte, S. 12 f.; W. Schulte: Köpfe, S. 263 ff.; E. Vogeler: Leben. Der Autor wertete dafür die in Privatbesitz befindliche handschriftliche Autobiographie von Roden aus. Nach dem Taufeintrag lautete der Name „Rode“. Er selbst nannte sich „Roden“.

sönlichkeiten, die ihn förderten. Er rückte aus einer subalternen Stellung in der märkischen Lokalverwaltung zu einem der höchsten Staatsämter in der Berliner Zentralverwaltung auf. Damit waren naturgemäß häufige Ortswechsel inner- und außerhalb der Grafschaft Mark verbunden.

Als Sohn eines städtischen Amtsträgers in Soest geboren besuchte bereits der Fünfjährige das heimatliche, 1533 gegründete Archigymnasium.[266] Ab 1730 wurde dort die Lehrmethode nach dem Vorbild von August Hermann Francke (1663–1727) aus Halle eingeführt.[267] Wegen Verarmung der Eltern nahm Roden im Jahr 1745 eine Schreiberstelle bei dem Richter Wortmann in Hamm an. Gleichzeitig hörte der 21-Jährige juristische, geschichtliche und philosophische Vorlesungen auf dem dortigen akademischen Gymnasium.[268] Nach der Amtsenthebung Wortmanns wegen allzu schleppender Gerichtsverfahren wurde Roden drei Jahre später in Hamm Rechtsgehilfe des Advokaten Dr. Engel. „Er war mir sehr guth, führete mich zur praxis und ließ mich Geld verdienen“, berichtete Roden[269] über ihn. Er vertrat ihn bei Gerichtsterminen in Hamm, Lünen und Kamen, Unna sowie Hagen.

Ab 1750 hatte der 26-jährige Roden das Amt des Commissionssekretärs für den Altenaer Kreis in Hagen für drei Jahre inne. Für ihn war sein ungeselliger Vorgesetzte, der 57-jährige Steuerrat Göring, „ein alter Murrkopf“[270]. Roden dagegen ging gern in Gesellschaft, da er „kein Misanthrope werden wollte“.[271] Er übernahm 1751 ebenfalls die Stelle des dortigen Stadtsekretärs. Roden gefiel die abwechslungsreiche Tätigkeit, vor allem das Bereisen der Städte, durch das er viel lernte. Roden[272] bekannte: „[...] denn in Accise, Stadtcämmery, Fabriquen und andre Branchen wurde ich routinirt.“

1753 bekam er die Stelle des Kreisschreibers im Altenaischen Kreise, mit Sitz in Hagen. Über seinen neuen Vorgesetzten, den Landrat Grollmann, einen lang gedienten Soldaten, urteilte Roden[273]: „[...] ein guter ehrlicher Mann, wusste aber von nichts und hatte auch nichts gelernet. [...] und wir wurden gute Freunde.“ Ein Jahr später musste Roden für den ehemaligen Hörder Gerichtsschreiber Pütter seinen Posten wieder räumen. Nach erfolgreich bestandenem Examen vor der Klevischen Regierung bewarb er sich zunächst erfolglos um eine adäquate Stelle.

Roden arbeitete nunmehr in besonderen Kommissionen für Präsident von Borcke von der Kriegs- und Domänenkammer zu Kleve. Er verfasste u. a. die „Beschrei-

266 Vgl. U. Löer: Archigymnasium; E. Vogeler: Geschichte. Quellen und Literatur zur Geschichte des Archigymnasiums Soest; vgl. U. Löer: Quellen.

267 St. Ehrenpreis: Kirchen, S. 97.

268 Vgl. ebd., S. 97 f.; Th. Berndt: Geschichte; G. Wendt: Geschichte. Festschrift zur 300-Jahr-Feier des Gymnasiums Hommonense 1657–1957 mit mehreren Beiträgen; vgl. Festschrift.

269 E. Vogeler: Leben, T. 1, S. 6.

270 Ebd., S. 7.

271 Ebd.

272 Ebd.

273 Ebd., S. 8.

bung der Fabriken südwärts der Ruhr 1754“[274], eine immer noch wichtige Quelle für die märkische Gewerbegeschichte. 1755 nahm Roden die vom Präsidenten[275] angebotene, freigewordene Stelle als Ratsmann in Soest an. Daneben war er weiterhin in Kommissionen der Kriegs- und Domänenkammer in Kleve tätig. Aufgrund seiner gründlichen Kenntnisse von Land und Leuten ernannte man Roden 1757 zum Feldkriegskommissar und drei Jahre später zum Kriegsrat unter Herzog Ferdinand von Braunscheig (1721–1792), der ihn seinem Schwager, Friedrich dem Großen, empfahl.

Im Jahr 1759 heiratete der 35-jährige Roden die Tochter des Hagener Richters, Elisabeth Franziska Wülfingh, die 1761 nach der Geburt ihrer Tochter Friderica Philippine Marie Henriette starb.[276] Nach drei Jahren ehelichte der Witwer die älteste Tochter des Regierungsrats und Stadtdirektors Schrader von Minden. Der 1765 zu früh geborene Sohn[277] Florentz Frantz August Wilhelm starb kurz nach seiner Taufe. Im Jahr 1767 wurde die zweite Tochter,[278] Ferdinande Frederique Wilhelmine Auguste Louise Henriette, geboren. Ein Enkel[279] von Roden, der preußische Oberstleutnant Karl Freiherr von Vincke, wurde als Parlamentarier unter dem Namen Vincke-Olbendorf[280] bekannt.

Nach dem Siebenjährigen Krieg setzte Roden seine Laufbahn in den Zentralverwaltungsbehörden in Berlin fort. Die 1763 vorgelegte Aufstellung über die Kriegsschäden in Kleve-Mark beeindruckte den preußischen König, der Roden noch im gleichen Jahr zum Kriegsrat der kurmärkischen Kammer und zum Geheimen Finanzrat[281] des Generaldirektoriums, mit einem Gehalt von monatlich 1400 Reichstalern, ernannte. Fünf Jahre später wurde Roden zum Ersten Präsidenten der Oberrechenkammer befördert. Seiner Tatkraft und Umsicht war es zu verdanken, dass innerhalb des ersten Jahres 2000 unbearbeitete Rechnungen[282] erledigt werden konnten. Friedrich II. lobte daher 1768 in einer eigenen Kabinettsorder den Fleiß und die gute Ordnung der Oberrechenkammer.

Roden hatte das Vertrauen des Königs gewonnen, so dass er ihm im Jahr 1774 sogar die Ausbildung seines Thronfolgers in Fragen der Finanzverwaltung übertrug. Friedrich Wilhelm[283] wurde einen Monat lang viermal wöchentlich je eine Stunde unterrichtet. Der Präsident widmete die nachträglich in einem Taschenbuch[284] notierten und revidierten Lektionen 1775 seinem prinzlichen Schüler. In einem

274 Vgl. Mark, S. 205–208.
275 E. Vogeler: Leben, T. 1, S. 10 f.
276 E. Vogeler: Leben, T. 1, S. 86.
277 Ebd., T. 2, S. 6 f.
278 Ebd., S. 10.
279 Ebd., T. 1, S. IV Anm. 1.
280 Vgl. H. v. Petersdorff: Vincke.
281 Th. v. Ditfurth: Geschichte, S. 86.
282 Ebd., S. 26, 87.
283 Ebd., S. 87; E. Vogeler: Leben, T. 2, S. 35 f.
284 „Kurzgefasste Nachricht von dem Finanzwesen auf gnädigste Ordre Seiner Königlichen Hoheit des Prinzen von Preußen, entworfen vom 23. Dezember 1774 bis 22. Januar 1775“, Text vgl. J. D. E. Preuß: Friedrich, Bd. 4, S. 415–467.

1781 erstellten Manuskript[285] über das Generaldirektorium ging Roden auch auf die Oberrechenkammer ein. Die Darstellung basiert auf damals noch vorhandenen älteren Akten und gilt als bedeutende Geschichtsquelle. Der an Brust und Füßen kranke und überarbeite Präsident[286] starb mit nur 57 Jahren in Berlin. Der preußische König[287] kondolierte dessen Witwe u. a. mit den Worten: „Er war ein ehrlicher und rechtschaffener Mann, und der Verlust von solcher Art treuen Diener gehet Mir immer nahe."

Dass Aufstieg und Fall nahe beieinander lagen, zeigen die folgenden zwei Beispiele. Zar Peter I. (1672–1725) verstärkte die Politik seiner Vorgänger zur Modernisierung Russlands. Damit verband er eine wachsende Intensität in der Anwerbung[288] ausländischer Fachkräfte. Er warb nicht nur selbst auf seinen Auslandsreisen, sondern setzte auch ständige russische Diplomaten im Ausland dafür ein. Sein 1702 erlassenes Dekret[289] sollte das Einwandern vor allem von Westeuropäern fördern. Er sicherte Ihnen freie Religionsausübung und Beibehalten ihrer Staatsbürgerschaft zu.[290] Dass die in Aussicht gestellten Privilegien sowie versprochenen hohen Ämter in Staat, Flotte und Armee, verbunden mit gesellschaftlichem Aufstieg, tatsächlich erreichbar waren, kann am Beispiel der Bochumer Pastorensöhne Ostermann[291] aufgezeigt werden.

Auf Vermittlung des in russischen Diensten stehenden Heinrich Freiherrn von Hyssen[292] (1666–1739) gelangte sein Neffe Johann Christoph Dietrich Ostermann (1683–1743), nach auswärtigen Studien, im Jahr 1702 an den Zarenhof. Ostermann unterrichtete die kaiserlichen Prinzessinnen in deutscher Sprache. Seit 1716 vertrat er Herzog Karl Leopold von Mecklenburg-Schwerin (1678–1747) als Gesandter in Russland. Im Jahr 1721 wurden er und sein Bruder zu russischen Baronen erhoben. Er erhielt 1729 den russischen Alexander-Nevskij-Orden.

Sein jüngerer Bruder Heinrich Johann Friedrich Ostermann[293] (1687–1747) wurde als russischer Staatsmann berühmt. Anlässlich seines 250. Todestages fand in seiner Heimatstadt ein Symposium[294] statt. Im Jenaer Universitätswirtshaus „Zur Rose" erstach der betrunkene Ostermann im Jahr 1703 zu mitternächtlicher Stunde den Kommilitonen Gerhard Friedrich Borgerding aus Hannover. Der steckbrief-

285 „Historisch-chronologische Beschreibung von der Stiftung des General-Ober-Finanz-Krieges- und Domainen-Direktorii und denen davon zusammenhängenden oder relevirenden Departements, so sich in Berlin befinden", vgl. Th. v. Ditfurth: Geschichte, S. 8, Anm. 2; E. Vogeler: Leben, T. 2, S. 57.

286 Ebd., S. 54.

287 J. D. E. Preuß: Friedrich, Bd. 4, Urkundenbuch, S. 287 Nr. 46 e.

288 E. Amburger: Anwerbung, S. 47.

289 L. Markina: Darstellungen, S. 235.

290 Vgl. H. Klueting: Ausländer, S. 143–147.

291 Zu den Vorfahren der Familie vgl. E. Amburger: Heinrich, S. 38–43.

292 Ebd., S. 32, 38; B. Kleff: Graf, S. 40; H. Klueting: Ausländer, S. 146 f.

293 W. Eggeling: Heinrich; B. Kleff: Graf; H. Klueting: Ausländer, S. 147–153; ders., Graf, S. 61–70; ders., Ostermann; ders. u. E. Klueting: Heinrich; W. Schulte: Köpfe, S. 233 f.; J. V. Wagner: Deutscher, S. 19–23, 31–44.

294 Reich bebilderter Ausstellungskatalog mit zahlreichen wissenschaftlichen Beiträgen und weiterer Literatur, vgl. Deutscher.

lich Gesuchte tauchte unter und floh nach Amsterdam. Dort ließ sich Ostermann 1704 von Vizeadmiral Kornelius Cruyz (1657–1727) zunächst als Untersteuermann für die russische Flotte anwerben. Er avancierte später zu dessen Sekretär. Seine sprachlichen Fähigkeiten und sein diplomatisches Geschick prädestinierten den Märker für verantwortungsvolle Aufgaben.

Unter Zar Peter dem Großen und dessen Nachfolgern wurde Ostermann Übersetzer, Geheimer Kanzleirat, Außenminister[295] und Vizekanzler, Generalpostdirektor, Premierminister sowie Generaladmiral. Zwischen 1725 und 1740 gehörte dieser russische Politiker zu den bedeutendsten Staatsmännern Europas. Er hatte entscheidenden Anteil an der Entwicklung Russlands zur Großmacht. Auf der Höhe seiner Laufbahn war Ostermann für kurze Zeit der „ungekrönte Zar von Russland“.

Im Jahr 1721 heiratete er in den vornehmen russischen Hochadel ein. Mit Marfa Iwanowna Streschnjewa[296] (1698–1781), einer entfernten Verwandten des Kaisers, hatte er drei Söhne und eine Tochter. 1727 erhielt Ostermann den höchsten russischen Orden, den des heiligen Apostels Andreas. Im gleichen Jahr verfasste er als Oberhofmeister einen „Fürstenspiegel“[297] für die Erziehung Peters II. (1715–1730). Anregungen dazu wird er wohl von dem Erzieher seiner Kinder, dem Moralphilosophen Christoph Friedrich Gross, Professor in St. Petersburg und Schüler von Gottfried Wilhelm Freiherr von Leibniz (1646–1716), erhalten haben. Drei Jahre später wurde der Märker in den erblichen Grafenstand erhoben und nannte sich seitdem Andrej Iwanowitsch Graf Ostermann. Friedrich Wilhelm I. (1688–1740) verlieh ihm den höchsten preußischen Orden, den Schwarzen Adler-Orden.

Im Jahr 1741 fielen Ostermann und andere Regierungsmitglieder einer Palast-Revolte zum Opfer.[298] Zarin Elisabeth (1709–1761) wandelte sein Todesurteil 1742 zu lebenslänglicher Verbannung in das westsibirische Städtchen Berjosow um, einem damals holzgebauten Militärstützpunkt an einem linken Nebenfluss des Ob. Ostermann verlor alle Ämter und Ehren. Die Verteilung seines vom Zarenhof konfiszierten Vermögens wurde genau geregelt.[299] Der Verbannte konnte von seinem Hab und Gut 10 Fuhrwerke voll mitnehmen. Von seiner umfangreichen Bibliothek blieben ihm nur die Bibel und ein Gebetbuch. Sechs Bedienstete seines bisherigen etwa 80-köpfigen Hauspersonals durften das Ehepaar Ostermann begleiten. Nach seinem Tod 1747 konnte seine Frau drei Jahre später nach St. Petersburg zurückkehren.

Die russische Kaiserin Katharina die Große (1729–1796) rehabilitierte Heinrich Graf Ostermann und seine Nachkommen.[300] In Wertschätzung seiner Verdienste stellte sie ihnen 1790 rückwirkend das erbliche Grafenpatent aus. Das Familien-

295 H. Klueting: Ausländer, S. 151 f.; vgl. ders., Graf, S. 70–90.

296 E. Amburger: Heinrich, S. 35 f., 43, 50.

297 H. u. E. Klueting: Heinrich, S. 71–75; J. V. Wagner: Deutscher, S. 35 f.

298 Im gleichen Jahr erschien die erste Biographie über Graf Ostermann, vgl. Ch. F. Hempel: Leben.

299 W. Eggeling: Heinrich, S. 136–139.

300 E. Amburger: Heinrich, S. 36 f.; M. Hagemeister: Bochum, S. 247; B. Kleff: Graf, S. 39 f.; J. V. Wagner: Deutscher, S. 44 f.

wappen wurde in das Stammbuch der russischen Adelsgeschlechter aufgenommen. Iwan Ostermann (1725–1811), der jüngste Sohn, stieg bis zum Vizekanzler auf. Dessen Bruder Fedor Ostermann (1723–1804) brachte es bis zum General und Gouverneur von Moskau. Die Tochter Anna Ostermann (1724–1769) heiratete in die weit verzweigte Adelsfamilie der Tolstoj ein. Ihr Enkel[301] Alexander Iwanowitsch Graf Ostermann-Tolstoj (1770–1857) kämpfte als kaiserlich-russischer General-Leutnant in den Befreiungskriegen gegen Napoleon. Er wurde zum gefeierten „Helden von Kulm".

In diesen Kontext passt auch das nächste Beispiel. Der aus der Nähe von Lüdenscheid aus einem alten westfälischen Adelsgeschlecht gebürtige Theodor Freiherr von Neuhoff[302] (1694–1756) war zunächst Soldat und später Offizier unter Karl XII. von Schweden (1682–1718). Infolge seiner Spielleidenschaft, gepaart mit Leichtsinn, häuften sich bei ihm immer mehr Schulden an. Auf der Flucht vor seinen Gläubigern durchquerte der Abenteurer ganz Europa. Als Gesandter Kaisers Karl VI. (1685–1740) kam Neuhoff 1732 schließlich nach Florenz. Er nahm lebhaften Anteil an dem Freiheitskampf der Korsen gegen die Republik Genua und bot ersteren militärische Hilfe an. Im Jahr 1736 ließ Neuhoff sich zum König von Korsika[303] wählen, der drittgrößten mittelländischen Insel mit damals 200 000 Einwohnern auf 178 Quadratmeilen. Neben der militärischen Organisation widmete er sich dem zivilen Aufbau des Landes. Neuhoff ließ sogar eigenes Geld drucken. Ein Missgeschick veranlasste den „Herrscher für einen Sommer" nach acht Monaten zur Abreise. Er kehrte nur noch zweimal zurück.

Als unermüdlicher Bittsteller hoffte er erneut, ausländische Mächte für die Befreiung seines Landes zu gewinnen. In den Folgejahren versuchte Neuhoff jedoch vergeblich, sein Königreich zu festigen. Im Jahr 1749 tauchte er in England auf, wo das Schicksal ihn ereilte. Infolge der Anklage der von dem genuesischen Resident in London, Gastaldi, aufgewiegelten Gläubigern, geriet der Gesuchte in Schuldhaft. Nach sieben Jahren konnte er das königliche Bankgefängnis in London aufgrund der Insolvenz-Akte verlassen. Theodor hatte das Korsische Königreich seinen Gläubigern vermacht. Zwei Jahre bevor Korsika in französischen Besitz überging, starb der 61-Jährige 1756 im Londoner Armenviertel Soho. Sein Grab liegt auf dem dortigen St.-Anna-Friedhof.

Der englische Schriftsteller Horace Walpole (1717–1797), gleichzeitig Mitglied des britischen Parlaments, verfasste als Gönner die an der Kirchhofskapelle angebrachte Gedenktafel für den „König von Korsika". Die ersten Zeilen[304] heißen übersetzt: „Das Schicksal lehrt ihn lebend sein Gebot, Gab ihm ein Königreich, versagt ihm aber Brot." Neben seiner 1745 erschienenen Autobiographie[305] be-

301 E. Amburger: Heinrich, S. 53; M. Hagemeister: Bochum, S. 243–246.

302 F. C. G. Hirsching: Handbuch, Bd. 6, S. 91–95; W. Kosch: Deutschland, S. 484; A. W.: Neuhoff; M. Vogt: Neuhof(f).

303 P. Fabiani: Theodor; W. Werland: Korsenkönig; W. Wichmann: Theodor; Th. v. Neuhof, S. 45–77.

304 W. Wichmann: Neuhoff, S. 211.

305 Vgl. Th. A.v. Neuhoff: Theodor.

schrieb sein Sohn[306] aus der Ehe mit der Engländerin Lady Sarsfield, einer ehemaligen Ehrendame am Hof der spanischen Königin, das abenteuerliche Leben seines Vaters. Es bot Stoff für zahlreiche romanhafte, allgemeinverständliche und bebilderte Darstellungen.[307]

306 Vgl. F. de Neuhoff: Mémoires.

307 Vgl. E. Dresbach: Theodor; P. Fabiani: Theodor; Th. Heuss: Schattenbeschwörung, S. 28–38; W. Hostert: Todestag; H. D. Mittorp: Theodor; W. Werland: Korsenkönig.

In der landwirtschaftlich orientierten Gesellschaft der Frühen Neuzeit blieb die Agrarkonjunktur nicht ohne Wirkung auf die natürliche Bevölkerungsbewegung der Grafschaft Mark. Indikatoren dafür waren die Ernteerträge, die sich in Preisen des Hauptnahrungsmittels, nämlich Getreide, widerspiegelten. Die Höhe der Kornpreise wirkte sich antagonistisch auf das Heiratsverhalten aus. Bei sehr hohen Roggenpreisen wie 1695/99 bestand nur eine unterdurchschnittliche Heiratsfreudigkeit. Dagegen verursachten z. B. die niedrigen Roggenpreise von 1730/34 je nach Konfession (vgl. Abb. 11) und Gebiet (vgl. Abb. 12) differenziert, eine verstärkte Heiratshäufigkeit. Entsprechendes galt auch für die Entwicklung der Geburten (vgl. Abb. 48–49).

Die Bitte „Vor Pest, Hunger und Krieg bewahre uns oh Herr" enthält die wichtigsten Determinanten einer demographischen Krise, die sich in einer kurzfristigen Übersterblichkeit ausdrückte. Dabei beeinflussten sich in der Frühen Neuzeit Subsistenzkrisen und Epidemien gegenseitig. In der Grafschaft Mark traten sie vermehrt in der ersten Hälfte des 18. Jahrhunderts auf. Infolge des erhöhten Roggenpreises stieg der Anteil der Gestorbenen an den Lebendgeborenen nach einer zeitlichen Verzögerung überdurchschnittlich (vgl. Abb. 96). Die Heirats- und Geburtenhäufigkeit nahm in dem der Krise folgenden Jahr stark zu (vgl. Tab. 111), so dass die Kompensation nach erhöhter Sterblichkeit als Homöostase bezeichnet werden kann.

Abbildung 136 fasst die ländliche Bevölkerungsbewegung in der Grafschaft Mark für ausgewählte Jahre der Frühen Neuzeit zusammen. Bis zum Beginn des 18. Jahrhunderts entwickelte sie sich unterdurchschnittlich. Im ersten Drittel des 18. Jahrhunderts stagnierten die über dem Durchschnitt liegenden Werte der Getauften, die bis zur Mitte des Jahrhunderts hinter den schneller angestiegenen Eheschließungen und Gestorbenen zurückblieben.

In der Frühen Neuzeit handelte es sich um eine agrarisch geprägte Periodizität der Trauungen, deren Häufigkeit die landwirtschaftliche Struktur der jeweili-

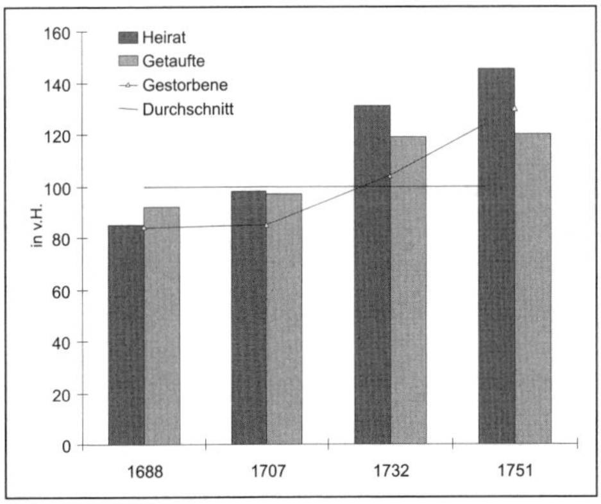

Abb. 136
Ländliche Bevölkerungsbewegung in der Grafschaft Mark 1688 bis 1751

Dargestellt nach den Tab. 26, 74, 92.

gen Kirchspiele zum Ausdruck brachte. Deshalb entwickelte Kussmaul[1] anhand der saisonalen Heiratshäufigkeiten, je nach dem Verhältnis zwischen maximalen Frühjahrs- und Herbstindices, vier Typen. Bei geringen Werten unter 100/150 Prozent bildeten sie den nicht saisonalen X-Typ (non-saisonal), der weniger agrarwirtschaftlich orientiert war. Übertraf der Herbstindex den des Frühjahrs, so entsprach das dem ackerwirtschaftlichen A-Typ (arable). Den umgekehrten Fall bezeichnete Kussmaul als viehwirtschaftlichen P-Typ (pastoral). Lagen beide Indices über 135 Prozent, dann lag der gemischtwirtschaftliche H-Typ (heterogeneous) vor.

Da die saisonalen Maxima der Heiratshäufigkeiten hinsichtlich ihrer Dauer nicht genau mit einem Kalendermonat übereinstimmten und der Beginn schwankte, votierte Kussmaul für überlappende Zeiträume. Die Herbstmonate fielen entweder auf den September/Oktober oder den Oktober/November. Für das Frühjahr galten wahlweise die Monatspaare April/Mai, Mai/Juni oder Juni/Juli. Verzerrungen aufgrund der Heiratsverbote während der Fasten- und Adventszeit wurden durch März- und Dezemberindices korrigiert.[2]

Tabelle 19 im Anhang enthält Berechnungen für 30-jährige Zeitperioden mit jeweils 15-jähriger Überlappung. Die regional desaggregierte Analyse ergab Folgendes. Zum Ende des 17. Jahrhunderts orientierte sich der Großteil der ausgewählten Kirchspiele der Grafschaft Mark am ackerwirtschaftlichen A-Typ. Drei westliche Kirchspiele bildeten zeitweilig eine Ausnahme. Weitmar entsprach zunächst dem nicht saisonalen X-Typ. Das Kirchspiel Gevelsberg war dem gemischtwirtschaftlichen H-Typ zuzuordnen. Das galt auch noch für die folgende Periode. Das Kirchspiel Niederwenigern gehörte nur im ersten Viertel des 18. Jahrhunderts zum nicht saisonalen X-Typ.

Bis zur Jahrhundertmitte entwickelten sich alle ausgewählten Kirchspiele zum ackerwirtschaftlichen A-Typ. Dabei nahm die bisher starke Streuung der Saisonalitäten zugunsten homogener landwirtschaftlicher Strukturen ab. Sie bewegten sich aufeinander zu. Dies beruhte auf weitgehend erhöhten Frühjahrsindices bei gleichzeitig rückläufigen Herbstindices. Die Spannbreite der Herbstindices hatte sich im Zeitablauf etwa halbiert, während die der Frühjahrsindices sogar auf knapp ein Drittel zurückging. Der viehwirtschaftliche P-Typ ließ sich bei der Heiratshäufigkeit der untersuchten Gebiete der ländlichen Grafschaft Mark nicht nachweisen.

In der Frühen Neuzeit waren Heiratsalter und -häufigkeit Steuerungsgrößen der natürlichen Bevölkerungsbewegung. Bis zur ersten Hälfte des 18. Jahrhunderts entwickelte sich im interkulturellen Vergleich ein „europäisches Heiratsmuster“, das durch ein hohes Heiratsalter und einen nicht geringen Anteil an unverheirateten Personen gekennzeichnet war. Aufgrund des weiblichen Heiratsalters von durchschnittlich 27 Jahren (vgl. Tab. 35), verbunden mit einem vorzeitigen Beenden der ehelichen Fruchtbarkeit, konnte in der ländlichen Bevölkerung der Grafschaft Mark die natürliche Geburtsspanne stark verkürzt werden (vgl. Tab. 54). Zu diesen äußeren Rahmenbedingungen kam nicht selten geburtsbeschränkendes Verhalten hinzu, das die innereheliche Fruchtbarkeit zusätzlich begrenzte.

1 A. Kussmaul: View, S. 52 f., 62 ff.; vgl. dies., Time.

2 Zur Berechnungsmethode dies., Change, S. 28 f.

Sofern die gewünschte Kinderzahl erreicht war, wurde teilweise in höherem Alter (vgl. Tab. 52) und bei langer Ehedauer (vgl. Tab. 53) die Anzahl der Geburten durch eine geringere Geburtenhäufigkeit reduziert. Unterstützend wirkte sich dabei das Stillverhalten aus (vgl. Tab. 61). Die eigene Muttermilch war für den Säugling die natürlichste und gesündeste Nahrung. Gleichzeitig schützte das Stillen die Ehefrauen vor einer erneuten Schwangerschaft. Anhand des zu geringen Anteils an intergenetischen Intervallen von über 48 Monaten ließ sich jedoch bis zur Mitte des 18. Jahrhunderts in Herbede und Herne ein generelles kontrazeptives Vorgehen nicht nachweisen (vgl. Tab. 60).

In diesen Kontext gehört auch die „nachgeburtliche Familienplanung". Dabei sorgten Eltern durch bewusstes Vernachlässigen ihrer Säuglinge für deren vorzeitiges Ableben. Es geschah vermehrt in katholischen Gegenden, meist ab dem fünften Geburtsrang. Dieses sogenannte „Himmeln" wurde religiös interpretiert. Die unschuldig gestorbenen „Englein" konnten für das Seelenheil der Eltern fürbittend eintreten. Deren religiöse Intention beeinflusste sogar das Nichtregistrieren von Totgeborenen (vgl. Tab. 120). So lag in der katholischen Kirchengemeinde Rhynern der Anteil an Säuglingen, die angeblich wenigstens einige Stunden gelebt hätten, erheblich höher als in lutherischen Kirchengemeinden. Inwieweit es sich dabei in Wirklichkeit aber um Totgeborene handelte, bleibt dahingestellt. Denn nur Lebende konnten die Taufe als Voraussetzung für die ewige Seligkeit gültig empfangen.

Die errechnete Gesamtfruchtbarkeitsrate Herner Mütter lag bei annähernd acht Geburten (vgl. Tab. 52). Mit steigendem Heiratsalter verminderte sich die Anzahl auf fünf. An überlebenden Kindern blieben in ländlichen Familienhaushalten der Grafschaft Mark durchschnittlich drei übrig (vgl. Tab. 63). Im Kirchspiel Methler streute die Anzahl der Kinder je Familie nach dem Beruf des Haushaltungsvorstandes (vgl. Tab. 58). Dabei wiesen bäuerliche Haushalte etwa vier Kinder auf. Dieser Durchschnittswert traf ebenso auf dortige Zweitehen zu (vgl. Tab. 65).

Bei der ländlichen Bevölkerung der Grafschaft Mark dominierten in der Frühen Neuzeit von den Kernfamilien die Ehepaare mit durchschnittlich drei ledigen Kindern. Der Anteil erweiterter Familienhaushalte mit Großelternteilen oder Onkeln und Tanten übertraf den der Stammfamilien. In den südlichen Bauerschaften hielten zwischen einem Fünftel und einem Drittel der Haushalte Gesinde (vgl. Tab. 17 im Anhang). In der ländlichen Grafschaft Mark lebten im Durchschnitt fünf Personen in einem Haushalt, deren Anzahl je nach Familientyp variierte. Dabei bildete die Großfamilie eine Ausnahme (vgl. Tab. 18 im Anhang). Die Haushaltsgröße differierte auch nach Wirtschaftszweigen. Während gewerbliche Familienhaushalte im Kirchspiel Methler z. B. aus durchschnittlich fünf Mitgliedern bestanden, gehörten zum dortigen landwirtschaftlichen sechs Personen (vgl. Tab. 72).

Die durchschnittliche mittlere Lebenserwartung lag in ausgewählten Kirchengemeinden der Grafschaft Mark zwischen 30 Jahren in Rhynern (kath.) und 37 Jahren in Volmarstein. Die Fünf- bis Neunjährigen erreichten die maximale Lebenserwartung, die je nach Gebiet etwa zwischen 40 Jahren in Volmarstein und 44 Jahren in Weitmar streute (vgl. Tab. 107). Dagegen erlangten Rhynerner Katholiken erst mit 10 bis 14 Jahren ihr maximale Lebenserwartung von 37 Jahren.

Die mittlere Lebenserwartung unterschied sich nach dem Geschlecht (vgl. Tab. 108). Dabei übertraf die durchschnittliche Lebenserwartung der Frauen die der Männer. Im süderländischen Dahl z. B. betrug der Unterschied ungefähr zwei Jahre. Während die weibliche Lebenserwartung bei etwa 37 Jahren lag, betrug die männliche 35 Jahre. In der Frühen Neuzeit starben verheiratete Frauen der Kirchengemeinde Methler mit durchschnittlich 61 Jahren. Ihre Ehemänner überlebten sie um ein Jahr (vgl. Tab. 128). Für die erste Hälfte des 18. Jahrhunderts ließ Friedrich Wilhelm I. sogar ländliche Verstorbene von über 90 Jahren registrieren (vgl. Tab. 127).

Neben der natürlichen Bevölkerungsbewegung spielte in der Grafschaft Mark auch die räumliche eine Rolle. Aspekte der Binnenmigration waren z. B. Gesindedienst, Heiratsmobilität (vgl. Tab. 129–130) sowie Land-Stadt-Wanderungen. Der preußische Staat förderte die Immigration von Gewerbetreibenden neuer Berufszweige. So errichtete u. a. der Fingerhutmacher Johann Bernhard von der Becke 1712 in Sundwig die erste westfälische Fingerhutmühle. Mathias Vorster wurde zum Stammvater der weitverzweigten Hagener Papiermacherfamilie. Dagegen geriet der Remscheider Peter Lange mit seinen märkischen Hämmern 1741 in Konkurs. Entlassene Soldaten erhielten Ländereien zugewiesen, die ihnen das Ansetzen auf dem Lande erleichterten (vgl. Tab. 133). Die märkischen Königsgrenadiere Friedrich und Johann Dietrich Schmiemann sind Beispiele dafür.

Die durchschnittliche Emigration betrug in der Frühen Neuzeit pro Jahrzehnt etwa fünf Prozent der märkischen Ausgangsbevölkerung (vgl. Tab. 135). Auswanderer zogen in westliche, östliche und transatlantische Gebiete, um außerhalb der Grafschaft Mark ihr Glück zu suchen. So rückte der Bauernsohn Johann Jürgen Velthusen aus der Hagener Waldbauerschaft als vermögender Kaufmann in der Hansestadt Wismar 1725 zum dortigen Ratsherrn auf. Aber die von dem Iserlohner Kaufmann Johann Heinrich Basse in Philadelphia gegründete Firma überstand nicht die sich dort anbahnende Handelskrise. Es gab weitere Fälle von nur vorübergehendem sozialem Aufstieg. Genannt seien dafür der Bochumer Heinrich Johann Friedrich Ostermann, der „ungekrönte Zar von Russland“, sowie Theodor Freiherr von Neuhoff, der „König von Korsika“.

Die Migration konnte aus unterschiedlichen Motiven erfolgen. Im Vordergrund standen berufliche, religiöse, militärische oder persönliche Komponenten. Aufgrund von heimatlichen Zunftstreitigkeiten kamen z. B. bergische Klingen-, Sensen- und Schwertschmiede in die Grafschaft Mark, die ihnen sogar noch bessere Rohstoffgrundlagen bot. Da reformierte Klingenschmiede wegen ihres Glaubens und weiterer Angelegenheiten in Solingen nicht genügend Schutz erhielten, zogen sie ins Amt Wetter, wo der Kurfürst sie privilegierte. Zahlreiche der aus Furcht vor dem Militärdienst ins benachbarte Ausland entwichenen Märker kamen wieder, nachdem der preußische König ihnen 1735 eine straffreie Rückkehr zusicherte und den westlichen märkischen Gebieten 1748 die Kantonsfreiheit gewährte. Es gab ebenso Beispiele von unfreiwilligen Wanderungen. Wegen des Widerstands märkischer Eingesessener gegenüber den zwangsweisen Rekrutierungen des Militärs bestrafte Friedrich Wilhelm I. 1720 zwei lutherische Geistliche, indem er sie in die Mark Brandenburg versetzte. Im Austausch gegen mehrere „lange Kerls“

mussten einige Eilper Klingen- und Messerschmiede im russischen Tula ihr Gewerbe verbreiten.

Kaufhold[3] charakterisierte frühneuzeitliche Gewerbelandschaften mit einem überdurchschnittlichen Anteil gewerblich Beschäftigter je 1000 Einwohner und überörtlicher Bedeutung des Gewerbes im Vergleich zu anderen Regionen. Demnach bildete die südliche Grafschaft Mark mit ihrem Metall- und Textilgewerbe eine solche Gewerbelandschaft. Die Vielzahl kleinerer Einzelgebiete unterschied sich nach Struktur und Konzentration der Gewerbe.[4] Die Versorgung mit Nahrungsmitteln erfolgte hauptsächlich von den nördlichen Agrargebieten[5] aus. Dabei war die Höhe der Transportkosten[6] eine wichtige Determinante für die Entfernung zu den jeweiligen Getreidemärkten. Im Vergleich dazu bezeichnete der Autor den Steinkohlenbergbau[7] im Tal der Ruhr um 1800 noch nicht als Gewerbelandschaft. Denn das Ruhrgebiet wies trotz seiner nicht unerheblichen Bedeutung kein weiteres größeres Gewerbe auf. Es bildete erst die Voraussetzungen für künftige Entfaltungsmöglichkeiten.

Für die Entwicklung deutscher Gewerbelandschaften[8] im Zeitraum von 1650 bis 1800 war u. a. ein hinreichendes Angebot an qualitativen und quantitativen Arbeitskräften notwendig. Es bestand ein Beziehungszusammenhang zwischen Bevölkerungsbewegung, Beschäftigung in der Landwirtschaft und Gewerbelandschaften. Die Bevölkerung nahm besonders nach 1740 zu. Ein wesentlicher Anteil davon war in der Agrarwirtschaft tätig, die wegen ihrer nur geringen Arbeitsproduktivität einen hohen Bedarf an Beschäftigten hatte. Die übrigen Arbeitskräfte entfielen auf das Gewerbe.

Bei anhaltendem Bevölkerungswachstum seit der Mitte des 18. Jahrhunderts erreichte die Landwirtschaft unter den vorhandenen rechtlichen und sozialen Gegebenheiten des Feudalsystems die Grenze ihrer Produktionskapazität. Sie konnte keine weiteren Arbeitskräfte mehr aufnehmen. Der Bevölkerungszuwachs stand nunmehr dem Gewerbe als Arbeitskräftepotential zur Verfügung. Das galt besonders für das ländliche Gebiet, wo in der Frühen Neuzeit die meisten Menschen lebten. Je mehr der Anteil an klein- und unterbäuerlichen Schichten dort zunahm, desto größer war das Angebot an gewerblichen Beschäftigten. Bei expandierender protoindustrieller Konjunktur konnten nach Pfister[9] Heirats- und Fruchtbarkeitsziffern steigen. In statischen Gewerberegionen war jedoch eine demographische Ausdehnung nicht zu erwarten.

Die Gewerbelandschaften wirkten einerseits wie Ventile für den Bevölkerungsdruck. Andererseits förderten sie wiederum die Entwicklung der Bevölkerung aufgrund der relativ guten Beschäftigungs- und Einkommensmöglichkeiten. Das Wirtschaftswachstum der Gewerbelandschaften und die Bevölkerungsexpansion

3 K. H. Kaufhold: Gewerbelandschaften, S. 114 ff.
4 Vgl. G. Lange: Gewerbe.
5 Vgl. dies., Güter 1705.
6 U. Pfister: Protoindustrie, S. 80 f.
7 K. H. Kaufhold: Gewerbelandschaften, S. 163.
8 Ebd., S. 189, 191 f., 199.
9 U. Pfister: Fabriques, S. 497.

beschleunigten sich wechselseitig.[10] Das bisherige „homöostatische Gleichgewicht“ mit negativer Rückkopplung wurde nach Kriedte[11] eher durch ein „institutionalisiertes Disequilibrium“ abgelöst. Auf die Grafschaft Mark bezogen bedeutete es, dass die Bevölkerung in der süderländischen Gewerbelandschaft stärker als in dem mehr landwirtschaftlich ausgerichteten Hellweggebiet zunahm.

Die proto-industrielle Gewerbelandschaft der Grafschaft Mark ermöglichte in der Frühen Neuzeit ein Bevölkerungswachstum mit differenzierten Verhaltensweisen sowie vielfältigen Familien- und Haushaltsstrukturen.[12] Solange aber Getreide das Hauptnahrungsmittel war, blieb bei begrenzter Handelsreichweite das gewerbliche und demographische Wachstum von den regionalen Subsistenzmöglichkeiten[13] abhängig.

10 G. Hohorst: Bevölkerungsentwicklung, S. 96; P. Kriedte: Industrialisierung, S. 155.

11 Ebd., S. 161.

12 Ders., Sozialgeschichte, S. 86.

13 Ch. Pfister: Bevölkerungsgeschichte, S. 120.

10 Quellen- und Literaturverzeichnis

Archivalien

Kirchenarchive

Erzbistumsarchiv Paderborn, Kirchenbuchabteilung (KBabt. P)

Katholische Kirchengemeinde St. Michael, Brakel (Höxter): Kirchenbuch, Bd. 1: 1659–1672; Bd. 2: 1673–1710; Bd. 3: 1711–1749; Bd. 4: 1750–1803; Bd. 5: 1750–1803.

Katholische Kirchengemeinde St. Regina, Rhynern, Hamm: Kirchenbuch, Bd. 1: 1679–1728; Bd. 2: 1729–1790.

Evangelische Kirche von Westfalen. Landeskirchenamt in Bielefeld, Landeskirchliches Archiv (LKAB)

Evangelische Kirchengemeinde Dahl, Kirchenkreis Hagen: Kirchenbuch, Bd. 1: 1674–1767.

Evangelische Kirchengemeinde Lünern, Kirchenkreis Unna: Kirchenbuch, Bd. 1: 1680–1765.

Evangelische Kirchengemeinde Rhynern (reformierte Gemeinde), Kirchenkreis Hamm: Kirchenbuch, Bd. 1: 1665–1742; Bd. 2: 1739–1802.

Evangelische Kirchengemeinde Vollmarstein, Kirchenkreis Hagen: Kirchenbuch, Bd. 1: 1672–1795.

Evangelische Kirchengemeinde Weitmar, Kirchenkreis Bochum: Kirchenbuch, Bd. 1: 1680–1749; Bd. 2: 1750–1805.

Evangelisch-Lutherische Kirchengemeinde Gevelsberg, Kirchenkreis Schwelm: Kirchenbuch, Bd. 4: 1653–1720; Bd. 5: 1721–1750; Bd. 6: 1751–1800.

Evangelisch-Lutherische Kirchengemeinde Herne: Kirchenbuch, Taufen 1683–1755; Trauungen 1683–1760; Gestorbene 1683–1760.

Evangelisch-Reformierte Kirchengemeinde Wiblingwerde, Kirchenkreis Iserlohn: Kirchenbuch, Bd 1: Taufenregister 1691–1765; Bd. 2: Trauregister 1691–1809; Bd. 3: Sterberegister 1691–1765.

Evangelisch-Lutherische Kirchengemeinde Zurstraße, Breckerfeld (EKZ)

Engelbrecht, Walther: 225 Jahre Ev. luth. Kirchengemeinde Zurstraße 1725–1950. Ein Bericht zum Gedächtnis der Stiftung des Johann Jürgen Velthus, der Gemeinde und ihren Freunden dargeboten, o. O. [1950].

Stiftungsurkunde des Johann Jürgen Velthusen auf Michaeli Anno 1724.

Katholisches Pfarramt St. Mauritius, Hattingen-Niederwenigern (KPf. N)

Kirchenbuch, Getraute 1672–1809; Getaufte 1673–1787; Beerdigte 1672–1766.

Staatsarchive

Geheimes Staatsarchiv Preußischer Kulturbesitz (GStA PK)

I. Hauptabteilung (HA) Geheimer Rat (Geh. Rat):
Rep. 47 Geistliche Angelegenheiten (Geistl. Ang.), Tit. 24 Populationslisten, 1683–1696, 1699–1749, 1750–1759.

II. HA Generaldirektorium (Gen. Dir.):
Abt. 18 Kleve:
Tit. CXXI, Sect. I., Nr. 4, Vol. 1.
Tit. CXXXVI, Sect. VIII, Nr. 1, Vol. 1.
Tit. CLXX, Nr. 5, Vol. 2–4.
Tit. CLXX, Nr. 10, Vol. 2.
Abt. 19 Mark:
Tit. CLXXIX, Nr. 3.

Landesarchiv NRW – Abteilung Rheinland, Düsseldorf

Kleve-Kammer
Kleve-Mark, Akten

Landesarchiv NRW – Abteilung Westfalen, Münster

Kleve-Märkische Regierung, Landessachen
Kloster Scheda, Akten III

Landesarchiv NRW – Abteilung Ostwestfalen-Lippe, Detmold

Stadtarchive

Gemeente Archief Amsterdam (GAA)

Ondertrouwregisters [Aufgebotsregister] van 1578–1810

Stadtarchiv Witten (SAW)

Rep. Witten, 4/40, 2 a

Quellenpublikationen

Das Archiv des vorm. Zisterzienserinnenklosters und späteren Damenstiftes Gevelsberg, Bearb. G. Aders. In: Jahrbuch des Vereins für Orts- und Heimatkunde in der Grafschaft Mark, Jg. 66, Witten 1968, S. 1–179.

Ein märkisches Aufgebot im Jahre 1676. In: Süderland, Jg. 4, Altena 1926, S. 147–149, 155–158, 167–168.

Basse, Johann Heinrich: Ein westfälischer Kaufmann in Amerika 1783/84, Hg. W. Reininghaus, Dortmund 2004.

Bauermann, Johannes: Das Türkensteuerregister von 1598 für das Amt Bochum. In: Jahrbuch des Vereins für Orts- und Heimatkunde in der Grafschaft Mark, Jg. 51, Witten 1937, S. 95–127.

Bauern, Bürger und Soldaten. Quellen zur Sozialisation des Militärsystems im preußischen Westfalen 1713–1803. Regesten, Bearb. J. Kloosterhuis, Münster 1992.

Die Bauernhöfe des Amtes Iserlohn. In: Süderland, Jg. 4, Altena 1926, S. 171–173.

Bestallung eines Oberbergvogts für die Grafschaft Mark 1681. In: Süderland, Jg. 3, Altena 1925, S. 127–128.

Die Bevölkerung des Märkischen Amtes Unna 1777 (Mühlenproberegister), Bearb. W. Timm, Unna 1996.

Böhmer, Emil: Bericht des Amtmanns von Wetter Winand Rodt an die kurfürstlich brandenburgische Regierung in Kleve. In: Beiträge zur Heimatkunde der Stadt Schwelm und ihrer Umgebung, N. F., H. 6, Schwelm 1956, S. 41–44.

–: Das Neubürgerbuch der Stadt Schwelm, T. 1: 1595–1700. In: Beiträge zur Heimatkunde der Stadt Schwelm und ihrer Umgebung, N. F., Jg. 9, Schwelm 1959, S. 67–84.

–: Die Schülerlisten der Schwelmer Lateinschule als Quelle für die geistige Kapazität des märkischen Sauerlandes. In: Der Märker, Jg. 3, Altena 1954, S. 8–13, 70–74, 131–133; Jg. 4, Altena 1955, S. 42–44, 189–191; Jg. 5, Altena 1956, S. 64–65, 97–98.

–: Schulprogramme der Schwelmer Lateinschule als Quelle für Familienforschung. In: Jahresgabe des Vereins für Heimatkunde Schwelm, H. 3, Schwelm 1936, S. 25–31; H. 4, Schwelm 1937, S. 24–32; H. 5, Schwelm 1938, S. 26–34.

Borgmann, Richard: Die Türkensteuerliste des märkischen Amtes Bochum vom Jahre 1542. In: Westfalen, Jg. 21, Münster 1936, S. 13–32.

Born, J. Hermann: Beiträge zur Topographie des Amtes Herbede. In: Jahrbuch des Vereins für Orts- und Heimatkunde in der Grafschaft Mark, Jg. 14 (1899/1900), Witten 1901, S. 58–149.

Bürger- und Brautweinbuch der Stadt Unna 1623/68–1808, Hg. W. Timm, Unna 1995.

Busch, August: Das älteste Deilinghofener Kirchenbuch. In: Der Schlüssel, Jg. 2, Hemer 1957, H. 4, S. 7–12; Jg. 3, Hemer 1958, H. 1, S. 6–10; H. 2, S. 8–10; H. 4, S. 6–11.

Das Conventbuch des conventus classicus Wetterensis vom Jahre 1659–1719, Hg. Schüßler. In: Jahrbuch des Vereins für die Evangelische Kirchengeschichte Westfalens, Jg. 6, Gütersloh 1904, S. 1–107.

Deisting, Heinrich Josef: Evangelisch-lutherische Kirchenbücher Fröndenberg (Tauf- und Sterberegister ab 1728). In: Roland zu Dortmund, Jg. 10, Dortmund 1975, S. 132–134; Jg. 11, Dortmund 1976, S. 207–213; Jg. 14, Dortmund 1979, S. 186–188.

–: Trauungen der katholischen Pfarrei St. Marien zu Fröndenberg/Ruhr 1684–1724. In: Roland zu Dortmund, Jg. 6, Dortmund 1972, S. 81–82, 104–105.

Dösseler, Emil: Die Grafschaft Mark und der deutsche Ostseeraum. Auswanderung in die Ostseestädte vom 13. bis 18. Jahrhundert mit besonderer Berücksichtigung der Hansezeit. In: Der Märker, Jg. 12, Altena 1963, S. 225–230, 304–309.

–: Die Wirte, Bierbrauer und Fuselbrenner im Amte Altena 1717. In: Der Märker, Jg. 7, Altena 1958, S. 363–365.

Von den früheren Domänen in hiesiger Gegend. In: Süderland, Jg. 3, Altena 1925, S. 79–80.

Die Drahtzieherei in Altena 1738. In: Süderland, Jg. 8, Altena 1930, S. 70–78, 93–96, 104–110.

Droste, Wilhelm: Brautleute aus dem Raume Dortmund im ältesteten Traubuch (1723–1736) der lutherischen Kirchengemeinde zu Hagen. In: Roland zu Dortmund, Jg. 12, Dortmund 1977, S. 73.

Dulläus, Matthias: Chronik der Stadt Altena von 1660–1704, Hg. P. Kriegeskotten. In: Süderland, Jg. 2, Altena 1924, passim.

Emminghaus, Heinrich Wilhelm: Das Pastoratsrenten-Buch, Bearb. W. Timm, Hagen 1975.

Erbteilung zu Borbet. In: Süderland, Jg. 15, Altena 1937, S. 68–75.

Enneper, Otto R.: Das älteste Verzeichnis der Geburten, Taufen, Trauungen und Sterbefälle im Kirchspiel Herbede aus den Jahren 1660–1692, Witten-Heven 1999.

Eversberg, Heinz: Das Lagerbuch der Sprockhövelschen Metall- und Eisenfabrik 1796–1807, Hattingen 1958.

Froman, P. H.: Das „Protokollbuch der geleisteten Bürgereide“ in der Stadt Plettenberg. In: Der Märker, Jg. 6, Altena 1957, S. 349–351.

Generalaufnahme der Bevölkerung des Kirchspiels Methler vom 1. Juni 1766, Bearb. R. Deifuß u. R.-D. Helgers, Methler 1998.

Generalsynodalbuch. Die Akten der Generalsynoden von Jülich, Kleve, Berg und Mark 1610–1793, Bearb. A. Rosenkranz, T. 1: 1610–1755, Düsseldorf 1966.

Süderländische Geschichtsquellen und Forschungen, Hg. E. Dösseler, Bd. 3: Beiträge zur Wirtschaftsgeschichte der südlichen Mark vor 1806, Werdohl 1958.

Große-Stoltenberg, Robert: Herbedisches Markenbuch von 1614. In: Der Märker, Jg. 15, Altena 1966, S. 164–166, 183–185; Jg. 16, Altena 1967, S. 12–16.

–: Das Renthen- und Rechenbuch der Kirche zu Herbede von 1602. In: Der Märker, Jg. 14, Altena 1965, S. 239–242.

Die Gründung des 1. Eisendrahtstapels in Altena. In: Süderland, Jg. 16, Altena 1938, S. 82–87, 90–93.

Das Gut „auf der Tweer“ 1755. In: Süderland, Jg. 7, Altena 1929, S. 43–47.

Helbeck, Gerd: Eine Einwohnerliste der Stadt Schwelm aus dem Jahre 1738, Schwelm 1975.

–: Märkische „Gastarbeiter“ im Bergischen. Ein Bericht des Schwelmer Gografen Steinweg aus dem Jahre 1739. In: Der Märker, Jg. 32, Lüdenscheid 1983, S. 87–89.

Helbig, Adolf: Die preußische Kantonverfassung in der Mark. In: Hagener Heimatblätter, Hagen 1932, Nr. 7, unpag.

Hempel, Christian Friedrich: Merckwürdiges Leben, und Trauriger Fall Des Weltberufenen, Russischen, Staats-Ministers, Andreä Grafen von Ostermann [...], Bremen 1742.

Hencke, Johann: Die Domänengüter der Renteien Altena und Neuenrade. Inventarium. In: Süderland, Jgg. 8–9, Altena 1930–1931, passim.

Hollweg, Otto: Ein Bericht des klevischen Regierungsrats Adolf Wüsthaus an den Großen Kurfürsten über das Religions- und Kirchenwesen am Niederrhein (1683). In: Zeitschrift des Bergischen Geschichtsvereins, Jg. 50, Elberfeld 1917, S. 81–114.

Holtzbrinck, Stephan Johann: Französischer Einfall ins Süderland. In: Süderland, Jg. 15, Altena 1937, S. 87–88.

Honselmann, Wilhelm: Eine Häuser- und Höfe-Liste des Gerichts Hemer aus dem Jahre 1732. In: Heimatblätter für Hohenlimburg und Umgebung, Jg. 33, Hohenlimburg 1972, S. 200–204.

Ide, Werner: Anno 1677. Eine Steuerliste für das Gericht Hagen. In: Jahrbuch des Vereins für Orts- und Heimatkunde in der Grafschaft Mark, Jg. 70, Witten 1972, S. 1–75.

–: Eine Hochzeitszeitung aus dem Jahre 1670. In: Westfalenland, Hagen 1937, S. 25–27.

Kataster der kontribuablen Güter in der Grafschaft Mark 1705, Bearb. W. Timm, Münster/W. 1980.

Legendäre „lange Kerls". Quellen zur Regimentskultur der Königsgrenadiere Friedrich Wilhelms I., 1713–1740, Bearb. J. Kloosterhuis, Berlin 2003.

Die Kirchenbücher 1714–1723 der evangelisch-lutherischen Pfarrgemeinde Altena, Bearb. F. Schmidt. In: Süderland, Jg. 5, Altena 1927, S. 121–123; Jg. 6, Altena 1928, passim.

Neu-verbessertes Kirchen-Gesang-Buch, Verfassend die 150 Psalmen Davids, In Deutsche Reimen gebracht von Ambrosio Lobwasser, [...] Nebst 150. auserlesenen geistreichen Kirchen-Liedern, Samt Dem Heidelbergischen Catechismo, [...], Hg. Synodum Generalem Der Reformierten Kirchen in den vereinigten Ländern, Cleve, Gülich, Berg und Marck, Lippstadt 1738.

Knieriem, Michael: Die Bevölkerung der westlichen Schwelmer Bauerschaften im Jahre 1738. Zugleich ein Beitrag zur Abwanderung der Märker ins Bergische Land. In: Beiträge zur Heimatkunde der Stadt Schwelm und ihrer Umgebung, N. F., Jg. 50, Schwelm 2001, S. 64–75.

–: Eine Gennebrecker Bevölkerungsliste aus dem frühen 18. Jahrhundert – nebst einigen Bemerkungen zur Gründungsphase der Gemarker Gemeinde. In: Beiträge zur Heimatkunde der Stadt Schwelm und ihrer Umgebung, N. F., Jg. 47, Schwelm 1998, S. 73–88.

Kohl, Rolf Dieter: Zur Geschichte des Kirchspiels Wiblingwerde und der Bauerschaft Kelleramt im Dreißigjährigen Krieg. Ein Bericht über den Zustand bäuerlicher Güter aus dem Jahre 1642. In: Der Märker, Jg. 29, Lüdenscheid 1980, S. 123–125.

–: Ein Inventar des königlich-preußischen Domänengutes Midden-Bergfeld im ehemaligen Kirchspiel Lüdenscheid aus dem Jahre 1731. In: Der Märker, Jg. 36, Lüdenscheid 1987, S. 107–112.

Kraas, Heinrich: Der große Kurfürst befahl Landesmiliz. Eine Musterung im Amte Hemer im Jahre 1676. In: Der Schlüssel, Jg. 1, Hemer 1956, H. 2, S. 7–10.

Kracht, August: Musterung Anno 1676. In: Heimatbuch zum Kreisheimattag '80 des Heimatbundes Märkischer Kreis in Meinerzhagen am 6. September 1980, Meinerzhagen 1980, S. 148–149.

Landwehr, K.-H.: Kirchspiel Lünern 1680 bis 1765. In: Hellweger Anzeiger, Jg. 123, Unna 1967, Nr. 110, 114, 119, 126, Seite: Heimat am Hellweg, F. 19–22, unpag.

Leesch, Wolfgang: Matrikel der Bürgerrechtsverleihungen im Brakeler Rats- und Bürgerbuch. In: Beiträge zur westfälischen Familienforschung, Jg. 16, Münster 1958, S. 1–96.

Lohr, Otto: Amerikadeutsche Familien des 17. Jahrhunderts. In: Jahrbuch für auslandsdeutsche Sippenkunde, Jg. 1, Stuttgart 1936, S. 44–54.

–: Das älteste deutsch-amerikanische Kirchenbuch (1708–1719). In: Jahrbuch für auslandsdeutsche Sippenkunde, Jg. 1, Stuttgart 1936, S. 54–60.

Von märkischen Lumpen. In: Süderland, Jg. 7, Altena 1929, S. 130–131.

Die Grafschaft Mark. Festschrift zum Gedächtnis der 300jährigen Vereinigung mit Brandenburg-Preußen, Hg. A. Meister, Bd. 2: Ausgewählte Quellen und Tabellen zur Wirtschaftsgeschichte der Grafschaft Mark, Dortmund 1909.

Metallgewerbe und Außenhandel in der Grafschaft Mark 1674–1726. Quellen aus Uppsala und Hagen, Bearb. W. Reininghaus, Münster 1995.

Mittelberger, Gottlieb: Reise nach Pennsylvanien im Jahr 1750 und Rückreise nach Deutschland im Jahr 1754, Hg. J. Charnitzky, Sigmaringen 1997.

Müller, Friedrich Christoph: Choragraphie von Schwelm. Anfang und Versuch einer Topographie der Grafschaft Mark 1789, Hg. G. Helbeck, Gevelsberg 1980.

Neßler, Hans: Auswärtige im Brautweinbuch der Stadt Unna 1623–1803. In: Roland zu Dortmund, Jg. 6, Dortmund 1972, S. 93–98.

Neuhoff, Fréderic de: Mémoires pour servir à l'histoire de Corse, Londres 1768.

Neuhoff, Theodor Anthon von: Der Träumende Theodor [...], Franckfurt 1745.

Neumann, Wilhelm: Königlicher Befehl vom 8. Januar 1715, die Dauer der Predigten betreffend. In: Zeitschrift des Bergischen Geschichtsvereins, Jg. 9, Bonn 1873, S. 239–240.

Preise im vor- und frühindustrialisierten Deutschland. Grundnahrungsmittel, Hgg. H.-J. Gerhard u. K. H. Kaufhold, Göttingen 1990.

Regierung, Churfürstlich Durchlaucht zu Pfaltz, Gülich- und Bergischer: Allerunterthänigste Repraesentatio Gravaminum Religionis Der Römisch-Catholischen Im Hertzoghtumb Cleve Auch Graffschafft Marck und Ravensberg Cum Justificationibus, Düsseldorf 1723.

Reininghaus, Wilfried: Vor der Renovirten Bergordnung. Zwei Quellen zum Steinkohlenbergbau in der Grafschaft Mark aus den 1720er Jahren. In: Beiträge zur Geschichte Dortmunds und der Grafschaft Mark, Jg. 83/84 (1992/93), Dortmund 1993, S. 307–325.

–: Stammlisten zu Iserlohner Kaufmannsfamilien im 18. Jahrhundert. In: Beiträge zur westfälischen Familienforschung, Jg. 45, Münster 1987, S. 7–90.

–: Zünfte, Städte und Staat in der Grafschaft Mark. Einleitung und Regesten von Texten des 14. bis 19. Jahrhunderts, Münster/W. 1989.

Rothert, Hugo: Die amtlichen Erkundigungen aus den Jahren 1664–1667. In: Jahrbuch des Vereins für die Evangelische Kirchengeschichte Westfalens, Jgg. 11–21, Gütersloh 1909–1919, passim.

Rübel, Karl: Die Bürgerlisten der Frei- und Reichsstadt Dortmund 1411–1511 und 1557–1803. In: Beiträge zur Geschichte Dortmunds und der Grafschaft Mark, Jg. 12, Dortmund 1903, S. 33–268.

Scheele, Norbert: Schatzpflichtige „kölnische" Einwohner des alten Gerichts Valbert 1685. In: Der Märker, Jg. 21, Altena 1972, S. 58–59.

–: Schatzliste der kurkölnischen Einwohner des alten Gerichts Valbert von 1717. In: Der Märker, Jg. 20, Altena 1971, S. 52–55.

Ein Schichtungsvertrag von 1750. In: Süderland, Jg. 15, Altena 1937, S. 178–184.

Schleicher, Herbert M.: Fremde im KB der reformierten Gemeinde 4700 Hamm-Westfalen 1696–1759. In: Mitteilungen der Westdeutschen Gesellschaft für Familienkunde, Bd. 31, Jg. 71, Köln 1983, S. 97–102; Jg. 72, Köln 1984, S. 117–124.

–: Fremde in den Kirchenbüchern der katholischen Gemeinde St. Agnes in Hamm/Westfalen. In: Beiträge zur westfälischen Familienforschung, Jg. 41, Münster 1983, S. 114–135.

Schmidt, Ferdinand: Märkisches A-B-C oder „Gesamlete Nachrichten aus (Cleve und) Mark". In: Süderland, Jgg. 5–7, 15–16, Altena 1927–1929, 1939–1938, passim.

–: Das Amt Altena vor 200 Jahren im Spiegel des „Duisburger Intelligenz-Zettels" von 1727–1750. In: Süderland, Jgg. 5–6, 8, Altena 1927–1930, passim.

–: Die Bauernhöfe um Hagen 1731. In: Hagener Heimatblätter, Hagen 1927, Nr. 1, unpag.

–: Burg, Freiheit und Amt Altena im 17. Jahrhundert. In: Süderland, Jg. 10, Altena 1932, passim.

–: Die Neubürger in Lüdenscheid 1682–1809. In: Archiv für Sippenforschung, Jg. 6, Görlitz 1929, S. 18–22, 95–96, 143–147.

Schnettler, Otto: Eine Steuerliste des Gerichts Hagen aus dem Jahre 1658. In: Jahrbuch der Vereins für Orts- und Heimatkunde in der Grafschaft Mark, Jg. 49, Witten 1935, S. 13–24.

Schoppmann, Karl: Ein Erb-Vertrag vom Jahre 1747. In: Süderland, Jg. 6, Altena 1928, S. 90–91.

Schuerhoff, Walter: Die Dienstleistungen im Amt Hamm im Jahre 1661. In: Der Dorfbote, Jg. 8, Hamm 1996, S. 10–13.

Schulte, Anton: Die Mitglieder der „Westphaalschen Bos" in Haarlem 1720 bis 1743. In: Beiträge zur Westfälischen Familienforschung, Jg. 1, Münster/W. 1938, S. 161–178.

Schulte, Eduard: Die Bevölkerung des Amtes Bochum im Jahre 1664, Wattenscheid 1925.

Schulte, Günther: Die älteste Grabstättenliste im Kirchenbuch der evangelischen Pfarrei Deilinghofen. In: Der Schlüssel, Jg. 12, Hemer 1967, H. 3, S. 1–11.

–: Besondere Vorkommnisse, vermerkt in den Sterberegistern des Kirchspiels Deilinghofen 1713 bis 1799. In: Der Schlüssel, Jg. 13, Hemer 1968, H. 4, S. 13–21.

Schulte, Wilhelm: Iserlohn. Geschichte einer Stadt, Bd. 2: Iserlohner Urkundenbuch, Iserlohn 1938.

Schwartzen, A. von: Bürgerrechtsverleihungen in Plettenberg (Sauerland). In: Beiträge zur westfälischen Familienforschung, Jg. 10, Münster 1951, S. 51–54.

Sellmann, Adolf: Die Richterdienstpflichtigen von Schwerte-Westhofen im Jahre 1731. In: Aus dem Ruhrtal. Einst und Jetzt. Heimatbeilage der Schwerter Zeitung, Nr. 15, Schwerte 19. 5. 1939, S. 113–115.

Steinen, Johann Diedrich von: Westphälische Geschichte, T. 1–4, Lemgo 1755–1760.

Steuerliste des Amts Bochum einschließlich des Gerichs Eickel von etwa 1680. In: Der Märker, Jg. 1, Altena 1951, S. 12–14, 36–39.

Ein Steuerstreit im ehemaligen Amt Wetter am Ende des 30-jährigen Krieges, Hg. O. Schnettler, Hattingen 1932.

Stoewe, Emil: Bauernhöfe im Amt Unna um das Jahr 1731. In: Heimat am Hellweg, Unna 1970, F. 45–46, unpag.

Süßmilch, Johann Peter: Die göttliche Ordnung in den Veränderungen des menschlichen Geschlechts, aus der Geburt, dem Tode und der Fortpflanzung desselben erwiesen, T. 1–3, 4. verb. Ausg., Hg. Ch. J. Baumann, Berlin 1787–1788.

Gevelsberger Trauregister 1636–1720, Hg. B. Zierenberg, Gevelsberg 1941.

Troegelio, Johann Capar: Inventarium über die Domainen-Gebäude, Frecht- und Pflanzungen in der Renthey Iserlohn. In: Süderland, Jgg. 15–16, Altena 1937–1938, passim.

Urkunden, Hg. I. B. Born. In: Jahrbuch des Vereins für Orts- und Heimatkunde in der Grafschaft Mark, Jg. 6 (1891/92), Witten 1893, S. 50–71.

Vollmerhaus, Hans: Das Eisengewerbe in den süderländischen Ämtern Altena, Iserlohn, Neuenrade und Plettenberg im Jahre 1734. In: Der Märker, Jgg. 5–7, Altena 1956–1958, S. 200–2003, 4–5, 254–256.

–: Die Eisenindustrie des Amtes Neuenrade im Jahre 1733. In: Der Märker, Jg. 5, Altena 1956, S. 91.

–: Die Lüdenscheider Hammerwerke im Jahre 1733. In: Der Märker, Jg. 4, Altena 1955, S. 142–143; Jg. 5, Altena 1956, S. 11–16.

–: Die eisengewerblichen Protokolle von Breckerfeld, Halver und Kierspe aus dem Jahre 1733. In: Der Märker, Jg. 5, Altena 1956, S. 131–133, 171–172.

Literatur

Aander-Heyden, Eduard: Geschichte des Geschlechtes der Freiherren von Elverfeldt, Elberfeld 1890.

Abbé, Horst: Die Leprosenhäuser der Grafschaft Mark, Diss. med., Frankfurt/M. 1947.

Abel, Wilhelm: Agrarkrisen und Agrarkonjunktur. Eine Geschichte der Land- und Ernährungswissenschaft Mitteleuropas seit dem hohen Mittelalter, 3. neubearb. u. erw. Aufl., Hamburg 1978.

–: Geschichte der deutschen Landwirtschaft vom frühen Mittelalter bis zum 19. Jahrhundert, 3. neubearb. Aufl., Stuttgart 1978.

–: Landwirtschaft 1648–1800. In: Handbuch der deutschen Wirtschafts- und Sozialgeschichte, Hgg. H. Aubin u. W. Zorn, Bd. 1: Von der Frühzeit bis zum Ende des 18. Jahrhunderts, Stuttgart 1971, S. 495–530.

–: Massenarmut und Hungerkrisen im vorindustriellen Europa. Versuch einer Synopsis, Hamburg 1974.

–: Wachstumsschwankungen mitteleuropäischer Völker seit dem Mittelalter. In: Jahrbücher für Nationalökonomie und Statistik, Jg. 142, Jena 1935, S. 670–692.

–: Wandlungen des Fleischverbrauchs und der Fleischversorgung in Deutschland seit dem ausgehenden Mittelalter. In: Berichte über Landwirtschaft, N. F., Jg. 22, Berlin 1938, S. 411–452.

Abels, Heiner: Wirtschafts- und Bevölkerungsstatistik, 3. völlig neu bearb. u. erw. Aufl., Wiesbaden 1991.

Achilles, Walter: Agrargeschichte. In: Handwörterbuch der Wirtschaftswissenschaft, Hgg. W. Albers u. a., Bd. 1: Stuttgart 1977, S. 66–87.

–: Grundsatzfragen zur Darstellung von Agrarkonjunkturen und -krisen nach der Methode Wilhelm Abels. In: Vierteljahrschrift für Sozial- und Wirtschaftsgeschichte, Jg. 85, Stuttgart 1998, S. 307–351.

–: Landwirtschaft in der Frühen Neuzeit, München 1991.

–: Vermögensverhältnisse braunschweigischer Bauernhöfe im 17. und 18. Jahrhundert, Stuttgart 1965.

Amburger, Erik: Die Anwerbung ausländischer Fachkräfte für die Wirtschaft Rußlands vom 15. bis ins 19. Jahrhundert, Wiesbaden 1968.

–: Heinrich Ostermann aus westfälischem Bauern- und Bürgergeschlecht, der russische Staatsmann und die Grafen Ostermann. In: Beiträge zur westfälischen Familienforschung, Jg. 18, Münster/W. 1960, S. 31–56.

Ammermüller, Eva: Konfessionelle Unterschiede der Taufnamen? In: Rheinisches Jahrbuch für Volkskunde, Jg. 21, Bonn 1973, S. 9–113.

Amshoff, Kirstin: Nichteheliche Geburten im Münsterland im 17. und 18. Jahrhundert. In: Westfälische Forschungen, Jg. 53, Münster/W. 2003, S. 273–305.

Anderson, Oskar u. a.: Bevölkerungs- und Wirtschaftsstatistik. Aufgaben, Probleme und beschreibende Methoden, Berlin 1983.

Ariès, Philippe: Die unauflösliche Ehe. In: Die Masken des Begehrens und die Metamorphosen der Sinnlichkeit, Hgg. ders. u. A. Bégin, Frankfurt/M. 1984, S. 176–196.

Aschoff, Diethard: Die Juden in der Grafschaft Mark zwischen Schwarzem Tod und Reformation (1350–1520). In: Jahrbuch des Vereins für Orts- und Heimatkunde in der Grafschaft Mark, Jg. 88, Witten 1990, S. 63–83.

–: Die Juden in Westfalen zwischen Schwarzem Tod und Reformation (1350–1530). In: Westfälische Forschungen, Jg. 30, Münster/W. 1980, S. 78–106.

–: Judenkennzeichnung und Judendiskriminierung in Westfalen bis zum Ende des Alten Reiches. In: Aschkenas, Jg. 3, Wien 1993, S. 15–47.

Atorf, Lars: Der König und das Korn. Die Getreidehandelspolitik als Fundament des brandenburg-preußischen Aufstiegs zur europäischen Großmacht, Berlin 1999.

Baasch, Ernst: Holländische Wirtschaftsgeschichte, Jena 1927.

Bade, Klaus J.: Europa in Bewegung. Migration vom späten 18. Jahrhundert bis zur Gegenwart, München 2000.

–: Historische Migrationsforschung. In: Migration in der europäischen Geschichte seit dem späten Mittelalter, Hg. ders., Osnabrück 2002, S. 21–44.

–, Jochen Oltmer: Zwischen Aus- und Einwanderungsland: Deutschland und die Migration seit der Mitte des 17. Jahrhunderts. In: Sozialhistorische Migrationsforschung, Hgg. M. Bommes u. J. Oltmer, Göttingen 2004, S. 501–546.

Bädeker, F. G. H. J., Heinrich Heppe: Geschichte der Evangelischen Gemeinden der Grafschaft Mark und der benachbarten Gemeinden, Iserlohn 1870.

Bähr, Jürgen: Bevölkerungsgeographie. In: Handbuch der Demographie, Hgg. U. Mueller, B. Nauck u. A. Diekmann, Bd. 2, Berlin 2000, S. 866–915.

Baer, Fritz: Das Protokollbuch der Landjudenschaft des Herzogtums Kleve, T. 1: Die Geschichte der Landjudenschaft des Herzogtums Kleve, Berlin 1922.

Basner, Klaus: Beiträge zur Geschichte Lünerns, Unna 1980.

–: Die Bevölkerung. In: Lünern. Dorf mit Tradition. Stadtteil mit Zukunft. Festbuch zum 850-jährigen Jubiläum Lünerns im Jahr 2000, Hgg. ders. u. K.-H. Landwehr, Unna-Lünern 2000, S. 15–32.

Battenberg, J. Friedrich: Zwischen Integration und Segregation. Zu den Bedingungen jüdischen Lebens in der vormodernen christlichen Gesellschaft. In: Aschkenas, Jg. 6, Tübingen 1996, S. 421–454.

–: Die Juden in Deutschland vom 16. bis zum Ende des 18. Jahrhunderts, München 2001.

–: Schutzjuden. In: Handwörterbuch zur Deutschen Rechtsgeschichte, Hgg. A. Erler u. E. Kaufmann, Bd. 4, Berlin 1990, Sp. 1535–1541.

Bauer, Franz J.: Von Tod und Bestattung in alter und neuer Zeit. In: Historische Zeitschrift, Jg. 254, München 1992, S. 1–31.

Bauer, Johannes: Quatember in Kirche und Volk. In: Der Schlern, Jg. 26, Bozen 1952, S. 223–233.

Bauernhöfe in Grundschöttel und Volmarstein, Hgg. D. Thier u. G. Völker, 2. erw. Aufl. Wetter 1997.

Bauks, Friedrich Wilhelm: Die Anfänge der Reformierten Kirche in der Grafschaft Mark. In: Jahrbuch für Westfälische Kirchengeschichte, Jg. 84, Lengerich/W. 1990, S. 97–158.

–: Die evangelischen Pfarrer in Westfalen von der Reformationszeit bis 1945, Bielefeld 1980.

Bayerl, Günter: „In Bausch und Bogen" – Arbeitsplatz und Technik in der Papiermühle des 18. Jahrhunderts. In: Technische Kulturdenkmale, H. 13, Hagen 1981, S. 2–10.

–: Die Lebensumstände und -gewohnheiten. In: Panorama der Fridericianischen Zeit, Hg. J. Ziechmann, Bremen 1985, S. 608–618.

Bechberger, Werner: St. Leon und seine Bevölkerung 1707–1757. Beiträge zur demographischen und sozialen Entwicklung einer dörflichen Gemeinde im Hochstift Speyer. In: Zeitschrift für die Geschichte des Oberrheins, Jg. 143, Stuttgart 1986, S. 129–193.

Becher, Oliver: Herrschaft und autonome Konfessionalisierung. Politik, Religion und Modernisierung in der frühneuzeitlichen Grafschaft Mark, Essen 2006.

–: Landstände und autonome adelige Konfessionalisierung in der Grafschaft Mark. In: Westfälische Forschungen, Jg. 53, Münster 2003, S. 43–70.

–, Aline Steinbrecher: Die Ordnung der Ringe. Verkirchlichung von Eheschließung im Calvinismus. In: Ländliche Frömmigkeit. Konfessionskulturen und Lebenswelten 1500–1850, Hgg. N. Haag u. a., Stuttgart 2002, S. 255–278.

Bechtel, Heinrich: Wirtschafts- und Sozialgeschichte Deutschlands, München 1967.

Beck, Rainer: Illegitimität und voreheliche Sexualität auf dem Land. Unterfinning 1671–1770. In: Kultur der einfachen Leute. Bayerisches Volksleben vom 16. bis zum 19. Jahrhundert, Hg. R. v. Dülmen, München 1983, S. 112–150.

Becker, A.: Über Eintragung von Eheschließungen in den Kirchenbüchern. In: Beiträge zur westfälischen Familienforschung, Jg. 6, Münster/W. 1947, S. 19–21.

Becker, Gary S.: Die ökonomische Analyse der Fruchtbarkeit. In: Der ökonomische Ansatz zur Erklärung menschlichen Verhaltens, 2. Aufl., Tübingen 1993, S. 188–214.

–: Eine Theorie der Heirat. In: Der ökonomische Ansatz zur Erklärung menschlichen Verhaltens, 2. Aufl., Tübingen 1993, S. 225–281.

Becker, Peter: Leben und Lieben in einem kalten Land. Sexualität im Spannungsfeld von Ökonomie und Demographie. Das Beispiel St. Lambrecht 1600–1850, Frankfurt/M. 1990.

–: Leben, Lieben, Sterben. Die Analyse von Kirchenbüchern, St. Katharinen 1989.

Beckmann, Jörgen: Die Bevölkerung und die Flächennutzung Hevens im späten Mittelalter und zu Beginn der Neuzeit. In: Heven einst und jetzt. Heimat-Berichte, H. 1, Heven 1992, S. 7–10.

–: Die Hevener Höfe und Bauern. In: Heven durch 11 Jahrhunderte, Hg. E. Stapperfenne, Witten 1990, S. 37–168.

Behr, Hans-Joachim: Der Staat mußte stets den Anstoß zum Fortschritt geben. In: Unser Land – Geschichte und Geschichten. Bilderbogen der westfälischen Bauerngeschichte. Bd. 1: Von den Anfängen bis zur Französischen Revolution, Hgg. H. v. Hagen u. H.-J. Behr, Münster-Hiltrup 1987, S. 243–245.

Behre, Otto: Geschichte der Statistik in Brandenburg-Preussen bis zur Gründung des Königlichen Statistischen Bureaus, Berlin 1905.

Beisenherz, H.: Volkstümliches aus der Grafschaft Mark. In: Die Grafschaft Mark. Festschrift zum Gedächtnis der 300jährigen Vereinigung mit Brandenburg-Preußen, Hg. A. Meister, Bd. 1, Dortmund 1909, S. 139–182.

Beitl, Klaus: Hochzeit V. In: Lexikon für Theologie und Kirche, Hgg. W. Kasper u. a., Bd. 5, 3. völlig neubearb. Aufl., Freiburg 1996, Sp. 193–194.

Berg, Carl vom: Stammtafel der Familie Vorster auf der Papiermühle zu Broich bei Mülheim a. d. Ruhr, Düsseldorf 1921.

Berkner, Lutz K.: Inheritance, land tenure and peasant family structure: a German regional comparison. In: Family and Inheritance. Rural Society in Western Europe 1200–1800, eds. J. Goody, J. Thirk a. E. P. Thompson, Cambridge 1976, p. 71–95.

Berndt, Theodor: Aeltere Geschichte des Königlichen Gymnasiums in Hamm 1781–1836, Hamm 1909.

Beßelmann, Karl-Ferdinand: Stätten des Heils. Westfälische Wallfahrtsorte des Mittelalters, Münster 1998.

Bevölkerungs-Ploetz. Raum und Bevölkerung in der Weltgeschichte, Bearb. E. Kirsten, E. W. Buchholz u. W. Köllmann, Bd. 2, Würzburg 1955.

Bickelmann, Hartmut: Das Abenteuer der Reise. In: Zeitschrift für Kulturaustausch, Jg. 32, Stuttgart 1982, S. 330–335.

–: Das Geschäft der Auswanderung. In: Zeitschrift für Kulturaustausch, Jg. 32, Stuttgart 1982, S. 336–341.

Bielmann, Jürg: Die Lebensverhältnisse im Urnerland während des 18. und zu Beginn des 19. Jahrhunderts, Basel 1972.

Birg, Herwig: Differentielle Reproduktion aus der Sicht der biographischen Theorie der Fertilität. In: Fortpflanzung: Natur und Kultur im Wechselspiel, Hg. E. Voland, Frankfurt/M. 1992, S. 189–215.

Blaich, Fritz: Die Epoche des Merkantilismus, Wiesbaden 1973.

Blank, Ralf, Stephanie Marra, Gerdhard E. Sollbach: Hagen. Geschichte einer Großstadt und ihrer Region, Essen 2008.

Bleckwenn, Hans: Bauernfreiheit durch Wehrpflicht – ein neues Bild der altpreußischen Armee? In: Bewaffnung und Ausrüstung der Armee Fiedrichs des Großen, 2. erw. Aufl., Koblenz 1986, S. 1–14.

Blesken, Andreas Heinrich: Daten zur Kirchen- und Reformationsgeschichte der Grafschaft Mark, der Städte Dortmund, Lippstadt und Soest, sowie der Grafschaft Hohenlimburg. In: Jahrbuch des Vereins für Westfälische Kirchengeschichte, Jg. 40/41, Bethel 1939/40, S, 312–359.

–: Geschichte der evangelischen Kirchengemeinde Wengern im Rahmen der heimatlichen Kirchen- und Reformationsgeschichte, Witten 1959.

Blickle, Peter: Deutsche Agrargeschichte in der zweiten Hälfte des 20. Jahrhunderts. In: Agrargeschichte. Positionen und Perspektiven, Hgg. W. Troßbach u. C. Zimmermann, Stuttgart 1998, S. 7–32.

Blum, Agnes: Stillfähigkeit. In: Handwörterbuch der sozialen Hygiene, Hgg. A. Grotjahn u. J. Kaup, Bd. 2, Leipzig 1912, S. 555–570.

Bodemann, Ulrike: Taufnamengebung in Kirchhellen vom Ende des 17. Jahrhunderts bis zur Gegenwart. In: Rheinisch-westfälische Zeitschrift für Volkskunde, Jg. 36, Bonn 1991, S. 229–244.

Boeckh, Richard: Die geschichtliche Entwickelung der amtlichen Statistik des preußischen Staates, Berlin 1863.

Böhmer, Emil: Der märkische Aufstand im Jahre 1720. In: Jahresgabe des Vereins für Heimatkunde Schwelm, Jg. 1, Schwelm 1934, S. 25–32.

–: Geschichte des Schwelmer Gymnasiums. In: Beiträge zur Heimatkunde der Stadt Schwelm und ihrer Umgebung, N. F., Jg. 2, Schwelm 1952, S. 5–53.

–: „Der ist über die Wupper." In: Der Märker, Jg. 6, Altena 1957, S. 17–20.

Boelcke, Willi A.: Rüstungswirtschaft I: Kriegswirtschaft. In: Handwörterbuch der Wirtschaftswissenschaft, Hgg. W. Albers u. a., Bd. 6, Stuttgart 1981, S. 503–513.

Börsting, Heinrich: Geschichte der Matrikeln von der Frühkirche bis zur Gegenwart, Freiburg/Br. 1959.

Bötte, Otto: Rekrutierung und Beurlaubung im altpreußischen Heere in ihrer Verbundenheit mit der Wirtschafts- und Sozialordnung, Diss. phil., Frankfurt/M. 1941 (Ms.).

Bollmann, Kerstin Christina: Agrarpolitik. Entwicklungen und Wandlungen zwischen Mittelalter und Zweitem Weltkrieg, Frankfurt/M. 1990.

Bolte, Karl Martin: Bevölkerung (I) Theorie. In: Handwörterbuch der Sozialwissenschaften, Hgg. E. v. Beckerath u. a., Bd. 2, Göttingen 1959, S. 151–159.

–: Bevölkerung (II) Politik. In: Handwörterbuch der Sozialwissenschaften, Hgg. E. v. Beckerath u. a., Bd. 2, Göttingen 1959, S. 159–170.

–, Dieter Kappe, Josef Schmid: Bevölkerung. Statistik, Theorie, Geschichte und Politik des Bevölkerungsprozesses, 4. völlig neu überarb. Aufl., Opladen 1980.

Bonner, Emil: Der König tauschte Klingenschmiede gegen lange Kerls. In: Hagener Heimatkalender, Jg. 16, Hagen 1975, S. 172–180.
–: Der große Kurfürst siedelte sie an. In: Hagener Heimatkalender, Jg. 14, Hagen 1973, S. 77–87.
Bornhak, Conrad: Preußische Staats- und Rechtsgeschichte, Berlin 1903.
Borscheid, Peter: Von Jungfern, Hagestolzen und Singles. Die historische Entwicklung des Alleinlebens. In: Lebensform Einpersonenhaushalt. Herausforderung an Wirtschaft, Gesellschaft und Politik, Hg. S. Gräbe, Frankfurt/M. 1994, S. 23–53.
–: Der alte Mensch in der Vergangenheit. In: Zukunft des Alterns und gesellschaftliche Entwicklung, Hgg. P. B. Baltes u. J. Mittelstrass, Berlin 1992, S. 35–61.
Bossert, Gustav: Unsere Kirchenbücher als Geschichtsquellen. In: Blätter für württembergische Kirchengeschichte, Jg. 50, Stuttgart 1950, S. 47–65.
Bracht, Johannes: „Reidung treiben". Wirtschaftliches Handeln und sozialer Ort der märkischen Metallverleger im 18. Jahrhundert, Münster 2006.
Brämik, Reinhold: Die Verfassung der lutherischen Kirche in Jülich-Berg, Cleve-Mark-Ravensberg in ihrer geschichtlichen Entwicklung, Düsseldorf 1964.
Brakensiek, Stefan: Agrarreform und ländliche Gesellschaft. Die Privatisierung der Marken in Nordwestdeutschland 1750–1800, Paderborn 1991.
–: Regionalgeschichte als Sozialgeschichte. Studien zur ländlichen Gesellschaft im deutschsprachigen Raum. In: Regionalgeschichte in Europa. Methoden und Erträge der Forschung zum 16. bis 19. Jahrhunderts, Hgg. ders. u. A. Flügel, Paderborn 2000, S. 197–251.
Braun, Frank, Claudia Hacker, Stefan Kroll, Britta Schulz: Wismarer Häuser des 17. und 18. Jahrhunderts. In: Wismar im 17. und 18. Jahrhundert. Untersuchungen zur Bau-, Wirtschafts- und Sozialgeschichte, Hg. F. Braun, Neumünster 2008, S. 139–256.
Brauns, Fritz: Geschichte des westfälischen Anerbenrechts und seine Bedeutung für die Wirtschaftlichkeit und Erhaltung der Bauernhöfe, Würzburg 1937.
Bredt, Joh. Victor: Die Verfassung der reformierten Kirche in Cleve-Jülich-Berg-Mark, Neukirchen 1938.
Breit, Stefan: „Leichtfertigkeit" und ländliche Gesellschaft. Voreheliche Sexualität in der frühen Neuzeit, München 1991.
Brilling, Bernhard: Zur Geschichte der Juden in Dortmund und der Grafschaft Mark im Mittelalter. In: Beiträge zur Geschichte Dortmunds und der Grafschaft Mark, Jg. 55, Dortmund 1958, S. 45–63.
Brinck, Andreas: Die deutsche Auswanderungswelle in die britischen Kolonien Nordamerikas um die Mitte des 18. Jahrhunderts, Stuttgart 1993.
Brocke, Bernhard vom: Bevölkerungswissenschaft – Quo vadis? Möglichkeiten und Probleme einer Geschichte der Bevölkerungswissenschaft in Deutschland, Opladen 1998.
Brockmann, Günther: Die Medaillen Joachim I. – Friedrich Wilhelm I. 1499–1740. In Zusammenarbeit mit dem Münzkabinett der Staatlichen Museen zu Berlin Preußischer Kulturbesitz, Köln 1994.
Brückner, Wolfgang: Die Neuorganisation von Frömmigkeit des Kirchenvolkes im nachtridentinischen Konfessionsstaat. In: Jahrbuch für Volkskunde, N. F., Jg. 21, Würzburg 1998, S. 7–32.

Bucher, Silvio: Bevölkerung und Wirtschaft des Amtes Entlebuch im 18. Jahrhundert. Eine Regionalstudie als Beitrag zur Sozial- und Wirtschaftsgeschichte der Schweiz im Ancien Régime, Luzern 1974.

Bürgin, Alfred: Merkantilismus: Eine neue Lehre von der Wirtschaft und der Anfang der politischen Ökonomie. In: Studien zur Entwicklung der ökonomischen Theorie II, Hg. F. Neumark, Berlin 1982, S. 9–61.

Büsch, Otto: Militärsystem und Sozialleben im alten Preußen 1713–1807. Die Anfänge der sozialen Militarisierung der preußisch-deutschen Gesellschaft, Frankfurt/M. 1981.

–: Die Militarisierung von Staat und Gesellschaft im alten Preußen. In: Preussen. Versuch einer Bilanz, Bd. 2: Beiträge zu einer politischen Kultur, Hg. M. Schlenke, Reinbek b. Hamburg 1981, S. 45–60.

Büsching, D. Anton Friedrich: Erdbeschreibung, Sechster Theil, der den westphälischen und chur-rheinischen Kreis enthält, 7. stark verb. u. verm. Aufl., Hamburg 1790.

Burg, Peter: Demographie und Geschichte. Zur Auswertung von Katastern und Personenstandsregistern am Beispiel eines saarländischen Grenzdorfes. In: Rheinische Vierteljahrsblätter, Jg. 42, Bonn 1978, S. 298–383.

Burguière, André, François Lebrun: Der Priester, der Fürst und die Familie. In: Geschichte der Familie, Hgg. A. Burguière u. a., Bd. 3: Neuzeit, Frankfurt/M. 1997, S. 119–194.

–: Die Vielfalt der Familienmodelle in Europa. In: Geschichte der Familie, Hgg. A. Burguière u. a., Bd. 3: Neuzeit, Frankfurt/M. 1997, S. 13–118.

Burkardt, Karl: Geschichte der Gemeinde Wiblingwerde, Essen 1930.

Burri, Hans-Rudolf: Die Bevölkerung Luzerns im 18. und frühen 19. Jahrhundert, Luzern 1975.

Busch, Michael: Der Bauer als Soldat. Ein gescheitertes Konzept der Heeresaufbringung? In: Klio in Uniform? Probleme und Perspektiven einer modernen Militärgeschichte der Frühen Neuzeit, Hg. R. Pröve, Köln 1997, S. 143–166.

Etwas zur Charakteristik des Landmanns in der westfälischen Grafschaft Mark. In: Neues Westphälisches Magazin zur Geographie, Historie und Statistik, Bd. 3, Lemgo 1792, S. 185–202.

Claas, Wilhelm: Die Arbeitsstätten und Wohnungen der Eilper Klingenschmiede in Hagen. In: Westfalenland, Hagen 1932, S. 129–142.

–: Hagen als Vorort der alten märkischen Papiermacherei. In: Papiergeschichte, Jg. 7, Darmstadt 1957, S. 1–12, 18–23, 37–42.

–: Die Papierfabrikation in Hagen-Eilpe und Hagen-Delstern. In: Westfalenland, Hagen 1933, S. 97–107, 113–125.

Clarenbach, Adolf: Über das Alter unserer westfälischen Kirchenbücher. In: Westfälisches Pfarrerblatt, Jg. 36, Hombruch 1936, S. 69–72.

Cohen, Daniel J.: Die Landjudenschaften der brandenburgisch-preußischen Staaten im 17. und 18. Jahrhundert. In: Ständetum und Staatsbildung in Brandenburg-Preußen, Hg. P. Baumgart, Berlin 1983, S. 208–229.

Colenbrander, H. T.: Die Herkunft der Buren. In: Mitteilungen der Akademie zur wissenschaftlichen Erforschung und zur Pflege des Deutschtums, München 1928, S. 823–844.

Corbin, Alain: Die Sprache der Glocken. Ländliche Gefühlskultur und symbolische Ordnung im Frankreich des 19. Jahrhunderts, Frankfurt 1994.

Cronau, Rudolf: Drei Jahrhunderte deutschen Lebens in Amerika. Eine Geschichte der Deutschen in den Vereinigten Staaten, Berlin 1909.

Darpe, Franz: Geschichte der Stadt Bochum nebst Urkundenbuch, Bochum 1894.

Dartmann, Anna: Die soziale, wirtschaftliche und kulturelle Entwicklung der jüdischen Gemeinde in Hamm 1327–1943, Hamm 1977.

Deifuß, Roland: Die Ausstattung eines unterbäuerlichen Haushalts im Kirchspiel Methler anno 1763. In: Roland zu Dortmund, Jg. 30, Dortmund 1996, S. 179–180.

Deisting, Friedrich: Geschichte der Land- und Kirchengemeinde Kierspe, Hg. W. Meyer zu Thenhausen, Kierspe 1925.

Denzel, Markus A.: Konjunkturen im Mittelalter und in der Frühen Neuzeit. In: Sozial- und Wirtschaftsgeschichte. Arbeitsgebiete – Probleme – Perspektiven. 100 Jahre Vierteljahrschrift für Sozial- und Wirtschaftsgeschichte, Hgg. G. Schulz u. a., Wiesbaden 2004, S. 191–215.

Ein Deutscher am Zarenhof. Heinrich Graf Ostermann und seine Zeit 1687–1747, Hgg. J. V. Wagner u. a., Essen 2001.

Dickhaut, Eva-Maria: Homberg an der Ohm. Untersuchungen zu Verfassung, Verwaltung, Finanzen und Demographie einer hessischen Territorialstadt (1648–1806), Marburg 1993.

Diederiks, Herman: Amsterdam 1600–1800. Demographische Entwicklung und Migration. In: Niederlande und Nordwestdeutschland, Hgg. W. Ehbrecht u. H. Schilling, Köln 1983, S. 328–346.

Dieterici, W.: Ueber Auswanderungen und Einwanderungen, letztere in besonderer Beziehung auf den Preußischen Staat, vom statistischen Standpunkte, Berlin 1847.

–: Über die Sterblichkeitsverhältnisse in Europa. In: Abhandlungen der Königlichen Akademie der Wissenschaften zu Berlin, Berlin 1851, S. 721–790.

Dietz, Walter: Die Wuppertaler Garnnahrung. Geschichte der Industrie und des Handels von Elberfeld und Barmen 1400 bis 1800, Neustadt/A. 1957.

Dinges, Martin: Ehre und Geschlecht in der Frühen Neuzeit. In: Ehrkonzepte in der Frühen Neuzeit. Identitäten und Abgrenzungen, Hgg. S. Backmann u. a., Berlin 1998, S. 123–147.

Dipper, Christof: Deutsche Geschichte 1648–1789, Frankfurt/M. 1991.

Ditfurth, Theodor von: Zur Geschichte der Königlich Preußischen Ober-Rechnungskammer, Berlin 1909.

Dörfler-Dierken, Angelika: Die Verehrung der heiligen Anna in Spätmittelalter und früher Neuzeit, Göttingen 1992.

Dösseler, Emil: Die Aus- und Einwanderung Westfalens. In: Westfälische Forschungen, Jg. 19, Münster/W. 1966, S. 161–166.

–: Beiträge zur Geschichte des Medizinalwesens in der Grafschaft Mark und im märkisch-lippischen Kondominium Lippstadt. In: Altenaer Beiträge, Bd. 1, N. F., Altena 1961, S. 79–190.

–: Kleve-Mark am Ende des Dreißigjährigen Krieges. In: Düsseldorfer Jahrbuch, Jg. 47, Düsseldorf 1955, S. 254–296.

–: Von Ostpreußen bis Irland. Fremde Kollektanten in den Lennegemeinden Ohle und Werdohl am Ende des 17. und im 18. Jahrhundert. In: Jahrbuch des Vereins für Westfälische Kirchengeschichte, Jg. 53/54, Bethel 1960/61, S. 180–185.

–: Geistliche Sachen aus den Registern der Grafschaft Mark. In: Jahrbuch des Vereins für Westfälische Kirchengeschichte, Jg. 44 (1951), Bielefeld 1952, S. 11–82, Jg. 45/46 (1952/53), Bielefeld 1953, S. 11–96.

–: Die Wirtschaft der Grafschaft Mark unter Brandenburg-Preußen 1609–1806. In: Altenaer Beiträge, N. F., Bd. 1, Altena 1961, S. 5–77.

Dorider, Adolf: Die Entwickelung des Mühlenwesens in der ehemaligen Grafschaft Mark, Witten 1909.

–: Recklinghäuser Neubürger. Eine Untersuchung über die Einwanderer in Recklinghausen vom Ende des 16. bis zum 19. Jahrhundert. In: Vestische Zeitschrift, Jg. 48, Gelsenkirchen 1941, S. 89–106.

–: Ueber Papiermühlen im Vest Recklinghausen und in der Grafschaft Mark. In: Heimatblätter für Castrop-Rauxel und Umgebung, Jg. 8, Castrop 1929, S. 19–23, 31–37.

Dossmann, Ernst: Papier aus der alten Grafschaft Mark. Papierherstellung und Verarbeitung im Wirtschaftsraum zwischen Volme, Ruhr und Hönne, Iserlohn 1987.

–: Auf den Spuren der Grafen von der Mark. Wissenswertes über das Werden und Wachsen der ehemaligen Grafschaft Mark und über den Märkischen Kreis, 2. Aufl., Iserlohn 1984.

–: Iserlohner Tabakdosen erzählen, Iserlohn 1981.

Dransfeld, Friedrich: Geschichte der evangelischen Gemeinde Herne. In: Jahrbuch des Vereins für Orts- und Heimatkunde in der Grafschaft Mark, Jg. 2, Witten 1888, S. 41–105.

Dreitzel, Horst: Anmerkungen zur Schrift „Gedancken von den epidemischen Kranckheiten [...]“. In: Ursprünge und Demographie in Deutschland. Leben und Werk Johann Peter Süßmilchs (1707–1767), Hg. H. Birg, Frankfurt/M. 1986, S. 343–399.

Dresbach, Ewald: Beiträge zur Entstehung und Entwicklungsgeschichte des Kirchenkreises Hamm (Westfalen) nebst einem vollständigen Predigerverzeichnis. In: Jahrbuch des Vereins für Westfälische Kirchengeschichte, Jg. 37, Münster/W. 1936, S. 35–73.

–: Zur Geschichte der Entstehung und Entwicklung des Kirchenkreises Lüdenscheid nebst einem Verzeichnis der Geistlichen. In: Jahrbuch des Vereins für Westfälische Kirchengeschichte, Jg. 38/39, Bethel 1937/38, S. 101–173.

–: Pragmatische Kirchengeschichte der preußischen Provinzen Rheinland u. Westfalen, Meinerzhagen 1931.

–: Theodor von Neuhoff, König von Korsika. In: Der Märker, Jg. 2, Iserlohn 1926, S. 49–61.

–: Übelstände und Mängel des lutherischen Kirchenwesens in der Grafschaft Mark im 18. Jahrhundert. In: Jahrbuch des Vereins für Orts- und Heimatkunde in der Grafschaft Mark, Jg. 32, Witten 1919, S. 1–40.

Drog, Kurt: Das ländliche Bett. Zur Geschichte des Schlafmöbels in Westfalen, Detmold 1999.

Duden, Barbara: Zwischen „wahrem Wissen“ und Prophetie. Konzeptionen des Ungeborenen. In: Geschichte des Ungeborenen. Zur Erfahrungs- und Wissenschaftsgeschichte der Schwangerschaft, 17.–20. Jahrhundert, Hgg. dies. u. a., Göttingen 2002, S. 11–48.

Dülmen, Richard van: Fest der Liebe. Heirat und Ehe in der frühen Neuzeit. In: Armut, Liebe, Ehre. Studien zur historischen Kulturforschung, Hg. ders., Frankfurt/M. 1988, S. 67–106.

–: Frauen vor Gericht. Kindsmord in der frühen Neuzeit, Frankfurt/M. 1991.

–: Kultur und Alltag in der Frühen Neuzeit, Bd. 1–3, München 1990–1994.

Dütting, Karl Heinz A.: Westfalen in der niederländischen Kapkolonie 1625–1806. In: Beiträge zur westfälischen Familienforschung, Jg. 7, Münster 1948, S. 45–48.

Duhamelle, Christophe, Jürgen Schlumbohm: Einleitung: Vom „europäischen Heiratsmuster“ zu Strategien der Eheschließung? In: Eheschließungen im Europa des 18. und 19. Jahrhunderts. Muster und Strategien, Hgg. dies., Göttingen 2003, S. 11–33.

Dupâquier, Jacques, Marcel Lachiver: Sur les débuts de la contraception en France ou les deux malthusianismes. In: Annales. Économies, Sociétes, Civilisations, vol. 24, Paris 1969, p. 1391–1406.

Eberlein, H.: Die Kirchenbücher als Quelle der heimatlichen Kirchengeschichte. In: Die Bedeutung der Kirchenbücher für die Kirchen- und Volksgeschichte, Berlin 1936, S. 18–23.

Eggeling, Wolfram: Heinrich Graf Ostermann. Ein Märker im russischen Staatsdienst. In: Der Märker, Jg. 46, Lüdenscheid 1997, S. 79–87, 130–139.

Ehmer, Josef: Heiratsverhalten, Sozialstruktur, ökonomischer Wandel. England und Mitteleuropa in der Formationsperiode des Kapitalismus, Göttingen 1991.

Ehrenpreis, Stefan: Kirchen, Bildungswesen und Gesellschaft im 17. und 18. Jahrhundert: Herzogtum Berg und Grafschaft Mark im Vergleich. In: Zeitschrift des Bergischen Geschichtsvereins, Jg. 99 (1999/2001), Neustadt/A. 2003, S. 71–113.

Elverfeldt, Franz Sigismund Freiherr von: Die Familie Elverfeldt von Haus Herbede und Schloß Steinhausen. In: Herbede, gestern, heute, morgen, Hg. B. Sobotka, 2. Aufl., Witten 1982, S. 88–95.

Emerich, Karl: Mortuus est. In: Blätter des Bayerischen Landesvereins für Familienkunde, Jg. 18, München 1940, S. 7–9.

Engel, Claudia: Zum Bevölkerungsgeschehen in der Krummhörn im 18. und 19. Jahrhundert. In: Jahrbuch der Gesellschaft für Bildende Kunst und vaterländische Altertümer zu Emden, Jg. 71, Aurich 1991, S. 83–94.

Engel, Gustav: Politische Geschichte Westfalens, 4. stark veränd. u. erg. Aufl., Köln 1980.

Engelbert, Heinrich: Das Aerarium ecclesiasticum der reformieren Kirchen in Kleve, Mark, Jülich und Berg, Düsseldorf 1966.

Engelen, Beate: Warum heiratete man einen Soldaten? Soldatenfrauen in der ländlichen Gesellschaft Brandenburg-Preußens im 18. Jahrhundert. In: Militär und ländliche Gesellschaft in der frühen Neuzeit, Hgg. St. Kroll u. K. Krüger, Münster 2000, S. 251–273.

–: Soldatenfrauen in Preußen. Eine Strukturanalyse der Garnisonsgesellschaft im späten 17. und im 18. Jahrhundert, Münster 2004.

Ensuleit, Karl Ludwig: Herdecke – Der Kornhandelsplatz 1355–1879. In: Hohenlimburger Heimatblätter für den Raum Hagen, Jg. 50, Hagen 1989, S. 309–312.

Ernst, Manfred: Migration in Gießen und Umgebung auf Grund von Herkunftseintragungen bei Heiraten und Sterbefällen. In: Historische Demographie als Sozialgeschichte. Gießen und Umgebung vom 17. zum 19. Jahrhundert, Hg. A. E. Imhof, Darmstadt 1975, S. 639–685.

„Es gibt ausgezeichnete Köpfe hier" – Das preußische Hamm um 1800, Hg. M. Perrefort, Hamm 2008.

Esenwein-Rothe, Ingeborg: Einführung in die Demographie. Bevölkerungsstruktur und Bevölkerungsprozess aus der Sicht der Statistik, Wiesbaden 1982.

–: Johann Peter Süßmilch als Statistiker. In: Die Statistik in der Wirtschaftsforschung. Festgabe für Rolf Wagenführ zum 60. Geburtstag, Berlin 1967, S. 175–201.

Esser, Adolf: Das Rechenbuch der Wirtschaft Bergmann vom Jahre 1682. In: Kultur und Heimat, Heimatblätter für Castrop-Rauxel und Umgebung, Jg. 29, Castrop-Rauxel 1978, S. 58–65.

Eversley, D. E. C.: Bevölkerung, Wirtschaft und Gesellschaft. In: Bevölkerungsgeschichte, Hgg. W. Köllmann u. P. Marschalck, Köln 1972, S. 93–153.

Eversmann, Friedrich August Alexander: Uebersicht der Eisen- und Stahl-Erzeugung auf Wasserwerken in den Laendern zwischen Lahn und Lippe, Bd. 1: Haupttheil, Bd. 2: Beylagen, Dortmund 1804.

Fabiani, Pierre: Theodor von Neuhoff, König von Korsika. In: Der Reidemeister, Jg. 55, Lüdenscheid 1971, S. 429–435.

Fahne, Anton: Die Westphalen in Lübeck, Köln 1855.

Faust, Albert B.: Das Deutschtum in den Vereinigten Staaten in seiner geschichtlichen Entwickelung, Leipzig 1912.

Fauve-Chamoux, Antoinette: Marriage, Widowhood and Divorce. In: The history of the European familiy, eds. D. I. Kertzer a. M. Barbagli, vol. 1: Family Life in Early Modern Times 1500–1789, New Haven 2001, p. 221–256.

Favreau-Lilie, Marie-Luise: Die Bedeutung von Wallfahrten, Kreuzzügen und anderen Wanderungsbewegungen (z. B. Gesellenwanderungen) für die Kommunikation in Mittelalter und früher Neuzeit. In: Die Bedeutung der Kommunikation für Wirtschaft und Gesellschaft, Hg. H. Pohl, Wiesbaden 1989, S. 64–89.

Fertig, Georg: Lokales Leben, atlantische Welt. Die Entscheidung zur Auswanderung vom Rhein nach Nordamerika im 18. Jahrhundert, Osnabrück 2000.

–: „Man müßte es sich schier fremd vorkommen lassen": Auswanderungspolitik am Oberrhein im 18. Jahrhundert. In: Migration nach Ost- und Südosteuropa vom 18. bis zum Beginn des 19. Jahrhunderts, Hgg. M. Beer u. D. Dahlmann, Sigmaringen 1999, S. 71–88.

–: Marriage and economy in rural Westphalia, 1750–1870: A time series and cross-sectional analysis. In: Marriage and Rural Economy: Western Europe since 1400, eds. I. Devos a. L. Kennedy, Turnhout 1999, p. 243–271.

–: „Wenn zwey Menschen eine Stelle sehen." Heirat, Besitztransfer und Lebenslauf im ländlichen Westfalen des 19. Jahrhunderts. In: Eheschließungen im Europa des 18. und 19. Jahrhunderts. Muster und Strategien, Hgg. Ch. Duhamelle u. J. Schlumbohm, Göttingen 2003, S. 93–124.

–: Die Struktur des Raumes im 18. und 19. Jahrhundert: Bevölkerung und demographischer Wandel. In: Wirtschaft und Gesellschaft im südöstlichen Westfalen. Die IHK zu Arnsberg und ihr Wirtschaftsraum im 19. und 20. Jahrhundert, Hgg. K.-P. Ellerbrock u. T. Bessler-Worbs, Münster 2001, S. 48–82.

Fessner, Michael: Die märkischen Adelshäuser und Brandenburg-Preußen. Die Frage des Bergregals auf Steinkohle. In: Jahrbuch des Vereins für Orts- und Heimatkunde in der Grafschaft Mark, Jg. 92, Witten 1994, S. 63–109.

–: Salz und Kohle. Die Salinenbetriebe bei Unna in Westfalen als Förderer des märkischen Steinkohlenbergbaus im 17. und 18. Jahrhundert. In: Vom Bergbau zum Industrierevier, Hg. E. Westermann, Stuttgart 1995, S. 51–74.

–: Steinkohle und Salz. Der lange Weg zum industriellen Ruhrrevier, Bochum 1998.

–: Der Steinkohlenbergbau in der Grafschaft Mark und seine konjunkturelle Entwicklung im 17. und 18. Jahrhundert. In: Konjunkturen im europäischen Bergbau in vorindustrieller Zeit, Hgg. Ch. Bartels u. M. A. Denzel, Stuttgart 2000, S. 103–120.

–: Der märkische Steinkohlenbergbau vor der Industrialisierung: 1600–1806/07. Ein Forschungsbericht. In: Der Anschnitt, Jg. 44, Bochum 1992, S. 150–161; Jg. 45, Bochum 1993, S. 84–100.

–: Der märkische Steinkohlenbergbau im 17. und 18. Jahrhundert. Die Stellung der Gewerken. In: Geologie und Bergbau im rheinisch-westfälischen Raum, Hgg. Ch. Bartels u. a., Münster 1994, S. 69–92.

–: Der vorindustrielle Steinkohlenbergbau in der Grafschaft Mark. Entwicklungstendenzen im 17. und 18. Jahrhundert. In: Deindustrialisierung und Stadt, Berlin 2001, S. 107–132.

Festschrift zur 300-Jahr-Feier des Staatlichen Gymnasiums in Hamm, 1657–1957, Hamm 1957.

Flandrin, Jean Louis: Das Geschlechtsleben der Eheleute in der alten Gesellschaft: Von der kirchlichen Lehre zum realen Verhalten. In: Die Masken des Begehrens und die Metamorphosen der Sinnlichkeit, Hgg. P. Ariès u. A. Bégin, Frankfurt/M. 1984, S. 147–164.

Flinn, Michael W.: The European demographic system 1500–1820, Brighton 1981.

Fox, Thomas: Studien zur Agrargeschichte Oberhessens 1650–1830. Historisch-demographische Aspekte. In: Historische Demographie als Sozialgeschichte. Gießen und Umgebung vom 17. zum 19. Jahrhundert, Hg. A. E. Imhof, Darmstadt 1975, S. 1029–1035.

François, Etienne: Das religiöse Buch als Nothelfer, Familienreliquie und Identitätssymbol im protestantischen Deutschland der Frühneuzeit (17.–19. Jahrhundert). In: Hören, Sagen, Lesen, Lernen. Bausteine zu einer Geschichte der kommunikativen Kultur, Hgg. U. Brunold-Bigler u. H. Bausinger, Bern 1995, S. 219–230.

–: Die unsichtbare Grenze. Protestanten und Katholiken in Augsburg 1648–1806, Sigmaringen 1991.

Frank, Michael: Vom Nutzen der historischen Demographie für die Kriminalitätsgeschichte – das Beispiel des lippischen Kirchspiels Heiden im 17. und 18. Jahrhundert. In: Historisch-demographische Forschungen. Möglichkeiten, Grenzen, Perspektiven, Hgg. F. Göttmann u. P. Respondek, Paderborn 2001, S. 183–208.

Franzen, August: Kleine Kirchengeschichte, 2. durchges. u. erg. Aufl., Freiburg/Br. 1968.

Freiburg, Hubert: Agrarkonjunktur und Agrarstruktur in vorindustrieller Zeit. In: Vierteljahrschrift für Sozial- und Wirtschaftsgeschichte, Jg. 64, Wiesbaden 1977, S. 289–327.

Freisewinkel, Paul: Aus der Geschichte der Zeche Hammerbank bei Witten. In: Der Märker, Jg. 4, Altena 1955, S. 104–106.

Freist, Dagmar: One body, two confessions: mixed marriages in Germany. In: Gender in Early Modern German History, ed. U. Rublack, Cambridge 2002, p. 275–304.

–: Zwischen Glaubensfreiheit und Gewissenszwang: Das Reichsrecht und der Umgang mit Mischehen nach 1648. In: Der Frieden, Hgg. K. Garber u. J. Held, Bd. 2: Frieden und Krieg in der Frühen Neuzeit, Hgg. R. G. Asch, W. E. Voß u. M. Wrede, München 2001, S. 293–322.

Freitag, Werner: Konfessionelle Kulturen und innere Staatsbildung. Zur Konfessionalisierung in westfälischen Territorien. In: Westfälische Forschungen, Jg. 42, Münster/W. 1992, S. 75–191.

Freudenberger, Hermann: Das Arbeitsjahr. In: Wirtschaftliche und soziale Strukturen im saekularen Wandel, Hgg. I. Bog u. a., Bd. 2, Hannover 1974, S. 307–320.

Fricke, Eberhard: Geschichte des Kreises Lüdenscheid bis 1815. In: Heimatchronik des Kreises Lüdenscheid, Hgg. H. H. Dietrich u. a., Köln 1971, S. 43–144.

Fricke, Hans-Dierk: Frauen in den Heeren im Zeitalter des Absolutismus und ihre Bedeutung für den Merkantilismus in Preußen. In: Forschungen zur Brandenburgischen und Preußischen Geschichte, N. F., Jg. 13, Berlin 2003, S. 163–226.

Frisch, Margarete: Die Grafschaft Mark. Der Aufbau und die innere Gliederung des Gebietes besonders nördlich der Ruhr, Münster/W. 1937.

Frohneberg, Erich: Bevölkerungslehre und Bevölkerungspolitik des Merkantilismus unter besonderer Berücksichtigung des 17. und 18. Jahrhunderts und der Länder Deutschland, England, Frankreich und Italien, Diss. rer. pol. Frankfurt/M., Gelnhausen 1930.

Fromman, Peter Diedrich: Aus der Bevölkerungsstatistik der Grafschaft Mark und des Kreises Altena. In: Süderland, Jg. 14, Altena 1936, S. 138–140.

–: Von den Domänen des märkischen Sauerlandes. In: Westfalen, Hagen 1927, S. 103–106.

–: Geschichte der Gemeinde Hülscheid, Lüdenscheid 1937.

–: Aus der Geschichte der Gemeinden Plettenberg, Ohle und Herscheid nach vielen Quellen, Lüdenscheid 1927.

–: Gesundheitszustand und Lebensdauer der Märker im 18. Jahrhundert. In: Süderland, Jg. 15, Altena 1937, S. 65–68.

–: Von der Hünenburg auf dem Sundern bei Ohle und ländlichen Siedlungen in ihrer Umgegend, Plettenberg 1949.

Füchtner, Jörg: Die Beurkundung von Taufe und Heirat in den evangelischen, vor allem den reformierten Gemeinden des Niederrheins. In: Zeitschrift der Savigny-Stiftung für Rechtsgeschichte: Kanonistische Abteilung, Jg. 77 (=108), Köln 1991, S. 351–398; Jg. 78 (=109), Köln 1992, S. 312–400.

Gaunt, D.: Familie, Haushalt und Arbeitsintensität. Eine Interpretation demographischer Variationen in Schweden im 17. und 18. Jahrhundert. In: Biologie des Menschen in der Geschichte. Beiträge zur Sozialgeschichte der Neuzeit aus Frankreich und Skandinavien, Hg. A. E. Imhof, Stuttgart 1978, S. 219–260.

Gehrmann, Rolf: Bevölkerungsgeschichte Norddeutschlands zwischen Aufklärung und Vormärz, Berlin 1999.

–: Leezen 1720–1870. Ein historisch-demographischer Beitrag zur Sozialgeschichte des ländlichen Schleswig-Holstein, Neumünster 1984.

–: Methoden der historischen Bevölkerungsforschung – historische Demographie und Bevölkerungsgeschichte. In: Handbuch der Demographie, Hgg. U. Mueller u. a., Bd. 1: Modelle und Methoden, Berlin 2000, S. 709–728.

–: Übersterblichkeit der Frauen als historisch-demographisches Problem. In: Neuere Aspekte der Sterblichkeitsentwicklung, Hgg. F. Putz u. K. Schwarz, Wiesbaden 1984, S. 71–83.

–: Das Verhältnis von Bevölkerung und Ressourcen als Problem der demographischen Theorie und historischen Forschung. In: Agrarmodernisierung und ökologische Folgen. Westfalen vom 18. bis zum 20. Jahrhundert, Hgg. K. Ditt u. a., Paderborn 2001, S. 23–45.

Gerhard, Hans-Jürgen: Preise als wirtschaftshistorische Indikatoren. Wilhelm Abels preishistorische Untersuchungen aus heutiger Sicht. In: Wirtschaft – Politik – Geschichte. Beiträge zum Gedenkkolloquium anläßlich des 100. Geburtstages von Wilhelm Abel am 16. Oktober 2004 in Leipzig, Hg. M. A. Denzel, Stuttgart 2004, S. 37–58.

Gericke, Wolfgang: Glaubenszeugnisse und Konfessionspolitik der Brandenburgischen Herrscher bis zur Preußischen Union 1540 bis 1815, Bielefeld 1977.

Geringer, Karl-Theodor: Die Konfessionsbestimmung bei Kindern aus gemischten Ehen in der Zeit seit dem Ende der Glaubenskriege (1648) bis Benedikt XIV (1758). In: Scientia Canonum. Festgabe für Franz Pototschnig zum 65. Geburtstag, Hgg. H. Paarhammer u. A. Rinnerthaler, München 1991, S. 27–54.

Gerlach, Heinrich: Geschichte der evangelischen Kirche und Kirchengemeinde Methler. In: Heimatbuch des Kirchspiels Methler, Hg. G. v. d. Heyde, Unna 1982, S. 39–44.

Germing, Joh.: Geschichte der amtlichen Finanzstatistik der ehemaligen Grafschaft Mark vom Beginn der brandenburgischen Regierung bis zur Gründung der Kriegs- und Domänenkammer in Kleve 1609–1723. In: Jahrbuch des Vereins für Orts- und Heimatkunde in der Grafschaft Mark, Jg. 27, Witten 1914, S. 1–81.

Gestrich, Andreas: Geschichte der Familie im 19. und 20. Jahrhundert, München 1999.

–: Neuzeit. In: Geschichte der Familie, Hgg. ders., J.-U. Krause u. M. Mitterauer, Stuttgart 2003, S. 364–652.

Gleixner, Ulrike: Die „Gute“ und die „Böse“. Hebammen als Amtsfrauen auf dem Land (Altmark/Brandenburg, 18. Jahrhundert). In: Weiber, Menscher, Frauenzimmer. Frauen in der ländlichen Gesellschaft 1500–1800, Hgg. H. Wunder u. Ch. Vanja, Göttingen 1996, S. 96–122.

–: Todesangst und Gottergebenheit. Die Spiritualisierung von Schwangerschaft und Geburt im lutherischen Pietismus. In: Geschichte des Ungeborenen. Zur

Erfahrungs- und Wissenschaftsgeschichte der Schwangerschaft, 17.–20. Jahrhundert, Hgg. B. Duden u. a., Göttingen 2002, S. 75–98.
Gmelin, Julius: Die historisch-statistische Bedeutung der Kirchenbücher. In: Mitteilungen der Zentralstelle für deutsche Personen- und Familiengeschichte, Jg. 7, Leipzig 1919, S. 1–25.
–: Die Verwertung der Kirchenbücher. In: Deutsche Geschichtsblätter, Jg. 1, Gotha 1900, S. 155–170.
Göbel, Gerhard W.: Bevölkerung und Ökonomie. Historisch-demographische Untersuchung des Kirchspiels Siegen in der Nassau-Oranischen Zeit (1742–1806), St. Katharinen 1988.
Göbel, Klaus: Zuwanderung zwischen Reformation und Franzosenzeit. Ein Beitrag zur vorindustriellen Bevölkerungs- und Wirtschaftsgeschichte Wuppertals 1527–1808, Wuppertal 1966.
Göbell, Walter: Die evangelisch-lutherische Kirche in der Grafschaft Mark. Verfassung, Rechtsprechung und Lehre. Kirchenrechtliche Quellen von 1710–1800, Bd. 1: Acta Synodalia von 1710 bis 1767, Bethel 1961.
Gömmel, Rainer: Die Entwicklung der Wirtschaft im Zeitalter des Merkantilismus 1620–1800, München 1998.
Göttsch, Silke: „... sie trüge ihre Kleider mit Ehren." Frauen und traditionelle Ordnung im 17. und 18. Jahrhundert. In: Weiber, Menscher, Frauenzimmer. Frauen in der ländlichen Gesellschaft 1500–1800, Hgg. H. Wunder u. Ch. Vanja, Göttingen 1996, S. 199–213.
Gorißen, Stefan: Vom Handelshaus zum Unternehmen. Sozialgeschichte der Firma Harkort im Zeitalter der Protoindustrie (1720–1820), Göttingen 2002.
–: Vom Kaufmann und Unternehmer. Betriebsformen und Unternehmensstrategien der Firma Johann Caspar Harkort 1720–1820. In: Bürgerlichkeit zwischen gewerblicher und industrieller Wirtschaft, Hgg. W. Köllmann u. a., Dortmund 1994, S. 67–85.
–: Bergisch-märkische Kaufmannschaft im 18. Jahrhundert: Handels- und Verwandtschaftsnetze. In: Zeitschrift des Bergischen Geschichtsvereins, Jg. 99 (1999/2001), Neustadt/A. 2003, S. 43–69.
–: Korporation und Konkurrenz. Die protoindustriellen Eisengewerbe des Bergischen Landes und der Grafschaft Mark (1650 bis 1820). In: Protoindustrie in der Region. Europäische Gewerbelandschaften vom 16. bis zum 19. Jahrhundert, Hgg. D. Ebeling u. W. Mager, Bielefeld 1997, S. 381–410.
–, Georg Wagner: Protoindustrialisierung in Berg und Mark? Ein interregionaler Vergleich am Beispiel des neuzeitlichen Eisengewerbes. In: Zeitschrift des Bergischen Geschichtsvereins, Jg. 92, Neustadt/A. 1986, S. 163–171.
Gottstein, Adolf: Zur Statistik der Totgeburten seit 200 Jahren. In: Zeitschrift für soziale Medizin, Medizinalstatistik, Arbeitsversicherung, soziale Hygiene und Grenzfragen der Medizin und Volkswirtschaft, Jg. 1, Leipzig 1906, S. 4–14.
Graewe, Richard: Die ehemaligen Freigüter bei Lüdenscheid. In: Süderland, Jg. 2, Altena 1924, passim.
Graf, Friedrich Wilhelm: Beeinflussen religiöse Weltbilder den ökonomischen Habitus? In: Wirtschaftsgeschichte als Kulturgeschichte. Dimensionen eines Perspektivenwechsels, Hgg. H. Berghoff u. J. Vogel, Frankfurt/M. 2004, S. 241–264.

Grassl: Die sozialen Ursachen der Kindersterblichkeit in Bayern, insbesondere der Einfluß der agrarischen Verhältnisse auf die Kindersterblichkeit Bayerns und anderer Staaten. In: Zeitschrift für soziale Medizin, Säuglingsfürsorge und Krankenhauswesen, Jg. 5, Leipzig 1910, S. 374–402.

Greiling, Ernst Martin: Daten aus der Geschichte von Stadt und Kirche seit der Reformation. In: Aus 900 Jahren Kirche in Schwelm 1085–1985, Schwelm 1985, S. 194–197.

Greyerz, Kaspar von: Grenzen zwischen Religion, Magie und Konfession aus der Sicht der frühneuzeitlichen Mentalitätsgeschichte. In: Grenzen und Raumvorstellungen (11.–20. Jh.), Hg. G. P. Marchal, Zürich 1996, S. 329–343.

–: Religion und Kultur. Europa 1500–1800, Göttingen 2002.

Grotefend, Hermann: Taschenbuch der Zeitrechnung des deutschen Mittelalters und der Neuzeit, 13. Aufl., Hannover 1991.

Grube-Verhoeven, Regine: Die Verwendung von Büchern christlichen Inhalts zu magischen Zwecken. In: Volksleben, Jg. 13, Tübingen 1966, S. 11–57.

Grün, Anselm: Fasten IV, V. In: Lexikon für Theologie und Kirche, Hgg. W. Kasper u. a., Bd. 3, 3. völlig neubearb. Aufl., Freiburg 1995, Sp. 1189–1190.

Haase, F. W.: Das Bauernhaus und die bäuerlichen Gehöfte der ehemaligen Grafschaft Mark. In: Die Grafschaft Mark. Festschrift zum Gedächtnis der 300jährigen Vereinigung mit Brandenburg-Preußen, Hg. A. Meister, Bd. 1, Dortmund 1909, S. 183–206.

Haaß, Robert: Johann Arnold de Reux. Generalvikar von Köln (1704–1730), Bonn 1936.

Haedeke, Hanns-Ulrich: Berg und Mark. Menschen. Eisen und Kohle, Wirtschaft, Handel und Wandel, Solingen 2000.

Hagemann, Karen: Militär, Krieg und Geschlechterverhältnisse. Untersuchungen, Überlegungen und Fragen zur Militärgeschichte der Frühen Neuzeit. In: Klio in Uniform? Probleme und Perspektiven einer modernen Militärgeschichte der Frühen Neuzeit, Hg. R. Pröve, Köln 1997, S. 35–88.

Hagemeister, Michael: Von Bochum nach Borodino. Heinrich Ostermanns russische Nachfahren. In: Ein Deutscher am Zarenhof. Heinrich Graf Ostermann und seine Zeit 1687–1747, Hgg. J. V. Wagner u. a., Essen 2001, S. 241–247, 309–310.

Hajnal, John: European marriage Patterns in perspective. In: Population in History. Essays in Historical Demography, eds. D. V. Glass a. D. E. C. Eversley, London 1965, p. 101–143.

Hall, Stuart George, Joseph H. Crehan: Fasten/Fastentage III. In: Theologische Realenzyklopädie, Hg. G. Müller, Bd. 11, Berlin 1983, S. 48–59.

Hammel, E. A., Peter Laslett: Comparing Household Structure Over Time und between Cultures. In: Comparative Studies in Society and History, vol. 16, Cambridge 1974, p. 73–109.

Hanauer, W.: Historisch-statistische Untersuchungen über uneheliche Geburten. In: Zeitschrift für Hygiene und Infektionskrankheiten, Jg. 108, Berlin 1928, S. 656–684.

Hanke, Gerhard: Witwen- und Witwerheiraten in Dachau (1700–1899). In: Amperland. Heimatkundliche Vierteljahresschrift für die Kreise Dachau, Freising und Fürstenfeldbruck, Jg. 27, München 1991, S. 167–172.

Hanschmidt, Alwin: Das 18. Jahrhundert. In: Westfälische Geschichte, Hg. W. Kohl, Bd. 1: Von den Anfängen bis zum Ende des alten Reiches, Düsseldorf 1983, S. 605–685.

Hardach-Pinke, Irene: Zwischen Angst und Liebe. Die Mutter-Kind-Beziehung seit dem 18. Jahrhundert. In: Sozialgeschichte der Kindheit, Hgg. J. Martin u. A. Nitschke, Freiburg 1986, S. 525–590.

Harder-Gersdorff, Elisabeth: Eisenwaren aus der Grafschaft Mark auf dem Weg zu den Märkten des Ostseeraums: Struktur der Transport- und Vertriebsformen des Hauses J. C. Harkort in der Mitte des 18. Jahrhunderts. In: Struktur und Dimension. Festschrift für Karl Heinrich Kaufhold, Hg. H.-J. Gerhard, Bd. 1: Mittelalter und Frühe Neuzeit, Stuttgart 1997, S. 173–192.

–: Harkorten, Lübeck, Riga: Quellen zum Absatz märkischer Eisenwaren im Ostseeraum (17./18. Jahrhundert). In: Bürgerlichkeit zwischen gewerblicher und industrieller Wirtschaft, Hgg. W. Köllmann u. a., Dortmund, 1994, S. 117–128.

Haren, Gerrit: Geschichte der Stadt Witten von der Urzeit bis zur Gegenwart, Witten 1924.

Harms-Ziegler, Beate: Illegitimität und Ehe. Illegitimität als Reflex des Ehediskurses in Preußen im 18. und 19. Jahrhundert, Berlin 1991.

–: Außereheliche Mutterschaft in Preußen im 18. und 19. Jahrhundert. In: Frauen in der Geschichte des Rechts. Von der Frühen Neuzeit bis zur Gegenwart, Hg. U. Gerhard, München 1997, S. 325–344.

Harnisch, Hartmut: Bevölkerung und Wirtschaft. Über die Zusammenhänge zwischen sozialökonomischer und demographischer Entwicklung im Spätfeudalismus. In: Jahrbuch für Wirtschaftsgeschichte, Berlin 1975, T. 2, S. 57–87.

Hart, Simon: Geschrift en Getal. Onderzoek naar de sammenstelling van de bevolking van Amsterdam in de 17e en 18e eeuw, [...]. In: Ders., Geschrift en Getal. Een keuze uit de demografisch-, economisch- en sociaal-historische studien op grond van Amsterdamse en Zaanse archivalia, 1600–1800, Dortrecht 1976, k. 115–181.

Hassinger, Herbert: Politische Kräfte und Wirtschaft 1350–1800. In: Handbuch der deutschen Wirtschafts- und Sozialgeschichte, Hgg. H. Aubin u. W. Zorn, Bd. 1, Stuttgart 1971, S. 608–657.

Hausberger, Karl: Heilige, Heiligenverehrung III-IV. In: Theologische Realenzyklopädie, Hg. G. Müller, Bd. 14, Berlin 1985, S. 646–660.

Hausen, Karin: Familie und Familiengeschichte. In: Sozialgeschichte in Deutschland. Entwicklungen und Perspektiven im internationalen Zusammenhang, Hgg. W. Schieder u. V. Sellin, Bd. 2, Göttingen 1986, S. 64–89.

–: Historische Familienforschung. In: Historische Sozialwissenschaft, Hg. R. Ruerup, Göttingen 1977, S. 59–95.

Head, Randolph C.: Haushalt und Familie in Landschaft und Stadt Zürich, nach Steuerbüchern des 15. Jahrhunderts. In: Zeitschrift für Agrargeschichte und Agrarsoziologie, Jg. 40, Frankfurt/M. 1992, S. 113–132.

Heckh, Gotthold: Bevölkerungsgeschichte und Bevölkerungsbewegung des Kirchspiels Böhringen auf der Uracher Alb vom 16. Jahrhundert bis zur Gegenwart. In: Archiv für Rassen- und Gesellschaftsbiologie, Jg. 33, München 1939, S. 126–169.

Heering, Karl-Kurt: Aus der Kirchen- und Schulgeschichte von Wiblingwerde bis 1918. In: 1582–1982: 400 Jahre Evangelisch-Reformierte Kirchengemeinde Wiblingwerde, Hg. Presbyterium, Nachrodt-Wiblingwerde 1982, S. 7–34.

Hegel, Eduard: Geschichte des Erzbistums Köln, Bd. 4: Das Erzbistum Köln zwischen Barock und Aufklärung. Vom Pfälzischen Krieg bis zum Ende der französischen Zeit, 1688–1814, Köln 1979.

–: Zum Verhältnis der Konfessionen in Deutschland am Ende des 18. Jahrhunderts. In: Zwischen Polemik und Irenik, Hg. G. Schwaiger, Göttingen 1997, S. 11–28.

Helbeck, Gerd: Juden in Schwelm. Geschichte einer Minderheit von den Anfängen im 17. Jahrhundert bis zum Nationalsozialismus, Schwelm 1988.

–: Von Kohlentreibern und Kohlenfuhrleuten im Schwelmer Raum. In: Express. Menschen, Güter, Straßen, Hgg. U. Beckmann u. H. J. Stenkamp, Hagen 1997, S. 41–46, 174.

–: Schwelm. Geschichte einer Stadt und ihres Umlandes. Bd. 1: Von den Anfängen im Mittelalter bis zum Zusammenbruch der altpreußischen Herrschaft (1806), 2. durchges. Aufl., Schwelm 1995.

–: Von Schwelm nach Barmen. Flucht märkischer Untertanen ins Bergische. In: Romerike Berge, Jg. 42, Köln 1992, S. 21–26.

Helbig, Adolf: Christian Michael Göring und die Gründung der ersten Tuchscherenfabrik in Preußen. In der Nähe von Hagen wurde sie errichtet. In: Hagener Heimatblätter, Hagen 1935, Nr. 2, S. 9–12.

Heller-Karneth, Eva: Konfession und Demographie – Plädoyer für eine differenzierte Betrachtung. In: Landesgeschichte und historische Demographie, Hgg. M. Matheus u. W. G. Rödel, Stuttgart 2000, S. 69–80.

–: Drei Konfessionen in einer Stadt. Zur Bedeutung des konfessionellen Faktors im Alzey des Ancien Régime, Würzburg 1996.

Hengstenberg, E. W.: Über die Bedeutung der Kirchenbücher. In: Evangelische Kirchenzeitung, Jg. 72, Berlin 1863, S. 97–109.

Henkelmann, Heinrich: Friedrich der Große konzessioniert das Lumpensammeln in der Grafschaft Mark. In: Der Märker, Jg. 10, Altena 1961, S. 78–79.

Hennig, R.: Katalog bemerkenswerter Witterungsereignisse von den ältesten Zeiten bis zum Jahre 1800, Berlin 1904.

Henniges, H., H. Voges: Chronik der Familie Löbbecke, Braunschweig 1911.

Hennigs, Annette, Roswitha Hillebrand, Wolfgang Kaiser u. a.: Unterwegs auf lippischen Straßen am Ende des 17. Jahrhunderts. In: Wanderhandel in Europa, Hg. W. Reininghaus, Hagen 1993, S. 157–172.

Henning, Friedrich-Wilhelm: Agrargeschichte als wichtiger Bestandteil der Wirtschafts- und Sozialgeschichte unter besonderer Berücksichtigung der Forschungsansätze Wilhelm Abels. In: Wirtschaft – Politik – Geschichte. Beiträge zum Gedenkkolloquium anläßlich des 100. Geburtstages von Wilhelm Abel am 16. Oktober 2004 in Leipzig, Hg. M. A. Denzel, Stuttgart 2004, S. 11–36.

–: Die neue deutsche Agrargeschichte. In: Jahrbuch der historischen Forschung in der Bundesrepublik Deutschland, Berichtsjahr 1994, München 1995, S. 17–21.

–: Bauern und Grundherren an der Wende zur Neuzeit im Rheinland und in Westfalen. Zur Frage der Ursachen für die unterschiedliche Entwicklung der ländlichen Gesellschafts- und Wirtschaftsverhältnisse im westlichen und im östlichen

Mitteleuropa. In: The Role of Feudal Peasantry in History. Festschrift zum 60. Geburtstag von Juhan Kahk (1988), Hg. E. Tarvel, Tallinn 1991, S. 73–90.

–: Berlin und die mittleren und östlichen Landesteile Preußens. Wirtschaftliche Wechselwirkungen und deren Folgen. In: Berlin – die Hauptstadt und der Osten, Hgg. H. Hecker u. S. Spieler, Bonn 1986, S. 98–133.

–: Das vorindustrielle Deutschland 800 bis 1800, 5. durchges. u. erg. Aufl, Paderborn 1994.

–: Die agrargeschichtliche Forschung in der Bundesrepublik Deutschland von 1949 bis 1986. In: Historia socialis et oeconomica. Festschrift für Wolfgang Zorn zum 65. Geburtstag, Hgg. H. Kellenbenz u. H. Pohl, Stuttgart 1987, S. 72–80.

–: Handbuch der Wirtschafts- und Sozialgeschichte Deutschlands, Bd. 1: Deutsche Wirtschafts- und Sozialgeschichte im Mittelalter und in der frühen Neuzeit, Paderborn 1991.

–: Landwirtschaft und ländliche Gesellschaft in Deutschland, Bd. 1: 800 bis 1750, 3. erg. Aufl., Paderborn 1996.

–: Landwirtschaft in der Neuzeit. In: Sozial- und Wirtschaftsgeschichte. Arbeitsgebiete – Probleme – Perspektiven. 100 Jahre Vierteljahrschrift für Sozial- und Wirtschaftsgeschichte, Hgg. G. Schulz u. a., Wiesbaden 2004, S. 41–67.

–: Die Preußen-Ausstellung aus der Sicht eines Wirtschaftshistorikers. In: Preußen. Nostalgischer Rückblick oder Chance zu historischer Aufarbeitung, Hgg. F. Schinzinger u. I. Zapp, Ostfildern 1984, S. 17–51.

–: Das Raster der sozialpolitischen Maßnahmen in Deutschland in der vorindustriellen Zeit. In: Theorie und Empirie in Wirtschaftspolitik und Wirtschaftsgeschichte, Hgg. K. H. Kaufhold u. F. Riemann, Göttingen 1984, S. 109–125.

Henry, Louis: Démographie. Analyse et modèles, Paris 1984.

–: Die Kirchenbücher als demographische Quellen. In: Bevölkerungsgeschichte, Hgg. W. Köllmann u. P. Marschalck, Köln 1972, S. 220–229.

–: Manuel de Démographie Historique, 2. éd., Genève 1970.

–: Techniques d'Analyse en Démographie Historique, 3. éd., Paris 1988.

Herold, Hans: Das Hebammenamt in rechtsgeschichtlicher Betrachtung. In: Ders., Rechtsgeschichte aus Neigung. Ausgewählte Schriften aus den Jahren 1934–1986, Hgg. K. S. Bader u. C. Soliva, Sigmaringen 1988, S. 367–376.

Heuss, Theodor: Schattenbeschwörung. Randfiguren der Geschichte, 2. Aufl., Tübingen 1950.

Hill, Paul B., Johannes Kopp: Entwicklungstendenzen, Erklärungsansätze und Forschungsbefunde zum Heiratsverhalten. In: Handbuch der Demographie, Hgg. U. Mueller, B. Nauck u. A. Diekmann, Bd. 2, Berlin 2000, S. 958–979.

–: Fertilitätsentwicklung: Trends, Erklärungen und empirische Ergebnisse. In: Handbuch der Demographie, Hgg. U. Mueller, B. Nauck u. A. Diekmann, Bd. 2, Berlin 2000, S. 729–750.

Hinrichs, Ernst, Wilhelm Norden: Demographische Strukturen in zwei Oldenburger Landgemeinden (1700–1850). Ergebnisse einer nicht-nominativen Kirchenbuchauswertung. In: Regionalgeschichte. Probleme und Beispiele, Hgg. dies., Hildesheim 1980, S. 42–102.

Hintze, Otto: Der Commissarius und seine Bedeutung in der allgemeinen Verwaltungsgeschichte. In: Historische Aufsätze. Karl Zeumer zum sechzigsten Geburtstag als Festgabe dargebracht, Hg. M. Krammer, Weimar 1910, S. 493–528.

Hinze, Kurt: Die Bevölkerung Preußens im 17. und 18. Jahrhundert nach Quantität und Qualität. In: Moderne Preußische Geschichte 1648–1947, Hgg. O. Büsch u. W. Neugebauer, Bd. 1, Berlin 1981, S. 282–315.

Hinze, Otto: Die Epochen des evangelischen Kirchenregiments in Preußen. In: Moderne Preußische Geschichte 1648–1947, Hgg. O. Büsch u. W. Neugebauer, Bd. 3, Berlin 1981, S. 1217–1242.

Hippel, Wolfgang von: Armut, Unterschichten, Randgruppen in der Frühen Neuzeit, München 1995.

Hirschberg, Hermann: Die Schwelmer Mutterkirche und ihre Töchter. In: Aus 900 Jahren Kirche in Schwelm 1085–1985, Schwelm 1985, S. 43–60.

Hirsching, Friedrich Carl Gottlob: Historisch-literarisches Handbuch berühmter und denkwürdiger Personen, welche in dem 18. Jahrhundert gestorben sind [. . .], Bd. 6, Leipzig 1804.

Höhn, Charlotte: Mortalität: In: Handbuch der Demographie, Hgg. U. Mueller, B. Nauck u. A. Diekmann, Bd. 2, Berlin 2000, S. 751–781.

Hömberg, Albert K.: Westfälische Landesgeschichte, Münster 1967.

–: Wirtschaftsgeschichte Westfalens, Münster 1968.

Hoerder, Dirk: Cultures in Contact. World Migrations in the Second Millennium, Durham 2002.

Hoffmeyer-Zlotnik, Jürgen H. P.: Wanderungen: Formen und Vorkommen. In: Handbuch der Demographie, Hgg, U. Mueller, B. Nauck u. A. Diekmann, Bd. 2, Berlin 2000, S. 916–957.

Hohorst, Gerd: Bevölkerungsentwicklung und Wirtschaftswachstum als historischer Entwicklungsprozeß demo-ökonomischer Systeme. In: Dynamik der Bevölkerungsentwicklung. Strukturen – Bedingungen – Folgen, Hgg. R. Mackensen u. H. Wewer, München 1973, S. 91–118.

–: Wirtschaftswachstum und Bevölkerungsentwicklung in Preußen 1816 bis 1914, Diss. rer. pol., Münster 1978.

Hoischen, G.: Aus der Geschichte der mittelalterlichen Dionysiuspfarrei in Herne. In: Aus Hernes kirchlicher Vergangenheit. Festschrift zur Feier des 75jährigen Bestehens der St. Bonifatius-Pfarrei in Herne am 18. April 1937, Herne 1937, S. 7–33.

Hollandgang im Spiegel der Reiseberichte evangelischer Geistlicher. Quellen zur saisonalen Arbeitswanderung in der zweiten Hälfte des 19. Jahrhunderts, Hgg. A. Gladen u. a. Bd. 1, Münster 2007.

Holthaus, Peter Heinrich: Spezieller Flächeninhalt der einzelnen Aemter und Bezirke der Grafschaft Mark, so wie des Amts Neustadt, der Grafschaft Limburg und Dortmund. In: Magazin für Westfalen, Bd. 4, Dortmund 1799, S. 563–566.

–: Kirchen- und Schulgeschichte von Schwelm und seiner Gegend [. . .], Schwelm 1818.

Holzapfel, Heribert: Die Anfänge der Montes Pietatis (1462–1515), München 1903.

Holzem, Andreas: Religiöse Erfahrung auf dem Dorf. Der soziale Rahmen religiösen Erlebens im Münsterland der Frühneuzeit. In: Ländliche Frömmigkeit.

Konfessionskulturen und Lebenswelten 1500–1850, Hgg. N. Haag u. a., Stuttgart 2002, S. 181–205.
–: Westfälische Frömmigkeitskultur im Wandel der Frühen Neuzeit. Dörfliche Pfarreien im archidiakonalen Sendgericht 1570–1800. In: Jahrbuch für Volkskunde, N. F., Jg. 25, Würzburg 2002, S. 27–44.
–: Die Konfessionslandschaft. Christenleben zwischen staatlichem Bekenntniszwang und religiöser Heilshoffnung. In: Zeitschrift für Kirchengeschichte, Jg. 110, Stuttgart 1999, S. 53–85.
–: Religion und Lebensformen. Katholische Konfessionalsierung im Sendgericht des Fürstbistums Münster 1570–1800, Paderborn 2000.
Honecker, Martin: Sozialethik des Luthertums. In: Die lutherische Konfessionalsierung in Deutschland, Hg. H. Ch. Rublack, Heidelberg 1992, S. 316–340.
Honermann, Hermann: Statistik der Todesursachen in Vorhelm 1728–1800. In: Spuren, Jg. 10, Warendorf 1996, S. 296.
Honselmann, Willi: Hochzeitsgäste nach polizeilicher Vorschrift 1724. In: Heimatblätter für Hohenlimburg und Umgebung, Jg. 18, Hohenlimburg 1957, S. 124–127.
Hornig, Gottfried: Der Wandel der religiösen Vorstellungen. In: Panorama der Fridericianischen Zeit, Hg. J. Ziechmann, Bremen 1985, S. 52–62.
Hosfeld-Guber, Jutta: Der Merkantilismusbegriff und die Rolle des absolutistischen Staates im vorindustriellen Preussen, München 1985.
Hostert, Walter: Zum 200. Todestag Theodor v. Neuhoffs. In: Der Märker, Jg. 6, Altena 1957, S. 1–4.
Hubbard, William H.: Familiengeschichte. Materialien zur deutschen Familie seit dem Ende des 18. Jahrhunderts, München 1983.
Hücker, Wilhelm: Zur Bevölkerungsentwicklung des Ruhrkohlengebietes im 18. Jahrhundert. In: Westfälische Forschungen, Jg. 4, Münster 1941, S. 148–179.
Hull, Isabel V.: Sexualstrafrecht und geschlechtsspezifische Normen in den deutschen Staaten des 17. und 18. Jahrhunderts. In: Frauen in der Geschichte des Rechts. Von der Frühen Neuzeit bis zur Gegenwart, Hg. U. Gerhard, München 1997, S. 221–234.
Huske, Joachim: Die Steinkohlenzechen im Ruhrrevier. Daten und Fakten von den Anfängen bis 1986, Bochum 1987.
Ide, Werner: Bauern und Kötter. Die Geschichte der Bauerngemeinde Dahl und ihrer Höfe, Hagen 1935.
Ilg, Karl: Zur volkskundlichen Bedeutung des Sonntags. In: Zeitschrift für Volkskunde, Jg. 51, Stuttgart 1954, S. 196–208.
Ilisch, Peter: Zum Leben von Knechten und Mägden in vorindustrieller Zeit. In: Rheinisch-westfälische Zeitschrift für Volkskunde, Jg. 22, Bonn 1976, S. 255–265.
Imhof, Arthur Erwin: Die namentliche Auswertung der Kirchenbücher. Die Familien in Gießen 1631–1730 und Heuchelheim 1691–1900. In: Historische Demographie als Sozialgeschichte. Gießen und Umgebung vom 17. zum 19. Jahrhundert, Hg. ders., Darmstadt 1975, S. 279–516.
–: Die nicht-namentliche Auswertung der Kirchenbücher von Gießen und Umgebung. Die Resultate. In: Historische Demographie als Sozialgeschichte. Gießen

und Umgebung vom 17. zum 19. Jahrhundert, Hg. ders., Darmstadt 1975, S. 85–277.
–: Die Bevölkerungsentwicklung in den Agrargesellschaften des Ancien Régime. In: Schweizerische Zeitschrift für Geschichte, Jg. 24, Zürich 1974, S. 225–253.
–: Bevölkerungsgeschichte und historische Demographie. In: Historische Sozialwissenschaft, Hg. R. Ruerup, Göttingen 1977, S. 16–58.
–: Historische Demographie. In: Sozialgeschichte in Deutschland. Entwicklungen und Perspektiven im internationalen Zusammenhang, Hgg. W. Schieder u. V. Sellin, Bd. 2, Göttingen 1986, S. 32–63.
–: Historische Demographie in Deutschland. In: Historische Demographie als Sozialgeschichte. Gießen und Umgebung vom 17. zum 19. Jahrhundert, Hg. ders., Darmstadt 1975, S. 41–63.
–: Historische Demographie heute. In: Geschichte in Wissenschaft und Unterricht, Jg. 44, Mainz 1993, S. 347–361.
–: Historische Demographie und Medizin. In: Bericht der physikalisch-medizinischen Gesellschaft zu Würzburg, N. F., Jg. 86, Würzburg 1978, S. 167–189.
–: Einführung in die Historische Demographie, München 1977.
–: Einleitung. In: Biologie des Menschen in der Geschichte. Beiträge zur Sozialgeschichte der Neuzeit aus Frankreich und Skandinavien, Hg. ders., Stuttgart 1978, S. 13–78.
–: Einleitung des Herausgebers. In: Der Mensch und sein Körper. Von der Antike bis heute, Hg. ders., München 1983, S. 13–30.
–: Unterschiedliche Einstellungen zu Leib und Leben in der Neuzeit. In: Der Mensch und sein Körper. Von der Antike bis heute, Hg. ders., München 1983, S. 65–81.
–: Die Ermittlung regionaler Verhaltensweisen als Aufgabe der Geschichte kollektiver Mentalitäten. In: Volkskundliche Kulturraumforschung heute, Hgg. H. L. Cox u. G. Wiegelmann, Münster/W. 1984, S. 85–112.
–: Ländliche Familienstrukturen an einem hessischen Beispiel: Heuchelheim 1690–1900. In: Sozialgeschichte der Familie in der Neuzeit Europas. Neue Forschungen, Hg. W. Conze, Stuttgart 1976, S. 197–230.
–: Geschichte der Sexualität – Sexualität in der Geschichte. In: Lust und Liebe. Wandlungen der Sexualität, Hg. Ch. Wulf, München 1985, S. 181–215.
–: „Sis humilis"! – Die Kunst des Lebens als Grundlage für ein besseres Sterben, Wien 1992.
–: Die Illegitimität in Gießen und Umgebung. In: Historische Demographie als Sozialgeschichte. Gießen und Umgebung vom 17. zum 19. Jahrhundert, Hg. ders., Darmstadt 1975, S. 517–558.
–: Die gewonnenen Jahre. Von der Zunahme unserer Lebensspanne seit zweihundert Jahren, München 1981.
–: Lebenserwartungen in Deutschland vom 17. bis 19. Jahrhundert, Weinheim 1990.
–: Unsere Lebensuhr. Phasenverschiebungen im Verlaufe der Neuzeit. In: Ehe, Liebe, Tod. Zum Wandel der Familie, der Geschlechts- und Generationsbeziehungen in der Neuzeit, Hgg. P. Borscheid u. H. J. Teuteberg, Münster 1983, S. 170–198.

–: Die Lebenszeit. Vom aufgeschobenen Tod und von der Kunst des Lebens, München 1988.
–: Von der unsicheren zur sicheren Lebenszeit. Ein folgenschwerer Wandel im Verlaufe der Neuzeit. In: Vierteljahrschrift für Sozial- und Wirtschaftsgeschichte, Jg. 71, Wiesbaden 1984, S. 175–198.
–: Leib und Leben unserer Vorfahren: Eine rhythmisierte Welt. In: Leib und Leben in der Geschichte der Neuzeit, Hg. ders., Berlin 1983, S. 21–38.
–: Regulation, Manipulation und Explosion der Bevölkerungsdichte – aus der Sicht eines Sozialhistorikers. In: Veröffentlichung der Joachim-Jungius-Gesellschaft der Wissenschaften, Jg. 55, Göttingen 1986, S. 108–146.
–: Reife des Lebens. Gedanken eines Historikers zum längeren Dasein, München 1988.
–: Unterschiedliche Säuglingssterblichkeit in Deutschland, 18.–20. Jahrhundert. – Warum? In: Zeitschrift für Bevölkerungswissenschaft, Jg. 7, Stuttgart 1981, S. 343–382.
–: Sterblichkeitsstrukturen im 18. Jahrhundert auf Grund von massenstatistischen Analysen. In: Zeitschrift für Bevölkerungswissenschaft, Jg. 2, Stuttgart 1976, S. 103–117.
–: Die verlorenen Welten. Alltagsbewältigung durch unsere Vorfahren – und weshalb wir uns heute so schwer damit tun, München 1984.
–: Wiederverheiratung in Deutschland zwischen dem 16. und dem Beginn des 20. Jahrhunderts. In: Studien zur deutschsprachigen Leichenpredigt der frühen Neuzeit, Hg. R. Lenz, Marburg 1981, S. 185–222.
–, Thomas Kühn: Die Analyse kirchlich-administrativer Daten mit Hilfe der EDV. In: Quantitative Methoden in der historisch-sozialwissenschaftlichen Forschung, Hgg. H. Best u. R. Mann, Stuttgart 1977, S. 11–64.
–, Øivind Larsen: Sozialgeschichte und Medizin. Probleme der quantifizierenden Quellenbearbeitung in der Sozial- und Medizingeschichte, Stuttgart 1976.
–, Helmut Schumacher: Todesursachen. In: Historische Demographie als Sozialgeschichte. Gießen und Umgebung vom 17. zum 19. Jahrhundert, Hg. A. E. Imhof, Darmstadt 1975, S. 559–625.
Inama-Sternegg, Karl Theodor von: Die Quellen der historischen Bevölkerungsstatistik. In: Statistische Monatsschrift, Jg. 12, Wien 1886, S. 387–408.
–, Häpke: Die Bevölkerung des Mittelalters und der neueren Zeit bis Ende des 18. Jahrhunderts in Europa. In: Handwörterbuch der Staatswissenschaften, Hgg. L. Elster, A. Weber u. F. Wiese, Bd. 2, 4. gänzl. umgearb. Aufl, Jena 1924, S. 670–687.
Ipsen, Gunther: Bevölkerungsgeschichte. In: Bevölkerungsgeschichte, Hg. W. Köllmann u. P. Marschalck, Köln 1972, S. 84–92.
Irle, Lothar: Die Vornamengebung im Siegerland, Diss. phil., Siegen 1932.
Irsigler, Franz: Getreide- und Brotpreise, Brotgewicht und Getreideverbrauch in Köln vom Spätmittelalter bis zum Ende des Ancien Regime. In: Zwei Jahrtausende Kölner Wirtschaft, Hgg. H. Kellenbenz u. K. v. Eyll, Bd. 1, Köln 1975, S. 519–539.
–: Möglichkeiten und Grenzen quantifizierender Forschung in der Wirtschafts- und Sozialgeschichte des Spätmittelalters und der frühen Neuzeit. In: Rheinische Vierteljahrsblätter, Jg. 43, Bonn 1979, S. 236–259.

400 Jahre Evangelisch-Reformierte Kirchengemeinde Wiblingwerde 1582–1982, Hg. Presbyterium der ev.-ref. Kirchengemeinde Wiblingwerde, Nachrodt 1982.

Jany, Curt: Der Anfang des stehenden Heeres in Brandenburg. In: Forschungen zur Brandenburgischen und Preußischen Geschichte, Jg. 51, Berlin 1939, S. 178–180.

Jastrow, J.: Die Volkszahl deutscher Städte zu Ende des Mittelalters und zu Beginn der Neuzeit, Berlin 1886.

Jedin, Hubert: Das Konzil von Trient und die Anfänge der Kirchenmatrikeln. In: Zeitschrift der Savigny-Gesellschaft für Rechtsgeschichte, Kanonistische Abt., Jg. 32, Weimar 1943, S. 419–494.

Jerrentrup, Friedrich Wilhelm: Die Kirchengemeinden in Rhynern. In: 1000 Jahre Rhynern. Beiträge zur Dorfgeschichte, Hg. Heimatverein Rhynern, Hamm 1999, S. 191–223.

Jürgens, Hans W.: Auswirkungen der Übersterblichkeit der Männer auf dem Heiratsmarkt. In: Bevölkerungsgeschichte, Hgg. W. Köllmann u. P. Marschalck, Köln 1972, S. 356–361.

Jungmann, Josef Andreas: Der liturgische Wochenzyklus. Verfall und Neubildung. In: Zeitschrift für katholische Theologie, Jg. 79, Wien 1957, S. 45–68.

Kaak, Heinrich: Soldaten aus dem Dorf, Soldaten im Dorf, Soldaten gegen das Dorf – Militär in den Augen der brandenburgischen Landbevölkerung 1725–1780. In: Militär und ländliche Gesellschaft in der frühen Neuzeit, Hgg. St. Kroll u. K. Krüger, Münster 2000, S. 297–326.

Kaiser, Michael: Ein schwieriger Anfang. Die Hohenzollern und die Grafschaft Mark im 17. Jahrhundert. In: Preußen – Aufbruch in den Westen. Geschichte und Erinnerung – die Grafschaft Mark zwischen 1609 und 2009, Hgg. E. Trox u. R. Meindl, Lüdenscheid 2009, S. 13–34.

Kamienski, Andrzej: Das Ringen der Stände von Kleve-Mark mit den absolutistischen Bestrebungen des Großen Kurfürsten. In: Forschungen zur Brandenburgischen und Preußischen Geschichte, N. F., Jg. 3, Berlin 1993, S. 145–166.

Kampmann, Jürgen: Die Einführung der Reformation in Methler und der Grafschaft Mark. In: 1100 Jahre Methler, Kamen-Methler 1998, S. 21–38.

Kampschulte, H.: Kirchlich-politische Statistik des vormals zur Erzdiözese Köln gehörigen Westfalens, Lippstadt 1869.

Kapp, Friedrich: Geschichte der deutschen Einwanderung in Amerika, Bd. 1: Die Deutschen im Staat New-York bis zum Anfang des neunzehnten Jahrhunderts, Leipzig 1868.

Karlsson, Oskar: Die Bedeutung Johann Peter Süßmilchs für die Entwicklung der modernen Bevölkerungsstatistik, Diss. rer. pol., Frankfurt/M. 1924 (Ms.).

Kathe, Heinz: Der „Soldatenkönig“ Friedrich Wilhelm I. 1688–1740. König in Preußen – Eine Biographie, Köln 1981.

Kaufhold, Karl Heinrich: Friderizianische Agrar-, Siedlungs- und Bauernpolitik. In: Kontinuität und Wandel. Schlesien zwischen Österreich und Preußen, Hgg. P. Baumgart u. a., Sigmaringen 1990, S. 167–201.

–: Der Beitrag Wilhelm Abels zur wirtschaftshistorischen Forschung im 20. Jahrhundert. In: Wirtschaft – Politik – Geschichte. Beiträge zum Gedenkkolloquium anläßlich des 100. Geburtstages von Wilhelm Abel am 16. Oktober 2004 in Leipzig, Hg. M. A. Denzel, Stuttgart 2004, S. 103–127.

–: Protestantische Ethik, Kapitalismus und Beruf. Überlegungen zu Max Webers Aufsatz aus der Sicht der Wirtschafts- und Sozialgeschichte. In: Max Weber und seine „Protestantische Ethik", Hg. B. Schefold, Düsseldorf 1992, S. 69–91.

–: Forschungen zur deutschen Preis- und Lohngeschichte (seit 1910). In: Historia socialis et oeconomica. Festschrift für Wolfgang Zorn zum 65. Geburtstag, Hgg. H. Kellenbenz u. H. Pohl, Stuttgart 1987, S. 81–101.

–: Gewerbelandschaften in der frühen Neuzeit (1650–1800). In: Gewerbe- und Industrielandschaften vom Spätmittelalter bis ins 20. Jahrhundert, Hg. H. Pohl, Stuttgart 1986, S. 112–202.

–: Leistungen und Grenzen der Staatswirtschaft. In: Preussen. Versuch einer Bilanz, Bd. 2: Beiträge zu einer politischen Kultur, Hg. M. Schlenke, Reinbek b. Hamburg 1981, S. 106–119.

–: Das Metallgewerbe der Grafschaft Mark im 18. und frühen 19. Jahrhundert, Dortmund 1976.

–: Preußische Staatswirtschaft – Konzept und Realität – 1640–1806. Zum Gedenken an Wilhelm Treue. In: Jahrbuch für Wirtschaftsgeschichte, Berlin 1994, Bd. 2, S. 33–70.

–: Die Wirtschaft Mitteleuropas 1350–1800. Beharrung und Wandel. In: Wandel der Alltagskultur seit dem Mittelalter. Phasen – Epochen – Zäsuren, Hg. G. Wiegelmann, Münster 1987, S. 39–65.

–: Wirtschaftswissenschaften und Wirtschaftspolitik in Preußen von um 1650 bis um 1800. In: Wirtschaft, Wissenschaft und Bildung in Preußen, Hgg. ders. u. B. Sösemann, Stuttgart 1998, S. 51–72.

Kellenbenz, Hermann: Der Merkantilismus in Europa und die soziale Mobilität, Wiesbaden 1965.

–: Deutsche Wirtschaftsgeschichte, Bd. 1: Von den Anfängen bis zum Ende des 18. Jahrhunderts, München 1977.

Keller, Ludwig: Der Große Kurfürst in seiner Stellung zu Religion und Kirche. In: Hohenzollern-Jahrbuch, Jg. 7, Berlin 1903, S. 38–65.

Kellermann-Weber, Ingeborg: Die Braut in der agrarischen Gesellschaft. In: Die Braut. Geliebt, verkauft, getauscht, geraubt. Zur Rolle der Frau im Kulturvergleich, Hgg. G. Völger u. K. v. Weck, Bd. 2, Köln 1985, S. 434–439.

Kessler, Alexander: Die Bevölkerung der Stadt Radolfzell am Bodensee im 17. und 18. Jahrhundert. Demographische Strukturen einer „Ackerbürgerstadt" vor Beginn der Industrialisierung, Konstanz 1992.

Keyser, Annemarie: Die Pestepidemien in Deutschland im 14.–18. Jahrhundert nach dem „Deutschen Städtebuch", Diss. med., Hamburg 1950 (Ms.).

Keyser, Erich: Bevölkerungsgeschichte Deutschlands, 2. erw. Aufl., Leipzig 1941.

Kienecker: Einiges über Kirchenbücher und aus Kirchenbüchern der evangelischen Gemeinde Herbede. In: Jahrbuch des Vereins für Orts- und Heimatkunde in der Grafschaft Mark, Jg. 1 (1886/87), Witten/R. 1887, S. 95–102.

Kikuth, August: Von den Anfängen und der Entwicklung der Industrie in Heven. In: Heven in 11 Jahrhunderten, Hg. E. Stapperfenne, Witten 1990, S. 213–234.

–: Hevener Sitten und Gebräuche. In: Heven einst und jetzt. Heimat-Berichte, H. 1, Heven 1992, S. 11–13.

Kinderstuben. Wie Kinder zu Bauern, Bürger, Aristokraten wurden 1700–1850, Hg. J. Schlumbohm, München 1983.

Vom Kirchlein in Wiblingwerde. In: Süderland, Jg. 4, Altena 1926, S. 97–98.

Kisskalt, Karl: Die Sterblichkeit im 18. Jahrhundert. In: Zeitschrift für Hygiene und Infektionskrankheiten, Jg. 93, Berlin 1921, S. 438–511.

–: Epidemiologisch-statistische Untersuchungen über die Sterblichkeit von 1600–1800. In: Archiv für Hygiene und Bakteriologie, Jg. 137, München 1953, S. 26–42.

Klatt, Kurt: Das Heergewäte. In: Deutschrechtliche Beiträge, Jg. 2, Heidelberg 1908, S. 181–288.

Klaveren, G. van: Bescheiden betreffende een verdwenen Nederlandsche nijverheid: de vingerhoed-industrie. In: Economisch-Historisch Jaarboek, jg. 3, s'Gravenhage 1917, k. 3–69.

Kleff, Bernhard: Graf Ostermann. In: Bochum. Ein Heimatbuch, Jg. 4, Bochum 1938, S. 5–41.

Kleinschmidt, Beda: Die heilige Anna. Ihre Verehrung in Geschichte, Kunst und Volkstum, Düsseldorf 1930.

Kleinschmidt, Harald: Menschen in Bewegung. Inhalte und Ziele historischer Migrationsforschung, Göttingen 2002.

Klingebiel, Thomas: Migrationen im frühneuzeitlichen Europa: Anmerkungen und Überlegungen zur Typologiediskussion. In: Réfugiés und Emigrés. Migration zwischen Frankreich und Deutschland im 18. Jahrhundert, Hgg. Th. Höpel u. K. Middell, Leipzig 1997, S. 23–38.

Klocke, Friedrich von: Westfalen als deutsche Kolonisten im altungarischen Donauraum. In: Westfalen und Nordosteuropa, Münster/W. 1964, S. 158–167.

–: Westfalen und der deutsche Osten vom 12. bis zum 20. Jahrhundert, Münster/W. 1940.

Kloke, Ines Elisabeth: Säuglingssterblichkeit in Deutschland im 18. und 19. Jahrhundert am Beispiel von sechs ländlichen Regionen. Motto: „Kommts Abendroth, ists Kindlein todt", Diss. phil., FU Berlin 1997 [URL: http://www.diss.fu-berlin.de/1998/19], [02. 05. 2003]

Kloosterhuis, Jürgen: Zwischen Aufruhr und Akzeptanz. Zur Ausformung und Einbettung des Kantonsystems in die Wirtschafts- und Sozialstrukturen des preußischen Westfalen. In: Krieg und Frieden. Militär und Gesellschaft in der Frühen Neuzeit, Hgg. B. R. Kroener u. R. Pröve, Paderborn 1996, S. 167–190.

–: Freundschaften – Heiraten – Erbschaften. Die Brandenburger als Landesherren am Niederrhein und in Westfalen im 17. und 18. Jahrhundert. In: Brandenburg – Rheinland – Westfalen. Historische Dokumente einer wechselseitigen Beziehung, Düsseldorf 1993, S. 33–39.

–: Fürsten, Räte, Untertanen. Die Grafschaft Mark, ihre lokalen Verwaltungsorgane und die Regierung zu Kleve. In: Der Märker, Jg. 35, Altena 1986, S. 3–25, 76–87, 104–117, 147–164.

–: Fürsten, Vögte, Hofesleute. – Das Eigengericht Herbede im Rahmen der märkischen Lokalverwaltung. In: Haus Herbede in Witten, Hg. B. J. Sobotka, Witten 1988, S. 117–179.

–: Von der Repositurenvielfalt zur Archivarbeit. Die Etappen der Tektonierung des Geheimen Staatsarchivs. In: Archivarbeit für Preußen. Symposium der Preußischen Historischen Kommisssion und des Geheimen Staatsarchivs Preußischer

Kulturbesitz aus Anlass der 400. Wiederkehr der Begründung seiner archivischen Tradition, Hg. ders., Berlin 2000, S. 47–257.

–: Als preußische Soldaten hatten die Bauern einen besseren Stand. In: Unser Land – Geschichte und Geschichten. Bilderbogen der westfälischen Bauerngeschichte. Bd. 1: Von den Anfängen bis zur Französischen Revolution, Hgg. H. v. Hagen u. H.-J. Behr, Münster-Hiltrup 1987, S. 261–263.

–: Von Wesel nach Breslau und Minden. Fridericianische Militärpolitik an der Peripherie im Zusammenhang preußischer Staatsraison. In: Transactions of the Ninth International Congress on the Enlightenment, vol. 3, Oxford 1996, p. 1379–1383.

Westfälisches Klosterbuch. Lexikon der vor 1815 errichteten Stifte und Klöster von ihrer Gründung bis zur Aufhebung, Hg. K. Hengst, Bd. 1–3, Münster 1992–2003.

Klueting, Edeltraud: Die Anfänge des Klosters Gevelsberg und die Zisterzienserinnen in Westfalen. In: Westfälische Zeitschrift, Jg. 156, Paderborn 2006, S. 165–178.

–: Das (freiweltliche) adelige Damenstift Elsey, Altena 1980.

–: Gevelsberg – Zisterzienserinnen. In: Westfälisches Klosterbuch. Lexikon der vor 1815 errichteten Stifte und Klöster von ihrer Gründung bis zur Aufhebung, Hg. K. Hengst, Bd. 1, Münster 1992, S. 350–354.

–: Kloster und Stift Gevelsberg bis zum Ende des Alten Reiches. In: Gevelsberg 1225–1886–1986. Untersuchungen und Quellen zur Geschichte der Stadt Gevelsberg, Gevelsberg 1988, S. 1–18.

Klueting, Harm: Ausländer in Rußland im 17. und 18. Jahrhundert: Der Fall Ostermann. In: Ein Deutscher am Zarenhof, Hgg. J. V. Wagner u. a., Essen 2001, S. 143–153, 295–299.

–: Geschichte Westfalens. Das Land zwischen Rhein und Weser vom 8. bis zum 20. Jahrhundert, Paderborn 1998.

–: Graf Ostermann. Ein Westfale als verantwortlicher Leiter der russischen Außenpolitik in den Jahren 1725 bis 1741. In: Westfälische Zeitschrift, Jg. 126/127 (1976/77), Münster 1978, S. 61–90.

–: Die reformierte Konfessions- und Kirchenbildung in den westlichen Grafschaften des 16. und 17. Jahrhunderts. In: Die reformierte Konfessionalsierung in Deutschland – Das Problem der „Zweiten Reformation". Wiss. Symposium des Vereins für Reformationsgeschichte 1985, Hg. H. Schilling, Gütersloh 1986, S. 214–232.

–: Ostermann, Andrej Ivanovic (Heinrich Johann Friedrich) Graf v. In: Neue Deutsche Biographie, Bd. 19, Berlin 1999, S. 619–620.

–: Protektoren des Protestantismus: Zum religionspolitischen Einfluß protestantischer Grafen im Bergischen Land im 16. Jahrhundert. In: Drei Konfessionen in einer Region, Hgg. B. Dietz u. St. Ehrenpreis, Köln 1999, S. 229–288.

–: „Zweite Reformation" – Konfessionsbildung – Konfessionalisierung. Zwanzig Jahre Kontroversen und Ergebnisse nach zwanzig Jahren. In: Historische Zeitschrift, Jg. 277, München 2003, S. 309–341.

–: Die Reformierten in Deutschland des 16. und 17. Jahrhunderts und die Konfessionalisierungsdebatte der deutschen Geschichtswissenschaft seit ca. 1980. In:

Profile des reformierten Protestantismus aus vier Jahrhunderten, Hg. M. Freudenberg, Wuppertal 1999, S. 17–47.
–: Das konfessionelle Zeitalter. Europa zwischen Mittelalter und Moderne. Kirchengeschichte und Allgemeine Geschichte, Darmstadt 2007.
–, Edeltraud Klueting: Heinrich Graf Ostermann von Bochum nach St. Petersburg, 1687 bis 1747, Bochum 1976.
Knieriem, Michael: Die Entwicklung der Firma Caspar Engels Söhne. Zugleich Beitrag zum sozialen Umfeld des jungen Engels, Wuppertal 1978.
–: Zur Migration spezieller Berufsgruppen in das östliche Wuppertal 1740–1800 am Beispiel der dezentralen Manufaktur der Gebrüder Engels in Barmen. In: Transformationen der Arbeiterkultur, Hg. P. Assion, Marburg 1986, S. 168–172.
Knodel, John: Ortssippenbücher als Quelle für die Historische Demographie. In: Geschichte und Gesellschaft, Jg. 1, Göttingen 1975, S. 289–324.
Koechling, Ludwig: 400 Jahre Evangelische Kirchengemeinde Herne. Festschrift zum Reformations-Jubiläum 1961, Herne 1961.
Köllmann, Wolfgang: Einleitung. Entwicklung und Stand Demographischer Forschung. In: Bevölkerungsgeschichte, Hgg. ders. u. P. Marschalck, Köln 1972, S. 9–17.
Koetter, Gerhard: Der Steinkohlenbergbau in Heven. In: Heven durch 11 Jahrhunderte, Hg. E. Stepperfenne, Witten 1990, S. 169–212.
Kohl, Rolf Dieter: Zum Brauchtum der Gebehochzeiten im märkischen Sauerland. In: Der Märker, Jg. 32, Lüdenscheid 1983, S. 174–176.
–: Zur demographischen Entwicklung der ehemaligen Neuenrader Außenbürgersiedlung Dahle im 17. und 18. Jahrhundert. In: Der Märker, Jg. 44, Lüdenscheid 1995, S. 152–153.
–: „... daß durch diese manufaktur viele nahrung und verdienst geschaffet ...“ In: Der Märker, Jg. 53, Lüdenscheid 2004, S, 114–116.
–: Zur eisengewerblichen, forst- und landwirtschaftlichen Situation des Kreises Altena im Jahre 1763. In: Der Märker, Jg. 35, Lüdenscheid 1986, S. 203–205.
Kohl, Wilhelm: Kleine Westfälische Geschichte, Düsseldorf 1994.
Kollatz, Fritz: Seuchen in Herdecke im 17./18. Jahrhundert. In: Zwischen Armenhaus und roter Ruhr, Hgg. G. E. Sollbach u. a., Herdecke 1980, S. 53–59.
Kopsidis, Michael, Georg Fertig: Agrarwachstum und bäuerliche Ökonomie 1640–1880. Neue Ansätze zwischen Entwicklungstheorie, historischer Anthropologie und Demographie. In: Zeitschrift für Agrargeschichte und Agrarsoziologie (Agrarentwicklung im 18. und 19. Jahrhundert), Jg. 52, Frankfurt/M. 2004, H. 1, S. 11–22.
Kosch, Wilhelm: Das katholische Deutschland: biographisch-bibliographisches Lexikon, Bd. 2, Augsburg 1937.
Koser, Reinhold: Zur Bevölkerungsstatistik des preußischen Staats von 1740–1756. In: Forschungen zur Brandenburgischen und Preußischen Geschichte, Jg. 7, Leipzig 1894, S. 540–548.
Kraas, Heinrich: Nach dem Tode des Mitlandesherrn. Kirchenpolitik in Kleve-Mark im 17. Jahrhundert bis zum Tode des Großen Kurfürsten. In: Heimatblätter, Beilage zum Patriot, Jg. 47, Lippstadt 1966, S. 73–74, 79–80, 84, 87–88, 92.

Kracht, August: Von der Curtis zum Kelleramt. Grundzüge der älteren Ortsgeschichte. In: Nachrodt-Wiblingwerde. Beiträge zur Heimat- und Landeskunde, Altena 1984, S. 38–45.

Krause, Sándor Rolf: „Die reichhaltigste und ergiebigste Bergwerke der Grafschaft Mark." Vorindustrieller Steinkohlenbergbau im Gogericht Schwelm, Wuppertal 2002.

Krawarik, Hans: Neue Methoden zur Erforschung konfessioneller Strukturen der Frühen Neuzeit. In: Archiv für Kulturgeschichte, Jg. 70, Köln 1988, S. 375–410.

Kreuzer, Clemens: 1100 Jahre Langendreer-Werne. Werden und Wandel einer Vorstadt des Reviers, Bochum-Langendreer 1987.

Kriedte, Peter: Spätfeudalismus und Handelskapital. Grundlinien der europäischen Wirtschaftsgeschichte vom 16. bis zum Ausgang des 18. Jahrhunderts, Göttingen 1980.

–: Taufgesinnte und großes Kapital. Die niederrheinisch-bergischen Mennoniten und der Aufstieg des Krefelder Seidengewerbes (Mitte des 17. Jahrhunderts-1815), Göttingen 2007.

–, Hans Medick, Jürgen Schlumbohm: Industrialisierung vor der Industrialisierung, Göttingen 1977.

–: Sozialgeschichte in der Erweiterung – Proto-Industrialisierung in der Verengung? In: Geschichte und Gesellschaft, Jg. 18, Göttingen 1992, S. 70–87, 231–255.

Kriependorf, Günter: Das „Kösters Gut" in Hemer-Sundwig. In: Der Schlüssel, Jg. 12, Hemer 1967, H. 4, S. 6–13.

Kroener, Bernhard R.: Armee und Staat. In: Panorama der Fridericianischen Zeit, Hg. J. Ziechmann, Bremen 1985, S. 393–404.

Kroker, Werner: Bergbau, Verkehr und Unternehmer im Wittener Süden vor der Industrialisierung. In: Jahrbuch des Vereins für Orts- und Heimatkunde in der Grafschaft Mark, Jg. 92, Witten 1994, S. 111–187.

–: Gewerken und Kapital im frühen Ruhrbergbau. Die Wittener Familie von Elverfeldt als „Entrepreneurs". In: Der Anschnitt, Jg. 48, Bochum 1996, S. 114–125.

Kroll, Lothar: Das Problem der Toleranz bei Friedrich dem Großen. In: Forschungen zur Brandenburgischen und Preußischen Geschichte, N.F., Jg. 11, Berlin 2001, S. 53–75.

Krucker, Lucia: Säuglings- und Kindersterblichkeit in einer osthessischen Gemeinde im 18. und 19. Jahrhundert: Der Einfluß von Geschlecht, Geburtenfolge, Geburtslegitimität, Landbesitz und Religion, Diss. med., Gießen 1993.

Küpker, Markus: Weber, Hausierer, Hollandgänger. Demografischer und wirtschaftlicher Wandel im ländlichen Raum: Das Tecklenburger Land 1750–1870, Frankfurt/M. 2007.

Kürten, Wilhelm von: Die Industrielandschaft von Schwelm, Gevelsberg und Milspe-Vörde, Diss. phil. Köln, Emsdetten 1939.

Kuhlmann, Martin: Bevölkerungsgeographie des Landes Lippe, Remagen 1954.

Kuijpers, Erika: Migrantenstad. Immigratie en sociale verhoudingen in 17e-eeuws Amsterdam, Hilversum 2005.

Kuls, Wolfgang: Bevölkerungsgeographie. Eine Einführung, Stuttgart 1980.

Kurmann, Fridolin: Die Fortschreibungsmethode. Probleme ihrer Anwendung in der Demographie der frühen Neuzeit. In: Mattmüller, Markus: Bevölkerungsge-

schichte der Schweiz, T. 1: Die frühe Neuzeit, 1500–1700, Bd. 2: Wiss. Anhang, Basel 1987, S. 557–558.
–: Modell der Fruchtbarkeit. In: Mattmüller, Markus: Bevölkerungsgeschichte der Schweiz, T. 1: Die frühe Neuzeit, 1500–1700, Bd. 2: Wiss. Anhang, Basel 1987, S. 486–494.
Kuske, Bruno: Zur Frage des landschaftlichen Aufbaues der deutschen Volkswirtschaft in älterer und neuerer Zeit. In: Deutsche Zeitschrift für Wirtschaftskunde, Jg. 1, Leipzig 1936, S. 123–143.
–: Wirtschaftsgeschichte Westfalens in Leistung und Verflechtung mit den Nachbarländern bis zum 18. Jahrhundert, 2. Aufl., Münster/W. 1949.
Kussmaul, Ann: Agrarian Change in Seventeenth-Century England: The Economic Historian as Paleontologist. In: The Journal of Economic History, vol. 45, Cambridge 1985, p. 1–30.
–: Time and Space, Hoofs and Grain: The Seasonality of Marriage in England. In: Journal of Interdisciplinary History, vol. 15, Cambridge 1985, p. 755–779.
–: A general View of the rural Economy of England 1538–1840, Cambridge 1990.
Labisch, Alfons: Homo hygienicus. Gesundheit und Medizin in der Neuzeit, Frankfurt/M. 1992.
Labouvie, Eva: Beistand in Kindsnöten. Hebammen und weibliche Kultur auf dem Land (1550–1910), Frankfurt/M. 1999.
–: Selbstverwaltete Geburt. Landhebammen zwischen Macht und Reglementierung (17.–19. Jahrhundert). In: Geschichte und Gesellschaft, Jg. 18, Göttingen 1992, S. 477–506.
–: Geburt und Tod in der Frühen Neuzeit. Letzter Dienst und der Umgang mit besonderen Menschen. In: Rituale der Geburt. Eine Kulturgeschichte, Hgg. J. Schlumbohm u. a., München 1998, S. 289–306.
–: Unter Schmerzen gebären. Gedanken zur weiblichen Empfindung um die Geburt. In: Medizin, Gesellschaft und Geschichte, Jg. 15 (1996), Stuttgart 1997, S. 79–99.
–: Andere Umstände. Eine Kulturgeschichte der Geburt, Köln 1998.
Lachat, Paul: Lateinische Bezeichnungen in alten Kirchenbüchern. In: Schweizer Familienforscher, Jg. 24, Zürich 1957, S. 65–86.
Lackner, Martin: Die Kirchenpolitik des Großen Kurfürsten, Witten 1973.
Laduga, Friedrich: Alte westfälische Bauernhochzeit. In: Hagener Heimatblätter, Hagen 1935, S. 35–37.
Lahrkamp, Helmut: Die Vierzehn Nothelfer im deutschen Sakralraum. In: Georg Schreiber: Die Vierzehn Nothelfer in Volksfrömmigkeit und Sakralkultur, Innsbruck 1959, S. 119–129.
Lampp, Friedrich: Die Getreidehandelspolitik in der ehemaligen Grafschaft Mark während des 18. Jahrhunderts. (Ein Beitrag zur Landeskultur der brandenburgisch-preußischen Herrscher), Münster/W. 1912.
Lange, Gisela: Zur Analyse Kölner wirtschafts- und sozialwissenschaftlicher Dissertationen von 1975 bis 1995. In: Scripta Mercaturae, Jg. 36, St. Katharinen 2002, H. 2, S. 39–54.
–: Ein Beitrag zur agrarstatistischen Analyse des Schatzbuches der Grafschaft Mark von 1486. In: Jahrbuch des Vereins für Orts- und Heimatkunde in der Grafschaft Mark, Jg. 99, Dortmund 1999, S. 49–74.

–: Bodennutzung süderländischer Güter nach dem Herscheider Flurbuch von 1716. In: Der Märker, Jg. 50, Lüdenscheid 2001, S. 140–144.

–: Das ländliche Gewerbe in der Grafschaft Mark am Vorabend der Industrialisierung, Köln 1976.

–: Schatzpflichtige Güter in der Grafschaft Mark 1705. Ein Beitrag zur Agrargeschichte Westfalens zu Beginn des 18. Jahrhunderts, Münster/W. 1988.

–: Schatzpflichtige Güter in der Grafschaft Mark 1486. Ein Beitrag zur Agrargeschichte Westfalens am Ende des Spätmittelalters, St. Katharinen 1998.

–: Steuerpflichtige Güter im Amt Wetter 1645. Ein Beitrag zur Agrargeschichte der Grafschaft Mark am Ende des Dreißigjährigen Krieges, St. Katharinen 1995.

–: Bruno Kuske (1876–1964). In: Von der Handelshochschule zur Universität. 100 Jahre wirtschafts- und sozialwissenschaftliche Lehre und Forschung in Köln. Katalog zur Ausstellung in der Universitäts- und Stadtbibliothek Köln, Red. G. Gabel u. Ch. Suthaus, Köln 2001, S. 58–61.

–: Alfred Müller-Armack (1901–1978). In: Ebd., S. 79–81.

–: Günter Schmölders (1903–1991). In: Ebd., S. 82–85.

–: Schriftenverzeichnis Friedrich-Wilhelm Henning zum 75. Geburtstag, Köln 2006.

Lange-Kothe, Irmgard: Fremde Bergleute an der Ruhr. In: Der Anschnitt, Jg. 7, Essen 1955, H. 5, S. 16–18.

Langenbach, Alma: Anfänge der märkischen Papierindustrie und die älteste Papiermühle zu Westig. In: Der Märker, Jg. 8, Altena 1959, S. 121–126.

–: Beziehungen der westfälischen Papiermacherei zu den Niederlanden. In: Gutenberg-Jahrbuch, Jg. 14, Wiesbaden 1939, S. 47–51.

–: Die Papierherstellung in Westfalen von 1567–1830. In: Technische Kulturdenkmale, H. 3, Hagen 1971, S. 12–17.

–: Westfälische Papiermühlen und ihre Wasserzeichen, Bd. 1: Text; Bd. 2: Abbildungen der Wasserzeichen, Witten 1938.

Lanzinger, Margareth: Das gesicherte Erbe. Heiraten in lokalen und familiaren Kontexten. Innichen 1700–1900, Wien 2003.

Lappe, Josef: Die Geschichte des Amtes Rhynern, Rhynern 1949.

–: Zur Geschichte der Juden in der Grafschaft Mark. In: Westfalenland, Hagen 1926, Nr. 15 vom 5. Aug. 1926, unpag.

Laslett, Peter: Introduction. In: Household and family in past time, eds. P. Laslett a. R. Wall, Cambridge 1972, p. 1–89.

Le Roy Ladurie, Emmanuel: Die Hungeramenorrhöe (17.–20. Jahrhundert). In: Biologie des Menschen in der Geschichte. Beiträge zur Sozialgeschichte der Neuzeit aus Frankreich und Skandinavien, Hg. A. E. Imhof, Stuttgart 1978, S. 147–166.

Lebrun, François: Demographie und Mentalität: Die Konzeptionsbewegungen im Ancien Régime. In: Biologie des Menschen in der Geschichte. Beiträge zur Sozialgeschichte der Neuzeit aus Frankreich und Skandinavien, Hg. A. E. Imhof, Stuttgart 1978, S. 167–173.

Lehmann, Hartmut: Max Webers „Protestantische Ethik“. Beiträge aus der Sicht eines Historikers, Göttingen 1996.

Lehmann, Joachim: Die Bestände des Geheimen Staatsarchivs PK, Abteilung Merseburg. In: Forschungen zur Brandenburgischen und Preußischen Geschichte, N.F., Jg. 2, Berlin 1992, S. 267–279.

Lehmann, Max: Preußen und die Katholische Kirche seit 1640. Bd. 1: Von 1640 bis 1740, Leipzig 1878.

–: Werbung, Wehrpflicht und Beurlaubung im Heere Friedrich Wilhelm's I. In: Historische Zeitschrift, Jg. 67, München 1891, S. 254–289.

Lehnemann, Maria: Taufnamengebung und Taufpatenwahl in der Lüner Pfarrei St. Marien zwischen 1674 und 1764. In: Rheinisch-westfälische Zeitschrift für Volkskunde, Jg. 36, Bonn 1991, S. 245–255.

Leibrock-Plehn, Larissa: Abtreibungsmittel in der frühen Neuzeit – Arzneien oder Hexenkräuter? In: Medizin, Gesellschaft und Geschichte, Jg. 10 (1991), Stuttgart 1992, S. 9–22.

–: Frühe Neuzeit. Hebammen, Kräutermedizin und weltliche Justiz. In: Geschichte der Abtreibung. Von der Antike bis zur Gegenwart, Hg. R. Jütte, München 1993, S. 68–90.

Leinert, Lutz: Sozioökonomische Aspekte historisch-demographischer Studien. In: Bevölkerungsbewegung und soziale Strukturen in Mainz zur Zeit des Pfälzischen Krieges (1680–1700), Hg. W. G. Rödel, Wiesbaden 1978, S. 82–108.

Linde, Hans: Familie und Haushalt als Gegenstand bevölkerungsgeschichtlicher Forschung. In: Sozialgeschichte der Familie in der Neuzeit Europas. Neue Forschungen, Hg. W. Conze, Stuttgart 1976, S. 32–52.

Lischka, Marion: Liebe als Ritual. Eheanbahnung und Brautwerbung in der frühneuzeitlichen Grafschaft Lippe, Paderborn 2006.

Die Löbbekes. Bildnisse einer Iserlohner Kaufmannsfamilie, Hg. Stadtarchiv Iserlohn, Iserlohn 1996.

Löffler, Peter: Inventare. Historische Entwicklung und rechtliche Grundlagen. In: Rheinisch-westfälische Zeitschrift für Volkskunde, Jg. 23, Bonn 1977, S. 120–131.

–: Studien zum Totenbrauchtum in den Gilden, Bruderschaften und Nachbarschaften Westfalens vom Ende des 15. bis zum Ende des 19. Jahrhunderts, Diss. phil., Münster 1970.

Loer, Ulrich: Das Archigymnasium. Von der schola Susatensis zum preußischen Gymnasium. In: Soest. Geschichte der Stadt, Hgg. E. Widder u. a., Bd. 3: Zwischen Bürgerstolz und Fürstenstaat. Soest in der frühen Zeit, Soest 1995, S. 475–522.

–: Quellen und Literatur zur Geschichte des Archigymnasiums. In: Archygymnasium Soest 1534–1984, Soest 1984, S. 44–46.

Lorenz, Maren: „... als ob ihr ein Stein aus dem Leib kollerte ...“ Schwangerschaftswahrnehmungen und Geburtserfahrungen von Frauen im 18. Jahrhundert. In: Körper-Geschichten, Hg. R. v. Dülmen, Frankfurt/M. 1996, S. 99–121.

Lorenz-Schmidt, Sabine: Vom Wert und Wandel weiblicher Arbeit. Geschlechtsspezifische Arbeitsteilung in der Landwirtschaft in Bildern des Spätmittelalters und der Frühen Neuzeit, Stuttgart 1998.

Lortz, Joseph, Erwin Iserloh: Kleine Reformationsgeschichte. Ursachen – Verlauf – Wirkung, Freiburg/Br. 1969.

Lucassen, Jan: Migrant Labour in Europe 1600–1900. The Drift to the North Sea, London 1987.

Luda, Manfred: Kleve-Mark unter dem Großen Kurfürsten. Ein Beitrag zur Vorgeschichte des Landes Nordrhein-Westfalen, Iserlohn 1996.

Lüke, Frederik: Ein Abtreibungsmittel des 18. Jahrhunderts. Eine historische und chemische Untersuchung eines Falles im lippischen Amt Schwalenberg. In: Historisch-demographische Forschungen. Möglichkeiten, Grenzen, Perspektiven, Hgg. F. Göttmann u. P. Respondek, Paderborn 2001, S. 209–216.

Lünnemann, Volker: Kleinräumige Wanderungen in Westfalen 1670–1870. Eine Untersuchung anhand von Familienrekonstitutionsdaten. In: Kleinräumige Wanderungen in historischer Perspektive, Hgg. H. Oberpenning u. A. Steidl, Osnabrück 2001, S. 33–50.

Lütge, Friedrich: Geschichte der deutschen Agrarverfassung vom frühen Mittelalter bis zum 19. Jahrhundert, 2. verb. u. stark erw. Aufl., Stuttgart 1967.

–: Deutsche Sozial- und Wirtschaftsgeschichte. Ein Überblick, 3. wesentl. verm. u. verb. Aufl., Berlin 1966.

Luh, Jürgen: Zur Konfessionspolitik der Kurfürsten von Brandenburg und Könige in Preußen 1640 bis 1740. In: Ablehnung – Duldung – Anerkennung. Toleranz in den Niederlanden und in Deutschland. Ein historischer und aktueller Vergleich, Hgg. H. Lademacher, R. Loos u. S. Groenveld, Münster 2004, S. 306–324.

Lutsch, Ernst: Dudeldorf. Lebensverhältnisse, Wirtschaft, demographische Strukturen und Bewohner bis zur Mitte des 19. Jahrhunderts, Trier 1991.

Lutz, Wilhelm: Kirchenbücher als Quellen bevölkerungsgeschichtlicher Untersuchungen. In: Schlern-Schriften, Jg. 217, Innsbruck 1961, S. 51–68.

Mackenroth, Gerhard: Bevölkerungslehre. Theorie, Soziologie und Statistik der Bevölkerung, Berlin 1953.

–: Grundzüge einer historisch-soziologischen Bevölkerungstheorie. In: Bevölkerungsgeschichte, Hgg. W. Köllmann u. P. Marschalck, Köln 1972, S. 27–44.

Mahrenholtz, H.: Die Vererbung von Vornamen (Taufnamen) in der Zeit von 1150–1650. In: Familie und Volk, Jg. 3, Göttingen 1954, S. 1–7.

Maisch, Andreas: Notdürftiger Unterhalt und gehörige Schranken. Lebensbedingungen und Lebensstile in württembergischen Dörfern der frühen Neuzeit, Stuttgart 1992.

–: „Unzucht" und „Liederlichkeit". Sozialdiszipinierung und Illegitimität im Württemberg der Frühneuzeit. In: Ländliche Frömmigkeit. Konfessionskulturen und Lebenswelten 1500–1850, Hgg. N. Haag u. a., Stuttgart 2002, S. 279–306.

Markina, Ljudmila: Darstellungen Graf Ostermanns und die Porträtmalerei in Rußland in der ersten Hälfte des 18. Jahrhunderts. In: Ein Deutscher am Zarenhof. Heinrich Graf Ostermann und seine Zeit 1687–1747, Hgg. J. V. Wagner u. a., Essen 2001, S. 235–240, 308–309.

Maser, Karl: Die Juden der Frei- und Reichsstadt Dortmund und der Grafschaft Mark, Diss. phil., Münster 1912.

Mattmüller, Markus: Bevölkerungsgeschichte der Schweiz. Die frühe Neuzeit, 1500–1700, Bd. 1–2, Basel 1987.

Maurer, Michael: Kirche, Staat und Gesellschaft im 17. und 18. Jahrhundert, München 1999.

Mauß, Herbert: Anerbenrecht im niederrheinisch-westfälischen Grenzgebiet zwischen Ruhr und Lippe, Emsdetten 1938.
Max, Klemens: Stadtgeographie von Witten an der Ruhr. In: Jahrbuch des Vereins für Orts- und Heimatkunde in der Grafschaft Mark, Jg. 56, Witten 1953, S. 27–114.
Mayer, Kurt: Einführung in die Bevölkerungswissenschaft, Stuttgart 1972.
Medick, Hans: Zur strukturellen Funktion von Haushalt und Familie im Übergang von der traditionellen Agrarwirtschaft zum industriellen Kapitalismus: die protoindustrielle Familienwirtschaft. In: Sozialgeschichte der Familie in der Neuzeit Europas. Neue Forschungen, Hg. W. Conze, Stuttgart 1976, S. 254–282.
–: „Hungerkrisen" in der historischen Forschung. Beispiele aus Mitteleuropa vom 17.–19. Jahrhundert. In: Sozialwissenschaftliche Informationen für Unterricht und Studium, Jg. 14, Stuttgart 1985, S. 95–102.
–: Weben und Überleben in Laichingen 1650–1900. Lokalgeschichte als Allgemeine Geschichte, 2. durchges. Aufl., Göttingen 1997.
–, David Sabean: Emotionen und materielle Interessen in Familie und Verwandtschaft: Überlegungen zu neuen Wegen und Bereichen einer historischen und sozialanthropologischen Familienforschung. In: Emotionen und materielle Interessen. Sozialanthropologische und historische Beiträge zur Familienforschung, Hgg. dies., Göttingen 1984, S. 27–54.
Meier, Anton: Geschichte und Urkundenbuch des Amtes Breckerfeld, Bd. 1–2, Breckerfeld 1900–1908.
Meister, Aloys: Handel, Gewerbe, Industrie und Bergwesen bis zu Beginn des 19. Jahrhunderts. In: Die Grafschaft Mark. Festschrift zum Gedächtnis der 300jährigen Vereinigung mit Brandenburg-Preußen, Hg. ders., Bd. 1, Dortmund 1909, S. 399–462.
–: Seidenbau und Seidenindustrie in der Grafschaft Mark. In: Westfalen, Jg. 6, Münster 1914, S. 1–17.
Mennemeyer, Franz: Kult und Brauchtum Johannis des Täufers in Westfalen. Ein Beitrag zur Kult- und Brauchtumsforschung, Emsdetten 1940.
Merkel, Helmut: Feste und Feiertage IV. In: Theologische Realenzyklopädie, Hg. G. Müller, Bd. 11, Berlin 1983, S. 115–132.
Meumann, Markus: Soldatenfamilien und uneheliche Kinder. Ein soziales Problem im Gefolge der stehenden Heere. In: Krieg und Frieden. Militär und Gesellschaft in der Frühen Neuzeit, Hgg. B.R. Kroener u.R. Pröve, Paderborn 1996, S. 219–236.
Meuvret, Jean: Les crises de subsistances et la démographie de la France d'Ancien Régime. In: Population, vol. 1, Paris 1946, p. 643–650.
Meyer, Christian Friederich: Versuch einiger Naturbeobachtungen des gebürgigten Süderlands der Grafschaft Mark Westphalens, H. 1–2, Düsseldorf 1798–1799.
Milkereit, Gertrud: Peter Göring (1784–1862). In: Rheinisch-Westfälische Wirtschaftsbiographien, Bd. 11, Münster 1983, S. 42–55.
Mitterauer, Michael: Ahnen und Heilige. Namengebung in der europäischen Geschichte, München 1993.
–: Geschlechtsspezifische Arbeitsteilung und Geschlechterrollen in ländlichen Gesellschaften Mitteleuropas. In: Aufgaben, Rollen und Räume von Frau und Mann, Hgg. J. Martin u.R. Zoepffel, Tbd. 2, Freiburg 1989, S. 819–914.

–: Geschlechtsspezifische Arbeitsteilung in vorindustrieller Zeit. In: Ders., Historisch-anthropologische Familienforschung, Wien 1990, S. 289–314.
–: Die Entwicklung zum modernen Familienzyklus. In: Vom Patriarchat zur Partnerschaft, Hgg. ders. u. R. Sieder, 2. neubearb. Aufl., München 1980, S. 64–91.
–: Entwicklungstrends der Familie in der europäischen Neuzeit. In: Handbuch der Familien- und Jugendforschung, Hgg. R. Nave-Herz u. R. Markefka, Bd. 1: Familienforschung, Neuwied 1989, S. 179–194.
–: Europäische Familienformen im interkulturellen Vergleich. In: Ders., Historisch-anthropologische Familienforschung, Wien 1990, S. 25–40.
–: Komplexe Familienformen in sozialhistorischer Sicht. In: Ders., Historisch-anthropologische Familienforschung, Wien 1990, S. 87–130.
–: Ländliche Familienformen in ihrer Abhängigkeit von natürlicher Umwelt und lokaler Ökonomie. In: Ders., Historisch-anthropologische Familienforschung, Wien 1990, S. 131–145.
–: Vorindustrielle Familienformen. Zur Funktionsentlastung des „ganzen“ Hauses im 17. und 18. Jahrhundert. In: Ders., Grundtypen alteuropäischer Sozialformen. Haus und Gemeinde in vorindustriellen Gesellschaften, Stuttgart 1979, S. 35–97.
–: Familiengröße – Familientypen – Familienzyklus. In: Geschichte und Gesellschaft, Jg. 1, Göttingen 1975, S. 226–255.
–: Zur Familienstruktur in ländlichen Gebieten Österreichs im 17. Jahrhundert. In: Beiträge zur Bevölkerungs- und Sozialgeschichte Österreichs, Hg. H. Helczmanovszki, München 1973, S. 167–222.
–: Familienwirtschaft und Altenversorgung. In: Vom Patriarchat zur Partnerschaft, Hgg. ders. u. R. Sieder, 2. neubearb. Aufl., München 1980, S. 179–202.
–: Formen ländlicher Familienwirtschaft. Historische Ökotypen und familiale Arbeitsorganisation im österreichischen Raum. In: Familienstruktur und Arbeitsorganisation in ländlichen Gesellschaften, Hgg. J. Ehmer u. M. Mitterauer, Wien 1986, S. 185–324.
–: Gesindedienst und Jugendphase im europäischen Vergleich. In: Geschichte und Gesellschaft, Jg. 11, Göttingen 1985, S. 177–204.
–: Illegitimität in Europa. Historische Bedingungen in Familienverfassung, Wertsystem und Arbeitsorganisation. In: Geschlechtsreife und Legitimation zur Zeugung, Hg. E. W. Müller, Freiburg 1985, S. 551–682.
–: Zur Kritik von Familienideologien aus historischer Sicht. In: Geschichte der Familie oder Familiengeschichten? Hg. A. Mannzmann, Königstein 1981, S. 42–56.
–: Mittelalter. In: Geschichte der Familie, Hgg. A. Gestrich, J.-U. Krause u. M. Mitterauer, Stuttgart 2003, S. 160–363.
–: Ledige Mütter. Zur Geschichte illegitimer Geburten in Europa, München 1983.
–: Der Mythos von der vorindustriellen Großfamilie. In: Vom Patriarchat zur Partnerschaft, Hgg. ders. u. R. Sieder, 2. neubearb. Aufl. München 1980, S. 38–63.
–: Namengebung. In: Beiträge zur historischen Sozialkunde, Jg. 18, Wien 1988, H. 2, S. 36–70.
Mittorp, Hans Dietrich: Theodor von Neuhoff, König von Korsika. Ein genialer Taktiker ohne Fortune, Altena 1990.

Moch, Leslie Page: Moving Europeans. Migration in Western Europe since 1650, Bloomington 1992.

Möller, Ernst: Die Vorstersche Papiermacherei. In: Technische Kulturdenkmale, H. 3, Hagen 1971, S. 21–24.

Möller, Horst: Ämterkäuflichkeit in Brandenburg-Preußen im 17. und 18. Jahrhundert. In: Ämterkäuflichkeit: Aspekte sozialer Mobilität im europäischen Vergleich (17. und 18. Jahrhundert), Hg. K. Malettke, Berlin 1980, S. 156–176.

Möller, Johann Friedrich: Zwey Abhandlungen über das Entstehen der westphälischen Leibeigenschaft und den Pachthof in der Grafschaft Mark, Dortmund 1799.

Mönckmeier, Wilhelm: Die überseeische Auswanderung. Ein Beitrag zur deutschen Wanderungsgeschichte, Jena 1912.

Mohrmann, Ruth-Elisabeth: Die Stellung der Frau im bäuerlichen Ehe- und Erbrecht. Ein historisch-volkskundlicher Vergleich. In: Zeitschrift für Agrargeschichte und Agrarsoziologie, Jg. 40, Frankfurt/M. 1992, S. 248–258.

Mols, Roger: Die Bevölkerung Europas 1500–1700. In: Europäische Wirtschaftsgeschichte, Hgg. C. M. Cipolla u. K. Borchardt, Bd. 2, Stuttgart 1979, S. 5–49.

–: Die Bevölkerung im 16. und 17. Jahrhundert. In: Bevölkerungsgeschichte Europas Mittelalter bis Neuzeit, Hgg. C. M. Cipolla u. K. Borchardt, München 1971, S. 58–122.

Moltmann, Günter: Die deutsche Amerikawanderung in der Kolonialzeit und das Redemptioner-System. In: Zeitschrift für Kulturaustausch, Jg. 32, Stuttgart 1982, S. 318–323.

–: Die deutsche Auswanderung nach Nordamerika im Überblick. In: Zeitschrift für Kulturaustausch, Jg. 32, Stuttgart 1982, S. 307–311.

Moritz, Eduard: Die deutsche Einwanderung in die niederländische Kapkolonie 1652–1806, Ludwigsburg 1943.

Mosser, Alois: Proto-Industrialisierung. Zur Funktionalität eines Forschungsansatzes. In: Von der Glückseligkeit des Staates, Hg. H. Matis, Berlin 1981, S. 383–410.

Müller, Helmut: So sah es auf einem Bauernhof im 18. Jahrhundert aus. In: Unser Land – Geschichte und Geschichten. Bilderbogen der westfälischen Bauerngeschichte. Bd. 1: Von den Anfängen bis zur Französischen Revolution, Hgg. H. v. Hagen u. H.-J. Behr, Münster-Hiltrup 1987, S. 199–202.

Müller, Ilse: Bevölkerungsgeschichtliche Untersuchungen in drei Gemeinden des württembergischen Schwarzwaldes. In: Archiv für Bevölkerungswissenschaft und Bevölkerungspolitik, Jg. 9, Leipzig 1939, S. 185–206, 247–264.

Müller, Irmgard: Leprosenhäuser im Ruhrgebiet. Klinische und soziale Aspekte. In: Pest im Ruhrgebiet. Seuchen und Krankheiten im 17. Jahrhundert, Hg. A. v. Knorre, Herne 1998, S. 9–26.

–: Pestepidemien im Ruhrgebiet. Klinische Aspekte. In: Pest im Ruhrgebiet. Seuchen und Krankheiten im 17. Jahrhundert, Hg. A. v. Knorre, Herne 1998, S. 27–32.

Müller, Ulrich: Bevölkerungsstatistik und Bevölkerungsdynamik. Methoden und Modelle der Demographie für Wirtschafts-, Sozial-, Biowissenschaftler und Mediziner, Berlin 1993.

Müller-Armack, Alfred: Genealogie der Wirtschaftstsile. Die geistesgeschichtlichen Ursprünge der Staats- und Wirtschaftsformen bis zum Ausgang des 18. Jahrhunderts, 3. Aufl., Stuttgart 1944.

Müller-Wille, Wilhelm: Die spätmittelalterlich-frühneuzeitliche Kulturlandschaft und ihre Wandlungen. In: Verhandlungen des 31. Deutschen Geographentages Würzburg 1957, Wiesbaden 1958, S. 375–385.

Münch, Paul: Die Kosten der Frömmigkeit. Katholizismus und Protestantismus im Visier von Kameralismus und Aufklärung. In: Volksfrömmigkeit in der Frühen Neuzeit, Hgg. H. Molitor u. H. Smolinsky, Münster 1994, S. 107–119.

–: Lebensformen in der frühen Neuzeit 1500 bis 1800, Frankfurt/M. 1992.

–: Volkskultur und Calvinismus. Zur Theorie und Praxis der „reformatio vitae" während der „Zweiten Reformation". In: Die reformierte Konfessionalisierung in Deutschland, Hg. H. Schilling, Gütersloh 1986, S. 291–307.

–: Welcher Zusammenhang besteht zwischen Konfession und ökonomischem Verhalten? Max Webers These im Lichte der historischen Forschung. In: Der Bürger im Staat, Jg. 34, Stuttgart 1984, S. 108–113.

Münch, Ragnhild: Alte Krankheitsbezeichnungen. In: Taschenbuch für Familiengeschichtsforschung, Hgg. W. Ribbe u. E. Henning, 12. akt. u. erg. Aufl., Neustadt/A. 2001, S. 553–558.

Nettmann, Wilhelm: Grundzüge der Siedlungs- und Wirtschaftsentwicklung im Amte Volmarstein seit dem ausgehenden Mittelalter. In: Bochum und das mittlere Ruhrgebiet, Paderborn 1965, S. 65–75.

Neu, Heinrich: Die rheinische Auswanderung nach Amerika bis zum Beginn des 19. Jahrhunderts. In: Annalen des Historischen Vereins für den Niederrhein, Jg. 144/145, Düsseldorf 1946/47, S. 103–140.

Neugebauer, Wolfgang: Staatsverfassung und Heeresverfassung in Preußen während des 18. Jahrhunderts. In: Forschungen zur Brandenburgischen und Preußischen Geschichte, N. F., Jg. 13, Berlin 2003, S. 83–102.

Neuhaus, Rudolf: 1100 Jahre Methler, Greven 1998.

Neuser, Wilhelm H.: Friedrich Delbrügger und die Gemeinde Dahl – Die Reformation in der Grafschaft Mark. In: Jahrbuch für Westfälische Kirchengeschichte, Jg. 79, Lengerich/W. 1986, S. 39–56.

Nied, Edmund: Heiligenverehrung und Namengebung. Sprach- und Kulturgeschichtlichkeit mit Berücksichtigung der Familiennamen, Freiburg/Br. 1924.

Nieden, Heinrich W. zur: Die weitere Entwicklung der evangelischen Kirche der Grafschaft Mark auf Grund ihrer Verfassung. In: Festschrift zur 300jährigen Gedächtnisfeier der ersten märkisch-lutherischen Synode in Unna, Witten 1912, S. 75–122.

–: Die Kirche zu Hagen. Ein Beitrag zur Kirchengeschichte der Grafschaft Mark. In: Jahrbuch des Vereins für die Evangelische Kirchengeschichte Westfalens, Jg. 7, Gütersloh 1905, S. 1–112.

Niederquell, Theodor: Die Bevölkerung von Eschborn 1650–1775. Zur Sozialgeschichte und Demographie eines Dorfes im östlichen Vortaunus, Wiesbaden 1984.

Niehaus, Rudolf: Aus der Geschichte der evangelischen Volksschule Methler. In: Heimatbuch des Kirchspiels Methler, Hg. G. v. d. Heyde, Unna 1982, S. 52–57.

–: Über 1000 Jahre Methler. In: Heimatbuch des Kirchspiels Methler, Hg. G. v. d. Heyde, Unna 1982, S. 5–36.
Nitz, Genoveva: Anna. In: Lexikon für Theologie und Kirche, Hgg. W. Kasper u. a., Bd. 1, 3. völlig neubearb. Aufl., Freiburg 1993, Sp. 689–690.
Noelle, Wilhelm: Lutheraner und Reformierte in der Grafschaft Mark vom Westfälischen Frieden bis zur Union. In: Jahrbuch des Vereins für Westfälische Kirchengeschichte, Jg. 37, Münster/W. 1936, S. 3–34; Jg. 38/39, Bethel 1937/38, S. 48–100; Jg. 40/41, Bethel 1939/40, S. 39–66.
–: Lutheraner und Reformierte in der Grafschaft Mark und deren Nebenquartieren bis zum Jahre 1666, Münster/W. 1932.
Norden, Wilhelm: Eine Bevölkerung in der Krise. Historisch-demographische Untersuchungen zur Biographie einer norddeutschen Küstenregion (Butjadingen 1600–1850), Hildenheim 1984.
Norrmann, G. P. H.: Geographisches und Historisches Handbuch der Länder-, Völker- und Staatenkunde, Bd. 1, Abt. 3, Hamburg 1785.
North, Michael: Von der Atlantischen Handelsexpansion bis zu den Agarreformen (1450–1815). In: Deutsche Wirtschaftsgeschichte, Hg. ders., München 2000, S. 107–191.
Nowosadtko, Jutta: Soldatenpartnerschaften. Stehendes Heer und weibliche Bevölkerung im 18. Jahrhundert. In: Landsknechte, Soldatenfrauen und Nationalkrieger. Militär, Krieg und Geschlechterordnung im historischen Wandel, Hgg. K. Hagemann u. R. Pröve, Frankfurt/M. 1998, S. 297–321.
Oesterdiekhoff, Georg W.: Familie, Wirtschaft und Gesellschaft in Europa. Die historische Entwicklung von Familie und Ehe im Kulturvergleich, 2. erw. Aufl, Stuttgart 2002.
Oestreich, Gerhard: Calvinismus, Neustoizismus und Preußentum. In: Moderne Preußische Geschichte 1648–1947, Hgg. O. Büsch u. W. Neugebauer, Bd. 3, Berlin 1981, S. 1268–1293.
–: Zur Heeresverfassung der deutschen Territorien von 1500 bis 1800. In: Ders., Geist und Gestalt des frühmodernen Staates. Ausgewählte Aufsätze, Berlin 1969, S. 290–310.
–: Das Reich – Habsburgische Monarchie – Brandenburg-Preußen von 1648 bis 1803. In: Handbuch der europäischen Geschichte, Hg. Th. Schieder, Bd. 4: Europa im Zeitalter des Absolutismus und der Aufklärung, Hg. F. Wagner, Stuttgart 1968, S. 379–476.
Ohler, Norbert: Pfarrbücher als Quelle für den Historiker. In: Forschungen und Berichte zur Volkskunde in Baden-Württemberg 1974–1977, Bd. 3, Stuttgart 1977, S. 115–148.
Opgenoorth, Ernst: Friedrich Wilhelm. Der Große Kurfürst von Brandenburg. Eine politische Biographie, Bd. 1–2, Göttingen 1971–1978.
–: Die rheinischen Gebiete Brandenburg-Preußens im 17. und 18. Jahrhundert. In: Expansion und Integration. Zur Eingliederung neugewonnener Gebiete in den preußischen Staat, Hg. P. Baumgart, Köln 1984, S. 33–44.
–: Stände im Spannungsfeld zwischen Brandenburg-Preußen, Pfalz-Neuburg und den niederländischen Generalstaaten: Cleve-Mark und Jülich-Berg im Vergleich. In: Ständetum und Staatsbildung in Brandenburg-Preußen, Hg. P. Baumgart, Berlin 1983, S. 243–262.

Overkott, Franz: Gevelsberg. Kleineisenindustriestadt an der Ennepe, Gevelsberg 1956.

–: Gewaltsame Soldatenwerbung vor 200 Jahren in unserer Heimat. In: Langerfeld im Wandel der Jahrhunderte, H. 5, Wuppertal 1959, S. 19–29.

Paeslack, Meinhard: Zeit und Ewigkeit. Von der Seele des Kirchenbuches. In: Archiv für Sippenforschung, Jg. 13, Görlitz 1936, S. 33–37.

Pariset, Georges: L'État et les Églises en Prusse sous Frédéric-Guillaume I. (1713–1749), Paris 1897.

Peller, Sigismund: Zu Kenntnis der städtischen Mortalität im 18. Jahrhundert mit besonderer Berücksichtigung der Säuglings- und Tuberkulosesterblichkeit. In: Zeitschrift für Hygiene und Infektionskrankheiten, Jg. 90, Berlin 1920, S. 227–262.

Perrefort, Maria: „Es gibt ausgezeichnete Köpfe hier." Das preußische Hamm um 1800. In: Wir sind Preußen. Die preußischen Kerngebiete in Nordrhein-Westfalen 1609–2009, Hgg. St. Sensen u. a., Essen 2009, S. 119–155.

Petersdorff, Herman von: Vincke, Karl Freiherr von. In: Allgemeine Deutsche Biographie, Bd. 39, Berlin 1895, S. 756–760.

Pfister, Christian: Bevölkerungsgeschichte und historische Demographie 1500–1800, München 1994.

–: Im Strom der Modernisierung. Bevölkerung, Wirtschaft und Umwelt im Kanton Bern 1700–1914, Bern 1995.

Pfister, Ulrich: Die Anfänge von Geburtenbeschränkung. Eine Fallstudie (ausgewählter Zürcher Familien im 17. und 18. Jahrhundert), Bern 1985.

–: Die Anfänge von Geburtenbeschränkung in Europa: Wege zu einer umfassenderen Analyse. In: Liebe, Ehe, Tod. Zum Wandel der Geschlechts- und Generationenbeziehungen in der Neuzeit, Hgg. P. Borscheid u. H.-J. Teuteberg, Münster 1983, S. 213–232.

–: Die Zürcher Fabriques. Protoindustrielles Wachstum vom 16. zum 18. Jahrhundert, Zürich 1992.

–: Haushalt und Familie auf der Zürcher Landschaft des Ancien régime. In: Schweiz im Wandel. Studien zur neueren Gesellschaftsgeschichte, Hgg. S. Brändli u. a., Basel 1990, S. 19–42.

–: Protoindustrial Household Economy: Toward a Formal Analysis. In: Journal of Family History, vol. 17, London 1992, p. 201–232.

–: Protoindustrialisierung: Herausbildung von Gewerberegionen, 15.–18. Jahrhundert. In: Schweizerische Zeitschrift für Geschichte, Jg. 41, Basel 1991, S. 149–160.

–: Protoindustrie und Landwirtschaft. In: Protoindustrie in der Region. Europäische Gewerbelandschaften vom 16. bis zum 19. Jahrhundert, Hgg. D. Ebeling u. W. Mager, Bielefeld 1997, S. 57–84.

–: Proto-industrielles Wachstum: ein theoretisches Modell. In: Jahrbuch für Wirtschaftsgeschichte, Berlin 1998, Bd. 2, S. 21–47.

Pichler, Franz: Zu Praxis der Taufnamengebung im frühen 17. Jahrhundert. In: Zeitschrift des Historischen Vereins für Steiermark, Jg. 78, Graz 1987, S. 151–179.

Pirke, Klaus: Zechenlandschaft Hannover – Hannibal – Königsgrube. Industriekulturelle Potentiale der kruppschen Bergbaulandschaft in Bochum und Herne, Essen 2008.
Pitz, Ernst: Entstehung und Umfang statistischer Quellen in der vorindustriellen Zeit. In: Voraussetzungen und Methoden geschichtlicher Städteforschung, Hg. W. Ehbrecht, Köln 1979, S. 47–74.
Pohl, Hans: Die wirtschaftliche und soziale Entwicklung vom Spätmittelalter bis zum ausgehenden 18. Jahrhundert. In: Deutsche Verwaltungsgeschichte, Hgg. K. G. Jeserich, H. Pohl u. G.-Chr. v. Unruh, Bd. 1: Vom Spätmittelalter bis zum Ende des Reiches, Stuttgart 1983, S. 214–267.
Press, Volker: Kriege und Krisen. Deutschland 1600–1715, München 1991.
Preuß, J. D. E.: Friedrich der Große. Eine Lebensgeschichte, Bd. 4, Berlin 1834.
Preußen – Aufbruch in den Westen. Geschichte und Erinnerung – die Grafschaft Mark zwischen 1609 und 2009, Hgg. E. Trox u. R. Meindl, Lüdenscheid 2009.
Prinzing, F.: Eheschließungen (Statistik). In: Handwörterbuch der sozialen Hygiene, Hgg. A. Grotjahn u. J. Kaup, Bd. 1, Leipzig 1912, S. 218–227.
–: Fruchtbarkeit. In: Handwörterbuch der sozialen Hygiene, Hgg. A. Grotjahn u. J. Kaup, Bd. 1, Leipzig 1912, S. 357–365.
–: Geburtenstatistik (internationale). In: Handwörterbuch der sozialen Hygiene, Hgg. A. Grotjahn u. J. Kaup, Bd. 1, Leipzig 1912, S. 379–388.
Pröbsting, Günter: Untersuchungen über Stand und Bewegung der Bevölkerung im 17. und 18. Jahrhundert – eine methodische Übersicht. In: Archiv für Bevölkerungswissenschaft und Bevölkerungspolitik, Jg. 11, Leipzig 1941, S. 82–98.
Pröve, Ralf: Der Soldat in der „guten Bürgerstube“. Das frühneuzeitliche Einquartierungssystem und die sozioökonomischen Folgen. In: Krieg und Frieden. Militär und Gesellschaft in der Frühen Neuzeit, Hgg. B. R. Kroener u. R. Pröve, Paderborn 1996, S. 191–217.
–: Zum Verhältnis von Militär und Gesellschaft im Spiegel gewaltsamer Rekrutierungen (1648–1789). In: Zeitschrift für Historische Forschung, Jg. 22, Berlin 1995, S. 191–223.
Pullat, Raimo: Die Struktur und die saisonmäßige Verteilung der Sterblichkeit der Tallinner Bevölkerung im 18. Jahrhundert basierend auf Kirchenbüchern der Heiligengeistkirche. In: Zeitschrift für Bevölkerungswissenschaft, Jg. 11, Boppard 1985, S. 401–412.
Rachel, Hugo: Der Merkantilismus in Brandenburg-Preußen. In: Moderne Preußische Geschichte 1648–1947, Hgg. O. Büsch u. W. Neugebauer, Bd. 2, Berlin 1981, S. 951–993.
Rahner, Karl, Herbert Vorgrimler: Kleines Theologisches Wörterbuch, 14. Aufl., Freiburg/Br. 1983.
Rajkay, Barbara: Verflechtung und Entflechtung. Sozialer Wandel in einer bikonfessionellen Stadt. Oettingen 1560–1806, Augsburg 1999.
Rattermann, Heinrich Armin: Die Ursachen der Massenauswanderung aus Deutschland im 18. Jahrhundert. In: Gesammelte ausgewählte Werke, Bd. 16: Abhandlungen, Vorträge und Reden, Cincinnati 1912, S. 99–144.
Reekers, Stephanie: Beiträge zur statistischen Darstellung der gewerblichen Wirtschaft Westfalens um 1800, T. 5: Grafschaft Mark. In: Westfälische Forschungen, Jg. 21, Münster 1968, S. 98–161.

Reichardt, Rolf: Bevölkerung und Gesellschaft Frankreichs im 18. Jahrhundert: Neue Wege und Ergebnisse der sozialhistorischen Forschung 1950–1976. In: Zeitschrift für Historische Forschung, Jg. 4, Berlin 1977, S. 154–221.

Reinders-Düselder, Christoph: Ländliche Bevölkerung vor der Industrialisierung. Geburt, Heirat und Tod in Steinfeld, Damme und Neuenkirchen 1650 bis 1850, Cloppenburg 1995.

–: Haushaltsstrukturen, Heirat und soziale Ungleichheit. Das Beispiel der Dammer Berge 1650–1850. In: Familie und Familienlosigkeit. Fallstudien aus Niedersachsen und Bremen vom 15. bis 20. Jahrhundert, Hg. J. Schlumbohm, Hannover 1993, S. 181–193.

Reinert, Willi: Der Kornmarkt von Herdecke an der Ruhr. Ein Beitrag zur Wirtschaftsgeschichte der Grafschaft Mark vom 16. bis 19. Jahrhundert, Diss. phil., Münster 1920 (Ms.).

Reinhard, Wolfgang: Was ist katholische Konfessionalisierung? In: Die katholische Konfessionalisierung, Hgg. ders. u. H. Schilling, Münster 1995, S. 419–452.

–: Möglichkeiten und Grenzen der Verbindung von Kirchengeschichte mit Sozial- und Wirtschaftsgeschichte. In: Spezialforschung und „Gesamtgeschichte“. Beispiele und Methodenfragen zur Geschichte der frühen Neuzeit, Hgg. G. Klingenstein u. H. Lutz, München 1982, S. 243–278.

Reininghaus, Wilfried: Wirtschaftliche Beziehungen zwischen England und der Grafschaft Mark vor 1815. In: Westfälische Forschungen, Jg. 44, Münster 1994, S. 24–48.

–: Die Enneperstraße und Gevelsberg 1650–1850. In: Gevelsberg 1225–1886–1986, Gevelsberg 1988, S. 19–44.

–: Gewerbe in der Frühen Neuzeit, München 1990.

–: Gewerberegionen und Handel in Deutschland im 18. Jahrhundert. Beobachtungen am Beispiel des Wirtschaftsraumes zwischen Rhein und Weser. In: Reich oder Nation? Mitteleuropa 1780–1815, Hgg. H. Duchhardt u. A. Kunz, Mainz 1998, S. 193–218.

–: Gewerken und Steinkohlengruben im Dortmunder Süden im späten 18. Jahrhundert. Das Engagement des Iserlohner Handelshauses Rupe. In: Der Anschnitt, Jg. 44, Bochum 1992, S. 162–167.

–: Die Harkorts und das märkische Bürgertum. In: Bürgerlichkeit zwischen gewerblicher und industrieller Wirtschaft, Hgg. W. Köllmann u. a., Dortmund 1994, S. 15–24.

–: Juden in der Grafschaft Mark (1648–1806). In: Historisches Handbuch der jüdischen Gemeinschaften in Westfalen und Lippe, Hgg. F. Göttmann u. a., Münster [im Druck], hier Typoskript, S. 1–15.

–: Kirchtürme und Britanniawaren. Die Familie Nölle in Othlinghausen und Lüdenscheid und ihre Unternehmen. In: Der Märker, Jg. 40, Lüdenscheid 1991, S. 227–237.

–: Landesherr, Staat und Bergbau im 12.–18. Jahrhundert. Entwicklung in Mitteleuropa und ihr Einfluß auf Westfalen. In: Jahrbuch des Vereins für Orts- und Heimatkunde in der Grafschaft Mark, Jg. 92, Witten 1994, S. 43–61.

–: Migrationen von Handwerkern. Anmerkungen zur Notwendigkeit von Theorien, Konzepten und Modellen. In: Handwerk in Europa. Vom Spätmittelalter bis zur

Frühen Neuzeit, Hgg. K. Schulz u. E. Müller-Luckner, München 1999, S. 195–212.
–: Miszellen zum Wanderhandel aus westfälischer Perspektive. In: Wanderhandel in Europa, Hg. ders., Hagen 1993, S. 195–201.
–: Pfarrer, Bürger und Obrigkeit in der Grafschaft Mark im 18. Jahrhundert. In: Jahrbuch für Westfälische Kirchengeschichte, Jg. 96, Bielefeld 2001, S. 121–155.
–: Die Stadt Iserlohn und ihre Kaufleute (1700–1815), Dortmund 1995.
–: Der märkische Steinkohlenbergbau und Brandenburg-Preußen. Ein Überblick über die Entwicklung bis 1770. In: Das Muth-, Verleih- und Bestätigungsbuch 1770–1773. Eine Quelle zur Frühgeschichte des Ruhrbergbaus, Hgg. J. Huske, W. Reininghaus u. Th. Schilp, Dortmund 1993, S. 13–50.
–: Wanderhandel in Deutschland. Ein Überblick über Geschichte, Erscheinungsformen und Forschungsprobleme. In: Wanderhandel in Europa, Hg. ders., Hagen 1993, S. 31–45.
–: Wanderungen von Handwerkern zwischen hohem Mittelalter und Industrialisierung. Ein Versuch zur Analyse der Einflußfaktoren. In: Migration in der Feudalgesellschaft, Hgg. G. Jaritz u. A. Müller, Frankfurt 1988, S. 179–215.
–: Westfalen – Sachsen und zurück. Wirtschaftliche Beziehungen zwischen zwei deutschen Gewerbe- und Industrieregionen seit Beginn der Neuzeit. In: Der Märker, Jg. 42, Lüdenscheid 1993, S. 199–208.
–: Die Wirkung der Steuern auf Wirtschaft und Gesellschaft in der Grafschaft Mark im 18. Jahrhundert. In: Steuern, Abgaben und Dienste vom Mittelalter bis zur Gegenwart, Hg. E. Schremmer, Stuttgart 1994, S. 147–169.
–: Hördes Wirtschaft und Gesellschaft im 18. Jahrhundert. In: Hörde. Beiträge zur Stadtgeschichte. 650 Jahre Stadtrechte Hörde (1340–1990), Hgg. G. Högl u. Th. Schilp, Dortmund 1990, S. 76–89.
–: Wirtschaft und Gesellschaft der Garnisonsstadt Hamm um 1800. Die ereignisreichen Jahre seit 1609. Forschungsstand und Quellenlage. In: „Es gibt ausgezeichnete Köpfe hier." Das preußische Hamm um 1800, Hg. M. Perrefort, Hamm 2008, S. 9–29.
–: Wirtschaft, Staat und Gesellschaft in der alten Grafschaft Mark. In: Preußen im südlichen Westfalen. Wirtschaft, Gesellschaft und Staat insbesondere im Gebiet der Grafschaft Mark bis 1870/71, Hg. E. Trox, Lüdenscheid 1993, S. 11–41.
–: Wirtschafts-, Sozial- und Regionalgeschichte. Die Entwicklung dieser Fachdisziplinen seit 1952 und die Gesellschaft für Westfälische Wirtschaftsgeschichte. In: Westfalen und die Welt. Drei Jahrhunderte Geschichte in Bildern und Dokumenten aus dem Westfälischen Wirtschaftsarchiv, Hgg. K.-P. Ellerbrock u. R. Stremmel, Münster 2002, S. 22–33.
–: Über die Wupper gehen ... Aspekte einer vergleichenden Geschichte der benachbarten Territorien Berg und Mark vor 1806. In: Zeitschrift des Bergischen Geschichtsvereins, Jg. 99 (1999/2001), Neustadt/A. 2003, S. 9–25.
–, Horst Conrad: Quellen zur Geschichte der Grafschaft Mark in brandenburgisch-preußischer Zeit. In: Archivpflege in Westfalen und Lippe, Jg. 35, Münster 1992, S. 4–7.
Respondek, Peter: Perspektiven historisch-demographischer Familienforschung.

In: Historisch-demographische Forschungen, Hgg. F. Göttmann u. P. Respondek, Paderborn 2001, S. 8–24.

Rettinger, Elmar: Aspekte der Bevölkerungsentwicklung rheinhessischer Dörfer (17.–19. Jahrhundert). In: Das Dorf am Mittelrhein. Fünftes Alzeyer Kolloquium, Stuttgart 1989, S. 195–228.

–: Die Bevölkerungsentwicklung im Spiegel der Kirchenbücher. In: Nieder-Olm. Der Raum der Verbandsgemeinde in Geschichte und Gegenwart, Hg. K.-H. Spieß, Alzey 1983, S. 307–328.

–: Bevölkerungsgeschichte. Sammelbericht 1982–1998. In: Blätter für deutsche Landesgeschichte, Jg. 133, Koblenz 1997, S. 495–573.

–: Die Umgebung der Stadt Mainz und ihre Bevölkerung vom 17. bis 19. Jahrhundert. Ein historisch-demographischer Beitrag zur Sozialgeschichte ländlicher Regionen, Stuttgart 2002.

Revermann, Christoph: Manipulation und Opportunismus. Reproduktionsstrategien in einer historischen Bevölkerung (Krummhörn, 18.–19. Jahrhundert), Göttingen 1995.

Ribbe, Wolfgang: Begriffe aus der Zeitrechnung, Monats- und Tagesbezeichnungen. In: Taschenbuch für Familiengeschichtsforschung, Hgg. ders. u. E. Henning, 12. akt. u. erg. Aufl., Neustadt/A. 2001, S. 523–532.

–: Kirchliche und weltliche Register als Quellen zur Sozialgeschichtsforschung. In: Herold-Jahrbuch, Jg. 2, Berlin 1973, S. 114–124.

–: Verwandtschaftsbezeichnungen und genealogische Fachsprache. In: Taschenbuch für Familiengeschichtsforschung, Hgg. ders. u. E. Henning, 12. akt. u. erg. Aufl., Neustadt/A. 2001, S. 491–497.

–: Ältere Vornamenformen. In: Taschenbuch für Familiengeschichtsforschung, Hgg. ders. u. E. Henning, 12. akt. u. erg. Aufl., Neustadt/A. 2001, S. 533–543.

Richmann, Klaus: Die Köttersiedlung Vormholz im Muttental bei Witten. In: Der Anschnitt, Jg. 27, Bochum 1975, H. 4, S. 3–43.

Riemann, Friedrich: Preise und Löhne in der deutschen Landwirtschaft während des 17. und 18. Jahrhunderts. In: Landwirtschaftliches Jahrbuch für Bayern, Jg. 30, München 1953, S. 3–8.

Rinke, Wolfgang: Dortmunder Kirchen des Mittelalters, 3. überarb. Aufl., Dortmund 2000.

Roden, Günter von: Wirtschaftliche Entwicklung und bäuerliches Recht des Stiftes Fröndenberg an der Ruhr, Münster/W. 1936.

Rödel, Walter G.: Mainz und seine Bevölkerung im 17. und 18. Jahrhundert. Demographische Entwicklung, Lebensverhältnisse und soziale Strukturen in einer geistlichen Residenzstadt, Stuttgart 1985.

–: Religio vinculum societatis. Konfessionalisierung, Sozialdisziplinierung und der Alltag. In: Blätter für Pfälzische Kirchengeschichte und Religiöse Volkskunde, Jg. 62, Speyer 1995, S. 405–420.

–: „Statistik" in vorstatistischer Zeit. Möglichkeiten und Probleme der Erforschung frühneuzeitlicher Populationen. In: Bevölkerungsstatistik an der Wende vom Mittelalter zur Neuzeit, Hgg. K. Andermann u. H. Ehmer, Sigmaringen 1990, S. 9–25.

–: Untersuchungen zur Bevölkerungsgeschichte der Pfarrei (Mainz-) Gonsenheim

(1686–1797). In: Geschichtliche Landeskunde, Jg. 14, Wiesbaden 1976, S. 152–169.
Rösch, Siegfried: Kirchenbuch und Einwohnerstatistik. In: Genealogisches Jahrbuch, Jg. 20, Neustadt/A. 1980, S. 167–172.
Roesener, Werner: Die Bauern und die Zeit. Anmerkungen zum bäuerlichen Zeitverständnis in der vormodernen Gesellschaft. In: Zeitschrift für Agrargeschichte und Agrarsoziologie, Jg. 52, Frankfurt/M. 2004, H. 2, S. 8–24.
Roesle, E.: Die Sterblichkeit im 1. Lebensmonat. Ein internationaler, statistischer Vergleich. In: Zeitschrift für soziale Medizin, Säuglingsfürsorge und Krankenhauswesen, Jg. 5, Leipzig 1910, S. 151–212.
Rogge, Giesbert: Die Höfe, Kotten und Stellen in Methler, Wasserkurl und Westick. In: R. Neuhaus: 1100 Jahre Methler, Greven 1998, S. 321–370.
Roscher, Wilhelm: Über die volkswirtschaftlichen Ansichten Friedrichs des Großen. In: Berichte über die Verhandlungen der Königlich Sächsischen Gesellschaft der Wissenschaften zu Leipzig. Philologisch-Historische Classe, Jg. 18, Leipzig 1866, S. 1–55.
–: Geschichte der National-Oekonomik in Deutschland, 2. Aufl., München 1924.
Rosenbaum, Heidi: Kriterien und Strategien der Partnerwahl bei Bauern, Handwerkern, Heimarbeitern, Bürgern und Fabrikarbeitern im 18. und 19. Jahrhundert. In: Die Braut. Geliebt, verkauft, getauscht, geraubt. Zur Rolle der Frau im Kulturvergleich, Hgg. G. Völger u. K. v. Welck, Bd. 1, Köln 1985, S. 300–311.
Rosenberg, Rainer Freiherr von: Soldatenwerbung und militärisches Durchzugsrecht im Zeitalter des Absolutismus. Eine rechtshistorische Untersuchung, Diss. jur., Frankfurt/M. 1973.
Rosendahl, Gustav: Die Familie Holzrichter – ein altes Bauerngeschlecht auf der Veserde-Wiblingwerder Hochfläche. In: Heimatblätter für Hohenlimburg und Umgebung, Jg. 32, Hemer 1971, S. 105–118.
–: Die Geschichte der Jagd im Kirchspiel Wiblingwerde, in Sonderheit seiner Gebiete in der Limburger Mark. In: Der Märker, Jg. 14, Altena 1965, S. 13–17.
Roth, Guenther: Zur Entstehungs- und Wirkungsgeschichte von Max Webers „Protestantischer Ethik“. In: Vademecum zu einem Klassiker der Geschichte ökonomischer Rationalität, Hgg. B. Schefold u. a., Düsseldorf 1992, S. 43–70.
Rothert, Hermann: Westfälische Geschichte. Bd. 2: Das Zeitalter der Glaubenskämpfe; Bd. 3: Absolutismus und Aufklärung, 2. Aufl., Gütersloh 1950–1962.
Rothert, Hugo: Die General-Synode von 1612 und ihre Bedeutung für Verfassung und Gemeindeleben. In: Festschrift zur 300jährigen Gedächtnisfeier der ersten märkisch-lutherischen Synode in Unna, Witten 1912, S. 1–75.
–: Die Grafen von der Mark und ihre Erben in ihrer kirchlichen Stellung. In: Jahrbuch des Vereins für die Evangelische Kirchengeschichte Westfalens, Jg. 11/12, Gütersloh 1909/10, S. 73–113.
–: Kirchengeschichte der Grafschaft Mark, Gütersloh 1913.
–: Märkische Kirchengeschichte. In: Die Grafschaft Mark. Festschrift zum Gedächtnis der 300jährigen Vereinigung mit Brandenburg-Preußen, Hg. A. Meister, Bd. 1, Dortmund 1909, S. 207–262.
–: Der Konfessionsstand der Gemeinden der Grafschaft Mark. In: Jahrbuch des Vereins für die Evangelische Kirchengeschichte der Grafschaft Mark, Jg. 4, Gütersloh 1902, S. 77–114.

–: Unruhen in der Grafschaft Mark wegen gewaltsamer Werbung (1720). In: Jahrbuch des Vereins für die Evangelische Kirchengeschichte Westfalens, Jg. 6, Gütersloh 1904, S. 108–125.

Rublack, Hans-Christoph: Konfession als demographischer Faktor? In: Festgabe für Erwin Walter Zeeden, Hg. H. Raabe, Münster/W. 1976, S. 62–96.

Rudder, B. de: Wetter und Jahreszeit als Krankheitsfaktoren. Grundriß einer Meteoropathologie des Menschen, Berlin 1931.

Rüffer, Joachim: Erbfolgerecht und bäuerliche Vererbungsstrategien in den Anerbengebieten Westfalens im 17. und 18. Jahrhundert. In: Historisch-demographische Forschungen, Hgg. F. Göttmann u. P. Respondek, Paderborn 2001, S. 70–93.

–: Vererbungsstrategien im frühneuzeitlichen Westfalen. Bäuerliche Familien und Mentalitäten in den Anerbengebieten der Hellwegregion, Stuttgart 2008.

–, Carsten Vorwig: Kulturelle Wandlungen am östlichen Hellweg. Die Taufnamengebung in den Kirchspielen Sassendorf und Dinker vom Anfang des 18. bis zum Ende des 20. Jahrhunderts. In: Historisch-demographische Forschungen. Möglichkeiten, Grenzen, Perspektiven, Hgg. F. Göttmann u. P. Respondek, Paderborn 2001, S. 138–165.

Rümelin, Eduard: Heiratsalter und Fruchtbarkeit der Ehen und ihre Entwicklung seit 1500. In: Württembergische Jahrbücher für Statistik und Landeskunde, Jg. 1923/24, Stuttgart 1926, S. 11–31.

Rupp, Erwin: Mechanismen des 18. Jahrhunderts, aus Anlaß des 225jährigen Bestehens der Firma J. D. Neuhaus, Hebezeuge, Witten, Heidelberg 1970.

Saalfeld, Diedrich: Bevölkerungswachstum und Hungerkatastrophen im vorindustriellen Europa. In: Ernährung und Gesellschaft, Hg. E. Ehlers, Stuttgart 1983, S. 55–71.

–: Die Preise und Löhne. In: Panorama der Fridericianischen Zeit, Hg. J. Ziechmann, Bremen 1985, S. 638–641.

–: Die Rolle der Frau in der nordwestdeutschen Landwirtschaft vom Beginn der Neuzeit bis zu den Agrarreformen des 19. Jahrhunderts. In: Braunschweigisches Jahrbuch, Jg. 70, Braunschweig 1989, S. 115–131.

Sägmüller, J. B.: Die Entstehung und Entwicklung der Kirchenbücher im katholischen Deutschland bis zur Mitte des 18. Jahrhunderts. Dargestellt auf Grund der kirchlichen Gesetze. In: Theologische Quartalschriften, Jg. 81, Ravensburg 1899, S. 206–258.

Sämer, Eduard: Die ländlichen Siedlungen des westlichen Sauerlandes. In: Jahrbuch des Vereins für Orts- und Heimatkunde in der Grafschaft Mark, Jg. 45, Witten 1932, S. 1–57.

Sauer, Fritz: 400 Jahre Reformation in Gevelsberg. Die Geschichte der Evangelischen Kirchengemeinde. Festschrift, Hg. Presbyterium der Evangelischen Kirchengemeinde Gevelsberg, Gevelsberg 1993.

Sauermann, Dietmar: Bäuerliche Brautschätze in Westfalen (17.–20. Jh.). In: Rheinisch-westfälische Zeitschrift für Volkskunde, Jg. 18/19, Bonn 1972, S. 102–153.

–: Hofidee und bäuerliche Familienverträge in Westfalen. In: Rheinisch-westfälische Zeitschrift für Volkskunde, Jg. 17, Bonn 1970, S. 58–78.

Saul, Nicholas: Friedrich II. und die religiösen Strömungen seiner Zeit. In: Panorama der Fridericianischen Zeit, Hg. J. Ziechmann, Bremen 1985, S. 62–67.
Saunders, Timothy S.: Familie, Fortpflanzung und Bevölkerungsentwicklung im Hunsrück. Eine historisch-demographische Untersuchung der Lebensverhältnisse und gesellschaftlichen Strukturen in Kirchberg, Kastellaun und Gemünden 1650–1800, Frankfurt/M. 1995.
Schachtschabel, Hans G.: Geschichte der volkswirtschaftlichen Lehrmeinungen, Stuttgart 1971.
Scharpwinkel, Klaus: Die westfälischen Eigentumsordnungen des 17. und 18. Jahrhunderts, Diss. jur., Göttingen 1965.
Schaub, Karl: Aus der Geschichte der Papierfabrikation im Hagener Raum. Die Oberste Mühle in Delstern. In: Hagen, use laiwe Häime. Heimatkundlich-wissenschaftliche Monatsschrift und Mitteilungsblatt des Hagener Heimatbundes e. V., Jg. 1, Hagen 1951, S. 114–121.
Schelbert, Urspeter: Bevölkerungsgeschichte der Schwyzer Pfarreien Freienbach und Wollerau im 18. Jahrhundert, Zürich 1989.
Schilling, Heinz: Die Konfessionalisierung von Kirche, Staat und Gesellschaft – Profil, Leistung, Defizite und Perspektiven eines geschichtswissenschaftlichen Paradigmas. In: Die katholische Konfessionalisierung, Hgg. W. Reinhard u. H. Schilling, Münster 1995, S. 1–49.
–: Die frühneuzeitliche Konfessionsmigration. In: Migration in der europäischen Geschichte seit dem späten Mittelalter, Hg. K. J. Bade, Osnabrück 2002, S. 67–89.
Schilp, Thomas: Kloster und Stift Clarenberg bei Hörde (1339–1812). In: Hörde. Beiträge zur Stadtgeschichte. 650 Jahre Stadtrechte Hörde (1340–1990), Hgg. G. Högl u. Th. Schilp, Dortmund 1990, S. 16–27.
Schindling, Anton: Friedrichs des Großen Toleranz und seine katholischen Untertanen. In: Kontinuität und Wandel. Schlesien zwischen Österreich und Preußen, Hgg. P. Baumgart u. a., Sigmaringen 1990, S. 257–272.
Schloemann, Friedrich: Geschichte von Gevelsberg bis in die Neuzeit, Gevelsberg 1907.
Schlumbohm, Jürgen: Lebensläufe, Familien, Höfe. Die Bauern und Heuersleute des osnabrückischen Kirchspiels Belm in proto-industrieller Zeit 1650–1860, Göttingen 1994.
–: Sozialkultur und Fortpflanzung bei der ländlichen Bevölkerung Deutschlands im 18. und 19. Jahrhundert. Befunde und Erklärungsansätze zu schichtspezifischen Verhaltensweisen. In: Fortpflanzung: Natur und Kultur im Wechselspiel, Hg. E. Voland, Frankfurt 1992, S. 322–346.
Schmidt, Ferdinand: Die Ansiedlung der Klingenschmiede in Eilpe 1661/65. In: Westfalenland, Hagen 1931, S. 161–176.
–: Michael Christian Göring [...] als Fabrikenkommissar im märkischen Sauerlande. In: Der Märker, Altena 1936, S. 27–31.
–: Michael Christian Göring [...] als Orts- und Fabriken-Kommissar in der Grafschaft Mark (1742–63). In: Süderland, Jg. 17, Altena 1939, S. 17–21, 25–28, 33–37, 46–48.
–: Michael Christian Görings letzter Brief. In: Süderland, Jg. 14, Altena 1936, S. 113–114.

Schmidt, Johannes: Geographie und Geschichte des Herzogthums Berg, seiner Herrschaften, der Grafschaft Homburg, und der Herrschaft Gimborn-Neustadt, der Grafschaft Mark [...], Aachen 1804.

Schmidt, Karl-Heinz: Merkantilismus, Kameralismus, Physiokratie. In: Geschichte der Nationalökonomie, Hg. O. Issing, 4. überarb. u. erg. Aufl., München 2002, S. 37–66.

Schmidt-Pretoria, Werner: Der Kulturanteil des Deutschtums am Aufbau des Burenvolkes, Hannover 1938.

Schmitz, Gerda: Ländliche Speiseordnungen aus Westfalen vom Ende des 17. bis zur Mitte des 19. Jahrhunderts. In: Nahrung und Tischkultur im Hanseraum, Hgg. G. Wiegelmann u. R.-E. Mohrmann, Münster 1996, S. 243–265.

Schmölders, Günter: Geschichte der Volkswirtschaftslehre, Reinbek b. Hamburg 1972.

–: Konjunkturen und Krisen, rev. Ausg., Hamburg 1965.

Schmoller, Gustav: Die preußische Einwanderung und ländliche Kolonisation des 17. und 18. Jahrhunderts. In: Ders., Umrisse und Untersuchungen zur Verfassungs-, Verwaltungs- und Wirtschaftsgeschichte, Leipzig 1898, S. 562–627.

–: Die Entstehung des preußischen Heeres von 1640–1740. In: Ders., Umrisse und Untersuchungen zur Verfassungs-, Verwaltungs- und Wirtschaftsgeschichte, Leipzig 1898, S. 247–288.

–: Das Merkantilsystem in seiner historischen Bedeutung: städtische, territoriale und staatliche Wirtschaftspolitik. In: Ders., Umrisse und Untersuchungen zur Verfassungs-, Verwaltungs- und Wirtschaftsgeschichte, Leipzig 1898, S. 1–60.

–: Preußische Verfassungs- Verwaltungs- und Finanzgeschichte, Berlin 1921.

Schnabel-Schüle, Helga: Die Strafe des Landesverweises in der Frühen Neuzeit. In: Ausweisung und Deportation. Formen der Zwangsmigration in der Geschichte, Hgg. A. Gestrich, G. Hirschfeld u. H. Sonnabend, Stuttgart 1995, S. 73–82.

Schneider, Walther: Die Kirchenpolitik Friedrichs des Großen. In: Historische Vierteljahrschrift, Jg. 31, Dresden 1937, S. 275–292.

Schnettler, Otto: Alt Volmarstein. Freigrafschaft – Freiheit und Kirchspiel, Hagen 1961.

–: Dortmund und die Grafschaft Mark in ihren Beziehungen zu den baltischen Provinzen. In: Beiträge zur Geschichte Dortmunds und der Grafschaft Mark, Jg. 25, Dortmund 1918, S. 217–310.

–: Herdecke an der Ruhr im Wandel der Zeiten. Stift – Dorf – Stadt, Dortmund 1939.

Schnitter, Helmut: Volk und Landesdefension. Volksaufgebote, Defensionswerke, Landmilizen in den deutschen Territorien vom 15. bis zum 18. Jahrhundert, Berlin 1977.

Schöningh, Wolfgang: Westfälische Einwanderer in Ostfriesland 1433–1744. In: Westfälische Forschungen, Jg. 20, Münster/W. 1967, S. 5–57.

–: Die Einwanderung von Westfalen nach Ostfriesland vom 15. bis zum 18. Jahrhundert und ihre Ursachen. In: Westfälische Zeitschrift, Jg. 110, Münster/W. 1960, S. 187–189.

Schofield, Roger: „Montags-Kind, schön Angesicht“. Zur Wahl des Wochentages für Taufen, Heiraten und Begräbnisse in England 1540–1849. In: Historische Familienforschung. Ergebnisse und Kontroversen, Hgg. J. Ehmer u. a., Frankfurt/M. 1997, S. 83–101.

Schoppmeyer, Heinrich: Zur Geschichte der katholischen Pfarrei in Blankenstein. In: Jahrbuch des Vereins für Orts- und Heimatkunde in der Grafschaft Mark, Jg. 91, Witten 1993, S. 33–97.

Schotte, Heinrich: Die rechtliche und wirtschaftliche Entwicklung des westfälischen Bauernstandes bis zum Jahre 1815. In: Beiträge zur Geschichte des westfälischen Bauernstandes, Hg. E. Frh. v. Kerckerinck zur Borg, Berlin 1912, S. 3–106.

–: Die Entwicklung der agrarwirtschaftlichen Verhältnisse in der Grafschaft Mark bis zum Ausgang des 18. Jahrhunderts. In: Die Grafschaft Mark. Festschrift zum Gedächtnis der 300jährigen Vereinigung mit Brandenburg-Preußen, Hg. A. Meister, Bd. 1, Dortmund 1909, S. 333–350.

Schreiber, Georg: Der Freitag in Volkskunde und Religionswissenschaft, in Volksfrömmigkeit und Wirtschaftsgeschichte. In: Rheinisches Jahrbuch für Volkskunde, Jg. 8, Bonn 1957, S. 207–226.

–: Die Vierzehn Nothelfer in Volksfrömmigkeit und Sakralkultur, Innsbruck 1959.

–: Die Wochentage. Abendländische und morgenländische Entwicklungen. In: Archiv für mittelrheinische Kirchengeschichte, Jg. 1, Speyer 1949, S. 331–345.

–: Die Wochentage im Erlebnis der Ostkirche und des christlichen Abendlandes, Köln 1959.

Schröer, Alois: Die Reformation in Westfalen. Der Glaubenskampf einer Landschaft, Bd. 1: Die westfälische Reformation im Rahmen der Reichs- und Kirchengeschichte. Die weltlichen Territorien und die privilegierten Städte. Die Zweite Reformation, Ergebnisse, Münster 1979.

Schubert, Romeo: Kirchenbücher – Dokumente menschlichen Schicksals. In: Blätter des Bayerischen Landesvereins für Familienkunde, Jg. 39, München 1976, S. 97–111.

Schümmer, Johannes: Die altchristliche Fastenpraxis, Münster/W. 1933.

Schünzel, Eva: Die deutsche Auswanderung nach Nordamerika im 17. und 18. Jahrhundert, Diss. phil., Würzburg 1959 (Ms.).

Schürmann, Markus: Bevölkerung, Wirtschaft und Gesellschaft in Appenzell, Innerrhoden im 18. und frühen 19. Jahrhundert, Appenzell 1974.

Schütte, Leopold: Aus der Geschichte der Gemeinde Rhynern bis 1816. In: 1000 Jahre Rhynern. Beiträge zur Dorfgeschichte, Hg. Heimatverein Rhynern, Hamm 1999, S. 11–80.

Schulte, Alfred: Der ursprüngliche Name unseres Holländers. In: Der Papierfabrikant, Jg. 31, Berlin 1933, S. 305–306.

Schulte, Fritz: Die Entwicklung der gewerblichen Wirtschaft in Rheinland und Westfalen im 18. Jahrhundert. Eine wirtschaftsgeschichtliche Untersuchung, Köln 1959.

Schulte, Günter: Breden im Spiegel des Deilinghofener Kirchenbuchs. In: Heimatblätter für Hohenlimburg und Umgebung, Jg. 32, Hohenlimburg 1971, S. 264–270.

–: In Deilinghofen lebendig begraben? In: Der Schlüssel, Jg. 14, Hemer 1969, S. 15–17.

–: Geboren im Kirchspiel Deilinghofen 1680–1800. In: Heimatblätter für Hohenlimburg und Umgebung, Jg. 31, Hohenlimburg 1970, S. 129–134.

–: Getreide- und Viehpreise in Deilinghofen 1696 bis 1750. In: Der Schlüssel, Jg. 24, Hemer 1980, S. 66–77.

–: Woran starben die Menschen im Kirchspiel Deilinghofen während des 18. Jahrhunderts? In: Heimatblätter für Hohenlimburg und Umgebung, Jg. 30, Hohenlimburg 1969, S. 246–250; Jg. 31, Hohenlimburg 1970. S. 4–14.

Schulte, Joseph: Chronik der Katholischen Pfarrgemeinde Niederwenigern, Bearb. D. Bonnekamp u. a., Hattingen 1997.

Schulte, Regina: Bevor das Gerede zum Tratsch wird. In: Frauengeschichte – Geschlechtergeschichte, Hgg. K. Hansen u. H. Wunder, Frankfurt/M.1990, S. 67–73.

Schulte, Wilhelm: Iserlohn. Die Geschichte einer Stadt, Bd. 1–2, Iserlohn 1937–1938.

–: Westfälische Köpfe. 300 Lebensbilder bedeutender Westfalen. Biographischer Handweiser, 2. verb. Aufl., Münster 1977.

–: Seidenbau und Seidenindustrie in der Grafschaft Mark. In: Die Heimat, Jg. 9, Dortmund 1927, S. 343–345.

Schulz, Frieder: Heilige, Heiligenverehrung VII. In: Theologische Realenzyklopädie, Hg. G. Müller, Bd. 14, Berlin 1985, S. 664–672.

Schulze-Velmede, Karl Ulrich: Die Landwirtschaft. In: 1000 Jahre Rhynern. Beiträge zur Dorfgeschichte, Hg. Heimatverein Rhynern, Hamm 1999, S. 231–246.

Schumpeter, Joseph: Theorie der wirtschaftlichen Entwicklung, 5. Aufl., Berlin 1952.

–: Unternehmer. In: Handwörterbuch der Staatswissenschaften, Hgg. L. Elster u.a, Bd. 8, 4. gänzl. umgearb. Aufl., Jena 1928, S. 476–487.

Schunke, Siegfried: Beziehungen der Herrnhuter Brüdergemeine zur Grafschaft Mark, Diss. theol., Münster 1949 [Mikrofiche].

Schwager, Johann Moritz: Bemerkungen auf einer Reise nach Westphalen, bis an und über den Rhein, Leipzig 1804.

Schwarz, Karl: Die Längsschnittbeobachtung als neue Aufgabe der Bevölkerungsstatistik. In: Allgemeines Statistisches Archiv, N. F., Jg. 52, Göttingen 1968, S. 44–58.

Scribner, Robert W.: Die Auswirkungen der Reformation auf das Alltagsleben. In: Ders., Religion und Kultur in Deutschland 1400–1800, Göttingen 2002, S. 303–330.

–: Elemente des Volksglaubens. In: Ders., Religion und Kultur in Deutschland 1400–1800, Göttingen 2002, S. 66–99.

Sczesny, Anke: Zwischen Kontinuität und Wandel. Ländliches Gewerbe und ländliche Gesellschaft im Ostschwaben des 17. und 18. Jahrhunderts, Tübingen 2002.

Seibicke, Wilfried: Überblick über Geschichte und Typen der deutschen Personennamen. In: Sprachgeschichte. Ein Handbuch zur Geschichte der deutschen Sprache und ihrer Erforschung, Hgg. W. Besch u. a., Bd. 2,2, Berlin 1985, S. 2148–2163.

Seilkopf, Hans Joachim: Die Auswertung von Einträgen der Todesfälle und der Todesursachen in den Kirchenbüchern, Markschellenberg 1939.

Sellmann, Adolf: Altwestfälische Begräbnissitten. In: Kirchlicher Heimatkalender der Synode Dortmund, Dortmund 1931, S. 64–68.

–: Begräbnissitten und Unsitten von ehemals. In: Westfälische Heimatkorrespondenz, Witten 1930, Nr. 44, Bll. I-III.

–: Die Grenadiere Schmiemann wünschen Haldener Land. Ein Kampf um die Heimatscholle vor 200 Jahren. In: Westfalenland, Hagen 1930, S. 76–78.

–: Das Kirchdorf Zurstraße – die Waldbauerschaft. In: Hagener Heimatblätter, Hagen 1938, Nr. 8.

–: Kriegs- und Steuerrat Michael Christian Göring als Wohltäter der Stadt Hagen. In: Hagener Heimatblätter, Hagen 1938, Nr. 11, unpag.

–: Landschenkungen an Grenadiere in der Grafschaft Mark. In: Heimat. Beilage zur Tremonia, Dortmund 6. Mai 1928, Nr. 8, unpag.

–: Michael Christian Göring. Ein friderizianischer Beamter in Hagen 1744–1763, Hagen 1940.

Seraphim, Peter-Heinz: Deutsche Wirtschafts- und Sozialgeschichte. Von der Frühzeit bis zum Ausbruch des Zweiten Weltkrieges, 2. erw. Aufl., Wiesbaden 1966.

Seresse, Volker: Politische Normen in Kleve-Mark während des 17. Jahrhunderts. Argumentationsgeschichtliche und herrschaftstheorethische Zugänge zur politischen Kultur der frühen Neuzeit, Epfendorf 2005.

Serlo, Walter: Bergmannsfamilien in Rheinland und Westfalen, Münster/W. 1936.

Shorter, Edward: Die große Umwälzung in den Mutter-Kind-Beziehungen vom 18. bis zum 20. Jahrhundert. In: Zur Sozialgeschichte der Kindheit, Hgg. J. Martin u. A. Nitschke, Freiburg 1986, S. 503–524.

Sieder, Reinhard: Ehe, Fortpflanzung und Sexualität. In: Vom Patriarchat zur Partnerschaft, Hgg. M. Mitterauer u. R. Sieder, 2. neubearb. Aufl., München 1980, S. 141–161.

Sieglerschmidt, Jörn: Bevölkerungsgeschichte. In: Sozial- und Wirtschaftsgeschichte. Arbeitsgebiete – Probleme – Perspektiven. 100 Jahre Vierteljahrschrift für Sozial- und Wirtschaftsgeschichte, Hgg. G. Schulz u. a., Wiesbaden 2004, S. 249–282.

–: Migration in der Geschichte: Versagen des Staates – Zauber des Wohlstands? In: Vierteljahrschrift für Sozial- und Wirtschaftsgeschichte, Jg. 91, Wiesbaden 2004, S. 194–201.

Sikora, Michael: Disziplin und Desertion. Strukturprobleme militärischer Organisation im 18. Jahrhundert, Berlin 1996.

Simon, Michael: Der Pate als Namengeber. In: Rheinisch-westfälische Zeitschrift für Volkskunde, Jg. 36, Bonn 1991, S. 215–227.

–: Vornamen wozu? Taufe, Patenwahl und Namengebung in Westfalen vom 17. bis zum 20. Jahrhundert, Münster 1989.

Simsch, Adelheid: Armee, Wirtschaft und Gesellschaft. Preußens Kampf auf der „inneren Linie“. In: Europa im Zeitalter Friedrichs des Großen. Wirtschaft, Gesellschaft, Kriege, Hg. B. R. Kroener, München 1989, S. 35–46.

Smolinsky, Heribert: Ehespiegel im Konfessionalisierungsprozess. In: Die katholische Konfessionalisierung, Hgg. W. Reinhard u. H. Schilling, Münster 1995, S. 311–331.

Sogner, Sølvi: Entwicklung und Stand der historisch-demographischen Forschung in Norwegen. In: Historische Demographie als Sozialgeschichte. Gießen und Umgebung vom 17. zum 19. Jahrhundert, Hg. A. E. Imhof, Darmstadt 1975, S. 1067–1079.

Sollbach, Gerhard E.: Gevelsberg und der Kriminalfall von 1225. In: Heimatbuch Hagen und Mark, Jg. 43 (2002), Hagen 2001, S. 65–78.

–: Gräfin verzichtete auf Äbtissinnenamt in Herdecke. In: Beiträge zur Geschichte Dortmunds und der Grafschaft Mark, Jg. 98/99 (2007/2008), Dortmund 2008, S. 205–210.

–: Grundherrschaft des Adelssitzes Dahl. In: Hagener Heimatbuch, Jg. 47 (2005), Hagen 2006, S. 237–240.

–: Die Grundherrschaft des Zisterzienserinnenklosters und späteren adeligen Damenstifts Gevelsberg. In: Jahrbuch des Vereins für Orts- und Heimatkunde in der Grafschaft Mark, Jg. 90, Witten 1992, S. 7–53.

–: Leben in märkischen Frauenklöstern und adeligen Damenstiften in Mittelalter und Neuzeit. Herdecke, Clarenberg und Gevelsberg, Bochum 1995.

–: Ohne Mitgift blieb nur das Stift. In: Gevelsberger Berichte, Jg. 4, Gevelsberg 1992, S. 12–17.

–: Lieber Stiftsdame als ewig Jungfer. In: Heimatbuch Hagen und Mark, Jg. 35, Hagen 1994, S. 191–194.

Sombart, Werner: Die Juden und das Wirtschaftsleben, Leipzig 1911.

Sonderland, Vincent Paul: Die Geschichte von Barmen im Wupperthale [. . .], Elberfeld 1821.

Spannagel, K.: Die Grafschaft Mark als Teil des brandenburgisch-preußischen Staates. In: Die Grafschaft Mark. Festschrift zum Gedächtnis der 300jährigen Vereinigung mit Brandenburg-Preußen, Hg. A. Meister, Bd. 1, Dortmund 1909, S. 23–76.

Spencker, F.-Bernhard: Epidemiologische Aspekte von Massenseuchen. In: Seuchen in der Geschichte: 1348–1998. 650 Jahre nach dem Schwarzen Tod, Hg. O. Riha, Aachen 1999, S. 109–120.

Spohn, Thomas: Das Bauernhaus des märkischen Sauerlandes vor der Mitte des 18. Jahrhunderts. In: Rheinisch-westfälische Zeitschrift für Volkskunde, Jg. 37, Bonn 1992, S. 123–159.

Stahl, E.: Aus der Geschichte der ev. Kirchengemeinde Herbede. In: 1100 Jahre Herbede, Hgg. Gemeindeverwaltung Herbede-Ruhr, in Gemeinschaft mit dem Heimat- und Verkehrsverein Herbede-Ruhr, Herbede-Ruhr 1951, S. 44–46.

Stein, August: Die evangelische Kirchengemeinde Dahl. Einiges aus ihrer Vergangenheit und Gegenwart. In: 400 Jahre Reformation und 250 Jahre Dorfkirche in Dahl, 1581–1981, 1730–1980, o. O. 1981, S. 13–48.

Stenger, Albrecht: Das synodale Leben der reformierten Gemeinden der Grafschaft Mark im 17., 18. und 19. Jahrhundert bis zur Union. In: Jahrbuch des Vereins für die Evangelische Kirchengeschichte der Grafschaft Mark, Jg. 3, Gütersloh 1901, S. 1–42.

Stephan, Peter: Auswirkungen von Wirtschaftskrisen auf die Fruchtbarkeit menschlicher Populationen zwischen 1650 und 1850. In: Biologische Rundschau, Jg. 24, Jena 1986, S. 17–26.
–: Wodurch wurde die Fruchtbarkeit in menschlichen Populationen früherer Jahrhunderte reduziert? In: Biologisches Zentralblatt, Jg. 106, Jena 1987, S. 21–32.
–: Menarche- und Heiratsalter in früheren Jahrhunderten. In: Ärztliche Jugendkunde, Jg. 81, Leipzig 1990, S. 41–54.
–: Sterben in früheren Jahrhunderten. In: Biologisches Zentralblatt, Jg. 112, Jena 1993, S. 28–81.
Stern, Selma: Der preußische Staat und die Juden, T. 1–4, Tübingen 1962–1975.
Stichling, P.: Die Siedlungs- und Feldmaße in der Grafschaft Mark. In: Beiträge zur Heimatkunde der Stadt Schwelm und ihrer Umgebung, N. F., H. 6, Schwelm 1956, S. 5–14.
Stier, Winfried: Grundlagen, Konzept und neue Methoden der Zeitreihenanalyse. In: Neue Methoden der Analyse historischer Daten, Hgg. H. Best u. H. Thome, St. Katharinen 1991, S. 201–238.
Stievermann, Dieter: Preußen und die Städte der westfälischen Mark im 18. Jahrhundert. In: Westfälische Forschungen, Jg. 31, Münster 1981, S. 5–33.
–: Städtewesen in Südwestfalen. Die Städte des Märkischen Sauerlandes im späten Mittelalter und in der frühen Neuzeit, Stuttgart 1978.
–: Absolutistischer Zentralismus oder ständischer Regionalismus? Preußen und seine westlichen Provinzen im 17. und 18. Jahrhundert. In: Westfälische Zeitschrift, Jg. 138, Paderborn 1988, S. 51–65.
Stork, Hans-Walter: Kath. Pfarrkirche St. Regina Hamm-Rhynern, München 1991.
Stribrny, Wolfgang: Friedrich der Große und seine evangelischen Untertanen. In: Forschungen zur Brandenburgischen und Preußischen Geschichte, N. F., Jg. 2, Berlin 1992, S. 149–161.
Stüwer, Wilhelm: Katharinenkult und Katharinenbrauchtum in Westfalen. In: Westfalen, Jg. 20, Münster/W. 1935, S. 62–100.
Stutenbrock, Karin: Das Zeitalter der Aufklärung. Kindsmord, Fruchtabtreibung und medizinische Policey. In: Geschichte der Abtreibung. Von der Antike bis zur Gegenwart, Hg. R. Jütte, München 1993, S 91–119.
Szameitat, Klaus: Die Haushaltung als wirtschaftende Einheit und ihre statistische Erfassung. In: Allgemeines Statistisches Archiv, Jg. 39, München 1954, S. 312–321.
Aus den Tagen der Werber. In: Süderland, Jg. 16, Altena 1938, S. 33–35.
Tautscher, Anton: Merkantilismus. In: Staatslexikon. Recht, Wirtschaft, Gesellschaft, Hg. Görres-Gesellschaft, 6. völlig neu bearb. u. erw. Aufl., Freiburg/Br. 1960, Sp. 669–673.
Techen, Friedrich: Geschichte der Seestadt Wismar, Wismar 1929.
Teuteberg, Hans-Jürgen: Agrarhistorische Forschungen in Westfalen im 19. und 20. Jahrhundert: Entwicklung, Quellen und Aufgaben. In: Westfälische Forschungen, Jg. 40, Münster 1990, S. 1–44.
Thadden, Rudolf von: Die Fortsetzung des „Reformationswerks" in Brandenburg-Preußen. In: Die reformierte Konfessionalsierung in Deutschland – Das Problem der „Zweiten Reformation". Wiss. Symposium des Vereins für Reformationsgeschichte 1985, Hg. H. Schilling, Gütersloh 1986, S. 233–250.

–: Die Brandenburgisch-Preußischen Hofprediger im 17. und 18. Jahrhundert, Berlin 1959.

Theodor von Neuhof, König von Korsika. In: Taschenbuch für vaterländische Geschichte, Bd. 1, Münster 1833, S. 45–77.

Thiemann, Egbert: Religiöse Anweisungen des Elseyer Pfarrers Johann Friedrich Möller für Unternehmerfamilien in der Mark. In: Hohenlimburger Heimatblätter für den Raum Hagen, Jg. 53, Hagen, 1992, S. 44–50.

Thier, Dietrich: Die Entwicklung Volmarsteins vom Mittelalter bis 1997. 950 Jahre Volmarstein. In: Das Volmarsteiner Jubiläumsjahr 1997. Eine Nachlese zum 950jährigen Ortsjubiläum, Hg. ders., Wetter/R. 1997, S. 55–81.

Thornhill, Nancy Wilmsen: Evolutionsbiologie und historische Wissenschaften. In: Fortpflanzung: Natur und Kultur im Wechselspiel, Hg. E. Voland, Frankfurt/M. 1992, S. 216–238.

Tille, Armin: Sammlung und Verwertung familiengeschichtlicher Forschungen. In: Korrespondenzblatt des Gesamtvereins der deutschen Geschichts- und Altertumsvereine, Jg. 56, Berlin 1908, Sp. 49–61.

Timm, Willy: Bauern am Hellweg, T. 1, Unna 1957; T. 2. In: Roland zu Dortmund, Jg. 13, Dortmund 1979, S. 157–168, 177–185, 197–204, 217–226.

–: Confessio Augustana und die Reformation in Unna, Unna 1980.

–: „... als Fremde in hiesiges Land gezogen.“ Eine friderizianische Pfälzerkolonie bei Unna. In: Jahrbuch des Vereins für Orts- und Heimatkunde in der Grafschaft Mark, Jg. 97, Dortmund 1997, S. 121–141.

–: Maße, Münzen und Gewichte in der Grafschaft Mark, Unna 1981.

–: Die Ortschaften der Grafschaft Mark in ihren urkundlichen Früherwähnungen und politischen Zuordnungen bis zur Gegenwart, Unna 1991.

–: Pfälzer in Grafschaft Mark. In: Heimat am Hellweg, Unna 1966, T. 31–34.

–: Reformation in Methler. Ein Beitrag zur heimischen Kirchengeschichte. In: Heimatbuch des Kreises Unna, Jg. 4, Unna 1983, S. 78–79.

Tober, Philip: Bibliographie zur Stadtgeschichte Wismars in der Frühen Neuzeit. In: Wismar im 17. und 18. Jahrhundert. Untersuchungen zur Bau-, Wirtschafts- und Sozialgeschichte, Hg. F. Braun, Neumünster 2008, S. 121–138.

Tobien, Wilhelm: Geschichte der lateinischen Schule in Schwelm von 1597 bis 1897, Schwelm 1897 (= Beilage zum Osterprogramm 1897).

Treue, Wilhelm: Wirtschaft, Gesellschaft und Technik in Deutschland vom 16. bis zum 18. Jahrhundert. In: Gebhardt, Handbuch der deutschen Geschichte, Bd. 2, 9. neu bearb. Aufl, Hg. H. Grundmann, Stuttgart 1970, S. 437–545.

–: Wirtschafts- und Technikgeschichte Preussens, Berlin 1984.

Troßbach, Werner: Historische Anthropologie und frühneuzeitliche Agrargeschichte deutscher Territorien. In: Historische Anthropologie, Jg. 5, Köln 1997, S. 187–211.

–: Bauern 1648–1806, München 1993.

–: Beharrung und Wandel „als Argument“. Bauern in der Agrargesellschaft des 18. Jahrhunderts. In: Agrargeschichte. Positionen und Perspektiven, Hgg. ders. u. C. Zimmermann, Stuttgart 1998, S. 107–136.

Trox, Eckhard: Preußen und der Aufbruch in den Westen. Die Grafschaft Mark zwischen Beharrung und Modernisierung – neue Wege der Forschung. In: Wir sind Preußen. Die preußischen Kerngebiete in Nordrhein-Westfalen 1609–2009, Hgg. St. Sensen u. a., Essen 2009, S. 89–117.

Tyrell, Hartmann: Worum geht es in der „Protestantischen Ethik“? Ein Versuch zum besseren Verständnis Max Webers. In: Saeculum, Jg. 41, Freiburg 1990, S. 130–177.

Der Ueberläufer von Altena in Ueberlieferung und Geschichte. In: Süderland, Jg. 4, Altena 1926, S. 136–142.

Ulbrich, Claudia: Shulamit und Margarete. Macht, Geschlecht und Religion in einer ländlichen Gesellschaft des 18. Jahrhunderts, Wien 1999.

Ulbricht, Otto: Kindsmörderinnen vor Gericht. Verteidigungsstrategien von Frauen in Norddeutschland 1680–1810. In: Mit den Waffen der Justiz. Zur Kriminalitätsgeschichte des Spätmittelalters und der Frühen Neuzeit, Hgg. A. Blankert u. G. Schwerhoff, Frankfurt/M. 1993, S. 54–85.

–: Kindsmord in der Frühen Neuzeit. In: Frauen in der Geschichte des Rechts. Von der Frühen Neuzeit bis zur Gegenwart, Hg. U. Gerhard, München 1997, S. 235–247.

–: Pesterfahrung: „Das Sterben“ und der Schmerz in der Frühen Neuzeit. In: Medizin, Gesellschaft und Geschichte, Jg. 15 (1996), Stuttgart 1997, S. 9–35.

Ungern-Sternberg, Roderich von, Hermann Schubnell: Grundriß der Bevölkerungswissenschaft (Demographie), Stuttgart 1950.

Vaester, Johannes: Geschichte des alten Kirchspiels Nieder-Wenigern a. d.R., seiner Rittersitze Altendorf, Holtey, Homberg und seiner sieben Bauerschaften. In: Jahrbuch des Vereins für Orts- und Heimatpflege im Kreise Hattingen, Jg. 1, Hattingen 1922, S. 133–158; Jg. 2/3, Hattingen 1923/24, S. 68–121.

Vanja, Christina: Zwischen Verdrängung und Expansion, Kontrolle und Befreiung – Frauenarbeit im 18. Jahrhundert im deutschsprachigen Raum. In: Vierteljahrschrift für Sozial- und Wirtschaftsgeschichte, Jg. 79, Stuttgart 1992, S. 457–482.

Vasold, Manfred: Pest, Not und schwere Plagen. Seuchen und Epidemien vom Mittelalter bis heute, Augsburg 1999.

Veit, Andreas Ludwig: Der kultur- volkskundliche Wert des tridentinischen Pfarrbuchs. In: Oberdeutsche Zeitschrift für Volkskunde, Jg. 7, Brühl 1933, S. 137–146.

–, Ludwig Lenhart: Kirche und Volksfrömmigkeit im Barock, Freiburg/Br. 1956.

Veit, Patrice: Die Hausandacht im deutschen Luthertum: Anweisungen und Praktiken. In: Gebetsliteratur der Frühen Neuzeit als Hausfrömmigkeit. Funktionen und Formen in Deutschland und den Niederlanden, Hgg. F. v. Ingen u. C. Niekus Moore, Wiesbaden 2001, S. 193–206.

–: „Ich bin sehr schwach, doch drückst du nach …“ Evangelisches Kirchenlied und seelsorgerische Begleitung von Schwangeren im 17. und 18. Jahrhundert. In: Geschichte des Ungeborenen. Zur Erfahrungs- und Wissenschaftsgeschichte der Schwangerschaft, 17.–20. Jahrhundert, Hgg. B. Duden u. a., Göttingen 2002, S. 49–74.

Venard, Marc: Volksfrömmigkeit und Konfessionalisierung. In: Die katholische Konfessionalisierung, Hgg. W. Reinhard u. H. Schilling, Münster 1995, S. 258–270.

Vierhaus, Rudolf: Deutschland im Zeitalter des Absolutismus (1648–1763), Göttingen 1978.

Vogel, Christian: Die Rolle der Familie im biogenetischen Geschehen. In: Fortpflanzung: Natur und Kultur im Wechselspiel, Hg. E. Voland, Frankfurt/M. 1992, S. 145–169.

Vogeler, Eduard: Geschichte des Soester Archigymnasiums, Soest 1883–1980 (= Wissenschaftliche Beilage zum Jahresbericht des Archigymnasiums zu Soest für das Schuljahr 1882/83–1889/90).

–: Das Leben des Geheimen Oberfinanzrats und ersten Präsidenten der Oberrechnungskammer Johann Rembert Rode, T. 1: 1724–1763; T. 2: 1763–1781 (= Zeitschrift des Vereins für die Geschichte von Soest und der Börde, Jg. 25 (1907/08), Soest 1909; Jg. 29 (1911/12), Soest 1912).

Vogler, Bernhard: Volksfrömmigkeit im Luthertum deutschsprachiger Länder. In: Volksfrömmigkeit in der Frühen Neuzeit, Hgg. H. Molitor u. H. Smolinsky, Münster, 1994, S. 37–48.

Vogt, Martin: Neuhof(f), Theodor Frhr. v. In: Neue Deutsche Biographie, Bd. 19, Berlin 1999, S. 129–130.

Voland, Eckart: Fortpflanzung: Natur und Kultur im Wechselspiel. In: Ebd., Frankfurt/M. 1992, S. 347–366.

–: Reproduktive Konsequenzen sozialer Strategien. Das Beispiel der Krummhörner Bevölkerung im 18. und 19. Jahrhundert. In: Fortpflanzung: Natur und Kultur im Wechselspiel, Hg. ders., Frankfurt/M. 1992, S. 290–305.

Volkert, Ralf: Geschichte des märkischen Steinkohlenbergbaus. Von den Anfängen bis zur Bergrechtsreform 1865, Witten 1986.

Bergisch-märkische Volkskunde, Hgg. O. Schell u. E. Lorenzen, Bielefeld 1929.

Vollmer, Gisela: Maulbeerbaumzucht und Seidenbau in der Grafschaft Mark. In: Der Märker, Jg. 30, Lüdenscheid 1981, S. 7–10.

Voye, Ernst: Geschichte der Industrie im Märkischen Sauerlande, Bd. 1: Kreis Hagen; Bd. 3: Kreis Iserlohn, Hagen 1908.

–: Die Industrie im südlichen Teile der Grafschaft Mark. In: Die Grafschaft Mark. Festschrift zum Gedächtnis der 300jährigen Vereinigung mit Brandenburg-Preußen, Hg. A. Meister, Bd. 1, Dortmund 1909, S. 463–534.

W., A.: Neuhoff, Theodor Stephan Freiherr von N. In: Allgemeine Deutsche Biographie, Bd. 55, Leipzig 1910, S. 848–851.

Wagner, Johannes Volker: Ein Deutscher am Zarenhof. Heinrich Graf Ostermann und seine Zeit. Lebensbild und Spurensuche. In: Ein Deutscher am Zarenhof. Heinrich Graf Ostermann und seine Zeit 1687–1747, Hgg. ders. u. a., Essen 2001, S. 19–46, 293–295.

Wahl, Emil: Die bergischen Leute in der Grafschaft Mark. In: Romerike Berge, Jg. 7, Köln 1957/58, S. 34–37.

Walter, Rolf: Wirtschaftsgeschichte. Vom Merkantilismus bis zur Gegenwart, 4. überarb. u. akt. Aufl., Köln 2003.

Wand-Seyer, Gabriele: „Filiae legitimae“, „ohnehelich gezielete Söhnlein“ und „Hurenkinder“. Ein Herner Kirchenbuch als Quelle für Normen und Sanktionen einer dörflichen Gemeinschaft zu Beginn des 18. Jahrhunderts. In: Der Märker, Jg. 40, Lüdenscheid 1991, S. 115–119.

Warnecke, Hans-Jürgen: Der Bauerngarten seit eh und jeh ein wichtiger Teil des Hofes. In: Unser Land – Geschichte und Geschichten. Bilderbogen der westfälischen Bauerngeschichte. Bd. 1: Von den Anfängen bis zur Französischen Revolution, Hgg. H. v. Hagen u. H.-J. Behr, Münster-Hiltrup 1987, S. 202–206.

–: Mit den Brautschätzen bewiesen Höfe ihre Wirtschaftskraft. In: Unser Land – Geschichte und Geschichten. Bilderbogen der westfälischen Bauerngeschichte. Bd. 1: Von den Anfängen bis zur Französischen Revolution, Hgg. H. v. Hagen u. H.-J. Behr, Münster-Hiltrup 1987, S. 191–193.

Weber, Max: Die protetantische Ethik und der „Geist" des Kapitalismus. In: Archiv für Sozialwissenschaft und Sozialpolitik, Jg. 20, Tübingen 1905, S. 1–54; Jg. 21, Tübingen 1906, S. 1–110.

Weddige, A., Jochen Franzen: Der Bergbau im Gemeindebezirk Herbede. In: 1100 Jahre Herbede, Hgg. Gemeinde-Verwaltung Herbede-Ruhr, in Gemeinschaft mit dem Heimat- und Verkehrsverein Herbede-Ruhr, Herbede-Ruhr 1951, S. 97–119.

Weddigen, M. P.F.: Etwas zur Charakteristik des Landmanns in der westphälischen Grafschaft Mark. In: Neues Westphälisches Magazin zur Geographie, Historie und Statistik, Bd. 3, Leipzig 1792, S. 185–202.

–: Materialien zur geographischen, politischen und statistischen Geschichte der Grafschaft Mark. In: Neues Westphälisches Magazin zur Geographie, Historie und Statistik, Bd. 2, Leipzig 1790, S. 1–44.

Wehler, Hans-Ulrich: Deutsche Gesellschaftsgeschichte. Bd. 1: Vom Feudalismus des Alten Reiches bis zur Defensiven Modernisierung der Reformära 1700–1815, 2. Aufl., München 1989.

Weinberg, W.: Totgeburt. In: Handwörterbuch der sozialen Hygiene, Hgg. A. Grotjahn u. J. Kaup, Bd. 2, Leipzig 1912, S. 607–614.

Weiss, Volkmar: Bevölkerung und soziale Mobilität. Sachsen 1550–1880, Berlin 1993.

Wels, Dörte: Anschel Hertz (1730–1811) und die Jüdische Gemeinde in Hamm. In: „Es gibt ausgezeichnete Köpfe hier." Das preußische Hamm um 1800, Hg. M. Perrefort, Hamm 2008, S. 150–165.

Wendt, G.: Zur Geschichte des Gymnasiums. In: Zur Feier des zweihundertjährigen Jubiläums des Königlichen Gymnasiums zu Hamm, Hamm 1857, S. 1–21.

Werbeck, Wolfgang: Henrich Mylaeus und sein Bochumer Kirchenbuch. In: Aus dem Lande der Synoden, Hg. J. Kampmann, Lübbecke 1996, S. 301–326.

–: Zur Bochumer Reformationsgeschichte. Ein Überblick. In: Geschichte der Ev. Kirchengemeinde Weitmar, 1572–1972, Bochum 1972, S. 6–13.

Werland, Walter: Korsenkönig aus dem Sauerland. Das abenteuerliche Leben des Theodor von Neuhoff. In: Jahrbuch Westfalen, Jg. 39 (1984), Münster 1985, S. 101–107.

Wernekinck, Waldemar: Die Kleineisenindustrie an der Enneper-Straße vom Beginn bis zur Gegenwart, Berlin 1937.

Wernicke, Johannes: Das Verhältnis zwischen Geborenen und Gestorbenen in historischer Entwicklung und für die Gegenwart in Stadt und Land, Jena 1889.

Weyrauch, Erdmann: Mahl-Zeiten. Beobachtungen zur sozialen Kultur des Essens in der Ständegesellschaft. In: Leib und Leben in der Geschichte der Neuzeit, Hg. A. E. Imhof, Berlin 1983, S. 103–118.

Wichmann, W.: Theodor von Neuhoff, König von Corsika. In: Jahresbericht des Westfälischen Provinzial-Vereins für Wissenschaft und Kunst, Jg. 5, Münster 1876, S. 171–213.

Wiegelmann, Günter: Novationsphasen der ländlichen Sachkultur Nordwestdeutschlands seit 1500. In: Zeitschrift für Volkskunde, Jg. 72, Stuttgart 1976, S. 177–200.

Wiesehöfer, F.: Die katholischen Bewohner des Kirchspiels Herne als Mitglieder der Pfarrei Eickel. In: Aus Hernes kirchlicher Vergangenheit. Festschrift zur Feier des 75-jährigen Bestehens der St. Bonifatius-Pfarrei in Herne am 18. April 1937, Herne 1937, S. 34–38.

Wieser, Friedrich: Führung. In: Handwörterbuch der Staatswissenschaften, Hgg. L. Elster u. a., Bd. 4, 4. gänzl. umgearb. Aufl., Jena 1927, S. 530–533.

Willoweit, Dietmar: Katholischer Konfessionalismus als politisches und rechtliches Ordnungssystem. In: Die katholische Konfessionalisierung, Hgg. W. Reinhard u. H. Schilling, Münster 1995, S. 228–241.

Winckelmann, Johannes: Die Herkunft von Webers „Entzauberungs"-Konzeption. In: Kölner Zeitschrift für Soziologie und Sozialpsychologie, Jg. 32, Opladen 1980, S. 12–53.

Winkhaus, Eberhard: 250 Jahre, 1698–1948. Vom Fingerhut zum Halbwerkzeug, Sundwiger Messingwerk, Hagen 1948.

Wir sind Preußen. Die preußischen Kerngebiete in Nordrhein-Westfalen 1609–2009, Hgg. St. Sensen u. a., Essen 2009.

Wirtschafts-Ploetz. Die Wirtschaftsgeschichte zum Nachschlagen, Hgg. H. Ott u. H. Schäfer, Freiburg 1984.

Witte, O.: Der Aufstieg des märkischen Bauernsohnes Johann Georg Velthus aus Zurstraße in Mecklenburg. In: Der Märker, Jg. 9, Altena 1960, S. 219–221.

–: Die Grafschaft Mark und ihre Beziehungen zu Mecklenburg vom 12. bis zum 18. Jahrhundert. In: Der Märker, Jg. 8, Altena 1959, S. 225–230.

Wittmütz, Volkmar: Kirchenordnung und Konfessionalisierung in reformierten Gemeinden des Niederbergischen. In: Drei Konfessionen in einer Region, Hgg. B. Dietz u. St. Ehrenpreis, Köln 1999, S. 307–319.

Woeste, Dietrich: Der Osemund. Ein Beitrag zur Wirtschaftsgeschichte des Märkischen Sauerlandes und zur Geschichte des Eisens, Altena 1985.

–: Die Vornamen in einer Bauern- und Reidemeisterfamilie im 17. und 18. Jahrhundert. In: Der Märker, Jg. 15, Altena 1966, S. 92.

Woeste, Friedrich: Aus der Chronik des Kirchspiels Hemer. In: Süderland, Jg. 7, Altena 1929, S. 148–149.

–: Hochzeitsgebräuche in der Grafschaft Mark. In: Jahrbuch des Vereins für Orts- und Heimatkunde des Süderlandes, Jg. 3, Altena 1902, S. 3–34.

Wokeck, Marianne: Deutsche Einwanderung in die amerikanischen Kolonien. Prototyp einer transatlantischen Massenwanderung. In: Amerika und die Deutschen. Bestandsaufnahme einer 300jährigen Geschichte, Hg. F. Trommler, Opladen 1988, S. 29–39.

Wolf, Manfred: Das 17. Jahrhundert. In: Westfälische Geschichte, Hg. W. Kohl, Bd. 1: Von den Anfängen bis zum Ende des alten Reiches, Düsseldorf 1983, S. 537–604.

–: Konfessionell gemischte Stifte. In: Westfälisches Klosterbuch. Lexikon der vor 1815 errichteten Stifte und Klöster von ihrer Gründung bis zur Aufhebung, Hg. K. Hengst, Bd. 3, Münster 2003, S. 245–293.

Wollgast, Siegfried: Zum Tod im späten Mittelalter und in der Frühen Neuzeit, Berlin 1992.

Wrigley, Edward Anthony: Bevölkerungsstruktur im Wandel. Methoden und Ergebnisse der Demographie, München 1969.

Wüstenfeld, Wilhelm: Erinnerungsschrift der Windenfabrik J. D. Neuhaus, 1745–1955 Witten-Heven, Witten 1955.

–: Ein Kirchenstreit in Herbede im 17. Jahrhundert. In: Herbede, gestern, heute, morgen, Hg. B. Sobotka, 2. Aufl., Witten 1982, S. 96–99.

Wunder, Heide: Arbeiten, Wirtschaften, Haushalten: Geschlechterverhältnisse und Geschlechterbeziehungen im Wandel der deutschen Agrargesellschaft des 18. und 19. Jahrhunderts. In: Ländliche Gesellschaften in Deutschland und Frankreich, 18.–19. Jahrhundert, Hgg. R. Prass u. a., Göttingen 2003, S. 187–204.

–: Frauen in der Gesellschaft Mitteleuropas im späten Mittelalter und in der Frühen Neuzeit (15. bis 18. Jahrhundert). In: Hexen und Zauberer. Die große Verfolgung – ein europäisches Phänomen in der Steiermark, Hg. H. Valentinitsch, Graz 1987, S. 123–154.

–: „Er ist die Sonn, sie ist der Mond." Frauen in der Frühen Neuzeit, München 1992.

Zahlaus, Gerhard: Zur Weitmarer Reformationsgeschichte. Eine Zusammenfassung. In: Geschichte der Ev. Kirchengemeinde Weitmar, 1572–1972, Bochum 1972, S. 16–24.

Zeeden, Erich Walter: Die Entstehung der Konfessionen. Grundlagen und Formen der Konfessionsbildung im Zeitalter der Glaubenskämpfe, München 1965.

–: Katholische Überlieferungen in den lutherischen Kirchenordnungen des 16. Jahrhunderts. In: Ders., Konfessionsbildung. Studien zur Reformation, Gegenreformation und katholischen Reform, Stuttgart 1985, S. 113–191.

Ziegler, Walter: Die Entscheidung deutscher Länder für oder gegen Luther. Studien zu Reformation und Konfessionalisierung im 16. und 17. Jahrhundert, Münster 2008.

–: Typen der Konfessionalisierung in katholischen Territorien Deutschlands. In: Die katholische Konfessionalisierung, Hgg. W. Reinhard u. H. Schilling, Münster 1995, S. 405–418.

Zielinski, Herbert: Klimatische Aspekte bevölkerungsgeschichtlicher Entwicklung. In: Historische Demographie als Sozialgeschichte. Gießen und Umgebung vom 17. zum 19. Jahrhundert, Hg. A. E. Imhof, Darmstadt 1975, S. 919–1015.

–: Der Einsatz der Elektronischen Datenverarbeitung bei der nichtnamentlichen Auswertung von Kirchenbüchern. Methodische Probleme. In: Historische Demographie als Sozialgeschichte. Gießen und Umgebung vom 17. zum 19. Jahrhundert, Hg. A. E. Imhof, Darmstadt 1975, S. 65–84.

Zierenberg, Bruno: Die Geschichte Gevelsbergs, Gevelsberg 1928.

Zimmermann, Clemens: Die Bauern. In: Panorama der Fridericianischen Zeit, Hg. J. Ziechmann, Bremen 1985, S. 547–555.

–: „Behörigs Orthen angezeigt": Kindsmörderinnen in der ländlichen Gesellschaft

Württembergs 1581–1792. In: Medizin, Gesellschaft und Geschichte, Jg. 10 (1991), Stuttgart 1992, S. 67–102.
Zink, Ernst: Neue Volkwerdung an der Ruhr (Grafschaft Mark) zwischen 1700 und 1800, Wattenscheid 1939.
Zorn, Wolfgang: Sozialgeschichte 1648–1800. In: Handbuch der deutschen Wirtschafts- und Sozialgeschichte, Hgg. H. Aubin u. W. Zorn, Bd. 1: Von der Frühzeit bis zum Ende des 18. Jahrhunderts, Stuttgart 1971, S. 574–607.
Zschunke, Peter: Konfession und Alltag in Oppenheim. Beiträge zur Geschichte von Bevölkerung und Gesellschaft einer gemischtkonfessionellen Kleinstadt in der frühen Neuzeit, Wiesbaden 1984.

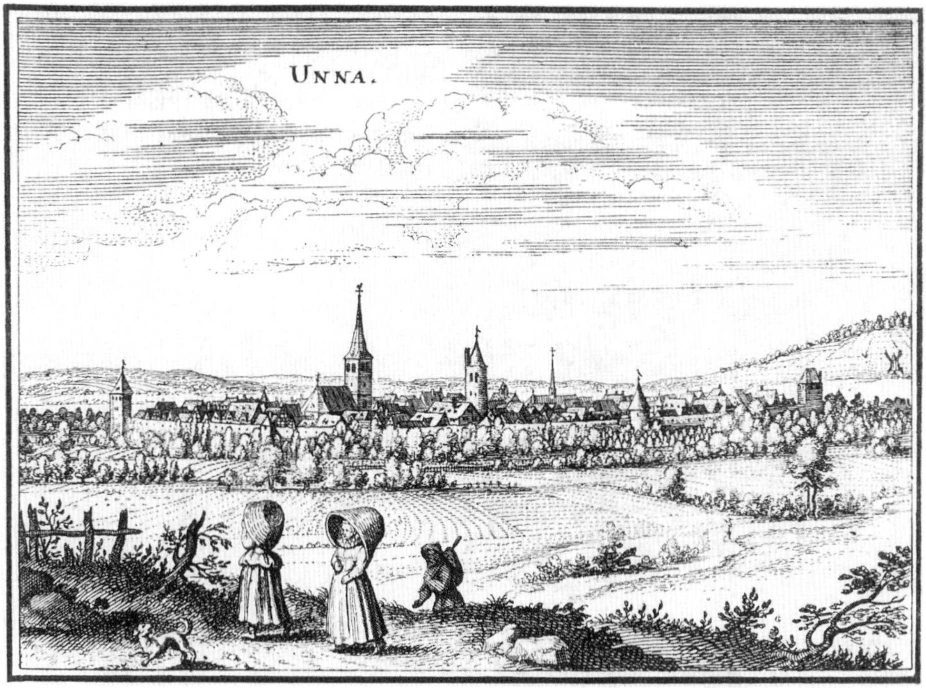

Tafel 1 Kupferstich des topografischen Kupferstechers Matthaeus Merian d. Ä. um 1640. (Entnommen aus Matthaeus Merian: Topographia Westphaliae 1647. Neudruck, Kassel 1961, nach S. 68.)

Tafel 2

Bekrönte Bronzetafel mit dem großen preußischen Staatswappen und steinernen Nebenfiguren über dem Haupteingang der 1718 geweihten reformierten Kirche in Iserlohn. (Stadtmuseum Iserlohn, Aufnahme von Museumspädagoge Herrn Peter A. Häusser, 2009.)

Tafel 3

Friedrich Wilhelm I., König von Preußen (1713–1740), „Soldatenkönig" genannt, Ölgemälde Museen der Burg Altena. (Entnommen aus Ernst Dossmann: Auf den Spuren der Grafen von der Mark, 2. Aufl., Iserlohn 1984, S. 62 links oben.)

Tafel 4 Kupferstich des Leipziger Künstlers Georg Friedrich Jonas Frentzel 1789, nach einer Zeichnung des Schwelmer Pfarrers Friedrich Christoph Müller. (Entnommen aus Friedrich Christoph Müller: Choragraphie von Schwelm 1789, Hg. G. Helbeck, Gevelsberg 1980, Abb. nach S. 8.)

Tafel 5

Zwei Paare im Grünen. Monatsbild Mai des Münsteraner Malers Lutger tom Ring d. Ä. 1542 an der Astronomischen Uhr im Dom zu Münster. (Entnommen aus Theodor Wieschebrink: Die astronomische Uhr im Dom zu Münster, Hg. E. Hüttenhain, 2. durchges. Aufl., Münster 1983, Bildtafel IV, S. 53.)

Tafel 6 Bauernhochzeit. Ölgemälde des niederländischen Malers Pieter Bruegel d. Ä. um 1568. (Entnommen aus Wilhelm Hausenstein: Der Bauern-Bruegel, 2. Aufl., München 1920, S. 81.)

Tafel 7 Rast und Mahlzeit bei der Kornernte. Garbenbinden und Apfelernte. Ausschnitt aus dem Ölgemälde „Die Kornernte“ des niederländischen Malers Pieter Bruegel d. Ä. um 1565. (Entnommen aus Fritz Novotny: Die Monatsbilder Pieter Bruegels d. Ä., Wien 1948, Bildtafel 26.)

Tafel 8 Rückkehr von der Heuernte. Ölgemälde des französischen Malers Louis Le Nain 1641. (Entnommen aus Die große Enzyklopädie der Malerei: Maler, Grafiker, Epochen, Stile, Museen der Welt, Hg. H. Bauer, Bd. 5, Freiburg 1977, S. 1692.)

Tafel 9

Rubens' jüngerer Sohn Nikolaes im Alter von zwei bis drei Jahren. Kreidezeichnung des flämischen Malers Peter Paul Rubens um 1619. (Entnommen aus Martin Warnke: Peter Paul Rubens. Leben und Werk, Köln 1977, Abb. 6.)

Tafel 10 Die Familie. Radierung des holländischen Malers und Radierers Adriaen van Ostade 1647. (Entnommen aus Louis Godefroy: The complete etchings of Adriaen van Ostade, Amsterdam 1990, Nr. 46.)

Tafel 11

Dürers Mutter im Alter von 63 Jahren, zwei Monate vor ihrem Tod. Kohlezeichnung des Nürnberger Malers, Kupferstechers und Grafikers Albrecht Dürer 1514. (Entnommen aus Friedrich Piel: Albrecht Dürer. Aquarelle und Zeichnungen, Köln 1983, Tafel 30.)

Tafel 12

Johann Rembert Roden (1724–1781). (Entnommen aus Theodor von Ditfurth: Zur Geschichte der Königlich Preußischen Ober-Rechnungskammer, Berlin 1909, S. 85.)

Tafel 13 Schmausen in der Wohnstube. Monatsbild Januar des Münsteraner Malers Lutger tom Ring d. Ä. 1542 an der Astronomischen Uhr im Dom zu Münster. (Entnommen aus Theodor Wieschebrink: Die astronomische Uhr im Dom zu Münster, Hg. E. Hüttenhain, 2. durchges. Aufl., Münster 1983, Bildtafel 7.)

Schleif- Kotten

Tafel 14 Kupferstich des Schwelmer Pfarrers Friedrich Christoph Müller 1789. (Entnommen aus Friedrich Christoph Müller: Choragraphie von Schwelm 1789, Hg. G. Helbeck, Gevelsberg 1980, Abb. nach S. 8.)

Tafel 15 Andreas Graf von Ostermann (1687–1747). Stich aus der ersten Hälfte des 18. Jahrhunderts. (Entnommen aus Ein Deutscher am Zarenhof. Heinrich Graf Ostermann und seine Zeit 1687–1747, Hg. J. V. Wagner u. a., Essen 2001, S. 44.)

Tafel 16 Kohletreiber, Reiter und Kiepenträger auf dem Weg von Schwelm nach Oberbarmen, an der bergisch-märkischen Grenze. Ausschnitt aus dem Kupferstich in Tuschmanier „Ansicht von der Schwelmer Gränze ins Bergische“ des Frankfurter Malers und Kupferstechers Johann Gottlieb Prestel 1788, nach einer Zeichnung des Schwelmer Pfarrers Friedrich Christoph Müller. (Entnommen aus Gerd Helbeck: Museum Haus Martfeld. Schwelm. Katalog, Schwelm 1985, S. 42.)

Tab. 1 a Heiraten, Lebendgeborene und Gestorbene in der evangelischen Kirchengemeinde Dahl 1681 bis 1754

Lustrum	Heiraten		Lebendgeborene					Geburtenüberschuss		Gestorbene				
			Insg.		Geschlecht					Insg.		Geschlecht		
	abs.	X	abs.	X	m	w	Y	abs.	Z	abs.	X	m	w	Y
1681/84	14	45	48	40	31	17	182	19	40	29	35	14	12	117
1685/89	13	42	92	77	44	48	92	46	50	46	56	22	24	92
1690/94	26	84	87	73	48	39	123	34	39	53	65	29	23	126
1695/99	30	97	91	76	57	34	168	31	34	60	73	25	32	78
1700/04	30	97	115	97	63	52	121	42	37	73	89	48	24	200
1705/09	31	100	132	111	64	68	94	47	36	85	104	51	29	176
1710/14	31	100	115	97	59	56	105	41	36	74	90	45	25	180
1715/19	22	71	118	99	63	55	115	35	30	83	101	41	41	100
1720/24	37	119	110	92	46	64	72	37	34	73	89	35	37	95
1725/29	45	145	145	122	59	86	69	35	24	110	134	60	46	130
1730/34	41	132	159	134	82	77	106	61	38	98	120	54	44	123
1735/39	34	110	155	130	72	83	87	39	25	116	141	54	61	88
1740/44	27	87	139	117	78	61	128	56	40	83	101	44	39	113
1745/49	43	139	137	115	66	71	93	-4	-3	141	172	72	66	109
1750/54	35	113	143	120	71	72	99	33	23	110	134	53	57	93
1681/1754	31	100	119	100	60	59	102	37	31	82	100	43	37	116

m = männlich; w = weiblich

X = Durchschnitt für 1681/1754 = 100; Y = Anteil männlicher je 100 weibliche Personen

Z = in v. H. der Lebendgeborenen

Errechnet nach LKAB: KB Dahl, Bd. 1, S. 6–123, 174–237, 251–330.

Tab. 1 b Gestorbene nach Alter und Geschlecht in der evangelischen Kirchengemeinde Dahl 1681 bis 1754

Lustrum	Säuglinge/Kinder						Erwachsene				
	Insg.			Geschlecht			Insg.		Geschlecht		
	abs.	X	Z	m	w	Y	abs.	X	m	w	Y
1681/84	11	33	229	4	4	100	18	37	10	8	125
1685/89	19	58	207	7	12	58	27	55	15	12	125
1690/94	27	82	310	14	12	117	26	53	15	11	136
1695/99	23	70	253	14	6	233	37	76	11	26	42
1700/04	29	88	252	21	7	300	44	90	27	17	159
1705/09	43	130	326	21	17	124	42	86	30	12	250
1710/14	29	88	252	16	9	178	45	92	29	16	181
1715/19	36	109	305	17	18	94	47	96	24	23	104
1720/24	20	61	182	8	11	73	53	108	27	26	104
1725/29	35	106	241	19	12	158	75	153	41	34	121
1730/34	37	112	233	27	10	270	61	124	27	34	79
1735/39	59	179	381	25	33	76	57	116	29	28	104
1740/44	25	76	180	13	12	108	58	118	31	27	115
1745/49	55	167	401	31	21	148	86	176	41	45	91
1750/54	46	139	322	25	21	119	64	131	28	36	78
1681/1754	33	100	277	17	14	128	49	100	26	24	108

m = männlich; w = weiblich

X = Durchschnitt für 1681/1754 = 100; Y = Anteil männlicher je 100 weibliche Personen

Z = je 1000 Lebendgeborene

Errechnet nach LKAB: KB Dahl, Bd. 1, S. 251–330.

Tab. 2 a Monatliche Heiraten, Lebendgeborene und Gestorbene in der evangelischen Kirchengemeinde Dahl 1681 bis 1754

Monat	Heiraten		Lebendgeborene					Geburten-überschuss		Gestorbene				
			Insg.		Geschlecht					Insg.		Geschlecht		
	abs.	X	abs.	X	m	w	Y	abs.	Z	abs.	X	m	w	Y
Januar	19	49	182	120	88	94	94	54	30	128	122	71	54	131
Februar	29	83	180	131	87	93	94	45	25	135	142	66	62	106
März	41	106	230	151	117	113	104	81	35	149	142	83	62	134
April	22	59	178	121	88	90	98	63	35	115	116	62	48	129
Mai	42	108	151	99	74	77	96	17	11	134	128	68	64	106
Juni	26	69	93	63	51	42	121	8	9	85	84	40	44	91
Juli	42	108	101	66	44	57	77	32	32	69	66	47	21	224
August	32	83	125	82	67	58	116	56	45	69	66	38	30	127
September	21	56	122	83	58	64	91	56	46	66	65	32	34	94
Oktober	52	134	131	86	66	65	102	41	31	90	86	46	44	105
November	84	224	155	105	90	65	138	70	45	85	84	41	43	95
Dezember	49	126	138	91	73	65	112	29	21	109	104	53	54	98
Jan./Dez.	38	100	149	100	75	74	101	46	31	103	100	54	47	116

m = männlich; w = weiblich

X = Durchschnitt für 1681/1754 = 100, bereinigt; Y = Anteil männlicher je 100 weibliche Personen

Z = in v. H. der Lebendgeborenen

Errechnet nach LKAB: KB Dahl, Bd. 1, S. 6–123, 174–237, 251–330.

Tab. 2 b Monatlich Gestorbene nach Alter und Geschlecht in der evangelischen Kirchengemeinde Dahl 1681 bis 1754

Monat	Säuglinge/Kinder						Erwachsene				
	Insg.			Geschlecht			Insg.		Geschlecht		
	abs.	X	Z	m	w	Y	abs.	X	m	w	Y
Januar	60	144	330	33	24	138	68	108	38	30	127
Februar	61	162	339	31	23	135	74	130	35	39	90
März	61	146	265	27	30	90	88	139	56	32	175
April	41	101	230	21	15	140	74	121	41	33	124
Mai	51	122	338	28	21	133	83	131	40	43	93
Juni	46	114	495	20	25	80	39	64	20	19	105
Juli	27	65	267	16	10	160	42	66	31	11	282
August	29	69	232	17	11	155	40	63	21	18	111
September	28	69	230	15	13	115	38	62	17	21	81
Oktober	23	55	176	15	8	188	67	106	31	36	86
November	30	74	194	18	11	164	55	90	23	32	72
Dezember	37	89	268	21	14	150	72	114	32	40	80
Jan./Dez.	41	100	277	22	17	128	62	100	32	30	108

m = männlich; w = weiblich

X = Durchschnitt für 1681/1754 = 100, bereinigt; Y = Anteil männlicher je 100 weibliche Personen

Z = je 1000 Lebendgeborene

Errechnet nach LKAB: KB Dahl, Bd. 1, S. 251–330.

Tab. 3 a Heiraten, Lebendgeborene und Gestorbene in der evangelischen lutherischen Kirchengemeinde Gevelsberg 1680 bis 1754

Lustrum	Heiraten		Lebend-geborene		Geburtenüber-schuss		Gestorbene				
							Insg.		Geschlecht		
	abs.	X	abs.	X	abs.	Z	abs.	X	m	w	Y
1680/84	12	75	57	70	27	47	30	53	13	11	118
1685/89	7	44	73	90	29	40	44	77	18	14	129
1690/94	9	56	57	70	11	19	46	81	17	19	89
1695/99	14	88	57	70	12	21	45	79	23	16	144
1700/04	9	56	56	69	3	5	53	93	27	18	150
1705/09	17	106	61	75	10	16	51	89	22	23	96
1710/14	22	138	68	84	15	22	53	93	26	23	113
1715/19	20	125	97	120	48	49	49	86	18	23	78
1720/24	11	69	88	109	17	19	71	125	32	33	97
1725/29	17	106	74	91	–2	–3	76	133	38	36	106
1730/34	28	175	101	125	32	32	69	121	40	29	138
1735/39	15	94	99	122	46	46	53	93	27	24	113
1740/44	14	88	105	130	49	47	56	98	24	31	77
1745/49	29	181	122	151	56	46	66	116	32	34	94
1750/54	15	94	101	125	5	5	96	168	55	41	134
1680/1754	16	100	81	100	24	29	57	100	27	25	110

m = männlich; w = weiblich

X = Durchschnitt für 1680/1754 = 100; Y = Anteil männlicher je 100 weibliche Personen

Z = in v. H. der Lebendgeborenen

Errechnet nach LKAB: KB Gevelsberg, Bd. 4–6, unpag.

Tab. 3 b Gestorbene nach Alter und Geschlecht in der evangelischen lutherischen Kirchengemeinde Gevelsberg 1680 bis 1754

Lustrum	Säuglinge / Kinder						Erwachsene				
	Insg.			Geschlecht			Insg.		Geschlecht		
	abs.	X	Z	m	w	Y	abs.	X	m	w	Y
1680/84	10	42	175	2	2	100	20	61	11	9	122
1685/89	20	83	274	5	3	167	24	73	13	11	118
1690/94	18	75	316	4	4	100	28	85	13	15	87
1695/99	15	63	263	6	3	200	30	91	17	13	131
1700/04	21	88	375	10	3	333	32	97	17	15	113
1705/09	18	75	295	6	6	100	33	100	16	17	94
1710/14	20	83	294	8	8	100	33	100	18	15	120
1715/19	21	88	216	2	11	18	28	85	16	12	133
1720/24	29	121	330	12	11	109	42	127	20	22	91
1725/29	28	117	378	12	14	86	48	145	26	22	118
1730/34	37	154	366	19	18	106	32	97	21	11	191
1735/39	25	104	253	10	13	77	28	85	17	11	155
1740/44	27	113	257	7	19	37	29	88	17	12	142
1745/49	28	117	230	18	10	180	38	115	14	24	58
1750/54	41	171	406	26	15	173	55	167	29	26	112
1680/1754	24	100	294	10	9	105	33	100	18	16	113

m = männlich; w = weiblich

X = Durchschnitt für 1680/1754 = 100; Y = Anteil männlicher je 100 weibliche Personen

Z = je 1000 Lebendgeborene

Errechnet nach LKAB: KB Gevelsberg, Bd. 4–6, unpag.

Tab. 4 a Monatliche Heiraten, Lebendgeborene und Gestorbene in der evangelischen lutherischen Kirchengemeinde Gevelsberg 1680 bis 1754

Monat	Heiraten		Lebendgeborene		Geburtenüberschuss		Gestorbene				
							Insg.		Geschlecht		
	abs.	X	abs.	X	abs.	Z	abs.	X	m	w	Y
Januar	16	78	118	115	42	36	76	104	37	29	128
Februar	2	11	124	133	27	22	97	146	43	47	91
März	16	78	145	141	31	21	114	155	53	50	106
April	16	81	133	134	26	20	107	151	54	44	123
Mai	22	108	94	91	-2	-2	96	131	46	44	105
Juni	25	127	77	77	33	43	44	62	24	16	150
Juli	29	142	65	63	23	35	42	57	24	14	171
August	18	88	71	69	32	45	39	53	18	20	90
September	18	91	107	107	59	55	48	68	23	22	105
Oktober	28	137	98	95	32	33	66	90	34	27	126
November	31	157	97	97	38	39	59	83	25	31	81
Dezember	18	88	87	85	17	20	70	95	31	31	100
Jan./Febr.	20	100	101	100	30	29	72	100	34	31	110

m = männlich; w = weiblich

X = Durchschnitt für 1680/1754 = 100, bereinigt; Y = Anteil männlicher je 100 weibliche Personen

Z = in v. H. der Lebendgeborenen

Errechnet nach LKAB: KB Gevelsberg, Bd. 4–6, unpag.

Tab. 4 b Monatlich Gestorbene nach Alter und Geschlecht in der evangelischen lutherischen Kirchengemeinde Gevelsberg 1680 bis 1754

Monat	Säuglinge/Kinder						Erwachsene				
	Insg.			Geschlecht			Insg.		Geschlecht		
	abs.	X	Z	m	w	Y	abs.	X	m	w	Y
Januar	37	121	314	17	10	170	39	91	20	19	105
Februar	32	116	258	12	13	92	65	168	31	34	91
März	52	170	359	21	20	105	62	145	32	30	107
April	41	139	308	18	14	129	66	159	36	30	120
Mai	29	95	309	11	12	92	67	156	35	32	109
Juni	17	57	221	8	5	160	27	65	16	11	145
Juli	22	72	338	10	8	125	20	47	14	6	233
August	11	36	155	5	5	100	28	65	13	15	87
September	23	78	215	7	13	54	25	60	16	9	178
Oktober	30	98	306	12	13	92	36	84	22	14	157
November	29	98	299	11	15	73	30	72	14	16	88
Dezember	35	114	402	15	12	125	35	82	16	19	84
Jan./Febr.	30	100	294	12	12	105	42	100	22	20	113

m = männlich; w = weiblich

X = Durchschnitt für 1680/1754 = 100, bereinigt; Y = Anteil männlicher je 100 weibliche Personen

Z = je 1000 Lebendgeborene

Errechnet nach LKAB: KB Gevelsberg, Bd. 4–6, unpag.

Tab. 5 a Heiraten, Lebendgeborene und Gestorbene in der evangelischen Kirchengemeinde Lünern 1681 bis 1754

Lustrum	Heiraten		Lebend-geborene		Geburtenüber-schuss		Gestorbene				
							Insg.		Geschlecht		
	abs.	X	abs.	X	abs.	Z	abs.	X	m	w	Y
1681/84	21	54	88	70	4	5	84	77	34	39	87
1685/89	22	56	111	88	28	25	83	76	21	34	62
1690/94	28	72	114	90	30	26	84	77	30	40	75
1695/99	26	67	106	84	10	9	96	88	54	40	135
1700/04	32	82	106	84	33	31	73	67	36	28	129
1705/09	50	128	97	77	23	24	74	68	32	35	91
1710/14	48	123	131	104	30	23	101	93	50	47	106
1715/19	44	113	146	116	8	5	138	127	52	54	96
1720/24	51	131	153	121	57	37	96	88	47	42	112
1725/29	51	131	122	97	-41	-34	163	150	74	72	103
1730/34	37	95	126	100	-8	-6	134	123	56	40	140
1735/39	44	113	157	125	17	11	140	128	61	78	78
1740/44	38	97	162	129	54	33	108	99	47	61	77
1745/49	45	115	138	110	52	38	86	79	49	37	132
1750/54	42	108	129	102	-39	-30	168	157	81	87	93
1681/1754	39	100	126	100	17	14	109	100	48	49	98

m = männlich; w = weiblich

X = Durchschnitt für 1681/1754 = 100; Y = Anteil männlicher je 100 weibliche Personen

Z = in v. H. der Lebendgeborenen

Errechnet nach LKAB: KB Lünern, Bd. 1, passim.

Tab. 5 b Gestorbene nach Alter und Geschlecht in der evangelischen Kirchengemeinde Lünern 1681 bis 1754

Lustrum	Säuglinge/Kinder						Erwachsene				
	Insg.			Geschlecht			Insg.		Geschlecht		
	abs.	X	Z	m	w	Y	abs.	X	m	w	Y
1681/84	41	87	466	14	16	88	43	69	20	23	87
1685/89	44	94	396	7	9	78	39	63	14	25	56
1690/94	48	102	421	16	18	89	36	58	14	22	64
1695/99	43	91	406	27	14	193	53	85	27	26	104
1700/04	34	72	321	12	13	92	39	63	24	15	160
1705/09	23	49	237	11	5	220	51	82	21	30	70
1710/14	26	55	198	12	10	120	75	121	38	37	103
1715/19	63	134	432	16	15	107	75	121	36	39	92
1720/24	23	49	150	12	4	300	73	118	35	38	92
1725/29	43	91	352	14	12	117	120	194	60	60	100
1730/34	76	162	603	24	14	171	58	94	32	26	123
1735/39	77	164	490	39	37	105	63	102	22	41	54
1740/44	57	121	352	21	36	58	51	82	26	25	104
1745/49	30	64	217	18	12	150	56	90	31	25	124
1750/54	72	153	558	36	36	100	96	155	45	51	88
1681/1754	47	100	371	19	17	111	62	100	30	32	92

m = männlich; w = weiblich

X = Durchschnitt für 1681/1754 = 100; Y = Anteil männlicher je 100 weibliche Personen

Z = je 1000 Lebendgeborene

Errechnet nach LKAB: KB Lünern, Bd. 1, passim.

Tab. 6a Monatliche Heiraten, Lebendgeborene und Gestorbene in der evangelischen Kirchengemeinde Lünern 1681 bis 1754

Monat	Heiraten		Lebend-geborene		Geburtenüber-schuss		Gestorbene				
							Insg.		Geschlecht		
	abs.	X	abs.	X	abs.	Z	abs.	X	m	w	Y
Januar	33	67	187	117	21	11	166	120	72	71	101
Februar	38	86	200	138	30	15	170	136	86	70	123
März	38	78	206	129	15	7	191	138	92	83	111
April	46	97	183	118	22	12	161	120	69	76	91
Mai	54	110	179	112	42	23	137	99	51	69	74
Juni	40	84	100	65	19	19	81	60	38	35	109
Juli	49	100	116	72	20	17	96	69	50	36	139
August	24	49	111	69	24	22	87	63	42	36	117
September	27	57	139	90	-3	-2	142	106	54	71	76
Oktober	82	168	154	96	-1	-1	155	112	65	71	92
November	108	228	157	101	41	26	116	86	49	56	88
Dezember	40	82	154	96	28	18	126	91	56	60	93
Jan./Febr.	48	100	157	100	22	14	136	100	60	61	98

m = männlich; w = weiblich

X = Durchschnitt für 1681/1754 = 100, bereinigt; Y = Anteil männlicher je 100 weibliche Personen

Z = in v. H. der Lebendgeborenen

Errechnet nach LKAB: KB Lünern, Bd. 1, passim.

Tab. 6b Monatlich Gestorbene nach Alter und Geschlecht in der evangelischen Kirchengemeinde Lünern 1681 bis 1754

Monat	Säuglinge/Kinder						Erwachsene				
	Insg.			Geschlecht			Insg.		Geschlecht		
	abs.	X	Z	m	w	Y	abs.	X	m	w	Y
Januar	76	129	406	33	20	165	90	115	39	51	76
Februar	63	118	315	29	20	145	107	151	57	50	114
März	86	145	417	35	35	100	105	134	57	48	119
April	72	126	393	32	24	133	89	117	37	52	71
Mai	60	101	335	18	25	72	77	98	33	44	75
Juni	40	70	400	18	14	129	41	54	20	21	95
Juli	45	76	388	24	11	218	51	65	26	25	104
August	43	73	387	18	16	113	44	56	24	20	120
September	62	108	446	20	25	80	80	105	34	46	74
Oktober	76	129	494	28	29	97	79	101	37	42	88
November	40	70	255	13	16	81	76	100	36	40	90
Dezember	37	63	240	11	16	69	89	113	45	44	102
Jan./Febr.	58	100	371	23	21	111	77	100	37	40	92

m = männlich; w = weiblich

X = Durchschnitt für 1681/1754 = 100, bereinigt; Y = Anteil männlicher je 100 weibliche Personen

Z = je 1000 Lebendgeborene

Errechnet nach LKAB: KB Lünern, Bd. 1, passim.

Tab. 7 a Heiraten, Lebendgeborene und Gestorbene in der katholischen Kirchengemeinde Niederwenigern 1680 bis 1754

Lustrum	Heiraten		Lebendgeborene					Geburtenüberschuss		Gestorbene				
			Insg.		Geschlecht					Insg.		Geschlecht		
	abs.	X	abs.	X	m	w	Y	abs.	Z	abs.	X	m	w	Y
1680/84	63	102	177	84	83	94	88	56	32	121	77	69	52	133
1685/89	68	110	170	91	87	83	105	60	35	110	70	50	60	83
1690/94	66	106	173	82	95	78	122	45	26	128	82	77	51	151
1695/99	66	106	152	72	78	74	105	20	13	132	84	63	69	91
1700/04	66	106	163	78	96	67	143	16	10	147	94	68	79	99
1705/09	75	121	183	87	100	83	120	44	24	139	89	73	66	111
1710/14	71	115	205	98	105	100	105	50	24	155	99	78	77	101
1715/19	87	140	244	116	130	114	114	58	24	186	118	99	87	114
1720/24	56	90	242	115	137	105	130	123	51	119	76	72	47	153
1725/29	41	66	207	99	117	90	130	4	2	203	129	105	98	107
1730/34	29	47	245	117	109	136	80	109	44	136	87	72	64	113
1735/39	53	85	226	108	125	101	124	91	40	135	86	71	64	111
1740/44	74	119	223	106	118	105	112	-85	-38	308	196	166	142	117
1745/49	65	105	272	130	137	135	101	107	39	165	105	95	70	136
1750/54	51	82	264	126	112	152	74	92	35	172	110	77	95	81
1680/1754	62	100	210	100	109	101	108	53	25	157	100	82	75	110

m = männlich; w = weiblich

X = Durchschnitt für 1680/1754 = 100; Y = Anteil männlicher je 100 weibliche Personen

Z = in v. H. der Lebendgeborenen

Errechnet nach KPf. N: KB Niederwengern, Getraute, Bl. 18 v-217 r; Getaufte, Bl. 10 v-165 r; Beerdigte, Bl. 21 v-267 r.

Tab. 7b Gestorbene nach Alter und Geschlecht in der katholischen Kirchengemeinde Niederwenigern 1680 bis 1754

Lustrum	Säuglinge/Kinder						Erwachsene				
	Insg.			Geschlecht			Insg.		Geschlecht		
	abs.	X	Z	m	w	Y	abs.	X	m	w	Y
1680/84	34	67	192	20	14	143	87	82	49	38	129
1685/89	36	71	212	17	19	89	74	70	33	41	80
1690/94	43	84	249	23	20	115	85	80	54	31	174
1695/99	38	75	250	27	11	245	94	89	36	58	62
1700/04	33	65	202	19	14	136	114	108	49	65	75
1705/09	40	78	219	26	14	186	99	93	47	52	90
1710/14	48	94	234	28	20	140	107	101	50	57	88
1715/19	75	147	307	40	35	114	111	105	59	52	113
1720/24	32	63	132	21	11	191	87	82	51	36	142
1725/29	35	69	169	24	11	218	168	158	81	87	93
1730/34	46	90	188	24	22	109	90	85	48	42	114
1735/39	43	84	190	21	22	95	92	87	50	42	119
1740/44	121	237	543	73	48	152	187	176	93	94	99
1745/49	64	125	235	36	28	129	101	95	59	42	140
1750/54	76	149	288	32	44	73	96	91	45	51	88
1680/1754	51	100	243	29	22	129	106	100	54	53	102

m = männlich; w = weiblich

X = Durchschnitt für 1680/1754 = 100; Y = Anteil männlicher je 100 weibliche Personen

Z = je 1000 Lebendgeborene

Errechnet nach KPf. N: KB Niederwengern, Beerdigte, Bl. 21 v-267 r.

Tab. 8 a Monatliche Heiraten, Lebendgeborene und Gestorbene in der katholischen Kirchengemeinde Niederwenigern 1680 bis 1754

Monat	Heiraten		Lebendgeborene					Geburten-überschuss		Gestorbene				
			Insg.		Geschlecht					Insg.		Geschlecht		
	abs.	X	abs.	X	m	w	Y	abs.	Z	abs.	X	m	w	Y
Januar	59	74	268	100	142	126	113	32	12	236	118	131	105	125
Februar	106	148	309	128	157	152	103	86	28	223	124	123	100	123
März	28	35	363	136	194	169	115	108	30	255	128	138	117	118
April	40	52	288	111	144	144	100	27	9	261	135	129	132	98
Mai	92	116	289	108	141	148	95	85	29	204	102	109	95	115
Juni	90	117	245	95	124	121	102	79	32	166	86	87	79	110
Juli	71	89	172	64	88	84	105	57	33	115	58	55	60	92
August	88	111	247	92	127	120	106	118	48	129	65	64	65	98
September	86	112	228	88	114	114	100	84	37	144	74	76	68	112
Oktober	112	141	244	91	117	127	92	7	3	237	119	118	119	99
November	132	172	235	91	131	104	126	32	14	203	105	108	95	114
Dezember	27	35	258	97	150	108	139	75	29	183	92	97	86	113
Jan./Dez.	78	100	262	100	136	126	108	66	25	196	100	103	93	110

m = männlich; w = weiblich

X = Durchschnitt für 1680/1754 = 100, bereinigt; Y = Anteil männlicher je 100 weibliche Personen

Z = in v. H. der Lebendgeborenen

Errechnet nach KPf. N: KB Niederwengern, Getraute, Bl. 18 v-217 r; Getaufte, Bl. 10 v-165 r; Beerdigte, Bl. 21 v-267 r.

Tab. 8 b Monatlich Gestorbene nach Alter und Geschlecht in der katholischen Kirchengemeinde Niederwenigern 1680 bis 1754

Monat	Säuglinge/Kinder						Erwachsene				
	Insg.			Geschlecht			Insg.		Geschlecht		
	abs.	X	Z	m	w	Y	abs.	X	m	w	Y
Januar	83	127	310	49	34	144	153	113	82	71	115
Februar	86	146	278	57	29	197	137	112	66	71	93
März	94	144	259	58	36	161	161	119	80	81	99
April	74	117	257	39	35	111	187	143	90	97	93
Mai	61	94	211	30	31	97	143	105	79	64	123
Juni	58	92	237	35	23	152	108	82	52	56	93
Juli	33	51	192	21	12	175	82	60	34	48	71
August	36	55	146	15	21	71	93	69	49	44	111
September	41	65	180	22	19	116	103	79	54	49	110
Oktober	81	124	332	39	42	93	156	115	79	77	103
November	64	101	272	36	28	129	139	106	72	67	107
Dezember	53	81	205	30	23	130	130	96	67	63	106
Jan./Dez.	64	100	243	36	28	129	133	100	67	66	102

m = männlich; w = weiblich

X = Durchschnitt für 1680/1754 = 100, bereinigt; Y = Anteil männlicher je 100 weibliche Personen

Z = je 1000 Lebendgeborene

Errechnet nach KPf. N: KB Niederwengern, Beerdigte, Bl. 21 v-267 r.

Tab. 9 a/b Heiraten, Lebendgeborene und Gestorbene in der katholischen Kirchengemeinde Rhynern 1680 bis 1754

Lustrum	Heiraten		Lebendgeborene					Geburtenüberschuss		Gestorbene	
			Insg.		Geschlecht						
	abs.	X	abs.	X	m	w	Y	abs.	Z	abs.	X
1680/84	–	–	199	96	99	100	99	37	19	162	99
1685/89	70	80	205	99	116	89	130	55	27	150	91
1690/94	78	90	228	110	109	119	92	100	44	128	78
1695/99	63	72	190	91	102	88	116	82	43	108	66
1700/04	66	76	192	92	87	105	83	60	31	132	80
1705/09	76	87	172	83	72	100	72	53	31	119	73
1710/14	93	107	179	86	94	85	111	49	27	130	79
1715/19	95	109	221	106	100	121	83	42	19	179	109
1720/24	110	126	207	100	128	79	162	58	28	149	91
1725/29	125	144	190	91	90	100	90	-106	-56	296	180
1730/34	94	108	211	101	116	95	122	42	20	169	103
1735/39	78	90	233	112	128	105	122	75	32	158	96
1740/44	75	86	232	112	117	115	102	61	26	171	104
1745/49	100	115	238	114	113	125	90	91	38	147	90
1750/54	96	110	216	104	112	104	108	-39	-18	255	155
1680/1754	87	100	208	100	106	102	104	44	21	164	100

m = männlich; w = weiblich

X = Durchschnitt für 1680/1754 = 100; Y = Anteil männlicher je 100 weibliche Personen

Z = in v. H. der Lebendgeborenen

Errechnet nach KBabt.P: KB Rhynern, Bd. 1–2.

Tab. 10 a/b Monatliche Heiraten, Lebendgeborene und Gestorbene in der katholischen Kirchengemeinde Rhynern 1680 bis 1754

Monat	Heiraten		Lebendgeborene					Geburtenüberschuss		Gestorbene	
			Insg.		Geschlecht						
	abs.	X	abs.	X	m	w	Y	abs.	Z	abs.	X
Januar	97	93	341	129	178	163	109	55	16	286	138
Februar	106	113	342	143	157	185	85	100	29	242	129
März	39	38	398	151	191	207	92	94	24	304	146
April	84	84	270	106	131	139	94	1	0	269	134
Mai	147	141	261	99	123	138	89	35	13	226	109
Juni	90	89	152	60	83	69	120	0	0	152	76
Juli	88	85	176	67	91	85	107	53	30	123	59
August	70	67	202	77	92	110	84	64	32	138	66
September	72	72	233	91	126	107	118	109	47	124	62
Oktober	183	176	259	98	142	117	121	48	19	211	101
November	191	190	233	91	134	99	135	59	25	174	86
Dezember	52	50	246	93	135	111	122	42	38	204	98
Jan./Febr.	102	100	259	100	132	127	104	55	21	204	100

m = männlich; w = weiblich

X = Durchschnitt für 1680/1754 = 100, bereinigt; Y = Anteil männlicher je 100 weibliche Personen

Z = in v. H. der Lebendgeborenen

Errechnet nach KBabt. P: KB Rhynern, Bd. 1–2.

Tab. 11 a Heiraten, Lebendgeborene und Gestorbene in der reformierten Kirchengemeinde Rhynern 1680 bis 1754

Lustrum	Heiraten		Lebendgeborene					Geburtenüberschuss		Gestorbene				
			Insg.		Geschlecht					Insg.		Geschlecht		
	abs.	X	abs.	X	m	w	Y	abs.	Z	abs.	X	m	w	Y
1680/84	14	61	–	–	–	–	–	–	–	25	60	14	11	127
1685/89	18	78	–	–	–	–	–	–	–	22	52	7	13	54
1690/94	14	61	–	–	–	–	–	–	–	26	62	9	13	69
1695/99	14	61	–	–	–	–	–	–	–	26	62	11	12	92
1700/04	21	91	42	81	21	21	100	21	50	21	50	5	10	50
1705/09	17	74	33	63	17	16	106	6	18	27	64	11	8	138
1710/14	32	139	41	79	20	21	95	-1	-2	42	100	29	11	264
1715/19	37	161	36	69	20	16	125	-1	-3	37	88	24	12	200
1720/24	25	109	56	108	26	30	87	13	23	43	102	27	12	225
1725/29	46	200	54	104	17	37	46	-48	-89	102	243	43	51	84
1730/34	26	113	66	127	39	27	144	2	3	64	152	26	35	74
1735/39	18	78	56	108	35	21	167	1	2	55	131	32	23	139
1740/44	15	65	59	113	32	27	119	12	20	47	112	30	17	176
1745/49	24	104	58	112	28	30	93	21	36	37	88	24	13	185
1750/54	23	100	69	133	39	30	130	17	25	52	124	28	24	117
1680/1754	23	100	52	100	27	25	108	4	8	42	100	21	18	121

m = männlich; w = weiblich

X = Durchschnitt für 1680/1754 = 100; Y = Anteil männlicher je 100 weibliche Personen

Z = in v. H. der Lebendgeborenen

Errechnet nach LKAB: KB Rhynern, Bd. 1–2.

Tab. 11 b Gestorbene nach Alter und Geschlecht in der reformierten Kirchengemeinde Rhynern 1680 bis 1754

Lustrum	Säuglinge/Kinder						Erwachsene				
	Insg.			Geschlecht			Insg.		Geschlecht		
	abs.	X	Z	m	w	Y	abs.	X	m	w	Y
1680/84	11	58	–	4	7	57	14	61	10	4	250
1685/89	11	58	–	4	5	80	11	48	3	8	38
1690/94	15	79	–	5	6	83	11	48	4	7	57
1695/99	11	58	–	3	5	60	15	65	8	7	114
1700/04	12	63	286	2	4	50	9	39	3	6	50
1705/09	14	74	424	3	3	100	13	57	8	5	160
1710/14	18	95	439	12	4	300	24	104	17	7	243
1715/19	12	63	333	6	5	120	25	109	18	7	257
1720/24	14	74	250	6	4	150	29	126	21	8	263
1725/29	37	195	685	14	15	93	65	283	29	36	81
1730/34	36	189	545	13	20	65	28	122	13	15	87
1735/39	27	142	482	17	10	170	28	122	15	13	115
1740/44	17	89	288	11	6	183	30	130	19	11	173
1745/49	17	89	293	7	10	70	20	87	17	3	567
1750/54	27	142	391	15	12	125	25	109	13	12	108
1680/1754	19	100	405	8	8	105	23	100	13	10	133

m = männlich; w = weiblich

X = Durchschnitt für 1680/1754 = 100; Y = Anteil männlicher je 100 weibliche Personen

Z = je 1000 Lebendgeborene

Errechnet nach LKAB: KB Rhynern, Bd. 1–2.

Tab. 12 a Monatliche Heiraten, Lebendgeborene und Gestorbene in der reformierten Kirchengemeinde Rhynern 1680 bis 1754

Monat	Heiraten		Lebendgeborene					Geburten-überschuss		Gestorbene				
			Insg.		Geschlecht					Insg.		Geschlecht		
	abs.	X	abs.	X	m	w	Y	abs.	Z	abs.	X	m	w	Y
Januar	21	71	63	131	32	31	103	8	13	55	123	36	29	124
Februar	22	82	64	149	35	29	121	21	33	43	106	25	22	114
März	21	71	60	125	35	25	140	-4	-7	64	143	42	31	135
April	19	66	60	129	31	29	107	6	10	54	124	36	29	124
Mai	31	105	51	106	23	28	82	0	0	51	114	32	24	133
Juni	30	105	25	54	14	11	127	-14	-56	39	90	23	19	121
Juli	26	88	31	65	20	11	182	-2	-6	33	74	15	20	75
August	9	30	41	86	25	16	156	16	39	25	56	18	10	180
September	26	91	42	91	17	25	68	1	2	41	94	20	23	87
Oktober	52	176	39	81	17	22	77	-5	-13	44	98	28	14	200
November	47	164	43	93	23	20	115	5	12	38	88	25	17	147
Dezember	40	135	51	106	22	29	76	11	22	40	89	20	27	74
Jan./Dez.	29	100	47	100	24	23	104	4	8	44	100	27	22	121

m = männlich; w = weiblich

X = Durchschnitt für 1680/1754 = 100, bereinigt; Y = Anteil männlicher je 100 weibliche Personen

Z = in v. H. der Lebendgeborenen

Errechnet nach LKAB: KB Rhynern, Bd. 1–2.

Tab. 12 b Monatlich Gestorbene nach Alter und Geschlecht in der reformierten Kirchengemeinde Rhynern 1680 bis 1754

Monat	Säuglinge/Kinder						Erwachsene				
	Insg.			Geschlecht			Insg.		Geschlecht		
	abs.	X	Z	m	w	Y	abs.	X	m	w	Y
Januar	31	132	397	15	11	136	39	132	21	18	117
Februar	22	104	281	9	10	90	28	105	16	12	133
März	28	119	417	13	12	108	48	162	29	19	153
April	33	145	400	16	12	133	37	129	20	17	118
Mai	24	102	412	12	7	171	37	125	20	17	118
Juni	22	97	680	9	8	113	25	87	14	11	127
Juli	21	90	516	6	10	60	19	64	9	10	90
August	14	60	244	5	8	63	15	51	13	2	650
September	21	93	476	8	13	62	22	77	12	10	120
Oktober	22	94	513	11	6	183	25	85	17	8	213
November	19	84	372	10	8	125	24	84	15	9	167
Dezember	22	94	373	8	11	73	28	95	12	16	75
Jan./Dez.	23	100	405	10	10	105	29	100	17	12	133

m = männlich; w = weiblich

X = Durchschnitt für 1680/1754 = 100, bereinigt; Y = Anteil männlicher je 100 weibliche Personen

Z = je 1000 Lebendgeborene

Errechnet nach LKAB: KB Rhynern, Bd. 1–2.

Tab. 13 a Heiraten, Lebendgeborene und Gestorbene in der evangelischen Kirchengemeinde Weitmar 1680 bis 1754

Lustrum	Heiraten		Lebendgeborene					Geburtenüberschuss		Gestorbene				
			Insg.		Geschlecht					Insg.		Geschlecht		
	abs.	X	abs.	X	m	w	Y	abs.	Z	abs.	X	m	w	Y
1680/84	33	92	81	103	42	39	108	45	56	36	53	16	16	100
1685/89	43	119	84	106	39	45	87	14	17	70	103	34	31	110
1690/94	30	83	81	103	28	53	53	31	38	50	74	24	20	120
1695/99	31	86	71	90	34	37	92	5	7	66	97	31	34	91
1700/04	38	106	75	95	42	33	127	25	33	50	74	24	21	114
1705/09	37	103	79	100	42	37	114	6	8	73	107	41	30	137
1710/14	38	106	69	87	33	36	92	7	10	62	91	32	26	123
1715/19	43	119	77	97	34	43	79	12	16	65	96	31	33	94
1720/24	30	83	79	100	46	33	139	8	10	71	104	31	40	78
1725/29	36	100	68	86	34	34	100	-32	-47	100	147	51	47	109
1730/34	38	106	88	111	48	40	120	3	3	85	125	42	41	102
1735/39	21	58	74	94	32	42	76	23	31	51	75	20	30	67
1740/44	55	153	72	91	31	41	76	-28	-39	100	147	48	49	98
1745/49	31	86	87	110	44	43	102	31	36	56	82	29	23	126
1750/54	33	92	101	128	60	41	146	18	18	83	122	36	47	77
1680/1754	36	100	79	100	39	40	95	11	14	68	100	33	33	100

m = männlich; w = weiblich

X = Durchschnitt für 1680/1754 = 100; Y = Anteil männlicher je 100 weibliche Personen

Z = in v. H. der Lebendgeborenen

Errechnet nach LKAB: KB Weitmar, Bd. 1, S. 1–303; Bd. 2, S. 1–5, 192–196, 340–344.

Tab. 13 b Gestorbene nach Alter und Geschlecht in der evangelischen Kirchengemeinde Weitmar 1680 bis 1754

Lustrum	Säuglinge/Kinder						Erwachsene				
	Insg.			Geschlecht			Insg.		Geschlecht		
	abs.	X	Z	m	w	Y	abs.	X	m	w	Y
1680/84	16	53	198	7	5	140	20	53	9	11	82
1685/89	42	140	500	22	15	147	28	74	12	16	75
1690/94	25	83	309	9	10	90	25	66	15	10	150
1695/99	29	97	408	12	16	75	37	97	19	18	106
1700/04	17	57	227	6	6	100	33	87	18	15	120
1705/09	32	107	405	20	10	200	41	108	21	20	105
1710/14	34	113	493	16	14	114	28	74	16	12	133
1715/19	28	93	364	13	14	93	37	97	18	19	95
1720/24	27	90	342	14	13	108	44	116	17	27	63
1725/29	36	120	529	21	13	162	64	168	30	34	88
1730/34	44	147	500	21	21	100	41	108	21	20	105
1735/39	14	47	189	6	7	86	37	97	14	23	61
1740/44	45	150	625	20	22	91	55	145	28	27	104
1745/49	26	87	299	13	9	144	30	79	16	14	114
1750/54	40	133	396	19	21	90	43	113	17	26	65
1680/1754	30	100	384	15	13	112	38	100	18	19	93

m = männlich; w = weiblich

X = Durchschnitt für 1680/1754 = 100; Y = Anteil männlicher je 100 weibliche Personen

Z = je 1000 Lebendgeborene

Errechnet nach LKAB: KB Weitmar, Bd. 1, S. 151–228; Bd. 2, S. 192–196.

Tab. 14 a Monatliche Heiraten, Lebendgeborene und Gestorbene in der evangelischen Kirchengemeinde Weitmar 1680 bis 1754

Monat	Heiraten		Lebendgeborene					Geburten-überschuss		Gestorbene				
			Insg.		Geschlecht					Insg.		Geschlecht		
	abs.	X	abs.	X	m	w	Y	abs.	Z	abs.	X	m	w	Y
Januar	22	48	108	107	58	50	116	-13	-12	121	140	64	50	128
Februar	28	68	116	127	49	67	73	26	22	90	115	38	50	76
März	39	85	139	138	61	78	78	11	8	128	148	61	63	97
April	47	106	101	103	55	46	120	-1	-1	102	121	52	46	113
Mai	54	118	118	117	64	54	119	5	4	113	130	57	54	106
Juni	38	86	96	98	46	50	92	20	21	76	91	44	30	147
Juli	34	74	82	81	36	46	78	22	27	60	69	32	26	123
August	36	78	81	80	41	40	103	32	40	49	57	18	30	60
September	57	128	96	98	53	43	123	46	48	50	60	19	28	68
Oktober	55	120	80	79	38	42	90	-8	-10	88	102	54	33	164
November	74	167	78	80	39	39	100	8	10	70	84	30	36	83
Dezember	53	116	91	90	49	42	117	20	22	71	82	21	42	50
Jan./Dez.	45	100	99	100	49	50	98	14	14	85	100	41	41	100

m = männlich; w = weiblich

X = Durchschnitt für 1680/1754 = 100, bereinigt; Y = Anteil männlicher je 100 weibliche Personen

Z = in v. H. der Lebendgeborenen

Errechnet nach LKAB: KB Weitmar, Bd. 1, S. 1–303; Bd. 2, S. 1–5, 192–196, 340–344.

Tab. 14 b Gestorbene nach Alter und Geschlecht in der evangelischen Kirchengemeinde Weitmar 1680 bis 1754

Monat	Säuglinge/Kinder						Erwachsene				
	Insg.			Geschlecht			Insg.		Geschlecht		
	abs.	X	Z	m	w	Y	abs.	X	m	w	Y
Januar	49	126	454	22	20	110	72	150	42	30	140
Februar	37	106	319	16	19	84	53	122	22	31	71
März	65	168	468	34	27	126	63	131	27	36	75
April	53	141	525	31	18	172	49	106	21	28	75
Mai	61	157	517	36	23	157	52	109	21	31	68
Juni	41	109	427	24	15	160	35	76	20	15	133
Juli	28	72	341	11	15	73	32	67	21	11	191
August	15	39	185	7	7	100	34	71	11	23	48
September	21	56	219	8	10	80	29	63	11	18	61
Oktober	32	83	400	15	16	94	56	117	39	17	229
November	25	67	321	9	12	75	45	97	21	24	88
Dezember	28	72	308	6	14	43	43	90	15	28	54
Jan./Dez.	38	100	384	18	16	112	47	100	23	24	93

m = männlich; w = weiblich

X = Durchschnitt für 1680/1754 = 100, bereinigt; Y = Anteil männlicher je 100 weibliche Personen

Z = je 1000 Lebendgeborene

Errechnet nach LKAB: KB Weitmar, Bd. 1, S. 151–228; Bd. 2, S. 192–196.

Tab. 15 a Heiraten, Lebendgeborene und Gestorbene in der evangelisch-reformierten Kirchengemeinde Wiblingwerde 1691 bis 1754

Lustrum	Heiraten		Lebendgeborene					Geburtenüberschuss		Gestorbene				
			Insg.		Geschlecht					Insg.		Geschlecht		
	abs.	X	abs.	X	m	w	Y	abs.	Z	abs.	X	m	w	Y
1691/94	14	64	32	39	23	9	256	6	19	26	40	14	9	156
1695/99	12	55	66	80	31	35	89	30	45	36	55	11	21	52
1700/04	16	73	81	98	42	39	108	35	43	46	71	27	17	159
1705/09	25	114	94	113	44	50	88	46	49	48	74	30	16	188
1710/14	26	118	83	100	46	37	124	9	11	74	114	42	28	150
1715/19	19	86	68	82	29	39	74	-6	-13	74	114	27	43	63
1720/24	26	118	84	101	41	43	95	29	34	55	85	22	31	71
1725/29	31	141	91	110	44	47	94	22	24	69	106	42	27	156
1730/34	25	114	116	140	54	62	87	16	14	100	154	53	38	139
1735/39	21	95	99	119	52	47	111	40	40	59	91	31	25	124
1740/44	30	136	71	86	40	31	129	-26	-37	97	149	39	50	78
1745/49	19	86	84	101	39	45	87	19	23	65	100	31	33	94
1750/54	23	105	106	128	59	47	126	5	5	101	155	56	43	130
1691/1754	22	100	83	100	42	41	102	17	21	65	100	33	29	112

m = männlich; w = weiblich

X = Durchschnitt für 1691/1754 = 100; Y = Anteil männlicher je 100 weibliche Personen

Z = in v. H. der Lebendgeborenen

Errechnet nach LKAB: KB Wiblingwerde, Bd. 1–3.

Tab. 15 b Gestorbene nach Alter und Geschlecht in der evangelisch-reformierten Kirchengemeinde Wiblingwerde 1691 bis 1754

Lustrum	Säuglinge/Kinder						Erwachsene				
	Insg.			Geschlecht			Insg.		Geschlecht		
	abs.	X	Z	m	w	Y	abs.	X	m	w	Y
1691/94	9	36	281	4	2	200	17	43	10	7	143
1695/99	11	44	167	2	5	40	25	63	9	16	56
1700/04	19	76	235	13	4	325	27	68	14	13	108
1705/09	23	92	245	14	7	200	25	63	16	9	178
1710/14	31	124	373	16	11	145	43	108	26	17	153
1715/19	29	116	426	10	15	67	45	113	17	28	61
1720/24	21	84	250	4	15	27	34	85	18	16	113
1725/29	18	72	198	13	5	260	51	128	29	22	132
1730/34	41	164	353	19	13	146	59	148	34	25	136
1735/39	19	76	192	9	7	129	40	100	22	18	122
1740/44	35	140	493	11	16	69	62	155	28	34	82
1745/49	27	108	321	12	14	86	38	95	19	19	100
1750/54	48	192	453	29	17	171	53	133	27	26	104
1691/1754	25	100	308	12	10	119	40	100	21	19	108

m = männlich; w = weiblich

X = Durchschnitt für 1691/1754 = 100; Y = Anteil männlicher je 100 weibliche Personen

Z = je 1000 Lebendgeborene

Errechnet nach LKAB: KB Wiblingwerde, Bd. 3.

Tab. 16a Monatliche Heiraten, Lebendgeborene und Gestorbene in der evangelisch-reformierten Kirchengemeinde Wiblingwerde 1691 bis 1754

Monat	Heiraten		Lebendgeborene					Geburtenüberschuss		Gestorbene				
			Insg.		Geschlecht					Insg.		Geschlecht		
	abs.	X	abs.	X	m	w	Y	abs.	Z	abs.	X	m	w	Y
Januar	12	49	107	117	56	51	110	10	9	97	134	39	55	71
Februar	14	63	103	124	55	48	115	28	27	75	115	42	28	150
März	10	41	122	133	59	63	94	27	22	95	131	41	44	93
April	11	46	105	118	58	47	123	10	10	95	136	55	38	145
Mai	26	106	82	89	43	39	110	-2	-2	84	116	44	36	122
Juni	17	72	61	69	30	31	97	-7	-11	68	97	26	39	67
Juli	20	82	62	68	31	31	100	9	15	53	73	30	17	176
August	27	110	72	78	41	31	132	33	46	39	54	24	15	160
September	13	55	88	99	41	47	87	42	48	46	66	24	19	126
Oktober	49	200	74	81	32	42	76	2	3	72	99	36	33	109
November	62	262	86	97	39	47	83	22	26	64	91	30	32	94
Dezember	26	106	113	123	59	54	109	51	45	62	86	34	25	136
Jan./Dez.	24	100	90	100	45	44	102	19	21	71	100	35	32	112

m = männlich; w = weiblich

X = Durchschnitt für 1691/1754 = 100; Y = Anteil männlicher je 100 weibliche Personen

Z = in v. H. der Lebendgeborenen

Errechnet nach LKAB: KB Wiblingwerde, Bd. 1–3.

Tab. 16b Monatlich Gestorbene nach Alter und Geschlecht in der evangelisch-reformierten Kirchengemeinde Wiblingwerde 1691 bis 1754

Monat	Säuglinge/Kinder						Erwachsene				
	Insg.			Geschlecht			Insg.		Geschlecht		
	abs.	X	Z	m	w	Y	abs.	X	m	w	Y
Januar	35	123	327	15	17	88	62	141	24	38	63
Februar	31	120	301	16	10	160	44	111	26	18	144
März	37	130	303	13	14	93	58	132	28	30	93
April	38	138	362	21	15	140	57	134	34	23	148
Mai	37	130	451	18	15	120	47	107	26	21	124
Juni	24	87	393	8	13	62	44	104	18	26	69
Juli	20	70	323	8	6	133	33	75	22	11	200
August	17	60	236	9	8	113	22	50	15	7	214
September	24	87	273	9	12	75	22	52	15	7	214
Oktober	21	74	284	12	6	200	51	116	24	27	89
November	21	76	244	10	9	111	43	101	20	23	87
Dezember	26	91	230	17	6	283	36	82	17	19	89
Jan./Dez.	28	100	308	13	11	119	43	100	22	21	108

m = männlich; w = weiblich

X = Durchschnitt für 1691/1754 = 100; Y = Anteil männlicher je 100 weibliche Personen

Z = je 1000 Lebendgeborene

Errechnet nach LKAB: KB Wiblingwerde, Bd. 3.

Tab. 17 Haushalte nach Familientypen in ausgewählten Gebieten der Grafschaft Mark 1685 bis 1766

Gebiet: Name (Jahr)	Anzahl	Familientyp in v. H. (Zeilenprozente)										X
		Alleinstehende			Kernfamilienhaushalte				Haushalte mit Verwandten			
		EP	NF	Insg.	Ehepaare	Ehepaare mit Kindern	Verwitwete mit Kindern	Insg.	Erweiterte Familien	Stammfamilien	Insg.	
K nordw. Ruhr (1)												
Herbede (1692)	185	4	6	10	6	59	18	83	3	4	7	–
Methler (1766)	251	5	1	6	7	49	9	65	19	10	29	1
B südw. Ruhr (2)												
Valbert (1685)	61	7	3	10	33	21	12	66	16	8	24	33
Valbert (1717)	83	5	–	5	11	41	11	63	24	8	32	34
Nächstebreck (1738)	123	6	2	8	8	55	12	75	10	7	17	21
Schwelm (1738)	139	8	–	8	14	53	6	73	–	–	19	22
Gennebreck (1738)	119	1	–	1	11	55	6	72	–	–	27	29
Städte (3)												
Altena (1738)	716	1	1	2	12	55	12	79	–	–	19	20
Schwelm (1738)	359	12	1	13	18	51	13	82	5	–	5	16

B = Bauerschaft; K = Kirchspiel; X = Anteil Haushalte mit Gesinde in v. H.

EP = Einzelpersonen; NF = Nichtfamilienhaushalte

Errechnet nach 1) O. R. Enneper: Verzeichnis, S. 7–42; Generalaufnahme, S. 11–52.

2) N. Scheele: Einwohner; ders., Schatzliste; M. Knieriem: Bevölkerung, S. 66–74; ders., Bevölkerungsliste, S. 84–88.

3) Drahtzieherei, S. 75–78, 93–96, 104–109; G. Helbeck: Einwohnerliste, S. 1–17.

Tab. 18 Familientypen nach dem Anteil und der Anzahl der Mitglieder in ausgewählten Gebieten der Grafschaft Mark 1738 bis 1766

Familientyp	Anzahl Mitgl.	Haushaltsmitglieder in v. H. (Zeilenprozente)				Anzahl Haushalte	Personen je Haushalt in v. H. (Zeilenprozente)					Ø Personen
		Erw.	Kinder	Verw.	Gesinde		1–2	3–4	5–6	7–8	≥9	
1) Nächstebreck (1738)												
Einzelpersonen	11	64	–	–	36	7	86	14	–	–	–	1,6
Nichtfamilienhaushalte	11	64	–	–	36	3	33	34	33	–	–	3,7
Ehepaare	23	91	–	–	9	10	70	30	–	–	–	2,3
Ehepaare + Kinder	336	40	57	–	3	67	–	42	40	15	3	5,0
Verwitwete mit Kindern	46	33	65	–	2	15	33	60	–	7	–	3,1
Erweiterte Familien	71	27	44	19	10	12	–	17	50	33	–	5,9
Stammfamilien	67	24	42	30	4	9	–	–	33	45	22	7,4
2) Methler (1766)												
Einzelpersonen	11	100	–	–	–	11	100	–	–	–	–	1,0
Nichtfamilienhaushalte	11	100	–	–	–	3	–	67	33	–	–	3,7
Ehepaare	36	100	–	–	–	18	100	–	–	–	–	2,0
Ehepaare + Kinder	628	39	61	–	–	124	–	41	43	14	2	5,1
Verwitwete mit Kindern	87	26	74	–	–	23	22	61	4	13	–	3,8
Erweiterte Familien	285	31	47	21	1	47	–	23	36	28	13	6,1
Stammfamilien	167	28	31	40	1	25	–	–	48	40	12	6,7

Erw. = Erwachsene; Verw. = Verwandte

Errechnet nach 1) M. Knieriem: Bevölkerung, S. 70–74.

2) Generalaufnahme, S. 11–52.

Tab. 19 Entwicklung saisonaler Typen in ausgewählten Kirchengemeinden der Grafschaft Mark 1680 bis 1754

Kirchspiel	1680/1709			1695/1724			1710/1739			1725/1754		
	FI	HI	Typ	FI	HI	Typ	FI	HI	Typ	FI	HI	Typ
Nordwärts der Ruhr:												
Lünern	98,94	216,84	A	90,69	208,84	A	102,70	179,85	A	107,58	170,38	A
Rhynern, kath.	89,24	209,04	A	98,17	179,37	A	110,33	157,38	A	117,84	149,49	A
Rhynern, ref.	103,10	173,35	A	113,10	210,90	A	116,10	167,95	A	115,29	151,14	A
Weitmar	58,15	98,05	X	117,42	154,07	A	112,55	144,95	A	124,65	128,00	A
Südwärts der Ruhr:												
Niederwenigern	96,19	170,34	A	99,25	148,90	X	102,85	126,45	A	119,22	123,67	A
Gevelsberg	166,60	184,55	H	137,56	170,56	H	131,33	131,48	A	121,82	127,17	A
Dahl	83,66	206,21	A	95,54	176,29	A	113,02	165,07	A	95,26	175,76	A
Wiblingwerde	67,32	282,37	A	74,20	239,90	A	86,99	205,34	A	100,02	200,72	A

FI = Frühjahrsindex; HI = Herbstindex

Typ A = ackerwirtschaftlich; H = gemischtwirtschaftlich; X = nicht saisonal

Errechnet nach KBabt. P: KB Rhynern, Bd. 1, S. 1–76; Bd. 2, S. 1–40; KPf. N: KB Niederwengern, Getraute, Bl. 18 v-217 r; LKAB: KB Dahl, Bd. 1, S. 174–237; KB Gevelsberg, Bd. 4–6, unpag.; KB Lünern, Bd. 1, passim; KB Rhynern, Bd. 1–2; KB Weitmar, Bd. 1, S. 229–303; Bd. 2, S. 340–344; KB Wiblingwerde, Bd. 2.

Aaron, Marcus 64
Abel, Wilhelm 43, 217
Aberglaube 58, 90, 184
Abgabe 43, 64
Absatz 48, 56, 77, 282
Absatzmangel 55, 57, 72
Absterbeordnung 206–208
Abtreibung 173
Abwanderung 257
Ackerbau 38, 70, 74
Ackerland 69, 71, 94
Adel 68, 74 f.
Adelsfamilie 45, 56
Adventszeit 87, 294
Aerarium Ecclesiasticum 61, 78
Agrardepression 29
Agrargesellschaft 141, 157
Agrarkonjunktur 293
Agrarsiedlung 40
Ahlhausen 262
Ahnenprobe 79
Alexander-Nevskij-Orden 289
Alleinstehende 141, 143 f.
Allen 67
Altena, Amt 33, 35, 37, 40, 44, 59 f., 77 f., 83 f., 154 f., 166, 168, 188 f., 257, 260, 264, 268, 287
–, Gericht 34 f., 37, 40, 82–84, 153, 155, 168, 188 f.
–, Kassendistrikt 51–53
–, Rentei 39, 41 f.
–, Stadt 61, 65, 77 f., 135 f., 142–147, 267, 274, 285 f.
Altendorf 73 f.
Altenteil 95
Alter 28, 32, 54, 95 f., 99 f., 103, 105–107, 116–119, 122–125, 127, 129, 139–141, 200–212, 214, 216, 222, 235 f., 254, 256, 295
Altersabstand 95, 97, 211
Altersmonat 235–237
Altersstruktur 201 f.
Alterstage 240–242
Altersunterschied 95 f., 98–100, 107, 212
Alzey 119, 122, 126, 128, 133, 217
Amenorrhöe 111, 129
Amerika 269 f.
Amsterdam 263, 266, 269 f., 281, 290
Amtszeit 59, 67 f.
Andreas-Orden 290
Anerbenrecht 43
Angeheiratete 65
Anna 90, 125, 177–182
Antagonismus 154
Antonius-Kapelle 73
Antwerpen 67
Apeldoorn 281
Apfelbaum 39
Aphrodite 91
Apostel 178
April 88–90, 113–115, 158–160, 163 f., 170 f., 194–202, 226–229, 233 f., 245–249, 252 f., 259 f., 275, 294
Arbeit 59 f., 112, 150, 273
Arbeitgeber 266
Arbeitsbelastung 112, 122
Arbeitsdauer 53 f.
Arbeitsfähigkeit 79, 105
Arbeitsjahr 112
Arbeitskraft 28, 49, 53, 105, 128, 133, 157, 256, 264, 270, 297
Arbeitsrhythmus 87
Arbeitsstätte 48, 278
Arbeitstag 60
Arbeitsteilung 105, 141
Armengelder 74
Armenhaus 71, 283
Armenkorn 74
Armenpfleger 68
Armut 134, 217
Asbeck 74, 269
Aschermittwoch 87, 94
Aschersleben 277
Askese 59
Asmann, Katharina 286
Atmungsorgane 195, 215
Auferstehung 61, 176
Aufgebot 171, 257–259
Aufgebotsregister 266
Augsburg 57
August 88–90, 113–115, 158–160, 163 f., 170 f., 194–202, 226–231, 233 f., 245–249, 252 f., 259
Ausländer 264
Ausland 263 f., 266, 274, 281, 289, 296
Auswanderung (s. a. Emigration) 256, 265, 270
Auswanderungsregion 272
Auszehrung 213

Backhaus 40
Bäcker 49 f.
Baltikum 77
Banat 269, 273
Bandstuhl 49
Barbara 178
Barmen 266 f.
Bartholomäus 94
Basse, Johann Heinrich 270, 296
Basse & Soyer 270
Battenberg, J. Friedrich 63
Bauchkrämpfe 214
Bauer 43, 67 f., 70 f., 79, 95, 99, 101, 106, 115 f., 127, 136, 217 f., 264 f., 269, 274
Baugewerbe 50 f.
Baukau 47, 70
Baumbestand 39
Bauweise 39 f.
Becher, Oliver 59, 62 f.
Bechmann, Catarihna 174
Becke, Bauerschaft 77
–, Johann Adolph von der 279
–, Johann Bernhard von der 277 f., 296
–, Johann Dietrich von der 278
–, Johann Heinrich von der 279
Bedienstete 65, 277, 290
Beerdigung, Begräbnis 29–32, 68, 72, 184 f.
Bekenntnis 57, 189
Bekleidungsgewerbe 49 f.
Belehnung 54
Belling zu Cremelin, Gottfried Christoph von 80
Bellings, Anna Margaretha 213
Berg, Herzogtum 56, 258, 263 f., 266 f., 273 f. 276, 296
Bergamt 54
Bergbau 54
Berge 74

Bergen 70
Berghaus, Mittelste 55, 72 f.
–, Oberste 72
Berghausen 71
Bergleute 55, 72, 263, 273, 275
Bergordnung 54, 275
Bergwerk, Grube, Zeche 55–57, 72 f., 263
Bergzehnte 54
Berjosow 290
Berlin 277, 282, 284, 287–289
Bertram, Clemens 262
–, Familie 76
Beruf 28, 50, 52 f., 99–101, 106 f., 123 f., 127, 243, 246, 295
Berufsethik 60
Besitz 100, 184, 276, 278
Besitzlose 99, 222, 238
Besitzrechtsgruppe 45–47, 128
Besitzverhältnis 48, 57
Betriebsform 48 f., 222
Betriebsstoffe 48 f.
Bett 95, 173, 250
Bevölkerung 28 f., 32 f., 62, 66, 79, 95, 97, 111, 119, 128, 150, 184, 206, 213, 218 f., 221, 256, 261, 264, 270, 272, 274, 277, 293 f., 297 f.
Bevölkerungsbewegung, natürliche 32, 95, 256, 293 f., 297
–, räumliche 32, 256, 296
Bevölkerungsdichte 34–37, 238
Bevölkerungsentwicklung 32, 218
Bevölkerungsstruktur 33, 57, 78
Bevölkerungswachstum 49, 271, 297 f.
Bevölkerungszahl 33–35, 66, 271 f.
Bibel 151
Bickern 47
Bier 87, 185
Bierbrauer 78
Binnenmobilität 261
Binnenwanderung 256
Birnbaum 39, 216
Blankenese 270
Blankenstein, Amt 33, 35, 37, 40, 54–56, 60, 73, 83 f., 153–155, 166, 168, 187–189, 260, 263, 274
–, Kassendistrikt 50–53
–, Rentei 41 f.
–, Stadt 71, 285
Blattern 214 f.
Bleicher 266
Bleicherei 48, 56, 266 f., 273
Blutfluss 214
Bochum, Amt 30, 33 f., 36 f., 39, 45–47, 54 f., 59 f., 62, 66, 71, 81–83, 151, 153 166 f., 185, 187 f., 257, 260, 263 f., 268, 276
–, Gericht 34, 36, 39, 82, 153, 167, 187
–, Kassendistrikt 51
–, Mittelamt 47
–, Niederamt 47
–, Oberamt 47
–, Rentei 42
–, Stadt 54, 64 f., 70 f., 174, 257, 284, 289, 296
Bodelschwingh-Mengede 33 f., 36, 39, 51, 66, 82, 153, 167, 187 f.
Bodenbeschaffenheit, Bodengüte 38, 70, 72
Böhmen 263
Böhringen 133
Bölling 77
Boenen 67
Bomnüter, Johann Herman 274
Bonnemann, Peter 75
Borberg, Peter 77
Borcke, von 287 f.
Borg, Conrad Heinrich von der 68
Borgerding, Gerhard Friedrich 289
Bos, Westphaalsche 267
Bracht, Johannes 53
Bräutigam 68, 80, 96 f., 260, 266
Brakel 96–98, 101–108, 254 f.
Brandeimer 257
Brandenburg 28, 54, 184, 218, 277, 296
Branntwein 87
Bratfeld, Engelbert 216
Braubauerschaft 47
Braunschweig 115
Braut 95–99, 172 f., 175, 260, 266
Brautleute (s. a. Brautpaar) 32, 74, 81, 85, 87–92, 96 f., 103 f., 172, 257, 260 f.
Brautmesse 87
Brautpaar (s. a. Brautleute) 80, 90, 95, 176
Brautschatz 95, 99
Brautwagen 95
Brautweinbuch 260
Brautwerbung 172
Brechdurchfall 215
Breckerfeld, Amt 34 f., 37, 40, 82, 84, 155, 166, 168, 189, 283
–, Kassendistrikt 51–53
–, Kirchspiel 52, 257, 267
–, Stadt 285
Breddehammer 76
Breiteschmiederei 273
Breittuchmacherhandwerk 268
Breslau 275, 282
Briefpapier 282
Brinksitzer 68
Broglio, de, General 286
Broich 279
Bronchitis 215
Brotkorn 38
Bruch 35, 37, 40, 84, 154 f., 168, 189
Bruchschaden 214
Brustkrankheit 213 f.
Bruststechen 214
Bruttoeheschließungsrate 84
Bruttogeburtenrate 152, 154
Bruttomortalitätsrate 224, 229 f., 241
Bruttosterberate 187 f.
Buchenbaum 39, 77
Buddenberg 33 f., 36 f., 39
Büchse 49
Bühren, Johann Niclas 283
Bürgereid 257
Bürgerrecht 257, 276, 282 f.
Buntleinenweberei 267
Butjadingen 116
Byfang 73

Calvin, Johann 60
Calvinismus 60, 67, 111
Carolina 269
Caspar 180
Cassa Montis Pietatis 64
Castrop, Freiheit 70
–, Gericht 34, 36, 39, 62, 81 f., 153, 167, 187, 260, 276
–, Kassendistrikt 50 f.

Catechismus Romanus 61
Christian 181
Christopherus 178
Clara aus der Hütten 177
Clarenberg 56, 79
Clemens August, Kurfürst 63
Confessio Augustana 58
Courl 70
Crange 71
Cronenberg 262
Cruyz, Kornelius 290

Dabergotz 277
Dänemark 77, 268
Dahl 29–31, 77, 85 f., 90, 92 f., 103 f., 115, 156 f., 159, 161 f., 164, 169–171, 174 f., 179 f., 189–193, 196 f., 199, 201–213, 223–225, 228–242, 244 f., 248–251, 253, 296
Dahlhausen 73 f.
Damenstift 75, 79
Danzig 268
Darlehen 64
Deckers, Anna Maria 215
–, Diederich 215
Deichbauer 266
Deilinghofen 214
Dekanatsstruktur 62
Delbrügger, Friedrich 77
Delstern 279–282
Demidov, Unternehmer 269
Demographie, historische 30
Derne 277
Deutschland 132, 269–271, 297
Dezember 87–90, 112–115, 158–160, 163 f., 170 f., 194 f., 197–202, 226–230, 233 f., 246–249, 252 f., 259, 294
Dezentralisation 48
Diarrhöe 157, 215 f.
Diederich 179–182
Diefhaus, Thomas 277
Dienstag 90–94
Dienstart 45, 47
Dienstbote 65, 266
Dienstpersonal 136
Dietrich von Wickede 80
Dionysius 70
Diphtherie 215
Disequilibrium 298
Dohna, von, Regiment 284
Domänengut 39, 41–43
Domänenpächter 39
Donauraum 269
Donnerstag 91–94
Doppelname 179–183
Dortmund 69, 260, 267 f., 283
Drahtrolle 278
Drahtzieher 48, 52, 267, 274
Drechen 67, 94
Dreißigjähriger Krieg 28 f., 75
Drude, Johann Christoph 77
Düngeldienst 45–47
Dürgen, Melchert 55
Düsseldorf 63, 286
Dulcken, Hermann van 281
Dumberg 73 f.
Dume, Dietherich 278
Dupâquier, Jacques 130
Durchholz 71
Dysenterie 214

Eberswalde 274
Eggedienst 45–47
Ehe 31, 70, 79 f., 83, 89, 91, 96 f., 99–105, 108 f., 111, 117, 119 f., 122, 126, 128, 131, 133 f., 139, 171, 245, 257, 260, 267, 292
Eheanbahnung 124
Ehebruch 172
Ehedauer 30, 99–102, 116, 119–122, 128, 133, 138, 141, 295
Ehefrau 98, 102, 116, 119, 122, 126, 128 f., 133, 137, 254 f., 261, 295
Ehefreudigkeit 85, 218
Ehegatte 44
Ehehäufigkeit 82, 136 f.
Ehehindernis 171
Ehejahre 102, 116, 118 f.
Eheleute (s. a. Ehepaar) 80, 100–102, 111, 134, 176, 255, 257, 259, 260 f.,
Ehelosigkeit 80
Ehemann 95–97, 101 f., 114, 254 f., 296
Ehepaar (s. a. Eheleute) 141, 143 f., 146 f., 290, 295
Ehepartner 97, 100, 102, 172, 246, 257–259, 261
Eheschließung, Trauung (s. a. Heirat, Hochzeit) 29–32, 79–90, 92, 94, 96 f., 112, 128, 134, 151, 154, 171 f., 175, 217, 219, 221, 257–259, 277, 293
Eheschließungsrate 82 f.
Ehestand 59, 92, 105, 116
Eheversprechen 172
Ehevertrag 44
Ehre 59, 172
Ehrenpreis, Stefan 63
Eichenbaum 39, 77
Eickel, Bauerschaft 47, 71
–, Gericht 33 f., 36, 39, 66, 82, 153, 166 f., 187
Eigenbehörige 44
Eigentümer 55
Eigenverbrauch 56
Eigenverkauf 48
Eilpe 262, 268, 274, 280 f., 297
Eingesessene 67, 69 f., 264, 274
Einheimische 28, 266
Einkommen 28, 45, 218, 266
Einlieger 68, 265
Einnahme 28, 71
Einstandsgeld 257
Eintrittsalter 52, 54
Einwanderung (s. a. Immigration) 256, 266, 277
Einwanderungspolitik 264
Einwanderungsregion 272
Einwohner 28 f., 34–37, 70, 78, 82 f., 153, 166 f., 187–189, 271, 297
Einzelhof 39, 74
Einzelhofsiedlung 74
Einzelperson 141, 143
Einzelwanderung 256
Eipper, Jürgen 214
Eisendrahtstapel 285
Eisenerz 278
Eisengewerbetreibende 268
Eisenhammer 263
Eisenhütte 279
Eisenware 76
Elbe 45
Elberfeld 258, 266 f.
Elisabeth, Taufname 178–182
–, Zarin 290
Elsey 79
Eltern 52, 79, 95, 111, 125, 133, 172 f., 176–179, 182 f., 222, 225, 264, 277, 287, 295
Elverfeldt, Elisabeth Wilhelmine Marie von 80
–, Freiherr von 72 f.
Emigrant 265, 268, 283
Emigration (s. a.

Auswanderung) 265, 267, 269, 271–273, 276, 296
Emmerich 286
Empfängnis 94, 112, 129
Energiequelle 277
Engel, Advokat 287
Engelbert I. 75
Engels, Anna Catharina 280
–, Friedrich 262, 280
–, Johann Caspar 266
Engels-Mühlen 280
England 267, 291 f.
Enkel 146, 288, 291
Ennepe 76
Enneperstraße 262
Enrollierungsfreiheit 275
Epidemie 195, 213, 217 f., 220 f., 293
Eppendorf 71, 257
Erbe 79
Erbgut 71
Erbherr 45
Erbpacht 44
Erbteilung 44
Erkältung 195, 238
Erlösungsgewissheit 60
Ernährung 38, 129, 194, 217, 238, 246
Ernte 87, 157, 217 f., 220
Ernteausfall 217 f.
Ernteertrag 217, 273, 293
Erstehe 110, 127, 129–131, 137 f., 260 f.
–, beidseitige 96–98, 100–103, 117, 120, 255
–, unvollständige 126 f.
–, vollständige 123 f., 126 f.
Erstgebärende 216 f.
Erstgeburt 125, 128, 216, 239
Erstheirat 53
Erwachsene 144 f., 187, 195, 199, 203, 210, 218, 242 f., 245 f., 248
Erwachsenensterblichkeit 202, 242–249, 251–253
Erzbergbau 263
Erzeugnisstoffe 48
Eschenbaum 39
Essen 73 f.
Essenheim 214
Europa 83, 98 f., 141, 218, 266, 270, 282, 290 f., 294
Evangelist 178
Eversmann, Friedrich August Alexander 279
Exportmarkt 49
Fabrikantenfamilie 58, 136
Fabrikenkommissar 279, 286
Fachwerk 40
Familie 31, 64 f., 68, 70, 79 f., 99 f., 105, 111, 116, 119, 128, 130 f., 133 f., 140, 142, 144, 146–150, 172, 174, 177, 217, 225, 262, 264–267, 269, 271, 277, 282, 284
Familienangehörige 52, 139
Familiengröße 30
Familienhaushalt 72, 136, 140–143, 146, 295
Familienplanung 131, 222, 295
Familienprinzip 261
Familienrekonstitutionsmethode 30
Familienstand 79, 104, 243
Familientyp 141–147, 295
Familienwirtschaft 79, 105, 141, 173
Familienzugehörigkeit 59
Fastengebot 112
Fastenmonat 112
Fastentag 91
Fastenzeit 87 f., 94, 294
Fauve-Chamoux, Antoinette 109
Februar 88–90, 113–115, 158–160, 162–164, 170 f., 194–202, 226–229, 233 f., 246–249, 252 f., 258 f.
Fehlgeburt 112, 129, 239
Feiertag 59, 94
Feldarbeit 87, 157
Feldflur 66, 111
Ferdinand von Braunschweig 288
Fertig, Georg 99, 143
Fertilität (s. a. Fruchtbarkeit) 32, 111, 116, 119, 122, 128, 256
Fessner, Michael 54
Feudalismus 49
Feuersbrunst 75
Feuerstelle 36–41, 69
Fieber 214, 216
Finanzfonds 61
Fingerhut 278 f.
Fingerhutmacher 48, 296
Fingerhutmühle 278, 296
Fischer, General 286
Fleckfieber 213 f., 216
Flierich 67
Flinn, Michael W. 96, 117, 123, 131 f., 174
Florenz 291
Flurwüstung 75
Formalprinzip 58
Formula Concordiae 58
Frachtschifffahrt 269
Francke, August Hermann 287
–, Gerrit 267
Franette, Johan 150
Frankfurt, Main 115
–, Oder 115, 277, 284, 286
Frankreich 291
Frantz, Unternehmerfamilie 56
Franz 181
Frau 95–105, 107, 109, 111 f., 116–118, 120, 122–125, 127, 129–133, 137–139, 150, 172–174, 177, 192, 197, 203 f., 206 f., 210–213, 216 f., 239, 245, 249–255, 260 f., 266, 290, 296
Frauenüberschuss 203
Freigraf 44
Freigut 44
Freiske 67
Freitag 91–94
Friedrich I. 278
Friedrich III. 275
Friedrich der Große 28, 39, 48, 109, 174, 265, 270 f., 273, 275, 281, 288
Friedrich Wilhelm, Prinz 288
Friedrich Wilhelm I. 38, 254, 264 f., 274, 277, 290, 296
Frielinghaus, Familie 55
–, Oberste 73
Frielinghausen 262
Frija 91
Frische, Detmar 250
Frömmigkeit 58, 60
Fröndenberg 79
Fruchtbarkeit (s. a. Fertilität) 111 f., 118–120, 129–131, 133
–, altersspezifische 117–119
–, ehedauerspezifische 119–122
–, eheliche 30, 95, 100, 108, 111, 116 f., 119, 122, 126, 134, 294
Fruchtbarkeitsrate 116–118, 120

Fruchtbarkeitsziffer 118 f., 121, 297
Frühjahr 112, 170, 194, 196, 215, 217 f., 229, 252, 294
Frühjahrsindex 294
Fürsorge 134, 225
Fürsprecher 61, 177 f.
Fürstenspiegel 290
Fuhrdienst 45
Fuhrgewerbe 38
Fuhrleute 115, 266, 268
Funcke, Steuer-Rezeptor 285
–, Unternehmerfamilie 56
Fuselbrenner 78
Fuselzäpfer 78

Gärtner 41
Garn 56
Garten 87
Gastaldi, Resident 291
Gautscher 280
Gebärfähigkeit 95, 122
Gebärfreudigkeit 118 f., 137
Gebäudeschaden 75
Geborene 31, 151, 219, 239
Geburt 94, 111 f., 116–120, 122 f., 125, 129, 131–134, 150 f., 153, 156–158, 164, 176 f., 193, 196, 216 f., 221 f., 239, 241, 256, 293, 295
–, eheliche 112, 120, 123, 127 f., 133
–, illegitime 29, 32, 171, 174 f.
Geburtenabstand 118 f., 128–130
Geburtenbeschränkung 118, 120, 133
Geburtenfolge 128, 133
Geburtenhäufigkeit 112, 118, 120, 154, 159, 293, 295
Geburtenintervalle 30, 128
Geburtenrate 153 f., 217
Geburtenüberschuss 31, 164–171, 218, 220, 271 f.
Geburtsprinzip, ständisches 59
Geburtsrang 216 f., 222, 295
Geburtsspanne 123, 126 f., 294
Gehilfe 48
Gehrmann, Rolf 128
Geistliche (s. a. Pastor, Pfarrer, Prediger, Vikar) 63, 68 f., 185, 246, 277, 296
Geldern 264, 281
Geldhandel 63 f.
Gelenkrheumatismus 215
Gelsenkirchen 45, 47
Gelübde 79
Gemeindeendogamie 259
Gemeinheiten 69
Generalprivileg 64
Genießverhör 150
Gennebreck 135 f., 142–147
Genua 291
Georg 178 f.
Gerätschaften 44
Gerichtsherr 45, 72
Gerste 38, 43 f., 74
Gertrud 178–180
Gesamtfruchtbarkeit 117–120, 138
Gesamtfruchtbarkeitsrate 117,120, 295
Geschlecht 28, 133, 141, 160–163, 176 f., 183, 191 f., 197 f., 203, 205, 207 f., 210, 212, 230–234, 236–238, 242, 249, 251–253, 261, 296
Geschwister 95, 133, 140 f., 146, 177 f.
Geschwür 214
Geschwulst 214, 216
Geselle 51–53, 76, 262, 274, 278
Gesellschaft 105, 112, 116, 140, 172, 175, 177, 184, 217, 256, 287, 293
Gesinde 94, 142–145, 266, 295
Gesindedienst 99, 142, 173, 256, 296
Gesindewanderung 273
Gestorbene 31 f., 164, 185–209, 213 f., 216, 218–221, 235, 240, 252, 254, 293
Gesundheit 79, 129
Getaufte 151–155, 164 f., 175, 293
Getreide 38, 293, 298
Getreideart 43 f., 217
Getreidepreis 43 f., 217
Gevelsberg 29–31, 75 f., 79, 85 f., 90, 92 f., 105, 113, 115, 125, 156 f., 159 f., 169–172, 176 f., 189–193, 196 f., 199, 213, 216, 223–225, 228–232, 234, 244 f., 248–251, 253, 262, 268, 272 f., 294
Gewanndorf 40
Gewerbe 30, 48–50, 53, 77, 136, 148, 263, 268, 274, 285, 297
Gewerbelandschaft 49, 297 f.
Gewerbesiedlung 76
Gewerbetreibende 48–51, 69, 99–101, 106 f., 123 f., 127, 136, 262, 264 f., 269, 275, 279, 296
Gewerbeunternehmer 55 f.
Gewerbezweig 49–51, 73, 277
Gewerke 54–56, 72, 279, 285
Gicht 214
Glaser 64
Glaube 58
Glaubensfreiheit 57
Glaubenswechsel 67
Glocke 67 f.
Gnade 58, 61
Gnadenstand 80, 111
Goebel, Daniel 282
–, Johann Peter 282
Goecke, Johann Melchior 286
Göring, Christian Heinrich 284, 286
–, Johanna Christina 286
–, Michael Christian 56, 284–287
–, Peter 286
Gottesdienst 58, 67, 176, 178
Gottesfurcht 58
Gotteswort 58, 151
Grab 74, 184
Grabstelle 68
Grasmäher 266
Gravamina 62 f.
Grenadier 264
Griesenbeck, Konrad Ehrenreich 284
Grippe 215
Grobschmied 50
Grol 266
Grollmann, Landrat 287
Gross, Christoph Friedrich 290
Großbauer 41, 45–48, 68, 128, 222, 238
Großeltern 143, 146, 295
Großfamilie 65, 140, 146, 295
Großknecht 142
Großmutter 177
Großrüßberg, Henrich 172
Großvater 177

Grube s. Bergwerk
Grubenförderung 57
Grubengröße 55
Grubenstandort 54 f.
Grundbesitz 45, 79, 133
Grundeigentümer 54
Grundherr 43–45, 74
Grundschöttel 74
Gruppenwanderung 256
Gruter, Henrich 178
Güter, schatzpflichtige 43, 45–47, 69 f., 75–78

Haarlem 267
Hackmann, Johann 71
Händler s. Kaufleute
Härter 262
Häusler 41, 45–48
Hafer 38, 42–44, 74, 217
Hagen, Gericht 29, 35, 37, 40, 45, 61, 77, 83 f., 155, 168, 189, 260, 262, 269, 276, 279, 281 f., 296
–, Kassendistrikt 51–53
–, Kirchspiel 264, 267
–, Stadt 280, 283 f., 286–288
Hajnal, John 98
Halbbauer 45–47
Halberstadt 277
Halbfabrikat 277
Halbkötter 46
Halle 287
Halver 52, 257
Hamburg 270
Hamm, Amt 29, 34 f., 36 f., 39, 45, 60, 66, 81 f., 151, 153, 166 f., 185, 187, 257, 260
–, Kassendistrikt 50 f.
–, Reformierte Klasse 30, 61, 67
–, Rentei 41 f.
–, Stadt 64 f., 67, 260, 266 f., 287
Hammer 58, 278, 296
Hammerbank, Bergwerk 263
Hammerteich 263
Hammerwerk 76, 262, 279
Hammerzöger 52–54, 78
Handdienst 45–47
Handel 64, 77, 263
Handwerker 48–53, 66, 70, 73, 75 f., 115, 246, 266, 270, 274,
Handwerksmeister 48
Handwerksstelle 48
Hannover 289
Haren-Üntrop 34, 36, 39, 82, 153, 167, 187
Harkort, Johan Caspar 76
–, Unternehmerfamilie 56
Harkorten 76
Harnisch, Hartmut 82 f., 153, 187
Harpen 47
Hartman, Anton Caspar 216
Harzgebiet 263
Haselkus, Melchior 74
Hasenclever, Stahlschmied 262
Haspe 262
Haspelknecht 55
Hattingen, Amt 257 f., 262
–, Kassendistrikt 50, 52
–, Stadt 61, 277, 285
Hauer 55, 263
Haus 48, 69, 78, 87, 141, 173
Hausfrau 105, 144, 213
Hausgemeinschaft 79, 105, 140, 184
Haushalt 74, 95, 99, 110, 127, 135–137, 139–148, 295
Haushaltsgröße 148, 295
Haushaltungsvorstand 64, 66, 136, 139 f., 295
Hausherr, Hauswirt 70, 75, 77, 105, 144, 173, 184
Hausierer 266
Hauswirt s. Hausherr
Hebamme 150, 176
Heckh, Gotthold 133
Heemke, Nikolaus 269
Heer 28, 274, 284
Heeren 34, 36, 39, 82, 152 f., 166 f., 187, 260
Heil 58 f., 176
Heilenbeck 49
Heilige 61, 177
Heiligenfest 94
Heiligenname 177 f.
Heimarbeit 49
Heimarbeiter 48, 76
Heirat (s. a. Eheschließung, Hochzeit) 65, 68, 79 f., 87, 90 f., 95, 97, 99, 105, 125, 128, 142, 171–175, 218, 221, 259, 272 f., 277, 293
Heiratsalter 30, 95–101, 107 f., 111, 116–123, 125 f., 133, 138 f., 294 f.
Heiratserlaubnis 38, 174
Heiratsfrequenz 29, 87
Heiratsfreudigkeit 82, 84, 86, 293
Heiratshäufigkeit 85, 95, 293 f.
Heiratsjahr 96, 103 f., 117–119, 121, 127, 129 f., 132, 260 f., 273
Heiratsmobilität 257–259, 276, 296
Heiratsmonat 87
Heiratsmuster 98 f., 294
Heiratstag, Hochzeitstag 87, 90–94
Heiratsverhalten 84, 293
Heiratswillige 90–93, 103
Heiratsziffer 297
Heller-Karneth, Eva 122
Hellweggebiet (s. a. Ruhr, nordwärts) 30 f., 38, 40 f., 49 f., 62, 66, 69, 78–80, 82, 84, 87, 113, 135, 151, 165–167, 169 f., 185, 187–189, 191, 193, 198, 206, 210, 220, 224, 231, 238, 240, 244–246, 250, 254, 264, 268, 271, 297 f.
Helmerg, Johan 172
Hemer 35, 37, 40, 66, 84, 155, 168, 188 f., 257, 264, 268, 277 f., 279 f., 285
Hemmerde 239
Hencke, Christoph Christian 76
–, Peter 31, 76
Henrich 178–182
Herbede 29 f., 32–35, 37, 40, 52, 55, 64, 71–73, 84, 103, 119–121, 126 f., 129–132, 135, 137–140, 142–147, 153, 155, 168, 172, 178 f., 187, 189, 260, 263 f., 295
Herbede, von, Adelsfamilie 56
Herbst 87, 112 f., 196, 218, 262
Herbstindex 294
Herbstmonat 196, 217 f., 228, 294
Herdecke, Freiheit 42, 79 f., 215 f., 262
–, Kassendistrikt 52
Herdegen, Johann 263
Hermann 179–182
Herne 29 f., 70 f., 82, 95–97, 103, 117–121, 123–127,

129–132, 138, 153, 166 f., 187, 195
Herringen 70
Herscheid 257, 285
Hessen 263, 267
Heven 71, 263
Hilbeck 67
Hilfsstoffe 49, 281
Hiltrop 70
Himmeln 222, 295
Hinsbeck 73
Hinterpommern 284
Hitzeschaden 215
Hochzeit (s. a. Eheschließung, Heirat) 87 f., 91 f., 94–96, 98, 103 f., 175, 184
Hochzeitsgeschirr 71
Hochzeitstag s. Heiratstag
Hoefer, Johann Henrich 268
Hölling, Jobst 69
Höntrop 47
Hörde, Amt 33 f., 36–39, 54–56, 60, 66, 81–83, 151, 153, 166 f., 186 f., 257, 260, 263 f., 268
–, Kassendistrikt 50 f.
–, Rentei 42
–, Stadt 55, 287
Hoete, Clara von 75
Hövel, von, Adelsfamilie 56
Hof 53, 66–68, 71, 87, 95, 141 f., 184, 257
Hofbesitzer 68
Hofhörigkeit 44
Hogman, Michael 216
Holländer, Maschine 281
Holland, Niederlande 269 f., 278 f., 281 f.
Hollandgänger 266 f.
Hollandgängerei 273
Holsterhausen 70
Holzgerechtigkeit 74
Holzgewerbe 50
Homöostase 157, 218, 221, 293
Horst, Gericht 33 f., 36 f., 39, 51, 152 f. 167, 187
Horst, von, Adelsfamilie 56
Horsthausen 70
Hülscheid 61, 257
Hünninghausen, Hermann Albert 285
Hufner 100, 128
Hufschmied 50, 76
Hundeicker, Anna Catharina 213
–, Familie 55
Hungeramenorrhöe 217
Hungerperiode 111
Husten 214
Hutterer 117
Hyssen, Heinrich Freiherr von 289

Illegitimität 29, 172 f., 175
Imhof, Arthur Erwin 87, 90, 109, 112, 157, 208, 213, 222
Immigration (s. a. Einwanderung) 262, 272, 296
Indien 270
Industrialisierung 49
Infektionskrankheit 195, 214 f., 238
Innovation 282
Intervalle, intergenetische 128–132, 295
–, protogenetische 128–130
Inventar 44
Isaak, Salomon 64
Iserlohn, Amt 33, 35, 37, 40, 45–47, 60, 82–84, 153–155, 166, 168, 188 f., 257, 260, 266, 268, 285
–, Kassendistrikt 50–53
–, Rentei 39, 41 f.
–, Stadt 65, 114, 264, 267 f., 270, 278, 285, 296

Jakobus 94
Jansen, Peterke 281
Januar 88–90, 113–115, 158–160, 163 f., 170 f., 194 f., 197–202, 226–229, 233 f., 246–249, 252 f., 259
Jellinghaus, Heinrich Caspar 68
–, Johann Melchior 68
Jena 289
Jesus 90 f., 177 f.
Jörgen am Wege 172
Johannes 90, 94, 178–182
Johannes der Täufer 78, 94, 177
Jonius, Unternehmer 263
Jordan, Katharina 280
Jude 63–66, 263, 265
Judenfamilie 65
Judengeleit 64
Jugendsterilität 116
Juli 88–90, 113–115, 158–160, 162–164, 170 f., 194–202, 226–231, 233 f., 245–249, 252 f., 259, 294
Junge 140, 160–164, 178 f., 203, 211 f., 222, 230–234, 236, 238 f., 241 f.
Jungenname 179–182
Jungfleisch, Hans Georg 269
Junggeselle 103 f., 267
Juni 88–90, 112–115, 158–160, 163 f., 170 f., 194–202, 226–230, 233 f., 246–249, 252 f., 258 f., 275, 294
Jutta von Limburg 79

Kämper, Heinrich 75
Kalthausen 77
Kamen, Amt 30, 33 f., 36 f., 39, 59 f., 69, 81–83, 151, 153, 166 f., 185–188, 260, 268
–, Kassendistrikt 50 f.
–, Reformierte Klasse 61
–, Stadt 69, 287
Kameralismus 28
Kampschulte, H. 71
Kanaan 91
Kanton 275
Kantonfreiheit 275, 296
Kantonreglement 272
Kantonsystem 275
Kanzel 69, 77, 283
Kap der Guten Hoffnung 270
Kapitalismus 49
Kapland 270
Kapstadt 271
Karl VI., Kaiser 291
Karl XII., König 291
Karl Leopold, Herzog 289
Karsch, Andreas 284
Katechismus, Heidelberger 59
Katharina 70, 94, 125, 178–182
–, die Große, Kaiserin 290
Katharinenkirche 269
Katholiken 57, 63, 67 f., 70 f., 73–75, 85, 88, 91 f., 96, 111, 151, 156, 160, 163, 167 f., 178–181, 189, 192, 197, 206 f., 209 f., 212, 222–224, 229, 233, 243, 246, 249 f., 252, 295
Kattunweberei 267
Kaufhold, Karl Heinrich 49, 297

Kaufleute, Händler 63 f., 266, 268–270
Kaufmannsunternehmer 56
Kautsch, von, Generalauditeur 284
Kebbe, Anna Margaretha 216
–, Elsebeth 175
Kelch des Todes 204
Kelleramt 78
Kernfamilie 141–143, 145, 147, 295
Kesselträger 77
Kierspe 52, 257, 268
Kind 31 f., 52, 78 f., 95 f., 99 f., 105, 108–111, 116, 119, 122, 125, 127–129, 131–147, 150, 158 f., 162, 172–178, 185, 187, 199–201, 203, 205, 209 f., 215, 218, 220, 222–229, 238 f., 242 f., 245 f., 271, 275, 277, 283 f., 286, 290, 295
Kindbett 125, 175, 214
Kindbettsterblichkeit 134, 216 f.
Kinderkrankheit 214
Kindersterblichkeit 111, 133, 146, 199, 201–203, 207 f., 222–227, 230–234, 239, 242 f., 245 f.
Kinderzahl 111, 133–139, 295
Kirche 43, 45, 57–60, 71, 73, 77, 151, 176, 283
Kirchenbank 68
Kirchenbuch 29–32, 67, 71 f., 172, 177 f., 213
Kirchenklasse 59–61
Kirchenlied 58, 151
Kirchenordnung, Lutherische 57, 178
–, Reformierte 57
Kirchenvermögen 74
Kirchhof 71, 74
Kirschbaum 39
Klara 179, 181
Kleidung 44
Kleinbauer 40 f., 100
Kleineisenware 73, 75
Kleinfamilie 65, 140
Kleinherbede 71
Kleinkind 194
Kleinschmied 49, 52, 76, 262
Kleinstkind 105, 132, 215, 235, 240 f.
Kleintier 38
Klepping, Nikolaus 78
Kleve, Herzogtum 28, 63, 65, 73, 108, 135, 175, 178, 254, 264, 287 f.
Klinge 49, 77, 262
Klingenschmied 262, 268, 273, 276, 296 f.
Klingenschmiedezunft 274
Klouburg, Susanna 267
Knecht 65, 142–144, 173, 216, 256, 264 f., 277–279
Köln, Erzbistum 61–63, 267, 276
–, Stadt 260
König, Peter 72
–, Simeon Johann Heinrich 72
Königsberg 268, 282
Königsborn, Saline 56
Königssteele 285
Köster, Christian 75
–, Gut 278
Kötter 40 f., 45–48, 68, 70, 74, 99, 101, 106 f., 127, 136, 264 f.
Kohlenbergbau 72
Kohlentreiber 55, 266
Kohlordnung 54
Kolonie 269
Kolonisation 264
Kolonist 264, 269 f., 273
Kolonistenwerbung 276
Konfession 30 f., 57 f., 61, 80, 87, 92, 94, 100, 111 f., 116, 119, 122, 128, 133 f., 149, 155, 160 f., 163, 167, 178 f., 185, 192, 196, 223, 227, 229, 232, 243, 246 f., 252, 293
–, katholische 30, 58, 75, 85 f., 88, 91 f., 113 f., 116, 149, 155 f., 158, 161–164, 168–171, 180, 190 f., 193 f., 198, 222 f., 225–227, 229, 231–234, 244, 247 f., 250–253, 272, 276
–, lutherische 30, 58, 66, 71, 75, 85 f., 88, 91 f., 113 f., 116, 149, 155 f., 158, 161–164, 168–171, 180, 190 f., 193 f., 198, 222 f., 225–227, 229, 231–234, 244, 247 f., 250–253, 272
–, reformierte 30, 58, 66, 75, 85 f., 88, 91 f., 113 f., 116, 149, 155 f., 158, 161–164, 168–171, 180, 190 f., 193 f., 198, 222 f., 225–227, 229, 231–234, 244, 247 f., 250–253, 272
Konfessionalisierung 62
Konfessionsbildung 57, 171
Konfessionsmigration 275
Konfessionsstand 57
Konfirmation 256, 272 f.
Konrad 178 f.
Konsistorium 68
Konsument 28
Kontraktarbeiter 269
Konzeption 112–115, 125, 158, 217 f.
–, eheliche 124 f.
–, uneheliche 125
–, voreheliche 112, 124 f., 174 f.
Konzeptionsschutz 129
Konzil 171 f.
Korn 43, 95, 217
Kornland 72
Kornmarkt 42
Kornpreis 84, 293
Korsika 291, 296
Kortum, Renatus Andreas 277
Kotten 71, 264 f.
Kotthaus, Familie 76
Krämer 115, 282
Kramer, Johan Henrichen 216
Krankheit 122, 193, 195 f., 213–216, 218, 220, 249 f.
Kratzendrahtgilde 285
Krenkels, Heinrich 74
Kriedte, Peter 298
Krise, demographische 217 f., 220, 293
Krummhörn 128, 222
Krupp, Bernhard Heinrich 31, 68
–, Johann Anton 31, 68
–, Johann Balthasar Albrecht 69
–, Wilhelm Karl 268
Kühling, Anna Catharina 215
Kühne, Catharina Margarete 280
Küster 32, 48, 213
Kulm 291
Kult 57
Kurfürst, Große 57, 61, 64, 67, 184, 264, 276, 296
Kurmann, Fridolin 187
Kurmark 288
Kurpfalz 62 f.
Kussmaul, Ann 294

Kuxe 55

Lachiver, Marcel 130
Lähmung 214
Laer 263
Laichingen 116, 132
Laktationsamenorrhöe 132
Landadel 79
Landarbeiter 100, 128
Landesherr 28, 43, 45, 54, 57, 62, 67
Landeskirche 58
Landesverweis 276
Landeswohlstand 57
Landgrafen, Elisabeth 173
Landhandwerker 74
Landrecht, Allgemeines 45
Land-Stadt-Wanderung 257, 273, 296
Landwirtschaft 30, 38, 66, 70, 84, 87, 105, 115, 136, 148, 173, 222, 267, 297
Lange, Peter 263, 296
Langenberg 258, 280
Langendreer, Bauerschaft 47, 70, 260
–, Gericht 34, 36, 39, 82, 152 f., 166 f., 186 f.
Langerfeld 49
Laslett, Peter 141
Lasttier 38
Leben 60, 111, 184, 225
Lebendgeborene 31, 111, 154–163, 166–171, 174 f., 202 f., 219–221, 224 f., 228 f., 235–237, 240 f., 293
Lebendgeburt 112, 239
Lebensalter 52, 54, 199, 207, 270
Lebenserwartung 100, 146, 209–213, 243, 245 f., 295 f.
Lebensführung 59, 266
Lebensjahr 116, 132, 141
Lebensunterhalt 75, 99, 246
Lebus 277
Lecke, Johann Caspar 270, 285
Lecke & Melbeck 270
Ledergewerbe 50 f.
Ledige 104 f., 245, 269 f., 272
Leezen 100, 116, 128
Leger 280
Lehmann, Abraham 64
Lehrjunge 51–53, 76, 262
Leibeigentumsgut 44
Leibgewinngut 44
Leibherr 43 f.
Leibniz, Gottfried Wilhelm Freiherr von 290
Leipzig 115
Leibzucht 44
Leibzüchter 142
Leiche 74, 184 f.
Leichenlaken 71
Leichenpredigt 184 f., 283
Leichenschmaus 185
Leichenzug 185
Leinen 95
Leinenbleicherei 267
Leineweber 48, 50, 69 f.
Lembke, Gabriel 283
Levi, Gebrüder 64
Levringhaus, Familie 55
Limburg 77, 267
Linden 73
Lippe, Grafschaft 268
Lippstadt 33
Liturgie 61
Löbbecke, Johann Anton 278 f.
–, Maria Elisabeth 278
London 266, 270, 291
Ludovici, Rentmeister 67
Lübeck 77, 268
Lüdenscheid, Hochgericht 29, 35, 37, 40, 44, 84, 153, 155, 168, 189
–, Kassendistrikt 50–53
–, Kirchspiel 52, 257
–, Stadt 257, 285, 291
Lünen, Amt 33 f., 36 f., 39, 61, 82, 152 f., 166 f., 186–188
–, Kassendistrikt 51
–, Stadt 61, 287
Lünern 29–31, 68 f., 85 f., 90, 113, 115, 156, 159, 169–171, 173–175, 189, 191–193, 196 f., 199, 223–229, 231–234, 244 f., 248–251, 253, 261, 268
Lüps, Elisabeth Bernardine 286
Lütgendortmund 47
Lumpen 281 f.
Luneke, Diederich 69
Lungenentzündung 215
Luther, Martin 59, 80
Lutheraner 57, 66, 68, 70, 73–75, 77, 91 f., 151, 160 f., 167 f., 179 f., 189, 192, 197, 206, 211, 222–224, 228, 231, 233, 243, 246, 252, 272
Luthertum 58 f., 111
Luzia 70

Maas, Jobst Dietrich 216
Mack, von, Kapitän 286
Mädchen 140, 142, 160–164, 177–179, 203, 211 f., 222, 230–234, 236, 238 f., 241 f.
Mädchenname 179–182
März 87–90, 112–115, 158–160, 162–164, 170 f., 194–202, 226–231, 233 f., 245–249, 252 f., 259, 294
Magd 65, 142–144, 173, 250, 256, 277
Magdeburg 282
Magenkrämpfe 214
Mahler, Peter 277
Mai 88–90, 113–115, 158–160, 163 f., 170 f., 194 f., 197–202, 226–229, 233 f., 246–249, 252 f., 258 f., 294
Mann 95–101, 103, 105–107, 109, 111, 123, 127, 150, 172, 192, 197, 203 f., 206 f., 210–213, 216, 245, 249–255, 260 f., 266, 274, 289, 296
Manufaktur 48, 266
Marburg 243
Margarete 178–180
Margarethenkirche 69
Maria 177–181
Marienfest 94
Marten 47
Martin 74, 94
Maryland 269
Masern 214, 220
Massengüter 48
Massenwanderung 256, 269
Mastgerechtigkeit 74
Materialien 48
Materialprinzip 58
Matrose 270
Maulbeerbaum 39
Mauritius 73
Mecklenburg-Schwerin 289
Medick, Hans 132
Meister 262, 269, 274
Meisterknecht 281
Meisterprüfung 73
Medick, Hans 132
Meinerzhagen 34 f., 37, 40,

82, 84, 155, 166, 168, 187, 189, 257
Menden 274
Menopause 122
Menstruation 95
Mercklinghaus, Familie 55
Mersick 286
Messer 49, 77
Messerschmied 262, 297
Messerschmiedezunft 262, 274
Messestädte 114
Messezeiten 115
Messing, Crafft 70
–, Georg 176
–, Johann Theodorus 72
Messingblech 279
Messinggewerkschaft 285
Messingknopf 279
Messingschnalle 278
Messingtabakdose 279
Metallgewerbe 48–54, 56, 297
Metallgewerbetreibende 53 f.
Metallhandwerk 48
Methler 29 f., 32, 70, 95–108, 110, 123–127, 135–137, 139 f., 142–149, 254 f., 260 f., 295 f.
Methode, makrohistorische 29
–, mikrohistorische 30
Meulan 130
Meyer, Konrad 150
Michael 94
Migrant 277, 284
Migration, Wanderung 256, 273–276, 296
Migrationsbilanz 271 f.
Migrationsmilieu 276
Migrationsmotivation 272
Migrationsrate 271 f.
Militärdienst 262, 264, 270, 274, 296
Milspe 49, 262
Minden 288
Missernte 111, 129, 217, 220, 273
Mitgift 79, 99, 256
Mittelbauer 40 f.
Mitteleuropa 82, 126
Mittelschicht 119, 133, 150, 269, 274
Mitterauer, Michael 105, 133
Mittwoch 91–94
Mobiliar 44
Mobilität, räumliche 173, 256
–, soziale 261
Montag 91–94
Morbidität 213
Mortalität (s. a. Sterblichkeit) 29, 32, 138, 184, 218, 222, 256
Mosel, von der, Regiment 284
Moskau 291
Mühle 49, 281
Mühlenproberegister 32, 69 f.
Mühlhausen 68, 94, 173
Mühlheim, Ruhr 279 f.
Mühlhoff, Elisabeth 280
Müller, Friedrich Christoph 49, 58, 76, 87, 96, 136, 150, 184 f., 275
Münster, Stadt 43 f.
Müttersterblichkeit 111, 216
Musterstück 279
Mutter 32, 109, 111 f., 122, 124, 129, 132, 134, 137, 150, 157, 174, 222, 239, 284, 295
Mutterkorn 217
Mutung 54
Mylinghausen 75 f.

Nachbarrecht 74
Nachbarschaft 150, 184
Nachfrage 28, 217
Nachkommen 79, 111, 150, 184
Nachlassinventar 44
Nachtigall im Hettberg, Bergwerk 73
Nächstebreck 49, 135, 143–145, 147
Nähnadelpapier 282
Nähring 278 f.
Nagel 49
Nagelschmied 55, 76
Nahrungsmittelgewerbe 50, 56
Nahrungsmangel 112
Nahrungsspielraum 95, 218
Nahrungstreibende 48–53, 66, 70, 73 f., 76
Namengebung 176–178
Napoleon I. 291
Nassau 267
Natalität 32, 150
Nebenerwerb 76, 174
Nebengebäude 40
Nebengewerbe 70
Neubau 68
Neubürger 257, 267 f.
Neuengland 270
Neuenrade, Amt 33–37, 40, 44, 52, 60, 82–84, 153–155, 166–168, 187–189, 257
–, Kassendistrikt 51–53
–, Rentei 39, 41 f.
–, Stadt 65, 285
Neugeborene 112, 150 f., 157, 161, 173, 176 f., 215, 225, 239
Neuhaus, Heinrich Wilhelm 73
–, Johann Diederich 73
–, Johann Diederich Conrad 73
Neuhaus Hebezeuge, J. D. 73
Neuhoff, Theodor Freiherr von 291, 296
Neuniederland 269
Neusiedler 69, 270
Neustadt, Amt 33, 60
Neustadt-Eberswalde 269, 280
New York 269
Nichtfamilienhaushalt 141, 146
Niederkunft 150, 175, 217
Niederaden 69, 110, 149
Niederlande s. Holland
Niederwenigern 29 f., 73 f., 86, 92 f., 157, 161 f., 164, 174 f., 181, 191, 193, 224, 231, 245, 251, 295
Nölle, Peter 175
Nordamerika 269, 282
Norddeutschland 279
Norden, Wilhelm 116
Nordeuropa 126
Nordfrankreich 279
Nothelfer 178
Nottaufe 176, 240
November 87–90, 113–115, 158–160, 162–164, 170 f., 194 f., 197–202, 226–229, 233 f., 246–249, 252 f., 258 f., 294
Nürnberg 278, 282
Nuptialität 32, 79, 138
Nutzfläche, landwirtschaftliche 38–43, 46

Ob, Fluss 290
Oberaden 69, 110, 149
Oberbergvogt 54, 72
Obernberg, Annen Elisabeth 105

Oberrechenkammer 288 f.
Oberschicht 99, 119, 122, 126, 128, 133, 217, 243
Oberwengern 262
Obstbau 38
Ohle 257, 261
Oktober 87–90, 113–115, 158–160, 163 f., 170 f., 194–202, 220, 226–230, 233 f., 246–249, 252 f., 259, 294
Onkel 143, 295
Oppenheim 106, 109, 116, 119, 122, 128, 133, 249
Orgel 69
Orsoy 286
Osemundgewerbe 78
Osemundreidemeister 52
Osemundschmied 50
Osnabrück 57
Ostermann, Andrej Iwanowitsch Graf 290
–, Anna 291
–, Fedor 291
–, Heinrich Johann Friedrich 289 f., 296
–, Iwan 291
–, Johann Christoph Dietrich 289
Ostermann-Tolstoj, Alexander Iwanowitsch Graf 291
Ostern 88
Ostfriesland 268
Ostherbede 71
Ostindien 270
Ostpreußen 265
Ostseeraum 77
Ostünnen 67
Ovulationsrhythmus 131
Ozean, Atlantischer 269

Pacht 74
Pachtübergabe 44
Paderborn, Fürstentum 96
Pächter 44
Papier 282
Papiergewerbe 50, 285
Papiermacher 48, 279, 281, 285
Papiermacherei 281
Papiermeister 279, 281
Papiermühle 279–282, 285
Paris 266
Parochie 30 f., 59–62
Partnerwahl 79
Passagier 269
Pastor (s. a. Geistliche, Pfarrer) 31, 45, 68 f., 71, 74, 78, 176, 185, 283
Pate 177 f., 182
Patronatsherr 77
Patronatsrechte 57, 77
Paul 94
Pendelwanderer 266
Pennsylvanien 269 f., 273
Peter 94, 179 f.
– I., Zar 289 f.
– II., Zar 290
Peuplierung 28, 174
Pfandleihe 64
Pfandleiher 64 f.
Pfarrer (s. a. Geistliche, Pastor) 31, 58 f., 62, 67–71, 75, 77, 80, 213, 216, 261, 277
Pfarrerstelle 59, 261
Pferd 38
Pferdehändler 64 f.
Pfister, Ulrich 131, 141, 143, 297
Pflanzschein 38
Pflugdienst 45–47
Philadelphia 270, 296
Plettenberg, Amt 34–37, 40, 60, 84, 154 f., 166, 168, 187–189, 257, 265
–, Kassendistrikt 51–53
–, Stadt 257, 285
Plückersmühle 280
Pocken 214 f., 218, 220
Pöppinghausen 70
Portbank, Bergwerk 56
Postpapier 282
Prädestination 59
Prediger (s. a. Geistliche) 58–61, 67–69, 74–78, 172, 176 f., 283
Predigeramt 67 f., 75, 77, 283
Predigt 58, 69, 94, 283
Preußen 28, 54, 57, 63, 65, 69, 77, 174, 218, 262–265, 269, 271–274, 277, 283–285, 288 f., 296
Principia regulativa 48
Privathaushalt 140
Privatperson 45
Privilegien 57, 262, 273, 289
Produktion 28, 48 f., 73, 278 f.
Produktionsfaktor 28, 277
Produktionstechnik 48
Propatriapapier 282
Protoindustrialisierung 48 f.
Prozession 61
Pütter, Gerichtsschreiber 287
Pullgebiet 266
Pushgebiet 266

Quambusch, Engelbert 55
–, Familie 76
–, Witwe 55
Quebec 270

Rademacher 48, 50
Rahlenbeck 49
Ravensberg, Grafschaft 28, 63
Reck 34, 36, 39
Recke, von der, Adelsfamilie 56
–, Gerhard Freiherr von der 263
Recken, Dieterich 69
Reckhammer 49, 263
Recklinghausen 62, 276
Reckschmied 50
Reckstahlhammer 76
Reformation 62, 69
Reformierte 57, 68, 70, 75, 80, 85, 91 f., 151, 156, 160 f., 163, 167 f., 176, 180 f., 189, 192, 197, 222–224, 228, 231, 233, 243, 246, 250, 252, 272
Reformierte Synode 78
Regensburg 63
Regiment 275, 284
Regina 67
Reginenkirche 67 f.
Reichsrecht 57
Reichstag 63
Reidemeister 48, 53 f., 78, 262, 280
Reiger, Bergwerk 72
Reininghaus, Wilfried 29, 66, 114, 266
Rekrutierungsprinzip 275
Religionsbeschwerden 63
Religionsfriede, Augsburger 57
Religionsrezesse 57
Religionsstreitigkeiten 74
Reliquie 61
Remscheid 262 f., 296
Rentengrundherrschaft 45
Rentmeister 67, 279
Reproduktion 111, 122, 171
Residenzstadt 66
Rettelkus, Gut 279
Rettinger, Elmar 122

Revelmann, Johann Adolph Friederich 176
–, Johann Conrad 176
–, Pastorenfamilie 75
Revermann, Christoph 128, 222
Rhein 270
Rheinland 280
Rheinlandpfalz 273
Rhynern, kath. 29–31, 62, 66 f., 86, 92 f., 156 f., 161 f., 164, 177, 179, 181 f., 191, 199 f., 202–212, 234–242, 295
–, ref. 29–31, 66 f., 86, 92 f., 103 f., 156 f., 162, 191, 193, 224, 231, 245, 251
Riemke 216
Riese, Henrich 75
Rindvieh 38
Rittershaus, Anna Katharina 267
Ritual 61
Roden, Ferdinande Frederique ... 288
–, Florentz Frantz ... 288
–, Friderica Philippine ... 288
–, Johann Rembert 76, 281, 285–289
–, Rentmeister 279
Roggen 38, 43 f., 217
Roggenpreis 44, 84–86, 154 f., 220 f., 293
Rohstahlhammer 49, 76 f.
Rohstahlschmied 262
Rohstahlschmiederei 273
Rohstoffe 49, 277, 281, 285
Romberg, von, Adelsfamilie 56
–, Kommissar 62
Rosenhardt, Barbara Susanne 282
Rostock 77, 268, 284
Rote Ruhr 214 f., 218
Rotger zu Hiltrop 70
Rotte, Brucher 266
Rotterdam 269
Rügenwalde 284
Rüping, Anton Dietrich 75
Ruhr, nordwärts (s. a. Hellweggebiet) 30, 33–42, 45, 50 f., 59 f., 62, 64 f., 80–83, 85, 92–94, 134 f., 144 f., 147, 151–154, 165–167, 175, 185–188, 200, 203, 205, 207, 209, 220 f., 224, 235, 237 f., 241 f, 245, 251, 265, 267, 271
–, Reformierte Klasse 61
–, südwärts (s. a. Süderland) 30, 33–35, 37–42, 45, 50–53, 59 f., 62, 65, 76, 80 f., 83–86, 92–94, 134–136, 144 f., 147, 151–155, 165–168, 175, 185 f., 188 f., 202 f., 205, 207, 209, 220 f., 224, 235, 237 f., 241 f., 245, 251, 254, 265, 267, 271, 284 f., 288
Ruhrgebiet 297
Ruhrkohlenbergbau 273
Rupe, Unternehmerfamilie 56
Russland 268 f., 274, 289–291, 296

Saatland 77
Sachsen 263
Säugling 31, 109, 112, 129, 132, 157, 176, 194, 199–201, 203, 205 f., 209 f., 215, 222–229, 234–238, 240–243, 245 f., 295
Säuglingssterblichkeit 111, 133, 146, 177, 199, 207 f., 222–227, 230–238, 240, 242 f., 245 f.
–, endogene 237–239
–, exogene 237–239
Saisonwanderung 265
Sakrament 59, 61, 80, 176
Sakramentalien 151
Saldenberg, Johannes 71
Salinenbetrieb 56
Samstag 91–94
Sankt Petersburg 269, 290
Sankt-Anna-Friedhof 291
Sankt-Lukas-Gilde 67
Sarsfield, Lady 292
Sattlerring 279
Sauerland 40, 70
Saunders, Timothy S. 91
Schaf 38
Schalke 47
Scharlach 214 f.
Schatzkammer 28
Scheda, Kloster 56
Schelbert, Urspeter 100
Scherenberg, Familie 55
Scheune 40
Schichtmeister 55, 263
Schieferbergbau 263
Schiff 269 f.
Schilling, Heinz 275
Schinken 87, 185, 264
Schirrhoff, Diederichen 214
Schlächter 64 f.
Schlaganfall 216
Schlagfluss 214, 216
Schlafraum 40
Schleifer 262
Schleifkotten 49
Schlepper 55, 263
Schlesien 275
Schloss 75
Schlossschmied 52, 75, 262
Schluck, Anton 75
Schlüter, Witwe 105
Schlumbohm, Jürgen 98, 238
Schmalkalden 267
Schmidt, Georg 216
–, Henrich Caspar 283
Schmidt-Pretoria, Werner 271
Schmidts, Melchior 74
Schmied 48–50, 52–54, 69 f., 73, 75 f., 78, 177, 262, 278
Schmiedehandwerk 73, 276
Schmiedemeister 73
Schmiedezunft 262
Schmiemann, Friedrich 264, 296
–, Johann Dietrich 264, 296
Schmöle, Friedrich 266
Schmoller, Gustav 263
Schnalle 278 f.
Schneider 48, 50, 69 f.
Schöpfer 280
Schomberg, Johann Daniel 69
Schrader, Stadtdirektor 288
Schraube 73
Schreibpapier 282
Schröder, Peter 75
Schule, Dietrich 78
Schulgebäude 61, 71, 283
Schulmeister 32, 48, 61
Schulte, Johann 280
–, Johann Heinrich 280
–, Johann Peter 280
Schulte zu Bergen 70
Schulte zu Drechen 94
Schulte zu Mülhausen 94, 173
Schultz, Johannes Peter 177
Schumpeter, Joseph 282
Schuppen 40
Schuster 49 f., 69 f.
Schutzbrief 65
Schutzgeld 64 f., 265
Schwachtenberg, Kriegsrat 56

Schwalm 243
Schwangerschaft 108, 111 f., 129, 141, 150, 172, 174, 216, 295
Schwansbell, von, Canonisse 80
Schwarze Adler-Orden 290
Schweden 267, 291
Schwefelinghaus, Johan 71
Schwein 38
Schweinehändler 266
Schweinemast 69
Schweiz 100
Schwelm, Bauerschaft 135, 143–145, 147 f.
–, Hochgericht 33–37, 40, 54, 56, 58 f., 83 f., 87, 95 f., 136, 148, 150, 155, 166, 168, 184 f., 188 f., 215, 257, 265–267, 275
–, Kassendistrikt 52 f.
–, Stadt 65, 75, 135 f., 142–147, 150, 257, 267, 284 f.
Schwert 49
Schwerte, Amt 33 f., 36 f., 39, 45, 82, 153, 166 f., 187 f,
–, Kassendistrikt 51
–, Stadt 59 f., 72
Schwertschmied 273, 296
Schwiegereltern 32
Schwiegersohn 65
Schwiegertochter 65
Schwindsucht 213 f., 216
Seegen Gottes aus Horadt, Bergwerk 73
Segelschiff 269
Seidenbau 48
Seitenstechen 214
Seligmann, Horn 65
Senckell, Philipp Engelbert 67
Sense 49, 77
Sensenhammer 76
Sensenproduktion 76
Sensenschmied 76, 262, 269, 273, 296
September 88–90, 113–115, 158–160, 163 f., 170 f., 194–202, 226–229, 231, 233 f., 246–249, 252 f., 259, 294
Seuche 196, 218, 220
Sexualität 79, 172
Sexualproportion 160
Sibylla 181
Siebenjähriger Krieg 29, 270, 286, 288
Siedlungsform 39, 74
Siedlungsstruktur 66
Siegerland 56
Siepermann, Familie 55 f.
Sodingen 70
Söldner 274
Soest 260, 287 f.
Soester Börde 33
Soho 291
Sohn 52 f., 76, 79, 139, 141, 144, 176–179, 257, 265, 267, 270, 274, 278–280, 284, 286, 290–292
Soldat 28, 150, 173 f., 264 f., 269 f. 274 f., 287, 291, 296
Solingen 262, 276, 296
Sommer 196 f., 218, 252
Sommermonat 112 f., 157 f., 194, 196 f., 217, 231
Sonntag 91–94
Sozialschicht 119, 122, 126, 133, 173, 217, 238
Spandau 268, 274
Spange 278
Spanien 292
Spanndienst 45 f.
Sparsamkeit 59
Spechthausen 280
Spinnerei 48
Spinnrad 95
Sprockhövel 260, 262, 277
Staarmann, Henrich Georg 71
–, Johann Wilhelm Adolf 71
Staatsdiener 284
Stabeisenhammer 77
Stabeisenschmied 50
Stadt-Land-Wanderung 277
Stahlhammer 263
Stahlmühle 263
Stahlreidemeister 52
Stahlschmied 50, 78, 262
Stall 87, 150
Stallung 40
Stammfamilie 141–144, 147, 295
Stammhalter 133, 280
Stammliste 30 f.
Stammvater 280
Stampfgeschirr 281
Standortvorteil 49, 277
Steinen, Diederich von 68
–, Heinrich von 68
–, Johann Diedrich von 69, 71 f., 74
–, Johannes von 31
Steinkohle 56, 263
Steinkohlenbergbau 54, 263, 297
Steinkohlenbergwerk 54 f.
Steinkohlenproduktion 56
Steinschmerzen 214, 216
Stellenprinzip 99
Stellenvererbung 291
Stempelpapier 282
Stennert, in der 280–282
Sterbealter 102 f., 202, 255
Sterbehäufigkeit 203 f., 218
Sterberate 187 f.
Sterberisiko 196, 216 f., 225
Sterbeüberschuss 204, 217 f.
Sterbewahrscheinlichkeit 209–212
Sterbeziffer 83
Sterblichkeit (s. a. Mortalität) 184, 196 f., 199–203, 205 f., 216–218, 221–223, 226, 241, 243, 245, 251, 293
–, altersspezifische 200
–, perinatale 240–242
Sternberg, Friederich, Bergwerk 55
Steuer 63 f., 273
Steuerfreiheit 262
Stichfluss 216
Stiepel 34 f., 37, 40, 52, 55, 82–84, 150, 153, 155, 166–168, 187–189, 258, 260, 267
Stilldauer 132
Stillzeiten 111, 129, 141
Stock, Familie 55 f.
Stockum 68, 214, 239
Stollenführer 55, 263
Stralsund, Bergwerk 73
–, Stadt 268
Stratman, Jürgen 173
Streschnjewa, Marfa Iwanowna 290
Strickers, Elsche 249
Stroh 40
Strottes, Hermann 216
–, Johan Conrad 216
Strünkede 34, 36, 39, 70, 82, 152 f., 166 f., 187
Subsistenzkrise 218, 293
Sudhoff, Henrius 215
Südafrika 271
Süddinker 67
Süderland, Reformierte Klasse 30, 61

–, Region (s. a. Ruhr, südwärts) 30, 36, 38–40, 49, 52, 54, 62, 66, 78, 80–82, 84, 87, 113, 115, 135, 146, 151, 153 f., 156 f., 165–167, 169–171, 185, 187–189, 191, 193, 198, 206, 210, 220, 224, 231, 238, 240, 244 f., 248, 250, 254, 264, 267 f., 274, 285, 295, 297 f.
Süßmilch, Johann Peter 208
Summepiskopat 57
Sundwig 277–279, 296
Swaen, Petronella 267
Syberg, von, Adelsfamilie 56
Sylvester 71

Tabak 270
Tabakdose 279
Tabakpapier 282
Täufling 176
Tagelöhner 70, 99, 101, 106 f., 124, 127, 136, 142, 257, 277
Tametsi, Dekret 172
Tante 143, 295
Taufbuch 150, 173, 175–177
Taufe 29–31, 59, 72, 112, 134, 173, 175 f., 178, 184, 262, 288, 295
Taufeintrag 32
Tauffeier 91
Taufname 178–182
Taufpate 32, 177, 182
Testament 79
Textilgewerbe 49–51, 268, 297
Textilhandwerk 48
Theodor 178–181
Thüringen 263
Thunar 91
Timm, Willy 69
Tischler 50
TMFR 117, 120
Tochter 75, 79, 139, 141, 144, 178 f., 181, 257, 261, 278, 280, 284, 286, 288, 290 f.
Tod 44, 61, 95, 100, 102–104, 132 f., 176, 184, 193, 195 f., 214 f., 225, 239, 243, 249, 256, 290
Todestag 90, 289
Todesursache 32, 194, 213–216
Todeszahl 185, 189, 191–193
Toleranzpolitik 57
Tolstoj, Adelsfamilie 291
Torfstecher 266
Tote 176, 184 f., 218, 220
Totgeborene 175, 239–242, 295
Totgeburt 129, 216
Transportkosten 297
Traubuch 105, 171
Trauerjahr 108 f.
Trauerzeit 100, 184
Trauung s. Eheschließung
Trauzeuge 32
Trient 171
Trödler 64
Trunkenheit 216
Tuberkulose 213
Tuchscherenfabrik 285
Tula 268, 274, 297
Typ A, H, P, X 294
Typhus 214, 218

Überfahrt 269
Überlebende 204–208
Überlebenschance 157, 206
Übersee 269 f., 276
Übersterblichkeit 195, 217, 243, 293
Unglück 214
Unna, Amt 29 f., 33 f., 36 f., 39, 55 f., 59 f., 68–70, 81–83, 151, 153, 166 f., 185–188, 257, 260 f., 263, 265, 268, 277
–, Kassendistrikt 50 f.
–, Reformierte Klasse 61
–, Rentei 41 f.
–, Stadt 65, 69, 78, 260, 264, 266, 287
Unternehmer 263, 277–279, 282, 285
Unterschicht 119, 122, 126, 128, 133, 174, 217, 256, 269, 274
Uralgebiet 269
Utrecht 278

Vaerst, Adolph Friedrich Wilhelm von 80
Valbert 135 f., 142–147
Vater 32, 105, 109, 150, 173 f.
Velbert 75, 262
Velthusen, Johann Jürgen 282–284, 296
Veltman, Jürgen 174
Venus 91
Verdammnis 59, 176
Verlag 48
Verleger 48
Verlegte 48
Verlobung 172
Verlöbnis 172, 175
Vermögen 64 f., 95, 100
Versorgungsanstalt 75
Verstorbene 176, 184, 215, 254, 296
Verwandte 87, 136, 139 f., 142–145, 147, 177 f., 276
Verwandtschaft 150, 177
Verwandtschafts-Familie 65
Verwitwete 104–106, 108 f., 141, 144, 146, 245 f.
Verwitwung 99 f., 104, 106 f., 109
Vieh 44, 95, 184, 265
Viehhändler 64 f.
Viehhaltung 38
Viehweide 69
Viehzucht 38, 70, 74
Vikar (s. a. Geistliche) 58, 68 f., 71
Vincke, Karl Freiherr von 288
Vincke-Olbendorf, Parlamentarier 288
Virginia 269
Virginität 172
Vörde 176, 268, 282
Vogt, Johan 173
Volksfrömmigkeit 61, 222
Volksglaube 91, 151
Vollbauer 45–47, 141 f.
Vollkötter 46
Volmarstein 29–31, 74 f., 173, 175 f., 199, 201–203, 205–207, 209–211, 234–242, 262, 267, 295
Volme 279–281
Vorhalle 74
Vorhangring 279
Vorhelm 214
Vormholz 71
Vorname 177, 182 f.
Vorsehung 59, 111
Vorster, Adolph 280
–, Andreas David 280
–, Diederich 280
–, Familie 281 f.
–, Johannes 280–282
–, Mathias 279–281, 296
Vorwerk, Johann Caspar 267
Voßbrock, Annen Elisabeth 105

Wachstumsrate 80, 84–86, 151, 154, 156, 185, 189, 191, 193, 222, 224, 231, 243, 245, 251
Wäsche 44
Waise 74
Waldbauerschaft 282, 296
Waldeck 263, 267
Waldung 71 f., 77
Wallfahrt 61
Walpole, Horace 291
Wambeln 67
Wanderarbeiter 257, 266
Wandergeselle 257
Wanderhändler 257
Wanderung s. Migration
Wanderungsmotiv 276
Wannen 71, 263
Warenhandel 63
Warenlager 282
Wasserkurl 69, 110, 149
Wassersucht 213 f., 216
Wasserzeichen 281
Wattenscheid, Freiheit 62
–, Kassendistrikt 51
Weber, Max 60
Weberei 48, 70, 267
Webergeselle 267
Webstuhl 58
Weddinghofen 69, 110, 149
Wefer, Diederich Wilhelm 105
Weide 38, 71 f., 264
Weihnachten 87 f., 94
Weiler 40
Wein 271
Weitmar 29 f., 70 f., 85 f., 90,92 f., 113, 115, 150, 156, 159, 161 f., 164, 169–171, 174–176, 179 f., 189–193, 196–200, 202 f., 205–207, 209–211, 223–225, 227–229, 231 f., 234–242, 244 f., 248–251, 253, 257–259, 294 f.
Weizen 38
Wellie, Kaspar Eduard 67
Werbefreiheit 275
Werden, Abtei 73 f., 150
Werdohl 61
Werkfrömmigkeit 59
Werkstatt 48, 184, 246
Werkzeuge 48
Werminghauß, Anna Gertraut 214
Wernicke, Johannes 135
Wernighausen 77
Wesel 275, 277, 284
Westeuropa 109, 126, 142, 289
Westhemmerde 80
Westherbede 71
Westhofen 51
Westick 69, 110, 149
Westig 279
Westsibirien 290
Westünnen 67
Wetter, Amt 30, 33, 35, 37, 40, 54–56, 59 f., 73 f., 83 f., 153–155, 166–168, 188 f., 260, 262 f., 274, 276, 296
–, Gericht 33–35, 37, 40, 83 f., 155, 166, 168, 187–189
–, Rentei 41 f.
Weyland, Johann Dietrich 286
Wiblingwerde 29–31, 77, 86, 92 f., 157, 162, 179 f., 191, 193, 224, 231, 245, 251
Wiederheirat 83, 105–109
Wiederverheiratete 107, 109
Wiese 38, 71 f., 77, 263 f.
Wilckhaus, Daniel 78
Wilhelm 178–181
Willemsen, Regina 284
Wilmbrink, Jan Wilmsen 281
Winde 73
Winter 196, 217 f., 220
Wintermonat 89, 112 f., 157 f.
Wirt 78, 116
Wirtschaftswachstum 284, 297
Wirtschaftszweig 148, 295
Wismar 282 f., 296
Wissmann, Henrich 239
Witten 34, 36 f., 39, 42, 51, 56, 82 f., 152 f., 166 f., 186 f., 260, 263
Wittgenstein 267
Witwe 74, 99 f., 103–110, 150, 260, 289
Witwenschaft 30, 104 f.
Witwer 99 f., 104–110, 260, 267, 280, 286, 288
Witwerschaft 104 f.
Wochenbett 216
Wohnhaus 75
Wohnraum 40, 195
Wollenhof, Gut 68
Wortmann, Richter 287
Wrigley, Edward Anthony 129, 218
Wucher 64
Wülfingh, Elisabeth Franziska 288
Wupper 274
Wuppermann, Unternehmerfamilie 56
Wuppertal 267, 274

Zeche s. Bergwerk
Zehnte 54, 74
Zeitpacht 44
Zentralisation 48
Zeremonie 59, 171, 185
Zeugung 79, 171
Ziege 38
Ziegelpfanne 40
Zimmerleute 48, 69 f.
Ziu 90
Zschunke, Peter 106, 116, 119, 133
Zürich 131, 141, 143
Zugtier 38
Zunft 64
Zunftprivileg 276
Zurstraße 283
Zuwachsrate 166 f.
Zwangswanderung 276
Zweigenerationenfamilie 140
Zweitehe 110, 137, 260, 295
Zwetschgenbaum 39